사회복지법제론

김종엽 · 이영식 · 김영준

탑북스

머리말

우리나라에서는 사회복지관련 법령이 제정・시행되어 국민들의 일상생활에 도움을 주세된 시기가 일마되지 않이 학문적인 체계성이나 그 범위의 통일성이 미흡할 뿐만아니라, 사회복지제도에 관한 뚜렷한 기준이 없어 다소 혼란스러운 실정이라 할 수 있다.

그래서 사회복지행정을 주관・시행하고 예산을 집행・관리하는 공무원에서 부터 각종 사회복지시설에 근무하는 종사자나 대학에서 사회복지학을 수강하려는 학생들의 이해를 도우려는 취지에서 본 교재를 펴나가고자 한다.

특히 법령의 해석에 대한 기초지식도 없이 사회복지관련 법령을 공부하는 학생, 사회복지시설 종사자 및 복지 관련분야의 법령을 알고 싶어 하는 사람의 편의를 도모하려는 뜻에서, 본서의 제1편 총론에서는 법령의 해석에 대한 요점을 간략하게 개설적인 해설을 하였고, 제2편 각론에서는 맨 앞에서 사회보장기본법을 해설하고 사회복지 관련법령 중에서 주요한 약 20여가지 법령을 비교적 상세하게 해설하였다.

사회보장기본법에서 사회보장분야를 사회보험, 공공부조 및 사회서비스 등의 3부문으로 분류한 것과 궤를 맞추어 다음과 같이 각 부문의 법령과 그 시행일자를 기준으로 하여 해설하였다.

제1부 사회보험분야	사회보장기본법(시행 2017.7.26, 법률 제14829호)
	국민연금법(시행 2018.6.20, 법률 제15267호)
	국민건강보험법(시행 2018.7.1, 법률 제15348호)
	노인장기요양보험법(시행 2017.6.3, 법률 제14321호)
	산업재해보상보험법(시행 2018.1.1, 법률 제14933호)
	고용보험법(시행 2017.6.28, 법률 제14496호)
제2부 공공부조분야	국민기초생활보장법(시행 2017.12.12, 법률 제15185호)
	의료급여법(시행 2017.9.22, 법률 제14697호)
	기초연금법 (시행 2018.3.20, 법률 제14881호)
제3부 사회서비스분야	사회복지사업법(시행 2018.4.25, 법률 제14923호)
	노인복지법(시행 2018.4.25, 법률 제14925호)
	아동복지법(시행 2018.4.25, 법률 제14925호)
	장애인복지법(시행 2017.9.19, 법률 제14892호)

영유아보육법(시행 2017.3.14, 법률 제14597호)
한부모가족지원법(시행 2018.7.17, 법률 제15355호)
정신건강 증진 및 정신질환자 복지서비스 지원에 관한 법률 (시행 2017.5.30, 법률 제14224호)

누구나 알고 있는 바와 같이 사회복지분야에서는 계속적인 변화와 발전 및 확장의 와중에 있기 때문에 사회복지분야의 법령도 새로 제정・개정되지 않을 수 없는 것이다. 그래서 본서의 해설에서도 개정법령의 시행일자를 2018년 3월 말을 기준으로 해설하지 않고, 개정된 법령의 시행일이 2~3개월 뒤에 도래하는 법령은 그 내용을 기준으로 해설하였음을 밝혀두는 바이다.

앞으로 법령이 새로 제정되거나 개정되면 가능한 한 빨리 개정판을 발행하려고 하오니 독자 여러분께서 계속적으로 지도・편달해 주시기 바랍니다.

본 교재의 출간에 물심양면으로 도와 주신 탑북스 김광식 사장님과 원고의 편집과 교정에 많은 노력을 해 주신 편집주간 및 임직원 여러분께 깊이 감사의 말씀을 드립니다.

2018년 3월
저자 일동

차 례

제 1 부 사회보험

제7장 국민연금법

제9장 노인장기요양보험법

제10장 산업재해보상보험법

제11장 고용보험법

제2부 공공부조

제13장 의료급여법

제14장 기초연금법

제16장 노인복지법

제17장 아동복지법

제18장 장애인복지법

제1편 총 론

제1장 사회복지법의 의의

제1절 사회복지법의 개념

1. 사회복지법의 개념정의의 필요성과 곤란성

1) 개념정의의 필요성

사회복지법을 하나의 독립된 학문으로 연구하면서 가장 먼저 고찰해야 할 과제는 사회복지법의 개념을 정의하는 일이다. 그 이유는 사회복지법의 개념이 먼저 규정되어야만 사회복지법의 연구대상과 그 범위를 확정할 수 있으며, 사회복지에 관한 제반 제도의 수립과 대부분의 실천적 활동이 사회복지법에 근거하여 시행되어야 하기 때문이다.

2) 개념정의의 곤란성

(1) 다양성 사회복지법의 개념을 파악하기 위해서는 먼저 사회복지법의 규율대상인 사회복지와 연관된 제반 '사회현상'의 의미를 먼저 확정해야 한다. 그런데 '사회현상'은 자연현상과는 달리 시대와 국가 및 그 이념에 따라 유동적일 뿐만 아니라, 정의를 내리는 사람의 개인적 가치관이나 세계관이 반영되므로 통일적이고 일의적인 개념도출이 어려운 다의성을 지니는 특성이 있다. 이와 같이 사회복지와 연관된 '사회현상'의 개념정의가 복합적인 성질을 가지는 한 사회현상을 규율하는 사회복지법의 개념정의도 그에 따라 합일된 통일적인 개념도출이 어려운 것이다.

(2) 변동성 및 기술성 사회복지법의 개념정의가 어려운 또 다른 이유는, 사회복지법이 다른 법률과는 달리 최근에 이르러 출현함으로써 아직 통일적인 체계성을 결하고 있으며, 현대의 급변하는 사회상황을 반영하므로 그 규정내용도 계속적으로 보완과 개정이 이루어지고 있을 뿐만 아니라, 국민의 다양한 욕구를 충족시켜야 하는 시대적 요청에 따라 사회복지실천에도 개별적인 전문성과 기술성을 요구하고 있기 때문이다.

이와 같이 사회복지법은 상기한 바와 같은 다양성과 변동성 및 기술적 성격을 띠고 있기 때문에, 보편적이고 일의적인 개념정의가 어려운 것이다.

2. 사회복지법의 개념정의

상기한 바와 같은 복합적인 이유 때문에 사회복지법에 대한 통일적이고 일의적인 개념정의가 어렵다 하더라도 사회복지법에 포함되어야 할 분야가 계속 형성되고 있으며, 사회복지법이 하나의 독립된 학문분야로서 연구의 필요성과 중요성이 인식되고 있기 때문에 그 개념을 확정하는 것은 불가피하다. 여기서는 일반적인 분류방법에 따라 형식적 의미의 사회복지법과 실질적 의미의 사회복지법으로 분류하여 고찰하기로 한다.

1) 형식적 의의의 사회복지법

'형식적 의의의 사회복지법'이란 사회복지법의 인식자료가 되는 '법전'이라는 외적 형식을 갖춘 제반 법규를 사회복지법으로 파악하는 방법인데, 일반적으로는 사회복지와 연관된 실정법인 모든 개별 법률이 법전형태를 취하고 있는 것을 말한다.

연혁적으로 볼 때 사회복지법은 단편적 · 산발적으로 출현하였고, 계속적인 변화발전을 이루고 있는 법분야로서 다른 법률처럼 통일적인 법전형태를 갖추지 못하고 있다. 그러나 일본의 '사회복지 8법'[1]과 같이 고유의 독립적인 법전형태를 갖추었을 때는 사회복지법의 범위와 독자적인 고유성을 명확히 하는 정의가 가능하다고 할 수 있다.

최근 독일에서는 난립하고 있는 사회법규를 하나의 통일된 사회법전으로 통합 · 재구성하려는 움직임이 일고 있는데, 우리나라에서도 사회복지법의 개념을 사회복지사업법 제2조에 규정된 사회사업으로 그 범위와 대상을 한정하여 파악하는 견해[2]와 "사회복지법규는 사회복지가 국가와 국민 간의 권리 · 의무관계로 인정하고, 사회복지를 구현하고자 하는 구체적인 사업들을 공익에 맞게 보호하기 위하여 국가가 이를 법의 형태로 제도화한 것을 말한다"고 보는 견해[3]는 형식적 의미의 사회복지법의 개념 파악방법을 수용한 것으로 생각된다.

그렇지만 변화와 발전적 내용을 계속 반영하고 있는 사회복지법에 대한 형식적 개념 정의는 동법의 범위를 지나치게 경직시키거나 불명확한 기준에 의거하게 함으로써, 실질적으로는 사회복지법에 속하는 것을 누락시키거나 사회복지법에 속하지 않는 것을 불필요하게 포

---

1) 일본은 '사회복지 6법'(생활보호법, 아동복지법, 신체장애자복지법, 정신박약자복지법, 노인복지법, 모자 및 과부복지법)을 사회복지법이라고 하였지만, 현재는 사회복지 8법(상기 6법 외에 사회복지사업법, 노인보건법, 사회복지 · 의료사업단법을 추가하고 생활보호법을 제외시키며, 정신박약자복지법을 정신장애복지법으로 바꾸었다)을 사회복지법으로 보고 있다.

2) 김만두, 사회복지법제론, 홍익재, 1991, pp.18-19.

3) 박석돈, 사회복지서비스법(제10판), 삼영사, 2005, pp.20-21.

함시킬 위험성이 있는 것이다.

2) 실질적 의의의 사회복지법

'실질적 의의의 사회복지법'이란 법의 명칭이나 존재형식에 관계없이 법규의 실질적 내용・목적・기능 등에 따라 그 법규에 내재하는 공통된 통일적인 법원리나 기본이념을 도출하고 그에 근거하여 사회복지법의 개념을 파악하는 방법이다.

그런데 사회복지법은 '사회복지'라는 사회현상을 다루는 것이므로 사회복지의 개념을 어떻게 이해하느냐에 따라 최 광의의 사회복지법으로부터 최 협의의 사회복지법에 이르기까지 4분법・3분법・2분법 등 여러 가지 견해가 제시되고 있다. 그러나 여기서는 통설에 따라 넓은 의미의 사회복지법과 좁은 의미의 사회복지법으로 나누는 2분법에 따라 설명한다.

(1) 넓은 의미의 사회복지법 사회복지법을 사회복지정책의 실현을 위한 모든 관련 법규를 포괄하는 최 광의의 의미로 이해하는 견해도 있으나, 일반적으로 '광의의 사회복지법'이란 국민의 물질적・정신적・사회적 기본욕구를 해결함으로써 인간다운 생활을 영위하게 하는 공・사의 제반 사회복지적 활동과 제도를 규율하는 법령을 의미한다.

이 견해는 '넓은 의미의 사회복지'가 각종의 사고 및 위험과 사회적 욕구가 충족되지 않은 개인・가정・집단에 대하여 소득, 의료, 교육, 노동, 안전, 환경과 심리・사회적 문제 등을 해소하기 위한 사회적 서비스를 체계적으로 조직화하는 총체적인 활동이라는 개념에 입각하여, 사회복지법의 개념을 실질적으로 규정하는 입장이다. 따라서 사회복지법의 내용을 넓은 의미의 사회복지를 실천하기 위한 구체적 기준과 관리・운영 등에 관하여 규정한 법률로 파악하고 있다.

(2) 좁은 의미의 사회복지법 사회복지법을 최 협의로 해석하여 '사회보험'만을 사회복지법으로 이해하는 견해도 있으나, 일반적으로 '협의의 사회복지법'이란 좁은 의미의 사회복지개념에 의거하여 스스로 자신의 생활을 영위하지 못하는 사회적 약자나 요보호대상자에 대하여 제한적으로 도움과 서비스를 제공하는 제반 활동을 규율하는 법령을 의미한다.

이 견해는 좁은 의미의 사회복지에 기초하는 제반 사회제도와 사회정책의 실현에 관하여 규정한 법률들을 포함시킨다. 그러므로 이러한 입장에서는 사회복지의 대상과 수혜범위를 극히 제한적으로 해석하여 자본주의 경제체제의 발전에 필연적으로 수반되는 사회구조적인 모순과는 상관없이 주로 개인적인 약점과 결함에 국한하여 사회복지활동의 범위를 한정하려는 특성을 가지게 된다.

(3) 우리나라 사회복지법의 개념 우리나라에서는 실정법상으로 좁은 의미의 사회복지법을 규정하고 있는 것으로 해석하지만, 학문상으로는 넓은 의미의 사회복지법으로 이해하

는 견해가 일반적이다. 우리나라 사회복지제도의 기본법인 「사회보장기본법」은 사회보장을 사회보험, 공공부조와 사회서비스 의 3가지 영역으로 규정하여(동법 제3조 제1호 참조), 사회보장을 사회복지와 동일한 의미로 법적인 정의를 내려 광의의 사회복지개념으로 파악하고 있다.

현대의 복지국가에서는 사회적 약자뿐만 아니라, 전 국민을 대상으로 그들의 인간다운 생활을 보장 · 실현하려는 '적극적 복리'를 국가적인 실천이념으로 삼고 있으며, 개발 도상에 있었던 우리나라의 경제현실을 감안하여 과거의 사회복지가 극히 제한적으로 시행되었지만, 이제는 거듭된 경제성장 및 발전으로 사회복지분야의 점진적인 확대정책이 법률 · 제도적으로 계속 반영되고 있는 점을 감안하면 광의의 사회복지개념에 입각한 사회복지법으로 이해하는 것이 타당하다고 생각한다.

제2절 사회복지법의 이념

사회복지법의 이념이란 사회복지법이 추구하고자 하는 가치 또는 구현하고자 하는 목표를 의미한다. 현대 복지국가에서 사회복지법의 이념이 국민의 기본권 가운데 하나인 '생존권'의 보장이라는 것은 누구나 모두 인정하고 있으며, 모든 민주국가의 헌법에서는 예외 없이 공통적으로 생존권을 보장하는 규정을 두고 있다.

국민의 기본권 가운데서도 근대 민주국가에서는 '자유권적 기본권'을 중시하였으나 현대 복지국가에서는 '생존권적 기본권'의 보장을 적극적으로 표방하고 있기 때문에, 사회복지법의 제정이나 사회복지정책의 수립과 실천에서 '생존권'의 보장은 주요한 하나의 지도이념이 되고 있는 것이다.

그러므로 사회복지법의 이념은 사회복지와 관련된 개별 법령이 실질적으로 사회복지법의 범주에 속하는지 그 여부를 판단하는 기준이 될 뿐만 아니라, 개별 법령의 해석 · 적용에서도 하나의 기준이 되고 있는 것이다.

1. 생존권의 개념

1) 생존권과 자유권의 성질 비교

'생존권'이라 함은 단체주의적 사회정의의 실현을 목적으로 하는 사회국가 또는 복지국가에서 국민이 인간다운 생활에 필요한 조건을 확보하기 위하여 국가에 대하여 일정한 급부와 배려를 요구할 수 있는 권리를 의미한다고 말할 수 있다. 그런데 사회복지학을 전공하는 학자는 거의 대부분 '생존권'이라는 용어를 쓰고 있으나, 헌법학자 등 법학전공자는 이를 생존권적 기본권,[4] 생활권적 기본권,[5] 사회국가적 기본권[6] 또는 사회(권)적 기본권,[7] 생활권[8] 등 여러 가지 명칭으로 설명하고 있다.

모든 국민의 형식적인 자유와 평등의 실현을 중요시하던 18・19세기의 자유주의적 근대 시민사회에서는 국가권력으로부터의 자유를 주장하는 '자유권적 기본권'의 확보를 그 목표로 하였다. 그러나 자본주의경제의 고도화로 인하여 부의 편재와 빈곤의 대중화, 실업자의 범람과 그로 인한 노사 간의 대립 등 여러 가지 심각한 사회문제를 야기시킨 20세기 이후의 현대 독점자본주의 사회에서는 국가권력의 개입에 의하여 국민의 실질적인 자유와 평등의 구현을 목표로 하는 '사회적 기본권', 즉 '생존권'의 보장을 주장하게 된 것이다.

종래의 '자유권적 기본권'은 개인주의・자유주의 사상에 기하여 개인의 권리와 자유를 보장하기 위해서 국가권력의 제한이나 불간섭을 요구하는 소극적 성격의 형식적 자유권을 의미하였다. 그러나 '생존권(적 기본권)'은 국민 각자의 문화적인 최저한도의 생활보장을 목적으로 하기 때문에, 오히려 국가권력의 능동적인 개입에 의하여 확보될 수 있는 적극적 성격의 실질적 자유권을 의미하게 된 것이다.

2) 생존권의 내용 변화

이와 같이 인간의 실질적인 자유와 평등을 실현시키고자 하는 생존권이 최초로 실정헌법에 채택된 것은, 제1차 세계대전에서 패배한 독일에서 패전독일을 이끌어 온 우파와 자본주의의 모순을 제거하려는 좌파 간에 하나의 국가공동체를 탄생시키기 위한 타협안으로 제시된 1919년의 「바이마르(Weimar)헌법」에서 였다.

그런데 「바이마르헌법」이 표방하고 있는 전통적인 '사회적 기본권', 즉 '생존권'은 사회적 약자의 경제적 궁핍상황의 극복을 국가권력의 적극적인 개입과 배려에 의하여 해결하여야 한다는 목적을 가지고 있다. 이러한 속성을 지닌 '생존권'의 헌법상 제도화는 현대 입헌주의국가 헌법의 일반적인 구성 원리가 되었으며, 특히 "요람에서 무덤까지"라는 명제로 표현되는 복지국가・급부국가의 일반적인 모습으로 구현되고 있는 것이다.

그러나 고도산업사회의 진전에 따라 대량으로 배출되는 무산대중에 대한 국가의 정책적 배려의 원천은 유산계급의 소득으로부터 나오기 때문에, 생존권의 보장은 유산자의 자유 및 재산의 실질적 제한으로 이어지게 되므로 오히려 생존권은 전통적인 자유권과 대립・갈등관

4) 구병삭, 신헌법원론, 박영사, 1997 ; 김철수, 헌법학신론, 박영사, 2002.
5) 문홍주, 제6공화국 한국헌법, 해암사, 1997.
6) 안용교, 한국헌법, 고시연구사, 1989.
7) 권녕성, 헌법학원론, 법문사, 2003 ; 성낙인, 헌법학, 법문사, 2003.
8) 허 영, 헌법이론과 헌법, 박영사, 2003.

계에 있다고 볼 수 있다.

그런데 '전통적인 생존권'은 이제까지 경제적 · 사회적 강자에 대한 직 · 간접적인 제한과 희생을 전제로 실현될 수 있는 것이지만, '환경권'과 같은 새로운 성질의 '현대적 생존권'은 유산자와 무산자 혹은 경제적 강자와 약자라는 대립구도와는 상관없이 모든 국민에게 보장되어야 한다는 특성을 가지고 있으므로 생존권 내용의 본질적인 내용변화에도 유념하여야 할 것이다.

그러므로 인간다운 최저생활의 보장을 사회복지법의 이념으로 이해하는 경우에 종래에는 생존권을 국민의 경제생활에 관한 기본권으로만 이해하였으나 20세기 이후의 고도산업사회에서는 정신적 · 문화적인 삶의 질을 포함한 비경제적인 영역에서의 생존문제까지 포함시키는 기본권으로 이해하여야 할 것이다.

2. 생존권의 법적 성격

생존권은 사회복지법의 지도이념으로서 그 존립가치를 인정받고 있는데 전통적인 자유권과는 다른 법적 효력의 특수성을 가지고 있다. 즉, 종래부터 전통적으로 보장해 온 '자유권'은 헌법상의 규정 자체만으로도 국가권력으로 부터 침해의 배제를 보장받고 있을 뿐만 아니라 모든 국가권력을 구속하며 또한 직접 재판규범으로서의 효력을 가지고 있다.

이에 비하여 기본권으로서 '생존권'은 국가의 적극적인 관여와 배려를 통하여 실현될 수 있는 것이므로 국가권력의 적극적인 개입이 불가피하다는 특성을 가지고 있는 것이다. 이러한 특성 때문에 헌법 제10조, 제34조와 제35조의 생존권 보장에 관한 규정이 어떤 성질의 규정인가, 다시 말하면 이러한 헌법규정에서 바로 생존권을 법적 권리로서 주장할 수 있는가에 대하여 여러 가지 견해가 주장되고 있다. 여기서는 통설적인 견해에 따라 설명한다.

1) 프로그램(선언적) 규정설[9]

이 견해에 따르면, ① 헌법상의 생존권은 국가의 정치적 강령을 헌법에 선언한 것에 불과하고 국가의 입법에 의하여 비로소 국민 개개인이 국가에 대하여 청구할 수 있는 공권이 발생한다. ② 국가의 사회복지정책의 실현은 실제로 국가의 재정능력에 좌우되므로 헌법상의 생존권 규정은 국가에 대한 정치적 · 도의적 의무를 부과한 것이다. ③ 법적 권리로 구체화시킬 수 있는 실질적인 절차가 헌법에 결여되어 있어서 완전한 법적 권리라 할 수 없는 것이다. 따라서 이 견해에서는 생존권의 보장에 관한 헌법규정을 근거로 법원에 직접 소송을 제기할 수는 없다고 주장한다.

9) 박일경, 제6공화국 신헌법, 법경출판사, 1990.

2) 법적 권리설

이 설은 헌법상의 생존권은 국민 개개인이 국가에 대하여 요구할 수 있는 법적 권리이므로 국가는 생존권 보장의 법적 의무를 진다고 보는 견해인데, 이는 법적 권리성의 강약에 따라 다음 두 가지 견해로 나누어진다.

(1) 추상적 권리설[10] 이 견해의 주장근거는 다음과 같다. ① 헌법의 생존권 규정에 의하여 국민은 국가에 대하여 추상적 권리를 가지며, 국가는 입법 기타 국정상 필요한 조치를 해야 할 추상적 의무를 부담한다. ② 권리보장(실현)수단의 불완전성은 재판청구권·청원권과 같이 권리실현에 국가의 작위를 요구하는 권리에도 동일하므로 이를 이유로 법적 권리성을 부인할 수는 없다. ③ 그러나 헌법상의 생존권을 근거로 구체적인 하위 입법이 없는 경우에는 헌법상의 동 규정에 의하여 직접 권리구제를 재판상으로 청구할 수는 없다.

(2) 구체적 권리설[11] 이 견해는 생존권은 헌법적 권리이므로 생존권의 실현에 대하여는 국가에게 국민의 생존권을 보장할 헌법적 의무가 부과된다고 주장한다.

종래에는 국가가 생존권의 보장의무를 이행하지 않더라도 국가의 불충분한 입법 또는 입법부작위를 이유로 하는 위헌심사의 청구가 불가능하다고 보았다. 그러나 이 견해는 「헌법재판소법」의 제정과 '헌법재판소'의 설치에 따라 생존권의 실현에 대한 국가의 입법부작위위헌(立法不作爲違憲) 확인소송을 제기할 수 있다고 보는 견해이다.

국회의 작위(作爲) 또는 부작위(不作爲)에 의하여 국민의 생존권이 침해된 경우, 즉 공권력의 행사 또는 불행사로 인하여 국민이 생존권이 침해된 경우(헌법재판소법 제68조 제1항)에는 헌법소원 또는 위헌법률심판제청을 통하여 권리구제를 신청할 수 있으므로 헌법상 생존권 규정의 재판규범성을 부인할 수 없고, 따라서 헌법규정만으로도 생존권의 구체적인 법적 권리성을 인정해야 한다는 견해이다.

10) 권녕성, 앞의 책 : 김철수, 헌법학개론, 박영사, 2000.
11) 성낙인, 헌법학, 법문사, 2003, p.483; 허영, 앞의 책, p.637.

제2장 사회복지법의 법원(法源)

제1절 법원의 의의

1. 법원의 개념

법원(法源 : Source of law)이라는 용어는 법철학 또는 법률사상사 등에서 그 의미가 다양하게 쓰이고 있다. 그러나 실정법에서 사용되는 법원이라는 법률용어에 대하여는 법의 존재형식 또는 현상(現象) 형태라고 보는 '존재형식설'[1]과 법의 생성연원 또는 인식연원의 의미로 보는 '인식연원설'[2]이 있다.

법관이 법을 적용하려고 하거나 국민이 법을 알기 위해서는 현실적으로 존재하는 법의 내용을 인식하여야 하므로, 법의 출처가 되는 자료를 동원해야 한다. 따라서 위의 두 가지 견해는 동일한 내용을 인식의 관점에서 정의하느냐, 아니면 인식 자료의 존재형식이라는 관점에서 정의하느냐 하는 차이밖에 없으므로 결국 구별의 실익이 없는 것이라 해야 할 것이다.

따라서 법원(法源)이란 법을 인식하기 위한 자료의 존재형식을 의미한다고 보는 것이 더 정확한 표현이 될 것이다.

2. 성문법과 불문법

이와 같은 의미의 법원에는 일정한 형식 및 절차에 따라 제정되어 문자로 표시하는 성문법(제정법)과 성문법 이외의 법인 불문법(不文法)으로서 관습법・판례법・조리 등으로 분류할 수 있다.

일반적으로 대륙법계 국가(독일・프랑스・이탈리아・북유럽・일본・한국 등)에서는 성문법주의를 채택하므로 주로 법전의 형식을 갖춘 성문법이 그 나라 법률의 주종을

1) 권용우, 민법총칙, 법문사, 2002, p.30 ; 고상용, 민법총칙, 법문사, 1999, p.7 ; 이영준, 민법총칙, 박영사, 1995, p.18.

2) 곽윤직 대표 편집, 민법주석 I, pp.26-27 ; 이은영, 민법총칙, 박영사, 2004, p.27.

이루고 있지만, 영미법계 국가는 불문법주의를 채택하므로 그 나라의 주된 법률은 판례법이나 관습법의 형태로 존재하게 되고, 상급법원의 판결은 법원(法源)으로서 법적 구속력을 가지는 것이 원칙이므로 판례법이 국가 법체계의 근간을 이루는 주요한 법원이 되고 있는 것이다.

일반적으로 성문법에는 헌법·법률과 조약 등 국제법규·명령·규칙·자치법규 등이 있고, 불문법에는 관습법·판례법·조리 등이 있다.

제2절 사회복지법의 개념

'사회복지법의 법원'이라 함은 사회복지와 관련한 각종 급여 및 서비스의 내용이나 이를 제공하기 위한 조직과 관리·감독의 기준이 어떤 형식으로 규정되어 있는가[3]를 의미하는 사회복지법의 존재형식을 말한다. 사회복지법의 법원에는 일반적인 실정법의 법원과 마찬가지로 헌법을 위시하여 국제조약·법률·명령·규칙·자치법규 등을 들 수 있다.

1. 성문법

1) 헌 법

(1) 사회복지법의 근거규정 헌법은 분류기준에 따라 개념정의가 다양하지만 일반적인 정의로는, 국민주권주의에 의하여 국민의 자유와 권리를 보장하고, 권력분립의 원칙에 입각한 통치조직 및 통치작용을 규정한 국가의 근본법을 의미한다고 말할 수 있다.

그런데 현대의 모든 민주국가는 복지국가 내지 사회국가를 표방하지 않는 나라가 거의 없다. 따라서 국가나 지방자치단체의 국민에 대한 의무로써 사회복지제도나 사회복지급여 및 서비스를 시행하고 있는 오늘날에는 이러한 내용을 규정하고 있는 헌법상의 관계조항은 지극히 중요한 의미를 내포하고 있다고 볼 수 있다.

국민의 자유와 권리를 형식적으로만 보장하는 근대 입헌주의적 의미의 헌법과는 달리, 국민의 실질적인 자유와 권리를 보장함으로써 인간다운 생활을 보장하려는 '생존권'을 1919년 독일 바이마르헌법에서 최초로 천명한 이후 이를 규정하고 있는 각국의 헌법은 사회복지법의 법원으로서 사회복지에 관한 기본적인 근거규정이 되고 있는 것이다.

우리나라 헌법에서는 전문을 비롯하여 인간다운 생활을 할 권리(제34조)를 중심으로, 인

3) 左藤進, 社會福祉の法と行財政, 社會福祉大系 2, 東京, 經草書房, 1985, p.158.

간의 존엄성과 행복추구권(제10조), 평등권(제11조), 교육을 받을 권리(제31조), 근로의 권리(제32조), 노동기본권(제33조), 환경권(제35조), 혼인과 가족생활의 보장, 모성 및 보건에 대한 보호(제36조) 등에 관한 조항은 모든 국민의 사회복지에 관하여 행정과 입법의 방향 및 의무를 규정한 근거 규정이 되고 있는 것이다.

이와 같은 사회복지에 관한 헌법 규정은 사회복지와 관련한 하위법률의 제정근거가 될 뿐만 아니라 위헌법률심사의 기준이며 재판규범으로서의 의미를 가지고 있는 것이다.

(2) 위임입법의 근거 그러나 앞에서 성문법주의국가에 있어서 국회입법의 원칙에 대한 예외로서 법률과 동일한 효력을 가지는 대통령의 긴급명령, 긴급재정・경제명령의 인정(헌법 제75조)과 국회입법과정에서의 행정부의 참여증대 및 법률에 의한 위임입법의 증가현상[4] 등으로 본래적 의미의 법원으로서 법률의 지위가 위축되어 가고 있다는 우려가 제기되고 있다.

특히 오늘날에는 교육기본법, 농업・농촌기본법, 산림기본법, 전자거래기본법, 고용정책기본법, 환경정책기본법, 청소년기본법, 사회보장기본법 등 기본법이라는 명칭이 붙은 법률이 제정되고 있는데, 이는 국가의 기본정책이나 방침을 선언・명시하는 것으로서 그 형식이 법률이므로 통상의 다른 법률과 효력상 아무런 차이가 없다. 그러므로 이러한 기본법상에 선언된 일정한 정책 및 방침 등과 모순되는 법령이나 하위법령이 제정된다면 그 실효성(實效性)이 문제될 수 있는 것이다.

2) 법 률

(1) 실질적 의의의 사회복지법 법률은 입법권을 가진 국회에서 제정되어 법정의 절차에 따라 공포된 법규범을 말한다. 우리나라에서는 민법전이나 상법전 또는 독일의 사회법전 등과 같은 총괄적인 법전형식의 '사회복지법전'이 없고 사회복지에 관련되는 법률이 각각 개별 단행법의 형식으로 제정・시행되어 왔기 때문에 법원으로서의 사회복지법은 실질적 의미의 사회복지법을 의미하는 것이다.

그러므로 '사회복지'라는 명칭과는 상관없이 법규범의 원리나 내용 등이 사회복지를 지향하거나 이에 부합된다면 모두 사회복지법의 범주에 포함시켜 사회복지법의 법원으로 파악해야 할 것이다.

(2) 사회복지법의 확대 따라서 사회보장기본법을 위시하여 사회복지사업법 제2조에 열거되어 있는 국민기초생활 보장법 등 27개 법률뿐만 아니라, 노인장기요양보험법・건강

4) 2018.1.2 현재 우리나라 현행 법령 총 건수는 4732건인데, 그중 법률은 1,439건, 대통령령은 1,669건, 총리령은 82건, 부령은 1,207건으로 명령이 법률보다 약 2.28배 이상에 달하고 있다.

가정기본법 · 최저임금법 · 임금채권보장법 · 고용보험법 · 산업재해보상보험법 등 어떤 법률의 원리나 그 규정내용이 사회복지이념이나 사회복지제도 및 활동과 실천에 관한 내용이라면 사회복지법의 법원에 포함시켜야 할 것이다.

더군다나 앞으로 국가 또는 지방자치단체 외에 민간단체나 법인도 사회복지와 관련되는 활동을 행하거나 이를 지원할 수 있도록 법규정의 범위가 확대되고 복잡해질 것이 전망되므로, 사회복지와 관련된 새로운 법규정이 생긴다면 사회복지법의 범주에 포함시켜 동법의 법원으로 이해하여야 할 것이다.

3) 명령과 규칙

일반적으로 국회에서 입법과정을 거쳐 제정하는 법을 '법률'이라 하는데 대하여, 국회의 의결을 거치지 않고 권한 있는 행정기관이 제정한 법규를 총칭하여 '명령'이라고 한다. 이 명령에는 국민과 국가를 다함께 규율하는 일반적 · 추상적 규범인 '법규명령'과 행정조직 내부나 특별권력관계 내부만 규율하는 '행정규칙'이 있는데, 일반적으로 법규명령만 명령으로 본다. 이러한 명령 · 규칙은 지방자치단체가 법령의 규정이나 위임에 따라 제정하는 자치법규인 「조례 및 규칙」과 구별하여야 한다.

(1) 법규명령 법규명령은 행정권이 정립하는 일반 · 추상적 규범으로서 법규의 성질을 가진 것을 말한다. 명령에는 명령제정의 근거와 주체에 따라 그 효력과 명칭이 다르다.

헌법적 근거하에서 대통령은 법률과 동일한 효력을 인정하는 '긴급명령', '긴급재정 · 경제명령'을 발할 수 있고(헌법 제76조 참조), 또한 대통령은 법률의 집행과 법률에서 위임받은 사항에 대하여 '집행명령'과 '위임명령'을 발할 수 있다(헌법 제75조 참조). 그리고 국무총리와 행정 각부의 장은 소관업무에 관하여 법률이나 대통령령의 위임 또는 직권으로 총리령 · 부령을 발할 수 있다(헌법 제95조 참조).

일반적으로 국회에서 제정된 법률의 집행을 위하여 또는 법률의 위임에 의하여 대통령령이 제정되므로 대통령령은 법률에 위배될 수 없으며, 대통령령이나 법률의 근거 하에 총리령 · 부령 등이 제정되므로 총리령 · 부령은 법률이나 대통령령에 위배될 수 없다.

이와 같이 대통령령 · 총리령 · 부령은 개별 법률이나 상위명령의 시행을 위하여 제정되는데, 이의 구체적 명칭이 '시행령'과 '시행규칙'으로서, 대부분의 법률은 그 시행에 필요한 시행령(대통령령)과 시행규칙(부령)이 마련되고 있다.

사회복지관련 업무는 그 내용상 다양성 · 전문성 · 기술성 · 임기응변성 등을 특징으로 하기 때문에 다른 어느 법분야보다 입법의 범위에는 한계가 있을 수밖에 없는 것이다. 따라서 개별 사회복지관련법에서는 기본적인 사항만 규정하고 세부적인 사항은 명령이나 규칙에서 정하는 것이 일반적이라 할 수 있다.

사회복지관련법의 법원으로서 명령・규칙에는 각 단행법의 명칭 뒤에 대통령령을 '시행령'으로, 부령을 '시행규칙'이라는 명칭으로 표현하고 있다. 예컨대 국민건강보험법의 집행이나 시행을 위한 「국민건강보험법시행령」, 「국민건강보험법시행규칙」이 여기서 말하는 명령・규칙인 것이다.

그런데 법률의 직접적 위임에 따라 제정되는 총리령[5]・부령은 법률을 보충・보완하기 위한 것이므로 대통령령과 동일한 단계의 효력이 있겠지만, 대통령령의 위임에 따라 제정되는 총리령・부령은 대통령령보다 그 효력이 하위에 있으므로 대통령령에 위배되어서는 안 되는 것이다.

(2) 행정규칙 '행정규칙'은 행정기관이 법률의 수권(受權) 없이 그 권한의 범위 내에서 정립하는 일반・추상적 규정으로서, 공법상의 특별권력에 기초하여 행정조직 내부 또는 특별권력 관계 내부의 조직・활동을 규율하는 규범을 말한다.

그런데 총리나 행정 각 부 장관이 훈령・예규・통첩・지침・고시 등과 같은 명칭으로 발하는 행정규칙을 법원의 일종으로 볼 것인가에 대하여 견해가 나누어지고 있다.

법원의 개념에 대하여 협의설의 입장에서 행정규칙은 국가통치권에 기하여 일반 공권력의 사인(私人)인 국민에 대한 관계를 규율하는 '외부법규'인 법규명령과는 달리, 행정조직 내부 또는 특별권력관계 내부에만 그 효력이 한정되는 '내부법규'라는 점에서 행정규칙의 법원성을 부인하는 '비법규설'이 있다.

그러나 법규명령과 같이 법률의 개별적・구체적 수권이 없더라도 행정규칙은 헌법이나 법률에 의하여 주어진 행정권의 독자적 권한에 기한 직무집행의 범위 내에서 행정목적을 달성하기 위한 일반적・추상적 규정으로서 행정사무처리의 기준이 되어 행정조직 내부 또는 특별 행정법관계 내부의 공무원이나 구성원인 특수한 신분을 가진 자에 대하여 구속력을 가진다는 점에서 넓은 의미의 법규개념에 행정규칙을 포함시키는 광의설의 입장에서 주장하는 '법규설'이 타당하다 할 것이다.

특히 사회복지분야는 그 범위가 광범위하고 앞으로도 그 범위의 확대가 예상되므로 입법기술상 법률에서 그 세부실천사항까지 모두 망라하여 상세하게 규정할 수 없는 성질의 내용이 많기 때문에, 관계되는 행정기관이 부득이 행정규칙의 형식으로 복지행정을 수행할 수밖에 없다는 점을 고려할 때 광의설의 입장에서 주장하는 '법규설'이 타당하다 할 것이다.

행정규칙의 형식을 취한 법규명령 중 사회복지에 관련된 판례는 (구)노인복지법 제32조

---

5) 국무총리소속기관(기획예산처 등)으로 그 장에 국무위원으로 보하여지더라도 행정각부가 아니므로(정부조직법 제26조 참조) 부령에 해당하는 명령을 발할 수 없고, 동 기관의 업무에 관한 사항은 총리령으로 정하여진다.

제2항에 의한 노인복지사업지침[6](대판 1996.4.12. 선고, 95누7727)과 보건복지부 고시인 '의료보험진료수가기준' 중(부록 1) 수탁검사 실시기관 인정 등 기준[7](대판 1996.6.22, 선고, 98두17807)을 예로 들 수 있다.

4) 자치법규(조례와 규칙)

자치법규란 지방자치단체 또는 그 기관이 법령의 범위 안에서 제정하는 지방자치에 관한 규정(헌법 제117조 제1항 참조)을 말하며, 이에는 지방의회에서 제정하는 '조례'와 지방자치단체의 집행기관이 제정하는 '규칙'이 있다.

『지방자치법』에서는 의결기관인 지방의회의 권한(제5장)과 집행기관인 지방자치단체장의 권한(제6장 제1절)을 분리하여 규정하고 있다.

(1) 조 례

① 개념 조례란 지방자치단체가 법령의 범위 내에서 그 사무에 관하여 지방의회의 의결로써 제정하는 법규를 말한다(지방자치법 제22조 참조). 직접 헌법상의 개괄적 수권규정(헌법 제117조 참조)에 근거하여 지방의회가 독자적 판단으로 제정할 수 있으며, 법률의 개별적 수권을 요하지 않는 점에서 자주법으로서 조례의 특징이 있는 것이다.

그러나 헌법상의 직접적 수권규정에 근거하여 조례가 제정된다 하더라도 국가의 법령이나 광역자치단체(시 · 군 · 지치구의 경우)의 조례나 규칙에 위반되지 않아야 하며(지방자치법 제24조 참조), 주민의 권리제한 또는 의무부과와 벌칙을 규정할 때에는 반드시 법률의 위임이 있어야 한다(지방지치법 제22조 단서).

② 조례제정권의 한계 헌법 제117조 제1항에서 "지방자치단체는 주민의 복리에 관한 사무를 처리하고 재산을 관리하며, 법령의 범위 안에서 자치에 관한 규정을 제정할 수 있다"라는 규정에 의거하여 지방자치법 제22조에서는 "지방자치단체는 법령의 범위 안에서 그 사무에 관하여 조례를 제정할 수 있다"라고 규정한다.

지방자치법에서는 지방자치단체의 조례제정권을 인정하면서, '법령의 범위 안에서'만 조례를 성할 수 있는 것으로 제한할 뿐만 아니라, '그 사무에 관하여'라고 하여 조례로 정할 수

6) 대판 1996.4.12. 선고, 95누7727 : 보건사회부장관이 정한 1994년도 '노인복지사업지침'은 노령수당 지급대상자의 선정기준 및 지급수준 등에 관한 권한을 부여한 노인복지법 제13조 제2항, 같은 법시행령 제17조, 제20조 제1항에 따라 보건사회부장관이 발한 것으로서 실질적으로 법령의 규정내용을 보충하는 기능을 지니면서 그것과 결합하여 대외적으로 구속력이 있는 법규명령의 성질을 가지는 것으로 보인다.

7) 대판 1996.6.22. 선고, 98두17807 : 보건복지부장관이 고시의 형식으로 정한 '의료보험진료수가기준'(1995.12.9. 보건복지부고시 제1995-55호로 개정된 것) 중 (부록 1) '수탁검사실시기관인정 등 기준'은 요양급여 및 분만급여의 방법 · 절차 · 범위 · 상한기준 및 그 비용 등 법령의 내용이 되는 구체적인 사항을 보건복지부장관이 정하도록 한 의료보험법의 위임에 따라 이를 정한 규정으로서 법령의 위임한계를 벗어나지 아니하는 법령의 내용을 보충하는 기능을 하면서 그와 결합하여 대외적으로 구속력이 있는 법규명령으로서의 효력을 가진다고 볼 것이므로 …

있는 사무의 범위를 '주민의 복지사무'와 '공유재산의 관리사무'라는 지방자치단체의 사무로 한정하고 있다(지방자치법 제9조 참조).

뿐만 아니라 동 조항 단서에서는 "주민의 권리제한 또는 의무부과에 관한 사항이나 벌칙을 정할 때에는 법률의 위임이 있어야 한다"라고 규정하여 지방자치단체의 자치입법권에 '법령우위의 원칙'을 천명하고 있다.

지방자치단체가 조례로서 제정할 수 있는 사항은, 지방자치단체의 고유사무인 '자치사무'와 개별 법령에 의하여 지방자치단체에 위임된 '단체위임사무'에 한정되고, 국가사무로서 지방자치단체에 위임되거나, 상위 지방자치단체의 사무로서 하위 지방자치단체에 위임된 '기관위임사무'에 관한 사항은 조례제정의 범위 밖이라 할 것이다.[8] 그러나 지방자치단체는 주민의 권리제한 또는 의무부과나 벌칙에 관한 사항이 아닌 한 법률의 개별적 위임이 없더라도 조례를 제정할 수 있다는 것이 대법원의 일관된 견해[9]이다.

그런데 법률의 규정이 흠결된 경우, 즉 법률의 공백이 있을 경우 조례를 제정하여 그 흠결 부분의 보충이 가능한가에 대하여, 대법원은 지방자치단체가 각 지역의 특성을 고려하여 그 고유사무와 관련된 사항에 관하여는 독자적으로 규율할 수 있는 것이므로 국가의 입법미비를 들어 지방자치단체의 자주적인 조례제정권의 행사를 가로막을 수 없다고 판시하고 있다.

법률의 공백, 즉 국가의 입법미비의 경우에도 법률에서 규제하고 있지 아니한 사항에 대하여 지방자치단체가 조례로서 추가로 규율할 수 있는 '법률추가규제조례'와 법률의 규정을 전국적인 최저규제기준으로 해석하여 그 최저기준에 위반하지 않는 한 그 기준 이상의 조례를 제정할 수 있을 것인가 하는 '법률초과규제조례'로 나눌 수 있다.

사회복지 수혜 대상자에게 법률이 규정하고 있는 급여서비스 외에 추가서비스를 제공하거나, 법이 정한 급여서비스의 수준을 최저 기준으로 보고 그 이상의 초과서비스를 제공하는 조례제정이 가능하다고 해석하고 있다.[10]

대법원[11]에서도 조례가 규율하는 특정 사항을 국가의 법률에서 이미 규정하고 있는 경우에도 조례의 적용에 의하여 법령의 목적과 효과를 전혀 저해하지 않거나, 국가의 법령이 전국에 걸쳐 일률적으로 동일한 내용을 규율하려는 취지가 아니고 각 지방 실정에 맞게 별도로

---

8) 대판 1992.7.28. 선고, 92추31.

9) 대판 1970.2.10. 선고, 69다2121 ; 대판 1992.6.23. 선고, 92추17.

10) 박석돈, 사회복지법제론, 삼영사, 2007, p.14.

11) 대판 1997.4.25. 선고, 96추244(이 사건 조례안에 의하여 생활보호법 소정의 자활보호대상자 중 일부에 대하여 생계비를 지원한다고 하여 생활보호법이 의도하는 목적과 효과를 저해할 우려는 없다고 보여지며, 비록 생활보호법이 자활보호대상자에게는 생계비를 지원하지 아니하도록 규정하고 있다고 할지라도 그 규정에 의한 자활보호대상자에게는 전국에 걸쳐 일률적으로 동일한 내용의 보호만을 실시하여야 한다는 취지로는 보이지 아니하고, 각 지방자치단체가 그 지방의 실정에 맞게 별도의 생활보호를 실시하는 것을 용인하는 취지라고 보아야 할 것이므로, 이 사건 조례안의 내용이 생활보호법의 규정과 모순·저촉되는 것이라고 할 수 없다.)

규율하는 것을 용인하는 취지인 경우에는 그 조례는 법령에 위배되지 않는다고 판시하고 있다.

(2) 규 칙

① 개념 지방자치단체의 집행기관인 지방자치단체의 장이 법령이나 조례의 범위 내에서 제정하는 규범이 '규칙'이다. 집행기관에는 일반사무의 집행기관(서울특별시장, 광역시장, 도지사, 시장, 군수, 자치구청장)과 교육·과학 및 체육에 관한 사무의 집행기관(서울특별시·광역시·도의 교육감)의 두 종류가 있으므로 규칙에도 일반규칙(지방자치법 제23조)과 교육규칙(지방자치법 제121조, 지방교육자치에 관한 법률 제25조)이 있다.

② 규칙제정권의 범위 지방자치단체의 고유사무인 '자치사무'와 법령의 규정에 의하여 지방자치단체에 위임된 '단체위임사무'에 관하여는 조례로 규율할 수 있지만(헌법 제117조, 지방자치법 제22조), 지방자치단체의 장은 그 자치단체의 고유사무인 자치사무, 즉 주민의 복리에 관한 사무와 공유재산의 관리사무뿐만 아니라 개별법령에 의하여 위임된 '단체위임사무'는 물론이고 국가사무로서 지방자치단체에 위임되거나, 상위 지방자치단체의 사무로서 하위 지방자치단체에 위임된 '기관위임사무'에 관하여도 규칙을 제정할 수 있는 것이다(지방자치법 제23조 참조). 따라서 주민의 복리에 관한 사무에 대하여 지방자치단체의 장은 규칙을 제정할 수 있다.

2. 불문법

1) 관습법

사실행위로서의 관행이 오랜 기간에 걸쳐 계속적·반복적으로 시행되어 일반 국민의 법적 확신 또는 법적 지지를 얻게 됨으로써 국가에 의하여 법적 효력을 승인받게 되는 규범을 '관습법'이라 한다.

대법원 판례에서도 불문법으로 관습법의 성립을 시인하고 있다. 그러나 우리나라에서는 사회복지관련법이 본격적으로 제정·시행된 역사가 극히 짧아서 사회복지분야에서는 아지 관습법의 성립을 인정하는 판례가 없는 실정이다.

그렇지만 사회복지에 관한 현행 성문법 규정에는 미비한 점이 많을 뿐만 아니라, 사회복지서비스의 특성상 법규정화가 곤란한 경우가 적지 않아 사회복지의 실천적 행위와 그 절차에 있어서 관행의 성립이 예상된다. 또한 법규해석상 보충적 효력을 인정할 수밖에 없는 관습법의 형성과 적용이 불가피하므로 앞으로는 관습법이 사회복지법의 중요한 법원이 될 것으로 예상된다.

2) 판례법

구체적 사건에 대한 법원의 판결은 추상적인 법규정의 의미를 명확히 하며 판결에서 합리적인 이론 또는 법칙이 표시되는데 이를 '판례'라 하고, 이 판례가 유사한 사건에 반복하여 적용됨으로써 법규적 효력을 인정한 것이 '판례법'이다.

판례를 법원으로 인정할 것이냐에 대하여는 견해가 대립되고 있다. 판례법국가인 영국·미국 등 영미법계 국가에서는 상급법원의 판결이 그 이후 유사한 사건에 대한 선례가 되어 법원을 구속하게 되는 '선례구속의 원칙'이 인정되기 때문에 판례는 주요한 법원이 된다.

그러나 유럽대륙국가와 그 대륙법을 계수한 일본·한국 등과 같은 나라에서는 '선례구속의 원칙'이 인정되지 않기 때문에 일반적으로 판례의 법원성이 부인되고 있다.

우리나라에서는 법원조직법 제8조에서 "상급법원의 재판에 있어서의 판단은 해당 사건에 관하여 하급심을 기속한다"라고 규정하고 있는데, 그 의미는 상급법원이 내린 법령에 대한 판단이 하급심을 구속하는 것은 오직 '해당 사건'에 한한다는 뜻이므로 일반적으로 상급법원의 판단이 하급심을 구속하는 효력이 있다는 의미가 아니다.

따라서 장래의 다른 재판에서 대법원의 판례가 법으로 반드시 수용되어야 하는 것은 아니며, 그와 다른 판결을 하더라도 그 재판은 위법이 아니므로 우리나라에서는 판례의 법원성이 부정되는 것이라 말할 수 있다.

그러나 어떤 사안에 관하여 적용할 법령의 해석과 그에 따른 판결이 수시로 다르게 내려진다면 법률생활의 안정을 기대할 수 없으며, 또한 일반국민도 대체로 유사한 사건에는 종전의 판례와 같은 취지의 판결을 할 것이라는 법적 확신을 가지고 그에 따라 행위를 하게 되는 것이다.

이와 같이 법제도상으로는 판례의 구속성이 인정되지 않지만 법적 안정성을 위하여 상급법원의 판례가 사실상의 구속력을 가진다는 점을 인정하지 않을 수 없다. 특히 법원조직법에서 종전에 대법원에서 판시한 법령의 해석적용에 관한 의견을 변경하려면 대법관 전원의 3분의 2 이상의 합의체에서 반드시 심판하도록 규정하여(동법 제7조 제1항 제3호) 상급법원의 판례변경을 어렵게 하고 있는 점도 하급심이 상급심의 판례에 따르지 않을 수 없는 판례의 구속성을 사실상 뒷받침하고 있는 것으로 볼 수 있다.

그리하여 어떤 유사한 사건에 대한 법원의 동일한 판결이 계속·반복되면 그 판결에 추상적인 원칙·원리 또는 법규범성이 확립되고, 장래 그와 같은 비슷한 사건에 대하여도 그 원칙·원리 등을 적용하게 될 개연성이 많아진다. 따라서 반복되는 판결에 의한 일반적인 법원리·원칙이 성립하여 사실상 판례의 법원성이 인정되지 않을 수 없고, 이와 같은 판례의 구속성을 토대로 판례법이 형성되는 것이다.

사회복지법의 분야에서도 앞에서 설명한 판례법의 형성을 예상할 수는 있지만, 사회복지관련법의 제정 · 시행의 역사가 극히 짧아 이에 관한 판례가 현재까지는 거의 없는 실정이다.

3) 조리(條理)

'조리'라 함은 사물의 도리 또는 사물의 본질적 법칙을 말하며, 사람의 이성적 판단에 의하여 옳다고 생각되는 규범이라 할 수 있다. 환언하면 일반인의 기준에서 정의(正義)라고 생각되는 원리 또는 법칙이라고 말할 수 있다.

경우에 따라서는 이를 사회통념, 신의성실, 사회적 타당성, 사회질서, 형평, 정의, 법의 일반원칙, 경험칙, 법의 체계적 조화 등으로 부르기도 한다.

'조리'는 지극히 추상적인 하나의 포괄적인 용어로, 법질서 전체 또는 법체계 속의 이념 또는 정신에 비추어 가장 합리적이라고 생각되는 규범으로서 일종의 자연법적인 존재라고 표현할 수 있을 것이다.

조리가 법규범과 관련되는 것은 첫째, 실정법 및 법률행위의 해석에 있어서 하나의 기준이 되는 경우와, 둘째, 재판에 준거할 만한 법원이 존재하지 않을 때 재판의 기준으로 적용된다는 점이다.

조리의 법원성에 대하여는, 법관은 재판을 거부할 수 없다는 사실과 성문법주의 국가에서도 법률이나 관습법도 존재하지 않는 법의 흠결이 불가피한 경우가 있으므로 법의 흠결을 보충하고 재판의 기준이 되는 것에 불과할 뿐 법 그 자체라고 할 수 없다는 견해가 있다. 그러나 다수의 학자는 헌법규정(헌법 제103조)과 민법 제1조를 근거로 조리의 법원성을 인정하고 있다.

또한 조리에 의한 사법상의 환경권의 성립을 인정할 수 없으므로 상린관계 및 생활이익을 피보전권리로 한 골프장설치금지 가처분신청 및 불법행위책임을 부정한 판례도 '조리의 법규범성'을 간접적으로 인정함을 전제로 한 판결[12)]이다.

사회복지관련법에서도 사회복지에 관한 법령, 관습법 등만으로 복잡 · 다양한 사회복지와 관련된 법률관계를 모두 규율할 수 없어서 부득이 그 흠결을 보충할 수밖에 없다고 할 것이다. 따라서 조리에 의한 보충과 재판을 예상할 수 있기 때문에 조리의 법원성을 인정하는 것이 타당하다고 본다.

12) 대법원 1995.5.23, 자 94마2218결정.

제3장 사회복지법의 적용과 해석

제1절 사회복지법의 적용

1. 법의 적용과 해석의 관계

1) 법의 적용

일반적으로 법은 그 성질상 일반적·추상적인 규범이므로 어떤 구체적인 사실관계에 대하여 일정한 법적 효과가 발생하는 것으로 확정하려면 '법의 적용'이라는 과정을 거치게 된다. 따라서 '법의 적용'이란 구체적인 일상생활관계를 법적으로 평가·판단하여 법적 효과를 부여하는 과정이라 말할 수 있다.

법의 적용과정을 살펴보면, 추상적인 법규범을 대전제로 하고, 구체적인 사회생활관계를 소전제로 하여 3단 논법에 의한 추론 또는 결론으로서 법적인 가치판단을 내리는 과정을 밟게 되는데 이를 '법의 적용'이라 한다.

이와 같은 법의 적용은 일상적으로 누구든지 의식적이든 무의식적이든 수시로 하고 있지만, 오늘날의 법치국가에서 가장 명백하게 의식적으로 실효성 있는 법의 적용을 하는 것은 사법부인 법원(法院)에서 행하는 재판에서이다.

그러므로 일상에서 하고 있는 법의 적용도 대개의 경우에는 법원의 재판에서의 법적용을 의식하고 또한 그것을 예측하고 행해지기 때문에 보통 법의 적용이라면 이런 의미로 사용되는 것이다.

2) 법의 해석

이와 같은 법의 적용과정에서, 소전제인 사실관계의 확정도 중요하지만, 이 확정된 사실관계에 어떠한 법률 또는 법조항을 적용할 것인가를 판단하려면 일반적인 문제로서 우선 대전제가 되는 법규의 의미내용을 명확히 하는 것이 필요하다. 이와 같이 법의 적용에서 그 대전제가 되는 법규, 즉 법원(法源)의 내용을 명확하게 하는 것을 바로 '법의 해석'이라 한다.

법의 적용과 해석에 관한 위와 같은 일반적인 관계는 사회복지법에 관하여도 당연히 타당성을 가지는 것이므로, '사회복지법의 해석'도 사회복지법의 법원에 관하여 그 의미내용을 명확하게 밝히는 것을 뜻한다고 말할 수 있다.

2. 법의 효력에 관한 일반원칙

'법의 해석'이라 하면 위에서 말한 바와 같이 법규정의 의미 내용을 명확히 하는 것뿐만 아니라 관련되는 다른 법률과 대비하여 효력상의 우열을 명확히 하는 것도 포함되며, 또한 동일한 법률에서도 관련되는 조항 상호 간의 효력관계를 확정하는 것도 필요한 것이다.

사회복지법에서도 그 성격에 따라 다른 사회복지관련법과의 효력상 우열관계를 정하는 데 필요한 일반원칙을 살펴 볼 필요가 있다.

1) 상위법과 하위법의 관계

국가의 법질서는 헌법을 최고 법규로 하여 그 가치질서에 의하여 지배되는 통일체를 형성하는 것이며, 그러한 통일체 내에서 상위규범은 하위규범의 효력의 근거가 되는 동시에 해석의 기준이 되는 것[1]이다. 그러므로 비록 한 국가의 법체계에 헌법의 최고 규범성을 명시한 규정이 없다고 하더라도 대통령의 헌법존중의무와 헌법 준수의 선서(제66조, 제69조), 헌법소원제도(제111조 제1항 제5호), 경성헌법성(제128조, 제130조) 등으로 보아 국법 질서상 헌법을 최고의 규범으로 하여 그 하위규범인 법률·명령·규칙·자치법규(조례와 규칙)의 순서로 단계별 효력 순위가 정해져 있는 것으로 해석하는 것이다.

따라서 하위규범은 그 상위규범의 효력에 구속되어 그에 위반할 수 없다는 일반원칙이 확립되어 있는 것이다.

사회복지관련법들도 실정법 체계에 속하므로 이러한 수직적인 법 단계별 효력순위에 따라 규정내용의 효력을 명확히 해야 할 것이다. 그러므로 헌법에 위반되는 사회복지관련 하위 법률이나 법조항은 위헌법률로서 아무런 효력이 없는 것이다.

따라서 사회복지관련 법규의 해석에는 해당 규정이 상위법의 어느 조항에 근거한 것인지, 위임을 받은 것인지, 허용 또는 금지 범위에 속하는지 여부 등을 판단해야 할 것이다.

2) 일반법과 특별법의 관계

법규범은 그 적용 및 효력의 범위를 기준으로 일반법과 특별법으로 나눈다. 즉, 사람·장소·사항 등에 특별한 제한 없이 일반적으로 적용되는 법을 '일반법' 또는 '보통법'이라고

1) 헌재 1989.7.21. 선고, 89헌마38, 상속세법 제32조의2 제1항의 위헌 여부에 관한 헌법소원.

하고, 한정된 사람 · 장소 · 사항에 관하여서만 적용되는 법을 '특별법'이라고 한다.

법을 일반법과 특별법으로 구별하는 실익은 "특별법이 일반법에 우선하여 적용된다"는 '특별법우선의 원칙'이 통용되기 때문이다. 즉, 어떤 일정한 법률관계에 대하여 규율하는 특별법이 있으면 먼저 적용되고, 그 특별법이 없는 경우에는 일반법이 적용되는 것이다.

예컨대 사람을 기준으로 하여 일반 모든 국민에게 적용되는 법(국민건강보험법)과 특정자격기준에 해당되는 자에게만 적용되는 법(의료급여법)의 관계가 일반법과 특별법의 관계에 있는 예이다.

그러나 이 구별은 상대적인 것임을 유의하여야 한다. 즉, 두 가지 법을 비교할 때 지칭할 수 있는 구별이며, 어떤 절대적 기준에 따라 항상 특별법과 일반법으로 고정적인 구분을 할 수 없다는 것이다. 예컨대 사회복지사업법에 대하여 「노인복지법」은 특별법이지만, 「고령자고용촉진법」은 일반법인 노인복지법과 비교하여 특별법에 속하는 것이다.

3) 신법과 구법의 관계

(1) 명시적 폐지 신법은 새로 제정되어 시행되는 법을 말하고, 구법은 신법에 의하여 폐지되는 법을 말한다. 일반적으로 신법 제정 시에 그 부칙에 명시규정으로 구법의 일부 또는 전부를 폐지한다고 규정한 때에는 구법은 당연히 폐지된다.

이와 같은 신법과 구법 관계의 예를 들면, 「사회보장기본법」을 새로 제정하면서 그 부칙에서 「사회보장에 관한 법률」을 폐지한다는 명시규정을 두고 있는 경우이다(사회보장기본법 부칙 제5134호 1995.12.30.).

(2) 묵시적 폐지 위와 같은 명시적인 법의 폐지규정이 있을 때는 문제되지 않으나, 동일한 사항에 관하여 신법과 구법이 모순 · 저촉될 경우에는 그 저촉되는 한도에서 구법은 묵시적으로 당연히 폐지된 것으로 보는데, 이런 경우에는 "신법은 구법을 깨뜨린다"는 원칙이 지배하게 된다.

(3) 법률불소급의 원칙 새로 제정된 법률은 그 제정 이전에 발생한 사실에 소급하여 적용되지 않고, 그 효력이 생긴 때부터 그 이후에 발생한 사실에 관하여서만 적용된다는 원칙이 '법률불소급의 원칙'이다.

이 원칙은 법적 안정성과 기득권 존중의 관점에서 일반적으로 인정되고 있지만 이는 해석상의 원칙에 지나지 않으며, 입법을 구속하는 것은 아니다. 따라서 입법으로 그 효력을 소급시키는 것은 상관없다. 그러나 형벌법규에 소급효를 인정하는 입법은 위헌법률이 되며, 소급입법에 의한 재산권의 박탈도 헌법에서 금하는 조항(헌법 제13조 제2항 참조)을 두고 있다.

4) 한시법과 경과법(경과규정)

한시법(限時法)이란 원래 법제정 시에 미리 그 시행기간, 즉 일반적 유효기간을 예정하여 그 기간이 경과하면 당연히 효력이 상실되는 것으로 정하고 있는 법규를 말한다. 그런데 한시법은 효력기간이 경과함으로써 폐지된 후에도 폐지 전의 행위에 대하여 추급효(追及效)를 가진다는 것이 판례[2]이지만 '추급효부정설'이 우리나라 다수설이다. 입법에서는 명문으로 폐지전의 행위에 대해서는 벌칙에 관하여 효력을 가진다는 것을 특별히 규정해야 하겠지만 그러한 특별규정 없이 형벌부과규정의 폐지가 있는 경우에 한하여 그 법이 한시법인가의 여부를 논할 필요성이 있는 것이다.

법령의 제정이나 개폐가 있었을 때 구법 시행 시의 발생사항에는 구법을 그대로 적용하고 신법 시행 이후에 발생한 사항에 대하여서는 신법을 적용하는 것이 당연한 것이다.

그러나 구법 시행 시에 발생한 사항으로서 신법 시행 이후에도 계속 진행되고 있는 경우에는 구법과 신법 중 어느 법을 적용할 것인가가 문제되는데, 이런 경우를 해결하기 위하여 규정한 것이 경과법 또는 경과규정이다. 법령을 개폐할 때 보통 부칙에서 이에 관한 명문규정을 두고 있지만, 별도의 단행법을 제정하는 경우도 있다. 예컨대 사회복지사업법에 규정되어 있는 사회복지사 1급 자격취득과 관련한 경과규정이 있다. 부칙(법률 제5358호, 1997.8.22.) 제2조에서 개정규정의 시행일이 2003년 1월 1일이지만 법에서 정한 특정한 자에게는 종전의 규정에 의하여 사회복지사 1급 자격증을 교부받을 수 있도록 경과규정을 두고 있다.

5) 강행법(강행규정)과 임의법(임의규정)

법률 또는 법조항의 적용이 강제적이냐 임의적이냐에 따른 구분인데, 강행법(또는 강행규정)은 행위 당사자의 의사와 상관없이 법의 적용이 강제되는 법(규정)이고, 임의법(또는 임의규정)은 행위 당사자의 의사에 의하여 그 적용을 배제시킬 수 있는 법(규정)을 의미한다.

대체로 공법(헌법, 행정법, 형법, 형사소송법, 민사소송법 등)은 강행법에 속하고 사법(민법, 상법 등)은 임의법에 속한다고 말할 수 있다.

이와 같이 어떤 법규가 강행법규이냐 또는 임의법규이냐 하는 것은 당사자가 그에 구속당하느냐 또는 구속당하지 않느냐의 문제가 되므로 법의 해석에서 중대한 결과를 가져오게 된다.

강행법규와 임의법규의 구별기준이 명확하게 규정되어 있지 않은 경우에는 당해 법규의 내용・성질・목적 등을 종합적으로 참작하여 판단할 수밖에 없다.

사회복지관련법은 사회법의 분야에 속하고, 사회복지급여수급권이 국가에 대한 개인적

2) 대판 1988.3.22. 선고, 87도2678.

공권으로서의 권리성을 인정해야 한다는 면에서는 강행법규적 성격을 지닌다고 볼 수 있다. 그러나 수급자로서 급여수급권을 실제로 부여받으려면 수급권자의 자의에 의한 신청행위를 전제로 하는 공무원의 사실적 처분행위(조치)에 의존한다는 점에서 반사적 이익의 성격도 부인할 수 없기 때문에 그 한도에서 임의법규성을 인정해야 될 것으로 본다.

제2절 사회복지법의 해석

1. 법해석의 의의

법의 해석이라 함은 일반적이고 추상적인 용어로 규정된 법규범을 구체적인 사회생활에 적용하기 위하여 그 의미와 내용을 명확히 하는 것을 말한다. 성문법주의국가에서 해석의 대상이 되는 실정법은 고정적·추상적이어서 복잡·다양하고 유동적인 사회현상을 모두 예상하여 구체적으로 완벽하게 이를 규율할 수 있도록 법을 제정한다는 것은 실제 어려운 일이다.

따라서 법의 해석은 법 자체에 내재된 목적과 이념에 따라 법규정의 올바른 의미를 합당하게 객관화해야 할 것이며, 변동적인 사회실정을 고려하여 목적적·가치관계적으로 법규범의 의미내용을 명확히 밝혀야 한다.

2. 법해석의 지도이념(원리)

1) 법해석의 목표

법의 해석이 법의 목적이나 이념에 따라 법규범의 의미내용을 명확히 하는 것이라 하더라도 해석자의 법적 가치판단이 개입하기 마련이므로, 해석의 객관성을 보장할 수 없는 자의적인 해석을 지양하기 위해서는 해석의 기준이 되는 지도이념이나 지도원리에 따른 합리적인 해석이 되어야 할 것이다. 보통 법해석의 지도이념으로 '구체적 타당성'과 '법적 안정성(일반적 확실성)'을 들고 있다.

(1) 구체적 타당성 법을 해석하는 것은 구체적 사건에 대하여 법을 적용하기 위한 것이므로 법규를 구체적 사건에 적용하여 타당한 결과를 가져오는 해석이 되어야 한다. 다시 말하면, 각각의 개별 사건에 대하여 법규정을 적용하여 모순이 없는 이론구성에 의한 '구체적 타당성' 있는 해석을 하여야 하는 것이 법해석의 목표이다.

(2) 법적 안정성 그러나 구체적 타당성만을 고려하여 법규정의 해석이 사건 또는

사람에 따라서 각각 결과가 달라지게 된다면 법해석의 통일을 기할 수 없게 되어 '법적 안정성'을 해치게 된다.

법규범은 다양하고 유동적인 사회관계를 어느 정도까지 획일적·형식적으로 규율하여 사회의 질서를 유지하고, 그 질서를 전제로 한 행위의 예측이 가능하게 해야 하므로 이와 같은 '법적 안정성' 내지 '법의 일반적 확실성'을 기하도록 해석해야 하는 것은 법해석에서 또 다른 하나의 목표이다.

2) 양자의 관계

이와 같이 법의 해석에는 '구체적 타당성'과 '법적 안정성'이 요구되는데, 이 두 가지 지도이념 내지 목표는 한쪽을 중시하면 다른 쪽이 소홀히 되는 이율배반(二律背反)적인 관계에 있다. 그러므로 법규해석의 목표는 법적 안정성을 저해하지 않는 한도 내에서 구체적 타당성을 기하도록 양자를 어떻게 조화시킬 것인가 하는 것이다.

3) 사회복지법의 해석목표

사회복지법령은 국민의 자유권을 제한하고 생존권을 보장하여야 한다는 이념을 기반으로 하기 때문에 국가가 모든 국민의 생활에 적극적으로 관여해야 하므로 '획일성'을 띠게 되고, 법률상의 제도를 확립하여 모든 국민에 대하여 평등하게 적용되어야 한다는 점에서 '형평성'과 '보편성'을 필연적 속성으로 갖추어야 하는 것이다.

따라서 사회복지법령의 해석에서는 앞에서 설명한 두 가지 목표가 실현되도록 해석해야 하지만, 두 가지 목표나 이념을 동시에 구현하는 것이 어려운 경우에는 구체적 사건에 있어서 개별적 타당성보다 법해석의 통일성을 기함으로써 '법적 안정성'을 도모하는 것을 일차적 목표로 삼아야 할 것이다.

3. 법해석의 방법

사비니(Savigny)는 "법의 해석은 법학의 기초"라고 강조하면서 법의 해석방법을 문법적 해석, 논리적 해석, 역사적 해석, 체계적 해석 등의 네 가지 방법으로 제시하였다.[3] 이러한 해석 방법은 현대법학에 있어서도 그대로 통용되는 것으로 소개하고 있는 것이 일반적 태도이다.

법해석의 방법은 우선 해석의 구속력이 있느냐의 여부에 따라 공권해석과 학리해석으로 나누고, 공권해석은 국가기관을 기준으로 입법해석·사법해석·행정해석으로, 학리해석은 문

3) V. Savigny, System des heutigen Romischen Rechts, Bd.1, 1840, S.206 f., 211 ff.

리해석, 논리해석 · 목적론적 해석으로 나누고, 다시 논리해석에는 확장해석 · 축소해석 · 반대해석 · 유추해석 · 물론해석 · 연혁해석 · 변경해석(보정해석) 등의 해석기술을 포함시키고 있다.

1) 공권해석(유권해석)

국가기관에 의하여 법규정의 의미 · 내용을 명확히 하는 것을 말하며, 이 해석은 당해 기관 내에서 공적 구속력을 가지므로 '유권해석' 또는 '공권해석'이라고도 한다. 유권해석은 어떤 국가기관에 의한 해석이냐에 따라 입법해석, 행정해석, 사법해석 등으로 나눈다.

(1) 입법해석 입법해석은 국회에서 법을 제정할 때 법규정 그 자체에서 그 법령에 사용되는 용어의 의미를 해석하는 조항을 두는 것을 말한다. 일반적으로 사회복지관련법에서는 법의 목적 다음 조항에 그 법에서 사용하는 용어의 의미를 해석하는 조항을 두고 있는데 이것을 '입법해석'이라고 하며, 이 해석에는 강제력이 있어서 절대적인 권위를 가진다고 말할 수 있다.

예컨대 사회보장기본법 제3조에서 사회보장, 사회보험, 공공부조, 사회서비스 등이 무슨 의미인지 풀이하는 조항을 두고 있는데 이것을 '입법해석'이라 한다. 이는 해석 그 자체가 독립한 하나의 법규정으로 되어 있기 때문에 '법규해석'이라고도 한다.

(2) 사법(司法)해석 법관이 법을 적용함에 있어서 판결의 형식으로 행하는 법해석이다. 대륙법계에 속하는 국가에서는 영국과 미국 같은 판례법 국가와는 달리 판례의 구속력이 제도적으로 보장되어 있지 않기 때문에 판결의 형식으로 행하는 사법해석이 절대적인 권위를 가지는 것은 아니다. 그러나 우리나라에는 "상급법원의 심판에 있어서의 판단은 해당 사건에 관하여 하급심을 기속한다"(법원조직법 제8조)는 조항에 의하여 당해 사건에 관하여서만 사법해석도 역시 절대적 권위가 인정된다.

(3) 행정해석 이는 법을 집행하는 행정관청이 관련조항에 대하여 내린 해석을 의미하는데, 법의 집행형식 또는 상급행정청의 하급행정청에 대한 훈령 · 회신 · 예규 · 지령 · 고시 등의 형식으로 행하여지는 해석이다.

행정해석은 법집행을 주관하는 행정청이 내린 해석이므로 그 하급관청은 상급관청이 내린 해석에 따르겠지만 절대적인 권위를 갖는 것은 아니다. 행정해석에 이의가 있거나 불복하는 자는 행정쟁송절차(행정심판이나 행정소송)에 의하여 취소 · 변경될 수 있고, 특히 행정소송이 제기되어 법원의 심판대상이 되었을 경우에는 행정해석의 구속력은 전혀 인정되지 않으며, 법원이 독자적으로 행정해석과는 상관없이 판결을 하게 된다.

2) 학리해석(무권해석)

'학리해석'이란 일반 사인(私人) 특히 법률전문가에 의하여 법이론을 기반으로 하는 학리적 사고에 기초하여 법규의 의미내용을 밝히는 것을 말한다. 공적인 권위가 인정되지 않기 때문에 '무권해석'이라고도 하지만, 유권해석이나 공권해석도 학리해석을 기초로 하므로 학리해석이 다른 해석이나 입법에도 직・간접적으로 상당한 영향을 주고 있음을 참작해야 할 것이다. 학리해석은 문리해석, 논리해석과 목적론적 해석으로 나누어진다.

(1) 문리해석 문리해석이란 법령의 문장, 문구 또는 용어를 기초로 하여 그 문자 등이 가지는 일반적 의미를 문법에 맞게 그 의미내용을 밝히고, 다시 조문 전체의 문장구성을 검토하여 해석하는 방법이다. 이 해석방법은 주로 법조문의 국어학적 해석 또는 문법적 해석을 시도하는 것인데, 법해석의 방법 중에서 최우선적으로 가장 많이 쓰이고, 기초적인 해석이므로 법해석의 첫 단계에 지나지 않는다. 그러나 문리해석만으로는 법규정의 의미내용을 명확히 할 수 없는 경우가 많기 때문에 다음 단계의 해석방법을 고려하게 된다.

(2) 논리해석 법규의 문자나 문장의 문법적・일반적 의미에 구애되지 않고, 법을 하나의 논리적 체계로 구성하여 각 조문을 입법취지・연혁 등을 고려하여 전 체계와 조화를 이루는 논리적 타당성을 기하도록 해석하는 방법이다.

각 규정 간의 논리적 체계성을 중시하므로 '체계(석) 해석'이라고도 한다. 논리해석이라고 해서 다른 해석방법과 무관한 것이 아니고, 먼저 문리해석을 기초로 하고 이에 의한 해석이 명확하지 않고 의문이 제기될 경우에 다음 단계로 고려해야 하는 해석이 논리해석이다.

이 해석방법은 법규의 연혁적・주관적 의의를 초월한 객관성을 보장하기 위한 것이지만 과도한 형식 논리에 편중하게 될 경우에는 현실에 적합하지 아니한 모순이 발생된다는 단점이 있다. 논리해석에는 다음과 같은 해석기술이 동원된다.

① 확장해석 법규의 의미내용을 일반적인 뜻보다 넓게 해석함으로써 법의 타당성을 확보하려는 해석기술이다. 즉, 문리해석에 의한 법조문의 단순한 해석이 법규정의 진정한 의도를 파악할 수 없을 경우에 논리적 방법으로 그 문구가 가지는 일반적인 뜻보다 넓게 해석하는 방법을 말한다. 예컨대 '우마차통행금지'라는 표지판이 있는 경우에 금지하는 취지가 교통의 원활한 소통을 기하고자 하는 것인 때에는 우마차에 자전거도 포함되어야 한다고 해석하는 것과 같다.

② 축소해석 위의 확장해석과 정반대로 해석하는 경우로, 법조문의 자구나 문구를 통상적인 의미보다 좁게 해석함으로써 법의 타당성을 확보하려는 해석기술이다. 법규정의 언어적 표현 자체보다 더 좁게 제한하는 해석기술이므로 '제한해석'이라고도 한다.

예컨대 법문장에서 '제3자'라 함은 일반적인 의미는 당사자 외의 자를 뜻하는 것이겠지만, 당해 법조문에서는 당사자 외의 자 중에서도 그 범위를 더 한정하여 해석해야 할 경우가 많은데 이 경우가 바로 축소해석의 예이다.

민법 제60조에서 "이사의 대표권에 대한 제한은 등기하지 아니하면 제3자에게 대항하지 못한다"고 규정하고 있는데, 여기서 '제3자'란 법조문에 언어적 표현에 따라 일반적인 의미로 해석하면 '선의의 제3자' 뿐만 아니라 '악의의 제3자'도 포함하는 것이지만, 등기와 관련하여 해석해야 하므로 '악의의 제3자'는 여기의 제3자에 포함되지 않는 것으로 제한하여 해석하는 것이 축소해석을 하는 예이다.

③ 반대해석 반대해석이란 법규범에 명문으로 규정되어 있지 않는 경우에 명문으로 규정되어 있는 사실과 반대의 뜻으로 해석하는 기술을 말한다. 이는 다음에 설명하는 '유추해석'과 대립되는 해석기술이다. 예컨대 민법 제3조의 "사람은 생존하는 동안 권리와 의무의 주체가 된다"는 규정에서 사람이 사망한 경우에는 권리와 의무의 주체가 되지 못한다고 해석하는 것이 반대해석의 경우이다.

또한 민법 제832조에는 "부부의 일방이 일상의 가사에 관하여 제3자와 법률행위를 한 때에는 다른 일방은 이로 인한 채무에 대하여 연대책임이 있다"고 규정하고 있는데 이를 반대해석하면 '일상가사'가 아니면 연대책임이 없다고 해석하거나, '자녀'가 일상의 가사에 관하여 부담한 채무에 대하여는 부 또는 모는 책임을 지지 않는다고 해석하게 됨은 반대해석의 예이다. 여기서 '일상가사'란 보통 의류, 연료, 식료품의 구입, 자녀의 학원비, 가옥의 임대차 등과 같이 부부의 공동생활에 필요한 통상의 일상업무를 말한다. 다만 '일상가사'의 범위와 정도는 부부의 생활수준, 수입, 사회적 지위, 재산 등에 의하여 구체적으로 판정해야 될 문제이다.

④ 유추해석 어떤 사항에 관하여 이를 직접 규정한 법규정이 없을 경우에 이와 유사한 사항을 규정한 법규(정)를 적용해야 된다고 해석하는 기술을 말한다. 즉, 비슷한 갑·을 두 개의 사실 중 갑에 관하여만 규정이 있을 경우, 을에 관해서도 이 규정을 적용하여 동일한 효과를 인정하려는 해석이다. 예컨대 '권리능력 없는 사단'의 법률관계에 관해서는 민법에 규정이 없으므로 법인의 권리능력에 관한 규정을 적용해야 한다고 해석하는 것이 유추해석이다.

㈎ 확장해석과의 차이 유추해석은 사례의 성질이 유사하지만, 다른 사례에 관하여 규정된 법규(정)를 아무런 규정이 없는 문제되는 사례에 적용해야 된다고 해석하는 것인데 대하여, 확장해석은 이미 당해 사례에 관하여 규정되어 있는 법조항의 언어적 표현 자체의 의미를 일반적인 뜻보다 넓게 해석하는 것이라는 점에서 양자는 구별된다.

㈏ 반대해석과의 차이 반대해석은 법조문에 근거를 두고 그 법조문의 언어적 표현과 반대의 의미로 해석하는 것이므로, 당해 사례에 관하여 직접 규정한 법규(정)가 없을 때

그와 입법취지가 유사한 다른 법규(정)를 가져와 이에 적용된다고 해석하는 유추해석과는 구별된다.

㈐ 준용(準用)과의 차이 '준용'이라 함은 각 경우에 일일이 규정하여야 할 것을 번잡한 중복을 피하고 법조문을 간결하게 하기 위하여 다른 법조문을 인용하여 그 조항을 적용할 것을 나타내는 용어이다.

예컨대, 민법 제12조 제2항에서 "한정후견개시의 경우에 제9조 제2항(가정법원은 성년후견개시의 심판을 할 때 본인의 의사를 고려하여야 한다)을 준용 한다"고 규정하고 있다. "성년후견개시의 심판을 할 때 가정법원은 본인의 의사를 고려한다"는 제9조 제2항의 규정을 그것과 '본질을 달리하는' 한정후견개시의 심판을 할 때에도 제9조 제2항을 적용한다는 뜻이다. 이렇게 갑의 사례에 관한 규정을 갑의 사례와는 본질이 다른 을의 사례에 적용하는 것을 '준용'(entsprechende Anwendung)이라 한다.

환언하면, "가정법원은 한정후견개시의 심판을 할 때 본인의 의사를 고려하여야 한다"라는 조항을 제12조 제2항에 다시 중복하여 규정하지 않고 "제9조 제2항을 준용한다"라고 줄임으로써 간단하게 입법할 수 있으므로 '준용'은 입법경제상으로 도움이 되는 장점이 있다.

사회복지사업법 제32조에서 "법인에 관하여 이 법에 규정된 것을 제외하고는 민법과 공익법인의 설립·운영에 관한 법률을 준용한다"고 규정하고 있다. 즉, 사회복지법인에 관한 「사회복지사업법」의 규정은 「민법」이나 「공익법인의 설립·운영에 관한 법률」에 대하여 특별법의 지위에 있으므로 동 규정이 우선적으로 적용되지만, 그 규정내용이 간단하여 사회복지법인에 대한 모든 법률관계를 동 법으로만 규율할 수는 없다.

그렇다고 「민법」과 「공익법인의 설립·운영에 관한 법률」에 명기되어 있는 규정을 사회복지사업법에 중복하여 규정하는 것은 입법 경제상으로도 도움이 되지 않고 또 불필요하므로 '준용'이라는 용어를 사용하여 입법을 간결하게 하고 있는 것이다.

이처럼 '준용'은 명문의 규정이 있는 경우에 적용하는 것인데 반하여, '유추'는 명문의 법규정이 없는 사례에 그와 비슷한 사례에 관한 법규(정)를 적용한다는 점에서 다르다.

유추는 법해석상의 한 방법인데 대하여, 준용은 입법기술상의 한 방법이라 할 수 있다. 그러나 준용규정을 남용하면 법규정의 의미를 복잡하게 하여 이해하기 어렵게 할 뿐만 아니라 해석상으로도 의문을 생기게 하는 등의 단점이 있다.

⑤ 물론해석 물론해석이란 법문에 일정한 사례를 규정하고 있는 경우에 그 이외의 사례에 관해서도 사물의 성질상 당연히 그 규정에 포함되는 것으로 해석하는 기술을 말한다. 물론해석은 법조문의 자구 중에 다른 사례가 당연히 포함된다고 해석하는 것인 데 반하여, 확장해석은 법조문의 자구의 의미 자체를 확장하여 해석한다는 점에서 서로 다르다.

물론해석을 예로 들면, 보행자만 다니게 하기 위하여 "이 거리에는 자전거의 통행을 금함"이라는 푯말이 있는 경우에 자전거뿐만 아니라, 자동차 통행도 물론 안 된다고 해석하는 경우이다. 또한 민법 제396조의 "채무불이행에 관하여 채권자에게 과실이 있는 때에는 법원은 손해배상의 책임과 그 금액을 정함에 이를 참작하여야 한다"는 규정에 대하여 과실보다 더 중한 주관적 귀책사유인 채권자의 고의도 물론 포함된다고 해석하는 것을 말한다.

⑥ 보정해석(변경해석) 보정해석이란 법규의 문구가 틀렸거나 부정확하다고 생각되는 경우에 이를 수정 또는 변경하여 해석하는 것을 말한다. 즉, 법조문의 용어에 명백한 오류가 있고, 그것을 문리해석할 때에는 법이 규정하고자 하는 의미에 현저히 반하는 경우에 그 법조문의 의미나 자구를 수정·변경하여 법의 뜻에 맞도록 해석하는 것을 말한다.

예컨대 민법 제7조에는 "법정대리인은 미성년자가 아직 법률행위를 하기 전에는 전 2조의 동의와 허락을 취소할 수 있다"고 규정하고 있으나, 여기서 '취소'는 '철회'라고 보정하여 해석하는 경우이다. 왜냐하면 '취소'의 본래 의미는 일정한 원인에 의하여 의사표시의 효과를 소급적으로 소멸시키는 것을 말하는데, 여기에서는 법정대리인이 미성년자에게 행한 '동의'나 '승낙'이 장래에 대하여만 그 효력이 발생하지 못하도록 하려는 것이기 때문이다.

이와 같은 사례는 사회보장기본법 제14조에서 "사회보장수급권의 포기는 이를 취소할 수 있다"라는 규정에서 볼 수 있는데, 여기서도 '취소'의 의미가 수급권의 효력을 소급적으로 소멸시키겠다는 뜻이 아니라 단순히 '철회'의 의미로 보정해석 해야 하는 것이다.

⑦ 비교해석 비교해석이란 법규를 구법이나 외국법 등과 비교·대조하면서 그 의미 또는 내용을 명백히 하는 해석기술을 말한다. 특히 외국법을 많이 받아들인 국가에서는 그 모법과의 비교해석이 중요한 의미를 가진다. 2개 이상의 국가의 법을 비교연구하는 학문을 비교법학이라 한다.

⑧ 연혁해석 연혁해석이란 법의 성립과정에서 나타난 입법자의 의도, 입법당시의 사정 등 여러 가지 의사를 참작하여 법규의 의미를 보완하여 법의 진의를 밝히는 것을 말한다. 예컨대 민법규정을 이해하기 위해서 민법초안이나 구민법규정, 그리고 법안의 제안 이유서, 제안자의 의사, 의사록, 입법정책상의 이유 등을 특히 참작하여 해석하는 것을 말한다.

(3) 목적론적 해석 목적론적 해석이란 법의 근본취지나 목적을 찾아내어 이에 맞게 해석하는 방법으로, 법의 진정한 의미를 밝혀서 해석의 객관성을 확보하려는 것이다.

이를 논리해석 방법에 속하는 하나의 해석기술로 분류하는 견해도 있으나, 앞에서 기술한 각종 해석방법과 해석기술을 동원하여 법규정의 진정한 의미를 밝히려 하여도 부당하고 사리에 어긋나는 결과가 생길 경우에 이를 지양하고 합리적인 타당한 결론을 도출하려는 해석방법이 '목적론적 해석'이다.

예컨대 구 민법 제811조에서 "여자는 혼인관계의 종료한 날로부터 6월을 경과하지 아니하면 혼인하지 못한다"고 규정하여 이혼한 여자에 대하여 6월의 재혼금지기간을 두고 있었다.

이 규정은 이혼한 여자가 일정기간 수절하게 하거나 과거의 거상혼(居喪婚)을 금하려는 취지가 아니라, 여자의 재혼으로 인하여 출생할 자녀가 전 배우자의 자인지 재혼한 배우자의 자인지 판정하기 곤란한 문제를 피하도록 하려는 목적이다. 그러므로 이혼한 전 배우자와 다시 혼인하는 경우에도 제811조를 문리해석에 의하여 6월의 재혼금지기간을 지켜야 하는 것으로 해석한다면 동 조항의 근본 목적이나 취지를 무시하는 결과가 된다.

따라서 이와 같은 재혼의 경우에는 부성중돌의 염려가 없으므로 동 혼인이 민법 제816조 제1호에 해당하는 것으로 보아 혼인취소청구의 소송을 법원에 제기할 수 있는 것으로 해석한다면 아주 부당하고 비합리적인 결과가 된다. 이런 경우에는 마지막으로 '목적론적 해석'에 의하여 타당한 결론이 도출되도록 하는 것이 올바른 해석이 되는 것이다. 그러나 이 규정(구 민법 811조)은 여성에 대한 차별적인 규정이 될 수 있고, 친자관계감정기법의 발달로 필요성이 없게 되어 현재는 삭제되었다.

제4장 사회복지법상의 사회복지급여수급권

제1절 사회복지급여수급권의 의의

1. 사회복지법의 형성과정

1) 중세 봉건주의사회

서구사회의 역사적 변천과정을 시대적 특성에 따라 구분해 보면 중세봉건사회, 근대시민사회, 현대복지사회의 순서로 발전해 왔다고 말할 수 있다.

중세봉건사회는 대략 15~16세기까지 전통적인 농경사회로 특징지을 수 있다. 이러한 사회에서는 가족이나 마을 또는 지역사회 내에서 자체적으로 개인의 욕구를 충족하거나 문제를 해결해 나갔다. 즉, 생산수단인 토지의 소유와 노동제공이 가족이나 지역사회 중심으로 이루어졌으며, 생산 및 소비도 가족이나 지역사회의 구성원이 공동체로서 해결하였다.

2) 근대시민사회

봉건제도가 타파되고 근대 민주주의에 입각한 시민사회에서는 경제적으로 자본주의가 출현하였고 법적으로는 국가로부터 개인의 자유권을 존중·보장해야 한다는 사상적·이념적 특성과 아우러져 많은 변화를 가져오게 되었다. 근대사회 중 17~18세기까지를 절대군주에 의한 봉건주의 시대라 하고, 개인의 자유와 평등의 이념을 실현시킨 1789년 프랑스 대혁명 이후인 18세기 말에서 20세기 초까지를 법치주의에 입각한 근대시민사회라 한다.

이 시대에는 개인의 생활문제나 사회문제를 거의 모두 개인책임으로 돌리는 관념이 지배적이었다. 예컨대 빈곤문제나 실업은 개인의 나태나 잘못된 생활습성 등에서 연유하는 것으로 보았기 때문에 그 해결책도 개인의 교화·훈련·처벌 등으로 해결해야 된다고 생각하였다. 따라서 이 시대의 '구빈법'이 징벌적인 요소를 띠게 되고 수혜대상도 소수의 빈민이나 실업자 등 취약계층에 국한하였다. 또한 복지혜택의 조건도 까다로웠고 복지급여수준도 노동의 대가로 받는 임금수준 이하가 되도록 하는 '과잉지급금지의 원칙'이 지배하였다.

그러나 자본주의에 입각한 시장경제체제하에서 급속도로 산업화가 이루어짐에 따라 가족이나 지역사회 중심의 공동체적 생산과 소비활동이 완전히 분리되었다. 농경사회의 생산과 소비를 책임지고 관리하던 가장이 이제 임금노동자로 바뀌게 되고 시민의 사회생활은 경제적으로 자유경쟁원리가 노입되었으며 법적으로는 자유와 평등사상에 입각한 법치주의가 강조되어, 시민의 사회활동은 '사유재산권 절대의 원칙', '계약자유의 원칙', '과실책임의 원칙'이라는 근대사법의 3대 원칙과 이념에 따라 행해지게 되었다.

3) 수정 자본주의사회

고전적 자본주의사회에서는 법률상으로 누구든지 자유롭고 평등하므로 노동자를 자본가와 대등한 입장의 추상적 인격자로 취급하게 된다. 그러나 자본주의 체제하의 경제적 현실에서는 노동의 제공대가로 임금을 받는 노동자는 생산수단의 소유자인 자본가와 고용계약을 맺어야 하므로 실제로는 상대적으로 불평등한 지위에 서지 않을 수 없다. 여기서 법률상으로 보장된 형식적・추상적인 자유권과 평등권이 오히려 현실생활에서는 경제적인 부자유와 불평등을 초래하게 되어 노동자계층의 어려움을 누적시키는 모순을 야기하게 되었나.

이와 같은 양상은 자본주의 경제가 고도화됨에 따라 더욱 심화되어 자본주의 생산체제의 구조적 모순인 실업과 많은 노동재해를 초래하게 되었을 뿐만 이니라, 자유시상 경제체제에도 독과점형태가 나타나 일부 소수의 자본적 강자가 자유를 독점하게 되고 국민 대다수는 경제적 부자유를 강제당하게 되어 빈부의 격차를 현격하게 심화시키는 결함을 가져오게 된 것이다.

4) 현대 복지국가시대

초기 자본주의 체제에서 국가는 자유・평등을 최고의 가치로 추구하는 자유방임주의를 지향하였으나, 현대의 자본주의 사회에서는 경제적 강자의 지나친 이윤추구행위를 통제하는 수정 자분주의체제로 개선해야 할 뿐만 아니라 경제적 약자의 생존권 자체를 보장하기 위하여 국민의 사적 생활에도 국가가 적극적으로 관여하는 현대의 복지국가 또는 사회적 법치국가를 표방하게 된 것이다.

이와 같이 경제주체 간의 사적인 생활관계의 영역이 축소되고 국가권력이 개입하는 영역이 확대되어 가는 경향을 '사법의 공법화 경향'이라 하며, 사법원리와 공법원리가 혼합되어 있는 법을 '사회법'이라고 한다. 사회복지법은 경제법・노동법과 함께 사회법의 범주에 속하며 국민의 복지증진에 국가권력으로 하여금 적극적으로 관여하게 하는 특성을 가진다고 말할 수 있다.

2. 근대시민사회의 진전과 사회복지법의 출현

1) 자본주의의 발전과 폐해

18세기 말에서 20세기 초에 걸쳐 발전되어 온 서구의 근대시민사회는 자유와 평등이념에 입각한 '개인주의' 사상을 토대로 하는 '시민법 원리'와 자유방임주의 사상에 입각한 '자본주의' 제도의 기반 위에서 경제적으로는 비약적인 발전을 하게 되었다.

그러나 종래 시민사회에서는 개인의 자유를 국가가 절대적으로 보장하여야 한다는 '천부인권사상'을 기반으로 하여 법형식적 측면에서는 모든 사람이 자유이며 평등하다고 하지만, 경제적 측면에서는 실질적으로 부자유·불평등한 결과를 초래하게 되었다. 즉, 생산수단을 독점하고 있는 소수의 자본가가 자본주의적 시장경제체제를 왜곡시킴으로써 대다수의 국민들은 경제적으로 부자유·불평등을 감내하는 실질적인 약자로 전락하게 되고, 그 결과 부익부, 빈익빈의 현상을 초래하여 빈부의 격차를 더욱더 현격하게 벌어지게 하는 결과를 초래하게 되었다.

이와 같은 자본주의 경제체제의 결함과 모순을 제거하고 올바른 자유 민주주의에 입각한 복리·복지국가의 확립에 모든 국가가 그 역량을 경주한 결과, 정치체제의 이념은 개인주의 또는 자유민주주의에서 집단주의 혹은 사회민주주의로, 경제체제는 시장경제 중심의 상업·산업자본주의나 독점자본주의에서 수정 자본주의로, 법체제 면에서는 공·사법원리의 엄격한 구분에서 공·사법원리가 혼합된 '사회법'을 출현시키는 등 많은 변화를 가져오게 되었다.

2) 생존권 보장과 사회복지법의 출현

종래까지는 국가가 단순히 사회질서의 유지나 외침의 방어만 담당하던 소극적인 역할의 '야경국가'에 머물렀으나, 이제는 국민의 경제생활의 향상과 개인의 생존권을 보장하기 위하여 국가가 적극적으로 국민의 사회생활에 관여하는 '사회적 법치국가' 또는 '복지국가'를 지향하게 된 것이다. 이에 따라 개인의 권리도 국가로부터의 간섭을 배제하는 '자유권'의 보장에서 국가에 대하여 적극적인 간섭을 요청하는 '생존권'의 보장을 중시하는 방향으로 바뀌게 되었다. 또한, 이러한 추세를 반영하여 현대 자유민주주의 국가의 모든 헌법에서 생존권 보장규정을 두게 되고 그 구체적 실현을 위한 하위법으로 모든 국민의 복지를 증진시키기 위하여 '사회법'의 일종인 '사회복지법'이 출현하게 된 것이다.

근대 시민사회의 발달에 따른 사회제도적 모순과 결함으로 초래된 국민 개인의 생활문제가 개인책임이 아닌 사회적인 성격을 지닌 것으로 인식되었으며, 이에 따라 사회복지법의 내용도 국민의 생존 또는 생활에 필요한 여러 가지 여건의 조성과 확보를 국가에 대하여 청구할 수 있는 '생존권' 또는 '사회권'을 보장하게 된 것이다.

〈표 4-1〉 근대 시민사회국가와 현대 복지국가의 비교

항 목	근대 시민사회국가	현대 복지국가
이념·사상	자유주의, 사유방임주의	집단주의, 사회민주주의
경제체제	자본주의 초기(상업, 산업자본주의)	독점자본주의, 수정자본주의
법체제	시민법, 사법 중심	공법, 사회법 중심
법적 인간상	추상적 인격자	구체적 생활인
개인의 권리	자유권 중심	사회권(생존권, 복지권) 중심
국가의 형태	자유방임주의 국가, 야경국가	복지국가, 급부국가, 사회국가
생활문제, 사회문제의 성격	선택성, 개별성	보편성, 사회성
사회복지의 인식	구빈적·억압적·수혜적 성격	권리로서 인식(권리성)
사회복지대상	소수의 빈민, 취약계층	국민 전체

따라서 사회복지법상의 각종 수급권은 헌법상의 생존권을 구체적으로 실현하기 위하여 국민 개인에게 당연히 인정해야 하는 법적인 권리로서 보장하게 된 것이다.

제2절 사회복지급여수급권의 분류와 내용

사회복지수급권의 분류와 그 내용에 대하여는 사회복지법의 범위와 각 법률의 구체적 내용에 따라 학자마다 여러 가지로 분류하고 있다. 헌법상의 생존권적 기본권의 핵심적 내용인 제34조 제2항에 규정된 국가의 사회보장·사회복지의 증진의무에 대응한 권리가 '사회보장수급권'이라 할 수 있고, '사회복지수급권'은 헌법상의 생존권 규정에 근거하여 구체적 하위법으로 제정된 사회복지관련법에 의거하여 보장된 권리로서 국민 개개인에게 인정되는 법적 권리이기 때문에, 헌법상의 추상적·입법지침적 성격을 가지는 '사회보장수급권'과는 구별해야 할 것이다. 본서에서는 이 두 가지 수급권을 구별하여 설명하는 견해[1)]에 따라 그 범위와 내용을 다음과 같이 분류하여 설명하고자 한다.

1) 강희갑, 사회복지법제론, 양서원, 2006. pp.99-102., 현외성, 사회복지법제개설, 공동체, 2007. pp.85-88.

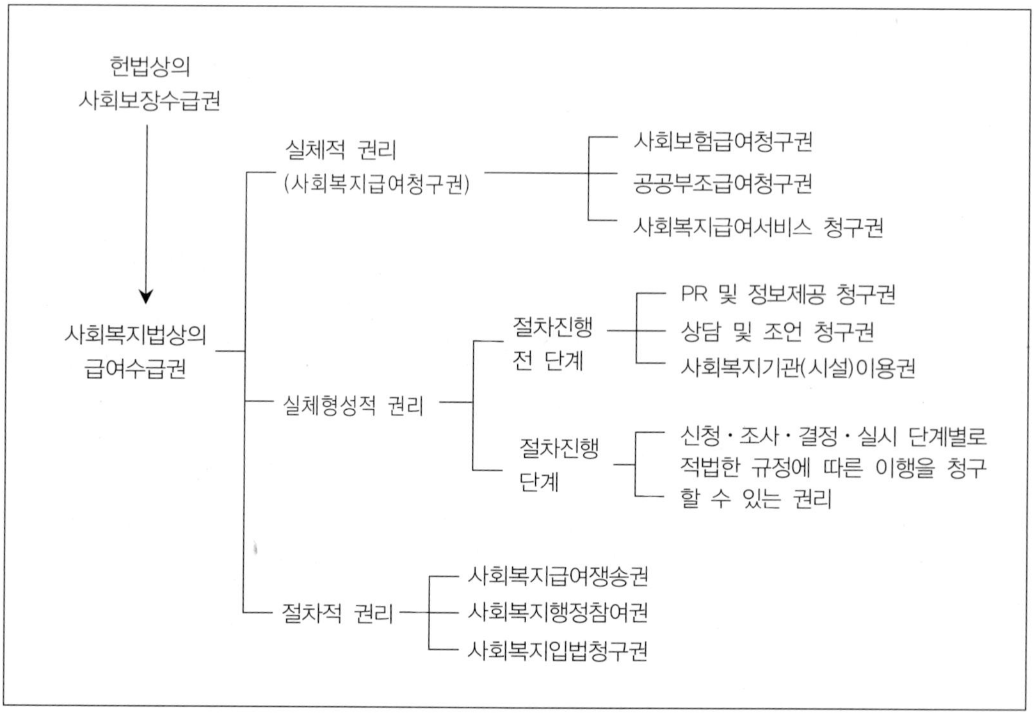

1. 실체적 권리

헌법상의 생존권 규정인 사회보장수급권 및 인간다운 생활을 할 권리에 근거하여 그 구체적 실현을 위한 하위법령으로 제정된 사회복지관련법에 따라 국민 개개인이 사회복지급여를 국가에 대하여 청구할 수 있는 구체적인 법적 권리를 '사회복지급여청구권'이라 할 수 있다.

이 권리내용에는 수급권자의 자격, 수급요건, 급여수준, 수급기준, 급여의 종류, 재원조달, 전달체계, 수급권의 보호와 제한 등의 내용을 포함한다. '사회복지급여청구권'은 사회보험법률에 의한 사회보험청구권, 공적부조법률에 의한 공적부조청구권, 각종 사회복지서비스법에 의거한 사회복지서비스(조치) 청구권 등 세 가지 청구권으로 분류할 수 있다.

2. 실체형성적 권리

(1) 개 념 '실체형성적 권리'란 사회복지급여를 제공받기 위하여 실체법상의 급여수급권의 내용을 구체화하는 일련의 권리형성절차가 법률의 규정에 따라 적법하게 이행될 것을 청구할 수 있는 권리를 말한다.[2)]

2) 이를 '수속적 권리'라고 분류하는 학자가 있는데, '수속(手續)'이라는 용어는 '절차'라는 뜻과 동일한 의미로 일본학자들이 사용하고 있는 용어로서 현재 우리나라에서는 사용하지 않는다.

사회복지급여는 일반적으로 복지대상자 및 기타 관련자의 신청에서 부터 행정기관의 조사·사정과정을 거쳐 급여의 범위·수준·내용을 결정하고, 그 결정에 따라 급여를 실시하게 된다. 따라서 이러한 권리형성과정이 법률에서 규정한 절차에 따라 적법하게 진행되어야 한다.

또한 사회복지급여에는 비금전적인 급여가 포함되어 있기 때문에 복지대상자의 다양한 욕구에 알맞은 행정기관의 재량권 행사를 요하는 전문적인 개입이 법정 절차에 따라 적절하게 이루어질 때 복지대상자의 수급권이 실질적으로 보장될 수 있는 것이므로, 이러한 절차의 진행이 적법하게 이루어져 실체적 권리가 형성될 수 있도록 청구할 수 있는 '실체형성적 권리'도 실체적 권리에 못지 않게 중요하다고 볼 수 있다.

(2) 성 질 실체적 권리를 형성시키기 위한 권리에도 절차진행 전 단계와 절차진행 단계로 나누어 살펴볼 수 있다. 절차진행 전 단계에서는

① 사회복지법상에 규정된 실체적 권리의 내용을 알기 위하여 법정된 홍보 및 정보의 제공을 청구할 수 있는 권리
② 행정권의 재량적 개입의 기초인 상담과 조언을 청구할 수 있는 권리
③ 그 수단으로써 각종 사회복지시설이나 기관을 알선 받아 선택할 수 있는 권리 등이 포함된다.

절차진행 단계에서는 사회복지급여대상자를 확정하여 급여를 구체화하기 위한 신청·조사·결정·실시 등이 단계별로 적법하게 진행되어야 하고, 법의 이념 및 목적, 인간의 존엄성과 개인의 비밀보호 등의 규정에 따라 적법한 절차를 거쳐 진행시켜 줄 것을 청구할 수 있는 권리가 포함되는 것이다.

3. 절차적 권리

1) 개 념

'절차적 권리'란 실체적 권리의 실현이 미흡하거나 침해되는 경우 또는 실체적 권리를 형성하는 절차의 진행이 위법하거나 진행되지 않을 경우에 이를 강제적으로 실현하기 위한 절차에 관련하여 이들 권리의 구제수단으로써 가지는 권리이다. 이것은 사회복지행정참여권, 사회복지급여쟁송권, 사회복지입법청구권 등으로 구분할 수 있다.

2) 권리의 내용

(1) 사회복지행정참여권 '사회복지행정참여권'이란 사회복지행정의 집행 및 시행과정에 국민이나 수급대상자, 기타 관련자가 개별 사회복지법의 규정내용에 따라 참여할 수 있

는 권리를 말한다.

사회복지행정은 전문적 · 기술적 · 경험적인 성질을 가질 뿐만 아니라 급여의 내용이 다양하며 행정기관의 재량권이 필연적으로 개입될 여지가 많기 때문에, 이에 관련되는 국민들이 참여함으로써 재량권의 남용을 방지할 수 있고, 적정한 급여를 실시하는 데 만전을 기할 수 있다.

예컨대 국민연금심의위원회는 위원장 · 부위원장 및 위원으로 구성하는데, 위원은 사용자 단체가 추천하는 자 4명, 근로자 단체가 추천하는 자 4명, 농어업인 단체가 추천하는 자 2명, 자영자 관련 단체가 추천하는 자 2명, 소비자단체와 시민단체가 추천하는 자 2명, 국민연금에 관한 전문가 5명을 보건복지부장관이 지명하거나 위촉하도록 규정하고 있다(국민연금법 제5조 제2항 참조).

이에 따라 지명 또는 위촉된 위원이 동 심의위원회에 참여할 수 있는 권리가 사회복지행정참여권에 속한다.

(2) 사회복지급여쟁송권 '사회복지급여쟁송권'이란 실체적 권리인 사회복지급여청구권이나 수급권의 형성절차의 진행청구권이 공무원의 소극적인 사실행위 또는 위법 · 부당한 행정처분 등에 의하여 침해되었을 경우에 이에 대한 시정 및 구제를 청구할 수 있는 권리를 말한다.

이에는 행정기관에 청구하는 행정적 구제(행정상 쟁송)인 이의신청 및 행정심판과 법원에 소송을 제기하는 사법적 구제인 행정소송이 있다. 예컨대 사회복지급여의 수준, 자격요건, 급여의 종류 등과 관련된 행정기관의 처분에 대하여 그 처분기관이나 차상급기관 등에 이의 또는 심사를 제기하여 그 시정을 청구하는 것은 '이의신청' 또는 '행정심판'에 해당되고, 행정기관의 처분 및 구제조치나 부작위에 대하여 사법부에 그 시정을 요구하거나 부작위에 대한 위법확인의 소송을 제기하는 것은 '행정소송'에 해당된다.

(3) 사회복지입법청구권 '사회복지입법청구권'이란 헌법상에 보장된 생존권 조항에 근거하여 사회복지급여 등에 관한 구체적인 법적 권리를 규정하는 하위법률을 제정하지 않았거나, 제정된 내용이 생존권의 적정한 실현에 불충분할 경우에 사회복지관련법의 입법이나 그 개폐를 청구할 수 있는 권리를 말한다. 이에 속하는 절차법으로는 '청원법'이 있다.

제3절 사회복지급여수급권의 특성과 보호

1. 사회복지급여수급권의 특성(취약성)

1) 의 의

사회복지급여수급권이 실체적 권리로서 헌법의 하위법인 개별 사회복지관련법에 의하여 구체적인 법적 권리로서 규정되어 있으나, 사회법에 속하는 다른 법률에 의한 권리(예컨대 토지수용법에 의한 보상청구권 등)와는 달리 국민 개개인이 사회복지급여 수급권을 법적인 하나의 권리로서 적극적으로 주장하지 않거나 개인적 권리로서 인정받기 어려운 취약성을 가지고 있는데, 그 이유를 대체로 다음과 같이 말할 수 있다.

2) 수급권의 권리성에 대한 인식부족

헌법상으로 보장된 생존권적 기본권을 프로그램적 규정으로 보는 '선언적 규정설'의 입장이나 법적 권리성을 인정하는 통설도 '추상적 권리설'의 입장을 취하고 있기 때문에 사회복지급여수급권도 국가 행정기관의 행정처분의 결과 혜택을 받게 되는 일종의 '반사적 이익'으로 인식하는 경향이 많아 권리로서의 취약성을 띠게 되는 것이다.

특히 우리나라의 행정이 전통적으로 '법률에 의한 행정의 원리' 내지 '법치주의'에 의거하는 '질서행정'에만 익숙해 있고, 법률의 수권이 없더라도 행할 수 있는 '급부행정'[3]을 기피하거나 실행하지 않는 행정관행도 사회복지급여수급권의 권리성을 취약하게 하는 요인이 되고 있다.

사회복지급여수급권을 구빈적인 일종의 자선으로 보는 선입견을 불식하고 법적인 권리로서 인식하기 위해서는 사회복지분야에 급부행정의 적극적인 확대실시와 더불어 복지정책을 집행하는 관료 및 수혜국민의 동 수급권에 대한 인식의 전환이 필요하다고 본다.

3) 급여의 비금전성

사회복지급여는 현금이나 현물 이외에도 '복지서비스'라고 하는 비금전적 급여(예컨대 심리치료·상담, 원조, 직업지도, 교육훈련, 재가서비스, 시설서비스 등)가 포함되어 그 내용이 개별적인 다양성을 띠기 때문에 법규범으로 급여내용을 규정하기가 지극히 곤란하다는 점이다.

법규정은 성질상 일반적이며 보편적인 사항을 규정하는 것인데, 사회복지급여는 수급대상자의 욕구사항이나 조건이 개별성을 띠고 있어 각양각색이므로 그 내용을 일반화·표준화

3) 박윤흔, 행정법강의(下), 박영사, 2004, pp.382-391 참조.

하는 것이 용이하지 않을 뿐만 아니라, 비금전적인 서비스내용에 법규정으로 강제성을 부여하는 것이 곤란하기 때문에 권리로서 취약성을 띠지 않을 수 없게 된다.

4) 수급권의 이중적 권리성

사회복지급여수급권은 자기 개인의 생활이익을 취득・유지한다는 사적 이익 측면에서는 수급자에게 사권(私權)으로서의 성질을 가지지만, 주관적 공권[4]인 대국가적 청구권이라는 측면에서는 공권적인 성질을 가지는 이중적 성질의 권리이다. 그러므로 이러한 이중적 권리성 때문에 사익의 측면에서는 자기책임의 원리를 적용시키려 하고, 공권적인 측면에서는 급부행정의 재량적인 요소가 사회복지수급권을 법적 권리로서 인정하기 어렵게 하는 것이다.

5) 수급권 발생과 행정조치의 재량성

사회복지행정에 관한 행정기관의 각종 조치와 관련한 구체적인 처분행위에 강제성, 즉 법적 의무를 부여하기 어렵기 때문에 권리성을 인정하기 곤란하다는 점이다.

노인복지법 제28조 제1항에서는 복지실시기관은 노인복지를 도모하기 위하여 필요하다고 인정한 때에는 65세 이상의 자로서 신체적・정신적・경제적 또는 환경상의 이유로 거택에서 보호받기가 곤란한 자를 노인주거복지시설 또는 재가노인복지시설에 입소시키거나 입소를 위탁하는 조치를 취하도록 규정하고 있다(동법 제28조 제1항 제2호 참조).

위의 법규정 내용으로 보면, 노인복지급여인 입소 또는 입소위탁의 조치를 취하기 위한 법적 요건은 "65세 이상의 자로서 신체적・정신적・경제적 이유 또는 환경상의 이유로 거택에서 보호하기 곤란한 자"라고 규정하고 있다. 사회복지기관(복지실시기관)은 이러한 급여요건의 충족여부에 대하여는 복지실시기관의 전문・기술적 판단과 재량에 의존하게 된다.

그러나 사회복지급여 요건이 충족된 사실이 발생하면 그 사실에 대한 신고를 접수하고 현장에 나가 조사・판정을 실시하는 사실행위를 거쳐 복지실시기관이 입소시키거나 또는 입소를 위탁하는 조치를 함으로써 급여수급권이 실현되는 것이다. 이러한 행정기관의 사실행위인 조치는 그 행위에 의하여 사회복지수급권이 발생하는 것이 아니라, 법정요건을 충족시키는 사실이 있으면 이미 '수급권'이 발생되는 것이며, 단지 행정기관의 조치(사실행위)에 의하여 그 수급권이 구체적으로 실현된다는 점을 유의해야 한다.

그러므로 복지실시기관의 조치(입소 또는 입소위탁행위)는 '수급권'을 발생시키는 형성적 행정처분이 아니고, 단지 이미 발생된 수급권의 내용을 실현시키는 '재량적 사실행위'에 불과한 것이다. 따라서 법정요건이 충족되어 당해 노인에게 노인복지법이 규정하는 급여수급권, 즉 입소 또는 입소위탁조치를 받아야 할 수급권이 발생하였다 하더라도, 복지실시기관이 적극적

4) 성낙인, 헌법학, 법문사, 2003, pp.226-227 참조.

으로 그 해당자를 찾아내지 못하거나 뒤늦게 찾아냄으로써 수급권의 보장을 받지 못한 경우(예컨대, 세 모녀의 자살사례의 경우 등[5])에 행정관청이 재량석인 적극적 조치행위를 하지 못한 부작위(不作爲)를 근거로 당해 수급권의 침해를 원인으로 하는 소송을 제기할 수 있는 권리성을 인정할 수 있을 것인가는 심히 의문이라 하지 않을 수 없다.

그런 점에서 사회복지법상의 수급권이 '사회법'상의 다른 권리에 비하여 그 권리성이 취약하다는 점을 인정하지 않을 수 없는 것이다

2. 사회복지급여수급권의 보호

1) 보호의 필요성

사회복지관련법상의 '사회복지급여수급권'은 헌법상의 생존권적 기본권을 실현하기 위한 하위 법률상의 구체적인 법적 권리이지만, 국민의 인간다운 생활을 보장하기 위한 최저한의 생활급여일 뿐만 아니라, 어려움에 직면한 개인의 문제가 전체 사회문제와 연관되어 있다는 점에서 주관적 공권으로서의 특성을 가지고 있는 것이다(권리의 이중성).

그러므로 국가는 수급권자의 최저생활을 보장하기 위하여 개인의 사회복지수급권을 보호하여 그 권리실현에 적극적으로 개입해야 할 법적 의무자로서의 기능을 수행해야 할 필요가 있다. 따라서 각종 사회복지관련법에서 사회복지급여수급권의 양도・담보제공・압류 또는 상계(相計)를 금지하고, 조세 기타 공과금의 부과를 지양하며, 불이익변경금지 등에 관한 규정을 함으로써 수급자가 인간으로서 최저한의 생활을 할 수 있게 배려할 필요성이 있는 것이다.

2) 수급권의 처분・담보제공・압류의 금지

민법상의 채권 등 사권은 법률행위에 의하여 양도할 수 있지만, 공법상의 권리・의무는 일신전속성을 띠고 있어서 법률행위에 의하여 타인에게 양도할 수 없다. 사회복지수급권도 공권적인 성질을 가진 사회권이기 때문에 각종의 사회복지관련법에서 수급권의 처분, 담보제공, 압류 및 상계를 금지하고 있는 것이 일반적이다.

사회복지에 관한 기본법이라 할 수 있는 사회보장기본법 제12조에서 "사회보장수급권은 관계법령이 정하는 바에 따라 타인에게 양도하거나 담보로 제공할 수 없으며, 이를 압류할 수 없다"고 규정하여 수급권을 보호하고 있다.

그 외에 「국민기초생활 보장법」 제35조 및 제36조, 「국민건강보험법」 제59조, 「산업재해보상보험법」 제88조 제2항, 「국민연금법」 제58조, 「고용보험법」 제38조, 「공무원연금법」 제32조, 「군인연금법」 제7조, 「사립학교교직원연금법」 제40조, 「의료급여법」 제18조, 「국가유

5) 조선일보, 2014. 3.1. A10면 참조

공자예우 등에 관한 법률」 제19조 등에서도 수급권을 보호하는 규정을 두고 있다. 특히 민사집행법[6]에서는 압류금지채권에 관하여 일반규정을 두고 있다.

사회복지급여수급권은 수급자의 일상적인 최저생활을 보장하여 인간다운 생활을 하게 하려는 취지이므로 상계도 금지하는 것이 원칙이다. 그런데 우리나라 사회복지관련법에는 상계에 관한 규정을 두지 않은 경우가 많다. 민법에서는 "채권이 압류하지 못할 것인 때에는 그 채무자는 상계로 채권자에게 대항하지 못한다"고 규정한다(민법 제497조). 따라서 채권이 압류금지채권인 경우에는 상계도 금지되는 것이다.

3) 조세, 기타 공과금의 감면

각종 사회복지급여에 대하여는 각국의 입법례가 조세, 기타 공과금의 부과·징수를 금지하는 것이 일반적이다. 사회복지관련법의 취지가 수급자로 하여금 사회복지급여에 의하여 최소한의 삶을 영위하게 하려는 것이므로 이에 조세 기타 공과금을 부과하는 것은 그 취지에 어긋나기 때문이다.

우리나라의 사회복지관련법에서도 이러한 취지를 반영하여 조세 기타 공과금의 부과·징수를 하지 못하도록 규정하고 있다. 예컨대 국민연금법 제60조에는 "이 법에 따른 급여로 지급된 금액에 대하여는 조세특례제한법이나 그 밖의 법률 또는 지방자치단체가 조례로 정하는 바에 따라 조세, 그 밖에 국가 또는 지방자치단체의 공과금을 감면한다"고 규정하고 있다.

그 외에도 산업재해보상보험법 제91조(공과금의 면제), 노인복지법 제49조(조세감면), 장애인복지법 제83조(조세의 감면), 영유아보육법 제39조(세제지원) 등에도 같은 취지의 규정이 있다.

4) 불이익변경금지의 원칙

사회복지급여를 수급자에게 지급하기로 결정한 경우에는 이미 사전에 충분한 조사·감정 등의 절차를 거쳐 신중하게 결정·통보된 것으로써 급여의 종류와 내용 등에 관하여 구체적인 법적 권리로서 확정된 것이다. 따라서 이를 정당한 이유 없이 수급자에게 불리하게 변경하는 것은 수급자를 보호하려는 근본취지에 어긋날 뿐만 아니라, 이미 확정된 수급자의 권리를 침해하는 것이 된다.

국민기초생활 보장법 제34조(급여변경의 금지)에서 "수급자에 대한 급여는 정당한 사유 없이 수급자에게 불리하게 변경할 수 없다"고 하여 불이익변경금지의 원칙을 규정하고 있다.

---

6) 제246조[압류금지채권] 다음 각호의 채권은 압류하지 못한다. ① 법령에 규정된 부양료 및 유족부조료, ② 채무자가 구호사업이나 제3자의 도움으로 계속 받는 수입, ③ 병사의 급료, ④ 급료·연금·봉급·상여금·퇴직금·퇴직연금, 그 밖에 이와 비슷한 성질을 가진 급여채권의 2분의 1에 해당하는 금액, ⑤ 퇴직금 그 밖에 이와 비슷한 성질을 가진 급여채권의 2분의 1에 해당하는 금액, ⑥ 주택임대차보호법 제8조, 동법 시행령의 규정에 따라 우선변제를 받을 수 있는 금액, ⑦ 생명, 상해, 질병, 사고 등을 원인으로 채무자가 지급받는 보장성보험의 보험금(해약환급 및 만기환급금 포함), ⑦ 채무자의 1월간 생계유지에 필요한 예금(적금·부금·예탁금과 우편대체를 포함) 등.

제 4 절 사회복지급여수급권의 제한

1. 수급권제한의 의의

(1) 제한의 필요성 자기 스스로 사회생활을 지속할 수 없는 처지에 있는 사회적 약자들이 인간다운 생활을 영위할 수 있게 하는 권리가 사회복지급여수급권이다. 그러나 이러한 사회복지급여수급권을 인정해야 할 상태가 그 수급권자의 책임 있는 사유로 인하여 생기거나 악화되는 경우 및 호전되는 것을 방해할 경우, 또는 복지실시기관의 협조요구에 수급권자가 응하지 않는 경우에도 요보호상태만을 고려하여 수급권을 인정해야 한다는 것은 사회일반의 정의관념에 반할 뿐만 아니라 수급권이 국가적 공권인 '사회권'이라는 특성을 무시하는 것이 된다.

(2) 제한의 한계 따라서 이러한 경우에는 수급권의 인정여부를 형식적으로만 판단하지 말고 그 수급권을 제한할 필요가 있다. 다만, 사회복지급여수급권은 헌법상의 생존권적 기본권을 보장하기 위한 것이므로 이를 제한하는 경우에도 기본권 제한의 한계인 수급권의 본질적 내용을 훼손하지 않는 최소한에 그쳐야 할 것이다.

사회보장기본법 제13조에서 이러한 취지를 반영하여 "사회보장수급권은 제한되거나 정지될 수 없다. 다만, 관계법령에서 따로 정하고 있는 경우에는 그러하지 아니하다(동법 제13조 제1항)", "이 제1항 단서의 규정에 의하여 사회보장수급권이 제한 또는 정지되는 경우에는 그 제한 또는 정지의 목적에 필요한 최소한에 그쳐야 한다(동조 제2항)"고 규정하고 있다.

사회복지급여수급권의 제한에 대하여는 급여수급권 전체를 지배하는 일반적인 제한원칙과 그러한 제한원칙하에 발생하게 되는 구체적인 제한사유로 구분하여 살펴보기로 한다.

2. 수급권제한의 일반원칙 및 구체적 사유

1) 수급권제한의 일반원칙

(1) 과잉급여의 제한원칙 사회복지급여수급권은 급여대상자가 최저한의 생활을 유지하도록 지원하여 자립을 조장하는 것이어야 한다. 그러므로 사회복지급여의 수준과 내용은 수급권자의 자립·자활을 조장할 수 있는 적정한 것이어야 하고, 그 정도를 넘어서는 것이어서는 안 된다는 원칙이다. 그러므로 사회복지급여는 너무 적지도 많지도 않아야 하며, 중복급여를 지양해야 한다.

(2) 수급권의 남용금지원칙 사회복지급여수급권자는 법령이 정하는 수급요건에 따

른 의무를 성실히 이행해야 하고, 권한 있는 기관의 정당한 지도・지시에 따라야 할 의무가 있다. 그러나 이러한 의무를 태만히 함으로써 수급사유 및 조건을 인위적으로 발생・연기시키거나 그 지급을 부당하게 장기화시키는 등 수급권을 남용하는 경우에는 사회복지수급권을 제한・금지하여 사회공동체의 다른 구성원들의 이익을 배려하는 조치가 반드시 필요하다 할 것이다.

예컨대 사회복지급여의 지급사유가 없는데도 불구하고 있는 것처럼 꾸미거나, 낮은 등급의 지급사유를 높은 등급의 지급사유가 발생한 것처럼 하거나, 급여의 지급을 부당하게 장기화시키는 행위 등이 수급권의 남용에 해당하는 것이다.

(3) 수급권의 악용제한원칙 급여를 지급받을 목적으로 고의로 그 지급사유를 발생시킨 경우, 지급사유가 없는데도 발생한 것과 같이 조작하는 경우처럼 고의 또는 악의적인 행위에 의하여 수급요건을 발생시키는 등 수급권을 악용하는 경우에는 사회적 위험에 대처하는 생활공동체의 다른 구성원의 이익에 배치되므로 급여수급권을 엄격히 제한할 필요가 있는 것이다.

2) 수급권 제한의 구체적 사유

(1) 고의행위

① 자해행위 사회복지급여를 지급받기 위한 목적으로 그 지급사유를 고의로 발생시킨 행위를 말한다. 이 목적성은 사고발생의 개연성에 관한 단순한 고의보다 비난 가능성이 훨씬 강한 것이므로 지급사유의 고의적인 발생과 같은 목적성이 없는 한 수급권은 발생한다고 보아야 한다.

자해행위 자체에 대한 고의만 있으면 충분하며 그 자해행위를 통하여 사회복지급여의 대상자가 되고자 하는 목적까지는 필요 없으며, '미필적 고의'라도 상관없다. 국민연금법에서는 가입자 또는 가입자이었던 자를 고의로 사망하게 한 유족(제84조 제1항), 유족연금의 수급권자로 될 수 있는 자를 고의로 사망하게 한 유족(동조 제2항), 또한 유족연금의 수급권자가 다른 수급권자를 고의로 사망하게 한 자(동조 제3항)에게는 유족연금을 지급하지 아니하는 것으로 규정한 것이 여기에 해당한다.

② 범죄행위 사회복지수급권이 수급권자의 고의적인 범죄행위에 의하여 발생한 경우에는 급여를 지급하지 않도록 규정하고 있다. 국민건강보험법 제53조 제1항 제1호에는 "고의 또는 중대한 과실로 인한 범죄행위에 그 원인이 있거나 고의로 사고를 발생시킨 경우"에는 보험급여를 하지 아니한다고 규정하고, 국민연금법 제82조 제1항에는 "가입자 또는 가입자였던 자가 고의로 질병・부상 또는 그 원인이 되는 사고를 일으켜 그로 인하여 장애를

입은 경우에는 그 장애를 지급사유로 하는 장애연금을 지급하지 아니할 수 있다"고 규정하며, 그 외 공무원연금법(제62조 제1항), 군인연금법(제34조 제1항) 등에서 동일한 취지의 규정을 하고 있다.

③ 요양에 관한 지시에 따르지 않는 경우 국민연금법 제82조 제2항에서 가입자 또는 가입자였던 자가 고의나 중대한 과실로 요양지시에 따르지 아니하거나 정당한 사유 없이 요양지시에 따르지 아니하여 장애·사망 또는 그 원인이 되는 사고를 일으킨 경우와 장애를 악화시키거나 회복을 방해한 경우에는 대통령령으로 정하는 바에 의하여 이를 원인으로 하는 급여의 전부 또는 일부를 지급하지 아니할 수 있도록 규정한 것과 국민건강보험법 제53조 제1항 제2호에서 보험급여를 받을 수 있는 자가 "고의 또는 중대한 과실로 공단이나 요양기관의 요양에 관한 지시에 따르지 아니한 경우"에는 보험급여를 지급하지 않는 것으로 규정한 것이 이에 해당한다.

(2) 과실행위 과실(過失)행위란 법령상의 주의의무에 위반하여 범죄를 저지르는 행위를 말하는데, 일반적으로 과실행위를 사회복지급여수급권 발생의 제한사유로 정한 경우는 거의 없으며, 단지 중과실(重過失)의 경우에 수급권의 발생을 배제시키는 경우가 많다. '중대한 과실'이란 보통 일반적으로 지켜야 할 주의의무를 현저하게 결한 경우, 즉 주의의무를 위반한 정도가 아주 심한 경우를 말한다.

국민건강보험법 제53조 제1항 제1호·제2호·제3호에서 규정한 '중대한 과실', 국민연금법 제82조 제2항, 제83조, 제86조 제1항 제3호 등에서 '중대한 과실'로 요양지시에 따르지 않는 경우를 말한다.

근로기준법 제81조에서 "근로자가 '중대한 과실'로 업무상 부상 또는 질병에 걸리고 또한 사용자가 그 과실에 대하여 노동위원회의 인정을 받으면 휴업보상이나 장애보상을 하지 아니하여도 된다"고 규정한다.

(3) 급여의 이중지급 제한·조정 사회복지급여수급권자가 동일한 급여수급사유로 중복하여 급여를 지급받거나, 다른 복지관련법이나 민법 등에 의하여 이중으로 보상 또는 배상을 받음으로써 사회적 형평의 원칙에 위배되는 경우에는 급여의 지급을 제한하거나 조정하고 있다.

국민건강보험법 제53조 제1항 제4호에서 "업무 또는 공무로 생긴 질병·부상·재해로 다른 법령에 따른 보험급여나 보상(報償) 또는 보상(補償)을 받게 되는 경우"에는 보험급여를 하지 아니하도록 규정하고, 동조 제2항에서 "공단은 보험급여를 받을 수 있는 사람이 다른 법령에 따라 국가나 지방자치단체로부터 보험급여에 상당하는 급여를 받거나 보험급여에 상당하는 비용을 지급받게 되는 경우에는 그 한도에서 보험급여를 하지 아니한다"고 규정한 것은 이중지급을 제한한 예이다.

국민연금법 제56조 제1항에서 "수급권자에게 이 법에 따른 2 이상의 급여수급권이 생기면 수급권자의 선택에 따라 그중 하나만 지급하고 다른 급여의 지급은 정지된다"고 하고, 동법 제65조 제2항에서(분할연금과 노령연금의 관계 등) "수급권자에게 2 이상의 분할연금수급권이 생기면 제56조에도 불구하고 2 이상의 분할연금액을 합산하여 지급한다. 다만 2 이상의 분할연금수급권과 다른 급여의 수급권이 생기면 그 2 이상의 분할연금수급권을 하나의 분할연금수급권으로 보고 본인의 선택에 따라 분할연금과 다른 급여 중 하나만 지급하고 선택하지 아니한 분할연금 또는 다른 급여의 지급은 정지된다"고 한 것이 여기에 해당된다.

국민연금법 제113조에서 "장애연금 또는 유족연금의 수급권자가 이 법에 따른 장애연금 또는 유족연금의 지급사유와 같은 사유로, 근로기준법에 의한 장해보상(동법 제80조)·유족보상(동법 제82조)·일시보상(동법 제84조), 산업재해보상보험법에 의한 장해급여(동법 제57조)·유족급여(동법 제62조)·진폐보상연금(동법 제91조의3) 또는 진폐유족연금(동법 제91조의4), 선원법에 의한 장해보상(동법 제97조)·일시보상(동법 제98조)·유족보상(동법 제99조), 어선원 및 어선재해보상보험법에 따른 장해급여(동법 제25조)·일시보상급여(동법 제26조)·유족급여(동법 제27조) 등의 급여를 지급받을 수 있는 경우에는 장애연금액(제68조) 또는 유족연금액(동법 제74조)은 그 2분의 1에 해당하는 금액을 지급한다"는 취지의 규정이 조정의 예에 속한다.

(4) 구상권의 발생 제3자의 행위로 인하여 사회복지급여수급권이 발생하여 급여를 지급받게 된 경우에는 수급자(피해자)의 제3자에 대한 손해배상청구권을 급여지급기관이 수급자를 대위하여 행사할 수 있게 규정함으로써 제3자(가해자)에 대하여 구상권을 가지도록 하고 있다.

사회보장기본법 제15조(불법행위에 대한 구상)에서 "제3자의 불법행위에 의하여 피해를 입은 국민이 그로 인하여 사회보장수급권을 가지게 된 경우 사회보장제도를 운영하는 자는 불법행위의 책임이 있는 자에 대하여 관계법령에서 정하는 바에 따라 구상권을 행사할 수 있다"는 일반적인 규정을 하고 있으며, 각 사회복지관련법에서도 유사한 취지의 규정을 두고 있다.

국민건강보험법 제58조(구상권)에서 "공단은 제3자의 행위로 보험급여사유가 생겨 가입자 또는 피부양자에게 보험급여를 한 경우에는 그 급여에 들어간 비용 한도에서 그 제3자에게 손해배상을 청구할 권리를 얻는다(동법 제1항). 제1항에 따라 보험급여를 받은 사람이 제3자로부터 이미 손해배상을 받은 경우에는 공단은 그 배상액 한도에서 보험급여를 하지 아니한다(동법 제2항)"고 규정한다.

국민연금법 제114조(대위권 등)에서 "공단은 제3자의 행위로 장애연금이나 유족연금의 지급사유가 발생하여 장애연금이나 유족연금을 지급한 때에는 그 급여액의 범위에서 제3자에 대한 수급권자의 손해배상청구권에 관하여 수급권자를 대위한다(동법 제1항). 제3자의 행위로 장애연금이나 유족연금의 지급사유가 발생한 경우 그와 같은 사유로 제3자로부터 손해배상을 받았으면 공단은 그 배상액의 범위에서 제1항에 따른 장애연금이나 유족연금을 지급하지 아니한다"(동법 제2항)라고 규정하고 있다.

산업재해보상보험법 제87조에서 "공단은 제3자의 행위에 따른 재해로 보험급여를 지급한 경우에는 그 급여액의 한도 안에서 급여를 받은 자의 제3자에 대한 손해배상청구권을 대위한다(동법 제1항)………. 제1항의 경우에 수급권자가 제3자로부터 동일한 사유로 이 법의 보험급여에 상당하는 손해배상을 받으면 공단은 그 배상액을 대통령령으로 정하는 방법에 따라 환산한 금액의 한도 안에서 이 법에 따른 보험급여를 지급하지 아니한다(동법 제2항)"고 규정하고 있는 것도 여기에 해당한다.

제5장 사회복지법상의 권리구제

제1절 권리구제의 의의

1. 권리구제 제도의 취지

'사회복지급여수급권'은 헌법상의 생존권에 근거하여 하위법률로 제정된 각종 사회복지관련법에 의하여 국민 각 개인에게 확정·보장된 구체적인 법적 권리이다. 법적 권리인 이상 사회복지급여수급권도 소유권 등 다른 사적 권리와 마찬가지로 그 권리내용의 실현이 법에 규정된 내용대로 보장되어야 하는 것은 권리의 본질상 당연한 것이다. 그러므로 여러 가지 사유로 인하여 사회복지급여수급권이 실현되지 못하고 침해를 받게 될 경우에 그 권리의 완전한 실현을 보장하는 구제제도가 확립되어야 할 것이다.

일반적으로 사회복지법상의 권리구제제도에는 사회복지급여수급권자가 그 수급자격 및 사유, 급여의 종류 및 내용, 기여금 및 보험료 등과 관련한 행정기관이나 기타 단체의 처분 등에 이의 또는 불복이 있는 경우에 관련 규정에 따라 법정의 행정청에 그 시정을 청구하는 '행정심판'과 이러한 행정심판의 결과에 대해 불복하는 경우 또는 행정심판의 절차를 거치지 않고 행정소송법의 절차에 따라 법원에 소송을 제기하여 그 위법·부당여부의 재판을 청구할 수 있는 '행정소송'이 포함되는 것이다.

2. 권리구제의 개념

'사회복지법상의 권리구제'란 사회복지관련법상의 사회복지급여수급권자가 그 수급자격이나 수급사유, 급여의 종류 및 내용 등과 관련한 행정기관의 처분 등에 대하여 이의가 있거나 불복하는 경우, 사회복지 관련법령에 규정된 바에 따라 처분 행정청에 행정심판이나 또는 법원에 그 처분의 변경 및 시정을 청구할 수 있는 제반 절차적 구제제도를 의미한다.

이와 같이 권리구제제도에는 사법부인 법원에 의한 개인의 권익보호제도를 포함하는 것이지만, 여기서 말하는 '사회복지법상의 권리구제'는 주관적 공권인 사회복지급여수급권과 관련된 행정 처분상의 법적 분쟁에 대하여 각 단행법에 규정된 바에 따라 행정기관에 의하여 행해지는 구제제도에 국한시켜 설명하고자 한다.

3. 권리구제제도의 유형

1) 행정상 쟁송의 의의

일반적으로 권리구제제도라 함은 사법부인 법원에 의한 개인의 권익보호제도를 포함하는 것이지만, 여기서 언급하는 사회복지법상의 권리구제제도는 주관적 공권으로서의 성질을 가지는 사회복지급여수급권과 관련된 행정기관의 행정처분상의 법률관계에 관한 구제제도를 의미하는 것이다.

그러므로 사회복지법상의 권리구제제도는 사회복지급여와 관련된 행정청의 처분에 대하여 이의가 있는 경우에 이해관계자의 청구에 의하여 일정한 법정의 행정기관이 그 분쟁에 대하여 심판하는 절차를 규정한 제도를 말하는데, 이것은 곧 '좁은 의미의 행정상 쟁송'인 '실질적 행정상 쟁송'을 말하며 통상적으로 '행정상 쟁송'이라 할 때에는 이 의미로 사용한다.

그래서 분쟁의 존재를 전제로 이를 해결하기 위한 것이 아니라 행정작용의 신중을 기하기 위하여 행정기관에 의하여 행해지는 사전절차(형식적 행정상 쟁송)를 제외시킨다. 그리하여 행정상의 법률관계에 대한 분쟁을 해결하기 위한 제도에는 '행정상 쟁송'과 '행정소송'의 이원적 구조를 취하는데 이 양자를 통틀어 '넓은 의미의 행정상 쟁송'이라 한다.

2) 행정상 쟁송의 종류

통상적 의미로 사용되고 있는 '좁은 의미의 행정상 쟁송'은 넓은 의미의 행정상 쟁송 중에서 심판기관이 사법부가 아닌 행정부가 되어 행정상의 처분에 관한 분쟁을 심판하는 절차만 의미한다. 이 행정상 쟁송은 무엇을 기준으로 하느냐에 따라 여러 가지로 분류할 수 있지만, 사회복지관련법상의 권리구제제도로서 의의를 가진 행정상 쟁송의 종류로서 '이의신청'과 '행정심판'에 관하여 설명하기로 한다.

(1) 이의신청 위법 또는 부당한 행정처분 등으로 인하여 권익을 침해당한 자의 청구에 의하여 '처분청'자신이 재결청이 되어 당해 행정처분을 재심사하는 절차를 '이의신청'이라 한다.

이의신청은 행정심판의 경우와 같이 일반법에 의하여 모든 위법 또는 부당한 처분, 그 밖에 공권력의 행사·불행사에 대하여 인정되는 것이 아니며, 각각의 개별 단행법의 규정에 의하여 일정한 처분에 대하여서만 이의신청이 인정되고 있다.

학문상으로는 '이의신청'이라는 용어를 이러한 의미로 사용하지만, 실정법상으로는 이외에 불복신청·재심사청구·재결신청·재조사청구 등 여러 가지 용어를 혼용하고 있다.

'이의신청'의 예로서 대표적인 것은 국세기본법(제55조 제2·3항, 제66조)과 지방세기본법(제117조, 제118조)에서 국세와 지방세의 부과징수와 관련된 것이다.

'이의신청'은 일반적으로 인정되고 있는 것은 아니지만, '행정심판'은 모든 행정처분에 일반적으로 인정되는 것이며(행정심판법 제3조 제1항), 처분청을 경유하여 직근상급행정청에 제출할 수도 있고, 처분청이 행정심판청구를 받은 경우에 당해 행정청이 재결청이 되어 심판청구의 취지에 따른 처분 또는 확인을 하도록 인정하고 있으므로(행정심판법 제5조 제2호) 그 범위 내에서는 이의신청이 인정된 것으로 볼 수 있다.

(2) 행정심판 행정청의 위법 또는 부당한 처분, 그 밖에 공권력의 행사·불행사 등으로 인하여 권익을 침해당한 자의 청구에 의하여 '직근(直近)상급행정청'이나 '제3기관(각종 심판위원회 등)'이 재결청이 되어 당해 처분을 재심사하는 절차를 '행정심판'이라 한다.

그러나 개별적인 단행법에서 일반법인 행정심판법에 대한 특례규정을 두는 경우가 많으며, 그 명칭도 이의신청(광업법 제90조 국세기본법 제66조), 심사청구(국세기본법 제61조), 심판청구(국세기본법 제67조~제69조), 소청(국가공무원법 제9조 이하), 행정심판(행정심판법 제3조 이하 참조) 등으로 일정한 기준 없이 사용하고 있다.

3) 행정소송

'행정소송'이란 행정상의 법률관계에 관한 분쟁에 대하여 행정기관이 아니라 사법부인 일반법원이 정식 재판절차에 따라 심리·판결하는 쟁송을 말한다.

여기서 '행정상의 법률관계에 관한 분쟁'이란 행정청의 위법·부당한 처분 및 그 밖에 공권력의 행사·불행사 등으로 인한 국민의 권익침해 여부에 대한 분쟁을 의미하므로, 정식쟁송으로서 행정소송은 사회복지관련법에 의한 행정기관의 모든 행정처분에 대하여 국민의 권리 또는 이익을 구제하기 위한 제도적 장치라 할 수 있다.

그리고 현행 행정소송법은 행정심판전치주의를 폐지하고 '행정심판임의주의'를 채택(1994. 7.27)하였기 때문에 '취소소송'[1]은 다른 법령의 규정에 의하여 이의신청 또는 행정심판을 제기할 수 있는 경우에도 이를 거치지 아니하고 사회복지관련법에 의거한 행정처분에 대하여 바로 행정소송을 제기할 수 있는 것이다(행정소송법 제18조 제1항 본문).

---

1) 취소소송이란 행정청의 위법한 처분 또는 재결에 대한 취소 또는 변경을 청구하는 소송을 말한다(행정소송법 제4조 제1항). 이는 행정소송 중에서 가장 전형적인 것으로 항고소송의 형태에 속한다.

그러나 다른 법률에서 당해 행정처분에 대한 행정심판의 재결을 거치지 아니하면 취소소송을 제기할 수 없다는 규정이 있는 경우에는 '행정심판전치주의'가 적용된다(행정소송법 제18조 제1항 단서).

국민건강보험법에서는 공단 또는 심사평가원의 처분에 이의가 있는 자뿐만 아니라, 공단 또는 심사평가원의 이의신청 또는 국민건강보험 분쟁조정위원회의 심사청구에 대한 결정에 불복이 있는 자는 행정소송법에서 정하는 바에 따라 행정소송을 제기할 수 있다(국민건강보험법 제90조 참조). 따라서 공단 또는 심사평가원의 처분에 이의가 있는 자는 공단 또는 심사평가원에 이의신청 또는 심사청구 등의 절차나 행정심판을 거치지 아니하고 행정소송을 바로 제기할 수 있는 것이다(행정소송법 제18조 제1항, 제2항 참조).

4) 민사소송

사회복지관련법상으로 일반인 상호 간에 분쟁이 발생하여 소송을 제기하는 경우는 아주 드물다. 그러나 사회보험관련법에서 보험자와 피보험자 간의 문제가 아니라 제3자에 의하여 보험사고가 발생하였을 경우에 민·형사상의 소송절차를 거치기 전에 피보험자의 생활안정과 복지를 보장하려는 취지에서 보험자가 피보험자에게 보험급여를 지급하고 보험자가 보험사고를 일으킨 제3자에게 피보험자의 손해배상청구권을 대위 행사하는 경우에는 민사소송을 제기하게 된다.

예컨대 국민연금법 제114조에 따라 제3자의 행위에 의하여 장애연금 또는 유족연금의 지급사유가 발생하여 공단이 장애연금이나 유족연금을 지급한 때에는 그 급여액의 범위에서 수급권자를 대위하여 공단이 수급권자의 제3자에 대한 손해배상청구소송을 제기하는 경우이다.

또한 국민건강보험법 제58조 제1항에서 제3자의 행위로 보험급여사유가 생겨 공단이 가입자 또는 피부양자에게 보험급여를 지급한 경우에는 그 급여에 들어간 비용의 한도에서 그 제3자에게 손해배상을 청구할 권리를 공단이 대위 행사하여 손해배상청구소송을 제기하는 경우 등이다.

5) 헌법소원

'헌법소원'이란 국가 공권력의 행사 또는 불행사로 인하여 헌법상 보장된 기본권을 침해당한 모든 국민이 헌법재판소에 그 위헌 여부의 심사를 청구하여 최종적으로 기본권 보호의 구제를 받을 수 있는 제도를 말한다.

모든 국민은 자신의 권리를 침해당한 경우에 일반재판 등과 같이 다른 법률에 의한 구제절차를 거쳤음에도 불구하고 충분한 구제를 받지 못한 경우, 헌법이 보장하는 기본권에 대한 침해인가의 여부를 심판하여 주도록 헌법재판소에 청구할 수 있다. 이러한 국가 공권력에 의한 기본권 침해는 국가나 지방자치단체의 적극적 행정행위에 의하여 발생하는 경우가 보통이지만, 소극적인 행정 부작위에 의해서도 국민의 기본권이 침해될 수 있다.

사회복지법상의 권리는 헌법상의 생존권적 기본권에 근거하여 그 구체적 실현을 위한 하위법률로 보장하는 것이며, 더군다나 국가나 지방자치단체의 적극적인 급부행정에 의하여 실현되는 성질을 가지므로 공권력의 불행사로 인한 침해 가능성이 상존하기 때문에 이에 대한 헌법소원이 제기될 것으로 예상된다.

제2절 권리구제의 절차와 내용

1. 개 요

사회복지법상의 권리구제는 법원에 의한 사법적 구제가 행해지기 전에 거치는 일종의 전심절차적 성격을 띠고 있는데, 관할 행정청과 직근상급행정청에서 분쟁을 신속하게 처리함으로써 구제대상자의 생존권 보장과 행정의 전문성, 경제성 및 편의성을 함께 도모하려는 것이다.

사회복지와 관련되는 개별 법률상의 권리구제절차는 대체로 세 가지 종류의 명칭으로 규정하고 있다. 즉, 2회에 걸친 이의신청(국민기초생활보장법), 이의신청과 심사청구(국민건강보험법), 심사청구와 재심사청구(국민연금법, 고용보험법, 산재보험법) 등의 전심절차로 구성되어 있다.

이 경우에 최초의 이의신청이나 심사청구는 이의신청으로서의 성격을, 그 다음의 심사청구나 재심사청구는 행정심판으로서의 성격을 가진 것으로 볼 수 있다.

2. 명칭과 관할 행정청(관할기관)

권리구제신청에 대한 관할기관은 거의 2중적인 구조로 되어 있는데, 주요한 개별 법률상의 구제신청의 명칭과 관할기관을 살펴보면 다음과 같다.

1) 국민기초생활 보장법

국민기초생활 보장법상의 전심절차는 2회에 걸쳐 '이의신청'을 할 수 있도록 규정하고 있다. 첫째, 시장·군수·구청장을 거쳐 시·도지사에게 이의신청을 하고, 둘째, 첫 번째 이의신청에 대한 결정에 이의 또는 불복이 있는 경우에 다시 시·도지사를 거쳐 보건복지부장관에게 이의신청을 할 수 있다(동법 제38조~41조 참조).

2) 국민연금법

국민연금법상의 구제절차는 '심사청구'와 '재심사청구'로 되어 있다. 가입자의 자격, 기준소득월액, 연금보험료, 그 밖에 이 법에 따른 징수금과 급여에 관한 국민연금공단 또는 건강보험공단의 처분에 이의가 있는 자는 그 처분을 한 국민연금공단 또는 건강보험공단에 심사청구를 할 수 있으며, 공단 내의 '국민연금심사위원회' 또는 건강보험공단의 '징수심사위원회'에서 이에 대한 심사를 담당한다(동법 제108조, 제109조 참조).

이 심사청구에 대한 결정에 불복이 있는 자는 보건복지부에 설치된 '국민연금재심사위원회'에 재심사청구를 할 수 있다(동법 제110조, 제111조 참조).

3) 국민건강보험법

국민건강보험법상의 구제절차는 '이의신청'과 '심사청구'로 되어 있는데 동법에 의한 이의신청에는 두 가지 종류가 있다.

가입자 및 피부양자의 자격·보험료 등·보험급여 및 보험급여비용에 관한 국민건강보험공단의 처분에 이의가 있는 자는 '공단'에 이의신청을 하는 경우와, 요양급여비용 및 요양급여의 적정성에 대한 평가 등에 관한 심사평가원의 처분에 이의가 있는 공단·요양기관 또는 그 밖의 자는 '심사평가원'에 이의신청을 하는 경우이다(동법 제87조 제1·2항 참조).

위의 두 가지 이의신청에 대한 결정에 불복이 있는 자는 보건복지부장관 소속하에 두는 건강보험 분쟁조정위원회에 '심사청구'를 할 수 있다(동법 제88조 제1·2항). 그리고 공단 또는 심사평가원의 처분과 이의신청 및 심사청구에 대한 결정에 불복하는 자는 행정소송법이 정하는 바에 따라 행정소송을 제기할 수 있다(동법 제90조)고 규정하고 있기 때문에, 공단 또는 심사평가원의 처분에 대하여는 행정소송의 전심절차로서 이의신청이나 재심사청구의 절차를 거치지 아니하고 바로 행정소송을 제기할 수도 있다.

4) 고용보험법

고용보험법상의 구제절차에는 '심사청구'와 '재심사청구'가 있다. 심사청구는 지방노동청에 배치된 '고용보험심사관'에게 하고, 이에 불복하여 재심사청구를 하는 경우에는 고용노동부에 설치되어 있는 '고용보험심사위원회'에서 재심사를 한다(동법 제87조 참조).

5) 산업재해보상보험법

산업재해보상보험법상의 구제절차는 '심사청구'와 '재심사청구'로 되어 있다. 심사청구는 근로복지공단의 '산업재해보상보험심사위원회'에서 관할하고, 재심사청구는 고용노동부에 설

치되어 있는 '산업재해보상보험 재심사위원회'에서 관할한다(동법 제104조, 제107조 참조)

6) 노인장기요양보험법

노인장기요양보험법상으로는 이의신청과 심사청구로 구성되어 있다. 이의신청은 공단의 장기요양심사위원회에서 심의하여 결정하고, 심사청구는 보건복지부장관 소속의 장기요양심판위원회에서 심사한다.

3. 권리구제 절차의 내용

1) 국민기초생활 보장법(1·2차의 이의신청)

수급자나 급여 또는 급여변경을 신청한 자는 그 결정의 통지를 받은 날부터 60일 이내에 시장·군수·구청장의 처분에 대하여 이의가 있는 경우에는 당해 보장기관을 거쳐 '시·도지사'에게 서면 또는 구두로 '이의신청'을 할 수 있는데, 이것이 첫 번째 이의신청이다. 시장·군수·구청장은 10일 이내에 의견서와 관계서류를 첨부하여 이를 시·도지사에게 송부하여야 한다. 시·도지사는 30일 이내에 심사를 하고 이의신청을 각하하거나 당해 처분의 변경 또는 취소, 기타 필요한 급여를 명한다(동법 제38조, 제39조).

위 처분에 대해 이의가 있을 경우에는 그 처분의 통지를 받은 날부터 60일 이내에 시·도지사를 거쳐 '보건복지부장관'에게 서면 또는 구두로 '이의신청'을 할 수 있는데, 이것이 두 번째 이의신청이다. 시·도지사는 10일 이내에 의견서와 관계서류를 첨부하여 이를 보건복지부장관에게 송부하여야 한다. 보건복지부장관은 이의신청서를 송부받은 때에는 30일 이내에 필요한 심사를 하고 이의신청을 각하하거나 당해 처분의 변경 또는 취소의 재결을 하여야 한다(동법 제40조, 제41조 참조).

2) 국민건강보험법(이의신청과 심판청구)

가입자 및 피부양자의 자격·보험 등·보험급여, 보험급여비용 등에 관한 '국민건강보험공단의 처분'과 요양급여비용 및 요양급여의 적정성에 대한 평가 등에 관한 '심사평가원의 처분'에 이의가 있는 자는 그 처분이 있은 날로부터 90일 이내에 문서로 '공단 또는 심사평가원'에 '이의신청'을 할 수 있지만 처분이 있은 날부터 180일을 경과하면 이를 제기하지 못한다. 다만 정당한 사유에 의하여 그 기간 내에 이의신청을 할 수 없었음을 소명한 경우에는 그러하지 아니한다(동법 제87조).

위의 이의신청에 대한 결정에 불복하는 자는 90일 이내에 보건복지부장관 소속하에 두는 '건강보험분쟁조정위원회'에 문서로 '심판청구'를 할 수 있다(동법 제88조).

3) 노인장기요양보험법(이의신청과 심사청구)

장기요양인정 · 장기요양등급 · 장기요양급여 · 부당이득 · 장기요양급여비용 또는 장기요양보험료 등에 관한 공단의 처분에 이의가 있는 자는 처분이 있은 날부터 90일 이내에 문서로 공단에 '이의신청'을 할 수 있으며 공단의 '장기요양심사위원회'에서 심의하여 결정한다(법 제55조 제1항~제3항).

제55조에 따른 이의신청에 대한 결정에 불복하는 자는 결정처분을 받은 날부터 90일 이내에 보건복지부장관 소속의 '장기요양심판위원회'에 '심사청구'를 할 수 있다(제56조 제1항 · 제2항).

4) 국민연금법(심사청구와 재심사청구)

국민연금법에서는 심사청구와 재심사청구의 절차를 거쳐서 권리구제를 받는다. 가입자의 자격, 기준소득월액, 연금보험료, 그 밖의 이 법에 따른 징수금과 급여 등에 관한 국민연금공단 또는 건강보험공단의 처분에 이의가 있는 자는 그 처분이 있음을 안 날로부터 90일 이내에 문서로 '공단'에 '심사청구'를 할 수 있는데, 다만 정당한 사유로 그 기간 내에 심사청구를 할 수 없었음을 증명하면 그 기간이 지난 후에도 심사청구를 할 수 있다(동법 제108조).

공단에 설치된 '국민연금심사위원회'는 심사청구를 받은 날로부터 60일 이내에 이에 대한 결정을 하여야 한다(동법 시행령 제100조). 제108조에 따른 심사청구에 대한 결정에 불복하는 자는 그 결정통지를 받은 날로부터 90일 이내에 '국민연금재심사위원회'에 '재심사청구'를 할 수 있다(동법 제110조).

5) 고용보험법(심사청구와 재심사청구)

피보험자격의 취득 · 상실에 대한 확인, 실업급여 및 육아휴직급여 · 출산전후 휴가급여 등에 관한 처분(이하 "원처분"이라 한다)에 이의가 있는 자는 확인 또는 처분이 있음을 안 날로부터 90일 이내에 '고용보험 심사관'에게 '심사청구'를 할 수 있다(동법 제87조 제1 · 2항).

심사관은 30일 이내에 그 심사청구에 대한 결정을 하여야 하며, 부득이한 사정이 있는 경우에는 1차에 한하여 10일을 넘지 아니하는 범위에서 그 기간을 연장할 수 있다(동법 제89조 제2항).

심사청구에 대한 심사관의 결정이 있음을 안 날로부터 90일 이내에 '고용보험심사위원회'에 '재심사의 청구'를 할 수 있고(동법 제87조 제1 · 2항), 심사위원회는 50일 이내에 재심사청구에 대한 재결을 해야 하며, 부득이한 사정이 있는 경우에는 1차에 한하여 10일을 넘지 아니하는 범위 내에서 그 기간을 연장할 수 있다(동법 제99조 제7항, 제89조 제2항).

6) 산업재해보상보험법(심사청구와 재심사청구)

보험급여 등에 불복하는 자는 그 처분이 있음을 안 날로부터 90일 이내에 그 처분을 한 공단의 소속기관을 거쳐 '근로복지공단'에 '심사청구'를 제기할 수 있다. 심사청구서를 받은 공단의 소속기관은 5일 이내에 의견서를 첨부하여 이를 공단에 보내야 하며, 공단은 심사청구서를 받은 날로부터 60일 이내에 '산업재해보상보험심사위원회'의 심의를 거쳐 결정을 해야 한다. 다만, 부득이한 사유로 그 기간 내에 결정할 수 없으면 1차에 한하여 20일을 넘지 아니하는 범위에서 기간을 연장할 수 있다(동법 제103조, 제105조).

심사청구에 대한 결정에 불복하는 자는 다시 그 결정이 있음을 안 날로부터 90일 이내에 공단의 소속기관을 거쳐 고용노동부 내에 있는 '산업재해보상보험재심사위원회'에 '재심사청구'를 할 수 있다(동법 제106조). 재심사위원회는 재심사청구서를 송부받은 날로 부터 60일 이내에 재심사청구에 대한 결정을 하여야 한다. 다만, 부득이한 사유로 그 기간 이내에 결정할 수 없으면 1차에 한하여 20일을 넘지 아니하는 범위에서 그 기간을 연장할 수 있다(동법 제109조, 제105조 제1항).

제2편 각 론

제6장 사회보장기본법

〈시행 2017.7.26. 법률 제14839호〉

제1절 서 언

1. 사회보장에 관한 법률

우리나라의 사회복지에 관한 일반법 내지 기본법으로서 1963년 11월 5일에 제정(법률 제1437호)된 「사회보장에 관한 법률」은 그 당시의 헌법(1962.12.12 개정)에 규정된 생존권적 기본권과 사회보장 증진에 대한 국가의 의무에 근거하여 입법되었다. 그러나 동 법은 민정이양을 공약한 군사정권이 생활고에 시달리고 있는 국민의 지지를 얻기 위하여 명목상으로 복지정책을 표방한 것에 불과하다. 제1차 경제개발 5개년 계획(1962~1966)의 수립으로 시작된 경제성장 일변도의 국가정책에 떠밀려 사회복지와 관련된 제도는 형식적인 선언적 규정에 지나지 않았나.

그 후 헌법에 근거하여 임시방편으로 제정된 개별 사회보장관련법들은 상호 간에 연계성이 없어 각각의 법률에 의거한 단속적인 복지행정사무의 시행으로 각 제도 간의 통일성이 결여되었을 뿐만 아니라, 부처 간에 관장 업무의 중복으로 급여의 이중지급현상까지 초래하는 등 사회보장대상의 범위와 급여수준 및 내용의 불평등, 행정관리상의 비효율과 복지재원조달의 어려움 등 많은 문제점을 야기하였다.

2. 「사회보장기본법」의 제정 및 개정

「사회보장에 관한 법률」이 제정된 이후 약 30년여 간에 걸쳐 급속하게 이룩한 사회·경제적인 발전과 변화에 따라 정부는 국민의 지지를 얻기 위한 정책의 일환으로 사회복지에 관한 많은 관련 법률을 임시적·단속적으로 개정 내지 제정해 왔다.

그 결과 개별 법령에 의거한 각종 사회보장제도 간에 연계성이 없어 제도 간의 충돌과 중복시행이 이루어지고, 관리운영상의 비효율성 및 급여수준의 불평등과 예산의 낭비 등 많은 문제점이 제기되어 관계 전문가와 학자들이 유명무실한 「사회보장에 관한 법률」의 폐지와 함께 사회보장제도의 효율적인 운영 및 통합적 발전에 기초가 될 수 있는 모법으로서 「사회보장기본법」의 제정을 요구하게 되었다. 이에 따라 1995년 12월 30일 법률 제5134호(시행 1996.7.1)로 「사회보장기본법」이 제정됨으로써 「사회보장에 관한 법률」은 폐지되었다.

제2절 법의 목적과 사회보장

1. 목 적

1) 권리와 책임의 명시

사회보장기본법에서는 사회보장에 관한 국민의 권리와 국가 및 지방자치단체의 책임을 정하는 것을 첫 번째 목적으로 규정하고 있다(법 제1조 전단). 과거에는 국가의 재정여력이 미흡하여 사회보장에 대한 국가의 보호를 시혜적인 은덕으로 인식하였으나, 이제는 국가재정이 중진국 대열에 올라선 시대적 변화에 따라 사회보장에 대한 국가의 책임을 인정함으로써 사회보장을 국가에 대한 개인의 권리로 격상시킨다는 의미를 담고 있다.

따라서 당연히 사회보장을 받아야 할 국민에게 국가가 보호조치를 취해 주지 않을 경우에는 그 보호를 국가에 대하여 청구할 수 있는 구체적인 '법적 권리'를 인정하겠다는 점을 제1조에서 강조한 것으로 볼 수 있다. 이에 따라 국민의 사회보장에 대하여 합당한 조치를 적극적으로 강구할 의무와 책임이 국가와 지방자치단체에게 있음을 명문으로 인정하여 국민의 복지증진에 기여할 것을 첫 번째 목적으로 규정하고 있다.

2) 통일성의 확보

사회보장기본법에서 규정하고 있는 두 번째 목적은 국가의 사회보장정책의 수립·추진과 관련제도에 관한 기본적인 사항을 규정함으로써 국민의 복지증진에 이바지하려는 것이다(법 제1조 후단). 즉, 앞으로 국가에 대한 국민의 복지수요나 사회의 환경변화에 따른 국민의 복지욕구에 상응하는 사회보장정책의 수립·추진과 관련 제도를 갖추기 위하여 법령을 제정하거나 개정할 경우에, 법령 상호 간에 모순·충돌을 해소시켜 일관성 있는 통일적·체계적인 사회보장제도를 확립하려면, 국가의 사회보장정책의 수립·추진과 관련제도에 관한 기본적인 사항을 본 「사회보장기본법」에 규정하여 제도화함으로써 가능한 것이다.

이와 같이 일관성이 있는 체계적인 사회복지정책의 수립·시행으로 효율성과 안정성을 갖춘 사회보장제도를 확립함으로써 국민의 복지증진에 기여하려는 것이 사회보장기본법의 두 번째 목적이다. 그래서 동 법에서는 효율적·체계적인 복지정책의 수립·추진과 더불어 일관성 및 통일성을 갖춘 사회복지제도를 확립하기 위하여 "사회보장에 관한 다른 법률을 제정 또는 개정하는 경우에는 이 법에 부합되도록 하여야 한다"(동법 제4조)고 규정하여 법 제1조에서 의도하는 목적이 관철되도록 뒷받침하고 있다.

2. 기본이념

1) 인간다운 생활을 위한 자립의 지원

사회보장기본법에서는 각 종 사회보장정책의 수립·추진과 그와 관련된 제도를 확립·시행함으로써 모든 국민이 다양한 사회적 위험으로 부터 벗어나 행복하고 인간다운 생활을 향유할 수 있도록 '자립을 지원하는 것'을 첫 번째의 기본이념으로 규정하고 있다(법 제2조 전단).

모든 국민이 삶의 실제 생활에서 당면하게 되는 사회적 위험으로 부터 벗어나 '행복한 인간다운 생활'을 향유할 수 있게 하려면 '자립을 지원하는 것'이 가장 필수적이며 핵심적인 사회보장 방법이므로, 헌법상의 생존권적 기본권을 구체적으로 실현시키려는 사회보장에 관한 정책의 수립과 추진에 관하여 아주 중요한 모법(母法)이 되는 사회보장기본법에서 '국민의 자립을 지원하는 것'을 첫 번째 기본이념으로 표방하고 있다.

2) 사회참여·자아실현을 위한 제도와 여건의 조성

모든 국민의 '행복하고 인간다운 생활'에는 '자립생활의 확립'뿐만 아니라, 지역사회가 필요로 하는 각종 사회분야의 활동에 모든 국민이 사회의 구성원으로서 적극적으로 활동하는 '사회참여'와 국민 각자가 잠재능력과 창조적인 지혜를 충분히 발휘하여 성장할 수 있게 하는 '자아실현'이 반드시 필요한 것이다.

그래서 이와 같은 국민의 '사회참여 및 자아실현'에 필요한 정책수립과 추진을 필요시마다 임시방편적인 방법으로 시행하려는 것이 아니라, 지속적·안정적인 제도와 제반 여건을 조성하는 방법(법 제2조 중단)에 의하겠다는 의지를 사회보장기본법의 두 번째 이념으로 표방하고 있다.

3) 사회통합 및 복지사회의 실현

위에서 말한 두 가지 이념, 즉 자립생활의 지원과 사회참여 및 자아실현에 필요한 각종 제도와 여건의 조성이라는 방법에 의하여 모든 국민이 '행복하고 인간다운 생활'을 향유할 수 있게 함으로써, 국가사회를 구성하는 각 계층 간의 대립과 갈등을 완화·조정하고 결속력을 증진시켜 더불어 함께 살아가는 '사회통합'을 지향함과 동시에, 모든 국민에게 사회보장을 받을 기회를 균등하게 배려하여 사회적 불만요소를 해소하고 국민의 욕구를 충족시키는 사회적 평등을 추구함으로서 '행복한 복지사회를 실현하는 것'(법 제2조 후단)을 사회보장기본법의 세 번째 이념으로 규정하고 있다.

3. 사회보장의 의의와 분류

1) 사회보장의 의의

(1) 사회보장의 개념 사회보장기본법에서는 "'사회보장'이란 출산, 양육, 실업, 노령, 장애, 질병, 빈곤 및 사망 등의 사회적 위험으로부터 모든 국민을 보호하고 국민 삶의 질을 향상시키는 데 필요한 소득·서비스를 보장하는 사회보험, 공공부조, 사회서비스를 말한다"(법 제3조 제1호)고 규정하여 사회보장의 의미내용을 정의하고 있다.

(2) 사회보장의 분류 사회보장에 의하여 보호하려는 사회적 위험을 개정 전에는 질병·장애·노령·실업·사망이라는 다섯 가지로 규정하였으나, 개정법에서는 출산, 양육 및 빈곤을 추가하여 여덟 가지로 규정하고, 이러한 위험으로 부터 모든 국민을 보호하고 삶의 질을 향상시키는 데 필요한 소득·서비스를 보장하는 사회보험·공공부조·사회서비스를 사회보장의 영역으로 분류하여 이 3가지 부문에 대한 의미 내용을 명백히 규정하고 있다(법 제3조).

사회보장기본법에서는 '사회보장'을 광의의 사회복지개념으로 사용하고 있으나 '사회서비스'는 협의의 개념으로 사용하고 있다. 동 법은 넓은 의미의 사회복지개념을 채택함으로써 급속하게 변화하는 현대 산업사회의 발전과정에서 점증하는 사회복지에 대한 국민의 수요를 최대한 충족시키겠다는 미래지향적인 의지를 선언하고 있는 것이다.

2) 사회보장 범위의 분류와 내용

(1) 사회보험 "사회보험이란 국민에게 발생하는 사회적 위험을 보험의 방식으로 대처함으로써 국민의 건강과 소득을 보장하는 제도를 말한다(법 제3조 제2호)"고 규정하고 있다. '사회적 위험'이란 동법 제3조 제1호에서 규정하고 있는 출산, 양육, 실업, 노령, 장애, 질병, 빈곤 및 사망 등을 의미하며, 이러한 사회적 위험을 '보험의 방식'에 의하여 대처한다는 것은 다음 2가지의 이미를 담고 있다.

하나는 보험가입자의 자발적인 의사에 따라 이루어지는 민간보험(私保險)이 아니라 사회보장제도의 확립을 목적으로 하는 사회정책의 일환으로 국가 또는 공공기관에 의하여 보험가입이 의무화되는 강제보험(公保險)에 의한다는 의미이다.

둘째는 법률에 의하여 일정한 요건에 해당되는 국민에게 당연히 보험료를 납부할 의무를 부담시키지만, 보험사고를 당한 모든 국민에게 일정한 급여를 지급받을 수 있는 권리를 보장함으로써 선상 및 소득을 보장하여 경제생활의 안정을 도모하려는 의미이다.

예컨대, 국민건강보험, 국민연금보험, 고용보험, 산업재해보상보험, 노인장기요양보험, 자동차손해배상책임보험 등이 사회보험에 속하며, 그 밖에 경제정책보험으로 각 종의 수출보험이 시행되고 있으며 농업, 어업, 축산, 삼림 분야의 재해에 대비하는 보험 등이 계속하여 생길 것으로 예상된다.

(2) 공공부조 '공공부조(公共扶助)'란 국가와 지방자치단체의 책임 하에 생활 유지능력이 없거나 생활이 어려운 국민의 최저생활을 보장하고 자립을 지원하는 제도를 말한다(법 제3조 제3호).

공공부조(Public Assistance)란 사적부조(Private Assistance)에 대한 개념으로서 일반 사인이나 민간단체가 아닌 국가나 지방자치단체의 예산에 의하여 운용·지원되는 사회보장제도를 의미한다. 이는 자본주의사회의 빈곤문제를 해결하기 위한 최후의 보루로서 사회보험과 더불어 사회보장제도의 2대 중심적 기반이 되고 있다.

앞에 기술한 사회보험은 보험료의 납부능력이 있어야만 수혜자가 될 수 있으나 그러한 능력이 없는 자, 즉 생활유지능력이 없거나 생활이 어려운 국민에 대한 최저한도의 생활을 보장함으로써 헌법상의 생존권을 보장해 주기 위한 것이 공공부조제도이다.

국가의 재정 여력이 미흡했던 과거에는 공공부조가 국가에 의한 자선이나 국가정책의 시행에 따른 반사적 이익에 불과한 것으로 인시하였지만, 「국민기초생활보장법」이 제정·시행된 2000년 10월 부터는 일정한 저소득 국민의 최저한의 생활보장을 하나의 법적인 권리로서 규정하게 된 것이며, 의료급여법(2001.10.1 시행)·장애인연금법(2010.7.1 시행)·기초연금법(2014.7.1 시행)의 제정·시행으로 점차 공공부조의 영역이 확대되어 가는 추세에 있다.

(3) 사회서비스 '사회서비스'란 국가·지방자치단체 및 민간부문의 도움이 필요한 모든 국민에게 복지, 보건의료, 교육, 고용, 주거, 문화, 환경 등의 분야에서 인간다운 생활을 보장하고 상담, 재활, 돌봄, 정보의 제공, 관련 시설의 이용, 역량 개발, 사회참여 지원 등을 통하여 국민의 삶의 질이 향상되도록 지원하는 제도를 말한다(법 제3조 제4호).

사회서비스는 대인적 서비스로 지칭되는데, 사회보험·공공부조와는 달리 개인의 경제적인 면보다 신체적·정신적·사회적인 불리한 조건 때문에 야기되는 개인의 차별적인 욕구를 해결하기 위한 목적으로 제공되는 비물질적·정신적인 서비스를 말한다. 이러한 서비스의 제공에는 사회복지전문가에 의한 사회복지실천 내지 사회사업 실천서비스와 같은 미시적인 사회복지 실천기술이나 방법이 중요한 해결기능을 수행하게 된다.

4. 사회보장의 주체와 책임

1) 공적주체와 책임

(1) 국가와 지방자치단체의 책임 국가와 지방자치단체는 모든 국민의 인간다운 생활을 유지·증진하는 책임을 가지며(법 제5조 제1항), 사회보장에 관한 책임과 역할을 합리적으로 분담하여야 한다(법 동조 제2항).

국가와 지방자치단체는 국가 발전수준에 부응하고 사회환경의 변화에 선제적으로 대응하며 지속가능한 사회보장제도를 확립하고 매년 이에 필요한 재원을 조달하여야 한다(법 동조 제3항). 국가는 사회보장제도의 안정적인 운영을 위하여 중장기 사회보장 재정추계를 격년으로 실시하고 이를 공표하여야 한다(법 동조 제4항).

국가와 지방자치단체는 가정이 건전하게 유지되고 그 기능이 향상되도록 노력하여야 하며(법 제6조 제1항), 사회보장제도를 시행할 때에 가정과 지역공동체의 자발적인 복지활동을 촉진하여야 한다(법 제6조 제2항).

(2) 민간주체의 참여조장 법 제5조에서는 국가와 지방자치단체를 사회보장제도의 확립 및 그 추진의 재원 조달과 안정적인 운영의 주된 주체로 규정하고, 제6조에서는 국가 및 지방자치단체에게 가정과 지역공동체 등 민간의 자발적인 복지활동을 촉진시켜야 할 책임을 지움으로써, 정부주도의 공식적·제도적인 사회복지활동의 중요성에 버금가는 민간주도의 비공식적·사적인 사회복지활동의 중요성을 동시에 강조하고 있는 것이다.

점점 더 복잡·다양화 되는 현대의 사회변화에 즈음하여 공적인 사회복지로서는 모두 다 감당·해결할 수 없는 사회문제를 기술적·전문적인 실천기법으로 해결하는 사적인 '자원봉사활동'의 중요성이 더욱 더 강조되고 있는 점을 고려하여, 공적 및 사적 사회복지주체 간의 상호 보완적인 기능이 적절히 조화를 이루도록 하려는 데 동 조항의 취지가 있는 것이다.

2) 국민의 책임

(1) 자립·자활의 노력 모든 국민은 자신의 능력을 최대한 발휘하여 자립·자활할 수 있도록 노력하여야 한다(법 제7조 제1항). 국가와 지방자치단체에 의한 사회보장은 개인의 최대한의 노력이 선행된 이후에 2차적으로 개입·시행되어야 하는 것이며, 사회보장제도의 시행에 있어서도 언제나 개인이 자립·자활할 수 있도록 돕는 것이어야 한다는 점을 강조하고 있다.

(2) 사회환경의 조성·협력 모든 국민은 경제적·사회적·문화적·정신적·신체적으로 보호가 필요하다고 인정되는 사람에게 지속적인 관심을 가지고 이들이 보다 나은 삶

을 누릴 수 있는 사회환경 조성에 서로 협력하고 노력하여야 한다(법 동조 제2항).

현대의 사회복지는 모든 국민을 포괄하는 보편적・제도적 복지를 의미하지만, 국가의 재정여건이 중진국 수준에 머물고 있는 우리나라의 현실을 감안하여, 정상적인 사회생활을 할 수 없는 요 보호국민의 삶의 질을 향상시키는 보완적・선별적 복지제도의 확충을 위한 사회환경과 제반 여건의 조성에 협력・노력함으로써, 모든 국민이 사회연대원리에 입각하여 계층간의 대립을 해소시키고 더불어 함께 살아가는 사회공동체의 형성에 참여해야 한다는 당위성을 천명하고 있는 것이다.

(3) 사회보장정책에 대한 협력 모든 국민은 관계 법령에서 정하는 바에 따라 사회보장급여에 필요한 비용의 부담, 정보의 제공 등 국가의 사회보장정책에 협력하여야 한다(법 동조 제3항).

1970년대 후반 이후 대두되고 있는 복지다원주의(Welfare Pluralism) 관점에서 보면, 국가나 지방자치단체와 같은 공공주체 외에 가족・기업・종교단체・자원봉사단체 등과 같은 비영리・비공식적인 사적 주체의 활동을 위시하여 조세나 사회보험료의 납부와 같은 사회보장급여에 필요한 비용의 부담 뿐만 아니라, 국가 구성원인 국민 개인에 관한 정보의 제공없이는 실천성 있는 국가주도의 사회보장정책의 수립・시행이 불가능하기 때문에 복지비용의 부담이나 개인의 정보제공에 모든 국민의 협조는 필수적이라는 점을 동 조항에서 강조하고 있는 것이다.

5. 사회보장의 범위

1) 국민

사회보장의 수급 대상자는 개별적인 사회보장 관련법령에 규정된 자격기준이나 요건에 따라 선정・결정되지만, 사회보장기본법에서는 "모든 국민은 사회보장 관계 법령에서 정하는 바에 따라 사회보장급여를 받을 권리(이하 "사회보장수급권"이라 한다)를 가진다(법 제9조)"고 규정하여 전 국민을 사회보장수급권자로 포괄하는 보편주의를 선인하고 있나.

2) 외국인

(1) 상호주의의 적용 "국내에 거주하는 외국인에게 사회보장제도를 적용할 때에는 상호주의의 원칙에 따르되, 관계 법령에서 정하는 바에 따른다(법 제8조)"고 규정하여 외국인에 대하여는 상호주의의 원칙에 입각하여 그 적용여부를 결정하도록 하고, 예외적으로 속지주의를 취하여 관계 법령에 따르도록 명시하고 있다.

우리나라 「국민연금법」에서는 "외국과 사회보장협정을 맺은 경우에는 이 법에도 불구하고 국민연금의 가입, 연금보험료의 납부, 급여의 수급요건, 급여액 산정, 급여의 지급 등에 관하여 그 사회보장협정에서 정하는 바에 따른다(국민연금법 제127조)"고 규정하여 사회보장협정이 국민연금법에 우선하도록 규정하고 있다.

우리나라는 국내에서 근로하거나 거주하는 외국인에게 법정요건에 따라 국민연금의 가입자가 될 수 있게 하며(국민연금법 제126조 참조), 국내에 체류하는 재외국민 또는 외국인에게도 법령상의 자격요건을 갖추면 건강보험의 적용대상자가 될 수 있게 규정하고 있다(국민건강보험법 제109조 참조).

국가 간에 사회보장협정[1]을 체결하는 목적은 양 당사국의 사회보장제도에 있어서 이중가입의 배재, 가입기간의 합산, 법령적용상의 동등대우, 급여의 송금 보장 등의 혜택을 부여하기 위한 것이며, 외국기업의 국내 투자환경 조성을 그 목적으로 할 경우도 있다.

ILO(국제노동기구)는 1962년에 '사회보장에 관한 내외국인 균등처우에 관한 협약'(ILO 제118호 협약)을 채택하여 이를 비준한 국가는 사회보장부문의 적용범위 및 수급권에 있어서 자국의 사회보장법규에 의하여 자국의 영토 내에 있는 다른 모든 비준국 국민에 대하여 자국민에게 주어지는 것과 동등한 대우를 해 줄 것을 규정하고 있다.[2]

(2) 사회보장협정 사회보장협정은 대부분 양 당사국의 정부 간에 체결되고 있으며, 그 형태는 협정의 적용범위에 따라 '가입기간 합산협정'(totalization agreement)과 '보험료 면제협정'(contributions only agreement)으로 크게 구분된다.[3]

① 가입기간 합산협정 사회보험료 이중 부담 방지와 양국 연금가입기간 합산규정을 포함한 사회보장협정 형태이다. 일반적으로 파견근로자와 같이 단기간 협정당사국을 왕래하면서 근로 또는 자영하는 사람들은 단기파견기간 동안 한 국가의 연금제도에만 가입할 수 있다. 또한 연금가입기간이 양국으로 분리되어 있어 각국 연금수급권을 취득하는 데 어려움이 있는 사람은 양국 가입기간을 합산하여 수급권을 취득할 수 있다.

② 보험료 면제협정 양국 가입기간 합산규정은 제외하고 사회보험료 이중적용 방지만을 규정한 사회보장협정 형태이다. 일반적으로 파견근로자와 같이 단기간 협정당사국을 왕래하면서 근로 또는 자영하는 사람들은 단기 파견기간 동안 한 국가의 연금제도에만 가입할 수 있다. 가입기간 합산규정, 급여수급권 보호, 동등대우, 국민연금 반환일시금 지급 등 급여 관련사항은 규정하지 않는 것이 일반적이다.

③ 반환일시금 협정상대국(캐나다, 미국, 독일, 헝가리, 프랑스, 호주, 체코, 벨기에, 폴란드, 슬로바키아, 불가리아, 루마니아, 오스트리아, 인도)의 국민에 대한 급여지급은 우리 국민과 동등한

1) www.nps.or.kr을 참조
2) 신섭중 외 4인, 앞의 책, p.191.
3) 우리나라와 맺은 「사회보장협정 체결국 현황」은 www.nps.dr.kr을 참조

대우를 하고 있으므로 연금급여는 물론 반환일시금도 동등하게 지급된다. 따라서 협정상대국의 국민이 국민연금법에 의한 노령연금이나 장애연금, 유족연금수급권을 취득하기 전에 사망하거나 본국에 귀국 또는 60세 도달 등 반환일시금 수급사유가 발생하면 본인(사망 시는 그 유속)에게 반환일시금을 지급한다(아일랜드, 덴마크 국민에 대하여는 반환일시금을 지급하지 아니한다).

이에 비하여 협정상대국 이외의 제3국인에 대하여는 동등대우가 인정되지 아니하고, 해당 외국인의 본국법이 한국인에게 반환일시금에 상응하는 급여를 지급하도록 규정하고 있는지의 여부에 따라 상호주의 원칙을 적용하여 지급하게 된다.

제3절 사회보장을 받을 권리

1. 사회보장수급권의 의의

1) 사회보장수급권의 개념

사회보장기본법에서 "모든 국민은 사회보장 관계 법령에서 정하는 바에 따라 사회보장급여를 받을 권리(이하 "사회보장수급권"이라 한다)를 가진다(법 제9조)"라고 규정하고 있다. 사회보장급여를 받을 권리인 '사회보장수급권'은 헌법 제34조 제1항과 제2항에 근거하여 제정된 하위 법규인 사회보장관련법령에서 구체적인 법적 권리로서 규정하고 있기 때문에 국가의 시혜적인 지원이 아니라 '법률상의 권리'로써 보장받게 되는 것이다.

2) 사회복지수급권과의 관계

앞에서 살펴본 바와 같이 사회보장기본법상의 '사회보장'은 넓은 의미의 사회복지개념을 뜻하므로 사회보장수급권은 결국 '사회복지수급권'과 같은 의미로 볼 수 있다. 따라서 사회복지수급권이란 사회보장에 관한 관계법령, 즉 사회복지 관련법령이 정하는 바에 따라 국민이 국가에 대하여 구체적인 사회복지급여를 청구할 수 있는 권리라고 정의할 수 있다.

사회복지수급권은 개별 법령의 규정 내용에 따라 사회보험수급권, 공공부조수급권, 사회서비스수급권 등으로 분류할 수 있고, 사회복지수급권의 실질적인 내용을 정하고 있는 실체적 권리인 '사회보장청구권'과 이 구체적 청구권을 형성시키는 절차에 대한 진행청구권인 '실체형성청구권', 사회보장청구권이나 그 청구권의 구체적 내용에 관한 입법을 청원할 수 있는 권리인 '사회보장입법청구권', 그 외 '사회보장행정참여권'과 '사회보장급여쟁송권'으로 분류할 수 있다(제4장 제2절 참조).

2. 수급권자

사회보장수급권자는 사회보장의 대상자가 될 수 있는 법률상의 자격을 가진 자를 말하는데, 사회보장기본법에서는 우리나라의 모든 국민(법 제9조)과 국내에 거주하는 외국인(동법 제8조)을 수급권자로 규정하고 있다. 그러나 외국인은 상호주의 원칙에 따르되 관계 법령에서 정하는 바에 따르므로 외국과 맺은 사회보장협정의 내용에 따라 수급권자가 될 수 있다.

실제 구체적인 수급자가 될 수 있는 자격요건은 각각의 사회보장에 관한 관계 법령에서 정하는 바에 의하므로 형식적인 법정 수급권자 중에서 법정 자격요건의 심사를 거쳐 수급자가 구체적으로 결정될 것이다.

3. 사회보장급여의 수준

국가와 지방자치단체는 모든 국민이 건강하고 문화적인 생활을 유지할 수 있도록 사회보장급여의 수준 향상을 위하여 노력하여야 한다(법 제10조 제1항). 국가는 관계 법령에서 정하는 바에 따라 최저보장수준과 최저임금을 매년 공표하여야 한다(법 동조 제2항). 국가와 지방자치단체는 제2항에 따른 최저보장수준과 최저임금을 고려하여 사회보장급여의 수준을 결정하여야 한다(법 동조 제3항).

(1) 사회보장급여의 수준결정 모든 국민이 건강하고 문화적인 생활을 유지할 수 있도록 사회보장급여의 수준 향상을 위하여 국가와 지방자치단체는 지속적으로 노력하여야 하며, 국가가 매년 관계법령에 따라 결정・공표하는 '최저보장수준'과 '최저임금' 등에 따라 사회보장급여의 수준을 결정하도록 국가와 지방자치단체에게 이를 의무화한 것이다.

(2) 최저보장수준과 최저임금의 고려 최저보장수준과 최저임금은 사회보장수급자가 건강하고 문화적인 생활을 유지하기 위한 최저기준이 되는 강제적인 고려사항이므로 반드시 관계 법령에 의하여 결정하고 매년 공표해야 하는 의무사항으로 규정하고 있다.

이에 따라 보건복지부장관 또는 소관 중앙행정기관의 장은 급여의 종류별 수급자 선정기준 및 최저보장수준을 결정하여야 하고(국민기초생활보장법 제6조 제1항), 매년 8월 1일까지 제20조 제2항에 따른 중앙생활보장위원회의 심의・의결을 거쳐 다음 연도의 급여의 종류별 수급자 선정기준 및 최저보장수준을 공표하여야 한다(국민기초생활보장법 제6조 제2항), 고용노동부장관은 '최저임금법령'에 따라 매년 8월 5일까지 최저임금을 결정하고, 그 내용을 지체없이 고시해야 하며 이를 근로자에게 알리도록 규정하고 있다(최저임금법 제8조 제1항, 제10조 제1항, 제11조 참조).

4. 급여의 신청

(1) 신청주의의 원칙 "사회보장급여를 받으려는 사람은 관계 법령에서 정하는 바에 따라 국가나 지방자치단체에 신청하여야 한다"고 규정하여 '신청주의'를 원칙적으로 채택하며, 다만, 관계 법령에서 따로 정하는 경우에는 국가나 지방자치단체가 신청을 대신할 수 있도록 규정하고 있다(법 제11조 제1항, 참조).

사회보장급여를 신청하는 사람이 다른 기관에 신청한 경우에는 당해 기관은 지체 없이 이를 정당한 권한이 있는 기관에 이송하여야 한다. 이 경우 정당한 권한이 있는 기관에 이송된 날을 사회보장급여의 신청일로 본다(법 동조 제2항).

(2) 직권주의의 보완 사회보장급여는 급여를 받고자 하는 자의 신청에 의하여 수급자를 결정하는 '신청주의'를 원칙으로 한다. 그러나 수급자 본인이 급여신청에 대하여 구체적으로 잘 알지 못하거나 직접 신청할 수 없는 경우도 있을 수 있기 때문에 국민기초생활 보장법에서는 수급자 외에 그 친족·그 밖의 관계인이 관할 특별자치도지사·시장·군수·구청장에게 수급권자의 급여를 신청할 수 있게 하고(동법 제21조 제1항 참조), 예외적으로 사회복지전담공무원이 직권으로 사회보장급여를 신청하여 사회적 취약계층이 급여를 받을 수 있게 하는 '직권주의'를 가미하여 신청주의를 보완하고 있다(동법 동조 제2항 참조).

5. 수급권의 보호, 제한과 포기

(1) 수급권의 보호 "사회보장수급권은 관계법령에서 정하는 바에 따라 다른 사람에게 양도하거나 담보로 제공할 수 없으며, 이를 압류할 수 없다"[4](법 제12조)고 규정하여 수급자의 최저한의 생활수단을 보호하기 위한 실질적인 생존권 보호규정을 두고 있다. 사회보장수급권의 보호에 관한 동 조항은 각 종의 개별 사회보장 관련 법령에서 규정하고 있는 모든 구체적 수급권에 대하여 적용되는 상위법의 효력을 가진 것으로 해석하여야 한다.

(2) 수급권의 제한 및 정지 "사회보장수급권은 제한되거나 정지될 수 없다. 다만, 관계 법령에서 따로 정하고 있는 경우에는 그러하지 아니하다(법 제13조 제1항). 제1항 단서에 따라 사회보장수급권이 제한되거나 정지되는 경우에는 제한 또는 정지하는 목적에 필요한 최소한의 범위에 그쳐야 한다"(법 제13조 제2항)고 규정함으로써 관계 법령에 의해서만 제한 또는 정지할 수 있고, 그 경우에도 필요한 최소한의 범위에만 제한 또는 정지를 할 수 있도록 규제의 한계기준을 설정하고 있다.

---

4) 국민연금법 제58조, 국민건강보험법 제59조, 산업재해보상보험법 제88조, 국민기초생활 보장법 제34소~제36조, 고용보험법 제38조, 의료급여법 제18조, 사회복지사업법 제48소, 노인장기요양보험법 제64조, 아동복지법 제64조, 장애인복지법 제82조, 국세징수법 제31조, 제32조 제33조 등 참조.

(3) 수급권의 포기 사회보장수급권은 정당한 권한이 있는 기관에 서면으로 통지하여 포기할 수 있으며(법 제14조 제1항), 또한 사회보장수급권의 포기는 취소할 수 있다(법 동조 제2항). 제1항에도 불구하고 사회보장수급권을 포기하는 것이 다른 사람에게 피해를 주거나 사회보장에 관한 관계 법령에 위반되는 경우에는 이를 포기할 수 없다(법 제14조 제3항).

여기서 '정당한 권한이 있는 기관'이란 관련 법령에 의하여 사회보장사업을 실시하는 기관을 말하며, 수급권의 포기를 취소할 경우 그 취소의 효과는 일반적으로 법률행위의 취소의 경우에 소급효과가 있는 것과는 달리 소급효가 없는 '철회'의 의미로 해석해야 한다.

또한 포기의 의사표시를 반드시 '서면'으로 해야 하는 것에 상응하여 포기의 취소도 역시 서면으로 해야 한다고 해석해야 한다. 그러나 취소에 그 취소권을 행사할 수 있는 기한을 정하지 않은 것은 입법의 불비로 볼 것이다.

6. 불법행위에 대한 구상권

"제3자의 불법행위로 피해를 입은 국민이 그로 인하여 사회보장수급권을 가지게 된 경우 사회보장제도를 운영하는 자는 그 불법행위의 책임이 있는 자에 대하여 관계 법령에서 정하는 바에 따라 구상권(求償權)을 행사할 수 있다"(법 제15조)고 규정함으로써 사회보장관련 법률(예 : 국민건강보험법 제58조 등) 등에서 규정하고 있는 구상권에 대한 일반적인 법적 근거를 마련해 주고 있다.

구상권은 제3자의 불법행위로 어려움을 당한 국민에 대하여 국가가 신속하게 생활의 곤궁을 면하게 하여 인간다운 생활이 가능하도록 보장해 줌으로써 피해를 당한 국민의 불편을 우선적으로 해소시켜 주고, 사후적으로 가해자인 불법행위자에 대하여 소요된 사회보장급여 비용, 기타 관련비용을 변제하도록 국가가 청구할 수 있게 하는 권리이다.

7. 권리구제

"위법 또는 부당한 처분을 받거나 필요한 처분을 받지 못함으로써 권리 또는 이익을 침해받은 국민은 「행정심판법」에 따른 행정심판을 청구하거나 「행정소송법」에 따른 행정소송을 제기하여 그 처분의 취소 또는 변경 등을 청구할 수 있다"(법 제39조)고 규정하여 권리구제에 관한 일반조항을 두고 있다.

각 종 사회복지 관련 법률에 의하여 보장된 사회보장수급권이 행정기관의 위법 또는 부당한 행청처분이나 행정기관의 부작위에 의하여 필요한 처분을 받지못함으로써 그 권리나 이익을 침해받은 국민은, 당해 법률상 이에 대한 구체적인 권리구제 규정이 없더라도 「행정심판법」에 따라 관계 행정기관에 행정심판을 청구할 수 있으며, 또한 「행정소송법」에 따라 법원에 행정소송을 제기하여 그 행정처분의 취소 또는 변경 등을 청구할 수 있도록 규정한 것이다.

제 4 절 사회보장 기본계획과 사회보장위원회

1. 사회보장 기본계획과 년도별 시행계획 및 지역계획

1) 기본계획

(1) 기본계획의 수립 보건복지부장관은 관계 중앙행정기관의 장과 협의하여 사회보장 증진을 위하여 사회보장에 관한 기본계획(이하 "기본계획"이라 한다)을 5년마다 수립하여야 한다(법 제16조 제1항). 기본계획에는 다음 각 호의 사항이 포함되어야 한다(법 동조 제2항).

① 국내외 사회보장환경의 변화와 전망
② 사회보장의 기본목표 및 중장기 추진방향
③ 주요 추진과제 및 추진방법
④ 필요한 재원의 규모와 조달방안
⑤ 사회보장 관련 기금 운용방안
⑥ 사회보상 전달체계
⑦ 그 밖에 사회보장정책의 추진에 필요한 사항

(2) 기본계획의 확정 · 변경 기본계획은 제20조에 따른 사회보장위원회와 국무회의의 심의를 거쳐 확정한다. 기본계획 중 대통령령으로 정하는 중요한 사항을 변경하려는 경우에도 같다(법 동조 제3항).

(3) 기본계획의 우선성 제16조에 따라 수립되는 기본계획은 다른 법령에 따라 수립되는 사회보장에 관한 계획에 우선하며 그 계획의 기본이 된다(법 제17조).

보건복지부장관이 5년마다 수립하는 사회보장에 관한 '기본계획'은 국가의 모든 사회보장정책의 기본지침이 되기 때문에, 보건복지부장관 및 관계 중앙행정기관의 장이 사회보장과 관련하여 매년 수립하는 주요시책의 시행계획(제18조 제1항 참조)과 광역 및 지역 자치단체의 장이 사회보장과 관련하여 매년 수립 · 시행하는 지역계획(제19조 제1항 참조)은 당연히 이 기본계획과 연계되어야 한다(제19조 제2항 참조).

2) 연도별 시행계획의 수립 · 시행

(1) 보건복지부장관 및 관계 중앙행정기관의 장의 시행계획 보건복지부장관 및 관계 중앙행정기관의 장은 기본계획에 따라 사회보장과 관련된 소관 주요 시책의 시행계획(이하 "시행계획"이라 한다)을 매년 수립 · 시행하여야 한다(법 제18조 제1항).

(2) 관계 중앙행정기관의 장의 제출 관계 중앙행정기관의 장은 제1항에 따라 수립한 소관 시행계획 및 전년도의 시행계획에 따른 추진실적을 대통령령으로 정하는 바에 따라 매년 보건복지부장관에게 제출하여야 한다(법 동조 제2항).

(3) 보건복지부장관의 보고 보건복지부장관은 제2항에 따라 받은 관계 중앙행정기관 및 보건복지부 소관의 추진실적을 종합하여 성과를 평가하고, 그 결과를 제20조에 따른 사회보장위원회에 보고하여야 한다(법 동조 제3항).

(4) 보건복지부장관의 의뢰 보건복지부장관은 제3항에 따른 평가를 효율적으로 하기 위하여 이에 필요한 조사 · 분석 등을 전문기관에 의뢰할 수 있다(법 동조 제4항). 본 조항에 의한 시행계획의 수립 · 시행 및 추진실적의 평가 등에 필요한 사항은 대통령령으로 정한다(법 동조 제5항).

3) 지역계획의 수립 · 시행

특별시장 · 광역시장 · 특별자치시장 · 도지사 또는 특별자치도지사 · 시장(「제주특별자치도 설치 및 국제자유도시 조성을 위한 특별법」 제11조 제1항에 따른 행정시장을 포함한다) · 군수 · 구청장(자치구의 구청장을 말한다. 이하 같다)은 관계 법령으로 정하는 바에 따라 사회보장에 관한 지역계획(이하 "지역계획"이라 한다)을 수립 · 시행하여야 한다(법 제19조 제1항).

지역계획은 기본계획과 연계되어야 하며(법 제19조 제2항), 지역계획의 수립 · 시행 및 추진실적의 평가 등에 필요한 사항은 대통령령으로 정한다(법 제19조 제3항).

2. 사회보장위원회

(1) 위원회의 설치 및 심의사항 사회보장에 관한 주요시책을 심의 · 조정하기 위하여 국무총리소속으로 사회보장위원회(이하 "위원회"라 한다)를 둔다(법 제20조 제1항). 위원회는 다음 각 호의 사항을 심의 · 조정한다(법 제20조 제2항).

① 사회보장 증진을 위한 기본계획

② 사회보장 관련 주요 계획

③ 사회보장제도의 평가 및 개선

④ 사회보장제도의 신설 또는 변경에 따른 우선순위

⑤ 둘 이상의 중앙행정기관이 관련된 주요 사회보장정책

⑥ 사회보장급여 및 비용 부담

⑦ 국가와 지방자치단체의 역할 및 비용 분담

⑧ 사회보장의 재정추계 및 재원조달 방안

⑨ 사회보장 전달체계 운영 및 개선

⑩ 제32조 제1항에 따른 사회보장통계

⑪ 사회보장정보의 보호 및 관리

⑫ 그 밖에 위원장이 심의에 부치는 사항

위원장은 다음 각 호의 사항을 관계 중앙행정기관의 장과 지방자치단체의 장에게 통지하여야 한다(법 동조 제3항).

① 제16조 제3항에 따라 확정된 기본계획

② 제2항의 사항에 관하여 심의·조정한 결과

(2) 위원회의 구성 위원회는 위원장 1명, 부위원장 3명과 행정안전부장관, 고용노동부장관, 여성가족부장관, 국토교통부장관을 포함한 30명 이내의 위원으로 구성한다(법 제21조 제1항). 위원장은 국무총리가 되고 부위원장은 기획재정부장관, 교육부장관 및 보건복지부장관이 된다(법 동조 제2항). 위원회의 사무를 효율적으로 처리하기 위하여 보건복지부에 사무국을 둔다(법 동조 제8항).

(3) 위원의 자격 위원회의 위원은 다음 각 호의 어느 하나에 해당하는 사람으로 한다(법 동조 제3항).

① 대통령령으로 정하는 관계 중앙행정기관의 장

② 다음 각목의 사람 중에서 대통령이 위촉하는 사람

㈎ 근로자를 대표하는 사람

㈏ 사용자를 대표하는 사람

㈐ 사회보장에 관한 학식과 경험이 풍부한 사람

㈑ 변호사 자격이 있는 사람

(4) 위원의 임기 위원의 임기는 2년으로 한다. 다만, 공무원인 위원의 임기는 그 재임기간으로 하고, 제3항 제2호 각목의 위원이 기관·단체의 대표자 자격으로 위촉된 경우에는 그 임기는 대표의 지위를 유지하는 기간으로 한다(법 동조 제4항). 보궐위원의 임기는 전임자 임기의 남은 기간으로 한다(법 동조 제5항).

(5) 위원회의 협조요청 위원회는 사회보장에 관한 자료 제출 등 위원회 업무에 필요한 경우 관계 행정기관의 장에게 협조를 요청할 수 있다(법 제41조 제2항). 제2항에 따라 협조요청을 받은 자는 정당한 사유가 없으면 이에 따라야 한다(법 동조 제3항).

(6) 실무위원회 위원회를 효율적으로 운영하고 위원회의 심의사항을 전문적으로 검토하기 위하여 위원회에 실무위원회를 두며, 실무위원회에 분야별 전문위원회를 둘 수 있다(법 제21조 제6항). 실무위원회에서 의결한 사항은 위원장에게 보고하고 위원회의 심의를 거쳐야 한다. 다만, 대통령령으로 정하는 경미한 사항에 대하여는 실무위원회의 의결로써 위원회의 의결을 갈음할 수 있다(법 동조 제7항).

제5절 사회보장정책의 기본방향

1. 사회보장정책의 의의

(1) 사회보장정책의 개념 '사회보장정책'이란 용어는 '사회보장'과 '정책'의 합성어로서, '사회보장'의 개념정의는 법 제3조 제1호에 규정된 내용에 따라 사회보험, 공공부조 및 사회서비스를 사회보장의 영역에 포함하고 있으므로, 사회보장을 광의의 사회복지 개념과 동일한 의미로 사용하고 있다는 점을 이미 앞에서 설명하였다.

'정책'의 개념정의는 학자에 따라 다양하게 표현하고 있으나 대체로 "특정한 목표나 목적을 달성함에 필요한 제반 조치 및 행동을 실천하기 위한 지침 · 계획"이라 할 수 있다.

위에서 말한 두 가지 개념을 고려하여 '사회보장정책'의 개념을 정의하면, "사회적 위험으로 부터 국민을 보호하고 삶의 질을 향상시키기 위하여 사회보험, 공공부조 및 사회서비스를 시행함에 필요한 제반 조치 및 행동을 실천하기 위한 국가의 각종 지침이나 계획"이라고 말할 수 있다.

(2) 사회보장정책의 범위 이와 같은 사회보장정책의 기본방향에 대한 구체적 내용으로서, 법 제4장(제22조~제24조)에서 평생사회안전망의 구축 · 운영과 그 실천 범위로서 공공부조제도 외에 사회서비스 및 소득보장제도에 관하여 규정하고 있다.

2. 사회보장정책의 기본방향

(1) 평생사회안전망의 구축 · 운영 국가와 지방자치단체는 모든 국민이 생애 동안 삶의

질을 유지·증진할 수 있도록 평생사회안전망을 구축하여야 하며(법 제22조 제1항), 평생사회안전망을 구축·운영함에 있어 사회적 취약계층을 위한 공공부조를 마련하여 최저생활을 보장하여야 한다(법 동조 제2항).

'평생사회안전망'이란 생애주기에 걸쳐 보편적으로 충족되어야 하는 기본욕구와 특정한 사회위험에 의하여 발생하는 특수욕구를 동시에 고려하여 소득·서비스를 보장하는 맞춤형 사회보장제도를 말한다(법 제3조 제5호).

사회안전망(social safety net)이란 용어는 IMF나 World Bank 등에서 사회보상의 뜻으로 사용하고 있으나, 원래는 종래의 사회복지를 잔여적 개념으로 파악하여 가족·종교·정치·경제 등 각종 주된 사회보장제도로서는 해결하지 못하는 잔여적인 문제를 다루는 사회복지제도라는 의미로서 '안전망'이라는 용어를 사용하였다.

그러나 본 법에서는 '평생사회안전망'이라고 하여 사회의 주되는 공적인 수단이나 제도 등을 동원하고서도 지원받지 못하게 되는 대상자(client) 등 사회적 약자를 도운다는 의미인 잔여적 개념의 사회복지인 '사회안전망'으로서의 기능뿐만 아니라, 현대 산업사회에 대비하여 모든 국민의 삶의 질을 높이기 위한 제도적 개념의 보편적 사회복지제도를 포괄하는 뜻으로 '맞춤형 사회보장제도'라고 정의하고 있다.

이와 같이 모든 국민의 생애 동안 삶의 질을 유지·증진할 수 있는 보편적인 사회복지제도와 함께 특히 취약계층인 사회적 약자의 최저생활을 보장하는 공공부조를 포함하는 '평생사회안전망'을 구축·운영할 책임과 의무를 국가와 지방자치단체에게 지우고 있다.

(2) 사회서비스의 보장 국가와 지방자치단체는 모든 국민의 인간다운 생활과 자립, 사회참여, 자아실현 등을 지원하여 삶의 질이 향상될 수 있도록 사회서비스에 관한 시책을 마련하여야 하고(법 제23조 제1항), 사회서비스 보장과 제24조에 따른 소득보장이 효과적이고 균형적으로 연계되도록 하여야 한다(법 동조 제2항).

(3) 소득보장 국가와 지방자치단체는 다양한 사회적 위험 하에서도 모든 국민들이 인간다운 생활을 할 수 있도록 소득을 보장하는 제도를 마련하여야 한다(법 제24조 제1항). 이와 같은 국가의 소득보장제도에서 한걸음 더 나아가, 국가와 지방자치단체는 공공부문과 민간부문의 소득보장제도가 효과적으로 연계되도록 하여야 한다(법 동조 제2항).

제6절 사회보장제도의 운영

1. 사회보장제도의 운영원칙

(1) 보편성의 원칙 국가와 지방자치단체가 사회보장제도를 운영할 때에는 이 제도를 필요로 하는 모든 국민에게 적용하여야 한다(법 제25조 제1항). 사회보장제도의 운영에 있어서는 국민의 성별, 인종, 종교, 사회적 신분 등을 이유로 차별하지 아니 하고 모든 국민에게 동일하게 적용되어야 한다는 '보편성의 원칙'을 규정하고 있다.

(2) 형평성의 원칙 국가와 지방자치단체는 사회보장제도의 급여 수준 및 비용 부담 등에서 형평성을 유지하여야 한다(법 제25조 제2항). 유사한 욕구를 가진 대상자에게는 유사한 급여 서비스를 제공해야 하고, 사회보험료 등의 비용부담에 있어서도 소득수준을 고려한 '형평성'을 갖추어야 한다는 의미로써, 지역별 · 소득계층별로 유사한 욕구를 가진 대상자에게는 그에 상응하는 수준의 급여서비스를 제공하고, 국민연금이나 건강보험 등과 같은 비용의 부담에 있어서도 형평성을 기하도록 해야 한다는 원칙이다.

(3) 민주성의 원칙 국가와 지방자치단체는 사회보장제도의 정책결정 및 시행과정에 공익의 대표자 및 이해관계인 등을 참여시켜 이를 민주적으로 결정하고 시행하여야 한다(법 제25조 제3항). 즉, 사회보장에 관한 정책결정 및 시행과정에 정책결정자나 집행 공무원의 독단과 전횡을 사전에 방지하기 위하여 공익의 대표자 및 이해관계인을 참여시킴으로써 정실에 좌우되지 않는 공정한 의견을 반영하여 '민주성'을 확보하겠다는 것을 의미한다.

(4) 전문성 · 연계성의 원칙 국가와 지방자치단체가 사회보장제도를 운영할 때에는 국민의 다양한 복지 욕구를 효율적으로 충족시키기 위하여 연계성과 전문성을 높여야 한다(법 25조 제4항).

그동안 우리나라의 사회보장제도가 수급자 중심의 체계적이고 탄력적인 서비스를 제공하기보다 공급자 중심의 획일적 · 편의적인 서비스 제공이 대부분이었고, 그로 인하여 동일 대상자에 대한 중복급여나 제도적 보호가 필요한 대상자에 대한 급여누락 등 비효율성이 존재해 왔기 때문에 제도 간의 중복과 누락이 없도록 '연계성'을 기하고, 또한 복지전문가에 의한 종합적 · 체계적인 제도 수립과 운영으로 '전문성'을 높여야 한다는 점을 규정하고 있다.

(5) 책임구분의 원칙 사회보험은 국가의 책임으로 시행하고, 공공부조와 사회서비스는 국가와 지방자치단체의 책임으로 시행하는 것을 원칙으로 한다. 다만, 국가와 지방자치단체의 재정 형편 등을 고려하여 이를 협의 · 조정할 수 있다(법 25조 제5항).

사회보장제도 가운데 사회보험은 입법과 예산의 뒷받침이 수반되어야 하며 모든 국민에게 적용되는 보편적 복지제도이므로 그 시행 책임을 국가가 부담하고, 공공부조와 사회서비스는 사회보험의 경우와 같은 입법과 예산의 지원뿐만 아니라 법정요건에 해당되는 국민 개개인의 복지수요의 파악이 선행되어야 하는 선별적 복지제도이므로 국가 및 지방자치단체가 그 시행 책임을 공동으로 부담하도록 규정하여, 사회보험과 공공부조 및 사회서비스의 시행 책임을 각각 구분하는 것을 원칙으로 정하고 있다.

그러나 매년 수립·책정되는 예산상의 재정 형편은 국가와 지방자치단체가 다를 수 있으므로 이를 고려하여 양자 간에 협의·조정할 수 있도록 단서를 두고 있다(법 제25조 제5항 단서 참조).

2. 협의 및 조정의무

(1) 중복·누락의 방지 국가와 지방자치단체는 사회보장제도를 신설하거나 변경할 경우 기존 제도와의 관계, 사회보장 전달체계와 재정 등에 미치는 영향 등을 사전에 충분히 검토하고 상호협력하여 사회보장급여가 중복 또는 누락되지 아니하도록 하여야 한다(법 제26조 제1항).

사회복지에 관한 개별 법령을 제정 또는 개정하여 사회복지제도를 신설 혹은 변경할 경우에 기존 제도와 연계성을 충분히 검토·고려하여 중복이나 누락이 없도록 사전에 협의할 책임과 의무를 국가와 지방자치단체에게 지우려는 것이 본 조항의 취지이다.

(2) 보건복지부장관과 협의 중앙행정기관의 장과 지방자치단체의 장은 사회보장제도를 신설하거나 변경할 경우 신설 또는 변경의 타당성, 기존 제도와의 관계, 사회보장 전달체계에 미치는 영향 및 운영방안 등에 대하여 대통령령으로 정하는 바에 따라 보건복지부장관과 협의하여야 하고(법 동조 제2항), 만약 제2항에 따른 협의가 이루어지지 아니할 경우 사회보장위원회가 일방적으로 이를 조정하도록 규정하고 있다(법 동조 제3항).

(3) 적용기준의 마련 개별 복지제도의 신설 또는 변경 시 마다 임시·단편적으로 이를 조정·시행하는 경우에는 부처 이기주의에 따라 중앙과 지방 또는 지방자치단체 상호 간에 대립과 갈등을 야기하여 비협조나 비능률을 초래할 수 있으므로, 보건복지부장관은 사회보장급여 관련 업무가 통일성을 기하는 합리적인 제도가 되도록 공통적으로 적용되는 기준을 미리 마련할 수 있도록 "보건복지부장관은 사회보장급여 관련 업무에 공통적으로 적용되는 기준을 마련할 수 있다"고 규정한다(법 동조 제4항).

3. 민간의 참여

(1) 민간참여의 정책개발 · 시행 및 지원 국가와 지방자치단체는 사회보장에 대한 민간부문의 참여를 유도할 수 있도록 정책을 개발 · 시행하고 그 여건을 조성하여야 한다(법 제27조 제1항).

(2) 민간참여 유도시책의 수립 · 시행 국가와 지방자치단체는 사회보장에 대한 민간부문의 참여를 유도하기 위하여 다음 각 호의 사업이 포함된 시책을 수립 · 시행할 수 있다(법 동조 제2항).

① 자원봉사, 기부 등 나눔의 활성화를 위한 각종 지원 사업
② 사회보장정책의 시행에 있어 민간 부문과의 상호협력체계 구축을 위한 지원사업
③ 그 밖에 사회보장에 관련된 민간의 참여를 유도하는 데 필요한 사업

(3) 경비 및 업무의 지원 국가와 지방자치단체는 개인 · 법인 또는 단체가 사회보장에 참여하는 데에 드는 경비의 전부 또는 일부를 지원하거나 그 업무를 수행하기 위하여 필요한 지원을 할 수 있다(법 동조 제3항).

4. 비용의 부담

(1) 사회보장비용의 조정 사회보장 비용의 부담은 각각의 사회보장제도의 목적에 따라 국가, 지방자치단체 및 민간부문 간에 합리적으로 조정되어야 한다(법 제28조 제1항).

(2) 사회보험비용의 부담자 사회보험에 드는 비용은 사용자, 피용자(被傭者) 및 자영업자가 부담하는 것을 원칙으로 하되 관계법령에서 정하는 바에 따라 국가가 그 비용의 일부를 부담할 수 있다(법 동조 제2항).

(3) 공공부조 및 사회서비스 비용의 부담자 공공부조 및 관계 법령에서 정하는 일정 소득수준 이하의 국민에 대한 사회서비스에 드는 비용의 전부 또는 일부는 국가와 지방자치단체가 부담한다(법 동조 제3항).

(4) 수익자부담의 원칙 부담능력이 있는 국민에 대한 사회서비스에 드는 비용은 그 수익자가 부담함을 원칙으로 하되, 관계 법령에서 정하는 바에 따라 국가와 지방자치단체가 그 비용의 일부를 부담할 수 있다(법 동조 제4항).

5. 사회보장전달체계

(1) 균형배치 국가와 지방자치단체는 모든 국민이 쉽게 이용할 수 있고 사회보장급여가 적시에 제공되도록 지역적 · 기능적으로 균형잡힌 사회보장 전달체계를 구축하여야 한다(법 제29조 제1항).

(2) 조직, 인력 및 예산의 구비 국가와 지방자치단체는 사회보장 전달체계의 효율적 운영에 필요한 조직, 인력, 예산 등을 갖추어야 한다(법 동조 제2항).

(3) 효율성과 연계성 국가와 지방자치단체는 공공부문과 민간부문의 사회보장 전달체계가 효율적으로 연계되도록 노력하여야 한다(법 동조 제3항).

6. 사회보장급여의 관리

(1) 급여관리체계의 구축 · 운영 국가와 지방자치단체는 국민의 사회보장수급권의 보장 및 재정의 효율적 운용을 위하여 다음 각 호에 관한 사회보장급여의 관리체계를 구축 · 운영하여야 한다(법 제30조 제1항).

① 사회보장수급권자 권리구제
② 사회보장급여의 사각지대 발굴
③ 사회보장급여의 부정 · 오류 관리
④ 사회보장급여의 과오지급액의 환수 등 관리

(2) 사회서비스의 전담기구 설치 보건복지부장관은 사회서비스의 품질기준 마련, 평가 및 개선 등의 업무를 수행하기 위하여 필요한 전담기구를 설치할 수 있다(법 동조 제2항). 제2항의 전담기구 설치 · 운영 등에 필요한 사항은 대통령령으로 정한다(법 동조 제3항).

7. 전문인력의 양성과 정보의 공개 및 홍보의무

국가와 지방자치단체는 사회보장제도의 발전을 위하여 전문 인력의 양성, 학술조사 및 연구, 국제교류의 증진 등에 노력하여야 한다(법 제31조). 국가와 지방자치단체는 사회보장제도에 관하여 국민이 필요한 정보를 관계 법령에서 정하는 바에 따라 공개하고, 이를 홍보하여야 한다(법 제33조).

8. 사회보장통계

(1) 사회보장통계의 작성 · 관리 국가와 지방자치단체는 효과적인 사회보장정책의 수립 · 시행을 위하여 사회보장에 관한 통계(이하 "사회보장통계"라 한다)를 작성 · 관리하여야 한다(법 제32조 제1항).

(2) 사회보장통계의 제출 관계 중앙행정기관의 장과 지방자치단체의 장은 소관 사회보장통계를 대통령령으로 정하는 바에 따라 보건복지부장관에게 제출하여야 한다(법 동조 제2항). 보건복지부장관은 제2항에 따라 제출된 사회보장통계를 종합하여 사회보장위원회에 제출하여야 한다(법 동조 제3항).

9. 사회보장에 관한 정보의 공개 · 설명 및 상담과 통지의무

국가와 지방자치단체는 사회보장제도에 관하여 국민이 필요한 정보를 관계 법령에서 정하는 바에 따라 공개하고, 이를 홍보하여야 한다(법 제33조).

국가와 지방자치단체는 사회보장 관계 법령에서 규정한 권리나 의무를 해당 국민에게 설명하도록 노력하여야 하며(법 제34조), 사회보장 관계 법령에서 정하는 바에 따라 사회보장에 관한 상담에 응하여야 하고(법 제35조), 사회보장에 관한 사항을 해당 국민에게 알려야 한다(법 제36조).

제 7 절 사회보장정보의 관리

1. 사회보장업무 및 정보시스템의 구축 · 운영

(1) 사회보장업무의 전자적 관리 국가와 지방자치단체는 국민편익의 증진과 사회보장업무의 효율성 향상을 위하여 사회보장업무를 전자적으로 관리하도록 노력하여야 한다(법 제37조 제1항).

(2) 사회보장정보시스템의 구축 · 운영 국가는 관계 중앙행정기관과 지방자치단체에서 시행하는 사회보장수급권자 선정 및 급여 관리 등에 관한 정보를 통합 · 연계하여 처리 · 기록 및 관리하는 시스템(이하 "사회보장정보시스템"이라 한다)을 구축 · 운영할 수 있다(법 제37조 제2항).

(3) 협의 및 정보의 보유·이용 관계 중앙행정기관 및 지방자치단체의 장은 제2항의 사회보장정보와 관련하여 사회보장정보시스템의 활용이 필요한 경우 사전에 보건복지부장관과 협의하여야 한다. 이 경우 보건복지부장관은 관련 업무에 필요한 범위에서 정보를 제공할 수 있고 정보를 제공받은 관계 중앙행정기관 및 지방자치단체의 장은 제공받은 목적의 범위에서 보유·이용할 수 있다(법 동조 제6항).

(4) 전담기구의 설치 보건복지부장관은 사회보장정보시스템의 운영·지원을 위하여 전담기구를 설치할 수 있다(법 동조 제7항)

2. 보건복지부장관의 총괄, 자료의 제출요구 등

(1) 총괄 및 자료제출요구 사회보장정보시스템의 구축·운영은 보건복지부장관이 총괄한다(법 제37조 제3항). 보건복지부장관은 관계 중앙행정기관, 지방자치단체 및 관련 기관·단체에 사회보장정보시스템의 운영에 필요한 정보의 제공을 요청하고 제공받은 목적의 범위에서 보유·이용할 수 있다. 이 경우 자료의 제공을 요청받은 자는 정당한 사유가 없으면 이에 따라야 한다(법 동조 제5항).

(2) 개인정보 보호시책 보건복지부장관은 사회보장정보시스템 구축·운영의 전 과정에서 개인정보 보호를 위하여 필요한 시책을 마련하여야 한다(법 동조 제4항).

3. 관계행정기관 등의 협조요청 및 의견수렴

(1) 협조의 요청 국가와 지방자치단체는 사회보장 관련 계획 및 정책의 수립·시행, 사회보장통계의 작성 등을 위하여 관련 공공기관, 법인, 단체 및 개인에게 자료제출 등 필요한 협조를 요청할 수 있다(법 제41조 제1항). 제1항 에 따라 협조요청을 받은 자는 정당한 사유가 없으면 이에 따라야 한다(법 동조 제3항).

(2) 국민 등의 의견수렴 국가와 지방자치단체는 국민생활에 중대한 영향을 미치는 사회보장 계획 및 정책을 수립하려는 경우 공청회 및 정보통신망 등을 통하여 국민과 관계 전문가의 의견을 충분히 수렴하여야 한다(법 제40조).

4. 개인정보 등의 보호

사회보장 업무에 종사하거나 종사하였던 자는 사회보장업무 수행과 관련하여 알게 된 개인·법인 또는 단체의 정보를 관계 법령에서 정하는 바에 따라 보호하여야 한다(법 제38조 제1

항). 국가와 지방자치단체, 공공기관, 법인·단체, 개인이 조사하거나 제공받은 개인·법인 또는 단체의 정보는 이 법과 관련 법률에 근거하지 아니하고 보유, 이용, 제공되어서는 아니 된다(법 동조 제2항).

제1부
사회보험

제7장 국민연금법

〈시행 2018.6.20, 법률 제15267호〉

제1절 의의와 특성

1. 입법배경과 연혁

1960년대의 경제개발계획과 1970년대의 경제성장정책의 실행으로 국가의 재정 여력의 기반 위에 근로자의 노후생활 보장과 정치적 필요성이 가미되어 1973년 12월 「국민복지연금법」이 제정되었다. 그러나 동법의 시행과 관련하여 기여금 납입문제, 연금제도의 운용과 연관된 기술적 문제 등이 제기되어 왔고, 곧이어 석유파동과 경제 불황 및 정국의 혼란 등의 이유로 그 시행이 계속 연기되었다.

그 후 1981년 제5차 경제사회발전 5개년계획을 수립하면서 국민연금제도의 실시 문제가 대두되고, 평균수명이 길어짐에 따른 노령인구의 증가 및 산업화・도시화에 의한 젊은층의 노인부양의식의 약화 등의 영향으로 비로소 연금제도의 시행여건이 성숙되면서 1986년 12월 국민연금법(법률 제3902호)이 전면 개정되어 1988년 1월 1일부터 시행하게 되었다.

2. 국민연금법의 개념 및 목적

국민연금법은 국가가 보험원리를 도입하여 확정한 사회보험제도의 하나로서 가입자와 사용자로 부터 납부받은 일정한 보험료 및 기여금과 국가로 부터 지원받은 보조금을 재원으로 하여 소득능력이 상실 또는 약화된 가입자나 그 유족에게 일정한 연금을 지급하여 안정된 노후생활을 할 수 있도록 국가가 운영하는 장기적인 소득보장제도에 관한 법이다.

동 법률은 동일한 연금체계 속에서 소득 재분배의 효과를 통한 빈곤 완화 기능과 소득비례적 요소를 통한 퇴직 전 생활수준의 유지기능을 조화시켜 은퇴 후의 사회적 위험으로부터 소득을 안정적으로 보장하려는 것을 목적으로 한다.

그래서 국민연금법에서는 "국민의 노령 · 장애 또는 사망에 대하여 연금급여를 실시함으로써 국민의 생활안정과 복지증진에 이바지 하는 것을 목적으로 한다"(법 제1조)고 규정하고 있다.

현대에 들어와 사회문제로 대두된 노령인구의 증가, 핵가족으로 인한 노인부양의식의 약화와 각종 사회적 위험에 대비한 생계안정대책의 일환인 국민연금제도는 장기적인 소득보장제도로서 건강보험제도와 함께 우리나라 사회보장제도의 2대 지주라 할 수 있다. 또한 이 연금제도의 시행으로 효를 기반으로 하는 전통적인 가정을 통한 사적 부양방식이 연금제도를 통한 노인부양방식인 공적 부양방식으로 변경되어 가는 과도기에 있다고 볼 수 있다.

이러한 연금제도는 국민연금 이외 공무원 · 군인 · 사립학교교직원 등 직업에 따라 각각의 연금제도가 독립된 단행법으로 실시되고 있다.

3. 국민연금법의 특성

1) 사회보험의 일종

국민연금제도는 국민의 생활안정과 복지증진을 위하여 국가가 보험원리에 의거하여 강제적으로 시행하는 공적 보험의 하나로서, 가입자와 사용자로 부터 받은 일정한 기여금(보험료)과 국가예산에서 받은 지원금을 재원으로 하여 여러 종류의 정형적인 연금을 지급하는 사회보험의 일종에 속하는 사회보장제도이다.

2) 공적(비영리)연금제도

국민연금은 가입이 법적으로 강제되어 있는 공적 연금제도이므로 사보험에 비하여 관리 · 운영이 용이하고, 또 운영경비의 대부분을 국고에서 지원하는 비영리 연금제도로서 사보험과 같이 영업이익을 추구하지 아니하는 특성을 지니고 있다.

3) 참여기관의 다면성

보건복지부장관은 대통령령이 정하는 바에 의하여 5년마다 국민연금의 재정수지에 관한 계산을 실시하고, 국민연금의 재정전망과 연금보험료의 조정 및 국민연금기금의 운용에 관한 계획 등을 포함한 국민연금운영 전반에 관한 계획을 수립하여 국무회의의 심의를 거쳐 대통령의 승인을 얻어야 하며, 이를 국회에 제출하고 대통령령이 정하는 바에 의하여 공시하여야 한다(법 제4조 제2항).

전 국민의 노후 생활보장의 기반이 되는 국민연금제도의 중요성을 감안하여, 국민연금의 재정수지를 5년마다 계산하고, 그 전망과 연금보험료의 조정 및 연금기금의 운용계획 등을 포함한 전반적인 국민연금 운영계획의 수립 · 심의 · 승인 · 보고에 보건복지부장관 외에 전 국무위원 및 대통령 등 행정부의 참여와 입법부의 심의를 거쳐 전 국민에게 보고 · 공시하도록 규정함으로써 다른 사회보험제도와 달리, 참여기관의 다면성과 함께 국민연금제도의 공공성을 보장하는 규정을 두고 있는 것이다

4) 소득보장기능

(1) 방빈적 소득보장기능 연금제도는 국민이 노령 · 폐질 · 사망 등으로 소득능력이 감퇴 또는 상실된 경우에 연금을 지급받음으로써 빈곤상태에 빠지지 않도록 가입자 또는 그 유족의 기본적인 생계소득을 보장하는 기능을 수행한다.

(2) 소득재분배기능 가입자가 납부한 보험료를 기준으로 지급액(연금액)이 산정되는 사보험과는 달리 국민연금제도는 소득수준의 상위계층으로 부터 하위계층으로 소득을 재분배하는 기능을 수행한다.

(3) 연금액의 실질가치보전 연금가입기간에는 임금인상률을 반영하여 기여금(보험료)을 결정 · 납부하고, 은퇴 후에 연금을 수령하는 기간에는 전국소비자물가 변동률을 반영시켜 지급하기 때문에 인플레이션의 영향을 완화시킴으로써 연금지급액의 실질가치를 장기적으로 보장하는 기능을 한다.

5) 장기보험

의료보험이나 산재보험은 보험사고 발생 시에만 급여를 지급하는 단기보험이지만 국민연금은 가입기간을 원칙적으로 10년 이상으로 하고 60세 또는 65세 이상이 될 때 부터 지급사유가 소멸할 때까지 노령연금을 수령할 수 있도록 보장하는 점에서 장기보험의 특성을 가진다.

제2절 연금가입자

1. 가입대상

1) 국 민

(1) 원 칙 국내에 거주하는 18세 이상 60세 미만의 국민은 가입대상이 된다(법 제6조 본문).

(2) 예 외 이러한 가입연령에 해당되지 아니하는 자도 가입이 허용되거나 허용되었던 예외의 경우는 다음과 같다.

① 국민연금에 가입된 사업장의 18세 미만 근로자는 사업장가입자가 되는 것으로 본다. 다만, 본인이 원하지 아니하면 사업장가입자가 되지 아니할 수 있다.(법 제8조 제2항)

② 국민연금 가입자 또는 가입자였던 자로서 60세가 된 자가 65세에 달할 때까지 연장 가입신청을 하여 임의계속가입자가 되는 경우(법 제13조 제1항 제1호)

③ 전체 국민연금 가입기간의 5분의 3 이상을 특수직종근로자로 국민연금에 가입하거나 가입하였던 사람(이하 "특수직종근로자"라 한다)으로서 노령연금수급권을 취득한 사람이나 특례노령연금수급권[국민복지연금법 개정법률(법률 제3902호) 부칙 제5조]을 취득한 사람 중 노령연금급여를 지급받지 않는 사람이 65세가 될 때까지 공단에 연장 가입신청을 하여 임의계속가입자가 된 경우(법 13조 제1항 제2호)

④ 1995년 7월 1일 현재 농어민으로서 60세 이상 65세 미만인 자가 1995. 12. 31.까지 공단에 가입신청을 하여 70세에 달할 때까지 지역가입자가 된 경우[국민연금법 개정법률(법률 제4909호) 부칙 제3조, 동법 개정법률(법률 제8541호) 부칙 제5조 참조]

⑤ 1999년 4월 1일 현재 60세 이상 65세 미만인 자가 2000년 3월 31일까지 공단에 가입신청을 하여 지역가입자가 된 경우(1998.12.31. 개정. 법률 제5623호, 부칙 제14조).

(3) 제외자 다만, 「공무원연금법」, 「군인연금법」 및 「사립학교교직원연금법」 및 「별정우체국법」을 적용받는 공무원, 군인, 사립학교 교직원 및 별정우체국직원, 그 밖에 대통령령으로 정하는 자는 제외한다(법 제6조 단서). 법 제6조 단서에 따라 다음 각 호의 어느 하나에 해당하는 자는 국민연금 가입 대상에서 제외한다(시행령 제18조)

① 국민연금법 제61조 제1항(노령연금의 수급권자) 및 법률 제8541호 국민연금법 전부개정법률 부칙 제2조에 따라 노령연금의 수급권을 취득한 자 중 60세 미만의 특수직종 근로자(시행령 제18조 제1호).

② 국민연금법 제61조 제2항에 따른 조기노령연금의 수급권을 취득한 자. 다만, 법 제66조 제1항에 따라 조기노령연금의 지급이 정지 중인 자는 제외한다(시행령 제18조 제2호).

2) 외국인

(1) 당연적용외국인 국민연금법의 적용을 받는 사업장에 사용되고 있거나 국내에 거주하는 외국인으로서 대통령령으로 정하는 자 외의 외국인은 제6조의 규정에도 불구하고 당연히 사업장가입자 또는 지역가입자가 된다. 다만, 이 법에 따른 국민연금에 상응하는 연금

에 관하여 그 외국인의 본국법이 대한민국 국민에게 적용되지 아니하면 가입대상이 되지 않는다(법 제126조 제1항).

(2) 장애연금의 지급과 제한 가입 중이거나 가입한 적이 있는 외국인(이하 "외국인 가입자등"이라 한다)에게 제67조 제1항 제1호를 적용하기 위해서는 질병이나 부상의 초진일이 국내 거주 기간 내에 있어야 한다. 그 밖에 외국인 가입자 등에 대한 장애연금의 수급권 발생·정지·소멸 및 장애연금 지급 등에 관한 사항은 제67조(제67조 제3항 제2호는 제외한다)부터 제71조까지의 규정을 준용한다(법 제126조 제2항).

(3) 사망과 유족연금의 지급 외국인 가입자 등이 국내 거주 중에 사망한 경우에는 제72조 제2항 제2호를 적용하지 아니한다. 그 밖에 외국인 가입자 등에 대한 유족연금의 수급권 발생·정지·소멸 및 유족연금 지급 등에 관한 사항은 제72조부터 제76조까지의 규정을 준용한다(제126조 제3항).

(4) 반환일시금규정의 적용여부 외국인 가입자 등에게는 제77조부터 제79조까지의 규정(반환일시금에 관한 규정)을 적용하지 아니한다. 다만, 다음 각 호의 어느 하나에 해당하는 외국인에 대하여는 그러하지 아니하다(법 제126조 제4항).

① 외국인의 본국 법에 따라 대한민국 국민이 급여(제49조 제1호부터 제3호까지의 급여에 상응하는 급여를 말한다)의 수급권을 취득하지 못하고 제77조 제1항 각 호의 어느 하나에 해당하게 된 때에 그 대한민국 국민에게 일정 금액(가입기간 중 낸 연금보험료에 기초하여 산정한 금액을 말한다)을 일시금으로 지급하도록 그 나라 법에서 규정하고 있는 경우의 외국인

② 「외국인 근로자의 고용 등에 관한 법률」에 따른 외국인 근로자로서 이 법을 적용받는 사업장에 사용된 자

③ 「출입국관리법」 제10조에 따라 산업연수활동을 할 수 있는 체류자격을 가지고 필요한 연수기간 동안 지정된 연수장소를 이탈하지 아니한 자로서 이 법을 적용받는 사업장에 사용된 자

(5) 사회보장협정의 우선 대한민국이 외국과 사회보장협정을 맺은 경우에는 국민연금법의 규정에도 불구하고 국민연금의 가입, 연금보험료의 납부, 급여의 수급요건, 급여액의 산정, 급여의 지급 등에 관하여 그 사회보장협정에서 정하는 바에 따른다(법 제127조).

2. 가입자의 종류

국민연금법상 가입자의 종류는 사업장가입자, 지역가입자, 임의가입자 및 임의계속가입

자 등 네 종류로 구분한다(법 제7조). 연금가입자의 종류를 알기 쉽게 도시하면 다음과 같다.

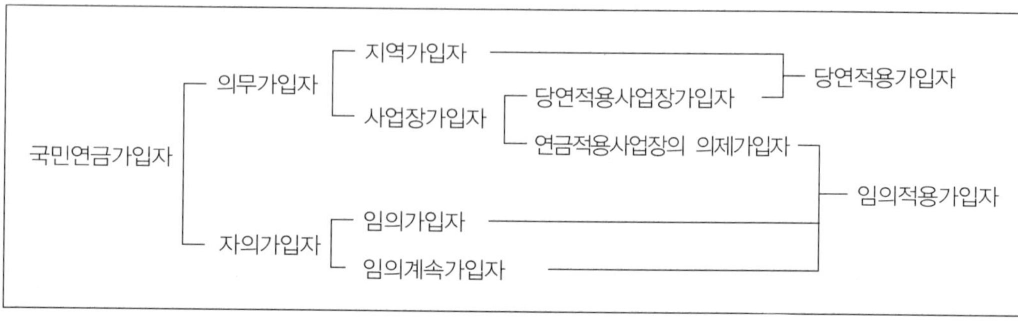

1) 사업장가입자

(1) 개념 ‘사업장가입자’란 사업장에 고용된 근로자 및 사용자로서 법 제8조에 따라 국민연금에 가입된 자를 말한다(법 제3조 제1항 제6호). 이는 가입이 강제되는 ‘당연적용사업장가입자’와 국민연금가입사업장의 ‘임의가입자’로 구분된다.

(2) 당연적용사업장 가입자 사업의 종류, 근로자의 수 등을 고려하여 대통령령으로 정하는 사업장(이하 “당연적용사업장”이라 한다)의 18세 이상 60세 미만인 근로자와 사용자는 당연히 사업장가입자가 된다(법제8조 제1항본문).

여기서 ‘근로자’란 직업의 종류가 무엇이든 사업장에서 노무를 제공하고 그 대가로 임금을 받아 생활하는 자(법인의 이사와 그 밖의 임원을 포함한다)를 말한다. 다만 대통령령으로 정하는 자는 제외한다(동법 제3조 제1항 제1호). ‘사용자’란 해당 근로자가 소속되어 있는 사업장의 사업주를 말한다(법 제3조 제1항 제2호).

(3) 당연적용사업장 가입자의 제외자 당연적용사업장 가입자에서 제외되는 자는 「공무원연금법」·「사립학교교직원 연금법」 또는 「별정우체국법」에 따른 퇴직연금·장애연금 또는 퇴직연금일시금이나 「군인연금법」에 따른 퇴역연금, 상이연금, 퇴역연금일시금을 받을 권리를 얻은 자(이하 “퇴직연금 등 수급권자”라 한다)이다. 다만 퇴직연금 등 수급권자가 「국민연금과 직역연금의 연계에 관한 법률」 제8조에 따라 연계신청을 한 경우에는 제외되지 않는다(법 제8조 제1항 단서, 동조 동항 제1호).

제1항에도 불구하고 「국민기초생활 보장법」 제7조 제1항 제1호에 따른 생계급여 수급자 또는 같은 항 제3호에 따른 의료급여 수급자는 본인의 희망에 따라 사업장가입자가 되지 아니할 수 있다(법 제8조 제3항).

(4) 연금가입사업장의 의제가입자 법 제8조 제1항(당연적용사업장의 가입자) 및 제6조(가입대상)에도 불구하고 국민연금에 가입된 사업장에 종사하는 18세 미만의 근로자는 사업장

가입자가 되는 것으로 본다. 다만, 본인이 원하지 아니하면 사업장가입자가 되지 아니할 수 있다(법 제8조 제2항).

2) 지역가입자

지역가입자란 사업장가입자가 아닌 자로서 제9조에 따라 국민연금에 가입된 자를 말한다(법 제3조 제1항 제7호). 제8조에 따른 사업장가입자가 아닌 자로서 18세 이상 60세 미만인 자는 당연히 지역가입자가 된다. 다만 다음 각 호의 어느 하나에 해당하는 자는 제외한다(법 제9조)

① 다음 각 목의 어느 하나에 해당하는 자의 배우자로서 별도의 소득이 없는 자
  (가) 제6조 단서에 따라 국민연금 가입대상에서 제외되는 자
  (나) 사업장가입자, 지역가입자 및 임의계속가입자
  (라) 노령연금수급권자 및 퇴직연금 등 수급권자

② 퇴직연금 등 수급권자. 다만 퇴직연금 등 수급권자가 「국민연금과 직역연금의 연계에 관한 법률」 제8조에 따라 연계신청을 한 경우에는 그러하지 아니하다.

③ 18세 이상 27세 미만인 자로서 학생이거나 군 복무 등의 이유로 소득이 없는 자(연금보험료를 납부한 사실이 있는 자는 제외한다)

④ 「국민기초생활 보장법」 제7조 제1항 제1호에 따른 생계급여 수급자 또는 같은 항 제3호에 따른 의료급여수급자

⑤ 1년 이상 행방불명된 자. 이 경우 행방불명된 자에 대한 인정 기준 및 방법은 대통령령으로 정한다.

3) 임의가입자

임의가입자란 사업장가입자 및 지역가입자 외의 자로서 제10조에 따라 국민연금에 가입된 자를 말한다(법 제3조 제1항 제7호). 이에 따라 사업장가입자 또는 지역가입자 외의 자로서 18세 이상 60세 미만인 자는 보건복지부령으로 정하는 바에 따라 국민연금공단(이하 "공단"이라 한다)에 가입을 신청하면 임의가입자가 될 수 있다(법 제10조 제1항).

4) 임의계속가입자

임의계속가입자란 국민연금가입자 또는 가입자였던 자가 제13조 제1항에 따라 가입자로 된 자를 말한다(법 제3조 제1항 제9호). 다음 각 호의 어느 하나에 해당하는 자는 제6조 본문에도 불구하고 65세가 될 때까지 보건복지부령으로 정하는 바에 따라 공단에 가입을 신청하면 임의계속가입자가 될 수 있다(법 제13조 제1항).

① 국민연금 가입자 또는 가입자였던 자로서 60세가 된 자. 다만, 다음 각 목의 어느 하나에 해당하는 자는 제외한다.
  ㈎ 연금보험료를 납부한 사실이 없는 자
  ㈏ 노령연금수급권자로서 급여를 지급받고 있는 자
  ㈐ 법 제77조 제1항 제1호에 해당하는 사유로 반환일시금을 지급받은 자
② 전체 국민연금 가입기간의 5분의3 이상을 대통령령으로 정하는 직종의 근로자로 국민연금에 가입하거나 가입하였던 사람(이하 "특수직종 근로자"라 한다)으로서 다음 각 목의 어느 하나에 해당하는 사람 중 노령연금 급여를 지급받지 않는 사람
  ㈎ 제61조 제1항에 따라 노령연금 수급권을 취득한 사람
  ㈏ 법률 제3902호 국민복지연금법 개정법률 부칙 제5조에 따라 특례노령연금 수급권을 취득한 사람

3. 가입자 자격의 취득 및 상실

1) 자격의 취득시기

(1) 사업장가입자 사업장가입자는 다음 각 호의 어느 하나에 해당하게 된 날에 그 자격을 취득한다(법 제11조 제1항).

① 제8조 제1항 본문에 따른 사업장에 고용된 때 또는 그 사업장의 사용자가 된 때
② 당연적용사업장으로 된 때

(2) 지역가입자 지역가입자는 다음 각 호의 어느 하나에 해당하게 된 날에 그 자격을 취득한다. 제3호 또는 제4호의 경우 소득이 있게 된 때를 알 수 없는 경우에는 법 제21조 제2항에 따른 신고를 한 날에 그 자격을 취득한다(법 제11조 제2항).

① 사업장가입자의 자격을 상실한 때
② 제6조 단서에 따른 국민연금 가입대상 제외자(법 제6조 단서)에 해당하지 아니하게 된 때
③ 국민연금 가입대상 제외자 · 사업장가입자 · 지역가입자 · 임의계속가입자 · 별정우체국 직원 · 노령연금수급권자 및 퇴직연금 등 수급권자(제9조 제1호)의 배우자가 별도의 소득이 있게 된 때
④ 18세 이상 27세 미만인 자가 소득이 있게 된 때

(3) 임의가입자 가입신청이 수리된 날에 그 자격을 취득한다(법 제11조 제3항).

(4) 임의계속가입자 가입신청이 공단에 수리된 날에 그 자격을 취득한다(법 제13조 제1항 후단).

2) 자격의 상실시기

(1) 사업장가입자 다음 각 호의 어느 하나에 해당하게 된 날의 다음날에 자격을 상실한다. 다만, 제5호의 경우에는 그에 해당하게 된 날에 자격을 상실한다(법 제12조 제1항 제1호~제5호).

① 사망한 때 ② 국적을 상실하거나 국외로 이주한 때
③ 사용관계가 끝난 때 ④ 60세가 된 때
⑤ 법 제6조 단서에 따른 국민연금 가입대상 제외자에 해당하게 된 때

(2) 지역가입자 다음 각 호의 어느 하나에 해당하게 된 날의 다음날에 그 자격을 상실한다. 다만, 제3호와 제4호의 경우에는 그에 해당하게 된 날에 그 자격을 상실한다(법 제12조 제2항).

① 사망한 때
② 국적을 상실하거나 국외로 이주한 때
③ 제6조 단서에 따른 국민연금 가입대상 제외자에 해당하게 된 때
④ 사업장가입자의 자격을 취득한 때
⑤ 국민연금 가입대상 제외자 · 사업장가입자 · 지역가입자 · 임의계속가입자 · 별정우체국 직원 · 노령연금수급권자 및 퇴직연금 등 수급권자(제9조 제1호)의 배우자로서 별도의 소득이 없게 된 때
⑥ 60세가 된 때

(3) 임의가입자 다음 각 호의 어느 하나에 해당하게 된 날의 다음날에 그 자격을 상실한다. 다만, 제6호 와 제7호의 경우에는 그에 해당하게 된 날에 그 자격을 상실한다(법 제12조 제3항).

① 사망한 때
② 국적을 상실하거나 국외로 이주한 때
③ 임의가입자의(법 제10조 제2항에 따른) 탈퇴신청이 수리된 때
④ 60세가 된 때
⑤ 3개월 이상(시행령 제21조) 계속하여 연금보험료를 체납한 때
⑥ 사업장가입자 또는 지역가입자의 자격을 취득한 때
⑦ 제6조 단서에 따른 국민연금 가입 대상 제외자에 해당하게 된 때

(4) 임의계속가입자 다음 각 호의 어느 하나에 해당하게 된 날의 다음날에 그 자격을 상실한다. 다만, 제3호의 경우 임의계속가입자가 납부한 마지막 연금보험료에 해당하는 달의 말일이 탈퇴 신청이 수리된 날보다 같거나 빠르고 임의계속가입자가 희망하는 경우에는 임의계속가입자가 납부한 마지막 연금보험료에 해당하는 달의 말일에 그 자격을 상실한다(법 제13조 제3항 제1호~제4호, 시행령 제21조 참조).

① 사망한 때

② 국적을 상실하거나 국외로 이주한 때

③ 임의계속가입자의 탈퇴신청이 수리된 때(제13조 제2항 참조)

④ 3개월 이상 계속하여 연금보험료를 체납한 때

3) 사망의 추정

(1) 규정의 취지 국민연금법에서는 연금가입자의 종류에 따라 가입자격의 취득 및 상실사유에 관하여 규정하고(제11조 · 12조 · 13조), 이에 대한 공단의 확인에 의하여 각각 해당 자격의 취득 및 상실시기에 그 효력이 생기는 것으로 규정하고 있다(법 제14조 제2항 참조).

여기서 '그 효력이 생긴다'는 의미는 일단 가입자 자격을 취득한 자에게 자격상실사유가 생기면 공단이 그 사유를 확인하게 되고 그에 따라 연금이나 반환일시금에 대한 각종 수급권이 자격상실시에 발생한다는 뜻이다.

그런데 각종 연금가입자의 자격상실사유 중 가입자가 '사망한 때'를 공통적인 사유로 규정하고 있고(법 제12조 · 13조 참조), 이에 대한 공단의 확인을 거쳐야만 그 자격상실시기(사망시)에 자격상실의 효력인 수급권이 발생 또는 소멸하는 것으로 규정하므로(법 제14조 제2항), '사망' 사실을 공단이 '확인'한다는 것은 연금가입자나 그 유족의 연금수급권의 확정 및 소멸에 직접적인 영향을 주게 되는 것이다.

가입자의 사망에 대한 공단의 '확인'은 일반적으로 주민등록부상 '사망'의 기재에 의하고 그 기재는 의사의 '사망진단서'에 따라 행하여지는데, 선박 또는 항공기의 사고나 천재지변 등 그 밖의 사유로 연금가입자의 생사가 불명확 할 경우에는 의사의 사망진단서를 발부받을 수 없기 때문에 사망신고를 할 수 없어서 공단의 확인을 받는 것이 사실상 어렵게 되는 것이다.

이런 경우에 '사망신고'에 대신하는 것이 민법상의 '실종선고' 제도이다. 그러나 법원으로 부터 실종선고를 받으려면 소송을 제기하여 실종기간만료 및 공시최고기간 등을 거쳐야 하고 소송비용도 많이 소요되는 등 경제적 · 시간적으로 아주 불편하다는 점을 고려하여 국민연금법에서는 '사망'으로 추정하는 경우 및 그 추정시기를 명확하게 규정하고 있다(법 제15조, 시행령 제23조 참조).

(2) '추정한다'와 '본다'의 차이 연금법에서는 "사고가 발생한 선박 또는 항공기에 탔던 자로서 생사를 알 수 없거나 그 밖의 사유로 생사를 알 수 없게 된 사람은 가입자의 자격확인 및 연금의 지급과 관련하여 대통령령으로 정하는 바에 따라 사망한 것으로 추정한다"(법 제15조)고 규정하고, 민법에서는 "실종선고를 받은 자는 실종기간이 만료한 때에 사망한 것으로 본다"(민법 제28조)고 규정하여 그 내용을 각각 다르게 정하고 있다.

'추정한다'는 규정과 '본다'는 규정(擬制規定)의 다른 점은 대체로 입증책임의 안회(분배)에 관한 차이라 볼 수 있다.[1)]

"…… 추정한다"(推定規定)는 반대증거의 제출에 의하여 추정한다는 규정의 법적 효과를 부인할 수 있다. 반면에 "…… 본다"(擬制規定)는 반대의 증거가 제출되더라도 법규정이 정하고 있는 법적 효력을 부인할 수 없고, 여전히 규정된 대로의 법적 효력이 계속 유지된다는 점에서 차이가 있다.

"…… 사망으로 본다"는 사망이 법적 효력으로 의제되므로 설사 실종신고를 받은 자가 생존하고 있다는 사실을 입증하더라도 실종선고 자체가 취소되는 판결이 없는 한 사망의 법적 효과를 부인할 수 없는 것이 된다.

따라서 연금법상으로는 가입자의 사망을 '추정'하므로 생존하고 있다는 증거만 제시되면 사망의 법적 효과를 부인할 수 있기 때문에 연금법상 가입자의 자격상실효과가 생기지 않는 것이 되어 가입자의 자격을 종전대로 유지하거나 유족연금수급권이 발생하지 않는 원래의 상태가 되는 것이다.

법 제15조에 따라 사망으로 추정되는 경우는 다음과 같다(시행령 제23조 제1항).

① 선박이 침몰, 전복, 멸실 또는 행방불명되거나 항공기가 추락, 멸실 또는 행방불명된 경우에 그 선박이나 항공기에 탔던 자가 그 사고의 발생일 부터 3개월 동안 생사를 알 수 없을 때

② 항행 중의 선박이나 항공기에 탔던 자가 행방불명되어 3개월 동안 생사를 알 수 없을 때

③ 천재지변이나 그 밖에 이에 준하는 사유로 3개월 동안 생사를 알 수 없을 때

위 세 가지 경우에 사망으로 추정되는 자는 그 사고가 발생한 날이나 행방불명된 날에 사망한 것으로 추정한다(시행령 동조 제2항).

제1항 각 호의 사유로 생사를 알 수 없었던 자가 사망한 것이 사고가 발생한 날이나 행방불명된 날부터 3개월 이내에 확인되었으나 그 사망의 시기가 분명하지 아니하면 그 사고가 발생한 날이나 행방불명된 날에 사망한 것으로 추정한다(시행령 동조 제3항).

---

1) 梁彰洙, 민법입문(전정판), 박영사, 1995, pp.221-224 참조.

4. 가입자 자격의 확인 및 효력 발생시기

(1) 자격의 확인 및 효력 국민연금공단(이하 "공단"이라 한다)은 가입자의 자격취득 및 상실에 관한 확인을 하여야 한다(법 제14조 제1항). 가입자 자격의 취득 및 상실은 제1항에 따른 공단의 확인에 의하여 제11조부터 제13조까지의 규정에 따른 자격의 취득 및 상실시기에 그 효력이 생긴다(법 제14조 제2항). 자격득실의 법적 효과는 공단의 '확인시기'를 기준으로 하는 것이 아니라, 실제 자격의 '득실시기'를 기준으로 한다는 의미이다.

공단에 의한 확인은 가입자의 청구, 사업장가입자의 사용자와 지역가입자 · 임의가입자 · 임의계속가입자 또는 그 배우자나 그 밖의 가족의 신고 또는 직권에 의하여 행한다(법 제14조 제3항, 제21조).

(2) 확인청구권 가입자 또는 가입자였던 자는 언제든지 보건복지부령으로 정하는 바에 따라 자격의 취득 · 상실, 가입자 종류의 변동 및 기준소득월액의 변동에 관한 확인을 청구할 수 있다(법 제14조 제4항). 가입자가 희망하는 경우 공단은 국민연금가입자 증명서를 내주어야 한다(법 제16조 참조).

5. 가입기간의 계산 및 합산

1) 가입기간의 계산

(1) 계산방법 국민연금법상 연금수급권의 발생 여부를 좌우하는 중요한 내용이 되는 국민연금 가입기간(이하 "가입기간"이라 한다)은 월단위로 계산하되, 가입자의 자격을 취득한 날이 속하는 달의 다음 달 부터 자격을 상실한 날의 전날이 속하는 달까지로 한다. 다만, 다음 각 호의 어느 하나에 해당하는 경우 자격을 취득한 날이 속하는 달은 가입기간에 산입하되, 가입자가 그 자격을 상실한 날의 전날이 속하는 달에 자격을 다시 취득하면 다시 취득한 달을 중복하여 가입기간에 산입하지 아니한다(법 제17조 제1항).

① 가입자가 자격을 취득한 날이 그 속하는 달의 초일인 경우(자격 취득일이 속하는 달에 다시 그 자격을 상실하는 경우는 제외한다)

② 임의계속가입자의 자격을 취득한 경우

③ 가입자가 희망하는 경우

(2) 보험료체납기간 제외 가입기간을 계산할 때 연금보험료를 내지 아니한 기간은 가입기간에 산입하지 아니한다. 다만, 사용자가 근로자의 임금에서 기여금을 공제하고 연금보험료를 내지 아니한 경우에는 그 내지 아니한 기간의 2분의 1에 해당하는 기간을 근로자의 가입기간으로 산입한다. 이 경우 1개월 미만의 기간은 1개월로 한다(법 동조 제2항).

(3) 체납사실을 통지한 경우 건강보험공단이 보건복지부령으로 정하는 바에 따라 근로자에게 그 사업장의 체납 사실을 통지한 경우에는 제2항 단서에도 불구하고 통지된 체납월(滯納月)의 나음 달부터 체납기간은 가입기간에 산입하지 아니한다. 이 경우 그 근로자는 제90조 제1항에도 불구하고 대통령령으로 정하는 바에 따라 기여금을 건강보험공단에 낼 수 있다(법 동조 제3항).

(4) 반환일시금을 반납하지 않은 경우 제77조에 따라 지급받은 반환일시금이 제57조 제1항에 따라 환수할 급여에 해당하는 경우 이를 반납하지 아니하는 때에는 그에 상응하는 기간을 가입기간에 산입하지 아니한다(법 동조 제4항).

(5) 보험료 일부 납부 월의 가입기간 계산 가입기간을 계산할 때 연금보험료의 일부가 납부된 경우에는 그 일부 납부된 보험료를 다른 일부 납부된 월의 미납 연금보험료와 연체금 등에 충당하고, 충당 후 완납된 월은 가입기간에 산입한다. 이 경우 충당의 대상 및 방법, 가입기간의 계산 및 급여의 지급 등에 필요한 사항은 대통령령으로 정한다(법 제17조의2 제1항). 제1항에 따라 충당한 후에도 일부 납부된 연금보험료가 있는 경우에는 이를 최초 연금지급월에 반환한다. 다만, 가입자 또는 가입자였던 자의 청구가 있는 경우에는 제99조에도 불구하고 일부 납부된 월의 미납된 연금보험료와 연체금 등을 납부받아 해당 월을 가입기간에 산입할 수 있다(법 제17조의2 제2항).

2) 군 복무기간에 대한 가입기간의 추가 산입

(1) 추가산입기간 다음 각 호의 어느 하나에 해당하는 자가 노령연금수급권을 취득한 때(이 조에 따라 가입기간이 추가 산입되면 노령연금수급권을 취득할 수 있는 경우를 포함한다)에는 6개월을 가입기간에 추가로 산입한다. 다만, 「병역법」에 따른 병역의무를 수행한 기간이 6개월 미만인 경우에는 그러하지 아니하다(법 제18조 제1항).

① 「병역법」 제5조 제1항 제1호에 따른 현역병
② 「병역법」 제2조 제1항 제7호에 따른 전환복무를 한 사람
③ 「병역법」 제2조 제1항 제8호에 따른 상근예비역
② 「병역법」 제2조 제1항 제10호에 따른 사회복무요원

위 제18조의 개정규정은 2008년 1월 1일 이후 최초로 「병역법」에 따른 병역의무를 수행하는 자 부터 적용한다[부칙 (제8541호, 2007.7.23.)제19조 전단]. 제1항에 따라 가입기간을 추가로 산입하는데 필요한 재원은 국가가 전부를 부담한다(법 동조 제3항).

(2) 산입하지 않는 경우 제1항에도 불구하고 「병역법」에 따른 병역의무를 수행한 기간의 전부 또는 일부가 다음 각 호의 어느 하나에 해당하는 기간에 산입된 경우에는 제1항

을 적용하지 아니한다. (법 18조 제2항).

① 「공무원연금법」, 「사립학교교직원 연금법」 또는 「별정우체국법」에 따른 재직기간
② 「군인연금법」에 따른 복무기간

3) 출산에 대한 가입기간 추가 산입

(1) 부 또는 모가 가입자 또는 가입자였던 경우 2 이상의 자녀가 있는 가입자 또는 가입자였던 자가 노령연금수급권을 취득한 때(이 조에 따라 가입기간이 추가 산입되면 노령연금수급권을 취득할 수 있는 경우를 포함한다)에는 다음 각 호에 따른 기간을 가입기간에 추가로 산입한다. 다만, 추가로 산입하는 기간은 50개월을 초과할 수 없으며, 자녀 수의 인정방법 등에 관하여 필요한 사항은 대통령령으로 정한다(법 제19조 제1항).

① 자녀가 2명인 경우 : 12개월
② 자녀가 3명 이상인 경우 : 둘째 자녀에 대하여 인정되는 12개월에 2자녀를 초과하는 자녀 1명마다 18개월을 더한 개월 수

위 제19조의 개정규정은 2008년 1월 1일 이후에 자녀를 얻은 경우에 한하여 적용하되, 2007년 12월 31일 이전에 얻은 자녀가 있는 경우에는 다음 각 호의 구분에 따라 가입기간을 추가 산입한다[부칙 (제8541호, 2007.7.23) 제19조 후단 참조].

① 2007년 12월 31일 이전에 얻은 자녀의 수가 1명인 경우 : 2008년 1월 1일 이후에 얻은 자녀와 2007년 12월 31일 이전에 얻은 자녀의 수를 합하여 제19조의 개정규정을 적용한다.
② 2007년 12월 31일 이전에 얻은 자녀의 수가 2명 이상인 경우 : 2008년 1월 1일 이후에 얻은 자녀 1명마다 18개월을 더하되, 그 기간은 50개월을 초과할 수 없다.

제1항에 따라 가입기간을 추가로 산입하는 데 필요한 재원은 국가가 전부 또는 일부를 부담한다(법 동조 제3항).

(2) 부모가 모두 가입자 또는 가입자였던 경우 제1항에 따른 추가 가입기간은 부모가 모두 가입자 또는 가입자였던 자인 경우에는 부와 모의 합의에 따라 2명 중 1명의 가입기간에만 산입하되, 합의하지 아니한 경우에는 균등 배분하여 각각의 가입기간에 산입한다. 이 경우 합의의 절차 등에 관하여 필요한 사항은 보건복지부령으로 정한다(법 동조 제2항).

4) 실업에 대한 가입기간의 추가 산입

(1) 추가산입요건 다음 각 호의 요건을 모두 갖춘 사람이 「고용보험법」 제37조 제1항에 따른 구직급여를 받는 경우로서 구직급여를 받는 기간을 가입기간으로 산입하

기 위하여 국민연금공단에 신청하는 때에는 그 기간을 가입기간에 추가로 산입한다. 다만, 추가로 산입하는 기간은 1년을 초과할 수 없다(법 제19조의2 제1항).

① 18세 이상 60세 미만인 사람 중 가입자 또는 가입자였을 것
② 대통령령으로 정하는 재산 또는 소득이 보건복지부장관이 정하여 고시하는 기준 이하일 것

(2) 인정소득과 보험료 제1항에 따라 산입되는 가입기간에 대하여는 「고용보험법」 제45조에 따른 구직급여의 산정 기초가 되는 임금일액을 월액으로 환산한 금액의 절반에 해당하는 소득(이하 이 조에서 "인정소득"이라 한다)으로 가입한 것으로 본다. 다만, 인정소득의 상한선 및 하한선은 보건복지부장관이 정하여 고시하는 금액으로 한다(법 동조 제2항).

가입자 또는 가입자였던 사람은 제1항에 따라 구직급여를 받는 기간을 가입기간으로 추가 산입하려는 경우 인정소득을 기준으로 연금보험료를 납부하여야 한다. 이 경우 국가는 연금보험료의 전부 또는 일부를 일반회계, 제101조에 따른 국민연금기금 및 「고용보험법」 제78조에 따른 고용보험기금에서 지원할 수 있다(법 동조 제3항).

(3) 추가산입기간의 반영 제1항에 따라 추가로 산입된 가입기간(이하 이 항에서 "추가산입기간"이라 한다)을 제49조 제1호부터 제3호까지의 급여에 적용할 때에는 다음 각 호를 따른다(법 동조 제4항).

① 제49조 제1호의 노령연금: 추가산입기간을 제51조에 따른 기본연금액에 반영한다.
② 제49조 제2호의 장애연금: 추가산입기간을 제51조에 따른 기본연금액에 반영하지 아니한다.
③ 제49조 제3호의 유족연금: 추가산입기간을 제51조에 따른 기본연금액에 반영하지 아니하되, 제74조 각 호에 해당하는 가입기간에는 반영한다.

(4) 업무위탁 국민연금공단은 제1항에 따른 신청의 접수·처리 등 업무를 대통령령으로 정하는 바에 따라 「고용보험법」에 따른 직업안정기관 및 그 밖의 공공기관(「공공기관의 운영에 관한 법률」에 따른 공공기관을 말한다)에 위탁할 수 있다(법 동조 제4항).

5) 가입기간의 합산

가입자의 자격을 상실한 후 다시 그 자격을 취득한 경우에는 전후의 가입기간을 합산한다. 가입자의 가입 종류가 변동되면 그 가입자의 가입기간은 각 종류별 가입기간을 합산한 기간으로 한다(법 제20조).

6. 신고 및 통지

1) 신고

사업장가입자의 사용자는 보건복지부령으로 정하는 바에 따라 당연적용사업장에 해당된 사실, 사업장의 내용변경 및 휴업·폐업 등에 관한 사항과 가입자 자격의 취득·상실, 가입자의 소득월액 등에 관한 사항을 공단에 신고하여야 한다(법 제21조 제1항).

지역가입자·임의가입자 및 임의계속가입자는 자격의 취득·상실, 이름 또는 주소의 변경 및 소득에 관한 사항 등을 공단에 신고하여야 하고(법 동조 제2항), 부득이한 사유로 제2항에 따른 신고를 할 수 없는 경우에는 배우자나 그 밖의 가족이 신고를 대리할 수 있다(법 동조 제3항).

2) 신고인에 대한 통지

공단은 위와 같은 신고를 받으면 그 내용을 확인하고, 신고내용이 사실과 다르다고 인정되면 그 뜻을 신고인에게 통지하여야 한다(법 제22조 제1항). 제1항에 따른 통지에 관하여는 제23조 제3항을 준용한다(법 동조 제2항).

3) 가입자 등에 대한 통지 등

(1) 공단의 통지 공단은 제14조에 따라 사업장가입자의 자격 취득·상실에 관한 확인을 한 때와 기준소득월액이 결정되거나 변경된 때에는 이를 그 사업장의 사용자에게 통지하여야 하며, 지역가입자, 임의가입자 또는 임의계속가입자의 자격 취득·상실에 관한 확인을 한 때와 기준소득월액이 결정되거나 변경된 때에는 이를 그 지역가입자, 임의가입자 또는 임의계속가입자에게 통지하여야 한다(법 제23조 제1항).

(2) 사업자의 통지 제1항에 따른 통지를 받은 사용자는 이를 해당 사업장가입자 또는 그 자격을 상실한 자에게 통지하되, 그 통지를 받을 자의 소재를 알 수 없어 통지할 수 없는 경우에는 그 뜻을 공단에 통지하여야 한다(법 제23조 제2항).

(3) 서류의 작성·보관 사용자는 제2항에 따라 사업장가입자 또는 그 자격을 상실한 사람에게 통지를 한 경우에는 그 사실을 확인할 수 있는 서류를 작성하고, 보건복지부령으로 정하는 기간 동안 이를 보관하여야 한다(법 제23조 제3항).

(4) 공고 공단은 다음 각 호의 어느 하나에 해당되면 보건복지부령으로 정하는 바에 따라 공고하는 것으로 통지를 갈음할 수 있다(제23조 제4항).

① 사업장이 폐지된 경우

② 제1항에 따른 통지를 받을 지역가입자, 임의가입자 또는 임의계속가입자의 소재를 알

수 없는 경우

③ 제2항에 따라 사용자로부터 통지를 받은 경우

④ 그 밖에 통지할 수 없는 불가피한 사정이 있는 경우로서 대통령령으로 정하는 경우

제3절 국민연금의 관장 및 운용

1. 관장기구와 국민연금사업

(1) 관장주체와 위탁운영 공적연금의 관리운영방식은 국영방식, 민영방식, 그리고 위탁방식 등으로 구분할 수 있는데, 국민연금법상 국민연금사업의 관장주체를 보건복지부장관으로 규정하고 있어(법 제2조) 국영방식을 채택하고 있다. 그러나 보건복지부장관은 제1조의 목적을 달성하기 위한 국민연금사업을 효율적으로 수행하기 위하여 국민연금공단(이하 "공단"이라 한다)을 설립하고 공단에 위탁하여 운영하게 한다(법 제24조). 그러므로 국영 및 위탁 관리방식이 혼합되어 있다고 할 수 있다.

공단은 하나의 독립된 법인으로서 보건복지부장관의 감독을 받게 되어 있다(법 제41조 참조). 중앙행정기관인 보건복지부장관이 국민연금사업을 맡아 주관하며, 연금제도 전반에 관한 사항의 관장·운영을 책임지고 국민연금과 관련된 사항의 집행은 공단에 위탁하여 운영하는 것이다.

(2) 연금사업의 관리·운영 국민연금사업은 연금사업과 기금사업으로 대별하며, '연금사업'은 기여금·부담금 등 비용을 징수하여 제 급여를 지급하는 사업을 말하며, '기금사업'에는 기금증식사업 외에 노인복지시설 및 그 부대시설의 설치·운영, 자금대여, 노후설계상담 및 소득활동지원사업 등 여러 가지 복지사업을 포함시키고 있다.

2. 국민연금심의위원회

(1) 설 치 국민연금사업의 효율적이고 합리적 운용을 위하여 보건복지부에 국민연금심의위원회를 두는데(법 제5조 제1항), 이는 자문기구가 아니고 심의기구이다.

(2) 구 성 국민연금심의위원회(이하 "심의위원회"라 한다)는 위원장·부위원장 및 위원으로 구성하되, 위원장은 보건복지부차관이 되고, 부위원장은 공익을 대표하는 위원 중에서 호선하며, 위원은 다음 구분에 따라 보건복지부장관이 지명하거나 위촉한다(법 제5조 제2항).

① 사용자를 대표하는 위원으로서 사용자단체가 추천하는 자 4명
② 근로자를 대표하는 위원으로서 근로자단체가 추천하는 자 4명
③ 지역가입자를 대표하는 위원으로서 다음의 자
㈎ 농어업인단체가 추천하는 자 2명
㈏ 농어업인단체 이외의 자영자관련 단체가 추천하는 자 2명
㈐ 소비자단체와 시민단체가 추천하는 자 2명
④ 공익을 대표하는 위원으로서 국민연금에 관한 전문가 5명

(3) 심의사항 심의위원회에서 심의하는 사항은 다음과 같다(법 제5조 제1항 제1호~제5호).

① 국민연금제도 및 재정 계산에 관한 사항 ② 급여에 관한 사항
③ 연금보험료에 관한 사항 ④ 국민연금기금에 관한 사항
⑤ 그 밖에 국민연금제도의 운영과 관련하여 보건복지부장관이 회의에 부치는 사항

3. 국민연금공단

1) 설 립

공단은 정관을 작성하고 주된 사무소의 소재지에서 설립등기를 함으로써 성립되며, 이때 법인격을 취득하게 된다(법 제26조, 제29조 참조). 따라서 '설립등기'는 공단이라는 법인의 성립요건이 된다. 공단의 정관에 반드시 기재해야 할 절대적(필요적) 기재사항은 다음과 같다(법 제28조 제1항 제1호~제11호).

① 목적 ② 명칭
③ 주된 사무소와 분사무소에 관한 사항 ④ 임직원에 관한 사항
⑤ 이사회에 관한 사항 ⑥ 사업에 관한 사항
⑦ 예산 및 결산에 관한 사항 ⑧ 자산 및 회계에 관한 사항
⑨ 정관의 변경에 관한 사항
⑩ 규약·규정의 제정 및 개정·폐지에 관한 사항
⑪ 공고에 관한 사항

공단이 정관을 변경하려면 보건복지부장관의 인가를 받아야 한다(법 제28조 제2항). 공단에 관하여는 국민연금법에서 정한 것 외에 법인에 관한 일반법인 「민법」 중 재단법인에 관한 규정을 준용하도록 규정하고 있다(법 제48조).

2) 공단의 업무

공단의 업무로서 가입자에 대한 기록의 관리 및 유지 등 10가지 사항을 규정하고 있다(법

제25조 제1호~제10호 참조).

3) 임 원

(1) 임원의 구성 공단에 임원으로 이사장 1명, 상임이사 4명 이내, 이사 7명, 감사 1명을 두되, 이사에는 사용자 대표, 근로자 대표, 지역가입자 대표 각 1명 이상과 당연직 이사로서 보건복지부에서 국민연금업무를 담당하는 3급 국가공무원 또는 고위공무원단에 속하는 일반직 공무원 1명이 포함되어야 한다(법 제30조 제1항).

이사장은 보건복지부장관의 제청으로 대통령이 임면(任免)하고, 상임이사・이사(당연직 이사는 제외) 및 감사는 이사장의 제청으로 보건복지부장관이 임면한다(법 동조 제2항). 이사에게는 보수를 지급하지 아니한다. 다만, 실비(實費)는 지급할 수 있다(법 동조 제3항).

(2) 기금이사 기금운용의 전문성과 책임성을 부여하기 위하여 상임이사 중 제101조에 따른 국민연금기금(이하 "국민연금기금"이라 한다)의 관리・운용에 관한 업무를 담당하는 이사(이하 "기금이사"라 한다)는 경영・경제 및 기금 운용에 관한 지식과 경험이 풍부한 자 중에서 선임하여야 한다(법 제31조 제1항).

기금이사 후보를 추천하기 위하여 공단에 이사장을 위원장으로 하고 이사를 위원으로 하는 '기금이사추천위원회'(이하 "추천위원회"라 한다)를 둔다(법 동조 제2항). 추천위원회는 주요 일간신문에 기금이사 후보의 모집 공고를 하여야 하며, 이와 별도로 적임자로 판단되는 기금이사 후보를 조사하거나 전문단체에 조사를 의뢰할 수 있다(법 동조 제3항).

추천위원회는 제3항에 따라 모집한 자를 보건복지부령으로 정하는 기금이사 후보 심사기준에 따라 심사하여야 하며, 기금이사 후보로 추천될 자와 계약조건에 관하여 협의하여야 한다(법 동조 제4항). 이사장은 제4항에 따른 심사와 협의 결과에 따라 기금이사 후보를 보건복지부장관에게 추천하고 계약서안을 함께 제출하여야 한다(법 동조 제5항). 제5항에 따라 제출한 기금이사 후보 추천안과 계약서안을 보건복지부장관이 승인하면 이사장은 기금이사 후보와 계약을 체결하여야 한다(법 동조 제6항).

(3) 임원의 임기와 겸직 제한 임원의 임기는 3년으로 한다. 다만 당연직 이사의 임기는 그 재임기간으로 하고, 기금이사의 임기는 그 계약기간으로 한다(법 제32조). 공단의 이사장・상임이사・감사 및 직원은 영리를 목적으로 하는 업무에 종사하지 못하며, 이사장・상임이사 및 감사는 보건복지부장관의, 직원은 이사장의 허가 없이 다른 직무를 겸할 수 없다(법 제37조).

(4) 임원의 결격사유 다음 각 호의 어느 하나에 해당하는 자는 공단의 임원이 될 수 없다(법 제35조).

① 피성년후견인 또는 피한정후견인
② 파산선고를 받고 복권되지 아니한 자
③ 금고 이상의 실형을 선고받고 그 집행이 끝나거나 집행을 받지 아니하기로 확정된 날부터 3년이 지나지 아니한 자
④ 법률이나 법원의 판결에 따라 자격이 상실되거나 정지된 자

(5) 임원의 퇴임 · 해임사유 임원이 위의 결격사유의 어느 하나에 해당하게 되면 그 임원은 당연히 퇴임한다(법 제36조 제1항). 임면권자는 임원이 다음 각 호의 어느 하나에 해당하게 되면 그 임원을 해임할 수 있다(법 동조 제2항).

① 신체장애나 정신장애로 직무를 수행할 수 없다고 인정될 때
② 직무에 따른 의무를 위반한 때
③ 고의나 중대한 과실로 공단에 손실을 생기게 한 때
④ 기금이사가 제31조 제6항에 따라 이사장과 체결한 계약에서 정한 해임사유에 해당하게 된 때

4) 이사회

이사회는 이사장 · 상임이사 및 이사로 구성한다. 이사장은 이사회를 소집하고 그 의장이 된다. 이사회는 재적 구성원 과반수의 출석과 출석 구성원 과반수의 찬성으로 의결한다. 감사는 이사회에 출석하여 발언할 수 있다(법 제38조 제2항~제5항).

5) 공단의 복지사업과 대여사업 등

공단은 가입자, 가입자였던 자 및 수급권자의 복지를 증진하기 위하여 대통령령으로 정하는 바에 따라 다음 각 호의 복지사업을 할 수 있다(법 제46조 제1항).

① 자금의 대여
② 「노인복지법」에 따른 노인복지시설의 설치 · 공급 · 임대와 운영
③ 제2호에 따른 노인복지시설의 부대시설로서, 「체육시설의 설치 · 운영에 관한 법률」에 따른 체육시설의 설치 및 운영
④ 그 밖에 대통령령으로 정하는 복지사업

위의 제2호 및 제3호에 따른 복지사업을 실시하기 위하여 국민연금기금으로 부터 보건복지부령으로 정하는 법인에 출자할 수 있다(동조 제2항).

6) 노후준비서비스

공단은 가입대상 및 수급권자를 포함한 국민의 안정된 노후생활 보장을 위하여 「노후준비 지원법」 제2조 제2호의 노후준비서비스(이하 "노후준비서비스"라 한다)와 관련된 다음 각 호의 사업을 실시할 수 있다(법 제46조의3).

① 노후준비서비스의 제공
② 노후준비서비스에 관한 조사·연구
③ 노후준비서비스에 필요한 프로그램의 개발·보급
④ 노후준비서비스 제공자의 양성·관리
⑤ 노후준비서비스를 위한 정보시스템의 구축·운영
⑥ 그 밖에 노후준비서비스 제공에 관하여 보건복지부장관이 위탁하는 사항

〈 국민연금의 운영·관리조직 〉

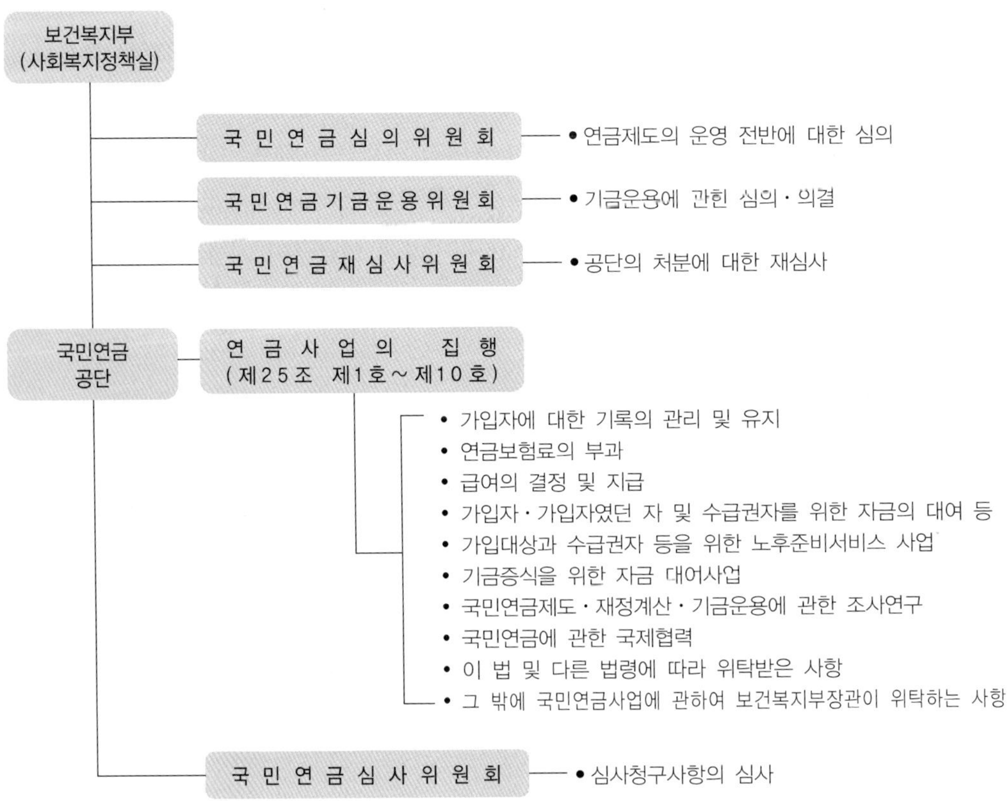

제4절 국민연금의 보험급여

1. 보험급여의 의의

국민연금법에 의한 보험급여는 급여대상자에 따라 본인급여와 유족급여로 나눌 수 있다. 전자는 가입자 본인의 노령에 따른 소득 상실에 대하여 일정한 소득을 보장하는 기능을, 후자는 유족의 부양자 상실에 대하여 일정한 소득을 보장하는 기능을 수행한다.

급여는 연금형식으로 지급되는 것과 반환일시금의 형태로 지급하는 것이 있는데, 전자는 연금의 수급요건을 충족시키는 경우에 지급되고, 후자는 가입자에게 법정된 보험금 지급사유 또는 보험가입자격 상실의 사유가 발생하면 일시금으로 지급된다.

2. 보험급여의 지급보장

국민연금법에 따른 연금 지급의 보장에 대한 계속성을 의심하는 국민의 여론이 확산되자 연금가입자의 탈퇴 및 연금가입의 기피심리를 불식시키고, 연금 급여의 지급에 대한 안정성과 지속성을 보장함으로써 국민연금제도에 대한 국민적 신뢰성을 확보・강화할 필요성이 제기되었다. 이에 따라 "국가는 이 법에 따른 연금급여가 안정적・지속적으로 지급되도록 필요한 시책을 수립・시행하여야 한다"(법 제3조의2)고 규정하여 연금급여 지급의 안정성과 지속성을 보장하는 국가의 법적 의무를 천명하였다.

3. 보험급여의 종류

국민연금법에 규정된 보험급여의 종류에는 노령연금, 장애연금, 유족연금, 반환일시금 및 사망일시금 등이 있다(법 제49조, 제80조 참조). 개정 전에는 노령연금을 완전노령연금, 감액노령연금, 재직자노령연금, 조기노령연금, 특례노령연금 등으로 분류하였으나 감액노령연금과 재직자노령연금의 명칭을 삭제하고 노령연금의 명칭분류를 단순화시켰다.

4. 수급권의 발생 및 소멸

1) 수급권의 발생

각종 연금급여의 수급권은 연금급여의 종류별로 법정된 요건을 충족하면 발생되는데, 구체적인 발생시기에 관하여는 명문이 없지만 각종 연금별로 그 지급하여야 할 법정사유가 발생한 날(법 제54조 제1항 참조)에 수급권이 발생한다고 해석한다.

그러나 수급권이 발생한다고 하여 그에 대응하는 지급의무가 곧 생기는 것이 아니고 구체적인 지급의무와 그에 따른 지급청구권은 법률의 규정에 따른 절차를 거쳐야 수급권의 실현이 이루어지는 것으로 해석된다. 그래서 국민연금법에서는 연금의 지급기간과 지급시기에 관하여 명문규정을 두고 있다(법 제54조 참조).

2) 지급기간

연금은 지급하여야 할 사유가 생긴 날(제78조 제1항에 따른 반납금을 내거나 제92조 제1항에 따른 추납보험료(追納保險料) 또는 체납보험료를 냄에 따라 연금을 지급하여야 할 사유가 생긴 경우에는 해당 금액을 낸 날)이 속하는 달의 다음 달부터 수급권이 소멸한 날이 속하는 달까지 지급한다(법 제54조 제1항).

연금은 매월 25일에 그 달의 금액을 지급하되, 지급일이 토요일이나 공휴일이면 그 전날에 지급한다. 다만, 수급권이 소멸하거나 연금 지급이 정지된 경우에는 그 지급일 전에 지급할 수 있다(법 동조 제2항).

3) 수급권의 소멸

각종 연금수급권의 소멸시기는 급여의 종류에 따라 다르게 규정하고 있다.

(1) 노령연금수급권 노령연금의 수급권은 생존하는 동안에만 지급하므로 사망으로 인하여 소멸하고(법 제61조 제1항 참조), 장애연금의 수급권은 수급권자가 사망하거나 장애등급에 해당되지 않게 된 때 소멸한다(법 제70조 참조).

(2) 유족연금수급권 유족연금수급권자가 다음 각 호의 어느 하나에 해당하게 되면 그 수급권은 소멸한다(법 제75조 제1항).

① 수급권자가 사망한 때
② 배우자인 수급권자가 재혼한 때
③ 자녀나 손자녀인 수급권자가 다른 사람에게 입양되거나 파양된 때
④ 장애등급 2급 이상에 해당하지 아니한 자녀인 수급권자가 25세가 된 때 또는 장애등급 2급 이상에 해당하지 아니한 손자녀인 수급권자가 19세가 된 때
⑤ 삭제〈2017.10.24〉

또한 부모・손자녀 또는 조부모인 유족의 유족연금수급권은 가입자 또는 가입자였던 사람이 사망할 당시에 그 가입자 또는 가입자였던 사람의 태아가 출생하여 수급권을 갖게 되면 소멸한다(법 제75조 제2항).

(3) 반환일시금 수급권 반환일시금의 수급권은 다음 각 호의 어느 하나에 해당하는 때에는 소멸한다(법 제79조).

① 수급권자가 다시 가입자로 된 때
② 수급권자가 노령연금의 수급권을 취득한 때
③ 수급권자가 장애연금의 수급권을 취득한 때
④ 수급권자의 유족이 유족연금의 수급권을 취득한 때

5. 급여별 급여수준 및 수급요건

1) 연금급여의 수준

연금은 연금가입자의 소득보장을 목적으로 하고 있으므로 연금수급 전에 취득하고 있던 소득을 연금 급여의 수준에 적절하게 반영하여야 한다.

연금급여의 최저수준은 이른바 최저생계비 이상이 되어야 하므로 이 경우에는 최저임금 수준도 고려하여야 한다. 또한 연금급여의 최고수준(상한선)은 연금보험료를 결정・납부할 경우에 기준이 되었던 퇴직 이전의 소득액을 초과하지 않도록 해야 할 것이다(법 제53조 참조). 특히 연금은 장기적인 소득보장을 목적으로 하므로 물가상승으로 인하여 연금수급액의 실질 가치가 하락하여 수급자의 일상생활에 미치는 영향을 보완하기 위하여 '연금슬라이드제'를 채택하고 있다.

국민연금법에서는 "이 법에 따른 급여 수준과 연금보험료는 국민연금재정이 장기적으로 균형을 유지할 수 있도록 조정(調整)되어야 하고(법 제4조 제1항), 연금보험료, 급여액, 급여의 수급 요건 등은 국민연금의 장기재정 균형 유지, 인구구조의 변화, 국민의 생활수준, 임금, 물가, 그 밖에 경제사정에 뚜렷한 변동이 생기면 그 사정에 맞도록 조정되어야 한다(법 제4조 제3항)"고 정하여 급여액 을 조정해야 할 요인과 국가의 조정의무를 정하고 있다. 특히 수급권자에게 지급하는 기본연금액의 산출에는 전국 소비자물가변동률에 맞추어 조정하도록 규정되어 있다(법 제51조 제1・2항 참조).

2) 연금의 수급요건

(1) 노령연금 가입기간이 10년 이상인 가입자 또는 가입자였던 자에 대하여는 60세(특수직종근로자는 55세)가 된 때부터 그가 생존하는 동안 연금을 지급하는데(법 제61조 제1항), 이를 '노령연금'이라 한다.

(2) 조기노령연금 가입기간이 10년 이상인 가입자 또는 가입자였던 자로서 55세 이상인 자가 대통령령으로 정하는 소득이 있는 업무에 종사하지 아니하는 경우 본인이 희망하

면 제1항에도 불구하고 60세가 되기 전이라도 본인이 청구한 때부터 그가 생존하는 동안 일정한 금액의 연금(이하 "조기노령연금"이라 한다)을 받을 수 있는데(법 제61조 제2항) 이를 '조기노령연금'이라 한다.

(3) 소득활동에 따른 노령연금(재직자노령연금) 제61조에 따라 기 연금을 받고 있는 노령연금수급권자가 대통령령으로 정하는 소득이 있는 업무에 종사할 경우, 60세 이상 65세 미만(특수직종근로자는 55세 이상 60세 미만)인 기간에는 법조항(제62조 제2항・제4항, 제63조, 제66조 제3항)에 따른 각각의 노령연금액에서 초과소득월액의 일정비율(100만원 난위로 상이한 비율)을 곱한 금액을 뺀 금액의 연금을 받게 되는데, 이를 '소득활동에 따른 노령연금'이라고 규정하고 있다(법 제63조의2 참조).

(4) 지급연령의 조정 연금의 지급연령은 급여의 종류에 따라 다르게 규정되어 있지만, 연금재정의 수급조절과 평균수명의 증가를 고려하여 1999년 1월 1일부터 시행되는 개정법률(법률 제5623호 1998. 12.31 개정)에서 해당되는 각 연금의 수급개시 연령을 점진적으로 상향조정하고 있다(부칙 제3조).

조정되는 내용을 보면, 해당되는 기존 규정의 지급연령에 2013~2017년까지는 1세를, 2018~2022년까지는 2세를, 2023~2027년까지는 3세를, 2028~2032년까지는 4세를, 2033년 이후에는 5세를 각각 더한 연령을 적용하도록 개정하였다(법률 제8541호, 부칙 제8조).

이와 같은 연금 수급 개시연령에 관한 상향조정 내용은 '연도별 기재방식'(법률 제8541호, 부칙 제8조 참조)이었으나, 2012년 7월 1일 시행되는 개정법(법률 제11143호, 2011.12.31 개정)에서는 제62조 제1항의 개정조항중 지급의 연기연령은 그 연령에 관한 규정에도 불구하고 '출생연도별 기재방식'으로 변경하여, 1953년부터 1956년까지 출생자는 1세를, 1957년부터 1960년까지 출생자는 2세를, 1961년부터 1964년까지 출생자는 3세를, 1965년부터 1968년까지 출생자는 4세를, 1969년 이후 출생자는 5세"를 각각 더한 연령을 적용하도록 변경하였다.

(5) 지급의 연기 연금지급의 연기신청을 할 수 있는 대상자를 종전에는 재직자노령연금 수급권자에 한정하였으나 개정법에서는 60세 이상 65세 미만의 노령연금 수급권자로 확대하였고, 연금가산율을 매 1개월당 0.5%에서 0.6%로 상향 조정하였다.

제61조에 따른 노령연금의 수급권자로서 60세 이상 65세 미만인 사람(특수직종근로자는 55세 이상 60세 미만인 사람)이 연금지급의 연기를 희망하는 경우에는 1회에 한정하여 65세(특수직종근로자는 60세) 전까지의 기간에 대하여 그 연금의 전부 또는 일부의 지급을 연기할 수 있다(법 제62조 제1항).

제1항에 따라 연금 전부의 지급 연기를 신청한 수급권자가 연금의 지급을 희망하거나 65

세(특수직종근로자는 60세)가 된 경우의 연금액은 지급의 연기를 신청한 때의 제63조 및 제66조 제3항의 노령연금액(부양가족연금액은 제외한다. 이하 이 조에서 같다)을 제51조 제2항에 따라 조정한 금액에 연기되는 매 1개월마다 그 금액의 1천분의 6을 더한 액으로 한다. 이 경우 1천분의 6에 해당하는 금액도 제51조 제2항에 따라 조정한다(법 제62조 제2항).

제1항에 따라 연금 일부의 지급 연기를 신청하려는 수급권자는 노령연금액 중 다음 각 호의 어느 하나에 해당하는 금액의 지급 연기를 신청할 수 있다(법 제62조 제3항).

① 노령연금액의 1천분의 500
② 노령연금액의 1천분의 600
③ 노령연금액의 1천분의 700
④ 노령연금액의 1천분의 800
⑤ 노령연금액의 1천분의 900

제3항에 따라 연금 일부의 지급 연기를 신청한 수급권자가 연금 전부의 지급을 희망하거나 65세가 된 경우의 노령연금액은 다음 각 호의 금액을 합산한 금액으로 한다(법 제62조 제4항).

① 노령연금액 중 지급 연기를 신청하지 아니한 금액을 제51조 제2항에 따라 조정한 금액
② 노령연금액 중 지급 연기를 신청한 금액을 제51조 제2항에 따라 조정한 금액에 연기되는 매 1개월마다 그 금액의 1천분의 6을 더한 금액. 이 경우 1천분의 6에 해당하는 금액도 제51조 제2항에 따라 조정한다.

(6) 급여별 수급요건과 연금액 국민연금법상 각종 연금급여의 수급요건과 그 급여수준에 대하여는 동법 제4장 '급여' 부분의 제2절 '노령연금' 이하에 자세히 규정되어 있다. 이를 알기 쉽게 정리해 보면 다음과 같다.

〈 급여 종류별 수급요건 및 급여액 〉

연금의 종류	수급 권자	수급요건	급여수준
노령연금	본인	10년 이상 가입자 또는 가입자였던 자로서 60세가 된 때 지급(단, 특수직종 근로자는 55세가 된 때) (제61조 1항)	가입기간 20년 이상 : 기본연금액의 100%+부양가족연금액(제63조 제1항 제1호). 가입기간 10년 이상 20년 미만 : 기본연금액의 50%+10년을 초과하는 1년마다 5%씩 가산+부양가족연금액(제63조 제1항 제2호)
		61조의 노령연금 수급권자가 대통령령으로 정하는 소득이 있는 업무에 종사하는 경우 60세 이상 65세 미만인 기간에 지급(제63조의2)(소득활동에 따른 노령연금)	제62조 제2항·제4항,제63조 및 제66조 제3항에 따른 노령연금액(부양가족연금액을 제외)에서 다음 각 호의 구분에 따른 금액을 뺀 금액. 이 경우 빼는 금액은 노령연금액의 2분의1을 초과할 수 없다(제63조의2). 1. 초과소득월액이 100만원 미만인 자: 초과 소득월액의 1천분의50

연금의 종류	수급권자	수급요건	급여수준
			2. 〃 100만원이상200만원미만인 자: 5만원+(초과소득월액 100만원)×1천분의 100 3. 〃 200만원이상300만원미만인 자:15만원+(초과소득월액-200만원)×1천분의 150 4. 〃 300만원이상400만원 미만인 자:30만원+(초과소득월액-300만원)×1천분의 200 5. 〃 400만원이상인 자:50만원+(초과소득월액-400만원)×1천분의 250
조기 노령연금	본인	10년 이상 가입자 또는 가입자였던 자로서 55세 이상인 자가 대통령령으로 정하는 소득이 있는 업무에 종사하지 아니하는 경우 60세가 되기 전이라도 본인의 희망에 따라 청구하면 지급(제61조 제2항) • 제61조 제2항과 제63조 제2항에 따른 60세 미만인 조기노령연금수급자가 다음 각호의 어느 하나에 해당되는 경우, 그 기간 동안 지급정지(제66조 제1항) 1. 제61조 제2항에 따른 소득이 있는 업무에 종사하는 경우 2. 제1호에는 해당되지 아니하나 조기노령연금을 받고 있는 본인이 조기노령연금 지급 정지를 신청하는 경우 • 위 제1항에 따라 조기노령연금의 지급이 정지된 자가 다음 각 호의 어느 하나에 해당되는 경우에는 조기노령연금을 다시 지급한다 (제66조 제2항) 1. 60세에 도달하는 경우 2. 제1항 제1호에 해당하는 자가 60세에 도달하기 전에 제61조 제2항에 따른 소득이 있는 업무에 종사하지 아니하는 경우 3. 제1항 제2호에 해당하는 자가 60세에 도달하기 전에 제61조 제2항에 따른 소득이 있는 업무에 종사하지 아니한 상태에서 본인이 조기노령연금의 재지급을 신청하는 경우	•제63조 제1항의 노령연금액 중 부양가족연금액을 제외한 금액에 수급 연령별로 다음 각 호의 구분에 따른 비율을 곱한 금액+부양가족연금액(제63조 제2항) 1. 55세부터 지급받는 경우에는 1천분의 700 2. 56세부터 지급받는 경우에는 1천분의 760 3. 57세부터 지급받는 경우에는 1천분의 820 4. 58세부터 지급받는 경우에는 1천분의 880 5. 59세부터 지급받는 경우에는 1천분의 940 • 제66조 제1항에 따라 조기노령연금의 지급이 정지된 자가 제2항에 따라 조기노령연금을 다시 지급받을 경우의 조기노령연금액은 다음 각 호와 같다(66조 제3항). 1. 지급 정지 전후의 가입기간을 합산하여 산정한 제63조 제1항에 따른 노령연금액(부양가족연금액을 제외한다)에 재 수급 당시의 제63조 제2항에 따른 연령별 비율에서 기 수급기간 1개월마다 1천분의 5를 뺀 비율을 곱한 금액에 부양가족연금액을 더한 금액 2. 제1호에 따른 조기노령연금액(부양가족연금액을 제외한다. 이하 이 호에서 같다)이 제1항에 따라 지급 정지되기 전의 조기노령연금액보다 적어지는 경우에는 지급 정지되기 전의 조기노령연금액
특례 노령연금	본인	• 1988년 1월 1일 현재 45세 이상 60세 미만인 자(특수직종근로자는 40세 이상 55세 미만인 자)가 가입기간이 5년 이상이 되는 때(법률제8541호 부칙 제2조) • 1995년 7월 1일 당시, 60세 이상 65세 미만의 농어민으로서 동년 12월 31일까지 가입신청하여 70세에 달할 때까지 지역가입자가 된 경우(법률제8541호 부칙 제5조) • 1995년 7월 1일 당시 45세 이상 60세 미만의 지역가입자가 가입기간이 5년 이상 되는 때(법률제8541호 부칙 제6조) • 1999년 4월 1일 현재 50세 이상 60세 미만인 자로서(법률제8541호 부칙 제9조)	기본연금액의 25%+부양가족연금액(가입기간 1년 증가 시마다 기본연금액의 5%씩 증가), (법률제8541호 부칙 9조 2항)

연금의 종류	수급권자	수급요건	급여수준
		① 60세가 되기 전에 5년 이상 10년 미만 가입한 자는 60세가 되는 날 ② 60세가 된 후에 가입기간이 5년 이상이 되는 자는 가입자 자격을 상실한 날(65세)부터 지급 (부칙 제9조 제1항) ③ 2000년 3월 31일까지 가입한 지역가입자로서 가입기간이 5년 이상 되고 가입자격을 상실한 경우 (부칙 제9조 제3항)	
분할 연금	배우자	혼인기간이 5년 이상인 자가 다음 각호의 요건을 모두 갖추면 그가 생존한 기간동안지급(제64조 제1항) 1. 배우자와 이혼하였을 것 2. 배우자였던 사람이 노령연금수급권자일 것 3. 60세가 되었을 것	배우자였던 자의 노령연금액(부양가족연금액 제외)중 혼인기간에 해당하는 연금액을 균등하게 나눈금액(제64조 제2항) 제64조 제2항에도 불구하고 「민법」 제839조의 2 또는 제843조에 따라 연금의 분할에 관하여 별도로 결정된 경우에는 그에 따른다.
장애연금	본인	가입자 또는 가입자였던 자가 질병이나 부상으로 신체상 또는 정신상의 장애가 있고 다음 각 호의 요건을 모두 충족하는 경우에는 장애 정도를 결정하는 기준이 되는 날(이하 "장애결정 기준일"이라 한다)부터 그 장애가 계속되는 기간 동안 장애 정도에 따라 장애연금을 지급한다(67조 제1항). 1. 해당 질병 또는 부상의 초진일 당시 연령이 18세(다만, 18세 전에 가입한 경우에는 가입자가 된 날을 말한다) 이상이고 노령연금의 지급연령 미만일 것 2. 다음 각 목의 어느 하나에 해당할 것 가. 해당 질병 또는 부상의 초진일 당시 연금보험료를 낸 기간이 가입대상기간의 3분의 1 이상일 것 나. 해당 질병 또는 부상의 초진일 5년 전부터 초진일까지의 기간 중 연금보험료를 낸 기간이 3년 이상일 것. 다만, 가입대상기간 중 체납기간이 3년 이상인 경우는 제외한다. 다. 해당 질병 또는 부상의 초진일 당시 가입기간이 10년 이상일 것	기본연금액의 60~100%(1급 : 100% 2급 : 80%, 3급 : 60%)+부양가족연금액 단, 4급은 기본연금액의 1천분의 2250에 해당하는 금액을 일시보상(제68조 제1항, 제2항)
유족연금	유족	다음 각호의 어느하나에 해당하는 자가 사망하면 그 유족에게 지급 (제72조) 1. 노령연금수급권자 2. 가입기간이 10년 이상인 가입자 또는 가입자였던 자 3. 사망일 5년 전부터 사망일까지의 기간 중 연금보험료를 낸 기간이 3년 이상인 가입자 또는 가입자였던 자. 다만, 가입대상기간 중 체납기간이 3년 이상인 사람은 제외한다. 4. 장애등급 2급 이상인 장애연금수급권자	기본연금액의 40~60%(10년 미만 가입 : 40%, 10~20년 미만 가입 : 50%, 20년 이상 가입 : 60%)+부양가족연금액. 다만, 노령연금 수급권자가 사망한 경우의 유족연금액은 사망한 자가 지급받던 노령연금액을 초과할 수 없다(제74조)
반환 일시금	본인 또는 유족	가입자 또는 가입자였던 자가 다음 각 호의 어느 하나에 해당하게 되면 본인이나 그 유족의 청구에 의하여 반환일시금을 지급받을 수 있다(77조 제1항). 1. 가입기간이 10년 미만인 자가 60세가 된 때	가입자 또는 가입자였던 자가 납부한 연금보험료(사용자의 부담금을 포함한다)+대통령령으로 정하는 이자를 더한 금액(제77조 제2항 시행령 제50조 참조)

연금의 종류	수급 권자	수급요건	급여수준
		2. 가입자 또는 가입자였던 자가 사망한 때. 다만, 제72조에 따라 유족연금이 지급되는 경우에는 그러하지 아니하다. 3. 국적을 상실하거나 국외로 이주한 때	
사망 일시금	유족	•가입자 또는 가입자였던 자가 사망한때 73조에 따른 유족이 없으면 그 배우자·자녀·부모·손자녀·조부모·형재자매, 4촌이내방계혈족순으로 지급. 다만, 가출·실종 등 대통령령으로 정하는 경우에 해당하는 사람에게는 지급하지 아니하며, 4촌 이내 방계혈속의 경우에는 대통령령으로 정하는 바에 따라 가입자 또는 가입자였던 사람의 사망 당시(「민법」 제27조 제1항에 따른 실종선고를 받은 경우에는 실종기간의 개시 당시를, 같은 조 제2항에 따른 실종선고를 받은 경우에는 사망의 원인이 된 위난 발생 당시를 말한다) 가입자 또는 가입자였던 사람에 의하여 생계를 유지하고 있던 사람에게만 지급한다(제80조 제1항).	빈환일시금에 상낭하는 금액으로 하되, 사망한 자의 최종기준소득월액을 연도별 재평가율에 의하여 사망일시금 수급 전년도의 현재가치로 환산한 금액과 가입기간 중 기주소득월액의 평균액 중 많은 금액의 4배를 초과하지 않는 금액(제80조 제2항)

6. 연금액의 산정

1) 의 의

(1) 연금액의 산정방식 연금급여의 산정형태는 일반적으로 균일급여방식과 소득비례급여방식, 그리고 이들의 혼합방식 등 세 가지로 분류할 수 있다.

'균일급여방식'은 평등주의 이념을 강조하는 북유럽이나 영국 등에서 채택하고 있는 방식으로서, 모든 가입자나 수혜자의 소득 또는 부담하는 보험료의 고저에 상관없이 연금급여는 최저생계비만을 보장하고, 그 이상의 소득보전은 자기책임의 원칙에 따라 본인 각자가 충족시켜야 한다는 것을 원칙으로 하는 연금제도이다.

'소득비례급여방식'은 배분적 정의의 이념에 따른 능력주의를 강조하는 대륙계 국가의 소득보장방식으로서 가입자의 기여금(보험료)에 비례하여 연금급여를 산정하는 방식이다.

'혼합형 급여방식'은 모든 국민의 최저생계비는 균일급여방식으로 보장하고 그 이상의 급여는 소득에 비례하여 부담한 기여금에 따라 급여를 산출하는 방식이다. 이 방식은 사회적 통합을 위한 연대의식을 기반으로 위험분산과 소득재분배의 효과를 기함과 동시에 개인의 능력과 기여에 따른 인센티브를 강조하는 자본주의 경제체제에 적합하다는 점에서 오늘날 대부분의 선진국에서 채택하고 있는 제도이다.

(2) 국민연금법상의 방식 우리나라도 혼합형 급여방식을 채택하고 있는데, 국민연금액의 내역은 그 지급사유에 따라 기본연금액과 부가연금액을 기초로 하여 산정하고(개정 전

제46조 제2항), 기본연금액을 평균소득월액 또는 기준소득월액과 보험가입기간 등을 기준으로 산정하므로 상기한 혼합급여방식을 반영하고 있다고 볼 수 있다.

국민연금법상으로 연금액은 지급사유에 따라 기본연금액'과 '부양가족연금액'을 기초로 산정한다(법 제50조 제2항).

2) 기본연금액

(1) 산정방식 수급권자에게 지급할 기본연금액의 결정은, 연금수급 직전 3년간의 전 가입자 평균소득월액의 평균액(A : 균등부분)과 가입자 개인의 전 가입기간 중 납입한 기여금 총액을 합산한 금액을 총 가입기간으로 나눈 평균액(B : 소득비례부분)을 합한 금액에 1,000분의 1,200을 곱한 금액으로 산출하는 방법이다. 다만 가입기간이 20년을 초과하는 경우에는 그 초과하는 1년(1년 미만의 매 1월을 12분의 1년으로 계산한다)마다 위 금액에 1천분의 50을 곱한 금액을 더하여 산출하도록 규정하고 있다(법 제51조 제1항 참조).

이를 계산식으로 나타내면 다음과 같다.

$$기본연금액=\{1.2\times(A+B)\}(1+0.05\times n/12)$$

n은 20년을 초과한 월수

(2) 소득대체율의 체감 기본연금액 산정에 관한 위의 계산식에서, 기본연금액의 소득대체율을 나타내는 '비례상수'를 종전 2.4(1988~1998), 1.8(1999~2007)이던 것을 개정법에서와 같이 1.2(1천분의1천200)로 낮추어 2008년부터 바로 적용시키면, 연금액이 갑자기 적어지는 단점을 보완하기 위하여 2008년에 1.5를 시작으로 매년 0.015씩 체감시켜 2028년에 1.2가 되도록 낮추는 기본연금액 산정에 관한 특칙을 두고 있다(법률 제8541호,2008.1.1시행, 부칙 제20조).

그래서 2008년부터 2027년까지 연도별 가입기간 분에 대한 기본연금액은 제51조 제1항의 개정규정에도 불구하고 제51조 제1항 각 호의 금액을 합산한 금액에 부칙 제20조 각 호의 해당연도의 비율(비례상수)을 곱한 금액으로 계산하도록 규정한다(부칙 제34조 제3항 · 제20조).

〈 가입연도별 비례상수(부칙 제20조 및 제34조 참조) 〉

가입기간(년도)	비례상수	가입기간(년도)	비례상수
1988～1998	2.4	2010	1.470
1999～2007	1.8	⋮	⋮
2008	1.5		
2009	1.485	2028	1.2

※ 2009년도 부터 매년 0.015씩 체감

(3) 기본연금액의 산출 앞에서 설명한 기본연금액의 계산식에 따라 법 제51조에서 규정하고 있는 내용을 살펴보면, 동조 제1항 제1호에서는 납부하는 개인 기여금의 고저에 상관없이 모든 연금수급자에게 동일한 금액이 적용되어 소득 재분배기능을 하는 A(소득균등부분)를 규정하고, 제1항 제2호에서는 개인이 납부하는 기여금의 고저에 비례하여 연금액이 결정되는 B(소득비례부분)를 규정하고 있다.

수급권자의 기본연금액은 다음 각 호의 금액을 합한 금액에 1천분의 1천200을 곱한 금액으로 한다. 다만, 가입기간이 20년을 초과하면 그 초과하는 1년(1년 미만이면 매 1개월을 12분의 1년으로 계산한다)마다 본문에 따라 계산한 금액에 1천분의 50을 곱한 금액을 더한다(법 제51조 제1항)

1. 다음 각 목에 따라 산정한 금액을 합산하여 3으로 나눈 금액(법 제51조 제1항 제1호).
   (가) 연금 수급 3년 전 년도의 평균소득월액을 연금 수급 3년 전 년도와 대비한 연금 수급 전년도의 전국소비자물가변동률(「통계법」 제3조에 따라 통계청장이 매년 고시하는 전국소비자물가변동률을 말한다. 이하 이 조에서 같다)에 따라 환산한 금액
   (나) 연금 수급 2년 전년도의 평균소득월액을 연금 수급 2년 전년도와 대비한 연금 수급 전 년도의 전국소비자물가변동률에 따라 환산한 금액
   (다) 연금수급 전년도의 평균소득월액

2. 가입자 개인의 가입기간 중 매년 기준소득월액을 대통령령으로 정하는 바에 따라 보건복지부장관이 고시하는 연도별 재평가율에 의하여 연금 수급 전년도의 현재가치로 환산한 후 이를 합산한 금액을 총 가입기간으로 나눈 금액. 다만, 다음 각 목에 따라 산정하여야 하는 금액은 그 금액으로 한다(법 제51조 제1항 제2호).
   (가) 법 제18조에 따라 추가로 산입되는 가입기간의 기준소득월액은 제1호에 따라 산정한 금액의 2분의 1에 해당하는 금액
   (나) 법 제19조에 따라 추가로 산입되는 가입기간의 기준소득월액은 제1호에 따라 산정한 금액

이 경우에 '평균소득월액'이란 매년 사업장가입자 및 지역가입자 전원(全員)의 기준소득월액을 가입자 전원으로 나누어 평균한 금액을 말한다(법 제3조 제4호,시행령제4조).

'기준소득월액'이란 연금보험료와 급여를 산정하기 위하여 국민연금가입자(이하 "가입자"라한다)의 소득월액을 기준으로 하여 정하는 금액을 말한다(법 제3조 제5호, 시행령 제5조).

(4) 소비자물가변동률의 반영 위 제51조 제1항 각 호의 금액을 수급권자에게 적용할 때에는 연금 수급 2년 전 년도와 대비한 전년도의 전국소비자물가변동률을 기준으로 매년 3월 말까지 그 변동률에 해당하는 금액을 더하거나 빼되, 미리 국민연금심의위원회의 심의를

거쳐야 한다(법 제51조 제2항). 이렇게 조정된 금액을 수급권자에게 적용할 때 그 적용기간은 해당 조정 연도 4월부터 다음 연도 3월까지로 한다(법 제51조 제3항).

(5) 기득권의 보장 1998년 12월 31일의 법 개정 이전의 기본연금액은 연금 수급 전 년도의 평균소득월액(A)과 현재가치로 재평가된 가입자 개인의 가입기간 중 표준소득(보수)월액의 평균액(B)의 75%를 합산한 금액에 1,000분의 2,400을 곱한 금액으로 하고, 가입기간이 20년을 초과하는 경우에는 그 초과하는 1년마다 위에서 산정된 금액에 1,000분의 50을 곱한 금액을 가산하였다(개정 전 동법 제47조 제1항, 개정 전 동법 시행령 제34조 참조).

이를 계산식으로 나타내면 다음과 같다.

$$기본연금액=\{2.4(A+0.75B)\}(1+0.05\times n/12)$$

n은 20년을 초과 가입한 월수

(6) 기 가입자의 연금액계산 국민연금법은 기존 가입자의 기득권을 보호하기 위하여 개정법의 시행 전에 지급사유가 발생한 급여의 지급은 종전의 규정에 의하고, 개정법 시행 전의 가입기간에 해당하는 분의 기본연금액의 계산은 제51조의 개정규정에도 불구하고 종전의 규정에 의하도록 하고 있다(개정법률 부칙 제34조 제1 · 2항). 따라서 1998년 법 개정 이전 부터 국민연금에 가입하고 있었던 자가 1999년 1월 1일 이후부터 2007년 12월 31일 사이에 수급권자가 되는 경우(갑)와 2008년에 수급권자가 되는 경우(을)에 기본연금액의 계산식은 각각 다음과 같이 나타낼 수 있다.

(갑) $기본연금액=\{2.4(A+0.75B)\times P1/P+1.8(A+B)\times P2/P\}(1+0.05\times n/12)$

(을) $기본연금액=\{2.4(A+0.75B)\times P1/P+1.8(A+B)\times P2/P+1.5(A+B)P3/P\}(1+0.05\times n/12)$

A(균등 부분)	연금수급 전 3년간의 전 가입자 평균소득월액의 평균액
B(소득비례 부분)	가입자개인의 전 가입기간 동안의 기준소득월액의 평균액
P	가입자의 전체 가입 월수
P1	가입자의 1999년 1월 1일 이전 가입 월수
P2	가입자의 1999년 1월 1일 이후부터 2007년 12월 31일까지 가입 월수
P3	가입자의 2008년 1월 1일 이후 가입 월수
n	20년 초과 가입 월수

3) 부양가족연금액

(1) 지급대상자와 연금액 부양가족연금은 일종의 가족수당적 성격을 가진 부가급여로서, 수급권자가 그 권리를 취득할 당시 그에 의하여 생계를 유지하고 있던 배우자와 직계

존비속에게 지급하는 연금이다.

부양가족연금액은 수급권자(유족연금의 경우에는 사망한 가입자 또는 가입자였던 자를 말한다)를 기준으로 하는 다음 각 호의 자로서 수급권자에 의하여 생계를 유지하고 있는 자에 대하여 해당 호에 규정된 각각의 금액으로 한다. 이 경우 생계유지에 관한 대상자별 인정기준은 대통령령으로 정한다(법 제52조 제1항).

① 배우자 : 연 15만 원

② 19세 미만이거나 장애등급 2급 이상인 자녀(배우자가 혼인 전에 얻은 자녀를 포함한다. 이하 이 조에서 같다) : 연 10만 원

③ 60세 이상이거나 장애등급 2급 이상인 부모(부 또는 모의 배우자, 배우자의 부모를 포함한다. 이하 이 조에서 같다) : 연 10만 원

제1항에 따른 부양가족연금액을 수급권자에게 적용하는 경우에는 기본연금액과 같이 전국소비자물가변동률에 따라 조정하게 된다(제51조 제2 · 3항의 준용).

(2) 제외자 위 제1항 각 호의 자가 다음 각 호의 어느 하나에 해당하면 제1항에 따른 부양가족연금액 계산에서 제외한다(법 제52조 제3항).

① 연금 수급권자(「국민연금과 직역연금의 연계에 관한 법률」에 따른 연계급여 수급권자를 포함한다)

② 퇴직연금 등 수급권자

③ 「공무원연금법」, 「사립학교교직원 연금법」, 「별정우체국법」 또는 「군인연금법」에 따른 유족연금 수급권자

또한 제1항 각 호의 자는 부양가족연금액을 계산할 때 2명 이상의 연금 수급권자의 부양가족연금 계산 대상이 될 수 없다(법 동조 제4항).

(3) 연금액의 계산에서 제외되는 경우 위 제52조 제1항 각 호에 해당하는 자가 다음 각 호의 어느 하나에 해당하게 되면 부양가족연금액의 계산에서 제외한다(법 동조 제5항).

① 사망한 때

② 수급권자에 의한 생계유지의 상태가 끝난 때

③ 배우자가 이혼한 때

④ 자녀가 다른 사람의 양자가 되거나 파양(罷養)된 때

⑤ 자녀가 19세가 된 때. 다만, 장애등급 2급 이상의 상태에 있는 자녀는 제외한다.

⑥ 장애등급 2급 이상의 상태에 있던 자녀 또는 부모가 그 장애상태에 해당하지 아니하게 된 때

⑦ 배우자가 혼인 전에 얻은 자녀와의 관계가 이혼으로 인하여 종료된 때

⑧ 재혼한 부 또는 모의 배우자와 수급자의 관계가 부모와 그 배우자의 이혼으로 인하여 종료된 경우

(4) 부양가족연금액의 지급에 관한 적용례 법률 제6286호 국민연금법 중 개정법률 제48조 제1항은 그 시행일인 2000년 12월 23일 전에 수급권을 취득한 자에 대하여 그 시행일인 2000년 12월 23일 이후 지급되는 부양가족 연금액 분부터 적용한다(법률 제8541호 국민연금법 부칙 제16조).

4) 연금액의 최고한도

연금의 월별 지급액은 다음 각 호의 금액 중에서 많은 금액을 넘지 못한다(법 제53조).

① 가입자였던 최종 5년 동안의 기준소득월액(연금 수급 전년도를 기준으로 제51조 제1항 제2호에 준하여 조정한다)을 평균한 금액을 제51조 제2항에 준하여 조정한 금액

② 가입기간 동안의 기준소득월액(연금 수급 전년도를 기준으로 제51조 제1항 제2호에 준하여 조정한다)을 평균한 금액을 제51조 제2항에 준하여 조정한 금액

7. 연금 지급기간과 지급방법

1) 지급시기 및 기간

(1) 연금은 지급하여야 할 사유가 생긴 날(제78조 제1항에 따른 반납금, 제92조 제1항에 따른 추납보험료, 또는 체납된 연금보험료를 냄에 따라 연금을 지급하여야 할 사유가 생긴 경우에는 해당 금액을 낸 날)이 속하는 달의 다음 달부터 수급권이 소멸한 날이 속하는 달까지 지급한다(법 제54조 제1항). 연금은 매월 25일에 그 달의 금액을 지급하되, 지급일이 토요일이나 공휴일이면 그 전날에 지급한다. 다만, 수급권이 소멸하거나 연금지급이 정지된 경우에는 그 지급일 전에 지급할 수 있다(법 동조 제2항).

(2) 연금은 지급을 정지하여야 할 사유가 생기면 그 사유가 생긴 날이 속하는 달의 다음 달부터 그 사유가 소멸한 날이 속하는 달까지는 지급하지 아니한다(법 동조 제3항)

2) 지급방법

(1) 급여수급전용계좌 수급자는 제58조 제2항에 따라 대통령령으로 정하는 금액 이하의 급여를 본인 명의의 지정된 계좌(이하 "급여수급전용계좌"라 한다)로 입금하도록 공단에 신청할 수 있으며, 이 경우 공단은 급여를 급여수급전용계좌로 입금하여야 한다(법 제54조의2조 제1항).

(2) 미지급 급여 수급권자가 사망한 경우 그 수급권자에게 지급하여야 할 급여 중 아직 지급되지 아니한 것이 있으면 그 배우자·자녀·부모·손자녀·조부모 또는 형제자매의 청구에 따라 그 미지급 급여를 지급한다. 다만, 가출·실종 등 대통령령으로 정하는 경우에 해당하는 사람에게는 지급하지 아니하며, 형제자매의 경우에는 대통령령으로 정하는 바에 따라 수급권자의 사망 당시(「민법」 제27조 제1항에 따른 실종선고를 받은 경우에는 실종기간의 개시 당시를, 같은 조 제2항에 따른 실종선고를 받은 경우에는 사망의 원인이 된 위난 발생 당시를 말한다) 수급권자에 의하여 생계를 유지하고 있던 사람에게만 지급한다(법 제55조 제1항, 시행령 제39조 참조).

제1항에 따른 급여를 받을 순위는 배우자, 자녀, 부모, 손자녀, 조부모, 형제자매의 순으로 한다. 이 경우 순위가 같은 사람이 2명 이상이면 똑같이 나누어 지급하되, 지급방법은 대통령령으로 정한다(법 동조 제2항, 시행령 제40조 참조).

제1항에 따른 미지급 급여는 수급권자가 사망한 날부터 5년 이내에 청구하여야 한다(법 동조 제3항).

(3) 중복급여의 조정

① 연금법상 중복급여인 경우 수급권자에게 이 법에 따른 2 이상의 급여수급권이 생기면 수급권자의 선택에 따라 그중 하나만 지급하고 다른 급여의 지급은 정지된다(법 제56조 제1항). 제1항에도 불구하고 제1항에 따라 선택하지 아니한 급여가 다음 각 호의 어느 하나에 해당하는 경우에는 해당 호에 규정된 금액을 선택한 급여에 추가하여 지급한다(법 동조 제2항).

1 선택하지 아니한 급여가 유족연금일 때(선택한 급여가 반환일시금일 때를 제외한다) : 유족연금액의 100분의 30에 해당하는 금액
2. 선택하지 아니한 급여가 반환일시금일 때(선택한 급여가 장애연금이고, 선택하지 아니한 급여가 본인의 연금보험료 납부로 인한 반환일시금일 때를 제외한다) : 제80조 제2항에 상당하는 금액

② 타법상의 급여와 중복될 경우 장애연금 또는 유족연금의 수급권자가 이 법에 따른 장애연금 또는 유족연금의 지급사유와 같은 사유로 다음 각 호의 어느 하나에 해당하는 급여를 받을 수 있는 경우에는 제68조에 따른 장애연금액이나 제74조에 따른 유족연금액은 그 2분의 1에 해당하는 금액을 지급한다(법 제113조).

1. 「근로기준법」 제80조에 따른 장해보상, 같은 법 제82조에 따른 유족보상 또는 같은 법 제84조에 따른 일시보상
2. 「산업재해보상보험법」 제57조에 따른 장해급여, 같은 법 제62조에 따른 유족급여, 같은 법 제91조의3에 따른 진폐보상연금 또는 같은 법 제91조의4에 따른 진폐유족연금

3. 「선원법」 제97조에 따른 장해보상, 같은 법 제98조에 따른 일시보상 또는 같은 법 제99조에 따른 유족보상
4. 「어선원 및 어선 재해보상보험법」 제25조에 따른 장해급여, 같은 법 제26조에 따른 일시보상급여 또는 같은 법 제27조에 따른 유족급여

(4) 미납급의 공제지급 가입자 또는 가입자였던 자가 수급권을 취득하거나 사망한 경우 제46조에 따라 대여한 자금의 상환금에 관한 채무가 있으면 이를 이 법에 따른 급여(사망일시금을 포함하고 지급이 정지된 급여는 제외한다)에서 공제할 수 있다. 다만, 이 법에 따른 급여 중 연금급여(제68조 제2항에 따라 일시보상금으로 지급되는 장애연금은 제외한다)의 수급권자에 대하여는 해당 연금월액의 2분의 1을 초과하여 공제할 수 없다(법 제59조 제1항).

제1항에 따라 해당 상환금에 관한 채무를 공제하려면 20일 이상의 기한을 정하여 문서로 그 채무의 변제를 최고(催告)하여야 하며, 그 기한까지 채무를 변제하지 아니하면 해당 급여에서 공제할 것임을 미리 수급권자에게 통지하여야 한다(법 동조 제2항). 제1항에 따라 공제한 금액은 그 액수만큼 수급권자에게 지급된 것으로 본다(법 동조 제3항).

3) 급여(부당이득)의 환수

공단은 급여를 받은 사람이 다음 각 호의 어느 하나에 해당하는 경우에는 대통령령으로 정하는 바에 따라 그 금액(이하 "환수금"이라 한다)을 환수하여야 한다(법 제57조 제1항).

① 거짓이나 그 밖의 부정한 방법으로 급여를 받은 경우
② 제121조의 신고 의무자가 같은 조에 따른 신고 사항을 공단에 신고하지 아니하거나 늦게 신고하여 급여를 잘못 지급 받은 경우
③ 가입자 또는 가입자였던 자가 제15조에 따라 사망한 것으로 추정되어 유족연금 등의 급여가 지급된 후 해당 가입자 또는 가입자였던 자의 생존이 확인된 경우
④ 그 밖의 사유로 급여가 잘못 지급된 경우

공단은 제1항 제1호 및 제2호의 경우에는 대통령령으로 정하는 이자를 가산하여 환수한다. 다만, 납부 의무자의 귀책사유가 없는 경우에는 이자를 가산하지 아니한다(법 제57조 제2항).

공단은 환수금의 납부 의무자가 납부 기한까지 환수금을 내지 아니하면 제97조 제1항 및 제2항을 준용하여 연체금을 징수하며, 이 경우 '건강보험공단'은 '공단'으로, '연금보험료'는 '환수금'으로 본다. 다만, 천재지변이나 그 밖에 대통령령으로 정하는 부득이한 사유가 있는 경우에는 연체금을 징수하지 아니할 수 있다(법 동조 제3항).

환수금 및 제3항에 따른 연체금의 납부의무자에게 다른 급여의 수급권이 있거나 과오납금 등 반환받을 금액이 있으면 공단은 이를 환수금 등에 충당할 수 있다(법 동조 제4항).

8. 대위권

공단은 제3자의 행위로 장애연금이나 유족연금의 지급사유가 발생하여 장애연금이나 유족연금을 지급한 때에는 그 급여액의 범위에서 제3자에 대한 수급권자의 손해배상청구권에 관하여 수급권자를 대위(代位)한다(법 제114조 제1항).

제3자의 행위에 의하여 장애연금 또는 유족연금의 지급사유가 발생한 경우 그와 같은 사유로 제3자로부터 손해배상을 받았으면 공단은 그 배상액의 범위에서 장애연금이나 유족연금을 지급하지 아니한다(법 동조 제2항).

9. 수급권의 보호와 공과금의 면제

(1) 보 호 급여를 받을 권리(수급권)는 양도·압류하거나 담보로 제공할 수 없다. 수급권자에게 지급된 급여로서 대통령령으로 정하는 금액 이하의 급여는 압류할 수 없다. 급여수급전용계좌에 입금된 급여와 이에 관한 채권은 압류할 수 없다(법 제58조).

(2) 공과금의 면제 이 법에 따른 급여로 지급된 금액에 대하여는 「조세특례제한법」이나 그 밖의 법률 또는 지방자치단체가 조례로 정하는 바에 따라 조세, 그 밖에 국가 또는 지방자치단체의 공과금을 감면한다(법 제60조).

(3) 소멸시효 급여를 받거나 과오납금을 반환받을 수급권자 또는 가입자 등의 권리는 5년간 행사하지 아니하면 각각 소멸시효가 완성된다(법 제115조 제1항 후단).

10. 분할연금

1) 의 의

현대사회의 생활환경과 여건의 변화로 급격하게 증가하는 이혼에 대비하여, 배우자 특히 여성인 전업주부의 노후생활을 보장하기 위하여 1998년 12월의 법개정 시에 도입된 제도가 '분할연금' 제도이다. 이는 가입자의 재산형성에 기여한 전업주부의 이혼 시에 민법상으로 '재산분할청구권'을 인정한 것과 동일한 취지에서, 주부인 배우자가 가입자의 연금소득 형성에 공동으로 기여한 것으로 보아 이혼 시에도 노령연금을 분할하여 지급받을 수 있도록 하려는 것이다.

2) 수급요건

(1) 수급자격 혼인기간(배우자의 가입기간 중의 혼인기간으로서 별거, 가출 등의 사유로 인하

여 실질적인 혼인관계가 존재하지 아니하였던 기간을 제외한 기간을 말한다. 이하 같다)[2]이 5년 이상인 자가 다음 각 호의 요건을 모두 갖추면 그때부터 그가 생존하는 동안 배우자였던 자의 노령연금을 분할한 일정한 금액의 연금(이하 "분할연금"이라 한다)을 받을 수 있다(법 제64조 제1항).

① 배우자와 이혼하였을 것
② 배우자였던 사람이 노령연금수급권자일 것
③ 60세가 되었을 것

제1항에 따른 분할연금은 제1항 각 호의 요건을 모두 갖추게 된 때부터 5년 이내에 청구하여야 한다(법 제64조 제4항).

위의 제64조 제1항 및 제4항의 개정규정은 이 법 시행후 최초로 분할연금 지급사유가 발생한 경우부터 적용한다(법 부칙 제2조).

(2) 급여수준 제1항에 따른 분할연금액은 배우자였던 자의 노령연금액(부양가족연금액은 제외한다) 중 혼인기간에 해당하는 연금액을 균등하게 나눈 금액으로 한다(법 동조 제2항).

(3) 소멸시효 분할연금은 제1항 각 호의 요건을 모두 갖추게 된 때부터 5년 이내에 청구하여야 한다(법 동조 제3항).

3) 분할연금의 지급 및 청구의 특례

(1) 분할비율의 결정과 신고 제64조 제2항에도 불구하고 「민법」 제839조의2 또는 제843조에 따라 연금의 분할에 관하여 별도로 결정된 경우에는 그에 따르고, 별도로 결정된 분할비율 등에 대하여 공단에 신고하여야 한다(법 제64조의2제1항 · 제2항).

(2) 분할연금의 청구특례 제64조 제3항에도 불구하고 제64조 제1항 제3호의 연령에 도달하기 이전에 이혼하는 경우에는 이혼의 효력이 발생하는 때부터 분할연금을 미리 청구(이하 "분할연금 선청구"라 한다)할 수 있다. 이 경우 제64조 제3항에 따른 청구를 한 것으로 본다(선청구를 하고 제2항에 따른 선청구의 취소를 하지 아니한 경우에 한정한다)(법 제64조의3 제1항).

제1항에 따른 분할연금 선청구는 이혼의 효력이 발생하는 때부터 3년 이내에 하여야 하며, 제64조 제1항 제3호의 연령이 도달하기 이전에 분할연금 선청구를 취소할 수 있다. 이 경우 분할연금 선청구 및 선청구의 취소는 1회에 한한다. 분할연금을 선청구한 경우라고 하더라도 제64조 제1항 각 호의 요건을 모두 갖추게 된 때에 분할연금을 지급한다(법 제64조의3 제2항 · 제3항).

2) 헌재 2015헌바182 판결, 헌법불합치 결정에 따른 개정

4) 노령연금과의 관계

제64조 제1항에 따른 분할연금 수급권은 그 수급권을 취득한 후에 배우자였던 자에게 생긴 사유로 노령연금수급권이 소멸·정지되어도 영향을 받지 아니한다(법 제65조 제1항).

수급권자에게 2 이상의 분할연금수급권이 생기면 제56조에도 불구하고 2 이상의 분할연금액을 합산하여 지급한다. 다만, 2 이상의 분할연금수급권과 다른 급여(노령연금을 제외한다. 이하 이 항에서 같다)의 수급권이 생기면 그 2 이상의 분할연금수급권을 하나의 분할연금수급권으로 보고 본인의 선택에 따라 분할연금과 다른 급여 중 하나만 지급하고 선택하지 아니한 분할연금 또는 다른 급여의 지급은 정지된다(법 동조 제2항).

분할연금수급권자는 제72조 제1항에 따른 유족연금을 지급할 때 노령연금수급권자로 보지 아니한다(법 동조 제3항). 분할연금수급권자에게 노령연금수급권이 발생한 경우에는 제56조에도 불구하고 분할연금액과 노령연금액을 합산하여 지급한다(법 동조 제4항).

11. 급여의 제한과 지급정지

1) 의 의

가입자나 가입자였던 자가 고의나 중대한 과실로 질병·부상을 입거나 사고를 발생시키고, 또는 연금보험료를 채납하는 등 본인의 귀책사유가 있는 경우에는 이를 지급사유로 하는 연금급여의 지급을 제한하거나 정지할 수 있도록 규정하는 것은 정의·형평의 원칙상 당연하기 때문에, 국민연금법을 비롯하여 거의 모든 사회복지관련법에서 이러한 내용을 규정하고 있다.

2) 장애연금 등의 지급 및 변경제한

가입자 또는 가입자였던 자가 고의로 질병·부상 또는 그 원인이 되는 사고를 일으켜 그로 인하여 장애를 입은 경우에는 그 장애를 지급사유로 하는 장애연금을 지급하지 아니할 수 있다(법 제82조 제1항).

가입자 또는 가입자였던 자가 고의나 중대한 과실로 요양 지시에 따르지 아니하거나 정당한 사유 없이 요양 지시에 따르지 아니하여 다음 각 호의 어느 하나에 해당하게 되면 대통령령으로 정하는 바에 따라 이를 원인으로 하는 급여의 전부 또는 일부를 지급하지 아니할 수 있다(법 동조 제2항).

① 장애를 입거나 사망한 경우

② 장애나 사망의 원인이 되는 사고를 일으킨 경우

③ 장애를 악화시키거나 회복을 방해한 경우

장애연금의 수급권자가 고의나 중대한 과실로 요양지시에 따르지 아니하거나 정당한 사유 없이 요양지시에 따르지 아니하여 장애를 악화시키거나 회복을 방해한 경우에는 제70조에 따라 장애연금액을 변경하지 아니할 수 있다(법 제83조).

3) 사망행위로 인한 지급제한

다음 각 호의 어느 하나에 해당하는 사람에게는 사망에 따라 발생되는 유족연금, 미지급급여, 반환일시금 및 사망일시금(이하 이 항에서 "유족연금 등"이라 한다)을 지급하지 아니한다(법 제82조 제3항).

① 가입자 또는 가입자였던 자를 고의로 사망하게 한 유족
② 유족연금 등의 수급권자가 될 수 있는 자를 고의로 사망하게 한 유족
③ 다른 유족연금 등의 수급권자를 고의로 사망하게 한 유족연금 등의 수급권자

4) 유족연금의 지급 정지와 제한

(1) 지급정지 유족연금의 수급권자인 배우자에 대하여는 수급권이 발생한 때부터 3년 동안 유족연금을 지급한 후 55세가 될 때까지 지급을 정지한다. 다만, 그 수급권자가 다음 각 호의 어느 하나에 해당하면 지급을 정지하지 아니한다(법 76조 제1항).

① 장애등급이 2급 이상인 경우
② 가입자 또는 가입자였던 자의 19세 미만인 자녀 또는 장애등급 2급 이상인 자녀의 생계를 유지한 경우
③ 대통령령으로 정하는 소득이 있는 업무에 종사하지 아니하는 경우

유족연금의 수급권자인 배우자의 소재를 1년 이상 알 수 없는 때에는 유족인 자녀의 신청에 의하여 그 소재 불명(不明)의 기간동안 그에게 지급하여야 할 유족연금은 지급을 정지한다(법 76조 제2항). 배우자 외의 자에 대한 유족연금의 수급권자가 2명 이상인 경우 그 수급권자 중에서 1년 이상 소재를 알 수 없는 자가 있으면 다른 수급권자의 신청에 따라 그 소재불명의 기간에 해당하는 그에 대한 유족연금의 지급을 정지한다(법 동조 제3항).

자녀나 손자녀인 수급권자가 다른 사람에게 입양된 때에는 그에 해당하게 된 때부터 유족연금의 지급을 정지한다(법 동조 제5항). 장애로 수급권을 취득한 자가 장애등급 2급 이상에 해당하지 아니하게 된 때에는 그에 해당하게 된 때부터 유족연금의 지급을 정지한다(법 동조 제7항).

(2) 지급정지의 해제 제2항과 제3항에 따라 유족연금의 지급이 정지된 자의 소재가 확인된 경우에는 본인의 신청에 의하여 지급 정지를 해제한다(법 제76조 제4항). 제5항에 따라

유족연금의 지급이 정지된 자가 파양된 경우에는 본인의 신청에 의하여 파양된 때부터 지급 정지를 해제한다(법 동조 제6항). 제7항에 따라 유족연금의 지급이 정지된 사가 그 질병이나 부상이 악화되어 장애등급 2급 이상에 해당하게 된 경우에는 본인의 신청에 의하여 장애등급 2급 이상에 해당하게 된 때부터 지급 정지를 해제한다(법 동조 제8항).

5) 수급권자에 대한 지급의 정지 등

수급권자가 다음 각 호의 어느 하나에 해당하면 급여의 전부 또는 일부의 지급을 정지할 수 있다(법 제86조 제1항).

① 수급권자가 정당한 사유 없이 제122조 제1항에 따른 공단의 서류, 그 밖의 자료 제출 요구에 응하지 아니한 때
② 장애연금 또는 유족연금의 수급권자가 정당한 사유 없이 제120조에 따른 공단의 진단 요구 또는 확인에 응하지 아니한 때
③ 장애연금수급권자가 고의나 중대한 과실로 요양지시에 따르지 아니하거나 정당한 사유 없이 요양 지시에 따르지 아니하여 회복을 방해한 때
④ 수급권자가 정당한 사유 없이 제121조 제1항에 따른 신고를 하지 아니한 때

제1항에 따라 급여의 지급을 정지하려는 경우에는 지급을 정지하기 전에 대통령령으로 정하는 바에 따라 급여의 지급을 일시 중지할 수 있다(법 동조 제2항).

제 5 절 연금보험료와 비용부담

1. 재원조달방식과 연금재정

(1) 재원조달방식 연금재원의 조달과 운용방식은 보통 부과방식과 적립방식으로 나눌 수 있다. '부과방식'은 매년 소요되는 연금비용을 현재의 가입세대가 납부한 보험료 등을 재원으로 하여 현 노령세대에 연금을 지급하고, 가입자의 노후보장은 미래의 경제활동세대가 부담하는 보험료 등으로 충당하는 조달방식을 말한다.

'적립방식'은 장래에 예상되는 재정을 추정하여 보험료의 부담을 평준화시켜 가입세대로부터 징수한 보험료와 기금에서 발생한 이자수입 및 발족 초의 급여지출과의 차액을 적립금으로 축적하여 미래의 연금수혜세대에 대하여 연금급여에 충당하도록 하는 조달방식을 말한다.

연금재원에 충당하기 위한 비용을 부과할 때 가입자의 소득에 비례하여 부과납부하게 하

는 소득비례각출방식과 소득과 관계없이 일률적으로 부과하는 균일갹출방식이 있으며, 금액이나 비율에 따라 부과하는 정액갹출제와 정률갹출제 등이 있다. 국민연금법상으로는 소득비례갹출방식과 정률갹출방식을 혼합하여 채택하고 있다.

(2) 연금재정의 구성 우리나라에서는 연금급여에 소요되는 비용의 재원조달은 가입자 및 사용자로 부터 징수하는 연금보험료와 이를 근거로 조성되는 국민연금기금과 국가가 보조하게 되는 지원금 등으로 이루어진다(법 제87조, 제88조, 제101조 등 참조).

2. 연금보험료

1) 의 의

'연금보험료'란 국민연금사업에 필요한 비용으로 사업장가입자의 경우에는 부담금 및 기여금의 합계액을, 지역가입자 · 임의가입자 및 임의계속가입자의 경우에는 본인이 내는 금액을 말한다(법 제3조 제10호).

국민연금재정에서 지출과 수입의 대종을 이루는 것이 연금급여와 연금보험료이므로 국민연금법에서도 "이 법에 따른 급여수준과 연금보험료는 국민연금 재정이 장기적으로 균형을 유지할 수 있도록 조정되어야 한다(법 제4조 제1항)"고 정하여 연금재정의 건전성을 도모할 수 있게 하였다.

보건복지부장관은 대통령령으로 정하는 바에 따라 5년마다 국민연금 재정 수지를 계산하고, 국민연금의 재정 전망과 연금보험료의 조정 및 국민연금기금의 운용 계획 등이 포함된 국민연금 운영 전반에 관한 계획을 수립하여 국무회의의 심의를 거쳐 대통령의 승인을 받아야 하며, 승인받은 계획을 국회에 제출하고 대통령령으로 정하는 바에 따라 공시하도록 규정(법 제4조 제2항)하여, 국민연금에 가입한 모든 국민의 노후생활의 안정성을 담보할 수 있도록 제도적인 보완조치를 강구하고 있다.

또한 "이 법에 따른 연금보험료, 급여액, 급여의 수급 요건 등은 국민연금의 장기재정 균형 유지, 인구구조의 변화, 국민의 생활수준, 임금, 물가, 그 밖에 경제사정에 뚜렷한 변동이 생기면 그 사정에 맞게 조정되어야 한다(법 제4조 제3항)"고 정하여 연금보험료 및 급여액 등의 결정에 고려해야 할 요인과 이를 조정해야 할 국가의 의무를 규정하고 있다.

2) 연금보험료율

보건복지부장관은 국민연금사업 중 연금보험료의 징수에 관하여 이 법에서 정하는 사항을 건강보험공단에 위탁한다(법 제88조 제1항). 이에 따라 공단은 국민연금사업에 드는 비용에 충당하기 위하여 가입자와 사용자에게 가입기간 동안 매월 연금보험료를 부과하고 건강보험공단이 이를 징수하는데(법 제88조 제2항), 보험료의 부담자와 부담비율은 다음과 같다.

(1) 사업장가입자 사업장가입자의 연금보험료 중 기여금은 사업장가입자 본인이, 부담금은 사용자가 각각 부담하되, 그 금액은 각각 기준소득월액의 1천분의 45에 해당하는 금액으로 한다(법 제88조 제3항).

(2) 지역가입자, 임의가입자, 임의계속가입자 지역가입자, 임의가입자 및 임의계속가입자의 연금보험료는 지역가입자, 임의가입자 또는 임의계속가입자 본인이 부담하되, 그 금액은 기준소득월액의 1천분의 90으로 한다(법 제88조 제4항).

(3) 분할 추가납부 공단은 기준소득월액 정정 등의 사유로 당초 징수 결정한 금액을 다시 산정함으로써 연금보험료를 추가로 징수하여야 하는 경우 가입자 또는 사용자에게 그 추가되는 연금보험료를 나누어 내도록 할 수 있다. 이 경우 분할 납부 신청대상, 분할 납부방법 및 납부기한 등 연금보험료의 분할 납부에 필요한 사항은 대통령령으로 정한다(법 88조 제5항).

3) 연금보험료의 납입고지 및 납부기한과 납부예외 등

(1) 납입의 고지 건강보험공단은 공단이 제88조에 따라 연금보험료를 부과한 때에는 그 납부 의무자에게 연금보험료의 금액, 납부기한, 납부장소 등을 적은 문서로써 납입의 고지를 하여야 한다. 다만, 제89조 제4항에 따라 연금보험료를 자동 계좌이체의 방법으로 내는 기간 동안에는 이를 생략할 수 있다(법 제88조의2 제1항).

건강보험공단은 납부의무자의 신청이 있는 경우에는 제1항 본문에 따른 납입의 고지를 전자문서 교환방식 등에 의하여 전자문서로 할 수 있다. 이 경우 전자문서 고지에 대한 신청 방법・절차, 그 밖에 필요한 사항은 보건복지부령으로 정한다(법 동조 제2항).

(2) 연금보험료의 납부기한 연금보험료는 납부의무자가 다음 달 10일까지 내야 한다. 다만, 대통령령으로 정하는 농업・임업・축산업 또는 수산업을 경영하거나 이에 종사하는 자(이하 "농어업인"이라 한다)는 본인의 신청에 의하여 분기별 연금보험료를 해당 분기의 다음 달 10일까지 낼 수 있다(법 제89조 제1항). 납부의무자가 연금보험료를 미리 낼 경우 그 기간과 감액(減額)할 금액 등은 대통령령으로 정한다(법 동조 제3항).

(3) 원천공제 납부 사용자는 사업장가입자가 부담할 기여금을 그에게 지급할 매달의 임금에서 공제하여 공단에 내야 한다. 이 경우 제100조의3 제1항에 따라 사업장가입자의 연금보험료 중 일부를 지원받는 때에는 사업장가입자가 부담할 기여금에서 지원받는 연금보험료 중 기여금에 지원되는 금액을 뺀 금액을 공제하여야 한다(법 제90조 제1항). 사용자는 제1항에 따라 임금에서 기여금을 공제하면 공제계산서를 작성하여 사업장가입자에게 내주어야

한다. 이 경우 기여금 공제 내용을 알 수 있는 급여명세서 등은 공제계산서로 본다(법 동조 제2항).

(4) 보험료 납부의 예외 납부 의무자는 사업장가입자 또는 지역가입자가 다음 각 호의 어느 하나에 해당하는 사유로 연금보험료를 낼 수 없으면 대통령령으로 정하는 바에 따라 그 사유가 계속되는 기간에는 연금보험료를 내지 아니할 수 있다(법 제91조 제1항).

① 사업 중단, 실직 또는 휴직 중인 경우

② 「병역법」 제3조에 따른 병역의무를 수행하는 경우

③ 「초·중등교육법」 제2조나 「고등교육법」 제2조에 따른 학교에 재학 중인 경우

④ 「형의 집행 및 수용자의 처우에 관한 법률」 제11조에 따라 교정시설에 수용 중인 경우(시행일 2008. 12. 22)

⑤ 종전의 「사회보호법」에 따른 보호감호시설이나 「치료감호법」에 따른 치료감호시설에 수용 중인 경우

⑥ 1년 미만 행방불명된 경우. 이 경우 행방불명의 인정 기준 및 방법은 대통령령으로 정한다.

⑦ 재해·사고 등으로 소득이 감소되거나 그 밖에 소득이 있는 업무에 종사하지 아니하는 경우로서 대통령령으로 정하는 경우

위의 제1항에 따라 연금보험료를 내지 아니한 기간은 가입기간에 산입하지 아니한다(법 동조 제2항).

(5) 보험료의 추후 납부 가입자는 다음 각 호의 어느 하나에 해당하는 기간의 전부 또는 일부에 상응하는 연금보험료(이하 "추납보험료"라 한다)의 추후 납부를 신청할 수 있다(법 제92조 제1항).

① 연금보험료를 최초로 납부한 이후에 제9조 제1호, 제4호 또는 제5호에 따라 연금보험료를 내지 아니한 기간

② 제91조 제1항에 따라 연금보험료를 내지 아니한 기간

③ 「병역법」 제3조에 따른 병역의무를 마친 후 가입자의 자격을 취득한 경우로서 해당 병역의무를 수행한 기간. 다만, 다음 각 목의 어느 하나에 해당하는 기간은 제외한다.

가. 「공무원연금법」, 「사립학교교직원 연금법」 또는 「별정우체국법」에 따른 재직기간에 포함된 기간

나. 「군인연금법」에 따른 복무기간에 포함된 기간

다. 1988년 1월 1일 전에 병역의무를 수행한 기간

납부한 연금보험료를 반환일시금으로 지급받은 경우에는 제1항 제1호에도 불구하고 그

에 상응하는 기간은 연금보험료를 납부한 것으로 보지 아니한다. 다만, 지급받은 반환일시금을 제78조에 따라 반납금으로 납부한 경우에는 그러하지 아니하다(법 동조 제2항).

추납보험료는 추후 납부를 신청한 날이 속하는 달의 연금보험료에 추후 납부하려는 기간의 개월 수를 곱한 금액으로 한다. 다만, 임의가입자가 추후 납부를 신청한 경우 그 추납보험료 산정을 위한 연금보험료의 상한은 대통령령으로 정한다(법 동조 제3항). 추납보험료는 대통령령으로 정하는 바에 따라 분할하여 납부할 수 있다. 이 경우 대통령령으로 정하는 이자를 더하여야 한다(법 동조 제4항). 추납보험료를 낸 경우 그에 상응하는 기간은 제1항에 따라 추납보험료를 납부한 날을 기준으로 가입기간에 산입한다. 이 경우 추후 납부에 따라 산입되는 가입기간의 기본연금액은 추납보험료를 납부한 날이 속하는 달을 기준으로 산정한다(법 동조 제5항).

(6) 연금보험료의 지원 국가는 제8조에 따른 사업장가입자로서 국민인 근로자가 다음 각 호의 요건을 모두 충족하는 경우에는 연금보험료 중 기여금 및 부담금의 일부를 예산의 범위에서 지원할 수 있다(법 제100조의3 제1항).

1. 대통령령으로 정하는 규모의 사업장에 고용되어 대통령령으로 정하는 금액 미만의 소득을 얻을 것
2. 근로자의 재산 및 「소득세법」 제4조 제1항 제1호에 따른 종합소득이 대통령령으로 정하는 기준 미만일 것

(7) 소멸시효 연금보험료, 환수금, 그 밖에 이 법에 따른 징수금을 징수하거나 환수할 권리는 3년간, 급여를 받거나 과오납금을 반환받을 수급권자 또는 가입자 등의 권리는 5년간, 제77조 제1항 제1호에 따른 반환일시금을 지급받을 권리는 10년간 행사하지 아니하면 각각 소멸시효가 완성된다(법 제115조 제1항).

제6절 국민연금기금

1. 기금의 설치 · 조성

보건복지부장관은 국민연금사업에 필요한 재원을 원활하게 확보하고, 이 법에 따른 급여에 충당하기 위한 책임준비금으로 국민연금기금(이하 이 장에서 "기금"이라 한다)을 설치한다(법 제101조 제1항). 기금은 다음 각 호의 재원으로 조성한다(법 동조 제2항).

① 연금보험료 ② 기금 운용 수익금

③ 적립금 ④ 공단의 수입지출 결산상의 잉여금

기금은 보건복지부장관이 관리・운용한다(법 제102조 제1항).

2. 국민연금기금운용위원회

(1) 설치 및 구성 보건복지부에 국민연금기금운용위원회(이하 "운용위원회"라 한다)를 두며(법 제103조 제1항), 운용위원회는 위원장인 보건복지부장관, 당연직 위원인 기획재정부차관・농림축산식품부차관・산업통상자원부차관・고용노동부차관과 공단 이사장 및 위원장이 위촉하는 다음 각 호의 위원으로 구성한다(법 동조 제2항).

① 사용자를 대표하는 위원으로서 사용자 단체가 추천하는 자 3명

② 근로자를 대표하는 위원으로서 노동조합을 대표하는 연합단체가 추천하는 자 3명

③ 지역가입자를 대표하는 위원으로서 다음의 자

㈎ 농어업인 단체가 추천하는 자 2명

㈏ 농어업인 단체 외의 자영자 관련단체가 추천하는 자 2명

㈐ 소비자단체 및 시민단체가 추천하는 자 2명

④ 관계 전문가로서 국민연금에 관한 학식과 경험이 풍부한 자 2명

(2) 심의・의결사항 운용위원회는 법정 사항을 심의・의결한다(법 제103조 제1항 제1호~제5호 참조).

(3) 임기 및 회의 위원의 임기는 2년으로 하고, 1차만 연임할 수 있다. 다만, 위원장과 당연직 위원의 임기는 그 재임기간으로 한다(법 동조 제3항). 위원장은 운용위원회의 회의를 소집하고 그 의장이 된다(법 동조 제4항). 운용위원회의 회의는 연 4회 이상 개최하여야 하며, 재적위원 과반수의 출석으로 개회하고, 출석 위원 과반수의 찬성으로 의결한다. 이 경우 출석하지 아니한 위원은 의결권을 행사하지 아니한 것으로 본다(법 동조 제5항).

3. 국민연금기금운용 실무평가위원회

(1) 설치 및 심의・평가사항 기금의 운용에 관한 법정사항을 심의・평가하기 위하여 운용위원회에 국민연금기금운용실무평가위원회(이하 "실무평가위원회"라 한다)를 둔다(법 제104조 제1항 제1호~제5호 참조).

(2) 구성 및 추천 실무평가위원회는 위원장인 보건복지부차관, 위원 중에서 호선하는 부위원장 및 위원장이 위촉하는 위원으로 구성한다(제104조 제2항 제1호~제5호 참조).

(3) 임 기 위원의 임기는 2년으로 하고, 중임할 수 있다. 다만, 위원장 및 공무원인 위원의 임기는 그 재임기간으로 한다(법 동조 제4항).

4. 기금운용 계획 등

보건복지부장관은 매년 기금운용계획을 세워서 운용위원회 및 국무회의의 심의를 거쳐 대통령의 승인을 받아야 한다(법 제107조 제1항).

정부는 제1항에 따른 기금운용계획을 전년도 10월 말까지 국회에 보고하여야 한다(법 동조 제2항). 보건복지부장관은 기금의 운용내용을, 기획재정부장관은 관리기금에 예탁된 기금의 사용내용을 각각 다음 연도 6월 말까지 운용위원회에 제출하여야 한다(법 동조 제3항). 운용위원회의 위원장은 제3항에 따른 기금운용내용과 사용내용을 운용위원회의 심의를 거쳐 국회에 제출하고 대통령령으로 정하는 바에 따라 공시하여야 한다(법 동조 제4항).

제7절 심사청구와 재심사청구

국민연금법상의 권리는 1차의 심사청구와 2차의 재심사청구 절차를 통하여 구제를 받을 수 있도록 규정하고 있다.

1. 심사청구

1) 공단에 대한 심사청구

가입자의 자격, 기준소득월액, 연금보험료, 그 밖의 이 법에 따른 징수금과 급여에 관한 공단 또는 건강보험공단의 처분에 이의가 있는 자는 그 처분을 한 공단 또는 건강보험공단에 심사청구를 할 수 있다(법 제108조 제1항). 제1항에 따른 심사청구는 그 처분이 있음을 안 날부터 90일 이내에 문서로 하여야 하며, 처분이 있은 날부터 180일을 경과하면 이를 제기하지 못한다. 다만, 정당한 사유로 그 기간에 심사청구를 할 수 없었음을 증명하면 그 기간이 지난 후에도 심사청구를 할 수 있다(법 동조 제2항).

2) 국민연금심사위원회

(1) 설 치 제108조에 따른 심사청구 사항을 심사하기 위하여 공단에 국민연금심사위원회(이하 "심사위원회"라 한다)를 두고, 건강보험공단에 징수심사위원회를 둔다(법 제109조 제1항).

(2) 구성 및 임기 심사위원회는 위원장 1명을 포함한 26명 이내의 위원으로 구성한다(법 제109조 제2항, 시행령 제89조 제1항). 심사위원회 위원의 임기는 2년으로 하며, 2차례만 연임할 수 있다. 다만, 공단의 임직원인 위원의 임기는 그 직위의 재임기간으로 한다(시행령 제91조).

(3) 회 의 심사위원회의 회의는 위원장과 위원장이 회의마다 지정하는 7명의 위원으로 구성한다. 심사위원회의 위원장은 회의를 소집하고, 의장이 되며(시행령 동조 제2항), 심사위원회의 회의는 구성원 과반수의 출석으로 시작하고 출석위원 과반수의 찬성으로 의결한다(시행령 동조 제3항).

(4) 결정기간 공단은 심사청구를 받은 날부터 60일 이내에 결정을 하여야 한다. 다만, 부득이한 사정이 있는 경우에는 위원장이 직권으로 30일을 연장할 수 있다(시행령 제100조 제1항). 제1항 단서에 따라 결정기간을 연장하면 결정기간이 끝나기 7일 전까지 청구인에게 이를 알려야 한다(시행령 동조 제2항).

2. 재심사청구절차

1) 재심사청구

심사청구에 대한 결정에 불복하는 자는 그 결정통지를 받은 날부터 90일 이내에 대통령령으로 정하는 사항을 적은 재심사청구서에 따라 국민연금재심사위원회에 재심사를 청구할 수 있다(법 제110조).

2) 국민연금재심사위원회

(1) 설 치 제110조에 따른 재심사청구 사항을 심사하기 위하여 보건복지부에 국민연금재심사위원회(이하 "재심사위원회"라 한다)를 둔다(법 제111조 제1항).

(2) 구성 및 임기 재심사위원회는 위원장 1명을 포함한 7명의 위원으로 구성하고(시행령 제104조 제1항), 재심사위원회 위원의 임기에 관하여는 심사위원회 위원의 임기에 관한 시행령 제91조를 준용한다(시행령 제109조, 제91조 참조).

(3) 회 의 재심사위원회의 위원장은 회의를 소집하고 의장이 되며(시행령 제106조 제1항), 재심사위원회의 회의는 재적위원 과반수의 출석으로 시작하고 출석 위원 과반수의 찬성으로 의결한다(시행령 동조 제2항).

(4) 행정심판법의 준용 재심사위원회의 재심사와 재결에 관한 절차에 관하여는 「행

정심판법」을 준용한다(법 제112조 제1항). 제110조에 따른 재심사청구 사항에 대한 재심사위원회의 재심사는 「행정소송법」 제18조를 적용할 때 「행정심판법」에 따른 행정심판으로 본다(법 동조 제2항).

제8절 공적연금의 연계제도

1. 공적연금 연계제도의 의의

(1) 공적연금 연계제도의 개념 '공적연금 연계제도'란 국민연금이나 각 공적연금의 연금급여를 수령하기 위한 최소 가입기간을 채우지 못한 채 다른 공적연금으로 이동하게 된 경우에 각각의 공적연금제도에 따라 부득이 일시금으로만 연금을 수령할 수밖에 없었던 것을 개선하여 각 연금 간 가입기간을 통산하여 20년 이상이 되면 60세부터 연금을 받을 수 있도록 하여 가입자의 노후생활의 안정을 보장하고자 하는 제도를 말한다.

(2) 연금 간의 연계방식 각 연금 간에 가입기간을 연계시키는 방식에는 '연결통산방식'과 '완전통산방식'의 두 가지가 있다. 전자는 개별공적연금의 비용부담 및 급여구조를 그대로 적용하되 각각의 가입기간에 비례하여 최종급여를 산정하는 방식이고, 후자는 연금수급권자가 이전에 가입한 연금제도에 관계없이 최종적으로 가입한 연금제도에 의하여 연금급여를 산정하는 방식이다.

'완전통산방식'은 각 연금제도별로 비용부담(기여금)과 연금급여구조에 상당한 차이가 있기 때문에 이를 채택하는 것은 현실적으로 많은 문제점이 있다. 따라서 각 공적연금제도의 기본 틀을 유지하면서 각 연금제도에 미치는 재정적 영향이 중립적인 방식을 채택하여 각 공적연금의 가입기간을 합산하되 개별 연금제도의 가입기간을 기초로 연금급여를 산정하는 '연결통산방식'을 선택하는 것이 일반적이다.

2. 공적연금 연계제도의 기능

(1) 연금급여의 사각지대 해소 공무원・군인・사립학교교직원연금(이하 직역연금이라 한다) 간에는 상호 간에 연계가 되어 있지만 국민연금과 직역연금 간에는 가입기간의 연계가 되어 있지 않아 각 연금의 가입기간에 따라 각각 연금을 산정하므로 어느 쪽에서도 연금을 수령하지 못하고 부득이 퇴직일시금이나 반환일시금을 수령하게 되는 공적연금의 사각지대

가 존재하였다. 예컨대 국민연금은 10년 이상, 특수직역연금은 20년 이상 가입해야 연금을 지급하기 때문에 민간기업 9년과 공무원 19년 근무 시, 총재직기간이 28년임에도 연금수급이 불가능하였다.

대체로 연간 약 8만 명 정도가 연금수급권을 확보하지 못하고 타 연금제도로 이동하는 것으로 집계되고 있는데, 이제 국민연금과 직역연금 간에도 각각의 가입기간을 통산하는 연계제도의 도입으로 이와 같은 연금급여의 사각지대를 해소하게 된 것이다.

(2) 노동시장의 유연성 및 연금지급의 보장 국민연금과 직역연금 간에 연계제도를 도입함으로써 국민연금가입자가 직역연금으로, 또는 직역연금가입자가 국민연금으로 직장을 이동하는 데 따른 연금수령에 대한 노후불안을 해소시켜 노동시장의 유연성을 확보하고 퇴직일시금이나 반환일시금 대신 연금급여를 수령하게 되어 노후생활의 안정을 확보하는 기능을 수행하게 된다.

3. 국민연금과 직역연금의 연계에 관한 법률(법률 제14214호, 시행 2016. 11.30)

1) 연계법률의 목적

「국민연금과 직역연금의 연계에 관한 법률」(이하 "연계법률"이라 한다)에서 "이 법은 국민연금의 가입기간과 공무원연금, 사립학교교직원연금, 군인연금 및 별정우체국직원연금의 재직기간·복무기간을 연계하여 연계급여를 지급함으로써 국민의 노후생활 안정과 복지증진에 이바지함을 목적으로 한다(법 제1조)"고 규정하고 있다.

2) 연계법률에서 사용하는 용어의 정의

「연금연계법률」에서 사용하는 용어의 뜻은 다음과 같다(법 제2조 제1항).

(1) "직역연금"(職域年金)이란 다음 각 목의 것을 말한다.

㈎ 「공무원연금법」에 따른 공무원연금

㈏ 「사립학교교직원연금법」에 따른 사립학교교직원연금

㈐ 「군인연금법」에 따른 군인연금

㈑ 「별정우체국법」에 따른 별정우체국직원연금

(2) 「직역연금법」이란 「공무원연금법」, 「사립학교교직원 연금법」, 「군인연금법」 및 「별정우체국법」을 말한다(제2호).

(3) 「연금법」이란 국민연금법 및 직역연금법을 말한다(제3호).

(4) '연금가입자'란 국민연금법에 따른 가입자(이하 "국민연금가입자"라 한다)와 직역연금법

에 따른 공무원, 사립학교교직원, 군인 및 별정우체국직원(이하 직역연금가입자라 한다)을 말한다(제4호).

(5) '유족'이란 연계노령유족연금의 경우에는 「국민연금법」 제73조에 따른 유족을 말하고, 연계퇴직유족연금의 경우에는 각 직역연금법(직역연금법에 따라 합산한 경우에는 연금가입자가 맨 나중에 가입한 연금에 관한 직역연금법을 말한다)에 따른 유족을 말한다(제5호).

(6) '국민연금가입기간'이란 국민연금법에 따른 가입기간 중 연계대상이 되는 제7조 제1항 제1호의 가입기간을 말한다(제6호).

(7) '직역재직기간'이란 각 직역연금법에 따른 가입자의 재직기간 또는 복무기간(직역연금법에 따라 재직기간 간에 또는 재직기간과 복무기간 간에 합산된 경우에는 연금가입자가 맨나중에 가입한 연금에 관한 직역연금법에 따른 재직기간 또는 복무기간을 말한다)을 말한다(제7호).

(8) '연계'란 연계급여를 지급받을 목적으로 국민연금가입기간과 직역재직기간이나 직역재직기간과 직역재직기간을 더하는 것을 말한다(제8호).

(9) '연계기간'이란 국민연금가입기간과 직역재직기간이나 직역재직기간과 직역재직기간을 더한 기간을 말한다(제9호).

(10) '연계급여'란 연계를 통하여 연금가입자 또는 그 유족이 제11조·제12주·제14조 또는 제15조에 따라 지급받는 급여를 말한다(제10호).

(11) '연계노령연금'이란 연계급여 중 「국민연금법」에 따른 가입기간 또는 국민연금가입기간에 대하여 지급하는 연금을 말한다(제11호).

(12) '연계퇴직연금'이란 연계급여 중 직역재직기간에 대하여 지급하는 연금을 말한다.

(13) '연계노령유족연금'이란 연계노령연금 수급권자의 사망으로 그 유족에 대하여 지급하는 연금을 말한다(제13호).

(14) '연계퇴직유족연금'이란 연계퇴직연금 수급권자의 사망으로 그 유족에 대하여 지급하는 연금을 말한다(제14호).

(15) '연금관리기관'이란 「국민연금법」에 따른 국민연금공단, 「공무원연금법」에 따른 공무원연금관리공단, 「사립학교교직원 연금법」에 따른 사립학교교직원연금관리공단, 국방부장관, 「별정우체국법」에 따른 별정우체국 연금관리단을 말한다(제15호).

제1항에서 정한 사항 외에 이 법에서 사용하는 용어의 정의는 국민연금법 및 각 직역연금법에서 정하는 바에 따른다(법 동조 제2항).

3) 연금연계법률의 적용범위

(1) 신청주의 이 법은 제8조에 따라 연계신청을 한 자의 연계급여에 대하여 적용한다(법 제3조 제1항).

(2) 제외자 제8조에 따라 연계신청을 한 자가 국민연금법에 따른 노령연금수급권자이고 직역연금법에 따른 퇴직·퇴역연금 수급권자가 된 경우에는 각 연금법을 적용한다(법 동조 제2항).

(3) 각 연금법의 적용 연계급여에 대하여 이 법에서 정하고 있거나 이 법을 따르도록 한 사항을 제외하고는 각 연금법에 따른다(법 동조 제3항). 여기서 '연계급여'란 연계를 통하여 연금가입자 또는 유족이 제11조·제12조·제14조 또는 제15조에 따라 지급받는 급여를 말한다(법 제2조 제10호).

4) 연계신청시기

(1) 급여수급권 상실 전 신청 국민연금가입기간과 직역재직기간을 연계하려는 연금가입자(연금가입자였던 자를 포함한다)는 다음 각 호의 어느 하나에 해당하면 보건복지부령으로 정하는 바에 따라 각 연금법에 따른 급여수급권이 없어지기 전에 연금관리기관(본인이 가입하였던 연금을 관리하는 연금관리기관을 말한다)에 연계를 신청하여야 한다(법 제8조 제1항).

① 직역연금가입자가 된 때

② 직역연금가입자가 퇴직한 때(직역연금법에 따른 퇴직급여 또는 군인연금법 제6조 제1호부터 제4호까지의 급여를 지급받지 아니한 경우에 한정된다)

(2) 국민연금 가입자의 연계신청 시기 국민연금 가입기간이 9년 이내이고 직역연금 재직기간이 19년이 된 자는 60세를 넘게 되더라도 재직 중 60세가 된 때 연계신청을 하여야 한다. 또한 직역연금 재직기간 20년을 넘기고 퇴직한 경우에는 국민연금의 사업장가입자 또는 지역가입자가 될 수 없지만(국민연금법 제8조, 제9조 참조) 60세 이전에는 국민연금에 임의가입자가 될 수 있으므로 연계를 신청할 수 있다.

(3) 퇴직급여 수령자의 연계신청

① 연계신청시기 제8조 제1항에도 불구하고 직역연금가입자이었던 자가 직역연금법에 따른 퇴직급여 또는 군인연금법 제6조 제1호 부터 제4호까지의 급여를 지급받은 경우에는 지급받은 퇴직급여 또는 「군인연금법」 제6조 제1호부터 제4호까지의 급여(연금인 급여는 제외한다)를 제1항의 연금관리기관에 반납하고 연계신청을 할 수 있다(법 제8조 제2항).

② 연계신청의 취하 제1항에 따라 연계신청을 한 자가 제2항에 따라 반납할 금액

(이하 "반납금"이라 한다) 의 전부 또는 일부를 6개월 이상 내지 아니한 경우에는 제1항에 따른 연계신청을 취하한 것으로 본다. 이 경우 해당 연금관리기관은 반납금을 내지 아니한 사실과 연계 신청이 취하된다는 사실을 그 취하일 30일 전까지 신청인에게 알려야 한다(법 동조 제4항). 해당 연금관리기관은 제4항에 따라 연계신청이 취하된 경우에는 납부된 반납금을 즉시 신청인에게 반환하여야 한다(법 동조 제5항).

③ 재직기간 합산 시 종전 연계의 취소　　제8조 제1항 또는 제2항에 따라 국민연금가입기간과 직역재직기간의 연계를 신청한 연금가입자(연금가입자였던 자를 포함한다)가 다시 직역연금에 가입하여 직역연금법에 따라 직역재직기간의 합산이 인정된 경우에는 종전의 국민연금가입기간과 직역재직기간의 연계는 취소된 것으로 본다(법 8조의2).

5) 연계신청대상자

(1) 시기별 요건

① 원칙　　법 제8조에 의한 신청자는 이 법 시행일(2009.8.7) 이후 최초로 국민연금과 직역연금 간 또는 직역연금 상호 간에 이동한 경우부터 신청자격을 가지게 된다(부칙 제2조 제1항).

② 예외　　제1항에도 불구하고 다음 각 호의 어느 하나에 해당하는 경우에는 이 법에 따라 연계 신청을 할 수 있다(부칙 동조 제2항).

1. 국민연금가입자이었던 자가 법률 제8541호 국민연금법 전부개정법률의 시행일인 2007년 7월 23일 이후 직역연금으로 이동한 경우
2. 이 법 공포일 당시 각 연금법에 따라 연금에 가입되어 있거나 해당 연금법을 적용받는 기관에 재직·복무 중인 자(이 법 공포일 이후 신규로 가입하거나 재가입한 자를 포함한다)가 공포일 이후에 다른 직역연금이나 국민연금으로 이동한 경우

위의 원칙과 예외 조항의 내용을 알기 쉽게 정리하면 다음과 같다.

구분		적용일(기간)	비고
원칙 (부칙 2조 1항)	연계법 시행 후 타연금으로 이동한 경우	2009. 8. 7. 이후	2009. 8. 7. 이후 기가입된 연금기관에서 타 연금기관으로 이동한 경우
예외 (부칙 2조 2항)	국민연금 → 직역연금으로 이동한 경우	2007. 7.23~ 2009. 8. 6.	국민연금 가입자였던 자(반환일시금을 수령하지 않은 경우에 한함)가 적용기간 중에 직역연금으로 이동한 경우
	직역연금 → 다른 직역연금이나 국민연금으로 이동한 경우	2009. 2. 7~ 2009. 8. 6.	적용기간이나 그 이전에 직역연금 가입자(재가입자 포함)가 같은 기간 중에 타 직역연금이나 국민연금으로 이동한 경우

(2) 연계기간별 요건

① 연금수급요건 미달자 국민연금법과 직역연금법에 의한 각각의 수급요건을 모두 충족하지 못한 경우에 신청자격을 가지게 된다(법 제8조의 반대해석). 예컨대 국민연금 가입기간이 10년 이상이고 직역연금 재직기간이 20년 이상이면 각각의 연금법에 따른 연금수급권을 가지게 되므로 연금급여를 보장해 주려는 연금연계법에 의한 혜택이 필요 없기 때문에 연계 신청자격이 없게 된다.

② 연계기간별 신청자격 각각의 연금가입기간에 따른 신청자격요건을 도시하여 정리하면 다음과 같다.

연계기간		연계법률에 의한 연금급여 지급대상 여부
국민연금 가입기간	직역연금 재직기간	
10년 미만	20년 미만	○
10년 미만	20년 이상	○
10년 이상	20년 미만	○
10년 이상	20년 이상	×(각 연금법의 적용)

6) 연계대상기간 및 중복조정

(1) 연계대상기간 연계신청 시 연계대상기간은 다음 각 호의 기간으로 한다(법 제7조 제1항).

1. 「국민연금법」에 따른 가입기간(다만, 같은 법 제13조·제18조 및 제19조에 따른 가입기간을 제외한다).
2. 「공무원연금법」 제23조에 따른 재직기간
3. 「사립학교교직원연금법」 제31조에 따른 재직기간
4. 「군인연금법」 제16조에 따른 복무기간
5. 「별정우체국법」 제34조에 따른 재직기간

(2) 중복기간의 계산 제1항에도 불구하고 연계기간을 산정할 때 제1항 각 호의 기간 중에 서로 중복되는 기간이 있는 경우에는 그 중복된 기간은 연계기간에서 제외된다.

다만, 연계노령연금액과 연계퇴직연금액을 산정할 때 중복하여 보험료를 납부한 경우에는 그 중복된 기간을 제11조 제2호 나목에 따른 국민연금가입기간과 제12조 제2항 각 호에 따른 직역 재직기간에 포함한다(법 동조 제2항).

(3) 사립학교교직원의 중복재직기간 계산 법률 제3684호 사립학교교원연금법 중 개

정법률 부칙 제2조, 법률 제7536호 사립학교교직원연금법 일부개정법률 부칙 제3항 및 법률 제7889호 사립학교교직원 연금법 일부개정법률 부칙 제2항 및 제3항에 따라 이 법 시행 전에 가입기간을 사립학교교직원 연금법의 재직기간에 소급통산한 경우 해당 가입기간 중 중복되는 기간은 연계기간에서 제외한다(법 동조 제3항).

(4) 별정우체국 직원의 중복재직기간 「별정우체국법」 제34조 제2항에 따라 직역연금법에 따른 재직기간과 복무기간을 같은 법 제34조 제1항에 따른 재직기간에 합산한 경우 그 합산된 기간 중 중복되는 기간은 연계기간에서 제외한다(법 동조 제4항).

7) 연계급여의 종류 및 지급

(1) 연계급여의 종류 연계급여의 종류는 연계노령연금, 연계퇴직연금, 연계노령유족연금, 연계퇴직유족연금 등 4종류이다(법 제9조).

(2) 급여의 지급요건 및 지급액 연계연금의 종류에 따른 지급요건 및 지급액의 산정방법을 요약·정리하면 다음과 같다.

〈 연계연금의 지급요건과 지급액 〉

<table>
<tr><th colspan="2">구 분</th><th colspan="2">지급요건</th><th>지급액의 산정방법</th></tr>
<tr><td rowspan="4">연계연금</td><td rowspan="2">연계
노령연금</td><td>국민연금가입기간
10년 이상</td><td rowspan="4">• 연계기간이 20년 이상이고 65세(2012년까지는 60세)에 도달(제10조 제1항)
• 65세(2012년까지는 60세) 이상 되고 연계기간이 20년이 된 경우(제10조 제2항)
단, 65세(2012년까지 60세) 이상의 연계신청자가 국민연금법에 따른 반납금 또는 추납보험료를 내어야 함(제10조 제2항 전단)</td><td>국민연금법에 의한 노령연금액
(제11조 제1호)</td></tr>
<tr><td>국민연금가입기간
10년 미만</td><td>국민연금법의 기본연금액×가입기간/20
(제11조 제2호)
(가입기간이 1년 미만 월수는 12분의 1년으로 계산)</td></tr>
<tr><td rowspan="2">연계
퇴직연금</td><td>직역연금법에 따라 퇴직연금 및 퇴역연금의 수급권이 발생한 경우
(제12조 제1항)</td><td>해당 직역연금법에 따른 퇴직(역)연금액(제12조 제1항)</td></tr>
<tr><td>제1항에 해당하지 아니하는 경우(제12조 제2항)</td><td>연계퇴직연금의 수급권이 발생할 당시의 해당 직역연금법에서 정하고 있는 퇴직·퇴역연금액의 산정방식에 수급권자의 직역재직기간을 반영하여 산정된 금액(제12조 제2항)</td></tr>
<tr><td>연계유족
연금</td><td>연계노령
유족연금</td><td colspan="2">제11조 제1호에 따른 연계노령연금수급권자가 사망한 경우(제13조, 제14조 제1호)</td><td>국민연금법에 따른 유족연금액(제14조 제1호)
(국민연금법 제74조 참조)
가입기간 10년 이상 20년 미만 : 기본연금액의 50%+부양가족연금액
가입기간 20년 이상 : 기본연금액의 60%+부양가족연금액</td></tr>
</table>

구 분		지급요건	지급액의 산정방법
		제11조 제2호에 따른 연계노령연금수급권자(국민연금 가입기간이 10년 미만인 자)가 사망한 경우(제13조, 제14조 제2호)	가목에 따른 금액에 나목에 따른 비율을 곱한 금액(제14조 제2호) 가. 국민연금가입기간(1년 미만인 월수는 매 1개월을 12분의 1년으로 계산한다)에 해당하는 「국민연금법」 제74조에 따른 유족연금액 중 같은 법에 따른 부양가족연금액을 제외한 금액 나. 국민연금가입기간(「국민연금법」 제13조에 따른 임의계속가입자로 가입한 기간을 포함하되, 1년 미만인 월수는 매 1개월을 12분의 1년으로 계산한다)을 10으로 나눈 비율
	연계퇴직 유족연금	연계퇴직연금수급권자가 사망한 경우(제13조)	12조에 따른 연계퇴직연금액×해당 직역연금법에 따른 유족연금액의 산정비율(제15조)

(3) 지급연령의 상향조정 국민연금법에서 연금의 지급연령을 점진적으로 상향 조정하고 있는 것에 맞추어 「연금연계법」에서도 연계연금의 지급연령을 2012년까지는 60세로 하지만 이 후에는 지급연령을 점진적으로 높여서 2033년 이후에는 65세가 되도록 다음과 같이 규정하고 있다(부칙 제3조 본문).

적용연도(년)	연령(출생연도)
~2012	60세(~1952)
2013~2017	61세(1953~1956)
2018~2022	62세(1957~1960)
2023~2027	63세(1961~1964)
2028~2032	64세(1965~1968)
2033년 이후	65세(1969년 이후)

다만, 각 직역연금법에 따른 퇴직연금의 수급이 시작되는 연령 또는 그 시점이 되는 연령(이하 "퇴직연금수급연령"이라 한다)이 본문에 규정된 수급연령보다 높게 규정되어 있는 경우 연계퇴직연금의 신청 및 지급 연령은 해당 직역연금법의 퇴직연금수급연령에 이른 때에 생기고, 연계급여의 최초 지급 시기는 본문에 규정된 연령을 넘어 연계기간이 20년이 된 자가 해당 직역연금법의 퇴직연금수급연령에 이른 날에 속하는 다음 달(연계퇴직연금에 한정한다)부터 지급한다(부칙 제3조 단서).

8) 연계급여의 지급청구와 지급시기

(1) 지급청구 이 법에 따른 연계급여를 지급받을 권리가 있는 자는 보건복지부령으로 정하는 바에 따라 연금관리기관(본인이 가입하였던 연금을 관리하는 연금관리기관을 말한다)에 해

당 연계급여의 지급을 청구하여야 한다. 이 경우 그 연금관리기관은 해당 연계급여와 관련된 다른 연금관리기관에 그 청구 사실을 알려야 한다(법 제16조 제1항).

제1항에 따라 청구 또는 통보받은 연금관리기관은 각 연금법에 따른 급여 수급권과 이 법에 따른 연계급여 수급권이 있는지 여부를 확인하여 관련 연계급여를 지급하여야 한다(법 동조 제2항).

(2) 급여지급시기 및 지급기간

① **연계노령(퇴직)연금** 연계급여는 다음 각 호의 어느 하나의 사유가 있는 날이 속하는 달의 다음 달부터 연계급여 수급권이 없어진 날이 속하는 달까지 지급한다(법 제16조 제3항).

1. 연계기간이 20년 이상인 자가 65세가 된 날
2. 65세 이상인 자가 연계기간이 20년이 된 날
3. 국민연금법 제78조 제1항에 따른 반납금을 내거나 같은 법 제92조 제1항에 따른 추납보험료를 내어 제1호 또는 제2호에 해당하게 된 날
4. 연계노령연금수급권자 또는 연계퇴직연금수급권자가 사망한 날

② **연계노령(퇴직)유족연금** 연계노령연금 또는 연계퇴직연금의 수급권자가 사망한 경우 그 수급권자에게 지급하여야 할 연계급여로서 아직 지급되지 아니한 것이 있으면 그 유족에게 지급한다(법 제17조).

여기서 '유족'이란 연계노령유족연금의 경우에는 국민연금법 제73조에 따른 유족을 말하고, 연계퇴직유족연금의 경우에는 각 직역연금법(직역연금법에 따라 합산한 경우에는 연금가입자가 맨 나중에 가입한 연금에 관한 직역연금법을 말한다)에 따른 유족을 말한다(법 제2조 제1항 제5호).

9) 소멸시효기간

연금연계법에 따라 연계급여를 받을 권리(연계급여 수급권)는 5년간, 제20조에 따라 환수금을 징수할 권리는 3년간 행사하지 아니할 때에는 시효로 인하여 소멸한다(법 제25조).

10) 권리구제제도(심사청구 및 재심사청구)

이 법에 따른 연계급여의 지급 등과 관련하여 이의가 있는 자는 각 연금법에서 정한 절차에 따라 해당 연계급여에 대한 심사청구를 할 수 있다(법 제23조 제1항). 「연금연계법」에 따라 각 연금관리기관의 연금가입 또는 가입자였던 자가 연계의 신청, 연계급여의 불승인 또는 부지급, 연계급여의 제한 등의 처분을 받은 경우에 이에 대한 이의신청을 제기하여 심사를 받고자 하는 소원적 성격의 권리구제는 각 연금법에 따르도록 규정한 것이다.

제1항에 따른 심사청구에 불복하는 자는 각 연금법에서 정한 절차에 따라 재심사청구를 제기할 수 있다(법 동조 제2항).

제8장 국민건강보험법

〈시행 2018.7.1 법률 제15348호〉

제1절 의의와 특성

1. 국민건강보험법의 의의

1) 개 념

'국민건강보험'은 일상생활상의 질병・부상에 대한 예방・진단・치료・재활을 기하고, 출산・사망 및 건강증진을 위하여 과다한 의료비를 부담하게 되는 개별 가계의 경제적 어려움을 덜어 주는 의료보장제도이며, 사회보험원리를 통하여 보험가입자로부터 소득과 재산에 따라 부과・징수하는 보험료를 재원으로 하여 보험급여를 실시함으로써 국민건강의 증진과 동시에 국민 생활의 안정을 도모하려는 사회복지제도이다.

국민건강보험법은 이러한 국민건강보험과 관련된 제도의 시행에 관한 법이라 할 수 있다. 이에 비하여 「의료급여법」에 의한 '의료보호제도'는 공공부조의 일종으로 소득이 단절되거나 낮아서 정기적으로 보험료를 부담할 수 없는 저소득계층이나 국가나 사회에 특별히 헌신적으로 봉사한 자 등에 대하여 국가나 지방자치단체의 부담으로 의료급여를 제공하는 사회복지제도라는 점에서 전술한 국민건강보험제도와 다르다.

2) 국민건강보험법의 제정

국민건강보험법의 전신인 「의료보험법」은 1963년 12월 16일 법률 제1623호로 제정・공포되었다. 그러나 제3공화국의 사회적 상황과 경제적 여건의 미비상태에서 군사정권에 대한 국민적인 지지를 확보하려는 정치적 계산에서 동법이 제정되었기 때문에 입법은 되었지만 실효성이 없는 유명무실한 것이 되었다.

1970년대 이후 경제성장 위주의 국가정책의 부작용으로 생긴 빈부의 격차를 해소하고 사회적 통합을 기한다는 취지에서 1976년 12월 22일 의료보험법을 대폭 개정하여 1977년 7월 1일부터 생활보호대상자에게 의료보호사업을 실시하게 되었다. 또한 근로자 500인 이상 사업장을 상대로 의료보험이 강제 적용되게 하여 임금소득계층 부터 점진적으로 의료보험이 확대 시행되도록 하였다

그 후 1979년 1월에는 공무원 및 사립학교 교직원 의료보험을 실시하고, 동년 7월에는 300인 이상 사업장까지, 1988년 7월에는 5인 이상 사업장까지 의료보험을 확대 시행하였으며, 1987년 2월에는 한방의료보험을 전국적으로 실시하였다.

한편 1988년 1월에는 농어촌지역 의료보험이 실시되고 1989년 7월에는 도시지역 자영업자까지 의료보험이 확대실시됨으로써 의료보험 시행 후 약 13년 만에 전 국민 의료보험시대를 맞게 되었다. 또한 1989년 10월에는 약국 의료보험(의약분업제)도 시행하게 되었다.

그러나 전 국민 의료보험제도의 시행과정에서 조합 위주의 의료보험제도로 인한 국민계층 간의 갈등, 의료보험의 행·재정적 방만 및 낭비와 다양한 의료서비스 급여 제공의 미흡 등 많은 문제가 야기되자 1997년 12월에 「국민의료보험법」을 제정하여 지역의료보험조합과 공무원 및 교직원 의료보험조합을 통합하였다.

그런데 종래 의료보험이 단순히 상병에 대한 치료 및 의료서비스 급여를 주된 내용으로 할 뿐이므로, 건강진단과 재활 및 예방까지 포괄하는 적극적인 의료서비스까지 확대시키기 위하여 1999년 2월 8일 법률 제5854호로 「국민건강보험법」이 제정·공포되고, 2000년 1월 1일부터 '국민건강보험제도'를 시행하게 되었다.

2. 국민건강보험법의 목적과 기능

(1) 목 적 국민건강보험법의 목적은 제1조에서 "이 법은 국민의 질병·부상에 대한 예방·진단·치료·재활과 출산·사망 및 건강증진에 대하여 보험급여를 실시함으로써 국민보건 향상과 사회보장 증진에 이바지함을 목적으로 한다"라고 규정하고 있다.

(2) 기 능 국민건강보험법은 국민의 기초적 욕구인 건강욕구를 해결하기 위한 사회보장제도의 기능을 수행하려는 목적에서 구체적으로는 다음과 같은 기능적 특성을 가진다고 볼 수 있다.

첫째, 국가의 적극적인 개입으로 국민의 의료문제의 해결과 동시에 개별 가계의 '생활안정'을 도모한다.

둘째, 보험원리에 의하여 국민 각자의 소득과 능력에 따라 보험료를 차등 부과·징수하지만, 이러한 개별 부담과는 상관없이 피보험대상자의 질병·부상에 따라 '균등한 급여'를 실시함으로써 가계의 경제적 부담을 경감시켜주는 '소득재분배의 기능'을 수행한다.

셋째, 전 국민을 대상으로 하는 사회보험 방식을 채택하여 국민 각자의 개별적 위험을 사회연대성의 원리에 따라 모든 국민에게 분산시킴으로써 공동체적인 사회통합을 이루는 기

능을 수행한다.

과거의 의료보험법(1963.12.16. 제정 법률 제1623호)이 제한된 일부 대상자에게 단순히 상병치료를 위한 비용 및 의료서비스 제공을 주된 내용으로 하였지만, 국민건강보험법(1999.2.8. 제정 법률 제5854호)은 모든 국민의 질병 진료 및 치료비 외에도 질병예방을 위한 건강진단 및 재활과 건강증진을 위한 예방 사업까지도 포함하는 내용을 담고 있다는 점에서 다르다고 할 수 있다.

또한 의료급여법(법률 제6474호, 2001.10.1부터 시행)은 생활이 어려운 자 특히 저소득층이나 국가·사회에 헌신적으로 봉사한 자 등에 대하여 무료 또는 실비의 의료급여를 실시하는 공공부조제도에 속하는 점에서 국민건강보험법과 구별된다.

3. 국민건강보험법의 특성

(1) 법률에 의한 강제가입 국민건강보험은 일반 사보험이 아니라 사회보험원리가 적용되는 강제보험이므로 본인의 의사와는 상관없이 일정한 법정요건에 해당되면 적용이 강제되는 공적보험이다. 이와 같이 국민건강보험의 강제성은 사회생활상의 질병·부상에 대한 국민 각자의 개별적 위험을 분산시켜 개인적인 의료비를 공동체적으로 해결하려는 건강보험제도의 원활한 운영을 위해서는 불가피하다고 할 것이다.

(2) 보험료의 차등부과 사회보험에서는 위험의 정도, 급여의 형태, 계약내용 등에 따라 부담하는 보험료가 개인별로 차이가 있는 것이 당연하다. 그러나 사회보험의 일종인 건강보험은 공보험으로서 가입이 강제되므로 보험료의 부담이 균일해야 하지만, 사회적인 연대원리에 의하여 국민각자의 의료비 문제를 국가적인 입장에서 해결하려는 것이므로 소득수준이나 재산 등의 부담능력에 따라 보험료를 차등부과하여 징수하는 특성을 가진다.

(3) 보험급여의 균등성 사(적)보험은 개인별로 체결된 보험계약 내용에 따라 보험급여를 차등적으로 받지만, 공(적)보험인 건강보험에서는 보험료의 차등부담과는 상관없이 법령에 따라 균등한 보험급여를 받는다.

(4) 보험료의 강제부과 및 징수권 법정요건에 해당되면 보험가입이 강제되는 건강보험제도의 실효성을 확보하기 위하여 피보험자는 보험료의 납부의무를 부담하고, 보험자는 보험료의 강제 징수권을 가진다.

(5) 단기보험 연금보험이나 퇴직보험과는 달리 회계연도를 1년 단위로 하여 수입과 지출의 균형을 유지하려는 것이 건강보험제도이므로 보험료의 납부기간과는 상관없이 보험급여의 지급기간이 단기라는 특성을 가진다.

제2절 적용대상(적용범위)

1. 국민건강보험법의 적용

1) 국민(내국인)

(1) 원 칙 국내에 거주하는 국민은 국민건강보험의 가입자(이하 "가입자"라 한다) 또는 피부양자가 된다(법 제5조 제1항 본문). 이 조항은 모든 국민을 적용대상으로 하는 보편주의를 천명하고 있다.

(2) 적용 제외자 다만, 다음 각 호의 어느 하나에 해당하는 사람은 제외한다(법 제5조 제1항 단서).

① 「의료급여법」에 따라 의료급여를 받는 사람(이하 "수급권자"라 한다)

② 「독립유공자예우에 관한 법률」 및 「국가 유공자 등 예우 및 지원에 관한 법률」에 따라 의료보호를 받는 사람(이하 "유공자 등 의료보호대상자"라 한다). 다만, 다음 각목의 어느 하나에 해당하는 사람은 가입자 또는 피부양자가 된다.

가. 유공자 등 의료보호대상자 중 건강보험의 적용을 보험자에게 신청한 사람

나. 건강보험을 적용받고 있던 사람이 유공자 등 의료보호대상자로 되었으나 보험자에게 건강보험의 적용배제신청을 보험자에게 하지 아니한 사람

제1항의 피부양자는 다음 각 호의 어느 하나에 해당하는 사람 중 직장가입자에게 주로 생계를 의존하는 사람으로서 소득 및 재산이 보건복지부령으로 정하는 기준 이하에 해당하는 사람을 말한다(법 제5조 제2항).

① 직장가입자의 배우자

② 직장가입자의 직계존속(배우자의 직계존속을 포함한다)

③ 직장가입자의 직계비속(배우자의 직계비속을 포함한다)과 그 배우자

④ 직장가입자의 형제・자매

이와 같은 피부양자 자격의 인정기준, 취득・상실시기 및 그 밖에 필요한 사항은 보건복지부령으로 정한다(동법 제5조 제3항). 법 제5조 제2항에 따른 피부양자 자격의 인정기준은 [별표 1]과 [별표 1의2]와 같다(시행규칙 제2조 제1항 참조).

2) 외국인

(1) 외국정부의 근로자 정부는 외국정부가 사용자인 사업장의 근로자에 대한 건강보

험에 관하여는 외국정부와 한 합의에 따라 이를 따로 정할 수 있다(법 제109조 제1항). 따라서 원칙적으로는 적용제외 대상자이지만 외국정부와의 합의에 따라 국민건강보험법의 적용대상이 될 수 있다.

(2) 국내체류자 국내에 체류하는 재외국민 또는 외국인(이하 "국내체류 외국인 등"이라 한다)이 적용대상사업장의 근로자, 공무원 또는 교직원이고 제6조 제2항 각 호의 어느 하나에 해당하지 아니하면서 다음 각 호의 어느 하나에 해당하는 경우에는 제5조에도 불구하고 직장가입자가 된다(법 제109조 제2항).

① 「주민등록법」 제6조 제1항 제3호에 따라 등록한 사람

② 「재외동포의 출입국과 법적 지위에 관한 법률」 제6조에 따라 국내거소신고를 한 사람

③ 「출입국관리법」 제31조에 따라 외국인등록을 한 사람

제2항에 따른 직장가입자에 해당하지 아니하는 국내체류 외국인 등이 다음 각 호의 요건을 모두 갖춘 경우에는 제5조에도 불구하고 공단에 신청하면 지역가입자가 될 수 있다(법 제109조 제3항).

① 보건복지부령으로 정하는 기간 동안 국내에 거주하였거나 해당 기간 동안 국내에 지속적으로 거주할 것으로 예상할 수 있는 사유로서 보건복지부령으로 정하는 사유에 해당될 것.

② 다음 각 목의 어느 하나에 해당할 것

가. 제2항 제1호 또는 제2호에 해당하는 사람

나. 「출입국관리법」 제31조에 따라 외국인등록을 한 사람으로서 보건복지부령으로 정하는 체류자격이 있는 사람

제2항 각 호의 어느 하나에 해당하는 국내체류 외국인 등이 다음 각 호의 요건을 모두 갖춘 경우에는 제5조에도 불구하고 공단에 신청하면 피부양자가 될 수 있다(법 제109조 제4항).

① 직장가입자와의 관계가 제5조 제2항 각 호의 어느 하나에 해당할 것

② 제5조 제3항에 따른 피부양자 자격의 인정 기준에 해당할 것

(3) 제외자 제2항부터 제4항까지의 규정에도 불구하고 다음 각 호에 해당되는 경우에는 가입자 및 피부양자가 될 수 없다(법 제109조 제5항).

① 국내체류가 법률에 위반되는 경우로서 대통령령으로 정하는 사유가 있는 경우

② 제2항에 해당되는 사람으로서 국내에 근무하는 기간 동안 외국의 법령, 외국의 보험 또는 사용자와의 계약 등에 따라 제41조에 따른 요양급여에 상당하는 의료 보장을 받을 수 있어 사용자가 보건복지부령으로 정하는 바에 따라 가입 제외를 신청한 경우

(4) 특별규정 제2항부터 제5항까지의 규정에서 정한 사항 외에 국내체류 외국인 등의 가입자 또는 피부양자 자격의 취득 및 상실에 관한 시기·절차 등에 필요한 사항은 제5조부터 제11조까지의 규정을 준용한다. 다만, 국내체류 외국인 등의 특성을 고려하여 특별히 규정해야 할 사항은 대통령령으로 다르게 정할 수 있다(법 제109조 제6항).

2. 가입자의 종류

건강보험의 가입자는 직장가입자 및 지역가입자로 구분한다(법 제6조 제1항).

1) 직장가입자

모든 사업장의 근로자 및 사용자와 공무원 및 교직원은 직장가입자가 된다(법 제6조 제2항 본문). '사업장'이란 사업소나 사무소를 말한다(법 제3조 제3호).

(1) 근로자 및 사용자 '근로자'란 직업의 종류와 관계없이 근로의 대가로 보수를 받아 생활하는 사람(법인의 이사와 그 밖의 임원을 포함한다)으로서 공무원 및 교직원을 제외한 사람을 말한다(법 제3조 제1호),

'사용자'란 다음 각 목의 어느 하나에 해당하는 자를 말한다(법 제3조 제2호).

① 근로자가 소속되어 있는 사업장의 사업주
② 공무원이 소속되어 있는 기관의 장으로서 대통령령으로 정하는 사람
③ 교직원이 소속되어 있는 사립학교(「사립학교교직원 연금법」 제3조에 규정된 사립학교를 말한다. 이하 이 조에서 같다)를 설립·운영하는 자

(2) 공무원 및 교직원 '공무원'이란 국가 또는 지방자치단체에서 상시 공무에 종사하는 사람을 말하고, '교직원'이란 사립학교나 사립학교의 경영기관에서 근무하는 교원과 직원을 말한다(법 제3조 제4·5호).

(3) 제외자 다만, 다음 각 호의 어느 하나에 해당하는 사람은 직장가입자의 대상에서 제외된다(법 제6조 제2항 단서 제1호~제4호).

① 고용기간이 1개월 미만인 일용 근로자
② 「병역법」에 따른 현역병(지원에 의하지 아니하고 임용된 하사를 포함한다), 전환복무된 사람 및 군간부후보생
③ 선거에 당선되어 취임하는 공무원으로서 매월 보수 또는 이에 준하는 급료를 받지 아니하는 사람
④ 그 밖에 사업장의 특성, 고용형태 및 사업의 종류 등을 고려하여 대통령령으로 정

하는 사업장의 근로자 및 사용자와 공무원 및 교직원

위 제2항 제4호에 따른 근로자 및 사용자는 대통령령으로 정하는 절차에 따라 직장가입자가 되거나 탈퇴할 수 있다(법 제6조 제4항).

(4) 사업장의 신고의무 사업장의 사용자는 다음 각 호의 어느 하나에 해당하게 되면 그 때부터 14일 이내에 보건복지부령으로 정하는 바에 따라 보험자에게 신고하여야 한다. 제1호에 해당되어 보험자에게 신고한 내용이 변경된 경우에도 또한 같다(법 제7조).

① 제6조 제2항에 따라 직장가입자가 되는 근로자·공무원 및 교직원을 사용하는 사업장(이하 "적용대상사업장"이라 한다)이 된 경우

② 휴업·폐업 등 보건복지부령으로 정하는 사유가 발생한 경우

2) 지역가입자

지역가입자는 직장가입자와 그 피부양자를 제외한 가입자를 말한다(법 제6조 제3항). 직장가입자의 대상에서 제외되는 자(법 제6조 제2항 단서, 시행령 제9조 참조)도 지역가입자가 된다.

3) 실업자에 대한 특례

(1) 자격유지신청 사용관계가 끝난 직장가입자 중 보건복지부령으로 정하는 사람은 지역가입자가 된 이후 최초로 제79조에 따라 지역가입자 보험료를 고지받은 날부터 그 납부기한에서 2개월이 지나기 이전까지 공단에 직장가입자로서의 자격을 유지할 것을 신청할 수 있다(법 제110조 제1항).

제1항 본문에서 '보건복지부령으로 정하는 사람'이란 사용관계가 종료되어 지역가입자로 자격이 변경된 사람으로서 실업 전 해당 사업장에서 1년 이상 계속하여 직장가입자의 자격을 유지한 사람을 말한다(시행규칙 제62조).

이와 같이 직장인이 사직 또는 퇴직 등으로 사용관계가 종료된 경우에는 지역가입자가 되는데, 지역가입자의 보험료는 보유한 재산을 기준으로 부과하기 때문에 실업 전 직장가입자의 보험료보다 월등하게 높아질 수 있으므로 이를 완화시키려는 취지에서 실업된 날부터 2년간 본인의 가입신청에 따라 임의계속가입자로서의 자격을 유지시켜 보험료 부담의 형평성을 기하려는 것이다.

(2) 임의계속가입자의 자격요건 제1항에 따라 공단에 신청한 가입자(이하 "임의계속가입자"라 한다)는 법 제9조에도 불구하고 대통령령으로 정하는 기간 동안 직장가입자의 자격을 유지한다. 다만, 제1항에 따른 신청 후 최초로 내야 할 직장가입자 보험료를 그 납부기한부터 2개월이 지난 날까지 내지 아니한 경우에는 그 자격을 유지할 수 없다(법 제110조 제2항).

제2항 본문에서 '대통령령으로 정하는 기간'이란 사용관계가 끝난 날의 다음 날부터 기산(起算)하여 24개월이 되는 날까지의 기간을 말한다(시행령 제77조).

(3) 보험료 산정 및 보험료부담자 임의계속가입자의 보수월액은 제70조에도 불구하고 사용관계가 끝난 날이 속하는 달을 제외한 직전 3개월 간의 보수월액을 평균한 금액으로 한다(법 제110조 제3항). 임의계속가입자의 보험료는 보건복지부장관이 정하여 고시하는 바에 따라 그 일부를 경감할 수 있다(법 제110조 제4항). 임의계속가입자의 보수월액보험료는 제76조 제1항 및 제77조 제1항 제1호에도 불구하고 그 임의계속가입자가 전액을 부담하고 납부한다(법 동조 제5항).

(4) 급여제한과 보험료의제 임의계속가입자가 보험료를 납부기한까지 내지 아니하는 경우 그 급여제한에 관하여는 제53조 제3항·제5항 및 제6항을 준용한다. 이 경우 "제69조 제5항에 따른 세대단위의 보험료"는 "제110조 제5항에 따른 보험료"로 본다(법 동조 제6항).

3. 가입자 자격의 취득과 상실

(1) 자격취득의 시기 가입자는 국내에 거주하게 된 날에 직장가입자 또는 지역가입자의 자격을 얻는다. 다만, 다음 각 호의 어느 하나에 해당하는 사람은 그 해당되는 날에 각각 자격을 얻는다(법 제8조 제1항 제1호~제4호).

① 수급권자이었던 사람은 그 대상자에서 제외된 날
② 직장가입자의 피부양자이었던 사람은 그 자격을 잃은 날
③ 유공자등 의료보호대상자이었던 사람은 그 대상자에서 제외된 날
④ 법 제5조 제1항 제2호 가목에 따라 보험자에게 건강보험의 적용을 신청한 유공자등 의료보호대상자는 그 신청한 날

제1항에 따라 자격을 얻은 경우 그 직장가입자의 사용자 및 지역가입자의 세대주는 그 명세를 보건복지부령으로 정하는 바에 따라 자격을 취득한 날부터 14일 이내에 보험자에게 신고하여야 한다(법 제8조 제2항).

(2) 자격의 변동과 신고 가입자는 다음 각 호의 어느 하나에 해당하게 된 날에 그 자격이 변동된다(법 제9조 제1항).

① 지역가입자가 적용대상사업장의 사용자로 되거나, 근로자·공무원 또는 교직원(이하 "근로자 등"이라 한다)으로 사용된 날
② 직장가입자가 다른 적용대상사업장의 사용자로 되거나 근로자 등으로 사용된 날
③ 직장가입자인 근로자 등이 그 사용관계가 끝난 날의 다음 날

④ 적용대상사업장에 제7조 제2호에 따른 사유가 발생한 날의 다음 날
⑤ 지역가입자가 다른 세대로 전입한 날

제1항에 따라 자격이 변동된 경우 직장가입자의 사용자와 세대주는 다음 각 호의 구분에 따라 각각 그 명세를 보건복지부령으로 정하는 바에 따라 자격이 변동된 날부터 14일 이내에 보험자에게 신고하여야 한다(법 동조 제2항).

① 제1항 제1호 및 제2호에 따라 자격이 변동된 경우 : 직장가입자의 사용자
② 제1항 제3호부터 제5호까지의 규정에 따라 자격이 변동된 경우 : 지역가입자의 세대주

법무부장관 및 국방부장관은 직장가입자나 지역가입자가 제54조 제3호 또는 제4호에 해당하면 보건복지부령으로 정하는 바에 따라 그 사유에 해당된 날부터 1개월 이내에 보험자에게 알려야 한다(법 동조 제3항).

(3) 자격의 상실 시기 가입자는 다음 각 호의 어느 하나에 해당하게 된 날에 그 자격을 잃는다(법 제10조 제1항 제1호~제6호).

① 사망한 날의 다음 날
② 국적을 잃은 날의 다음 날
③ 국내에 거주하지 아니하게 된 날의 다음 날
④ 직장가입자의 피부양자가 된 날
⑤ 수급권자가 된 날
⑥ 건강보험을 적용 받고 있던 사람이 유공자 등 의료보호대상자가 되어 건강보험의 적용배제신청을 한 날

제1항에 따라 자격을 잃은 경우 직장가입자의 사용자와 지역가입자의 세대주는 그 명세를 보건복지부령으로 정하는 바에 따라 자격을 잃은 날부터 14일 이내에 보험자에게 신고하여야 한다(법 제10조 제2항).

(4) 자격취득 · 상실의 확인, 청구 가입자 자격의 취득 · 변동 및 상실은 제8조부터 제10조까지의 규정에 따른 자격의 취득 · 변동 및 상실의 시기로 소급하여 효력을 발생한다. 이 경우 보험자는 그 사실을 확인할 수 있다. 가입자나 가입자이었던 사람 또는 피부양자나 피부양자이었던 사람은 제1항에 따른 확인을 청구할 수 있다(법 제11조 제1항 · 제2항).

제3절 정책의 심의 · 운영 · 관리

1. 건강보험정책심의위원회

(1) 설치 및 심의사항 건강보험정책에 관한 다음 각 호의 사항을 심의 · 의결하기 위하여 보건복지부장관 소속으로 건강보험정책심의위원회(이하 "심의위원회"라 한다)를 둔다(법 제4조 제1항).

① 제41조 제2항에 따른 요양급여의 기준
② 제45조 제3항 및 제46조에 따른 요양급여비용에 관한 사항
③ 제73조 제1항에 따른 직장가입자의 보험료율
④ 제73조 제3항에 따른 지역가입자의 보험료부과점수당 금액
⑤ 그 밖에 건강보험에 관한 주요 사항으로서 대통령령으로 정하는 사항

(2) 구성과 임기 심의위원회는 위원장 1명과 부위원장 1명을 포함하여 25명의 위원으로 구성하며(법 제4조 제2항), 심의위원회의 위원장은 보건복지부차관이 되고, 부위원장은 제4항 제4호의 위원 중에서 위원장이 지명하는 사람이 된다(법 동조 제3항).

심의위원회의 위원은 다음 각 호에 해당하는 사람을 보건복지부장관이 임명 또는 위촉한다(법 동조 제4항).

① 근로자단체 및 사용자단체가 추천하는 각 2명
② 시민단체(「비영리민간단체 지원법」 제2조의 규정에 따른 비영리민간단체를 말한다. 이하 같다), 소비자단체, 농어업인단체 및 자영업자단체가 각각 1인씩 추천하는 각 1명
③ 의료계를 대표하는 단체 및 약업계를 대표하는 단체가 추천하는 8명
④ 다음 각목에 해당하는 8명
㈎ 대통령령으로 정하는 중앙행정기관 소속 공무원 2인
㈏ 국민건강보험공단의 이사장 및 건강보험심사평가원의 원장이 각 1명
㈐ 건강보험에 관한 학식과 경험이 풍부한 4명

심의위원회 위원(제4항 제4호 가목에 따른 위원은 제외한다)의 임기는 3년으로 한다. 다만, 위원의 사임 등으로 새로 위촉된 위원의 임기는 전임위원 임기의 남은 기간으로 한다(법 동조 제5항).

2. 보험자

국민건강보험제도는 사회보험제도의 하나로서, 본 법에 따른 건강보험사업은 보건복지부

장관이 맡아 주관하지만(법 제 2조), 운영주체로서 보험자는 국민건강보험공단(이하 "공단"이라 한다)으로 한다(법 제13조).

3. 국민건강보험공단

(1) 설립등기와 법인격 공단은 정관으로 정한 주된 사무소의 소재지(법 제16조 제1항 참조)에 설립등기를 함으로써 성립하고(법 제15조 제1항), 그 때에 법인격을 취득하여 법인으로 되며(법 제15조 제1항), 정관이 정하는 바에 의하여 분사무소를 둘 수 있다(법 제16조 제2항). 공단의 해산에 관하여는 법률로 정한다(법 제19조).

(2) 업 무 공단은 법정된 업무를 관장한다(법 제14조 제1항 제1호~제13호 참조).

(3) 정 관 공단의 정관에는 절대적 기재사항(법 제17조 제1항에 기재된 사항)을 기재하여야 하며, 정관 내용을 변경하려면 보건복지부장관의 인가를 받아야 한다(법 제17조 제2항).

(4) 임원의 구성 공단은 임원으로서 이사장 1명, 이사 14명 및 감사 1명을 둔다. 이 경우 이사장, 이사 중 5명 및 감사는 상임으로 한다(법 제20조 제1항).

이사장은 「공공기관의 운영에 관한 법률」 제29조에 따른 임원추천위원회(이하 "임원추천위원회"라 한다)가 복수로 추천한 사람 중에서 보건복지부장관의 제청으로 대통령이 임명한다(법 동조 제2항),

상임이사는 보건복지부령으로 정하는 추천 절차를 거쳐 이사장이 임명하고(법 동조 제3항), 비상임이사는 다음 각 호의 사람을 보건복지부장관이 임명한다(법 동조 제4항).

① 노동조합 · 사용자단체 · 시민단체 · 소비자단체 · 농어업인단체 및 노인단체가 추천하는 각 1명

② 대통령령으로 정하는 바에 따라 추천하는 관계 공무원 3명

감사는 임원추천위원회가 복수로 추천한 사람 중에서 기획재정부장관의 제청으로 대통령이 임명한다(법 동조 제5항).

상임이사 중 제14조 제1항 제2호 및 제11호의 업무를 담당하는 이사(이하 "징수이사"라 한다)는 경영, 경제 및 사회보험에 관한 학식과 경험이 풍부한 사람으로서 보건복지부령으로 정하는 자격을 갖춘 사람 중에서 선임한다(법 제21조 제1항).

징수이사 후보를 추천하기 위하여 공단에 이사를 위원으로 하는 징수이사추천위원회(이하 "추천위원회"라 한다)를 둔다. 이 경우 추천위원회의 위원장은 이사장이 지명하는 이사로 한다(법 동조 제2항).

(5) 임원의 임기 이사장의 임기는 3년, 이사(공무원인 이사는 제외한다)와 감사의 임기는 각각 2년으로 한다(법 제20조 제7항)

(6) 임원의 결격사유 및 겸직금지 다음 각 호의 어느 하나에 해당하는 사람은 공단의 임원이 될 수 없다(법 제23조).

① 대한민국 국민이 아닌 사람

②「공공기관의 운영에 관한 법률」 제34조 제1항 각 호의 어느 하나에 해당하는 사람

임원이 제23조 각 호의 어느 하나에 해당하게 되거나 임명 당시 그에 해당하는 사람으로 확인되면 그 임원은 당연 퇴임한다(법 제24조 제1항).

공단의 상임임원과 직원은 그 직무 외에 영리를 목적으로 하는 사업에 종사하지 못한다(법 제25조 제1항). 공단의 상임임원이 임명권자 또는 제청권자의 허가를 받거나 공단의 직원이 이사장의 허가를 받은 경우에는 비영리 목적의 업무를 겸할 수 있다(법 제25조 제2항).

4. 재정운영위원회

(1) 설 치 요양급여비용의 계약 및 보험료의 결손처분 등 보험재정에 관련된 사항을 심의·의결하기 위하여 공단에 재정운영위원회를 둔다(법 제33조 제1항).

(2) 구성과 임기 재정운영위원회는 다음 각 호의 위원으로 구성한다(법 제34조 제1항).

① 직장가입자를 대표하는 위원 10명

② 지역가입자를 대표하는 위원 10명

③ 공익을 대표하는 위원 10명

제1항에 따른 위원은 다음 각 호의 자를 보건복지부장관이 임명하거나 위촉한다(법 동조 제2항).

① 제1항 제1호의 위원은 노동조합과 사용자단체가 추천하는 각 5명

② 제1항 제2호의 위원은 대통령령으로 정하는 바에 따라 농어업인단체·도시 자영업자단체 및 시민단체에서 추천하는 사람

③ 제1항 제3호의 위원은 대통령령으로 정하는 관계공무원 및 건강보험에 관한 학식과 경험이 풍부한 사람

재정운영위원회의 위원장은 제34조 제1항 제3호에 따른 위원 중에서 호선한다(법 제33조 제2항). 재정운영위원회 위원(공무원인 위원은 제외한다)의 임기는 2년으로 한다. 다만, 위원의 사임 등으로 새로 위촉된 위원의 임기는 전임위원 임기의 남은 기간으로 한다(법 제34조 제3항).

5. 국민건강보험심사평가원

(1) 설 치 요양급여비용을 심사하고 요양급여의 적정성을 평가하기 위하여 건강보험심사평가원(이하 "심사평가원"이라 한다)을 설립한다(법 제62조). 심사평가원은 주된 사무소의 소재지에서 설립등기를 함으로써 성립하며 이때 법인격을 취득하는데(법 제64조 제2항), 공단과는 별개의 독립된 법인이다(법 제64조 제1항 참조).

(2) 관장업무 심사평가원은 법정의 업무를 관장한다(법 제63조 제1항 제1호~제7호 참조).

(3) 구성 및 임기 심사평가원에 임원으로서 원장, 이사 15명 및 감사 1명을 둔다. 이 경우 원장, 이사 중 4명 및 감사는 상임으로 한다(법 제65조 제1항). 원장은 임원추천위원회가 복수로 추천한 사람 중에서 보건복지부장관의 제청으로 대통령이 임명한다(법 동조 제2항).

상임이사는 보건복지부령으로 정하는 추천 절차를 거쳐 원장이 임명하고(법 동조 제3항), 비상임이사는 다음 각 호의 사람 중에서 10명과 대통령령으로 정하는 바에 따라 추천한 관계 공무원 1명을 보건복지부장관이 임명한다(법 동조 제4항).

① 공단이 추천하는 1명

② 의약관계단체가 추천하는 5명

③ 노동조합・사용자단체・소비자단체 및 농어업인단체가 추천하는 각 1명

감사는 임원추천위원회가 복수로 추천한 사람 중에서 기획재정부장관의 제청으로 대통령이 임명한다(법 동조 제5항). 원장의 임기는 3년, 이사(공무원인 이사는 제외한다)와 감사의 임기는 각각 2년으로 한다(법 동조 제7항).

(4) 진료심사평가위원회 심사평가원의 업무를 효율적으로 수행하기 위하여 심사평가원에 진료심사평가위원회(이하 "심사위원회"라 한다)를 둔다(법 제66조 제1항).

심사위원회는 위원장을 포함하여 90명 이내의 상근 심사위원과 1천명 이내의 비상근 심사위원으로 구성하며, 진료과목별 분과위원회를 둘 수 있다(법 동조 제2항). 상근 심사위원은 심사평가원의 원장이 보건복지부령으로 정하는 사람 중에서 임명하고, 비상근 심사위원은 심사평가원의 원장이 보건복지부령으로 정하는 사람 중에서 위촉한다(법 동조 제3・4항).

제 4 절 보험급여

국민건강보험법에 따라 제공되는 급여는 요양급여, 요양비, 부가급여, 건강검진이 있다(법 제41조, 제49조, 제50조, 제52조 등). 이 중에서 요양급여, 요양비 및 건강검진은 법정급여에 속

하는데, 법정급여는 법령에 규정된 일정한 보험사고에 대하여 지급하는 급여이고, 부가급여는 급여의 종류는 법적으로 정해져 있으나 실시 여부는 보험자에게 위임되어 있는 급여를 말한다.

1. 요양급여

1) 요양급여의 내용 및 범위

(1) 요양급여의 내용 가입자와 피부양자의 질병・부상・출산 등에 대하여 다음 각 호의 요양급여를 실시한다(법 제41조 제1항 제1호~제7호).

① 진찰・검사
② 약제(藥劑)・치료재료의 지급
③ 처치・수술 및 그 밖의 치료
④ 예방・재활
⑤ 입원
⑥ 간호
⑦ 이송(移送)

(2) 요양급여의 범위 제1항에 따른 요양급여(이하 "요양급여"라 한다)의 범위(이하 "요양급여대상"이라 한다)는 다음 각 호와 같다(법 제41조 제2항).

① 제1항 각 호의 요양급여(제1항 제2호의 약제는 제외한다): 제4항에 따라 보건복지부장관이 비급여대상으로 정한 것을 제외한 일체의 것
② 제1항 제2호의 약제: 제41조의3에 따라 요양급여대상으로 보건복지부장관이 결정하여 고시한 것

요양급여의 방법・절차・범위・상한 등의 기준은 보건복지부령으로 정한다(법 동조 제3항). 보건복지부장관은 제3항에 따라 요양급여의 기준을 정할 때 업무나 일상생활에 지장이 없는 질환에 대한 치료 등 보건복지부령으로 정하는 사항은 요양급여대상에서 제외되는 사항(이하 "비급여대상"이라 한다)으로 정할 수 있다(법 동조 제4항).

2) 약제의 요양급여 제외 등

보건복지부장관은 「약사법」 제47조 제2항의 위반과 관련된 제41조 제1항 제2호의 약제에 대하여는 1년의 범위에서 기간을 정하여 요양급여의 적용을 정지할 수 있다(법 제41조의2 제1항).

보건복지부장관은 제1항에 따라 적용이 정지되었던 약제가 다시 제1항에 따른 정지의 대상이 된 경우에는 총 정지기간, 위반정도 등을 고려하여 요양급여에서 제외할 수 있다(법 동조 제2항). 제1항 및 제2항에 따른 요양급여 적용 정지 및 제외의 기준, 절차, 그 밖에 필요한 사항은 대통령령으로 정한다(법 동조 제3항).

3) 요양기관

(1) 요양기관의 종류 요양급여(간호와 이송은 제외한다)는 다음 각 호의 요양기관에서 행한다. 이 경우 보건복지부장관은 공익이나 국가정책에 비추어 요양기관으로 적합하지 아니한 대통령령으로 정하는 의료기관 등은 요양기관에서 제외할 수 있다(법 제42조 제1항).

① 「의료법」에 따라 개설된 의료기관
② 「약사법」에 따라 등록된 약국
③ 「약사법」 제91조에 따라 설립된 한국희귀의약품센터
④ 「지역보건법」에 따른 보건소·보건의료원 및 보건지소
⑤ 「농어촌 등 보건의료를 위한 특별조치법」에 따라 설치된 보건진료소

(2) 전문요양기관 보건복지부장관은 효율적인 요양급여를 위하여 필요하면 보건복지부령으로 정하는 바에 따라 시설·장비·인력 및 진료과목 등 보건복지부령으로 정하는 기준에 해당하는 요양기관을 전문요양기관으로 인정할 수 있다. 이 경우 해당 전문요양기관에 인정서를 발급하여야 한다(법 동조 제2항).

보건복지부장관은 제2항에 따라 인정받은 요양기관이 다음 각 호의 어느 하나에 해당하는 경우에는 그 인정을 취소한다(법 동조 제3항).

① 제2항 전단에 따른 인정기준에 미달하게 된 경우
② 제2항 후단에 따라 발급받은 인정서를 반납한 경우

제2항에 따라 전문요양기관으로 인정된 요양기관 또는 「의료법」 제3조의4에 따른 상급종합병원에 대하여는 제41조 제3항에 따른 요양급여의 절차 및 제45조에 따른 요양급여비용을 다른 요양기관과 달리 할 수 있다(법 동조 제4항). 제1항·제2항 및 제4항에 따른 요양기관은 정당한 이유 없이 요양급여를 거부하지 못한다(법 동조 제5항).

(3) 업무정지 보건복지부장관은 요양기관이 다음 각 호의 어느 하나에 해당하면 그 요양기관에 대하여 1년의 범위에서 기간을 정하여 업무정지를 명할 수 있다(법 제98조 제1항).

① 속임수나 그 밖의 부당한 방법으로 보험자·가입자 및 피부양자에게 요양급여비용을 부담하게 한 경우
② 제97조 제2항에 따른 명령에 위반하거나 거짓 보고를 하거나 거짓 서류를 제출하거나, 소속 공무원의 검사 또는 질문을 거부·방해 또는 기피한 경우
③ 정당한 사유 없이 요양기관이 제41조의3제1항에 따른 결정을 신청하지 아니하고 속임수나 그 밖의 부당한 방법으로 행위·치료재료를 가입자 또는 피부양자에게 실시 또는 사용하고 비용을 부담시킨 경우

제1항에 따라 업무정지 처분을 받은 자는 해당 업무정지기간 중에는 요양급여를 하지 못

한다(법 제98조 제2항).

4) 비용의 본인부담분

요양급여를 받는 자는 대통령령으로 정하는 바에 따라 비용의 일부(이하 "본인 일부부담금"이라 한다)를 본인이 부담한다. 이 경우 선별급여에 대해서는 다른 요양급여에 비하여 본인일부부담금을 상향 조정할 수 있다(법 제44조 제1항). 제1항에 따라 본인이 연간 부담하는 본인일부부담금의 총액이 대통령령으로 정하는 금액(이하 이 조에서 "본인부담상한액"이라 한다)을 초과한 경우에는 공단이 그 초과 금액을 부담하여야 한다(법 제44조 제2항). 제2항에 따른 본인부담상한액은 가입자의 소득수준 등에 따라 정한다(법 제44조 제3항).

5) 요양급여비용의 산정 등

요양급여비용은 공단의 이사장과 대통령령으로 정하는 의약계를 대표하는 사람들의 계약으로 정한다. 이 경우 계약기간은 1년으로 한다(법 제45조 제1항). 제1항에 따라 계약이 체결되면 그 계약은 공단과 각 요양기관 사이에 체결된 것으로 본다(법 동조 제2항). 공단의 이사장은 제33조에 따른 재정운영위원회의 심의·의결을 거쳐 제1항에 따른 계약을 체결하여야 한다(법 동조 제5항).

제1항에 따른 계약은 그 직전 계약기간 만료일이 속하는 연도의 5월 31일까지 체결하여야 하며, 그 기한까지 계약이 체결되지 아니하는 경우 보건복지부장관이 그 직전 계약기간 만료일이 속하는 연도의 6월 30일까지 심의위원회의 의결을 거쳐 요양급여비용을 정한다. 이 경우 보건복지부장관이 정하는 요양급여비용은 제1항 및 제2항에 따라 계약으로 정한 요양급여비용으로 본다(법 동조 제3항).

제1항 또는 제3항에 따라 요양급여비용이 정해지면 보건복지부장관은 그 요양급여비용의 명세를 지체없이 고시하여야 한다(법 동조 제4항).

6) 요양급여비용의 청구와 지급 등

요양기관은 요양급여비용의 지급을 공단에 청구할 수 있다. 이 경우 제2항에 따른 요양급여비용에 대한 심사청구는 공단에 대한 요양급여비용의 청구로 본다(법 제47조 제1항).

제1항에 따라 요양급여비용을 청구하려는 요양기관은 심사평가원에 요양급여비용의 심사청구를 하여야 하며, 심사청구를 받은 심사평가원은 이를 심사한 후 지체 없이 그 내용을 공단과 요양기관에 알려야 한다(법 동조 제2항).

제2항에 따라 심사 내용을 통보받은 공단은 지체 없이 그 내용에 따라 요양급여비용을 요양기관에게 지급한다. 이 경우 이미 낸 본인일부부담금이 제2항에 따라 통보된 금액보다

더 많으면 요양기관에 지급할 금액에서 더 많이 낸 금액을 공제하여 해당 가입자에게 지급하여야 한다(법 동조 제3항). 공단은 제3항에 따라 가입자에게 지급하여야 하는 금액을 그 가입자가 내야 하는 보험료와 그 밖에 이 법에 따른 징수금(이하 "보험료 등"이라 한다)과 상계(相計)할 수 있다(법 동조 제4항).

공단은 심사평가원이 제63조에 따른 요양급여의 적정성을 평가하여 공단에 통보하면 그 평가 결과에 따라 요양급여비용을 가산하거나 감액 조정하여 지급한다. 이 경우 평가 결과에 따라 요양급여비용을 가산하거나 감액하여 지급하는 기준은 보건복지부령으로 정한다(법 동조 제5항).

7) 요양급여 대상여부의 확인 등

가입자나 피부양자는 본인일부부담금 외에 자신이 부담한 비용이 제41조 제4항에 따라 요양급여 대상에서 제외되는 비용인지 여부에 대하여 심사평가원에 확인을 요청할 수 있다(법 제48조 제1항). 제1항에 따른 확인 요청을 받은 심사평가원은 그 결과를 요청한 사람에게 알려야 한다. 이 경우 확인을 요청한 비용이 요양급여 대상에 해당되는 비용으로 확인되면 그 내용을 공단 및 관련 요양기관에 알려야 한다(법 동조 제2항).

2. 요양비

(1) 요양비의 지급 공단은 가입자 또는 피부양자가 보건복지부령으로 정하는 긴급하거나 그 밖의 부득이한 사유로 요양기관과 유사한 기능을 하는 기관으로서 보건복지부령으로 정하는 기관(업무정지처분기간 중인 요양기관을 포함한다)에서 질병·부상·출산 등에 대하여 요양을 받거나 요양기관이 아닌 장소에서 출산한 경우에는 그 요양급여에 상당하는 금액을 보건복지부령으로 정하는 바에 따라 가입자나 피부양자에게 요양비로 지급한다(법 제49조 제1항).

(2) 요양비명세서 제출 제1항에 따라 요양을 실시한 기관은 보건복지부장관이 정하는 요양비명세서 또는 요양명세를 적은 영수증을 요양을 받은 사람에게 내주어야 하며, 요양을 받은 사람은 그 명세서나 영수증을 보험자(공단)에 제출하여야 한다(법 동조 제2항).

3. 건강검진

공단은 가입자와 피부양자에 대하여 질병의 조기 발견과 그에 따른 요양급여를 하기 위하여 건강검진을 실시한다. 제1항에 따른 건강검진의 대상·횟수·절차와 그 밖에 필요한 사항은 대통령령으로 정한다(법 제52조).

4. 임의급여(부가급여)

공단은 이 법에서 정한 요양급여 외에 대통령령으로 정하는 바에 따라 임신·출산 진료비, 장제비(葬祭費), 상병수당(傷病手當), 그 밖의 급여를 실시할 수 있는데(법 제50조), 이를 '부가급여'라 한다. 이 외에도 공단은 장애인복지법에 따라 등록한 장애인인 가입자 및 피부양자에게는 보장구(補障具)에 대하여 보험급여를 실시할 수 있다(법 제51조 제1항).

제5절 건강보험의 재정

1. 의 의

건강보험급여와 그 관련 사업에 소요되는 재원은 보험가입자가 납부하는 정기적 부담금인 보험료(법 제69조)와 건강보험사업의 운영에 필요한 비용을 매년도 예산에서 충당하는 국가부담(법 제108조)으로 조달하며, 요양기관이 청구하는 요양급여비용의 일부를 수익자부담의 원칙에 따라 본인일부부담금(법 제44조, 시행령 제19조 참조)으로 충당하게 된다.

보험료를 통한 재원 조달방식에는 일반적으로 정액방식과 정률방식이 있는데, 건강보험에서는 일종의 정률방식을 채택하고 있으나 가입자의 종류에 따라 조금씩 차이가 있다.

2. 건강보험료

1) 월별 보험료액의 산정

(1) 직장가입자 직장가입자의 월별 보험료액은 다음 각 호에 따라 산정한 금액으로 한다(법 제69조 제4항).

1. 보수월액보험료 : 제70조에 따라 산정한 보수월액에 제73조 제1항 또는 제2항에 따른 보험료율을 곱하여 얻은 금액
2. 소득월액보험료 : 제71조에 따라 산정한 소득월액에 제73조 제1항 또는 제2항에 따른 보험료율을 곱하여 얻은 금액

① 보수월액보험료 제69조 제4항 제1호에 따른 직장가입자의 보수월액은 직장가입자가 지급받는 보수를 기준으로 하여 산정하고(법 제70조 제1항), 휴직이나 그 밖의 사유로 보수의 전부 또는 일부가 지급되지 아니하는 가입자(이하 "휴직자 등"이라 한다)의 보수월액보험료는 해당 사유가 생기기 전 달의 보수월액을 기준으로 산정한다(법 동조 제2항).

제1항에 따른 보수는 근로자 등이 근로를 제공하고 사용자·국가 또는 지방자치단체로부터 지급받는 금품(실비변상적인 성격을 갖는 금품은 제외함)으로서 대통령령으로 정하는 것을 말한다. 이 경우 보수 관련 자료가 없거나 불명확한 경우 등 대통령령으로 정하는 사유에 해당하면 보건복지부장관이 정하여 고시하는 금액을 보수로 본다(법 동조 제3항).

제1항에 따른 보수월액의 산정 및 보수가 지급되지 아니하는 사용자의 보수월액의 산정 등에 필요한 사항은 대통령령으로 정한다(법 동조 제4항).

② 소득월액보험료 소득월액은 제70조에 따른 보수월액의 산정에 포함된 보수를 제외한 직장가입자의 소득(이하 "보수외소득"이라 한다)이 대통령령으로 정하는 금액을 초과하는 경우 다음의 계산식에 따라 산정한다(법 제71조 제1항).

(연간 보수외 소득 − 대통령령으로 정하는 금액) × 1/12

소득월액을 산정하는 기준, 방법 등 소득월액의 산정에 필요한 사항은 대통령령으로 정한다(법 제71조 제2항).

이 규정은 직장가입자가 당해 직장에서 받는 근로소득(보수) 외에 이자·배당 등의 금융소득, 부동산소득 등의 사업소득 등 '보수외 소득'이 아무리 많아도 이에 대하여는 건강보험료를 부과하지 아니하는 종전의 불합리한 점을 개선·보완함으로써 보험료 부담의 형평성을 기하기 위하여 2012년 9월 1일부터 시행되는 전부개정(법률 제11141호, 2011.12.31 개정)시에 신설된 것이다.

그러나 직장가입자의 보수외 소득에 대한 보험료 부과기준이 종래 년간 7천2백만원으로 되어 있어 실질적으로 부과의 형평성이 이루어지지 않았을 뿐만 아니라, 7천2백만원을 경계점으로 보험료가 18만원 이상 급증하는 보험료부담의 절벽현상이 문제점으로 제기되어 이를 개선할 필요성에서 보수외소득의 산정기준·방법과 보험요율을 재차 변경하는 개정을 하게 된 것이다.

(2) 지역가입자 지역가입자의 월별 보험료액은 세대 단위로 산정하되, 지역가입자가 속한 세대의 월별 보험료액은 제72조에 따라 산정한 보험료부과점수에 제73조 제3항에 따른 보험료부과점수당 금액을 곱한 금액으로 한다(법 제69조 제5항).

제69조 제5항에 따른 보험료부과점수는 지역가입자의 소득 및 재산을 기준으로 산정한다(법 제72조 제1항). 제1항에 따라 보험료부과점수의 산정방법과 산정기준을 정할 때 법령에 따라 재산권의 행사가 제한되는 재산에 대하여는 다른 재산과 달리 정할 수 있다(법 제72조 제2항). 보험료부과점수의 산정방법·산정기준 등에 필요한 사항은 대통령령으로 정한다(법 제72조 제3항).

종전에는 지역가입자의 보험료부과점수 산정 시 소득 및 재산 외에 생활수준이나 경제활동참가율 등을 반영한 평가소득을 부과요소에 포함시킴으로서 보험료산정에 현실성이 결여된 비합리적이라는 점을 고려하여, 연소득 5백만원 이하 지역가입자도 그 이상의 지역가입자와 동일하게 소득보험료 산정시 평가소득을 폐지하고 종합과세소득을 기준으로 보험료를 산정하도록 개정한 것이다.

2) 건강보험료율 등

'보험료율'은 건강보험제도의 목적에 따라 요양급여비용·요양비·건강진단·임의급여 등의 지출내용과 사회경제적 상황 등을 참작하여 단기 보험인 보험재정의 균형성과 건강보험사업의 효과성을 고려하여 정책적으로 결정된다고 할 수 있다.

직장가입자의 보험료율[1)]은 1천분의 80의 범위에서 심의위원회의 의결을 거쳐 대통령령으로 정하고(법 제73조 제1항), 다만 국외에서 업무에 종사하고 있는 직장가입자에 대한 보험료율은 제1항에 따라 정해진 보험료율의 100분의 50으로 한다(법 동조 제2항).

지역가입자의 보험료 부과점수당 금액[2)]은 심의위원회의 의결을 거쳐 대통령령으로 정한다(법 동조 제3항).

3) 보험료의 부담

(1) 직장가입자 직장가입자의 보수월액보험료는 직장가입자와 다음 각 호의 구분에 따른 자가 각각 보험료액의 100분의 50씩 부담한다. 다만, 직장가입자가 교직원으로서 사립학교에 근무하는 교원이면 보험료액은 그 직장가입자가 100분의 50을, 제3조 제2호 다목에 해당하는 사용자가 100분의 30을, 국가가 100분의 20을 각각 부담한다(법 제76조 제1항).

① 직장가입자가 근로자인 경우에는 제3조 제2호 가목에 해당하는 사업주
② 직장가입자가 공무원인 경우에는 그 공무원이 소속되어 있는 국가 또는 지방자치단체
③ 직장가입자가 교직원(사립학교에 근무하는 교원은 제외한다)인 경우에는 제3조 제2호 다목에 해당하는 사용자

직장가입자의 소득월액보험료는 직장가입자가 부담한다(법 동조 제2항). 직장가입자가 교직원인 경우 제3조 제2호 다목에 해당하는 사용자가 부담액 전부를 부담할 수 없으면 그 부족액을 학교에 속하는 회계에서 부담하게 할 수 있다(법 동조 제4항).

(2) 지역가입자 지역가입자의 보험료는 그 가입자가 속한 세대의 지역가입자 전원이

---
1) 2018.1.1 부터 직장가입자의 보험료율은 1만분의624(시행령 제44조 제1항)
2) 2018.1.1.부터 지역가입자의 보험료 부과점수당 금액은 183.3원(시행령 제44조 제2항)

연대하여 부담한다(법 제76조 제3항).

4) 보험료의 면제와 경감

(1) 보험료의 면제 공단은 직장가입자가 다음 어느 하나에 해당하면 그 가입자의 보험료를 면제한다(법 제74조 제1항 본문).

① 국외에서 업무에 종사하고 있는 경우(법 제54조 제2호)
② 병역법에 따른 현역병(지원에 의하지 아니하고 임용된 하사를 포함한다), 전환복무된 사람 및 군간부후보생에 해당하게 된 경우(법 제54조 제3호)
③ 교도소, 그 밖에 이에 준하는 시설에 수용되어 있는 경우(법 제54조 제4호)

다만, 제54조 제2호에 해당하는 직장가입자의 경우에는 국내에 거주하는 피부양자가 없을 때에만 보험료를 면제한다(법 제74조 제1항 단서, 제54조 제2호~제4호).

지역가입자가 제54조 제2호에서 제4호까지의 어느 하나에 해당하면 그 가입자가 속한 세대의 보험료를 산정할 때 그 가입자의 제72조에 따른 보험료부과점수를 제외한다(법 제74조 제2항).

(2) 보험료의 경감 다음 각 호의 어느 하나에 해당하는 가입자 중 보건복지부령으로 정하는 가입자에 대하여는 그 가입자 또는 그 가입자가 속한 세대의 보험료의 일부를 경감할 수 있다(법 제75조 제1항).

① 섬 · 벽지(僻地) · 농어촌 등 대통령령으로 정하는 지역에 거주하는 사람
② 65세 이상인 사람
③ 「장애인복지법」에 따라 등록한 장애인
④ 「국가유공자 등 예우 및 지원에 관한 법률」 제4조 제1항 제4호, 제6호, 제12호, 제15호 및 제17호에 따른 국가유공자
⑤ 휴직자
⑥ 그 밖에 생활이 어렵거나 천재지변 등의 사유로 보험료를 경감할 필요가 있다고 보건복지부장관이 정하여 고시하는 사람

5) 보험료부과제도개선위원회

(1) 설치 보험료부과와 관련된 제도 개선을 위하여 보건복지부장관 소속으로 관계 중앙행정기관 소속 공무원 및 민간전문가로 구성된 보험료부과제도개선위원회(이하 "제도개선위원회"라 한다)를 둔다(법 제72조의2 제1항).

(2) 심의사항 제도개선위원회는 다음 각 호의 사항을 심의한다(법 동조 제2항).

① 가입자의 소득 파악 실태에 관한 조사 및 연구에 관한 사항

② 가입자의 소득파악 및 소득에 대한 보험료 부과 강화를 위한 개선 방안에 관한 사항
그 밖에 보험료부과와 관련된 제도 개선 사항으로서 위원장이 회의에 치는 사항

(3) 국회보고 보건복지부장관은 제1항에 따른 제도개선위원회 운영 결과를 국회에 보고하여야 한다(법 동조 제3항).

(4) 적정성 평가 보건복지부장관은 제5조에 따른 피부양자 인정기준(이하 이 조 에서 "인정기준"이라 한다)과 제69조부터 제72조까지의 규정에 따른 보험료, 보수월액, 소득월 액 및 보험료부과점수의 산정 기준 및 방법 등(이하 이 조에서 "산정기준"이라 한다)에 대하여 적정성을 평가하고, 이 법 시행일로 부터 4년이 경과한 때 이를 조정하여야 한다(법 제72조의3 제1항).

보건복지부장관은 제1항에 따른 적정성 평가를 하는 경우에는 다음 각 호를 종합적으로 고려하여야 한다(법 동조 제2항).

① 제72조의2 제2항 제2호에 따라 제도개선위원회가 심의한 가입자의 소득 파악 현황 및 개선방안
② 공단의 소득 관련 자료 보유 현황
③ 「소득세법」 제4조에 따른 종합소득(종합과세되는 종합소득과 분리과세되는 종합소득을 포함한다) 과세 현황
④ 직장가입자에게 부과되는 보험료와 지역가입자에게 부과되는 보험료 간 형평성
⑤ 제1항에 따른 인정기준 및 산정기준의 조정으로 인한 보험료 변동
⑥ 그 밖에 적정성 평가 대상이 될 수 있는 사항으로서 보건복지부장관이 정하는 사항

6) 보험료의 납부

(1) 납부의무자 직장가입자의 보험료는 다음 각 호의 구분에 따라 그 각 호에서 정한 자가 납부한다(법 제77조 제1항).

① 보수월액보험료 : 사용자. 이 경우 사업장의 사용자가 2명 이상인 때에는 그 사업장의 사용자는 해당 직장가입자의 보험료를 연대하여 납부한다.
② 소득월액보험료 : 직장가입자

사용자는 보수월액보험료 중 직장가입자가 부담하여야 하는 그 달의 보험료액을 그 보수에서 공제하여 납부하여야 한다. 이 경우 직장가입자에게 공제액을 알려야 한다(법 동조 제3항).

지역가입자의 보험료는 그 가입자가 속한 세대의 지역가입자 전원이 연대하여 납부한다. 다만, 소득 및 재산이 없는 미성년자와 소득 및 재산 등을 고려하여 대통령령으로 정하는 기준에 해당하는 미성년자는 납부의무를 부담하지 아니한다(법 제77조 제2항).

종전 규정에 따라 성년자가 포함된 세대원으로서 또는 부모가 사망한 미성년자로서 연

대 납부의무를 부담하던 소득과 재산이 없는 지역가입자인 미성년자의 건강보험료 납부의무를 면제해 주기 위하여 동 조항의 단서규정을 개정하게 된 것이다.

(2) 납부기한과 연체금 제77조 제1항 및 제2항에 따라 보험료 납부의무가 있는 자는 가입자에 대한 그 달의 보험료를 그 다음 달 10일까지 납부하여야 한다. 다만 직장가입자의 소득월액 보험료 및 지역가입자의 보험료는 보건복지부령으로 정하는 바에 따라 분기별로 납부할 수 있다(법 제78조).

공단은 보험료 등의 납부의무자가 납부기한까지 보험료 등을 내지 아니하면 그 납부기한이 지난 날부터 매 1일이 경과할 때마다 체납된 보험료 등의 1천분의 1에 해당하는 금액을 가산한 연체금을 징수한다. 이 경우 연체금은 체납된 보험료 등의 1천분의 30을 넘지 못한다(법 제80조 제1항). 공단은 보험료 등의 납부의무자가 체납된 보험료 등을 내지 아니하면 납부기한 후 30일이 지난 날부터 매 1일이 경과할 때마다 체납된 보험료 등의 3천분의 1에 해당하는 연체금을 제1항에 따른 연체금에 더하여 징수한다. 이 경우 연체금은 체납된 보험료 등의 1천분의 90을 넘지 못한다(법 동조 제2항).

(3) 고액 · 상습체납자의 인적사항 공개 공단은 이 법에 따른 납부기한의 다음 날부터 2년이 경과한 보험료, 연체금과 체납처분비(제84조에 따라 결손처분한 보험료, 연체금과 체납처분비로서 징수권 소멸시효가 완성되지 아니한 것을 포함한다)의 총액이 1천만원 이상인 체납자가 납부능력이 있음에도 불구하고 체납한 경우 그 인적사항 · 체납액 등(이하 이 조에서 "인적사항 등"이라 한다)을 공개할 수 있다. 다만, 체납된 보험료, 연체금과 체납처분비와 관련하여 행정심판 또는 행정소송이 계류 중인 경우나 그 밖에 체납된 금액의 일부 납부 등 대통령령으로 정하는 사유가 있는 경우에는 그러하지 아니하다(법 제83조 제1항).

7) 보험료의 징수

보험자(공단)는 건강보험사업에 드는 비용에 충당하기 위하여 보험료의 납부의무자로부터 보험료를 징수하는데(법 제69조 제1항), 보험료는 가입자의 자격을 취득한 날이 속하는 달의 다음 달부터 가입자의 자격을 잃은 날의 전날이 속하는 달까지 징수한다. 다만, 가입자의 자격을 매월 1일에 취득한 경우에는 그 달부터 징수한다(법 동조 제2항).

보험료 등은 국세와 지방세를 제외한 다른 채권에 우선하여 징수한다. 다만, 보험료 등의 납부기한 전에 전세권 · 질권 · 저당권 또는 「동산 · 채권 등의 담보에 관한 법률」에 따른 담보권의 설정을 등기 또는 등록한 사실이 증명되는 재산을 매각할 때에 그 매각대금 중에서 보험료 등을 징수하는 경우 그 전세권 · 질권 · 저당권 또는 「동산 · 채권 등의 담보에 관한 법률」에 따라 담보된 채권에 대하여는 그러하지 아니하다(법 제85조).

3. 국가부담

국가는 매년 예산의 범위 안에서 당해 연도 보험료 예상수입액의 100분의 14에 상당하는 금액을 국고에서 공단에 지원한다(법 제108조 제1항). 공단은 「국민건강증진법」에서 정하는 바에 따라 같은 법에 따른 국민건강증진기금에서 자금을 지원받을 수 있다(법 동조 제2항).

제6절 보험급여의 제한과 보호 등

1. 보험급여의 제한

(1) 보험급여의 지급제한 "공단은 보험급여를 받을 수 있는 사람이 다음 각 호의 어느 하나에 해당하면 보험급여를 하지 아니한다(법 제53조 제1항 제1호~4호)"고 규정하여 보험급여 수급권을 제한하고 있다.

① 고의 또는 중대한 과실로 인한 범죄행위에 그 원인이 있거나 고의로 사고를 일으킨 경우
② 고의 또는 중대한 과실로 공단이나 요양기관의 요양에 관한 지시에 따르지 아니한 경우
③ 고의 또는 중대한 과실로 제55조에 따른 문서와 그 밖의 물건의 제출을 거부하거나 질문 또는 진단을 기피한 경우
④ 업무 또는 공무로 생긴 질병·부상·재해로 다른 법령에 따른 보험급여나 보상(報償) 또는 보상(補償)을 받게 되는 경우

공단은 보험급여를 받을 수 있는 사람이 다른 법령에 따라 국가나 지방자치단체로 부터 보험급여에 상당하는 급여를 받거나 보험급여에 상당하는 비용을 지급받게 되는 경우에는 그 한도에서 보험급여를 하지 아니한다(법 제53조 제2항).

(2) 보험료의 체납과 제한 공단은 가입자가 대통령령으로 정하는 기간 이상 다음 각 호의 보험료를 체납한 경우 그 체납한 보험료를 완납할 때까지 그 가입자 및 피부양자에 대하여 보험급여를 실시하지 아니할 수 있다. 다만, 보험료의 체납기간에 관계없이 월별 보험료의 총체납횟수(이미 납부된 체납보험료는 총체납횟수에서 제외한다)가 대통령령으로 정하는 횟수 미만인 경우에는 그러하지 아니하다(법 동조 제3항).

① 제69조 제4항 제2호에 따른 소득월액보험료
② 제69조 제5항에 따른 세대단위의 보험료

공단은 제77조 제1항 제1호에 따라 납부의무를 부담하는 사용자가 제69조 제4항 제1호에 따른 보수월액보험료를 체납한 경우에는 그 체납에 대하여 직장가입자 본인에게 귀책사유가 있는 경우에 한하여 제3항의 규정을 적용한다. 이 경우 당해 직장가입자의 피부양자에게도 제3항의 규정을 적용한다(법 동조 제4항).

2. 보험급여의 정지

보험급여를 받을 수 있는 사람이 다음 각 호의 어느 하나에 해당하면 그 기간에는 보험급여를 하지 아니한다. 다만 제3호 및 제4호의 경우에는 제60조에 따른 요양급여를 실시한다(법 제54조 제1호~4호).

① 국외에 여행 중인 경우
② 국외에서 업무에 종사하고 있는 경우
③ 병역법의 규정에 의한 현역병(지원에 의하지 아니하고 임용된 하사를 포함한다), 전환복무된 사람 및 군간부후보생(제6조 제2항 제2호)에 해당하게 된 경우
④ 교도소, 그 밖에 이에 준하는 시설에 수용되어 있는 경우

3. 부당이득의 징수

(1) 부당이득의 수급자 및 요양기관 공단은 속임수나 그 밖의 부당한 방법으로 보험급여를 받은 사람이나 보험급여비용을 받은 요양기관에 대하여 그 보험급여나 보험급여비용에 상당하는 금액의 전부 또는 일부를 징수한다(법 제57조 제1항).

(2) 명의차용의 요양기관 공단은 제1항에 따라 속임수나 그 밖의 부당한 방법으로 보험급여 비용을 받은 요양기관이 다음 각 호의 어느 하나에 해당하는 경우에는 해당 요양기관을 개설한 자에게 그 요양기관과 연대하여 같은 항에 따른 징수금을 납부하게 할 수 있다(법 제57조 제2항).

① 「의료법」 제33조 제2항을 위반하여 의료기관을 개설할 수 없는 자가 의료인의 면허나 의료법인 등의 명의를 대여받아 개설·운영하는 의료기관
② 「약사법」 제20조 제1항을 위반하여 약국을 개설할 수 없는 자가 약사 등의 면허를 대여받아 개설·운영하는 약국

(3) 거짓 보고·증명과 요양기관의 거짓 진단 사용자나 가입자의 거짓 보고나 거짓 증명 또는 요양기관의 거짓 진단에 따라 보험급여가 실시된 경우 공단은 이들에게 보험급여를 받은 사람과 연대하여 제1항에 따른 징수금을 내게 할 수 있다(법 동조 제3항).

(4) 부정수급자와 가입자의 연대책임 공단은 속임수나 그 밖의 부당한 방법으로 보험급여를 받은 사람과 같은 세대에 속한 가입자(속임수나 그 밖의 부당한 방법으로 보험 급여를 받은 자가 피부양자인 경우에는 그 직장가입자를 말한다)에게 속임수나 그 밖의 부당한 방법으로 보험급여를 받은 사람과 연대하여 제1항에 따른 징수금을 내게 할 수있다(법 동조 제4항).

(5) 부정수급한 요양기관의 반환 요양기관이 가입자나 피부양자로부터 속임수나 그 밖의 부당한 방법으로 요양급여비용을 받은 경우 공단은 해당 요양기관으로 부터 이를 징수하여 가입자나 피부양자에게 지체없이 지급하여야 한다. 이 경우 공단은 가입자나 피부양자에게 지급하여야 하는 금액을 그 가입자 및 피부양자가 내야 하는 보험료 등과 상계할 수 있다(법 동조 제5항).

4. 구상권

(1) 손해배상청구권의 대위 공단은 제3자의 행위로 보험급여사유가 생겨 가입자 또는 피부양자에게 보험급여를 한 경우에는 그 급여에 들어간 비용의 한도에서 그 제3자에게 손해배상을 청구할 권리를 얻는다(법 제58조 제1항).

(2) 보험급여의 지급 면책 위의 경우에 보험급여를 받은 사람이 제3자로부터 이미 손해배상을 받은 경우에는 공단은 그 배상액의 한도에서 보험급여를 하지 아니한다(법 제58조 제2항).

5. 수급권의 보호와 소멸시효

(1) 보 호 보험급여를 받을 권리는 양도하거나 압류할 수 없다(법 제59조).

(2) 소멸시효 다음 각 호의 권리는 3년 동안 행사하지 아니하면 소멸시효가 완성된다(법 제91조 제1항).

① 보험료・연체금을 징수할 권리
② 보험료・연체금으로 과오납부한 금액을 환급받을 권리
③ 보험급여를 받을 권리
④ 보험급여비용을 받을 권리
⑤ 제47조 제3항 후단에 따라 과다 납부된 본인일부부담금을 돌려받을 권리
⑥ 제61조에 따른 근로복지공단의 권리

(3) 시효의 중단과 정지 제1항에 따른 시효는 다음 각 호의 어느 하나의 사유로 중단

된다(법 동조 제2항).

① 보험료의 고지 또는 독촉

② 보험급여 또는 보험급여 비용의 청구

휴직자 등의 보수월액보험료를 징수할 권리의 소멸시효는 제79조 제5항에 따라 고지가 유예된 경우 휴직 등의 사유가 끝날 때까지 진행하지 아니한다(법 동조 제3항).

제1항에 따른 소멸시효기간, 제2항에 따른 시효 중단 및 제3항에 따른 시효 정지에 관하여 이 법에서 정한 사항 외에는 「민법」에 따른다(법 동조 제4항).

제7절 이의신청 및 심판청구

1. 이의신청

(1) 이의신청자 가입자 및 피부양자의 자격, 보험료 등, 보험급여, 보험급여비용에 관한 공단의 처분에 이의가 있는 자는 공단에 이의신청을 할 수 있다(법 제87조 제1항). 또한 요양급여비용 및 요양급여의 적정성 평가 등에 관한 심사평가원의 처분에 이의가 있는 공단, 요양기관 또는 그 밖의 자는 심사평가원에 이의신청을 할 수 있다(법 동조 제2항).

(2) 이의신청기간 제1항 및 제2항에 따른 이의신청(이하 "이의신청"이라 한다)은 처분이 있음을 안 날부터 90일 이내에 문서(전자문서를 포함한다)로 하여야 하며, 처분이 있은 날부터 180일을 지나면 제기하지 못한다. 다만 정당한 사유로 그 기간에 이의신청을 할 수 없었음을 소명한 경우에는 그러하지 아니하다(법 동조 제3항).

제3항 본문에도 불구하고 요양기관이 제48조에 따른 심사평가원의 확인에 대하여 이의신청을 하려면 같은 조 제2항에 따라 통보받은 날부터 30일 이내에 하여야 한다(법 동조 제4항).

(3) 이의신청위원회 제87조 제1항 및 제2항에 따른 이의신청을 효율적으로 처리하기 위하여 공단 및 심사평가원에 '이의신청위원회'를 각각 설치한다(시행령 제53조).

2. 심판청구

1) 심판청구자 및 청구기간

공단 또는 심사평가원이 행한 이의신청에 대한 결정에 불복하는 자는 제89조에 따른 '건강보험분쟁조정위원회'에 심판청구를 할 수 있다. 심판청구는 정당한 사유가 있음이 소명된 경우를 제외하고는 결정이 있은 날부터 90일 이내에 문서로 하여야 하며 결정이 있은 날부터 180일을 지나면 제기하지 못한다(법 제88조 제1항, 제87조 제3항의 준용).

제1항에 따라 심판청구를 하려는 자는 대통령령으로 정하는 심판청구서를 제87조 제1항 또는 제2항에 따른 처분을 한 공단 또는 심사평가원에 제출하거나 제89조에 따른 건강보험분쟁조정위원회에 제출하여야 한다(법 제88조 제2항).

2) 건강보험분쟁조정위원회

(1) 설 치 제88조에 따른 심판청구를 심리·의결하기 위하여 보건복지부에 건강보험분쟁조정위원회(이하 "분쟁조정위원회"라 한다)를 둔다(법 제89조 제1항).

(2) 구성, 회의 분쟁조정위원회는 위원장 을 포함하여 60명 이내의 위원으로 구성하며, 위원장을 제외한 위원 중 1명은 당연직위원으로 한다(법 제89조 제2항). 분쟁조정위원회를 실무적으로 지원하기 위하여 분쟁조정위원회에 사무국을 둔다(법 동조 제5항).

분쟁조정위원회의 회의는 위원장, 당연직위원 및 위원장이 매 회의마다 지정하는 7명의 위원을 포함하여 총 9명으로 구성한다(법 동조 제3항). 분쟁조정위원회는 제3항에 따른 구성원 과반수의 출석과 출석위원 과반수의 찬성으로 의결한다(법 동조 제4항).

3. 행정소송

공단 또는 심사평가원의 처분에 이의가 있는 자와 제87조에 따른 이의신청 또는 제88조에 따른 심판청구에 대한 결정에 불복하는 자는 「행정소송법」에서 정하는 바에 따라 행정소송을 제기할 수 있다(법 제90조).

제9장 노인장기요양보험법

〈시행 2017.6.3, 법률 제14321호〉

제1절 의 의

1. 장기요양보호의 개념

(1) 「노인장기요양보험법」에서는 장기요양급여, 장기요양사업 또는 장기요양기관의 의미를 법조항에서 규정하고 있을 뿐이며 장기요양이나 장기요양보호라는 용어의 의미를 규정하고 있지는 않다. 그러나 노인장기요양보험법은 일반적 의미의 장기요양이 아니라 공적인 사회보험제도의 일환으로 설치 · 운영하기 위한 법률이므로 먼저 '장기요양보호'의 의미를 확정하는 것이 필요하다.

장기요양보호는 영어의 "long-term care"를 번역한 의미로서 학자에 따라 장기간병, 장기수발, 장기돌봄 등 다양한 뜻으로 사용하고 있으나 일본에서 사용하는 '개호(介護)'와 독일에서 사용하는 '수발(pflege)'이라는 의미와 상통하는 뜻으로 생각된다.

(2) 일본의 '개호(介護)'란 介錯(support)과 看護(nurse)라는 단어에서 한 자씩 떼어와 만든 합성어로서 고령화나 질병으로 심신의 기능이 저하되어 정상적인 생활을 영위하는 것이 불가능한 사람을 돌본다는 뜻으로 풀이할 수 있다.

독일의 '수발보험(pflegeversicherung)'이라는 용어도 일본의 개호와 비슷한 뜻으로써 학자에 따라 다양하게 사용되어 왔지만 pflege는 영어의 care와 같은 '돌봄' 또는 '보호'의 뜻으로 사용하고 있다. 특히 영어의 long-term care를 '장기요양보호'로 번역하여 사용하고 있으며, 최근에는 '수발'용어를 사용해야 한다는 주장을 하고 있다(김근홍, 2002).

(3) 장기요양보호에 대한 개념은 각 국가의 재정적, 사회 · 문화적 배경에 따라 그 내용이 상당한 차이를 나타내고 있다. 일례로 영국의 왕립장기요양보호위원회(Royal Commission on Long Term Care)의 보고서를 살펴보면 "의존적(비자립적)인 상태가 진행되고 영속적인 기간 동안에 제공되는 여러 유형의 보건의료 및 복지서비스"로 정의한 바 있다.

OECD 국가에서도 "고령으로 인한 치매 등 노인성질환 및 장애로 거동이 불가능하여 보호가 필요한 노인에 대한 제반 공식적·비공식적 지원"의 의미로 사용하고 있다. 즉, 선천적·후천적으로 상당한 정도의 기능적 활동능력을 상실한 사람에게 지속적인 기간에 걸쳐 제공되는 일련의 건강보호서비스(health care service)와 대인적 보호서비스(personal care service) 및 사회적 서비스(social service)라 할 수 있다.

OECD의 이러한 개념은 "재가 및 시설에서 행해지는 의료보호(medical care), 요양보호(nursing care), 그리고 가사원조 및 수발 등 사회적 보호(social care)를 모두 포괄하는 의미"(OECD, 1996)라 할 수 있다.

(4) 이에 비하여, 일본의 개호보험은 "신체상 또는 정신상의 장애가 있어서 입욕, 배설, 식사 등의 일상생활에 기본적 동작 전부 또는 일부에 대해 후생성령으로 정한 기간(6개월 이상)동안에 상시 요양보호가 필요하다고 보이는 상태에 있는 자에게 제공하는 서비스"라 정의하고 있다.

독일 수발보험(pflegeversicherung)도 "신체적, 지적 또는 정신적인 질병이나 장애로 일상생활 과정 중에서 보통 정기적으로 반복되는 동작이 장기간(적어도 6개월) 중등도 또는 중도의 요양을 필요로 하는 자에게 제공되는 서비스"라 정의하고 있다.

(5) 이러한 내용을 종합하고 노인장기요양보험법의 규정을 고려하여 정의를 해 보면, '노인장기요양보호'란 "고령이나 질병 등의 사유로 장기간(6개월 이상)에 걸쳐 일상생활을 혼자 수행하기 어려운 노인 등에게 신체활동이나 가사활동의 지원 또는 간병 등의 서비스나 급여 등을 제공하는 활동"이라고 말할 수 있다(법 제1조, 제2조 제2항 참조).

2. 국민건강보험제도와 다른 점

노인장기요양보험제도는 요양시설이나 재가시설을 통하여 위에서 설명한 노인 장기요양보호서비스를 제공함으로써 노후의 생활안정과 가족의 부담을 경감시켜 국민의 삶의 질을 향상시키는 사회보험제도이다.

노인장기요양보험제도가 노령이나 치매·중풍 등과 같은 노인성 질환을 가진 자를 서비스대상으로 하고, 국민보험공단에서 이를 관장한다는 점에서 국민건강보험제도와 유사한 측면이 있다.

그러나 국민건강보험제도는 치매·중풍 등의 노인성 질병의 진단, 외래치료 및 입원치료, 재활치료 등 질환 자체의 진단·치료를 직접 목적으로 주로 병·의원 및 약국에서 제공하는 서비스를 급여대상으로 하지만, 노인장기요양보험제도는 치매·중풍 등의 노인성 질환의 진단·치료가 아니라 이들 질환으로 인하여 혼자 스스로 일상생활을 영위하기 어려운 대상자에게 요양시설이나 재가시설을 통한 신체활동 또는 가사활동 등의 지원서비스를 급여대상으로 한다는 점에서 차이가 있는 것이다.

3. 노인장기요양보험제도의 필요성과 도입경과

1) 장기요양보험제도의 필요성

(1) 노인인구의 급증과 복지서비스욕구의 다양화 1960년대 이후 생활수준의 향상, 공중위생환경의 개선, 의학기술의 발전 등으로 사망률이 크게 하락하여 평균수명은 지속적으로 높아지고 있는 반면에, 출생률은 오히려 점점 낮아지고 있는 추세에 있다. 이와 같은 출생률의 저하와 평균수명의 증가는 단기간에 노인인구가 급증하는 양상으로 나타나 2005년 말 기준 노인인구가 전체 인구의 9.1%, 2006년 말 현재는 9.5%에 이르는 등 UN이 분류한 '고령화사회'[1)]에 이미 진입하였으며, 2018년에는 14%를 넘어 '고령사회'로, 2026년에는 노인인구가 20%를 넘는 '초고령사회'가 될 것으로 예측하고 있다.[2)]

이와 같이 평균수명이 길어지면서 노인들은 장기간 노년기를 보내게 되는데, 노인의 노화는 신체적·생리적 감퇴현상으로 기본적인 일상생활을 위한 거동이 불편할 뿐만 아니라 치매·중풍 등 만성질환에 시달리는 경우가 많다.

실제로 건강에 지장이 없거나 다소 지장이 있어도 일상생활에 문제가 없는 독립생활 기대수명은 평균 68세에 불과하고, 전체 노인의 86.7%가 만성질환을 한 가지 이상 가지고 있으며, 65세 이상 노인의 13.3%만 질병 없이 활동이 자유로운 것으로 조사되고 있다.[3)]

이와 같은 노인인구의 급증과 치매를 포함한 만성질환자의 증가는 경제적·신체적 의존도의 증가를 가져와 다양한 복지욕구 특히 장기요양보호서비스의 필요성을 촉발시켰다.

(2) 노인단독가구의 증가 및 부양부담의 증가 1990년에는 65세 이상 전체 노인중 독거노인세대가 8.9%, 노인부부세대는 16.9%였으나 2000년에는 독거노인세대가 16.2%, 노인부부세대는 28.7%이고, 2010년에는 독거노인세대가 26.5%, 노인부부세대는 35.8%에 이르는 등 노인단독세대가 전체가구의 60%를 넘어가는 추세에 있다.

이와 같이 고령인구의 증가에 따른 노인단독세대의 증가는 만성질환에 따른 거동불편노인과 치매대상자의 증가를 가져올 뿐만 아니라 이들을 돌보기 위한 가정의 부양부담으로 이어짐으로써 결국 가족의 경제적·심리적 부담과 갈등의 원인이 되어 이혼이나 가정해체 등의 심각한 사회문제를 초래하고 있는 실정이다. 따라서 이러한 가정의 부양부담문제와 가족

---

1) UN은 65세 이상 노인인구의 비율이 7% 이상이면 '고령화사회', 14% 이상은 '고령사회', 20% 이상은 '초고령사회'로 분류한다.
2) 통계청, 2008년 장래인구추계
3) 정경희 외, 1998년 전국노인생활실태 및 복지욕구조사, 한국보건사회연구원, 1998.

의 보호기능을 대체하는 기능으로서 장기요양보호서비스가 필요하게 된 것이다.

(3) 노부모 부양의식의 쇠퇴 1960년대 이후 부터 경제성장과 사회발전이 급속하게 이루어져 산업사회를 넘어 정보화사회로 진전되면서 가족구조와 동거형태도 핵가족형태가 보편화되고, 자녀와 떨어져 생활하는 노인단독세대가 급증하여 가족이 노부모를 수발・부양해야 한다는 전통적인 효도관념이 쇠퇴하고 있는 실정이다. 이에 따라 가족이 기능이 자녀양육에 치중하고 노인부양을 기피하는 가족문화로 바뀌게 되어 노인에 대한 사회적 부양서비스의 필요성이 점점 더 커지고 있는 것이다.

2) 노인장기요양보험법의 제정 및 개정경과

(1) 노인수발보장법안 2003년 2월 참여정부 인수위원회는 대통령의 공약사항을 이행하기 위하여 2003년 보건복지부에 '공적노인요양보장추진기획단'을 구성하여 제도 및 재원조달방식의 기본골격을 확정하게 되었다. 이 기본골격을 토대로 2004년에는 공적 노인요양보장제도 실행위원회와 실무기획단을 설치하여 구체적인 실행모형을 개발하게 되었다.

동 실행모델을 토대로 2005년 5월 당・정 협의를 거쳐 '노인수발보험제도기본안'을 확정하고, 2005년 9월 15일 한국 프레스센터에서 공청회를 개최하여 제시된 내용을 토대로 '노인수발보장법안'을 마련하여 11월 초 관계부처의 협의를 거쳐 입법예고를 하게 되었다. 그러나 다시 2006년 1월 법제처 심의과정에서 '노인수발보험법안'으로 최종 변경되는 과정을 밟게 되었다.

(2) 노인장기요양보험법의 확정 및 개정 정부의 입법안이 2006년 2월 국회에 제출된 이후 5명의 국회의원이 각각 제출한 별도의 법안과 함께 2006년 9월 18일 정부안을 포함한 법안을 국회의 보건복지상임위원회에 일괄상정하게 되었다. 그 후 재야의 사회복지계로부터 청원 입법안이 2006년 10월 31일에 제출되었고 보건복지상임위원회는 동년 11월 2일, 국회에서 공청회를 열고 동 상임위원회의 법안소위원회에서 그동안 제출된 법안이 주장하는 쟁점 사항을 심의하는 과정에서 법의 명칭을 「노인장기요양보험법」으로 변경・채택하게 되어 국회를 통과함으로써 2007년 4월 27일 법률 제8403호(시행 2008.7.1)로 확정・시행하게 되었다.

제2절 목적 및 기본원칙

1. 목 적

노인장기요양보험법(이하 "노인요양법"이라 한다)에서는 "고령이나 노인성 질병 등의 사유로 일상생활을 혼자서 수행하기 어려운 노인 등에게 제공하는 신체활동 또는 가사활동 지원 등의 장기요양급여에 관한 사항을 규정하여 노후의 건강증진 및 생활안정을 도모하고 그 가족의 부담을 덜어 줌으로써 국민의 삶의 질을 향상하도록 함을 목적으로 한다"고 규정하고 있다(법 제1조).

장기요양보험제도는 고령이나 치매·중풍 등으로 신체적 거동이 불편하여 일상생활을 수행하기 곤란한 노인 등의 가정을 방문하거나 장기요양기관에 입소하게 하여 돌봄의 역할을 제도적으로 사회화하고, 새로운 사회적 효행을 실천함으로써 노후생활의 안정과 가족의 부담을 덜어 주는 위기가정의 제도적 지원을 도모하여 궁극적으로는 국민의 삶의 질을 향상시키려는 사회보험제도라 할 수 있다.

2. 기본원칙 및 이념

(1) 적정서비스 제공의 원칙 장기요양급여는 노인 등의 심신상태·생활환경과 노인 등 및 그 가족의 욕구·선택을 종합적으로 고려하여 필요한 범위 안에서 이를 적정하게 제공해야 한다(법 제3조 제1항)는 원칙이다.

(2) 재가급여 제공 우선의 원칙 장기요양급여는 노인 등이 가족과 함께 생활하면서 가정에서 장기요양을 받는 재가급여를 우선적으로 제공하여야 한다(법 동조 제2항)는 원칙이다.

(3) 의료서비스와의 연계원칙 장기요양급여는 노인 등의 심신상태나 건강 등이 악화되지 아니하도록 의료서비스와 연계하여 이를 제공하여야 한다(법 동조 제3항)는 원칙이다.

(4) 보편성의 원칙 국가는 제6조의 장기요양기본계획을 수립·시행함에 있어서 노인뿐만 아니라 장애인 등 일상생활을 혼자서 수행하기 어려운 '모든 국민'이 장기요양급여, 신체활동지원서비스 등을 제공받을 수 있도록 노력하고 나아가 이들의 생활안정과 자립을 지원할 수 있는 시책을 강구해야 한다는(법 제5조 참조) 보편성의 원칙을 채택하고 있다.

(5) 가족부담 경감의 원칙 고령이나 질병 등으로 혼자서 일상생활을 하기 어려운 노인의 건강증진 및 생활의 안정을 도모하고 가족의 부담을 덜어 주고자 하는 것(법 제1조 참조)

을 기본이념으로 하고 있다.

(6) 비밀누설금지의 원칙 특별자치시 · 특별자치도 · 시 · 군 · 구, 공단, 등급판정위원회 및 장기요양기관 등에 종사하고 있거나 종사한 자와 가족요양비 · 특례요양비 및 요양병원간병비와 관련된 급여를 제공한 자는 업무수행 중 알게 된 비밀을 누설하여서는 아니 된다(법 제62조 참조)는 원칙을 규정하고 있다.

3. 국가와 지방자치단체의 책임

(1) 생활안정과 자립지원시책의 강구 국가는 제6조의 장기요양기본계획을 수립 · 시행함에 있어서 노인뿐만 아니라 장애인 등 일상생활을 혼자서 수행하기 어려운 모든 국민이 장기요양급여, 신체활동지원서비스 등을 제공받을 수 있도록 노력하고, 나아가 이들의 생활안정과 자립을 지원할 수 있는 시책을 강구하여야 한다(법 제5조).

(2) 노인성질환 예방사업의 실시 국가 및 지방자치단체는 노인이 일상생활을 혼자서 수행할 수 있는 온전한 심신상태를 유지하는 데 필요한 사업(이하 "노인성질환예방사업"이라 한다)을 실시하여야 한다(법 제4조 제1항). 국가는 노인성질환예방사업을 수행하는 지방자치단체 또는 「국민건강보험법」에 따른 국민건강보험공단(이하 "공단"이라 한다)에 대하여 이에 소요되는 비용을 지원할 수 있다(법 동조 제2항).

(3) 요양기관의 확충 · 지원, 요양요원의 처우개선 국가 및 지방자치단체는 노인인구 및 지역특성 등을 고려하여 장기요양급여가 원활하게 제공될 수 있도록 충분한 수의 장기요양기관을 확충하고 장기요양기관의 설립을 지원하여야 하며(법 동조 제3항), 장기요양급여가 원활하게 제공될 수 있도록 공단에 필요한 행정적 또는 재정적 지원을 할 수 있고(법 동조 제4항), 장기요양요원의 처우를 개선하고 복지를 증진하며 지위를 향상시키기 위하여 적극적으로 노력하여야 한다(법 동조 제5항).

(4) 장기요양기본계획의 수립 · 시행 보건복지부장관은 노인 등에 대한 장기요양급여를 원활하게 제공하기 위하여 5년 단위로 다음 각 호가 포함된 '장기요양기본계획'을 수립 · 시행하여야 한다(법 제6조 제1항).

① 연도별 장기요양급여대상인원 및 재원조달 계획
② 연도별 장기요양기관 및 장기요양전문인력 관리 방안
③ 장기요양요원의 처우에 관한 사항
④ 그 밖에 노인 등의 장기요양에 관한 사항으로서 대통령령으로 정하는 사항

지방자치단체의 장은 제1항에 따른 장기요양기본계획에 따라 세부시행계획을 수립·시행하여야 한다(법 동조 제2항).

(5) 실태조사 보건복지부장관은 장기요양사업의 실태를 파악하기 위하여 3년마다 다음 각 호의 사항에 관한 조사를 정기적으로 실시하고 그 결과를 공표하여야 한다(법 제6조의2 제1항).

① 장기요양인정에 관한 사항

② 제52조에 따른 장기요양등급판정위원회(이하 "등급판정위원회"라 한다)의 판정에 따라 장기요양급여를 받을 사람(이하 "수급자"라 한다)의 규모, 그 급여의 수준 및 만족도에 관한 사항

③ 장기요양기관에 관한 사항

④ 장기요양요원의 근로조건, 처우 및 규모에 관한 사항

⑤ 그 밖에 장기요양사업에 관한 사항으로서 보건복지부령으로 정하는 사항

제1항에 따른 실태조사의 방법과 내용 등에 필요한 사항은 보건복지부령으로 정한다(법 제6조의2 제2항).

(6) 장기요양보험사업의 주체 장기요양보험사업은 보건복지부장관이 관장하고(법 제7조 제1항), 장기요양보험사업의 보험자는 공단으로 한다(법 동조 제2항).

제3절 적용대상

1. 보험가입자와 수급권자

(1) 보험가입자 "장기요양보험의 가입자(이하 "장기요양보험가입자"라 한다)는 「국민건강보험법」 제5조 및 제109조에 따른 가입자로 한다(법 제7조 제3항)"고 규정하므로 건강보험료를 납부하는 직장가입자 및 지역가입자와 국내에 체류하는 외국인 및 재외국민도 건강보험의 가입자인 경우에는 본법에 의한 장기요양보험의 가입자가 된다.

그러므로 국민건강보험법상 직장가입자 외에 그 피부양자도 동 법의 적용대상자에 들어가기 때문에(국민건강보험법 제5조 참조) 장기요양보험법의 적용대상자로서 장기요양보험의 가입자에 포함되는 것이다. 이와 같이 장기요양보험의 적용대상은 법률상 전 국민을 포괄하는 것으로 해석되기 때문에 '보편성의 원칙'이 적용된다고 말할 수 있다.

그러나 공단은 제3항에도 불구하고 「외국인 근로자의 고용 등에 관한 법률」에 따른 외국

인근로자 등 대통령령으로 정하는 외국인이 신청하는 경우 보건복지부령으로 정하는 바에 따라 장기요양보험가입자에서 제외할 수 있도록 규정하고 있다(법 제7조 제4항,시행령 제3조의2 참고).

(2) 수급권자 노인요양법에서는 장기요양보험 수급권자의 자격을 별도로 규정하여, 65세 이상의 노인 또는 65세 미만의 자로서 치매・뇌혈관성질환 등 대통령령으로 정하는 노인성 질병을 가진 자(법 제2조 제1호, 시행령 제2조 [별표 1] 참조)를 보험수급권자로 한정하고 있다.

(3) 보험가입자와 수급권자의 구분 국민연금보험이나 고용보험과 같은 사회보험에서는 일반적으로 보험가입자와 그 보험의 수혜자가 일치하지만, 노인장기요양보험에서는 보험가입자가 모두 보험의 수혜자인 보험급여 수급권자로서 혜택을 받을 수 있는 것이 아니라, 보험급여 수급권자를 65세 이상의 노인 또는 65세 미만의 자로서 치매・뇌혈관성질환 등 대통령령으로 정하는 노인성 질병을 가진 자로서 일상생활이 현저히 불편하여 장기요양이 필요한 자에 한정함으로써 '보험가입자'와 '보험급여 수급권자'를 다르게 규정하고 있다.

2. 장기요양보험료

(1) 보험료의 산정 노인장기요양보험료(이하 "요양보험료"라 한다)는 「국민건강보험법」 제69조 제4항 및 제5항에 따라 산정한 국민건강보험료액(이하 "건강보험료액"이라 한다)에서 같은 법 제74조 또는 제75조에 따라 경감 또는 면제되는 비용을 공제한 금액에 장기요양보험료율(이하 "요양보험요율"이라 한다)을 곱하여 산정한 금액으로 한다(법 제9조 제1항). 환언하면 국민건강보험의 직장가입자와 지역가입자에게 부과하는 '건강보험료액'에 요양보험요율을 곱하여 요양보험료를 산정하게 된다.

노인장기요양보험료 = 건강보험료액 × 장기요양보험요율

제1항에 따른 장기요양보험료율[4)]은 제45조에 따른 장기요양위원회의 심의를 거쳐 대통령령으로 정한다(법 동조 제2항).

(2) 보험료의 징수・관리 공단은 장기요양사업에 사용되는 비용에 충당하기 위하여 요양보험료를 징수하는데(법 제8조 제1항), 요양보험료는 건강보험료와 통합하여 징수한다. 이 경우 공단은 요양보험료와 건강보험료를 구분하여 고지하여야 한다(법 동조 제2항). 공단은 통합하여 징수한 요양보험료와 건강보험료를 각각의 독립회계로 관리하여야 한다(법 동조 제3

4) 2018.1.1부터 장기요양보험요율은 1만분의738(7.38%)이다(시행령 제4조 참조)

항). 여기서 '장기요양사업'이란 장기요양보험료, 국가 및 지방자치단체의 부담금 등을 재원으로 하여 노인등에게 장기요양급여를 제공하는 사업을 말한다(법 제2조 제3호).

(3) 장애인 등에 대한 보험료의 감면 공단은 「장애인복지법」에 따른 장애인 또는 이와 유사한 자로서 대통령령으로 정하는 자가 장기요양보험가입자 또는 그 피부양자인 경우 제15조 제2항에 따른 수급자로 결정되지 못한 때 대통령령으로 정하는 바에 따라 장기요양보험료의 전부 또는 일부를 감면할 수 있다(법 제10조, 시행령 제5조 참조).

(4) 국민건강보험법의 준용 「국민건강보험법」 제5조, 제6조, 제8조부터 제11조까지, 제69조 제1항부터 제3항까지, 제76조부터 제86조까지 및 제110조는 장기요양보험가입자・피부양자의 자격취득・상실, 장기요양보험료 등의 납부・징수 및 결손처분 등에 관하여 이를 준용한다. 이 경우 '보험료'는 '장기요양보험료'로, '건강보험'은 '장기요양보험'으로, '가입자'는 '장기요양보험가입자'로 본다(법 제11조).

제4절 장기요양의 인정

1. 장기요양인정신청 및 조사

1) 장기요양인정의 신청

장기요양급여를 받기 위해서는 장기요양인정을 신청할 수 있는 자가 먼저 공단에 장기요양인정을 신청하여야 한다.

(1) 장기요양인정의 신청자격 장기요양인정을 신청할 수 있는 자는 노인 등으로서 다음 각 호의 어느 하나에 해당하는 자격을 갖추어야 한다(법 제12조).

① 장기요양보험가입자 또는 그 피부양자

② 「의료급여법」 제3조 제1항에 따른 수급권자(이하 "의료급여수급권자"라 한다)

(2) 대리신청 장기요양급여를 받고자 하는 자 또는 수급자가 신체적・정신적인 사유로 이 법에 따른 장기요양인정의 신청, 장기요양인정의 갱신신청 또는 장기요양등급의 변경신청 등을 직접 수행할 수 없을 때 본인의 가족이나 친족, 그 밖의 이해관계인은 이를 대리할 수 있다(법 제22조 제1항).

「사회복지사업법」에 따른 사회복지전담공무원은 관할지역 안에 거주하는 자에 대한 제1

항에 따른 장기요양인정신청 등을 본인 또는 가족의 동의를 받아 대리할 수 있다(법 동조 제2항). 제1항 및 제2항에도 불구하고 장기요양급여를 받고자 하는 자 또는 수급자가 제1항에 따른 장기요양인정신청 등을 할 수 없는 경우 특별자치시장·특별자치도지사·시장·군수·구청장(이하 "지역자치구의 장"라 한다)이 지정하는 자는 이를 대리할 수 있다(법 동조 제3항).

(3) 신청방법 장기요양인정을 신청하는 자(이하 "신청인"이라 한다)는 공난에 보건복지부령으로 정하는 바에 따라 장기요양인정신청서(이하 "신청서"라 한다)에 의사 또는 한의사가 발급하는 소견서(이하 "의사소견서"라 한다)를 첨부하여 제출하여야 한다. 다만, 의사소견서는 공단이 제15조 제1항에 따라 등급판정위원회에 자료를 제출하기 전까지 제출할 수 있다(법 제13조 제1항).

제1항에도 불구하고 거동이 현저하게 불편하거나 도서·벽지지역에 거주하여 의료기관을 방문하기 어려운 자 등 대통령령으로 정하는 자는 의사소견서를 제출하지 아니할 수 있다(법 동조 제2항).

2) 요양인정신청에 대한 조사

(1) 조사사항 공단은 제13조 제1항에 따라 신청서를 접수한 때 보건복지부령으로 정하는 바에 따라 소속 직원으로 하여금 다음 각 호의 사항을 조사하게 하여야 한다. 다만, 지리적 사정 등으로 지접 조사하기 어려운 경우 또는 조사에 필요하다고 인정하는 경우 특별자치시·특별자치도·시·군·구(자치구를 말한다. 이하 같다)에 대하여 조사를 의뢰하거나 공동으로 조사할 것을 요청할 수 있다(법 제14조 제1항).

① 신청인의 심신상태
② 신청인에게 필요한 장기요양급여의 종류 및 내용
③ 그 밖에 장기요양에 관하여 필요한 사항으로서 보건복지부령으로 정하는 사항

(2) 조사 등의 통보 제1항에 따라 조사를 하는 자는 조사일시, 장소 및 조사를 담당하는 자의 인적사항 등을 미리 신청인에게 통보하여야 한다(법 동조 제2항).

(3) 조사결과서의 송부 공단 또는 제1항 단서에 따른 조사를 의뢰받은 특별자치시·특별자치도·시·군·구(이하 "지역자치구"라 한다.)는 조사를 완료한 때 조사결과서를 작성하여야 한다. 조사를 의뢰받은 지역자치구는 지체 없이 공단에 조사결과서를 송부하여야 한다(법 동조 제3항).

2. 등급판정 및 인정과 변경

1) 등급판정

(1) 공단의 자료제출 공단은 제14조에 따른 조사가 완료된 때 조사결과서, 신청서, 의사소견서, 그 밖에 심의에 필요한 자료를 등급판정위원회에 제출하여야 한다(법 제15조 제1항).

(2) 등급의 판정 자료를 제출받은 등급판정위원회는 신청인이 제12조의 신청자격요건을 충족하고 6개월 이상 동안 혼자서 일상생활을 수행하기 어렵다고 인정하는 경우 심신상태 및 장기요양이 필요한 정도 등 대통령령으로 정하는 등급판정기준에 따라 수급자로 판정한다(법 동조 제2항). 등급판정위원회는 제2항에 따라 심의・판정을 하는 때 신청인과 그 가족, 의사소견서를 발급한 의사 등 관계인의 의견을 들을 수 있다(법 동조 제3항).

(3) 등급판정기준 법 제15조 제2항에 따른 등급판정기준은 다음 각 호와 같다(시행령 제7조 제1항). 2014.7.1부터 1등급~5등급으로 분류되었다.

① 장기요양 1등급 : 심신의 기능상태 장애로 일상생활에서 전적으로 다른 사람의 도움이 필요한 자로서 장기요양인정 점수가 95점 이상인 자
② 장기요양 2등급 : 심신의 기능상태 장애로 일상생활에서 상당 부분 다른 사람의 도움이 필요한 자로서 장기요양인정 점수가 75점 이상 95점 미만인 자
③ 장기요양 3등급 : 심신의 기능상태 장애로 일상생활에서 부분적으로 다른 사람의 도움이 필요한 자로서 장기요양인정 점수가 60점 이상 75점 미만인 자
④ 장기요양 4등급 : 심신의 기능상태 장애로 일상생활에서 일정부분 다른 사람의 도움이 필요한 자로서 장기요양인정 점수가 51점 이상 60점 미만인 자
⑤ 장기요양 5등급 : 치매(제2조에 따른 노인성 질병에 해당하는 치매로 한정한다)환자로서 장기요양인정 점수가 45점 이상 51점 미만인 자
⑥ 장기요양 인지지원등급 : 치매(제2조에 따른 노인성 질병에 해당하는 치매로 한정한다)환자로서 장기요양인정 점수가 45점 미만인 자

(4) 등급판정기간 등급판정위원회는 신청인이 신청서를 제출한 날부터 30일 이내에 제15조에 따른 장기요양등급판정을 완료하여야 한다. 다만, 신청인에 대한 정밀조사가 필요한 경우 등 기간 이내에 등급판정을 완료할 수 없는 부득이한 사유가 있는 경우 30일 이내의 범위에서 이를 연장할 수 있다(법 제16조 제1항). 공단은 등급판정위원회가 제1항 단서에 따라 장기요양인정심의 및 등급판정기간을 연장하고자 하는 경우 신청인 및 대리인에게 그 내용・사유 및 기간을 통보하여야 한다(법 동조 제2항).

2) 요양인정서 및 표준장기요양이용계획서

(1) 장기요양인정서의 작성 · 송부 공단은 등급판정위원회가 장기요양인정 및 등급판정의 심의를 완료한 경우 지체 없이 다음 각 호의 사항이 포함된 '장기요양인정서'를 작성하여 수급자에게 송부하여야 한다(법 제17조 제1항).

① 장기요양등급

② 장기요양급여의 종류 및 내용

③ 그 밖에 장기요양급여에 관한 사항으로서 보건복지부령으로 정하는 사항

공단은 장기요양인정서를 작성할 경우 제17조 제1항 제2호에 따른 장기요양급여의 종류 및 내용을 정하는 때 다음 각 호의 사항을 고려하여 정하여야 한다(법 제18조).

① 수급자의 장기요양등급 및 생활환경

② 수급자와 그 가족의 욕구 및 선택

③ 시설급여를 제공하는 경우 장기요양기관이 운영하는 시설현황

(2) 표준장기요양이용계획서의 작성 · 송부 공단은 장기요양인정서를 송부하는 때 장기요양급여를 원활하게 이용할 수 있도록 제28조에 따른 월 한도액 범위 안에서 표준장기요양이용계획서를 작성하여 이를 함께 송부하여야 한다(법 제17조 제3항).

(3) 장기요양인정의 유효기간 장기요양인정의 유효기간은 최소 1년 이상으로서 대통령령으로 정한다(법제19조). 이에 따라 장기요양인정 유효기간은 1년으로 한다. 다만, 법 제20조에 따른 장기요양 인정의 갱신 결과 직전 등급과 같은 등급으로 판정된 경우에는 그 갱신된 장기요양인정의 유 효기간은 다음 각 호의 구분에 따른다(시행령 제8조 제1항).

① 장기요양 1등급의 경우: 4년

② 장기요양 2등급부터 4등급까지의 경우: 3년

③ 장기요양 5등급 및 인지지원등급의 경우: 2년

(4) 기각판정의 통보 공단은 등급판정위원회가 장기요양인정 및 등급판정의 심의를 완료한 경우 수급자로 판정받지 못한 신청인에게 그 내용 및 사유를 통보하여야 한다. 이 경우 지역자치구의 장은 공단에 대하여 이를 통보하도록 요청할 수 있고, 요청을 받은 공단은 이에 응하여야 한다(법 제17조 제2항).

(5) 장기요양인정의 갱신 수급자는 제19조에 따른 장기요양인정의 유효기간이 만료된 후 장기요양급여를 계속하여 받고자 하는 경우 공단에 장기요양인정의 갱신을 신청하여야 한다(법 제20조 제1항). 제1항에 따른 장기요양인정의 갱신신청은 유효기간이 만료되기 전 30일까지 이를 완료하여야 한다(법 동조 제2항). 제12조부터 제19조까지의 규정은 장기요양인

정의 갱신절차에 관하여 이를 준용한다(법 동조 제3항).

(6) 장기요양등급 등의 변경 장기요양급여를 받고 있는 수급자는 장기요양등급, 장기요양급여의 종류 또는 내용을 변경하여 장기요양급여를 받고자 하는 경우 공단에 변경신청을 하여야 한다(법 제21조 제1항). 제12조부터 제19조까지의 규정은 장기요양등급의 변경절차에 관하여 준용한다(법 동조 제2항).

제5절 장기요양급여

1. 장기요양급여의 의의

(1) 개념정의 '장기요양급여'란 제15조 제2항에 따라 6개월 이상 동안 혼자서 일상생활을 수행하기 어렵다고 인정되는 자에게 신체활동·가사활동의 지원 또는 간병 등의 서비스나 이에 갈음하여 지급하는 현금 등을 말한다(법 제2조 제2호).

(2) 현물급여의 원칙 장기요양급여는 현물급여를 원칙으로 하고 특정한 경우에는 보완적으로 현금급여를 인정하고 있다. '특별현금급여'를 인정한 것은 이 제도에 의한 현물서비스를 이용하기 어려운 특별한 경우와 부득이 가족의 서비스에 의존할 수 밖에 없는 예외적인 경우를 예상하지 않을 수 없기 때문이다.

2. 장기요양급여의 종류와 내용

1) 장기요양급여의 종류

이 법에 따른 장기요양급여의 종류는 다음 각 호와 같다(법 제23조 제1항 제1호~제3호).

(1) 재가급여(법 동조 제1항 제1호)

㈎ **방문요양** : 장기요양요원이 수급자의 가정 등을 방문하여 신체활동 및 가사활동 등을지원하는 장기요양급여

㈏ **방문목욕** : 장기요양요원이 목욕설비를 갖춘 장비를 이용하여 수급자의 가정 등을 방문하여 목욕을 제공하는 장기요양급여

㈐ **방문간호** : 장기요양요원인 간호사 등이 의사, 한의사 또는 치과의사의 지시서(이하 "방문간호지시서"라 한다)에 따라 수급자의 가정 등을 방문하여 간호, 진료의 보조, 요양에 관한 상담 또는 구강위생 등을 제공하는 장기요양급여

㈑ **주·야간보호** : 수급자를 하루 중 일정한 시간 동안 장기요양기관에 보호하여 신체활동 지원 및 심신기능의 유지·향상을 위한 교육·훈련 등을 제공하는 장기요양급여

㈒ **단기보호** : 수급자를 보건복지부령으로 정하는 범위 안에서 일정기간 동안 장기요양기관에 보호하여 신체활동 지원 및 심신기능의 유지·향상을 위한 교육·훈련 등을 제공하는 장기요양급여

㈓ **기타 재가급여** : 수급자의 일상생활·신체활동 지원에 필요한 용구를 제공하거나 가정을 방문하여 재활에 관한 지원 등을 제공하는 장기요양급여로서 대통령령으로 정하는 것

(2) 시설급여(법 동조 동항 제2호)

장기요양기관이 운영하는 「노인복지법」 제34조에 따른 노인의료복지시설 등에 장기간 동안 입소하여 신체활동 지원 및 심신기능의 유지·향상을 위한 교육·훈련 등을 제공하는 장기요양급여를 말한다.

(3) 특별현금급여(법 동조 동항 제3호)

㈎ **가족요양비** : 공단이 다음 각 호의 어느 하나에 해당하는 수급자가 가족 등으로부터 제23조 제1항 제1호 가목에 따른 방문요양에 상당한 장기요양급여를 받은 때 대통령령으로 정하는 기준에 따라 당해 수급자에게 지급하는 가족장기요양급여이다(법 제23조 제1항 제3호 가목, 제24조 제1항).

① 도서·벽지 등 장기요양기관이 현저히 부족한 지역으로서 보건복지부장관이 정하여 고시하는 지역에 거주하는 자

② 천지지변이나 그 밖에 이와 유사한 사유로 인하여 장기요양기관이 제공하는 장기요양급여를 이용하기 어렵다고 보건복지부장관이 인정하는 자

③ 신체·정신 또는 성격 등 대통령령으로 정하는 사유로 인하여 가족 등으로부터 장기요양을 받아야 하는 자

㈏ **특례요양비** : 수급자가 장기요양기관이 아닌 노인요양시설 등의 기관 또는 시설에서 재가급여 또는 시설급여에 상당한 장기요양급여를 받은 경우 대통령령으로 정하는 기준에 따라 당해 장기요양급여비용의 일부로서 수급자가 지급받는 특례장기요양급여이다(법 제23조 제1항 제3호 나목, 제25조 제1항).

㈐ **요양병원간병비** : 수급자가 「의료법」 제3조 제2항 제3호 라목에 따른 요양병원에 입원한 때 대통령령으로 정하는 기준에 따라 장기요양에 사용되는 비용의 일부로서 공단이 지급할 수 있는 요양병원장기요양급여이다(법 제23조 제1항 제3호다목, 제26조 제1항).

2) 장기요양기관의 종류 및 기준

제1항 제1호(재가급여) 및 제2호(시설급여)에 따라 장기요양급여를 제공할 수 있는 장기요양기관의 종류 및 기준과 장기요양급여 종류별 장기요양요원의 범위·업무·보수교육 등에 관하여 필요한 사항은 대통령령으로 정한다(법 제23조 제2항 전단, 시행령 제10조 참조). 〈제6절 6. 참조)〉

3. 장기요양급여의 제공과 수급권의 보호

1) 제공시기

(1) 원 칙 수급자는 장기요양인정서가 도달한 날부터 장기요양급여를 받을 수 있다(법 제27조 제1항).

(2) 예 외 제1항에도 불구하고 수급자는 돌볼 가족이 없는 경우 등 대통령령으로 정하는 사유가 있는 경우 신청서를 제출한 날부터 장기요양인정서가 도달되는 날까지의 기간 중에도 장기요양급여를 받을 수 있다(법 제27조 제2항).

2) 요양급여의 월 한도액

장기요양급여는 월 한도액 범위 안에서 제공한다. 이 경우 월 한도액은 장기요양등급 및 장기요양급여의 종류 등을 고려하여 산정한다(법 제28조 제1항). 월 한도액의 산정기준 및 방법, 그 밖에 필요한 사항은 보건복지부령으로 정한다(법 동조 제2항, 시행규칙 제22조 참조).

3) 수급권의 보호

장기요양급여를 받을 권리는 양도 또는 압류하거나 담보로 제공할 수 없다(법 제66조). 이 법에 따른 장기요양급여로 지급된 현금 등은 「국민기초생활 보장법」 제2조 제8호 및 제9호의 소득 또는 재산으로 보지 아니한다(법 제65조).

4. 장기요양급여의 제한

(1) 제한사유 공단은 장기요양급여를 받고 있거나 받을 수 있는 자가 다음 각 호의 어느 하나에 해당하는 경우 장기요양급여를 중단하거나 제공하지 아니하게 하여야 한다(법 제29조 제1항).

1. 거짓이나 그 밖의 부정한 방법으로 장기요양인정을 받은 경우
2. 고의로 사고를 발생하도록 하거나 본인의 위법행위에 기인하여 장기요양인정을 받은

경우

공단은 장기요양급여를 받고 있는 자가 정당한 사유 없이 제60조 또는 제61조에 따른 요구에 응하지 아니하거나 답변을 거절한 경우 장기요양급여의 전부 또는 일부를 제공하지 아니하게 할 수 있다(법 제29조 제2항)

(2) 국민건강보험법의 준용 「국민건강보험법」 제53조 제1항 제4호, 같은 조 제2항부터 제6항까지 및 제54조는 이 법에 따른 보험료 체납자 등에 대한 장기요양급여의 제한 및 장기요양급여의 정지에 관하여 준용한다. 이 경우 '가입자'는 '장기요양보험가입자'로, '보험급여'는 '장기요양급여'로 본다(법 제30조).

5. 요양급여의 환수

1) 부당이득의 징수

(1) 요양급여수급자 또는 장기요양기관에 대한 징수 공단은 장기요양급여를 받은 자 또는 장기요양급여비용을 받은 자가 다음 각 호의 어느 하나에 해당하는 경우 그 장기요양급여 또는 장기요양급여비용에 상당하는 금액을 징수한다(법 제43조 제1항).

① 제28조의 월 한도액 범위를 초과하여 장기요양급여를 받은 경우
② 제29조 또는 제30조에 따라 장기요양급여의 제한 등을 받을 자가 장기요양급여를 받은 경우
③ 제37조 제1항 제4호·제3항 제4호에 따른 거짓이나 그 밖의 부정한 방법으로 재가 및 시설급여비용을 청구하여 이를 지급받은 경우
④ 그 밖에 이 법상의 원인 없이 공단으로부터 장기요양급여를 받거나 장기요양급여비용을 지급받은 경우

(2) 허위행위관여자의 연대책임 공단은 제1항의 경우 거짓 보고 또는 증명에 의하거나 거짓 진단에 따라 장기요양급여가 제공된 때 거짓의 행위에 관여한 자에 대하여 장기요양급여를 받은 자와 연대하여 제1항에 따른 징수금을 납부하게 할 수 있다(법 동조 제2항).

(3) 부양의무자의 연대책임 공단은 제1항의 경우 거짓이나 그 밖의 부정한 방법으로 장기요양급여를 받은 자와 같은 세대에 속한 자(장기요양급여를 받은 자를 부양하고 있거나 다른 법령에 따라 장기요양급여를 받은 자를 부양할 의무가 있는 자를 말한다)에 대하여 거짓이나 그 밖의 부정한 방법으로 장기요양급여를 받은 자와 연대하여 제1항에 따른 징수금을 납부하게 할 수 있다(법 동조 제3항).

(4) 공단의 수급자에 대한 환급 공단은 제1항의 경우 장기요양기관이 수급자로부터 거짓이나 그 밖의 부정한 방법으로 장기요양급여비용을 받은 때 당해 장기요양기관으로부터 이를 징수하여 수급자에게 지체 없이 지급하여야 한다(법 동조 제4항).

2) 구상권

(1) 손해배상청구권의 대위 공단은 제3자의 행위로 인한 장기요양급여의 제공사유가 발생하여 수급자에게 장기요양급여를 행한 때 그 급여에 사용된 비용의 한도 안에서 그 제3자에 대한 손해배상의 권리를 얻는다(법 제44조 제1항).

(2) 수급자에 대한 공단의 급여거부 공단은 제1항의 경우 장기요양급여를 받은 자가 제3자로부터 이미 손해배상을 받은 때 그 손해배상액의 한도 안에서 장기요양급여를 행하지 아니한다(법 동조 제2항).

제6절 장기요양기관

1. 장기요양기관의 의의

장기요양기관이라 함은 「노인요양법」 제31조에 따라 지정을 받은 장기요양기관 또는 제32조에 따라 지정 의제된 재가장기요양기관으로서 장기요양급여를 제공하는 기관을 말한다(법 제2조 제4호). 「노인요양법」에 규정된 장기요양기관은 법 제31조에 따른 '지정장기요양기관'과 법 제32조에 따른 '의제장기요양기관'으로 분류할 수 있다.

'지정장기요양기관'은 노인복지법 제31조에 따른 노인복지시설 중 법 제31조 제2항에 따른 시설 및 인력을 갖추고 지역자치구의 장으로 부터 지정받은 장기요양기관(시행령 제14조, 시행규칙 제23조 제2항 [별표 1] 참조)을 말한다.

'의제장기요양기관'은 제23조 제1항 제1호의 재가급여중 어느 하나 이상에 해당하는 장기요양급여를 제공하고자 하는 자가 법 32조에 따른 시설 및 인력을 갖추고 지역자치구의 장에게 설치신고를 한 재가장기요양기관(법 제32조, 시행규칙 제24조 제1항 [별표 1] 참조)을 말한다.

2. 장기요양기관의 지정 및 설치

1) 장기요양기관의 지정(지정장기요양기관)

(1) 지정신청 장기요양기관을 설치・운영하고자 하는 자는 소재지를 관할구역으로

하는 특별자치시장・특별자치도지사・시장・군수・구청장으로 부터 지정을 받아야 한다(법 제31조 제1항). 제1항에 따라 장기요양기관으로 지정받고자 하는 자는 보건복지부령으로 정하는 장기요양에 필요한 시설 및 인력을 갖추어야 한다(법 동조 제2항).

(2) 시설 및 인력기준 법 제31조 제1항에 따라 장기요양기관으로 지정받으려는 자는 별지 제19호서식의 장기요양기관 지정신청서에 일반현황・인력현황 및 시설현황을 적은 서류를 첨부하여 지역자치단체장에게 제출하여야 한다(시행규칙 제23조 제1항). 법 제31조 제2항에 따라 장기요양기관으로 지정받으려는 자가 갖추어야 하는 시설 및 인력은 다음 각 호와 같다(시행규칙 제23조 제2항).

① 「노인복지법」 제38조에 따른 재가노인복지시설 : 같은 법 시행규칙 [별표 9]에 따른 시설 및 인력

② 「노인복지법」 제34조에 따른 노인의료복지시설 : 같은 법 시행규칙 [별표 4]에 따른 시설 및 인력

지역자치단체장은 제1항에 따라 장기요양기관을 지정한 때 지체 없이 지정 명세를 공단에 통보하여야 한다(법 제31조 제3항). 이와 같이 제31조에 따라 지역자치단체장으로 부터 지정받은 장기요양기관을 '지정장기요양기관'이라 할 수 있다.

2) 재가장기요양기관의 설치(의제장기요양기관)

(1) 설치신고 제23조 제1항 제1호의 재가급여 중 어느 하나 이상에 해당하는 장기요양급여를 제공하고자 하는 자는 시설 및 인력을 갖추어 재가장기요양기관을 설치하고 지역자치단체장에게 이를 신고하여야 한다. 신고를 받은 지역자치단체장은 신고 명세를 공단에 통보하여야 한다(법 제32조 제1항). 제1항 전단에 따라 설치의 신고를 한 재가장기요양기관은 장기요양기관으로 본다(법 동조 제2항). 제1항에 따른 시설 및 인력기준, 그 밖에 필요한 사항은 보건복지부령으로 정한다(법 동조 제4항).

이와 같이 제32조에 따라 설치・신고한 재가장기요양기관은 장기요양기관으로 보게 되므로 이를 '의제장기요양기관'이라 할 수 있다. 의료기관이 아닌 자가 설치・운영하는 재가장기요양기관은 방문간호를 제공하는 경우 방문간호의 관리책임자로서 간호사를 둔다(법 동조 제3항).

(2) 시설 및 인력기준 법 제32조 제1항에 따라 재가장기요양기관을 설치・운 영하려는 자는 별지 제21호서식의 재가장기요양기관 설치신고서에 법정의 서류를 첨부하 여 지역자치구의 장에게 제출하여야 한다. 이 경우 2명 이상이 공동으로 재가장기요양기 관을 설치・운영하려는 경우에는 각 구성원의 연명으로 신고서를 제출하여야 한다(시행규칙 제24조 제1항).

법 제32조 제4항에 따른 시설 및 인력은 다음 각 호와 같다(시행규칙 제24조 제2항).

① 법 제23조 제1항 제1호 가목, 나목, 라목 또는 마목의 급여를 제공하려는 자: 「노인복지법 시행규칙」[별표 9]에 따른 시설 및 인력

② 법 제23조 제1항 제1호다목 또는 바목의 급여를 제공하려는 자: [별표 1]에 따른시설 및 인력

3) 결격사유

다음 각 호의 어느 하나에 해당하는 자는 제31조에 따른 장기요양기관의 지정을 받거나 제32조에 따른 재가장기요양기관의 설치 신고를 할 수 없다(법제24조 제1항).

① 미성년자, 피성년후견인 또는 피한정후견인

② 「정신보건법」 제3조 제1호의 정신질환자

③ 「마약류 관리에 관한 법률」 제2조 제1호의 마약류에 중독된 사람

④ 파산선고를 받고 복권되지 아니한 사람

⑤ 금고 이상의 실형을 선고받고 그 집행이 종료(집행이 종료된 것으로 보는 경우를 포함한다)되거나 집행이 면제된 날부터 5년이 경과되지 아니한 사람

⑥ 금고 이상의 형의 집행유예를 선고받고 그 유예기간 중에 있는 사람

⑦ 대표자가 제1호부터 제6호까지의 규정 중 어느 하나에 해당하는 법인

4) 요양기관의 시설 · 인력에 관한 변경신고와 정보의 안내

(1) 변경신고 장기요양기관은 시설 및 인력 중 보건복지부령이 정하는 중요한 사항을 변경하는 경우 보건복지부령으로 정하는 바에 따라 지역자치단체장에게 신고하여야 한다. 신고를 받은 지역자치단체장은 지체 없이 변경 명세를 공단에 통보하여야 한다(법 제33조).

(2) 정보안내 장기요양기관은 수급자가 장기요양급여를 쉽게 선택하도록 하고, 장기요양기관이 제공하는 급여의 질을 보장하기 위하여 장기요양기관별 급여의 내용, 시설 · 인력 등 현황자료 등을 공단이 운영하는 인터넷 홈페이지에 게시하여야 한다(법 제34조).

5) 장기요양기관의 의무

(1) 급여제공거부의 금지의무 장기요양기관은 수급자로부터 장기요양급여신청을 받은 때 장기요양급여의 제공을 거부하여서는 아니 된다. 다만, 입소정원에 여유가 없는 경우 등 정당한 사유가 있는 경우는 그러하지 아니하다(법 제35조 제1항).

(2) 법정기준 · 절차에 따른 급여제공의무 장기요양기관은 제23조 제3항에 따른 장기

요양급여의 제공기준 · 절차 및 방법 등에 따라 장기요양급여를 제공하여야 한다(법 동조 제2항).

(3) 급여비용명세서 교부의무 장기요양기관의 장은 장기요양급여를 제공한 수급자에게 장기요양급여비용에 대한 명세서를 교부하여야 한다(법 동조 제3항).

(4) 급여제공자료의 기록 · 관리의무 장기요양기관의 장은 장기요양급여 제공에 관한 자료를 기록 · 관리하여야 하며 장기요양기관의 장 및 그 종사자는 장기요양급여 제공에 관한 자료를 거짓으로 작성하여서는 아니 된다(법 동조 제4항).

(5) 본인부담금의 감면 금지의무 장기요양기관은 제40조 제1항 단서에 따라 면제받거나 같은 조 제3항에 따라 감경받는 금액 외에 영리를 목적으로 수급자가 부담하는 재가 및 시설 급여비용(이하 "본인일부부담금"이라 한다)을 면제하거나 감경하는 행위를 하여서는 아니 된다(법 동조 제5항).

(6) 소개 · 알선 · 유인 등의 금지 누구든지 영리를 목적으로 금전, 물품, 노무, 향응, 그 밖의 이익을 제공하거나 제공할 것을 약속하는 방법으로 수급자를 장기요양기관에 소개, 알선 또는 유인하는 행위 및 이를 조장하는 행위를 하여서는 아니 된다(법 동조 제6항).

(7) 재무회계기준 장기요양기관의 장은 보건복지부령으로 정하는 재무 · 회계에 관한 기준(이하 "장기요양기관 재무 · 회계기준"이라 한다)에 따라 장기요양기관을 투명하게 운영하여야 한다. 다만, 장기요양기관 중 「사회복지사업법」 제34조에 따라 설치한 사회복지시설은 같은 조 제3항에 따른 재무 · 회계에 관한 기준에 따른다(법 제35조의2 제1항)

(8) 폐업 · 휴업 등 신고의무

① 장기요양기관의 폐업 등 신고 장기요양기관의 장은 폐업하거나 휴업하고자 하는 경우 폐업이나 휴업 예정일 전 30일까지 지역자치구의 장에게 신고하여야 한다. 신고를 받은 지역자치구의 장은 지체 없이 신고명세를 공단에 통보하여야 한다(법 제36조 제1항).

② 수급자의 권익 보호조치 장기요양기관의 장은 장기요양기관을 폐업 또는 휴업하려는 경우 보건복지부령으로 정하는 바에 따라 해당 장기요양기관을 이용하는 수급자가 다른 장기요양기관을 이용할 수 있도록 조치계획을 수립하고 이행하는 등 수급자의 권익을 보호하기 위한 조치를 취하여야 한다(법 동조 제2항).

③ 폐업 · 휴업 등 철회권고 지역자치구의 장은 제1항에 따라 폐업 또는 휴업신고를 접수한 경우 장기요양기관의 장이 제2항에 따른 수급자의 권익을 보호하기 위한 조치를 하였는지의 여부를 확인하고, 인근지역에 대체 장기요양기관이 없는 경우 등 장기요양급여에 중대한 차질이 우려되는 때 장기요양기관의 폐업 또는 휴업 철회를 권고하거나 그 밖의 다른

조치를 강구하여야 한다(법 동조 제3항).

④ 공단에 통보 지역자치구의 장은 「노인복지법」 제43조에 따라 노인의료복지시설 등(장기요양기관이 운영하는 시설인 경우에 한한다)에 대하여 사업정지 또는 폐지 명령을 하는 경우 지체 없이 공단에 그 내용을 통보하여야 한다(법 동조 제4항).

⑤ 급여제공자료의 공단이관 장기요양기관의 장은 제1항에 따라 폐업 또는 휴업 신고를 할 때 보건복지부령으로 정하는 바에 따라 장기요양급여 제공 자료를 공단으로 이관하여야 한다. 다만, 휴업 신고를 하는 장기요양기관의 장이 휴업 예정일 전까지 공단의 허가를 받은 경우에는 장기요양급여 제공 자료를 직접 보관할 수 있다(법 동조 제5항).

3. 장기요양기관 지정의 취소 등

1) 장기요양기관의 지정취소

(1) 지정취소사유 지역자치구의 장은 장기요양기관이 다음 각 호의 어느 하나에 해당하는 경우 그 지정을 취소하거나 6개월의 범위에서 업무정지를 명할 수 있다. 다만, 제1호, 제2호의2 또는 제7호에 해당하는 경우에는 지정을 취소하여야 한다(법 제37조 제1항).

① 거짓이나 그 밖의 부정한 방법으로 지정을 받은 경우
② 제31조 제2항에 따른 지정기준에 적합하지 아니한 경우
②의2 제32조의2 각 호의 어느 하나에 해당하게 된 경우. 다만, 제32조의2 제7호에 해당하게 된 법인의 경우 3개월 이내에 그 대표자를 변경하는 때에는 그러하지 아니하다.
③ 제35조 제1항을 위반하여 장기요양급여를 거부한 경우
③의2 제35조 제5항을 위반하여 본인일부부담금을 면제하거나 감경하는 행위를 한 경우
③의3 제35조 제6항을 위반하여 수급자를 소개, 알선 또는 유인하는 행위 및 이를 조장하는 행위를 한 경우
④ 거짓이나 그 밖의 부정한 방법으로 재가 및 시설급여비용을 청구한 경우
⑤ 제61조 제2항에 따른 자료제출 명령에 따르지 아니하거나 거짓으로 자료제출을 한 경우나 질문 또는 검사를 거부・방해 또는 기피하거나 거짓으로 답변한 경우
⑥ 장기요양기관의 종사자 등이 다음 각목의 어느 하나에 해당하는 행위를 한 경우
㈎ 수급자의 신체에 폭행을 가하거나 상해를 입히는 행위
㈏ 수급자에게 성적 수치심을 주는 성폭행, 성희롱 등의 행위
㈐ 자신의 보호・감독을 받는 수급자를 유기하거나 의식주를 포함한 기본적 보호 및 치료를 소홀히 하는 방임행위
⑦ 업무정지기간 중에 장기요양급여를 제공한 경우

(2) 통 보 지역자치구의 장은 제1항에 따라 지정을 취소하거나 업무정지명령을 한 경우에는 지체 없이 그 내용을 공단에 통보하고, 보건복지부령으로 정하는 바에 따라 보건복지부장관에게 통보하며, 이 경우 시장·군수·구청장은 관할 특별시장·광역시장 또는 도지사를 거쳐 보건복지부장관에게 통보하여야 한다(법 동조 제2항).

2) 재가장기요양기관의 영업정지·폐쇄명령

(1) 영업정지·폐쇄명령사유 지역자치구의 장은 재가장기요양기관이 다음 각 호의 어느 하나에 해당하는 경우 시설을 폐쇄할 것을 명하거나 6개월의 범위에서 업무정지를 명할 수 있다. 다만, 제1호, 제2호의 2 또는 제5호에 해당하는 경우 폐쇄명령을 하여야 한다(법 제37조 제3항).

① 거짓이나 그 밖의 부정한 방법으로 신고한 경우
② 제32조 제1항에 따라 갖추어야 하는 시설 및 인력을 갖추지 아니한 경우
②의2 제1항 제2호의 2에 해당하는 경우
③ 제1항 제3호, 제3호의2, 제3호의3, 제5호 또는 제6호에 해당하는 경우
④ 거짓이나 그 밖의 부정한 방법으로 재가급여비용을 청구한 경우
⑤ 업무정지기간 중에 장기요양급여를 제공한 경우
⑥ 제36조의2에 따른 시정명령을 이행하지 아니하거나 회계부정 행위가 있는 경우

(2) 통 보 지역자치구의 장은 제3항에 따라 재가장기요양기관에 대하여 폐쇄명령 또는 업무정지명령을 한 경우 지체 없이 그 내용을 공단에 통보하고, 보건복지부령으로 정하는 바에 따라 보건복지부장관에게 통보하며, 이 경우 시장·군수·구청장은 관할 특별시장·광역시장 또는 도지사를 거쳐 보건복지부장관에게 통보하여야 한다. 폐쇄명령을 받은 재가장기요양기관은 제1항에 따라 장기요양기관의 지정이 취소된 것으로 본다(법 동조 제4항).

(3) 청문의 실시 지역자치구의 장은 제37조 제1항에 따라 장기요양기관 지정 취소 또는 업무정지명령이나 제37조 제3항에 따른 재가장기요양기관의 폐쇄명령 또는 업무정지명령을 하려는 경우에는 청문을 하여야 한다(법 제63조 참조).

3) 요양기관의 재지정·설치신고의 금지

다음 각 호의 어느 하나에 해당하는 자는 제31조에 따라 장기요양기관으로 지정받거나 제32조에 따라 재가장기요양기관의 설치신고를 할 수 없다(법 제37조 제6항).

① 제1항 또는 제3항에 따라 지정취소 또는 폐쇄명령을 받은 후 3년이 지나지 아니한 자(법인인 경우 그 대표자를 포함한다)

② 제1항 또는 제3항에 따라 업무정지명령을 받고 업무정지기간이 지나지 아니한 자(법인인 경우 그 대표자를 포함한다)

4) 위반사실 등의 공표

(1) 공표범위 지역자치구의 장은 장기요양기관이 거짓으로 재가·시설 급여비용을 청구하였다는 이유로 제37조 또는 제37조의2에 따른 처분이 확정된 경우로서 다음 각 호의 어느 하나에 해당하는 경우에는 위반사실, 처분내용, 장기요양기관의 명칭·주소, 장기요양기관의 장의 성명, 그 밖에 다른 장기요양기관과의 구별에 필요한 사항으로서 대통령령으로 정하는 사항을 공표할 수 있다(법 제37조의3 제1항).

① 거짓으로 청구한 금액이 1천만원 이상인 경우

② 거짓으로 청구한 금액이 장기요양급여비용 총액의 100분의 10 이상인 경우

(2) 공표심의위원회 지역자치구의 장은 제1항에 따른 공표 여부 등을 심의하기 위하여 공표심의위원회를 설치·운영할 수 있다(법 동조 제2항).

4. 장기요양기관의 종류

(1) 급여종별에 따른 장기요양기관의 종류와 기준 법 제23조 제2항에 따라 장기요양급여를 제공할 수 있는 장기요양기관의 종류 및 기준은 다음 각 호와 같다(시행령 제10조).

① 재가급여를 제공할 수 있는 장기요양기관

㈎ 「노인복지법」 제38조에 따른 재가노인복지시설로서 법 제31조에 따라 지정받은 장기요양기관

㈏ 법 제32조에 따라 설치한 재가장기요양기관

② 시설급여를 제공할 수 있는 장기요양기관

㈎ 「노인복지법」 제34조 제1항 제1호에 따른 노인요양시설로서 법 제31조에 따라 지정받은 장기요양기관

㈏ 「노인복지법」 제34조 제1항 제2호에 따른 노인요양공동생활가정으로서 법 제31조에 따라 지정받은 장기요양기관

(2) 지정 또는 의제에 따른 장기요양기관의 분류

① 법 제31조에 따라 지정을 받은 '지정장기요양기관'(시행규칙 23조 제2항 참조)

② 법 제32조에 따라 설치·신고된 '의제장기요양기관'(시행규칙 제24조 제1항 참조)

5. 장기요양요원

(1) 개념정의 「노인요양법」에서는 장기요양요원에 대하여 "장기요양기관에 소속되어 노인 등의 신체활동 또는 가사활동 지원 등의 업무를 수행하는 자를 말한다(법 제2조 제5호)"고 정의하고 있을 뿐이며, 제23조에서 장기요양급여의 종류별 장기요양요원의 범위 · 업무 · 보수교육 등에 관하여 필요한 사항은 대통령령으로 정하도록 규정하고 있다(법 제23조 제1 · 2항 참조).

(2) 요양보호사 자격제도 노인요양법에서는 장기요양급여를 제공할 수 있는 장기요양요원의 범위 · 업무 · 보수교육 등 에 관하여는 대통령령으로 정하게 위임하며(법 제23조 제2항 참조), 장기요양기관의 지정과 설치 · 신고에 필요한 시설 및 인력기준에 관하여는 보건복지부령으로 정하도록 위임하고 있다(법 제31조 제2항, 제32조 제4항 참조).

이에 따라 대통령령에서는 요양보호사 1급과 2급 자격을 가진 자의 업무범위를 명시하고 있고(시행령 제11조 참조), 보건복지부령에서는 장기요양기관의 종류별 인력기준으로 요양보호사를 채용하도록 명시하고 있을 뿐이며(시행규칙 제23조, 제24조 참조), 요양보호사 자격의 취득과 관련된 사항은 노인복지법에서 규정하고 있다(노인복지법 제4절 참조).

(3) 장기요양요원지원센터 지방자치단체는 장기요양요원의 권리를 보호하기 위하여 장기요양요원지원센터를 설치 · 운영할 수 있다(법 제47조의2 제1항). 장기요양요원지원센터는 다음 각 호의 업무를 수행한다(법 동조 제2항).

① 장기요양요원의 권리 침해에 관한 상담 및 지원
② 장기요양요원의 역량강화를 위한 교육지원
③ 장기요양요원에 대한 건강검진 등 건강관리를 위한 사업
④ 그 밖에 장기요양요원의 업무 등에 필요하여 대통령령으로 정하는 사항

장기요양요원지원센터의 설치 · 운영 등에 필요한 사항은 보건복지부령으로 정하는 바에 따라 해당 지방자치단체의 조례로 정한다(법 동조 제3항).

제7절 장기요양급여비용 및 급여수가

1. 장기요양급여비용

1) 청구 및 지급

(1) 공단에 청구 장기요양기관은 수급자에게 제23조에 따른 재가급여 또는 시설급여

를 제공한 경우 공단에 장기요양급여비용을 청구하여야 한다(법 제38조 제1항).

(2) 공단의 심사 · 지급 공단은 제1항에 따라 장기요양기관으로부터 재가 또는 시설급여비용의 청구를 받은 경우 이를 심사하여 장기요양에 사용된 비용 중 공단부담금(재가 및 시설급여비용 중 본인일부부담금을 공제한 금액을 말한다)을 당해 장기요양기관에 지급하여야 한다(법 제38조 제2항). 이 경우에 공단은 제54조 제2항에 따른 장기요양기관의 장기요양급여평가 결과에 따라 장기요양급여비용을 가산 또는 감액 조정하여 지급할 수 있다(법 동조 제3항). 장기요양기관은 지급받은 장기요양급여비용 중 보건복지부장관이 정하여 고시하는 비율에 따라 그 일부를 장기요양요원에 대한 인건비로 지출하여야 한다(법 동조 제4항).

2) 급여비용의 산정

(1) 급여비용의 산정방법 및 항목 재가 및 시설급여비용은 급여 종류 및 장기요양등급 등에 따라 장기요양위원회의 심의를 거쳐 보건복지부장관이 정하여 고시한다(법 제39조 제1항). 보건복지부장관은 제1항에 따라 재가 및 시설 급여비용을 정할 때 대통령령으로 정하는 바에 따라 국가 및 지방자치단체로부터 장기요양기관의 설립비용을 지원받았는지 여부 등을 고려할 수 있다(법 동조 제2항). 제1항에 따른 급여비용의 구체적인 산정방법 및 항목 등에 관하여 필요한 사항은 보건복지부령으로 정한다(법 동조 제3항).

(2) 본인일부부담금 재가 및 시설 급여비용은 다음 각 호와 같이 수급자가 부담한다. 다만 수급자 중 「의료급여법」 제3조 제1항 제1호에 따른 수급자는 그러하지 아니하다(법 제40조 제1항).

① 재가급여 : 당해 장기요양급여비용의 100분의 15

② 시설급여 : 당해 장기요양급여비용의 100분의 20

그러나 다음 각 호의 장기요양급여에 대한 비용은 수급자 본인이 전부 부담한다(법 동조 제2항).

① 이 법의 규정에 따른 급여의 범위 및 대상에 포함되지 아니하는 장기요양급여

② 수급자가 제17조 제1항 제2호에 따른 장기요양인정서에 기재된 장기요양급여의 종류 및 내용과 다르게 선택하여 장기요양급여를 받은 경우 그 차액

③ 제28조에 따른 장기요양급여의 월 한도액을 초과하는 장기요양급여

(3) 본인부담금의 감경 다음 각 호의 어느 하나에 해당하는 자에 대하여는 본인일부부담금의 100분의 50을 감경한다(법 동조 제3항).

① 의료급여법 제3조 제1항 제2호부터 제9호까지의 규정에 따른 수급권자

② 소득 · 재산 등이 보건복지부장관이 정하여 고시하는 일정금액 이하인 자. 다만 도

서・벽지・농어촌 등의 지역에 거주하는 자에 대하여 따로 금액을 정할 수 있다.

③ 천재지변 등 보건복지부령으로 정하는 사유로 인하여 생계가 곤란한 자

(4) 가족 등의 장기요양에 대한 보상 공단은 장기요양급여를 받은 금액의 총액이 보건복지부장관이 정하여 고시하는 금액 이하에 해당하는 수급자가 가족 등으로부터 제23조 제1항 제1호 가목에 따른 방문요양에 상당한 장기요양을 받은 경우 보건복지부령으로 정하는 바에 따라 본인일부부담금의 일부를 감면하거나 이에 갈음하는 조치를 할 수 있다(법 제41조 제1항).

2. 장기요양급여의 수가

장기요양기관이 수급자에게 제공한 서비스의 내용에 따른 장기요양급여비용을 청구하기 위하여는 급여 종류 및 장기요양등급과 서비스의 종류・내용・제공량 등 자원소모량이 반영된 '장기요양급여수가'가 확정되어야 한다.

장기요양급여수가는 노인장기요양보험법 제39조(재가 및 시설급여비용의 산정) 및 동법 시행령 제12조(가족요양비의 지급기준), 동법 시행규칙 제22조(장기요양급여의 월 한도액) 및 제32조(재가 및 시설급여비용의 산정방법 및 항목)에 따라 보건복지부장관이 정하여 고시한다.[5)]

제8절 장기요양사업의 관리・운영 및 지원체계

1. 국가 및 지방자치단체

(1) 장기요양사업의 관장 "장기요양사업이란 장기요양보험료, 국가 및 지방자치단체의 부담금 등을 재원으로 하여 노인 등에게 장기요양급여를 제공하는 사업을 말한다(법 제2조 제3호)"고 정하고 있다. 이러한 장기요양보험사업을 관장하는 보건복지부장관(법 제7조 참조)이 장기요양사업에 관한 정책수립과 요양급여서비스의 종류 및 기준 등 장기요양보험제도의 시행에 필요한 총괄적인 관리・운영 권한과 책임을 지고 있으며, 이에 대한 심의기구로서 장기요양위원회를 설치・운영하도록 규정하고 있다(법 제45조~제47조 참조).

(2) 지방자치단체 및 공단에 대한 지원 국가 및 지방자치단체는 노인이 일상생활을 혼자서 수행할 수 있는 온전한 심신상태를 유지하는데 필요한 사업(이하 "노인성질환예방사업"이라 한다)을 실시하여야 한다. 국가는 노인성질환예방사업을 수행하는 지방자치단체 또는 국민

5) 보건복지부 고시 제2018-6호(시행 2018.1.12)참조

건강보험공단에 대하여 이에 소요되는 비용을 지원할 수 있다(법 제4조 제1항 · 제2항).

국가 및 지방자치단체는 노인인구 및 지역특성 등을 고려하여 장기요양급여가 원활하게 제공될 수 있도록 충분한 수의 장기요양기관을 확충하고 장기요양기관의 설립을 지원하여야 하며, 공단에 필요한 행정적 또는 재정적 지원을 할 수 있도록 규정하고 있다. 또한 국가 및 지방자치단체는 장기요양요원의 처우를 개선하고 복지를 증진하며 지위를 향상시키기 위하여 적극적으로 노력하여야 한다(법 제4조 제3항~제5항).

(3) 장기요양기본계획의 수립 · 시행 보건복지부장관은 노인 등에 대한 장기요양급여를 원활하게 제공하기 위하여 5년 단위로 다음 각 호의 사항이 포함된 장기요양기본계획을 수립 · 시행하여야 한다(법 제6조).

① 연도별 장기요양급여 대상인원 및 재원조달 계획
② 연도별 장기요양기관 및 장기요양전문인력 관리 방안
③ 장기요양요원의 처우에 관한 사항
④ 그 밖에 노인등의 장기요양에 관한 사항으로서 대통령령으로 정하는 사항

(4) 장기요양사업의 실태조사 보건복지부장관은 장기요양사업의 실태를 파악하기 위하여 3년마다 다음 각 호의 사항에 관한 조사를 정기적으로 실시하고 그 결과를 공표하여야 한다(법 제6조의2).

① 장기요양인정에 관한 사항
② 제52조에 따른 장기요양등급판정위원회(이하 "등급판정위원회"라 한다)의 판정에 따라 장기요양급여를 받을 사람(이하 "수급자"라 한다)의 규모, 그 급여의 수준 및 만족도에 관한 사항
③ 장기요양기관에 관한 사항
④ 장기요양요원의 근로조건, 처우 및 규모에 관한 사항
⑤ 그 밖에 장기요양사업에 관한 사항으로서 보건복지부령으로 정하는 사항

(5) 국가와 지방자치단체의 재원부담 국가는 매년 예산의 범위 안에서 당해 연도 장기요양보험료 예상수입액의 100분의 20에 상당하는 금액을 공단에 지원한다(법 제58조 제1항). 국가와 지방자치단체는 대통령령으로 정하는 바에 따라 의료급여수급권자의 장기요양급여비용, 의사소견서 발급비용, 방문간호지시서 발급비용 중 공단이 부담하여야 할 비용(제40조 제1항 단서 및 제3항 제1호에 따라 면제 및 감경됨으로 인하여 공단이 부담하게 되는 비용을 포함한다) 및 관리운영비의 전액을 부담한다(법 제58조 제2항).

제2항에 따라 지방자치단체가 부담하는 금액은 보건복지부령으로 정하는 바에 따라 특별시 · 광역시 · 특별자치시 · 도 · 특별자치도와 시 · 군 · 구가 분담한다(법 동조 제3항). 제2항

및 제3항에 따른 지방자치단체의 부담액 부과, 징수 및 재원관리, 그 밖에 필요한 사항은 대통령령으로 정한다(법 동조 제4항).

(6) 지방자치단체의 책임, 기능 지방자치단체의 장은 보건복지부장관이 수립한 장기요양기본계획에 따라 지역사회의 세부시행계획을 수립·시행할 책임을 진다(법 제6조 제2항).

지방자치단체는 그 관할구역 안의 장기요양기관에 대한 지정·관리감독 및 취소권(법 제31조, 제36조, 제37조), 관할지역 거주자에 대한 요양인정 등 대리신청(법 제22조 제2항), 등급판정위원회의 위원 추천 및 위원장 위촉(법 제52조 제4항, 제53조 제1항), 장기요양급여에 관련된 자료의 보고·제출 및 질문·검사(법 제61조) 등의 기능을 수행한다.

2. 장기요양위원회

(1) 위원회의 설치 및 기능 보건복지부장관 소속하에 장기요양위원회를 두는데, 그 심의사항은 다음과 같다(법 제45조).

① 제9조 제2항에 따른 장기요양보험료율
② 제24조부터 제26조까지의 규정에 따른 가족요양비, 특례요양비 및 요양병원간병비의 지급기준
③ 제39조에 따른 재가 및 시설급여비용
④ 그 밖에 대통령령으로 정하는 주요사항

(2) 위원회의 구성 및 임기 장기요양위원회는 위원장 1인, 부위원장 1인을 포함한 16인 이상 22인 이하의 위원으로 구성한다(법 제46조 제1항). 위원장이 아닌 위원은 다음 각 호의 자 중에서 보건복지부장관이 임명 또는 위촉한 자로 하고, 각 호에 해당하는 자를 각각 동수로 구성하여야 한다(법 동조 제2항).

① 근로자단체, 사용자단체, 시민단체(「비영리민간단체 지원법」 제2조에 따른 비영리민간단체를 말한다), 노인단체, 농어업인단체 또는 자영자단체를 대표하는 자
② 장기요양기관 또는 의료계를 대표하는 자
③ 대통령령으로 정하는 관계 중앙행정기관의 고위공무원단 소속 공무원, 장기요양에 관한 학계 또는 연구계를 대표하는 자, 공단 이사장이 추천하는 자

위원장은 보건복지부차관이 되고, 부위원장은 위원 중에서 위원장이 지명한다(법 제46조 제3항). 장기요양위원회의 위원의 임기는 3년으로 한다. 다만, 공무원인 위원의 임기는 재임기간으로 한다(법 제46조 제4항).

(3) 위원회의 회의·운영 장기요양위원회의 회의는 구성원 과반수의 출석으로 개의하

고 출석위원 과반수의 찬성으로 의결한다(법 제47조 제1항). 장기요양위원회의 효율적 운영을 위하여 분야별로 실무위원회를 둘 수 있다(법 동조 제2항).

3. 관리운영기관(국민건강보험공단)

1) 조직분리와 관장업무

(1) 조직의 분리 국민건강보험공단이 장기요양사업의 관리운영기관이 된다(법 제48조 제1항). 공단은 「국민건강보험법」 제29조에 따라 공단의 조직 등에 관한 규정을 정할 때 장기요양사업을 수행하기 위하여 두는 조직 등을 건강보험사업을 수행하는 조직 등과 구분하여 따로 두어야 한다. 다만, 제48조 제2항 제1호 및 제2호의 자격관리와 보험료 부과・징수 업무는 그러하지 아니하다(법 제49조).

(2) 관장업무 공단은 장기요양보험료의 부과・징수 등 법정의 업무를 관장한다(법 제48조 제2항 참조).

(3) 장기요양급여의 관리・평가 공단은 장기요양기관이 제공하는 장기요양급여 내용을 지속적으로 관리・평가하여 장기요양급여의 수준이 향상되도록 노력하여야 한다(법 제54조 제1항)

2) 공단의 회계구분

공단은 장기요양사업에 대하여 독립회계를 설치・운영하여야 한다(법 제50조 제1항) 공단은 장기요양사업 중 장기요양보험료를 재원으로 하는 사업과 국가・지방자치단체의 부담금을 재원으로 하는 사업의 재정을 구분하여 운영하여야 한다. 다만, 관리운영에 필요한 재정은 구분하여 운영하지 아니할 수 있다(법 동조 제2항).

3) 자료제출요구권

공단은 장기요양급여 제공내용 확인, 장기요양급여의 관리・평가 및 장기요양보험료 산정 등 장기요양사업 수행에 필요하다고 인정할 때 다음 각 호의 어느 하나에 해당하는 자에게 자료의 제출을 요구할 수 있다(법 제60조 제1항).

① 장기요양보험가입자 또는 그 피부양자 및 의료급여수급권자

② 수급자 및 장기요양기관

4. 장기요양등급판정위원회

신청자가 공단에 요양인정신청서를 제출하면 공단 소속 직원이 조사를 완료하여 등급심의에 필요한 자료(조사결과서, 신청서, 의사소견서, 기타자료 등)를 '장기요양등급판정위원회'(이하 "등급판정위원회"라 한다)에 넘겨 판정을 받게 된다(법 제14조~제15조 참조).

이 등급판정은 장기요양급여의 수급자 여부를 확정하는 절차이므로 신청자에게는 아주 중대한 문제로서 공평하고 정당한 결정이 이루어지도록 해야 하기 때문에 그 위원 구성이나 운영에 신중을 기하도록 해야 한다.

1) 위원회의 설치

장기요양인정 및 장기요양등급 판정 등을 심의하기 위하여 공단에 장기요양등급판정위원 회를 둔다(법 제52조 제1항). 등급판정위원회는 특별자치시・특별자치도 ・시・군・구(이하 "지역자치단체"라 한다) 단위로 설치한다. 다만, 인구수 등을 고려하여 하나의 지역자치단체에 2 이상의 등급판정위원회를 설치하거나 2 이상의 지역자치단체를 통합하여 하나의 등급판정위원회를 설치할 수 있다(법 동조 제2항).

2) 구성 및 임기

(1) 구 성 등급판정위원회는 위원장 1인을 포함하여 15인의 위원으로 구성한다(법 제52조 제3항).

(2) 위원의 위촉 및 임기 등급판정위원회 위원은 다음 각 호의 자 중에서 공단 이사장이 위촉한다. 지역자치단체장이 추천한 위원은 7인, 의사 또는 한의사가 1인 이상 각각 포함되어야 한다(법 동조 제4항).

① 「의료법」에 따른 의료인

② 「사회복지사업법」에 따른 사회복지사

③ 특별자치시・특별자치도・시・군・구 소속 공무원

④ 그 밖에 법학 또는 장기요양에 관한 학식과 경험이 풍부한 자

등급판정위원회 위원의 임기는 3년으로 한다. 다만, 공무원인 위원의 임기는 재임기간으로 한다(법 동조 제5항).

3) 운영 및 회의

(1) 위원장 등급판정위원회 위원장은 위원 중에서 지역자치구의 장이 위촉한다. 이 경우 제52조 제2항 단서에 따라 2 이상의 지역자치구를 통합하여 하나의 등급판정위원회를

설치하는 때 해당 지역자치구의 장이 공동으로 위촉한다(법 제53조 제1항).

(2) 회 의 등급판정위원회 회의는 구성원 과반수의 출석으로 개의하고 출석위원 과반수의 찬성으로 의결한다(법 제53조 제2항). 이 법에 정한 것 외에 등급판정위원회의 구성·운영, 그 밖에 필요한 사항은 대통령령으로 정한다(법 제53조 제1항).

제9절 이의신청 및 심사청구

1. 이의신청

(1) 공단의 처분에 대한 이의신청 장기요양인정·장기요양등급·장기요양급여·부당이득·장기요양급여비용 또는 장기요양보험료 등에 관한 공단의 처분에 이의가 있는 자는 공단에 이의신청을 할 수 있다(법 제55조 제1항).

(2) 이의신청 및 결정기간 제1항에 따른 이의신청은 처분이 있은 날부터 90일 이내에 문서로 하여야 한다. 다만, 정당한 사유로 이 기간 이내에 이의신청을 할 수 없었음을 소명한 때는 그러하지 아니하다(법 동조 제2항). 이에 따라 이의신청을 받은 공단은 이의신청을 받은 날부터 60일 이내에 결정하여야 한다. 다만, 부득이한 사정이 있으면 30일의 범위 안에서 결정기간을 연장할 수 있다(시행령 제22조 제1항).

(3) 심의기관 공단은 '장기요양심사위원회'를 구성하여 제1항에 따른 이의신청사건을 심의하게 하여야 한다(법 제55조 제3항). 장기요양심사위원회의 구성·운영 및 위원의 임기, 그 밖에 필요한 사항은 대통령령으로 정한다(법 동조 제4항, 시행령 제23조·제24조 참조).

2. 심사청구

(1) 이의신청에 대한 결정의 심사청구 법 제55조에 따른 이의신청에 대한 결정에 불복하는 자는 결정처분을 받은 날부터 90일 이내에 '장기요양심판위원회'(이하 "심판위원회"라 한다)에 심사청구를 할 수 있다(법 제56조 제1항).

(2) 심사청구의 결정기간 법 제56조 제1항에 따라 심사청구를 받은 심판위원회는 심사청구를 받은 날부터 60일 이내에 결정하여야 한다. 다만, 부득이한 사정이 있으면 30일의 범위 안에서 결정기간을 연장할 수 있다(시행령 제27조 제1항).

(3) 장기요양심판위원회 심판위원회는 보건복지부장관 소속으로 두고 위원장 1인을 포함한 20인 이내의 위원으로 구성한다(법 제56조 제2항). 심판위원회의 위원은 관계 공무원, 법학, 그 밖에 장기요양사업 분야의 학식과 경험이 풍부한 자 중에서 보건복지부장관이 임명 또는 위촉한다(법 동조 제3항). 심판위원회의 구성·운영 및 위원의 임기, 그 밖에 필요한 사항은 대통령령으로 정한다(법 동조 제4항, 시행령 제25조·제26조 참조).

3. 행정소송

공단의 처분에 이의가 있는 자와 제55조에 따른 이의신청 또는 제56조에 따른 심사청구에 대한 결정에 불복하는 자는 「행정소송법」으로 정하는 바에 따라 행정소송을 제기할 수 있다(법 제57조).

제10장 산업재해보상보험법

〈시행 2018.1.1 법률 제14933호〉

제1절 총 칙

1. 의 의

(1) 개 념 산업재해보상보험법(이하 "산재보험법"이라 한다)이란 사업장에 고용된 근로자가 업무상의 재해로 인하여 입은 부상 및 질병, 신체장애나 사망 등의 경우에 사회보험의 원리를 이용하여 피해근로자와 그 가족이 신속하고 공정하게 보상을 받을 수 있게 하는 사회보장제도에 관한 법이라 할 수 있다.

(2) 연 혁 산재보험법은 1963년 11월 5일 법률 제1438호로 제정·공포됨으로써 우리나라의 사회보험제도 중 가장 먼저 도입되어 1964년 7월 1일부터 시행되었다. 시행 당시에는 500인 이상의 근로자를 고용한 광업 및 제조업에만 적용되었으나 그 적용범위를 점차 확대하여 1992년에는 일부 업종을 제외하고 원칙적으로 근로자 5인 이상 사업장에도 적용하게 하였다.

그 후 1992년 12월 22일 법률 제4826호로 산재보험법을 전면 개정하여 산재보험의 관리·운영을 고용노동부에서 '근로복지공단'으로 이관하였으며, 1999년 12월 31일 법률 제6100호로 개정하여 2000년 7월 1일부터 근로자를 1인이라도 고용하는 사업장에도 동법의 적용을 받게 하였다. 또한, 간병급여 등 새로운 보험급여를 신설하고, 근로자 간에 보험급여의 격차를 줄여 형평성을 기하려는 소득재분배기능을 강화하여 산재보험제도가 근로자에게 사회안전망으로서의 기능을 수행하도록 하였다.

(3) 산재보험법의 특성 산재보험은 사회보험의 한 종류로서 사회보험의 일반적 특성을 가지고 있지만 산재보험만이 가진 특징을 살펴보면 다음과 같다.

첫째, 산재보험은 기본적으로 업무상의 재해를 당한 피해 근로자에 대하여 무과실책임주의에 입각하여 사업주의 보상책임을 담보해 주는 사업주책임보험으로서의 특성이 있다.

둘째, 산재보험은 다른 사회보험제도와 달리 사업 또는 사업장단위로만 가입이 가능하며 개별 근로자단위의 가입은 불가하고 관리 및 감독도 사업 또는 사업장단위로 이루진다.

셋째, 산재보험에서 보험관계의 성립은 일반 사회보험과 같이 법률에 정한 바에 따라 강제되지만, 공단의 승인을 받아야 할 경우 외에는 사업주의 자진신고 및 보험료의 자진납부를 원칙으로 한다.

넷째, 산재보험은 다른 사회보험제도에 비하여 일선 업무담당자의 자유재량에 의하여 판단・처리되는 사례가 많은 것이 특징이다.

다섯째, 산재보험은 현금급여로 제공되는 국민연금과 현물급여를 위주로 제공되는 건강보험과는 달리 법률의 규정에 따라 현금급여와 현물급여가 혼합적으로 제공되는 특성을 가진다.

여섯째, 산재보험에 의한 재해보상은 많은 시간과 비용이 소요되는 일반법원에 의한 권리구제와는 달리 재해를 당한 피해근로자가 아무런 비용을 들이지 아니하고 빠른 기간 내에 적정한 보상을 보장해 주는 특징을 가진다.

일곱째, 산재보험에 의한 보험료는 일반적으로 사회보험이 국가의 예산이나 수혜자의 기여금으로 충당되는 것과는 달리 수혜자인 근로자가 아닌 사업주가 보험료를 전액 부담한다는 특징을 가지고 있다.

2. 산재보험법의 목적과 기능

(1) 목 적 산재보험법은 "산업재해보상보험 사업을 시행하여 근로자의 업무상의 재해를 신속하고 공정하게 보상하며, 재해근로자의 재활 및 사회복귀를 촉진하기 위하여 이에 필요한 보험시설을 설치・운영하고, 재해예방과 그 밖에 근로자의 복지증진을 위한 사업을 시행하여 근로자 보호에 이바지하는 것"을 목적으로 한다(법 제1조).

(2) 기 능 이와 같은 산재보험법상의 목적은 근로자, 사업주, 국가 등 3자에 대하여 각각 상이한 기능을 수행한다.

① 근로자의 측면에서는 산업재해를 당한 근로자가 신속하게 보상받음으로써 당해 근로자의 재활 및 사회복귀를 촉진하고 그 가족의 생활안정을 도모하여 근로자의 복지를 증진시키는 기능을 가진다.

② 사업주의 측면에서는 산업재해로 인한 근로자에 대한 보상을 사회보험방식에 의하여 해결함으로써 사업주가 부담해야 하는 위험을 분산・경감시킬 수 있고, 대규모 재해로부터 기업의 도산을 방지하여 기업경영에만 안정적으로 전념할 수 있게 하는 기능을 가진다.

③ 국가의 측면에서는 근로자의 건전한 노동력을 재생산・확보함으로써 국가의 경제발

전을 견인하고, 사용자와 근로자간의 유대관계를 돈독히 하여 사회통합을 기함으로써 전체 국민의 복지증진에 기여하는 기능을 가진다.

3. 다른 제도와의 관계

1) 근로기준법상의 보상제도와의 관계

(1) 업무상의 재해를 입은 근로자에 대한 보상은 산재보험법에 의한 보험급여뿐만 아니라 근로기준법에 의한 재해보상규정에 의하여도 이루어진다(근로기준법 제8장 참조). 여기서 근로기준법에 의한 재해보상제도와 산재보험법에 의한 보험급여제도의 법적 성격에 관하여 견해를 달리 할 수 있다.

근로기준법에 의한 재해보상제도(근로기준법 제78조~제87조)는 근로관계를 기초로 야기되는 노동재해에 대하여 사용자의 개별적인 손해배상책임을 규정함으로써 사회적 약자인 근로자의 권익보호를 목적으로 하는 노동법상의 제도로 보는 것이 당연하다. 그러나 산재보험법에 의한 보험급여제도에서는 사업주에 대하여 강제보험방식을 취하고, 보험사업에 소요되는 일부 비용을 국고에서 지원하며, 국가가 보상주체로서 보험관계의 당사자가 된다.

그 밖에 제4장(근로복지사업)에서 근로자의 사회복귀를 촉진시키기 위한 보험시설의 설치·운영사업, 장학사업 등 재해근로자와 그 유족의 복지 증진사업 및 근로자의 복지증진을 위한 시설의 설치·운영사업, 장해급여 수급자 등의 고용 권고 등 근로자의 복지증진을 위한 포괄적인 사업을 수행하도록 규정하고 있다.

특히 개별 사용자의 보험료부담만으로 근로자에 대한 보상의무를 면하게 함으로써 적용사업의 모든 사용자가 공동으로 납부하는 보험료에 의하여 적용사업장의 모든 근로자의 재해에 대하여 연대책임을 지는 공적인 사회보장제도로서의 성격을 가진 것으로 볼 수 있다.

(2) 산업재해가 발생하였을 경우에 재해를 입은 근로자는 근로기준법 또는 산재보험법이나 민법에 의한 손해배상청구권을 행사할 수 있게 된다. 근로기준법 제87조와 산재보험법 제80조의 내용으로 보아 다음과 같이 해석할 수 있다.

① 민법이나 그 밖의 법령에 의한 손해배상을 받은 경우 근로기준법상의 재해보상이나 산재보험법상의 보험급여를 받을 수 있는 근로자가 동일한 사유로 민법이나 그 밖의 법령에 의하여 재해보상 또는 산재보험법상의 보험급여에 상당하는 금품을 받은 경우에는 그 가액의 한도에서 사용자(혹은 근로복지공단)는 근로기준법에 의한 보상(혹은 산재보험법에 의한 보험급여)책임을 면하게 된다(근로기준법 제87조, 산재보험법 제80조 제3항 참조).

그런데 산재보험법 제80조 제3항에서 "그 받은 금품을 대통령령으로 정하는 방법에 따라 환산한 금액의 한도 안에서"라고 규정하고 있는데(산재보험법 제80조 제3항) 그 의미는 그 받은 금품을 손해배상액 산정 당시의 평균임금으로 나눈 일수에 해당하는 보험급여의 금액을 말한다(법 시행령 제44조 제1항 참조).

② 산재보험법 또는 근로기준법에 의한 보상을 받은 경우

(가) 수급권자가 산재보험법에 따라 보험급여를 받았거나 받을 수 있는 때에는 보험가입자는 동일한 사유에 대하여 근로기준법에 따른 재해보상 책임이 면제된다(법 제80조 제1항).

(나) 근로기준법 또는 산재보험법상의 보상이 행하여진 경우에는 사용자는 민법상 근로자에 대하여 부담하는 손해배상책임(민법 제390조 이하)에 대하여도 동일한 성질의 손해에 관한 한 그 금액의 한도 내에서 책임을 면한다(법 제80조 제2항). 따라서 산재보험법에 의하여도 상당한 보상이 행하여지지 않는 경우에는 사용자는 그 부족되는 부분에 대하여 책임을 져야 한다(근로기준법 제87조 참조).

③ 위자료의 지급문제　　사용자가 피해근로자에 대하여 민법상의 손해배상을 한 경우에는 그 금액의 한도에서 사용자의 재해보상 책임(근로기준법이나 산재보험법에 의한 배상책임)은 면제되는 것이다. 그러나 위자료는 재해보상의 범위에 포함되지 않으므로 위자료의 지급은 재해보상액의 산정에 아무런 영향을 줄 수 없으며 재해보상으로 위자료 지급책임을 면할 수는 없다(대판 1981.10.13. 80다2928; 1998.4.10. 98두557 참조).

2) 건강보험법상의 보험급여와의 관계

산재보험법상의 재해보상의 원인은 '업무상의 재해', 즉 사업주와 근로자 간의 근로관계에서 발생하는 특별한 '사고'라는 점에서, 업무 외의 질병이나 사상(死傷)을 대상으로 하는 건강보험법상의 보험급여와는 구별된다.

따라서 산재보험법에 의한 각종 재해급여는 건강보험법에 따른 보험급여와는 달리 근로관계의 특질이 반영되는 것이므로, 산재보험법에 의한 보험급여액은 건강보험법에 의한 의료급여보다 상대적으로 높은 수준이며, 보험급여의 종류도 근로자의 복지를 도모하는 측면에서 훨씬 다양하게 규정되어 있다.

또한, 산재보험사업에 소요되는 비용은 원칙적으로 보험가입자인 공동 사업주의 전액부담이라는 점에서 건강보험에서 보험가입자의 의료비 일부 부담과는 다른 특징이 있다.

제2절 적용범위

1. 산재보험가입자

산재보험법은 정부(고용노동부장관)의 위탁을 받은 근로복지공단을 '보험자'로 하고 사업주를 '보험가입자'로 하는 제도를 채택하고 있으며, 수급자, 즉 피해자를 피보험자로 하지 않는 것은 근로관계에서 본래 사용자가 부담하여야 하는 재해보상의 책임을 보험급여로 이행한다는 일종의 책임보험적 성격에서 비롯되는 것이다. 사업주는 보험가입자로서 보험료를 부담하며, 산재보험의 적용은 '사업' 단위로 이루어진다.

(1) 당연적용사업 산재보험법은 근로자를 사용하는 모든 사업 또는 사업장(이하 "사업"이라 한다)에 적용한다. 다만, 위험률 · 규모 및 장소 등을 고려하여 대통령령으로 정하는 사업에 대하여는 이 법을 적용하지 아니한다(법 제6조). 이처럼 산재보험법이 적용되는 사업을 '당연적용사업'이라 하고, 이 사업의 사업주는 당연히 보험가입자가 된다(징수법[1] 제5조 제3항).

(2) 임의적용사업 사업의 위험률 · 규모 및 사업 장소 등을 참작하여 대통령령에 의하여 산재보험법의 적용이 배제되는 사업(법 제6조 단서)의 사업주도 근로복지공단의 승인을 얻어 산재보험에 가입할 수 있다(징수법 제5조 제4항). 이러한 경우에 그 사업을 '임의적용사업'이라고 한다.

(3) 보험가입자의 의무 보험가입자에게는 개산보험료 · 증가개산보험료 · 확정보험료 등 보험료의 보고와 납부 및 정산의무(징수법 제17조, 제18조, 제19조), 보험급여에 조력할 의무(법 제116조), 보험관계의 성립 · 소멸신고(징수법 제11조), 사망추정사유 발생신고(시행령 제27조 제4항), 제3자의 행위로 인한 재해발생의 신고(법 제87조 제3항), 보험가입자의 변경사항의 신고(징수법 제12조, 동법 시행령 제9조), 서류 보존 및 보고 · 제출 명령 등에 응할 의무(법 제114조 제1항), 특수형태근로종사자의 변동신고의무(법 제125조 제4항) 등이 있다.

2. 보험수급권자

산재보험은 사업주가 보험가입자가 되지만 보험급여의 수급권자는 업무상의 사유에 의한 부상 · 질병 · 신체장해 또는 사망 등 업무상 재해를 당한 근로자이다. 여기서 근로자란 근로기준법에 의한 근로자를 말한다(법 제5조 제2호).

---

1) 「고용보험 및 산업재해보상보험의 보험료 징수 등에 관한 법률」을 줄여서 편의상 「보험료징수법」이라 약칭하고, 동법의 관련조문 표시는 「징수법 제○조」라고 표시한다.

3. 보험자(근로복지공단)

(1) 산재보험법에 의한 보험사업은 고용노동부장관이 관장하지만(법 제2조 제1항), 구체적인 보험사업은 고용노동부장관의 위탁을 받아 근로복지사업을 효율적으로 수행하기 위하여 설립한 '근로복지공단'이 행한다(법 제10조). 1994년 12월 22일의 전문개정에 의하여 보험자가 고용노동부(노동보험국과 지방사무소)에서 근로복지공단으로 변경되었다.

(2) 근로복지공단은 보험가입자 및 수급권자에 관한 기록의 관리 유지 등 법정된 업무를 수행하는데(법 제11조 제1항 제1호~제8호 참조), 그 업무수행을 위하여 의료기관・연구기관 등을 설치・운영할 수 있고, 보험급여자문위원회를 둘 수 있다(법 제11조 2항・3항 참조).

(3) 근로복지공단은 일정한 사항을 기재한 정관을 작성하고(법 제14조 제1항), 이 정관에 대한 고용노동부장관의 인가를 받아(법 동조 제2항) 주된 사무소의 소재지에 설립등기를 함으로써 성립한다(법 제15조). 이 설립등기에 의하여 법인격이 부여된다(법 제12조).

4. 보험관계의 성립과 소멸

이 법에 따른 보험관계의 성립과 소멸에 대하여는 보험료징수법으로 정하는 바에 따른다(법 제7조).

(1) 보험관계의 성립 징수법 제5조 제3항의 규정에 따라 산재보험의 당연가입자가 되는 사업의 경우에는 그 사업이 시작된 날(「산재보험법」 제6조 단서의 규정에 의한 사업이 제5조 제3항의 규정에 따라 산재보험의 당연가입자가 되는 사업에 해당하게 된 경우에는 그 해당하게 된 날)에 보험관계가 성립한다(징수법 제7조 제2호).

또한 법 제6조 단서 규정에 의한 사업(적용제외사업)의 사업주는 공단의 승인을 얻어 산재보험에 가입할 수 있으므로(징수법 제5조 제4항), 그 승인을 얻어 가입한 사업에 있어서는 공단이 그 사업의 사업주로 부터 보험가입승인신청서를 접수한 날의 다음 날에 보험관계가 성립된다(징수법 제7조 제3호).

(2) 보험관계의 소멸 보험관계는 다음 각 호의 1에 해당하는 날에 소멸한다(징수법 제10조).

① 사업이 폐지 또는 종료된 날의 다음 날
② 징수법 제5조 제5항(제6조 제4항에서 준용되는 경우를 포함)의 규정에 따라 보험계약을 해지하는 경우에는 그 해지에 관하여 공단의 승인을 얻은 날의 다음 날
③ 징수법 제5조 제7항의 규정에 따라 공단이 보험관계를 소멸시키는 경우에는 그 소

멸을 결정・통지한 날의 다음 날

④ 징수법 제6조 제3항의 규정에 의한 사업주의 경우에는 근로자를 사용하지 아니한 최초의 날부터 1년이 되는 날의 다음 날

5. 보험사고(업무상의 재해)

1) 의 의

산재보험급여의 대상이 되는 보험사고는 근로자의 '업무상 재해'이다. "업무상의 재해란 업무상의 사유에 따른 근로자의 부상・질병・장해 또는 사망을 말한다(법 제5조 제1호)"고 규정되어 있다. 따라서 산재보험급여의 대상이 될 수 있는지의 여부는 결국 '업무상의 재해'에 해당되는지 여부가 중요한 요건임을 알 수 있다.

2) 업무상 재해의 인정기준

(1) 재해의 인정기준 업무상 재해의 인정기준에 관하여는 피해근로자와 공단 간에 분쟁이 가장 많이 발생하고, 경우에 따라 판정이 곤란한 점을 고려하여 산재보험법에서 대체적인 기준을 법정하고 있으며(법 제37조 제1항 참조), 보다 더 구체적인 인정기준과 사유를 대통령령으로 정하게 하고 있다(법 제37조 제2・3항 참조).

근로자가 다음 각 호의 어느 하나에 해당하는 사유로 부상・질병 또는 장해가 발생하거나 사망하면 업무상 재해로 본다. 다만, 업무와 재해 사이에 '상당인과관계'(相當因果關係)가 없는 경우에는 업무상 재해로 보지 아니한다(법 제37조 제1항).

① 업무상 사고

㈎ 근로자가 근로계약에 따른 업무나 그에 따르는 행위를 하던 중 발생한 사고

㈏ 사업주가 제공한 시설물 등을 이용하던 중 그 시설물 등의 결함이나 관리소홀로 발생한 사고

㈐ 삭제(2017.10.24)

㈑ 사업주가 주관하거나 사업주의 지시에 따라 참여한 행사나 행사 준비 중에 발생한 사고

㈒ 휴게시간 중 사업주의 지배관리 하에 있다고 볼 수 있는 행위로 발생한 사고

㈓ 그 밖에 업무와 관련하여 발생한 사고

② 업무상 질병

㈎ 업무수행 과정에서 물리적 인자(因子), 화학물질, 분진, 병원체, 신체에 부담을 주는 업무 등 근로자의 건강에 장해를 일으킬 수 있는 요인을 취급하거나 그에 노출되

어 발생한 질병

(나) 업무상 부상이 원인이 되어 발생한 질병

(다) 그 밖에 업무와 관련하여 발생한 질병

③ 출퇴근 재해

(가) 사업주가 제공한 교통수단이나 그에 준하는 교통수단을 이용하는 등 사업주의 지배관리하에서 출퇴근하는 중 발생한 사고

(나) 그 밖에 통상적인 경로와 방법으로 출퇴근하는 중 발생한 사고

제1항 제3호 나목의 사고 중에서 출퇴근 경로 일탈 또는 중단이 있는 경우에는 해당 일탈 또는 중단 중의 사고 및 그 후의 이동 중의 사고에 대하여는 출퇴근 재해로 보지 아니한다. 다만, 일탈 또는 중단이 일상생활에 필요한 행위로서 대통령령으로 정하는 사유가 있는 경우에는 출퇴근 재해로 본다(법 동조 제3항).

'출퇴근'의 개념을 "취업과 관련하여 주거와 취업장소 사이의 이동 또는 한 취업장소에서 다른 취업장소로의 이동을 말한다"(법 제5조 제8호)고 정의하고, 출퇴근 경로와 방법이 일정하지 아니한 직종으로 대통령령으로 정하는 경우에는 제1항 제3호 나목에 따른 출퇴근 재해를 적용하지 아니한다(법 동조 제4항)는 조항을 신설하였다.

'출퇴근 재해'에 관한 위와 같은 규정은 대법원판례[2]에서 주장한 소수의견을 반영하여 새로 규정된 조항으로써 그 적용범위를 적정하게 한정하려는 의미에서 시행령에 그 구체적인 인정기준을 위임하고 있다(법 동조 제3항 · 제4항 참조).

그러나 근로자의 고의 · 자해행위나 범죄행위 또는 그것이 원인이 되어 발생한 부상 · 질병 · 장해 또는 사망은 업무상의 재해로 보지 아니한다. 다만, 그 부상 · 질병 · 장해 또는 사망이 정상적인 인식능력 등이 뚜렷하게 저하된 상태에서 한 행위로 발생한 경우로서 대통령령으로 정하는 사유가 있으면 업무상의 재해로 본다(법 동조 제2항).

그리고 위의 각 조항에서 규정한 업무상의 재해의 구체적인 인정기준은 모두 대통령령으로 정하도록 위임규정을 두고 있다(법 동조 제5항 참조).

(2) 업무상 질병판정위원회 제37조 제1항 제2호에 따른 업무상 질병의 인정 여부를 심의하기 위하여 공단 소속 기관에 업무상 질병판정위원회(이하 "판정위원회"라 한다)를 둔다(법 제38조 제1항).

(3) 업무상의 재해에 관한 구체적인 인정기준

① 업무상 사고와 업무상 재해의 기준 : 제37조 제1항에서는 업무상의 재해를 '업무상 사고'와 '업무상 질병'으로 나누어 대체적인 인정기준을 규정하고 보다 더 구체적인 인정

2) 대법원(2007.9.28 선고, 2005두12572 전원합의체판결)

기준은 대통령령으로 정하도록 위임하고 있다(법 제37조 제3항).

이에 따라 시행령 제3장 제2절 '업무상의 재해의 인정기준'에서 '업무상 사고'에 해당하는 세부적인 구체적 인정기준(제27조~제33조)과 '업무상 질병'에 해당하는 세부적인 구체적 인정기준(제34조~제36조)을 상세하게 기술하였고, 특히 출퇴근 중 발생한 사고에 관하여 대법원판례는 산업재해의 인정여부에 대한 분쟁의 소지를 가능한 한 줄이고 있다.

② **업무상의 재해에 관한 대법원 판례:** 산재보험법 시행령에서는 대법원의 판례에 맞추어 1998년 1월 1일부터 시행되는 노동부령(시행규칙)에서 업무상 재해의 인정기준을 규정하고 있었는데, 2008년 7월 1일 시행되는 전부개정(대통령령 제20875호, 개정 2008.6.25) 이후 부터 '업무상' 재해의 인정기준을 시행령으로 정하게 되었다. 세부적인 인정기준이 보다 더 상세하게 구체화되기까지 대법원 판례에 나타난 '업무상 재해의 범위'를 보면 다음과 같다.

(가) '업무'라고 하는 것은 근로계약에 따른 본래의 업무, 즉 직무·작업행위 등이지만, 동시에 생리적 필요행위(작업 중의 용변 등)라든지 업무의 부수행위(작업의 준비행위와 사후 정리행위)는 물론 회사에서 주관하는 사업장 외에서의 행사까지 포함한다(대판 1997. 3.28. 6누16179). 또한 긴급행위로서, 업무담당자로서 통상적으로 행하는 것이 예정되어 있다든지 또는 예상될 수 있는 합리적인 행위도 이에 포함된다(대판 1996.10.11. 96누9034; 1997.3.28. 96누16179; 1997.5.23. 96누18748; 1997.8.29. 97누7271 등).

(나) 재해가 취업기간 중에 사업장 외에서 발생한 경우가 문제된다. 예컨대 출장 중, 외근, 운송업무 등의 종사자는 포괄적으로 사용자의 지배를 받고 있다고 생각할 수 있으므로, 명백한 업무일탈이 아닌 한 업무기인성이 추정되어 원칙적으로 '업무상'의 것으로 인정된다.

(다) 사업장의 물적 시설 또는 사용자의 노무관리방법에서 비롯되는 재해는 업무상의 것으로 인정된다. 예컨대, 작업대기 중의 사고, 사업장 급식에 의한 식중독, 시설의 흠으로 인한 휴게시간 중의 사고, 출퇴근 과정이 사업주의 지배관리하에서 행해지는 경우 출퇴근의 재해 등은 모두 이에 포함된다(대판 1997.1.14. 97누13009; 1996.4.26. 96누 2026; 1996.2.29. 95누16769; 1995.9.15. 97누6946 등).

(라) 재해가 취업기간 외에 사업장 내에서 발생한 경우 문제된다. 예컨대 휴게시간 중은 사용자의 노무지휘권이 미치지 않으므로 원칙적으로 '업무 외'이다(대판 1996.8.23. 95누14633). 그러나 그 재해가 사업장의 시설 또는 관리의 흠으로 인한 경우에는 업무기인성이 추정되어 '업무상'의 것으로 된다. 또한 공휴일의 작업, 직장폐쇄 중의 작업도 사용자의 묵인 등 노무지휘권이 미친다고 인정되는 경우에는 이에 포함된다.

(마) 제3자의 행위에 의하여 발생한 재해라도 당해 업무와 관련하여 발생할 수 있는 것이면 업무상의 범위에 포함된다(산업재해재심사례 82-96호 1982.7.19; 동 90-319호, 1990.

9.17. 등). 예컨대, 숙직 중의 강도에 의한 부상이나 사망은 업무상의 것으로 된다.

(바) 재해가 근로자의 기초질병이나 기존질병으로 인하여 발생한 경우가 문제 된다. 그 기초질병이나 기존 질병이 평소 정상적인 근무가 가능할 정도의 것이었고 그 질병이 업무와 직접 관련이 없었더라도 업무상의 과로로 인하여 급속히 악화되거나 새로운 질병이 유발된 경우 또는 이로 인하여 사망한 경우 등에는 업무와 재해발생 사이의 인과관계를 인정하여 업무상의 것으로 보아야 할 것이다(대판 1997.5.28. 97누10; 1996.9. 10. 96누6806; 1995.3.14. 94누9935; 1994.2.25. 93누19030 등).

(사) 출・퇴근 중에 발생한 재해와 관련하여, 사업주가 제공한 교통수단을 근로자가 이용하거나 또는 사업주가 이에 준하는 교통수단을 이용하도록 하는 경우를 비롯하여, 외형상으로는 출・퇴근의 방법과 그 경로의 선택이 근로자에게 맡겨진 것으로 보이나 출・퇴근 도중에 업무를 행하였다거나 통상적인 출・퇴근시간 이전 혹은 이후에 업무와 관련한 긴급한 사무처리나 그 밖에 업무의 특성이나 근무지의 특수성 등으로 출・퇴근의 방법 등에 선택의 여지가 없어 실제로는 그것이 근로자에게 유보된 것이라고 볼 수 없고 사회통념상 아주 긴밀한 정도로 업무와 밀접・불가분의 관계에 있다고 판단되는 경우에는, 그러한 출・퇴근 중에 발생한 재해와 업무 사이에는 직접적이고도 밀접한 내적 관련성이 존재하여 그 재해는 사업주의 지배・관리 아래 업무상의 사유로 발생한 것이라고 볼 수 있다(대판 2002두12298, 2005두12572, 2010두184, 2013두17817 등).

제3절 보험급여

1. 급여의 종류

산재보험법에 따른 급여는 요양급여, 휴업급여, 장해급여, 간병급여, 유족급여, 상병보상연금, 장의비, 직업재활급여 등 8종류가 있고, 진폐에 따른 보험급여의 종류를 새로 규정하고 있다.

보험급여의 종류는 다음 각 호와 같다. 다만, 진폐에 따른 보험급여의 종류는 제1호의 요양급여, 제4호의 간병급여, 제7호의 장의비, 제8호의 직업재활급여, 제91조의3에 따른 진폐보상연금 및 제91조의4에 따른 진폐유족연금으로 한다(법 제36조 제1항).

① 요양급여　　② 휴업급여

③ 장해급여　　　　　　　　　　④ 간병급여
⑤ 유족급여　　　　　　　　　　⑥ 상병(傷病)보상연금
⑦ 장의비(葬儀費)　　　　　　　⑧ 직업재활급여

제1항에 따른 보험급여는 제40조, 제52조부터 제57조까지, 제60조부터 제62조까지, 제66조부터 제69조까지, 제71조, 제72조, 제91조의3 및 제91조의4에 따른 보험급여를 받을 수 있는 자(이하 "수급권자"라 한다)의 청구에 따라 지급한다(법 동조 제2항).

(1) 요양급여 요양급여는 근로자가 업무상의 사유에 의하여 부상을 당하거나 질병에 걸린 경우에 그 근로자에게 지급하는 급여로서(법 제40조 제1항) 제43조 제1항에 따른 산재보험의료기관에서 요양을 하게 한다. 다만 부득이한 경우에는 요양에 갈음하여 요양비를 지급할 수 있다(법 동조 제2항). 그러나 3일 이내의 요양으로 치유될 수 있으면 요양급여를 지급하지 아니한다(법 동조 3항).

(2) 휴업급여 휴업급여는 요양으로 인하여 취업하지 못한 기간에 대하여 지급하되, 1일당 지급액은 평균임금의 100분의 70에 상당하는 금액으로 한다. 다만, 취업하지 못한 기간이 3일 이내이면 지급하지 아니한다(법 제52조).

제52조에 따라 산정한 1일당 휴업급여 지급액이 최저보상기준 금액의 100분의 80보다 적거나 같으면 그 근로자에 대하여는 평균임금의 100분의 90에 상당하는 금액을 1일당 휴업급여 지급액으로 한다. 다만, 그 근로자의 평균임금의 100분의 90에 상당하는 금액이 최저보상기준 금액의 100분의 80보다 많은 경우에는 최저보상기준 금액의 100분의 80에 상당하는 금액을 1일당 휴업급여 지급액으로 한다(법 제54조 제1항).

위 내용에 따라 산정한 휴업급여 지급액이 「최저임금법」 제5조 제1항에 따른 시간급 최저임금액에 8을 곱한 금액(이하 "최저임금액"이라 한다)보다 적으면 그 최저임금액을 그 근로자의 1일당 휴업급여 지급액으로 한다(법 동조 제2항).

(3) 장해급여 장해급여는 대통령령에서 정한 장해등급(별표 2)에 따른 장해보상연금 또는 장해보상일시금으로 지급한다(법 제57조 제2항). 장해보상연금 또는 장해보상일시금은 수급권자의 선택에 따라 지급한다. 다만 노동력을 완전히 상실한 장해등급(1~3급)의 근로자에 대하여는 장해보상연금을 지급하고, 장해급여 청구사유 발생 당시 대한민국 국민이 아닌 자로서 외국에서 거주하고 있는 근로자에게는 장해보상일시금을 지급한다(법 제57조 제3항).

(4) 간병급여 간병급여는 제40조에 따른 요양급여를 받은 자 중 치유 후 의학적으로 상시 또는 수시로 간병이 필요하여 실제로 간병을 받는 자에게 지급한다(법 제61조 제1항).

(5) 유족급여 유족급여는 근로자가 업무상의 사유로 사망한 경우에 유족에게 지급한

다. 유족급여는 [별표 3]에 따른 유족보상연금이나 유족보상일시금으로 하되, 유족보상일시금은 근로자가 사망할 당시 법 제63조 제1항에 따른 유족보상연금을 받을 수 있는 자격이 있는 자가 없는 경우에 지급한다(법 제62조 제1・2항).

유족보상연금을 받을 수 있는 자격이 있는 자가 원하면 [별표 3]의 유족보상일시금의 100분의 50에 상당하는 금액을 일시금으로 지급하고 유족보상연금을 100분의 50을 감액하여 지급한다(법 동조 제3항).

(6) 상병보상연금 요양급여를 받는 근로자가 요양을 시작한 지 2년이 지난 날 이후에 다음 각 호의 요건 모두에 해당하는 상태가 계속되면 휴업급여 대신 상병보상연금을 그 근로자에게 지급한다(법 제66조 제1항).

① 그 부상이나 질병이 치유되지 아니한 상태일 것
② 그 부상이나 질병에 따른 폐질(廢疾)의 정도가 대통령령으로 정하는 폐질등급 기준에 해당할 것
③ 요양으로 인하여 취업하지 못하였을 것

(7) 장의비 장의비는 근로자가 업무상의 사유로 사망한 경우에 지급하되, 평균임금의 120일분에 상당하는 금액을 그 장제(葬祭)를 지낸 유족에게 지급한다. 다만, 장제를 지낼 유족이 없거나 그 밖에 부득이한 사유로 유족이 아닌 자가 장제를 지낸 경우에는 평균임금의 120일분에 상당하는 금액의 범위에서 실제 드는 비용을 그 장제를 지낸 자에게 지급한다(법 제71조 제1항).

(8) 직업재활급여 직업재활급여의 종류는 다음 각 호와 같다(법 제72조 제1항).

① 장해급여 또는 진폐보상연금을 받은 자나 장해급여를 받을 것이 명백한 자로서 대통령령으로 정하는 자(이하 "장해급여자"라 한다) 중 취업을 위하여 직업훈련이 필요한 자(이하 "훈련대상자"라 한다)에 대하여 실시하는 직업훈련에 드는 비용 및 직업훈련수당
② 업무상의 재해가 발생할 당시의 사업장에 복귀한 장해급여자에 대하여 사업주가 고용을 유지하거나 직장적응훈련 또는 재활운동을 실시하는 경우에 각각 지급하는 직장복귀지원금, 직장적응훈련비 및 재활운동비

2. 보험급여의 산정기준과 지급수준의 보장

(1) 보험급여의 산정기준 산재보험의 급여는 요양급여와 같은 현물급여를 제외하고는 현금급여를 제공하는 경우가 많다. 현금급여는 동법에 따라 피해근로자의 임금, 통상임금 및 평균임금 등이 급여 산정에 사용된다.

여기서 말하는 임금, 통상임금 및 평균임금은 근로기준법에 의한 임금, 평균임금 및 통상임금을 말한다. 다만, 「근로기준법」에 따라 '임금' 또는 '평균임금'을 결정하기 어렵다고 인정되면 고용노동부장관이 정하여 고시하는 금액을 해당 '임금' 또는 '평균임금'으로 한다(법 제5조 제2호).

(2) 임금변동순응률제도(슬라이드제도) 보험급여를 산정하는 경우 해당 근로자의 평균임금을 산정하여야 할 사유가 발생한 날부터 1년이 지난 이후에는 매년 전체 근로자의 임금 평균액의 증감률에 따라 평균임금을 증감하되, 그 근로자의 연령이 60세에 도달한 이후에는 소비자물가변동률에 따라 평균임금을 증감한다. 다만, 제6항에 따라 산정한 금액을 평균임금으로 보는 진폐에 걸린 근로자에 대한 보험급여는 제외한다(법 제36조 제3항).

이러한 규정은 매년 임금수준의 변동폭이 크고, 장기적인 요양급여를 받고 있는 경우 피해근로자는 재해 당시 평균임금을 기준으로 보험급여를 받게 되어, 근로자가 받는 보험급여의 실질적 가치하락을 방지하기 위한 조치로 볼 수 있는데 이를 '임금 슬라이드제도'라고 한다.

(3) 평균임금 산정의 특례 보험급여(진폐보상연금 및 진폐유족연금은 제외한다)를 산정할 때 해당 근로자의 근로형태가 특이하여 평균임금을 적용하는 것이 적당하지 아니하다고 인정되는 경우로서 대통령령으로 정하는 경우에는 대통령령으로 정하는 산정방법에 따라 산정한 금액을 평균임금으로 한다(법 동조 제5항).

(4) 기준임금제도 상시근로자 수가 5인 미만인 사업의 경우, 사업의 폐업·도산 등으로 임금을 산정·확인하기 곤란한 경우 또는 대통령령이 정하는 사유에 해당하는 경우에는 고용노동부장관이 정하여 고시하는 금액(이하 "기준임금"이라 한다)을 임금으로 할 수 있다. 여기서 상시근로자 수의 산정방법은 대통령령으로 정한다(징수법 제3조 제1·3항).

제1항의 규정에 의한 기준임금은 사업의 규모, 근로형태 및 임금수준 등을 고려하여 「고용정책기본법」 제6조의 규정에 의한 고용정책심의회의 심의를 거쳐 시간·일 또는 월단위로 정하되 사업의 종류별로 구분하여 정할 수 있다(징수법 제3조 제2항).

(5) 최고·최저보상제 보험급여는 피해근로자의 평균임금을 기준으로 법정된 소정일수에 상당하는 금액을 지급하게 되어 있다. 따라서 임금수준에 따라 보험급여에 차등이 생기며, 이를 보완하기 위하여 구법에서는 최저보상제도를 두고 있었다(구법 제38조 제4항). 그런데 1991. 12. 31. 개정 시에는 최저보상제도와 함께 최고보상제도도 함께 규정하여 급여수준의 형평성을 제고하고자 하였다.

보험급여(장의비는 제외한다)를 산정할 때 그 근로자의 평균임금 또는 법 제36조 제3항부터 제6항까지의 규정에 따라 보험급여의 산정기준이 되는 평균임금이 전체 근로자의 임금 평균액의 1.8배(이하 "최고 보상기준 금액"이라 한다)를 초과하거나, 2분의 1(이하 "최저보상기준 금액"이라 한다)보다 적으면 그 최고 보상기준 금액이나 최저보상기준 금액을 각각 그 근로자의 평균임금으로 한다. 다만, 휴업급여 및 상병보상연금을 산정할 때에는 최저보상기준 금액을 적용하지 아니한다(법 제36조 제7항).

3. 보험급여 지급의 제한

공단은 근로자가 다음 각 호의 어느 하나에 해당되면 보험급여의 전부 또는 일부를 지급하지 아니할 수 있다(법 제83조 제1항).

① 요양 중인 근로자가 정당한 사유 없이 요양에 관한 지시를 위반하여 부상·질병 또는 장해상태를 악화시키거나 치유를 방해한 경우

② 장해보상연금 또는 진폐보상연금 수급권자가 법 제59조에 따른 장해등급 또는 진폐장해등급 재판정 전에 자해(自害) 등 고의로 장해상태를 악화시킨 경우

4. 부당이득의 징수와 환수

(1) 수급자의 부당이득 공단은 보험급여를 받은 자가 다음 각 호의 어느 하나에 해당하면 그 급여액에 해당하는 금액(제1호의 경우에는 그 급여액의 2배에 해당하는 금액)을 징수하여야 한다. 이 경우 공단이 제90조 제2항에 따라 국민건강보험공단 등에 청구하여 받은 금액은 징수할 금액에서 제외한다(법 제84조 제1항).

① 거짓이나 그 밖의 부정한 방법으로 보험급여를 받은 경우

② 수급권자 또는 수급권이 있었던 자가 제114조 제2항부터 제4항까지의 규정에 따른 신고의무를 이행하지 아니하여 부당하게 보험급여를 지급받은 경우

③ 그 밖에 잘못 지급된 보험급여가 있는 경우

제1항 제1호의 경우 보험급여의 지급이 보험가입자·산재보험 의료기관 또는 직업훈련기관의 거짓된 신고, 진단 또는 증명으로 인한 것이면 그 보험가입자·산재보험 의료기관 또는 직업훈련기관도 연대하여 책임을 진다(법 동조 제2항).

(2) 의료기관·약국의 부당이득 공단은 산재보험 의료기관이나 제46조 제1항에 따른 약국이 다음 각 호의 어느 하나에 해당하면 그 진료비나 약제비에 해당하는 금액을 징수하여야 한다. 다만, 제1호의 경우에는 그 진료비나 약제비의 2배에 해당하는 금액(제44조 제1항에 따라 과징금을 부과하는 경우에는 그 진료비에 해당하는 금액)을 징수한다(법 동조 제3항).

① 거짓이나 그 밖의 부정한 방법으로 진료비나 약제비를 지급받은 경우

② 제40조 제5항 및 제91조의9 제3항에 따른 요양급여의 산정기준을 위반하여 부당하게 진료비나 약제비를 지급받은 경우
③ 그 밖에 진료비나 약제비를 잘못 지급받은 경우

5. 사망의 추정과 징수

(1) 사망의 추정 사고가 발생한 선박 또는 항공기에 있던 근로자의 생사가 밝혀지지 아니하거나 항행(航行) 중인 선박 또는 항공기에 있던 근로자가 행방불명 또는 그 밖의 사유로 그 생사가 밝혀지지 아니하면 대통령령으로 정하는 바에 따라 사망한 것으로 추정하고, 유족급여와 장의비에 관한 규정을 적용한다(법 제39조 제1항).

(2) 징 수 공단은 제1항에 따른 사망의 추정으로 보험급여를 지급한 후에 그 근로자의 생존이 확인되면 그 급여를 받은 자가 선의(善意)인 경우에는 받은 금액을, 악의(惡意)인 경우에는 받은 금액의 2배에 해당하는 금액을 징수하여야 한다(법 동조 제2항).

6. 제3자에 대한 구상권

공단은 제3자의 행위에 따른 재해로 보험급여를 지급한 경우에는 그 급여액의 한도 안에서 급여를 받은 자의 제3자에 대한 손해배상청구권을 대위(代位)한다. 다만, 보험가입자인 2 이상의 사업주가 같은 장소에서 하나의 사업을 분할하여 각각 행하다가 그중 사업주를 달리하는 근로자의 행위로 재해가 발생하면 그러하지 아니하다(법 제87조, 제1항).

제1항의 경우에 수급권자가 제3자로부터 동일한 사유로 이 법의 보험급여에 상당하는 손해배상을 받으면 공단은 그 배상액을 대통령령으로 정하는 방법에 따라 환산한 급액의 한도 안에서 이 법에 따른 보험급여를 지급하지 아니한다(법 동조 제2항).

7. 보험료의 산정

산재보험비용의 재원조달은 원칙적으로 사용주의 책임보험료에 의하지만, 보험사업의 사무집행 등에 드는 비용은 국가에서 부담하며 그 비용의 일부를 지원할 수 있다(법 제3조 참조).

보험료는 보험가입자가 경영하는 사업의 임금총액에 동종의 사업에 적용되는 보험료율을 곱한 금액으로 한다. 임금총액에서 '임금'의 의미는 근로기준법에 따라 "임금이라 함은 사용자가 근로의 대상으로 근로자에게 임금, 봉급, 기타 여하한 명칭으로 지급하는 일체의 금품"을 말한다(근기기준법 제18조 참조).

산재보험료율은 매년 6월 30일 현재 과거 3년 동안의 임금총액에 대한 산재보험급여총

액의 비율을 기초로 하여, 산재보험법에 의한 연금 등 산재보험급여에 드는 금액, 재해예방 및 재해근로자의 복지증진 등에 드는 비용 등을 고려하여 사업 종류별로 구분하여 고용노동부령으로 정한다(징수법 제14조 제3항).

8. 근로복지사업

근로복지사업은 산재보험급여만으로는 피해자와 그 가족의 생활안정과 복지증진에 한계가 있으므로 보다 적극적으로 근로자의 복지증진을 도모하기 위한 제반 사업을 의미한다(법 제92조 참조). 산재보험법은 "재해근로자에게 신속·공정하게 보상함과 동시에 재해근로자의 재활 및 사회복귀를 촉진할 것을 목적으로 한다(법 제1조 참조)"고 규정함으로써 산재보험급여와 함께 재해근로자의 재활 및 사회복귀가 산업재해보상보험사업의 목적임을 명시하고 있다.

또한 고용노동부장관은 보험가입자에게 장해급여를 받은 자를 그 적성에 맞는 업무에 고용하도록 권고하거나 기타 필요한 지원을 할 수 있도록 규정하여(법 제94조) 장해근로자에 대한 고용의 촉진을 유도하고 있다.

9. 권리구제

사회보장기본법과 사회복지사업법에는 권리구제에 관하여 규정하고 있는데, 이는 행정심판과 유사한 성격을 지닌 것으로서 대체로 2회에 걸쳐 이의신청을 하도록 되어 있다. 산재보험급여의 결정에 이의가 있는 피해근로자를 구제하기 위하여 산재보험심사제도를 두고 있다.

산재보험심사제도는 1차적으로 심사청구를 '근로복지공단'에 하도록 하고, 공단에 설치된 '산업재해보상보험심사위원회'에서 이에 대한 심의·결정을 하며, 이 심사청구에 대한 결정에 불복하는 자는 2차적으로 고용노동부에 설치된 '산업재해보상보험재심사위원회'에 다시 재심사를 청구할 수 있도록 규정한다(법 제103조~제111조 참조).

1차의 심사청구는 보험급여 결정 등이 있음을 안 날부터 90일 이내 제기해야 하고, 이에 대한 결정은 원칙적으로 청구서를 받은 날부터 60일 이내에 해야 하며, 2차의 재심사청구의 경우에도 1차의 심사청구에 관한 조항을 준용하도록 규정하고 있다(법 제109조, 제105조 제1항 및 제3항~제5항까지 준용).

제11장 고용보험법

〈시행 2017.6.28, 법률 제14496호〉

제1절 의의 및 특성

1. 의 의

현대사회에서 실업과 고용은 개인문제가 아니라 사회문제로서 국가의 적극적인 노동정책이나 사회복지정책의 주요한 내용이 되어 있다. 즉, 현대의 자본주의적 산업사회에서 자발적 실업이나 장애 등으로 인한 불가항력적인 실업을 제외하고 실업문제는 국가 사회의 구조적인 제도나 환경적인 여건에 의하여 야기되는 사회문제로 인식하여, 국가는 적극적인 고용정책으로 문제의 해결에 전력을 쏟고 있다.

일반적으로 실업에 직면하게 되면 소득의 단절로 인한 경제적 궁핍에만 그치는 것이 아니라, 국민 개개인의 가정파탄과 사회적 불안을 야기하여 국가사회 전체의 안정에 심각한 영향을 끼치므로 실업문제의 사전대책과 사후의 적극적인 고용촉진에 만전을 기하려는 제도적인 실업대책이 반드시 필요하다.

이런 취지에서 우리나라의 고용보험제도는 실직 근로자의 사후구제에 중점을 두어 단순히 실업급여를 실시하는 전통적 의미의 실업보험사업에서 한걸음 더 나아가 적극적인 취업알선을 통한 재취업의 촉진과 근로자의 직업안정 및 고용구조 개선을 위한 고용안정사업뿐만 아니라, 미래의 산업발전에 대비하여 취업 근로자의 능력개발사업 등을 상호 연계하는 사회보험제도의 하나이다.

2. 입법배경과 개정연혁

1960년대부터 시작된 경제개발계획으로 고도성장의 산업적 기반이 이룩되어 1980년대에는 국내적으로 노동집약산업에서 기술집약산업으로 기업의 구조조정의 필요성이 대두되었고, 국제적으로는 1933년 12월에 확립된 우루과이 라운드(UR)협상이 진행됨으로써 세계경제의 개방화가 촉진되었다.

이와 같은 국내·외적인 경제여건의 변화로 말미암아 기업의 구조조정에 따른 실업자의 양산과 산업 간 인력수급의 불균형 현상이 발생하게 되어 근로자에 대한 실업대책과 고용안정의 필요성이 대두하게 되었다. 이리하여 고용노동부는 1993년 7월 29일 고용보험법안을 입법 예고하고 동년 12월 27일에 법률 제4644호로 동법이 제정되어 1995년 7월 1일부터 시행하게 되었다. 그 후 적용대상 사업체의 범위를 확대하기 위하여, 대통령령이 정하는 사업을 제외하고 모든 사업에 적용하도록 1998년 9월 17일 법률 제5566호로 다시 개정되었다.

3. 고용보험법의 목적과 특성

1) 목 적

일반적으로 고용보험제도는 다음과 같은 목적과 기능을 수행한다.

첫째, 국가의 직업지도 및 소개기능을 효율화하고 고용정보를 수집·체계화시킴으로써 인력수급의 불균형에 대비한다.

둘째, 산업의 발전과 변화에 따른 잉여인력을 새로운 산업에 신속히 전환할 수 있도록 근로자의 직업능력을 개발 향상시킴으로써 기업의 구조조정을 용이하게 한다.

셋째, 실직근로자의 생계를 제도적으로 보장함으로써 생활안정을 도모함과 동시에 각종 고용정보를 제공하고 취업상담을 활성화시켜 재취업을 촉진시킨다.

넷째, 기업의 성장 및 업종 전환에 필요한 직업능력의 개발 및 훈련의 실시를 유도함으로써 기업의 경쟁력을 강화하는 등의 기능을 수행한다.

이에 따라 고용보험법은 "이 법은 고용보험의 시행을 통하여 실업의 예방, 고용의 촉진 및 근로자의 직업능력의 개발·향상을 꾀하고, 국가의 직업지도·직업소개기능을 강화하며, 근로자가 실업한 경우에 생활에 필요한 급여를 실시하여 근로자의 생활안정과 구직활동을 촉진함으로써 경제·사회발전에 이바지하는 것을 목적으로 한다(법 제1조)"고 규정하고 있다.

2) 특 징

(1) 실직근로자의 생활안정과 고용정책의 통합 실직근로자의 경제적인 생활안정을 도모하는 사회복지제도로서의 기능과 현대 산업사회의 급격한 환경적 변화에 따른 구조조정과 경영합리화를 촉진하고 그에 따른 인력수급을 원활하게 하려는 고용정책을 동시에 추구하려는 통합적인 제도이다.

(2) 보험사고의 예측곤란성 연금보험, 의료보험 및 산재보험의 경우에는 보험사고의 발생률을 비교적 정확하게 예측할 수 있는 반면에, 고용보험의 경우에는 실업률이 경기변동

과 밀접한 상관관계가 있을 뿐만 아니라 국가의 재정·통화정책 등에 큰 영향을 받기 때문에 보험사고의 발생률을 미리 예측하기 어렵다는 특수성이 있다.

따라서 고용보험의 경우에는 재정수입과 지출의 추계가 어렵기 때문에, 보험재정의 건전성을 유지하기가 어려운 특징을 지니고 있다.

(3) 관리운영주체의 공공성 고용보험법에서 고용노동부장관이 고용보험을 관장하고(법 제3조), 구체적인 여러 가지 보험사업을 근로복지공단(이하 "공단"이라 한다)에 위탁하여 시행하게 되어 있다(보험료징수법 제4조 및 산재보험법 제11조 참조). 그리고 국가는 매년 보험사업의 관리·운영에 소요되는 비용의 일부 또는 전부를 일반회계에서 부담할 수 있도록 규정하여(법 제5조) 국가가 관리운영의 주체임을 명확히 하여 운영의 공공성을 보장하고 있다.

4. 보험의 관장 및 심의기관

1) 고용노동부장관

"고용보험(이하 "보험"이라 한다)은 고용노동부장관(이하 "노동부장관"이라 칭한다)이 관장한다"(법 제3조)는 규정에 의하여 고용보험과 관련된 모든 사항을 관할함에 따르는 책임 및 의무를 고용노동부장관이 지게 된다. 그러나 고용안정·직업능력개발사업, 실업급여, 육아휴직급여 및 출산전후 휴가급여 등 고용보험법에 규정된 고용보험사업은 고용노동부장관의 위탁을 받은 공단이 수행하게 된다(징수법 제4조).

고용노동부장관은 보험사업에 대하여 상시적이고 체계적인 평가를 하여야 하고(법 제11조의2 제1항), 제1항에 따른 평가의 전문성을 확보하기 위하여 대통령령으로 정하는 기관에 제1항에 따른 평가를 의뢰할 수 있으며(법 동조 제2항), 제1항 및 제2항에 따른 평가결과를 반영하여 보험사업을 조정하거나 제81조에 따른 기금운용계획을 수립하여야 한다(법 동조 제3항).

2) 고용보험위원회

이 법 및 보험료징수법(보험에 관한 사항만 해당한다)의 시행에 관한 주요 사항을 심의하기 위하여 고용노동부(이하 "노동부"라 칭한다)에 고용보험위원회(이하 이 조에서 "위원회"라고 한다)를 둔다(법 제7조 제1항). 위원회는 심의사항을 사전에 검토·조정하기 위하여 위원회에 전문위원회를 둘 수 있다(법 동조 제5항).

(1) 심의사항 위원회는 법정의 사항을 심의한다(법 제7조 제2항 참조).

(2) 구 성 위원회는 위원장 1명을 포함한 20명 이내의 위원으로 구성하며, 위원장은 노동부차관이 되고, 위원은 다음 각 호의 사람 중에서 각각 같은 수(數)로 노동부장관이 임명

하거나 위촉하는 사람이 된다(법 동조 제3항, 제4항).

① 근로자를 대표하는 사람	③ 공익을 대표하는 사람
② 사용자를 대표하는 사람	④ 정부를 대표하는 사람

제2절 적용범위

1. 적용대상 사업장

고용보험법은 "근로자를 사용하는 모든 사업 또는 사업장(이하 "사업"이라 한다)에 적용한다"고 규정하므로(법 제8조), 모든 사업장 근로자가 적용대상자가 된다. 다만, 산업별 특성 및 규모 등을 고려하여 대통령령으로 정하는 사업에 대하여는 적용하지 아니한다(법 제8조 단서, 시행령 제2조 제1항 참조).

2. 적용 제외자

(1) 다음 각 호의 어느 하나에 해당하는 자에게는 이 법을 적용하지 아니한다. 다만, 제1호의 근로자 또는 자영업자에 대한 고용안정·직업능력개발사업에 관하여는 이법을 적용한다(법 제10조).

① 65세 이후에 고용되거나 자영업을 개시한 자
② 소정(所定)근로시간이 대통령령으로 정하는 시간 미만인 자
③ 「국가공무원법」과 「지방공무원법」에 따른 공무원. 다만, 대통령령으로 정하는 바에 따라 별정직공무원, 「국가공무원법」 제26조의5 및 「지방공무원법」 제25조의5에 따른 임기제공무원의 경우는 본인의 의사에 따라 고용보험(제4장에 한한다)에 가입할 수 있다.
④ 「사립학교교직원 연금법」의 적용을 받는 자
⑤ 그 밖에 대통령령으로 정하는 자

(2) 법 제10조 제2호에서 "소정근로시간이 대통령령으로 정하는 시간 미만인 자"란 1개월간 소정근로시간이 60시간 미만인 자(1주간의 소정근로시간이 15시간 미만인 자를 포함한다)를 말한다. 다만, 생업을 목적으로 근로를 제공하는 자 중 3개월 이상 계속하여 근로를 제공하는 자와 법 제2조 제6호에 따른 일용근로자(이하 "일용근로자"라 한다)는 제외한다(시행령 제3조 제1항). 여기서 '일용근로자'란 1개월 미만 동안 고용되는 자를 말한다(법 제2조 제6호).

제3절 고용보험관계의 성립 · 소멸과 보험가입

1. 고용보험관계의 성립과 소멸

(1) 보험관계의 성립 보험관계의 성립 여부는 사업주의 보험료 납부의무 및 근로자의 보험급여수급권의 발생과 국가의 급여지급의무의 발생과 관련하여 아주 중요한 의미를 가진다. 왜냐하면 보험관계가 성립된 때부터 사업주는 보험료를 납부할 의무를 부담하고 피보험자인 근로자는 보험급여수급권을 가지게 되며, 이에 대응하여 국가는 고용보험의 업무관장권, 즉 구체적으로는 고용노동부장관의 위탁을 받은 근로복지공단이 사업장관리 · 보험료징수권과 보험사고 발생시 피보험자인 근로자의 보험급여수급권에 대한 신고 · 접수 및 보험급여에 관련한 업무가 개시되기 때문이다.

고용보험법에서는 보험관계가 성립되는 시기에 대하여 직접 정하지 않고 「보험료징수법」[1]으로 정하는 바에 따른다고 규정하고 있다(법 제9조). 이에 따라 보험료징수법에서는 보험관계의 성립시기를 보험가입의 유형에 따라 다르게 규정하고 있다(징수법 제7조 참조).

(2) 보험관계의 소멸 보험관계가 소멸하면 성립시에 사업주가 부담하던 보험료 납부의무가 없어지고 근로자의 보험급여수급권이 상실되며, 국가(근로복지공단)의 보험급여 지급책임도 없어지게 된다.

보험관계는 다음 각 호의 어느 하나에 해당하는 날에 소멸한다(징수법 제10조).

① 사업이 폐업되거나 끝난 날의 다음 날(징수법 제10조 제1호).

② 고용보험에 가입한 사업주가 공단의 승인을 얻어 보험계약을 해지하는 경우에는 그 해지에 관하여 공단의 승인을 받은 날의 다음 날(징수법 제10조 제2호).

③ 사업의 실체가 없는 등의 사유로 공단이 보험관계를 소멸시키는 경우에는 그 소멸을 결정 · 통지한 날의 다음 날(징수법 제10조 제3호).

④ 당연적용사업장의 사업주가 그 사업을 운영하다가 근로자를 고용하지 아니하게 된 경우에는 근로자를 사용하지 아니한 첫날부터 1년이 되는 날의 다음 날(징수법 제10조 제4호).

---

1) 「고용보험 및 산업재해보상보험의 보험료 징수 등에 관한 법률」을 편의상 「보험료징수법」이라 하고, ( ) 안에 조문 표시는 그 앞에 「징수법」이라 하며, 동법 시행령도 ( ) 안의 조문표시 앞에 「징수법시행령」이라고 약칭한다.

2. 고용보험가입

1) 고용보험가입사

고용보험법을 적용 받는 사업의 사업주와 근로자는 당연히 고용보험법에 따른 고용보험(이하 "고용보험"이라 한다)의 보험가입자가 된다(징수법 제5조 제1항). 그러나 사업주는 보험가입자이긴 하지만 일정한 보험료의 납부의무를 부담하고 피보험자인 근로자나 자영업자와 같이 다양한 보험급여의 혜택을 받는 것은 아니다.

고용보험의 기본구조는 산재보험법과 유사한 취지에서 사업주의 책임으로 피보험자인 근로자의 생활안정과 구직활동을 촉진시켜 국가 전체적인 고용안정을 기하고자 하는 것이다. 고용보험법과 보험료징수법에서는 가입방식으로 당연가입, 임의가입과 의제가입 등에 관하여 규정하고 있다.

(1) 당연가입 고용보험법을 적용 받는 사업의 사업주와 근로자는 당연히 고용보험의 보험가입자가 된다(징수법 제5조 제1항).

(2) 임의가입 당연가입사업에 들어가지 아니하는 적용제외사업(법 제8조 단서 규정)의 사업주가 근로자(법 제10조에 따른 적용제외 근로자는 제외한다. 이하 이항에서 같다)의 과반수의 동의를 받아 공단의 승인을 받으면 그 사업의 사업주와 근로자는 고용보험에 가입할 수 있다(징수법 제5조 제2항). 이를 임의가입이라 한다.

(3) 의제가입 보험료징수법 제5조 제1항에 따라 사업주 및 근로자가 고용보험의 당연가입자가 되는 사업이 사업규모의 변동 등의 사유로 법 제8조단서에 따른 적용제외사업(법 제8조 단서 규정)에 해당하게 되었을 때에는 그 사업주 및 근로자는 그 날부터 징수법 제5조 제2항에 따라 고용보험에 가입한 것으로 본다(징수법 제6조 제1항).

그리고 징수법 제5조 제1항・제2항에 따른 사업주가 그 사업을 운영하다가 근로자(「고용보험법」 제10조에 따른 적용 제외 근로자는 제외한다. 이하 이항에서 같다)를 고용하지 아니하게 되었을 때에는 그 날부터 1년의 범위에서 근로자를 사용하지 아니한 기간에도 보험에 가입한 것으로 본다(징수법 제6조 제3항). 앞의 제1항과 제3항의 경우를 '의제가입'이라 한다.

(4) 자영업자의 특례가입 근로자를 사용하지 아니하거나 50명 미만의 근로자를 사용하는 사업주로서 대통령령으로 정하는 요건을 갖춘 자영업자(이하 "자영업자"라 한다)는 공단의 승인을 받아 자기를 이 법에 따른 근로자로 보아 고용보험에 가입할 수 있다(징수법 제49조의2 제1항). 제1항에 따라 보험에 가입한 자영업자가 50명 이상의 근로자를 사용하게 된 경우에도 본인이 피보험자격을 유지하려는 경우에는 계속하여 보험에 가입된 것으로 본다(징수법 제49

조의2 제2항).

(5) 국민기초생활수급자의 특례가입 「고용보험법」 제113조의2에 따라 고용보험의 적용을 받는 사업에 참가하여 유급으로 근로하는 「국민기초생활 보장법」 제2조 제2호에 따른 수급자는 이 법의 적용을 받는 근로자로 보고, 「국민기초생활 보장법」 제2조 제4호에 따른 보장기관(같은 법 제15조 제2항에 따라 사업을 위탁하여 행하는 경우는 그 위탁기관으로 한다)은 이 법의 적용을 받는 사업주로 본다(징수법 제49조의4 제1항).

2) 피보험자의 관리 · 신고

고용보험의 가입은 사업장 단위로 행하여지므로 사업주는 당연히 보험가입자가 되어 보험료 납부의무를 부담하고, 당해 사업장의 근로자는 피보험자로서 다양한 보험급여의 혜택을 받게 된다. 그러나 산재보험과는 달리 고용보험에서는 피보험자인 근로자도 보험료의 일부를 부담하게 되고, 이를 재원으로 하여 근로자는 실업급여 등의 혜택을 받게 되는 보험급여수급권을 가지므로 근로자는 피보험자로서의 자격을 취득하는 것이다.

이 법에서 "피보험자"란 다음 각 목에 해당하는 자를 말한다(법 제2조 제1호).

(가) 「고용보험 및 산업재해보상보험의 보험료징수 등에 관한 법률」(이하 "보험료 징수법"이라 한다) 제5조 제1항 · 제2항, 제6조 제1항, 제8조 제1항 · 제2항에 따라 보험에 가입되거나 가입된 것으로 보는 근로자

(나) 보험료징수법 제49조의2 제1항 · 제2항에 따라 고용보험에 가입하거나 가입된 것으로 보는 자영업자(이하 "자영업자인 피보험자"라 한다)

(1) 피보험자격의 취득일 피보험자는 이 법이 적용되는 사업에 고용된 날에 피보험자격을 취득한다. 다만, 다음 각 호의 경우에는 각각 그 해당되는 날에 피보험자격을 취득한 것으로 본다(법 제13조 제1항).

① 제10조에 따른 적용 제외 근로자였던 자가 이 법의 적용을 받게 된 경우에는 그 적용을 받게 된 날

② 보험료징수법 제7조에 따른 보험관계 성립일 전에 고용된 근로자의 경우에는 그 보험관계가 성립한 날

제1항에도 불구하고 자영업자인 피보험자는 보험료징수법 제49조의2 제1항 및 같은 조 제12항에서 준용하는 같은 법 제7조 제3호에 따라 보험관계가 성립한 날에 피보험자격을 취득한다(법 제13조 제2항).

(2) 피보험자격에 관한 신고

① 사업주는 그 사업에 고용된 근로자의 피보험자격의 취득 및 상실 등에 관한 사항을 대통령령으로 정하는 바에 따라 고용노동부장관에게 신고하여야 한다(법 제15조 제1항).

② 보험료징수법 제9조에 따라 원수급인(元受給人)이 사업주로 된 경우에 그 사업에 종사하는 근로자 중 원수급인이 고용하는 근로자 외의 근로자에 대하여는 그 근로자를 고용하는 다음 각 호의 하수급인(下受給人)이 제1항에 따른 신고를 하여야 한다. 이 경우 원수급인은 고용노동부령으로 정하는 바에 따라 하수급인에 관한 자료를 고용노동부장관에게 제출하여야 한다(법 제15조 제2항).

1. 「건설산업기본법」 제2조 제7호에 따른 건설업자
2. 「주택법」 제9조에 따른 주택건설사업자
3. 「전기공사업법」 제2조 제3호에 따른 공사업자
4. 「정보통신공사업법」 제2조 제4호에 따른 정보통신공사업자
5. 「소방시설공사업법」 제2조 제1항 제2호에 따른 소방시설업자
6. 「문화재수리 등에 관한 법률」 제14조에 따른 문화재수리업자

사업주가 제1항에 따른 피보험자격에 관한 사항을 신고하지 아니하면 대통령령으로 정하는 바에 따라 근로자가 신고할 수 있다(법 동조 제3항).

③ 제1항에도 불구하고 자영업자인 피보험자는 피보험자격의 취득 및 상실에 관한 신고를 하지 아니한다(법 제15조 제7항).

(3) 이직(離職)의 확인 사업주는 제15조 제1항에 따라 피보험자격의 상실을 신고할 때 근로자가 이직으로 피보험자격을 상실한 경우에는 피보험 단위기간·이직 사유 및 이직 전에 지급한 임금(「근로기준법」에 따른 임금을 말한다. 이하 같다)·퇴직금 등의 명세를 증명하는 서류(이하 "이직확인서"라 한다)를 작성하여 고용노동부장관에게 제출하여야 한다(법 제16조 제1항).

(4) 피보험자격의 확인 피보험자 또는 피보험자였던 자는 언제든지 고용노동부장관에게 피보험자격의 취득 또는 상실에 관한 확인을 청구할 수 있고(법 제17조 제1항), 고용노동부장관은 제1항에 따른 청구에 따르거나 직권으로 피보험자격의 취득 또는 상실에 관하여 확인을 한다(법 동조 제2항).

제 4 절 고용보험사업

고용보험법 제1조에서 규정하고 있는 목적을 이루기 위한 고용보험사업(이하 "보험사업"이라 함)으로 고용안정 · 직업능력개발사업, 실업급여, 육아휴직급여 및 출산전후 휴가급여 등을 실시한다(법 제4조). 국가는 매년 보험사업에 드는 비용의 일부를 일반회계에서 부담하여야 하고(법 제5조 제1항), 매년 예산의 범위에서 보험사업의 관리 · 운영에 드는 비용을 부담할 수 있다(법 동조 제2항).

1. 고용안정 · 직업능력개발사업

국가는 국내 · 외의 경제 및 정치적 환경의 변화와 이에 따른 산업구조의 개선 등 여건 변화에 따라 근로자의 고용상태가 불안정하게 되는 경우에 대비하는 적극적인 조치가 필요하다.

이에 상응한 대책으로 노동부장관은 피보험자 및 피보험자였던 자, 그 밖에 취업할 의사를 가진 자(이하 "피보험자등"이라 한다)에 대한 실업의 예방, 취업의 촉진, 고용기회의 확대, 직업능력개발 · 향상의 기회 제공 및 지원, 그 밖에 고용안정과 사업주에 대한 인력확보를 지원하기 위하여 고용안정 · 직업능력개발사업을 실시한다(법 제19조 제1항).

1) 고용안정사업

고용안정사업에 대한 지원 및 촉진내용에 대하여는 다음과 같이 규정하고 있다.

(1) 고용창출의 지원 고용노동부장관은 고용환경 개선, 근무형태 변경 등으로 고용의 기회를 확대한 사업주에게 대통령령으로 정하는 바에 따라 필요한 지원을 할 수 있다(법 제20조, 시행령 제17조 참조)

(2) 고용조정의 지원 고용노동부장관은 경기의 변동, 산업구조의 변화 등에 따른 사업규모의 축소, 사업의 폐지 또는 전환으로 고용조정이 불가피하게 된 사업주가 근로자에 대한 휴업, 직업전환에 필요한 직업능력 개발 훈련, 인력의 재배치 등을 실시하거나 그 밖에 근로자의 고용안정을 위한 조치를 하면 대통령령으로 정하는 바에 따라 그 사업주에게 필요한 지원을 할 수 있다(법 제21조 제1항 전단, 시행령 제18조 참조).

이 경우 휴업이나 휴직 등 고용안정을 위한 조치로 근로자의 임금이 대통령령으로 정하는 수준으로 감소할 때에는 대통령령으로 정하는 바에 따라 그 근로자에게도 필요한 지원을 할 수 있다(법 제21조 제1항 후단).

(3) 지역고용의 촉진 고용노동부장관은 고용기회가 뚜렷이 부족하거나 산업구조의 변화 등으로 고용사정이 급속하게 악화되고 있는 지역으로 사업을 이전하거나 그러한 지역에서 사업을 신설 또는 증설하여 그 지역의 실업 예방과 재취업 촉진에 기여한 사업주, 그 밖에 그 지역의 고용기회 확대에 필요한 조치를 한 사업주에게 대통령령으로 정하는 바에 따라 필요한 지원을 할 수 있다(법 제22조, 시행령 제24조 참조).

(4) 고령자 등 고용촉진의 지원 고용노동부장관은 고령자 등 노동시장의 통상적인 조건에서는 취업이 특히 곤란한 자(이하 "고령자 등"이라 한다)의 고용을 촉진하기 위하여 고령자 등을 새로 고용하거나 이들의 고용안정에 필요한 조치를 하는 사업주 또는 사업주가 실시하는 고용안정 조치에 해당된 근로자에게 대통령령으로 정하는 바에 따라 필요한 지원을 할 수 있다(법 제23조).

(5) 건설근로자 등의 고용안정 지원 고용노동부장관은 건설근로자 등 고용상태가 불안정한 근로자를 위하여 일정한 법정의 사업을 실시하는 사업주에게 대통령령으로 정하는 바에 따라 필요한 지원을 할 수 있다(법 제24조 제1항 참조).

(6) 고용안정 및 취업촉진에 대한 지원 고용노동부장관은 피보험자 등의 고용안정 및 취업을 촉진하기 위하여 일정한 법정의 사업을 직접 실시하거나 이를 실시하는 자에게 필요한 비용을 지원 또는 대부할 수 있다(법 제25조 제1항 참조).

(7) 고용촉진시설에 대한 지원 고용노동부장관은 피보험자 등의 고용안정・고용촉진 및 사업주의 인력 확보를 지원하기 위하여 대통령령으로 정하는 바에 따라 상담시설, 어린이집, 그 밖에 대통령령으로 정하는 고용촉진 시설을 설치・운영하는 자에게 필요한 지원을 할 수 있다(법 제26조, 시행령 제38조 참조).

(8) 지원의 제한 노고용동부장관은 제20조부터 제26조까지의 규성에 따른 지원을 할 때 사업주가 나른 법령에 따른 지원금 또는 장려금 등의 금전을 지급받은 경우 등 대통령령으로 정하는 경우에는 그 금액을 빼고 지원할 수 있다(법 제26조의2, 시행령 제40조의2 참조).

2) 직업능력개발사업

직업능력개발사업은 사업주 지원과 피보험자인 근로자 지원으로 구분할 수 있다.

(1) 사업주 지원

① 직업능력개발 훈련비용의 지원 고용노동부장관은 피보험자 등의 직업능력을 개

발·향상시키기 위하여 대통령령으로 정하는 직업능력개발 훈련을 실시하는 사업주에게 대통령령으로 정하는 바에 따라 그 훈련에 필요한 비용을 지원할 수 있다(법 제27조, 시행령 제41조 참조).

② 직업능력개발 훈련 시설에 대한 지원 등 고용노동부장관은 피보험자 등의 직업능력 개발·향상을 위하여 필요하다고 인정하면 대통령령으로 정하는 바에 따라 직업능력개발 훈련 시설의 설치 및 장비 구입에 필요한 비용의 대부, 그 밖에 고용노동부장관이 정하는 직업능력개발 훈련 시설의 설치 및 장비 구입·운영에 필요한 비용을 지원할 수 있다(법 제30조).

③ 직업능력개발사업의 실시 및 실시비용의 지원 고용노동부장관은 피보험자 등의 직업능력 개발·향상을 촉진하기 위하여 법정된 사업을 실시하거나 이를 실시하는 자에게 그 사업의 실시에 필요한 비용을 지원할 수 있다(법 제31조 제1항 참조).

(2) 근로자 지원

① 피보험자 등에 대한 직업능력개발 지원 고용노동부장관은 피보험자 등이 직업능력개발 훈련을 받거나 그 밖에 직업능력 개발·향상을 위하여 노력하는 경우에는 대통령령으로 정하는 바에 따라 필요한 비용을 지원할 수 있고, 필요하다고 인정하면 대통령령으로 정하는 바에 따라 피보험자 등의 취업을 촉진하기 위한 직업능력개발 훈련을 실시할 수 있다(법 제29조 제1·2항).

② 건설근로자 등의 직업능력개발 지원 고용노동부장관은 건설근로자 등 고용상태가 불안정한 근로자를 위하여 직업능력 개발·향상을 위한 사업으로 대통령령으로 정하는 사업을 실시하는 사업주에게 그 사업의 실시에 필요한 비용을 지원할 수 있고(법 제32조 제1항), 사업주가 단독으로 직업능력개발사업을 실시하기 어려운 경우로 대통령령으로 정하는 경우에는 사업주 단체에 대하여도 지원할 수 있다(법 동조 제2항).

2. 고용정보의 제공 및 고용지원 기반의 구축과 비영리법인에 대한 지원

(1) 고용정보의 제공 고용노동부장관은 사업주 및 피보험자 등에 대한 구인·구직·훈련 등 고용정보의 제공, 직업·훈련 상담 등 직업지도, 직업소개, 고용안정·직업능력개발에 관한 기반의 구축 및 그에 필요한 전문 인력의 배치 등의 사업을 할 수 있다(법 제33조 제1항).

(2) 비영리법인·단체에 대한 지원 고용노동부장관은 지방자치단체 또는 대통령령으로 정하는 비영리법인·단체가 그 지역에서 피보험자 등의 고용안정·고용촉진 및 직업능력개발을 위한 사업을 실시하는 경우에는 대통령령으로 정하는 바에 따라 필요한 지원을 할 수 있다(법 제34조).

3. 부정행위자에 대한 제한 · 반환 · 징수, 보험료체납자에 대한 제한

(1) 부정행위자에 대한 제한 등 고용노동부장관은, 거짓이나 그 밖의 부정한 방법으로 제3장의 규정(법 제19조~제34조)에 따른 고용안정 · 직업능력개발사업의 지원을 받은 자 또는 받으려는 자에게 대통령령으로 정하는 바에 따라 그 지원을 제한하거나 거짓이나 그 밖의 부정한 방법으로 지원받은 금액을 반환하도록 명할 수 있고(법 제35조 제1항), 제1항에 따라 반환을 명하는 경우에는 이에 추가하여 노동부령으로 정하는 기준에 따라 그 거짓이나 그 밖의 부정한 방법으로 지급받은 금액의 5배 이하의 금액을 징수할 수 있다(법 동조 제2항).

(2) 보험료체납자에 대한 제한 고용노동부장관은 보험료를 체납한 자에게는 노동부령으로 정하는 바에 따라 이 장(제3장)의 규정에 따른 고용안정 · 직업능력개발사업의 지원을 하지 아니할 수 있다(법 제35조 제4항)

4. 실업급여

1) 의의와 수급권의 보호

(1) 개념 및 종류 실업급여란 「보험료징수법」에 따라 보험에 가입되거나 가입된 것으로 보는 근로자와 자영업자가 고용보험법령상의 수급요건을 갖추어 실업의 인정을 받음으로써 직업안정기관으로 부터 수령하게 되는 일정한 급여를 말한다.

고용보험법상의 실업급여는 구직급여와 취업촉진수당으로 구분하며(법 제37조 제1항) 취업촉진수당은 다시 다음과 같은 네 가지 종류로 나누어진다(법 제37조 제2항 제1호~4호).

① 조기(早期)재취업수당　　② 직업능력개발수당
③ 광역구직활동비　　④ 이주비

(2) 실업급여 수급계좌 직업안정기관의 장은 제43조에 따른 수급자격자의 신청이 있는 경우에는 실업급여를 수급자격자 명의의 지정된 계좌(이하 "실업급여수급계좌"라 한다)로 입금하여야 한다. 다만, 정보통신장애나 그 밖에 대통령령으로 정하는 불가피한 사유로 실업급여를 실업급여수급계좌로 이체할 수 없을 때에는 현금 지급 등 대통령령으로 정하는 바에 따라 실업급여를 지급할 수 있다(법 제37조의2제1항). 실업급여수급계좌의 해당 금융기관은 이 법에 따른 실업급여만이 실업급여수급계좌에 입금되도록 관리하여야 한다(법 동조 제2항).

(3) 수급권의 보호 · 공과금의 면제 실업급여를 받을 권리는 양도 또는 압류하거나 담보로 제공할 수 없다(법 제38조 제1항). 제37조의2 제1항에 따라 지정된 실업급여수급계좌의 예금 중 대통령령으로 정하는 액수 이하의 금액에 관한 채권은 압류할 수 없다(법 동조 제2항).

실업급여로서 지급된 금품에 대하여는 국가나 지방자치단체의 공과금(「국세기본법」 제2조 제8호 또는 「지방세기본법」 제2조 제1항 제26호에 따른 공과금을 말한다)을 부과하지 아니한다(법 제38조의2).

2) 구직급여

(1) 수급요건 구직급여는 이직한 피보험자가 다음 각 호의 요건을 모두 갖춘 경우에 지급한다. 다만, 제5호와 제6호는 최종 이직 당시 일용근로자였던 자만 해당한다(법 제40조 제1항).

① 이직일 이전 18개월간(이하 "기준기간"이라 한다) 법 제41조에 따른 피보험 단위기간이 통산(通算)하여 180일 이상일 것
② 근로의 의사와 능력이 있음에도 불구하고 취업(영리를 목적으로 사업을 영위하는 경우를 포함한다. 이하 이 장에서 같다)하지 못한 상태에 있을 것
③ 이직사유가 제58조에 따른 수급자격의 제한사유에 해당하지 아니할 것
④ 재취업을 위한 노력을 적극적으로 할 것
⑤ 제43조에 따른 수급자격 인정신청일 이전 1개월 동안의 근로일수가 10일 미만일 것
⑥ 최종 이직일 이전 기준기간의 피보험 단위기간 180일 중 다른 사업에서 제58조에 따른 수급자격의 제한 사유에 해당하는 사유로 이직한 사실이 있는 경우에는 그 피보험 단위기간 중 90일 이상을 일용근로자로 근로하였을 것

여기서 '이직(離職)'이란 피보험자와 사업주 사이의 고용관계가 끝나게 되는 것을 말한다(법 제2조 제2호).

(2) 수급자격의 제한 수급요건에 관한 법 제40조의 규정에도 불구하고 피보험자가 다음 각 호의 어느 하나에 해당한다고 직업안정기관의 장이 인정하는 경우에는 수급자격이 없는 것으로 본다(법 제58조).

① 중대한 귀책사유(歸責事由)로 해고된 피보험자로서 다음 각목의 어느 하나에 해당하는 경우
㈎ 「형법」 또는 직무와 관련된 법률을 위반하여 금고 이상의 형을 선고받은 경우
㈏ 사업에 막대한 지장을 초래하거나 재산상 손해를 끼친 경우로서 노동부령으로 정하는 기준에 해당하는 경우
㈐ 정당한 사유 없이 근로계약 또는 취업규칙 등을 위반하여 장기간 무단결근한 경우
② 자기 사정으로 이직한 피보험자로서 다음 각목의 어느 하나에 해당하는 경우
㈎ 전직 또는 자영업을 하기 위하여 이직한 경우
㈏ 제1호의 중대한 귀책사유가 있는 자가 해고되지 아니하고 사업주의 권고로 이

직한 경우

(다) 그 밖에 노동부령으로 정하는 정당한 사유에 해당하지 아니하는 사유로 이직한 경우

(3) 실업의 신고와 수급자격의 인정

① 실업의 신고　구직급여를 지급받으려는 자는 이직 후 지체 없이 직업안정기관에 출석하여 실업을 신고하여야 하고, 실업의 신고에는 구직신청과 제43조에 따른 수급자격의 인정신청을 포함하여야 한다(법 제42조). 이 법에서 '실업'이란 근로의 의사와 능력이 있음에도 불구하고 취업하지 못한 상태에 있는 것을 말한다(법 제2조 제3호).

② 수급자격의 인정　구직급여를 지급받으려는 자는 직업안정기관의 장으로부터 제40조 제1항 제1호부터 제3호까지 · 제5호 및 제6호에 따른 구직급여의 수급요건을 갖추었다는 사실(이하 "수급자격"이라 한다)의 인정을 받아야 하며(법 제43조 제1항), 직업안정기관의 장은 제1항에 따른 신청을 받으면 그 신청인에 대한 수급자격의 인정 여부를 결정하고, 대통령령으로 정하는 바에 따라 신청인에게 그 결과를 알려야 한다(법 동조 제2항).

③ 수급자격의 인정요건　제2항에 따른 신청인이 다음 각 호의 요건을 모두 갖춘 경우에는 마지막에 이직한 사업을 기준으로 수급자격의 인정 여부를 결정한다. 다만, 마지막 이직 당시 일용근로자로서 피보험 단위기간이 1개월 미만인 자가 수급자격을 갖추지 못한 경우에는 일용근로자가 아닌 근로자로서 마지막으로 이직한 사업을 기준으로 결정한다(법 동조 제3항).

1. 피보험자로서 마지막으로 이직한 사업에 고용되기 전 피보험자로서 이직한 사실이 있을 것
2. 마지막 이직 이전의 이직과 관련하여 구직급여를 받은 사실이 없을 것

(4) 실업의 인정　이 법에서 '실업의 인정'이란 직업안정기관의 장이 제43조에 따른 수급자격자가 실업한 상태에서 적극적으로 직업을 구하기 위하여 노력하고 있다고 인정하는 것을 말한다(법 제2조 제4호).

① 구직급여의 지급　구직급여는 수급자격자가 실업한 상태에 있는 날 중에서 직업안정기관의 장으로부터 실업의 인정을 받은 날에 대하여 지급한다(법 제44조 제1항).

② 실업의 인정방법　실업의 인정을 받으려는 수급자격자는 제42조에 따라 실업의 신고를 한 날부터 계산하기 시작하여 1주부터 4주의 범위에서 직업안정기관의 장이 지정한 날(이하 "실업인정일"이라 한다)에 출석하여 재취업을 위한 노력을 하였음을 신고하여야 하고, 직업 안정기관의 장은 직전 실업인정일의 다음 날부터 그 실업인정일 까지의 각각의 날에 대하여 실업의 인정을 한다. 다만, 다음 각 호에 해당하는 자에 대한 실업의 인정 방법은 노동

부령으로 정하는 기준에 따른다(법 제44조 제2항).

1. 직업능력개발 훈련 등을 받는 수급자격자
2. 천재지변, 대량 실업의 발생 등 대통령령으로 정하는 사유가 발생한 경우의 수급자격자

(5) 피보험 단위기간

① 피보험 단위기간의 산정 피보험 단위기간은 피보험기간 중 보수지급의 기초가 된 날을 합하여 계산한다. 다만, 자영업자인 피보험자의 피보험 단위기간은 제50조 제3항 단서 및 제4항에 따른 피보험기간으로 한다(법 제41조 제1항). 제1항에 따라 피보험 단위기간을 계산할 때에는 최후로 피보험자격을 취득한 날 이전에 구직급여를 받은 사실이 있는 경우에는 그 구직급여와 관련된 피보험자격 상실일 이전의 피보험 단위기간은 넣지 아니한다(법 제41조 제2항).

② 기준기간의 연장 피보험자가 이직일 이전 18개월 동안에 질병・부상 그 밖에 대통령령으로 정하는 사유로 계속하여 30일 이상 보수의 지급을 받을 수 없었던 경우에는 18개월에 그 사유로 보수의 지급을 받을 수 없었던 일수를 가산한 기간을 기준기간(3년을 초과할 때에는 3년)으로 한다(법 제40조 제2항).

(6) 임금일액(기초일액)과 구직급여일액

① 기초일액의 산정방법 구직급여의 산정 기초가 되는 임금일액(이하 "기초일액"이라 한다)은 제43조 제1항에 따른 수급자격의 인정과 관련된 마지막 이직 당시 「근로기준법」 제2조 제1항 제6호에 따라 산정된 평균임금으로 한다. 다만 마지막 이직일 이전 3개월 이내에 피보험자격을 취득한 사실이 2회 이상인 경우에는 마지막 이직일 이전 3개월 간(일용직근로자의 경우에는 마지막 이직일 이전 4개월 중 최종 1개월을 제외한 기간)에 그 근로자에게 지급된 임금 총액을 그 산정의 기준이 되는 3개월의 총 일수로 나눈 금액을 기초일액으로 한다(법 제45조 제1항).

제1항에 의하여 산정된 금액이 근로기준법에 따른 근로자의 통상임금보다 적을 경우에는 그 통상임금액을 기초일액으로 한다. 다만, 마지막 사업에서 이직 당시 일용근로자였던 자의 경우에는 그러하지 아니한다(법 제45조 제2항).

② 구직급여일액의 산정 구직급여일액은 다음 각 호의 구분에 따른 금액으로 한다(법 제46조 제1항).

1. 법 제45조 제1항부터 제3항까지 및 제5항의 경우에는 그 수급자격자의 기초일액에 100분의 50을 곱한 금액으로 한다.
2. 법 제45조 제4항의 경우에는 그 수급자격자의 기초일액에 100분의 90을 곱한 금액(이하 "최저구직급여일액"이라 한다)으로 한다.

위의 제1항 제1호에 따라 산정된 구직급여일액이 최저구직급여일액보다 낮은 경우에는 최저구직급여일액을 당해 수급자격자의 구직급여일액으로 한다(법 제46조 제2항).

(7) 수급기간 및 수급일수, 대기기간

① 수급기간과 수급일수　구직급여는 이 법에 따로 규정이 있는 경우 외에는 그 구직급여의 수급자격과 관련된 이직일의 다음 날부터 계산하기 시작하여 12개월 내에 법 제50조 제1항에 따른 소정급여일수를 한도로 하여 지급한다(법 제48조 제1항).

제1항에 따른 12개월의 기간 중 임신·출산·육아, 그 밖에 대통령령으로 정하는 사유로 취업할 수 없는 자가 그 사실을 수급기간에 직업안정기관에 신고한 경우에는 12개월의 기간에 그 취업할 수 없는 기간을 가산한 기간(4년을 넘을 때에는 4년)에 제50조 제1항에 따른 소정급여일수를 한도로 하여 구직급여를 지급한다(법 제48조 제2항).

② 대기기간　법 제44조에 의하여 실업의 인정을 받더라도 제42조에 따른 실업의 신고일부터 계산하기 시작하여 7일간은 대기기간으로 보아 구직급여를 지급하지 아니한다(법 제49조).

③ 지급유예　제48조 제1항에도 불구하고 이직 당시의 경제 사정 등을 고려하여 대통령령으로 정하는 금액 이상의 금품을 퇴직금 등으로 수령한 수급자격자(대통령령으로 정하는 수령이 확실시되는 자를 포함한다)에 대하여는 제42조에 따른 실업의 신고일부터 3개월 동안은 구직급여의 지급을 유예할 수 있다(법 제59조 제1항).

(8) 소정급여일수 및 피보험기간 계산　하나의 수급자격에 따라 구직급여를 지급받을 수 있는 날(이하 "소정급여일수"라 한다)은 대기기간이 끝난 다음 날부터 계산하기 시작하여 피보험기간과 연령에 따라 다음 [별표 1]에서 정한 일수가 되는 날까지로 한다(법 제50조 제1항).

수급자격자가 소정급여일수 내에 제48조 제2항에 따른 임신·출산·육아, 그 밖에 대통령령으로 정하는 사유로 수급기간을 연장한 경우에는 그 기간만큼 구직급여를 유예하여 지급한다(법 동조 제2항).

[별표 1] 구직급여의 소정급여일수(법 제50조 제1항 관련)〈개정 2011.7.21〉

구분		피보험기간				
		1년 미만	1년 이상 3년 미만	3년 이상 5년 미만	5년 이상 10년 미만	10년 이상
이직일 현재 연령	30세 미만	90일	90일	120일	150일	180일
	30세 이상 50세 미만	90일	120일	150일	180일	210일
	50세 이상 및 장애인	90일	150일	180일	210일	240일

비고 : 장애인이란 「장애인고용촉진 및 직업재활법」에 따른 장애인을 말한다.

피보험기간은 그 수급자격과 관련된 이직 당시 적용사업에서 고용된 기간(제10조 각 호의 어느 하나에 해당하는 근로자로 고용된 기간은 제외한다. 이하 이 조에서 같다)으로 한다. 다만, 자영업자인 피보험자의 경우에는 그 수급자격과 관련된 폐업 당시의 적용 사업에의 보험가입기간 중에서 실제로 납부한 고용보험료에 해당하는 기간으로 한다(법 동조 제3항).

제3항에도 불구하고 피보험기간을 계산할 때에 다음 각 호의 경우에는 해당 호에 따라 각각 피보험기간을 계산한다(법 동조 제4항).

① 종전의 적용사업에서 피보험자격을 상실한 사실이 있고 그 상실한 날부터 3년 이내에 현재 적용사업에서 피보험자격을 취득한 경우 : 종전의 적용사업에서의 피보험기간을 합산한다. 다만, 종전의 적용사업의 피보험자격 상실로 인하여 구직급여를 지급받은 사실이 있는 경우에는 그 종전의 적용사업에서의 피보험기간은 제외한다.

② 자영업자인 피보험자가 종전에 근로자로서 고용되었다가 피보험자격을 상실한 사실이 있고 그 상실한 날부터 3년 이내에 자영업자로서 피보험자격을 다시 취득한 경우 : 종전의 적용사업에서의 피보험기간을 합산하지 아니하되, 본인이 종전의 피보험기간을 합산하여 줄 것을 원하는 때에 한정하여 합산한다. 다만, 종전의 적용사업의 피보험자격 상실로 인하여 구직급여를 지급받은 사실이 있는 경우에는 그 종전의 적용사업에서의 피보험기간은 제외한다.

피보험자격 취득에 관하여 신고가 되어 있지 아니하였던 피보험자의 경우에는 하나의 피보험기간에 피보험자가 된 날이 다음 각 호의 어느 하나에 해당하는 날부터 소급하여 3년이 되는 해의 1월 1일 전이면 제3항에도 불구하고 그 해당하는 날부터 소급하여 3년이 되는 날이 속하는 보험연도의 첫 날에 그 피보험자격을 취득한 것으로 보아 피보험기간을 계산한다. 다만, 사업주가 다음 각 호의 어느 하나에 해당하는 날부터 소급하여 3년이 되는 해의 1월 1일 전부터 해당 피보험자에 대한 고용보험료를 계속 납부한 사실이 증명된 경우에는 고용보험료를 납부한 기간으로 피보험기간을 계산한다(법 동조 제5항).

1. 제15조에 따른 피보험자격 취득신고를 한 날
2. 제17조에 따른 피보험자격 취득이 확인된 날

(9) 구직급여의 연장지급 구직급여는 법규정에 따라 소정급여일수를 계산하여 법 제50조 제1항에 규정된 [별표 1]에 따라 지급하는 것이지만 훈련, 생활곤란, 실업급증 등의 사유가 있을 때에는 소정급여일수를 초과하여 지급할 수 있도록 규정하였다(법 제51조, 제52조, 제53조 참조).

(10) 연장급여의 수급기간 및 구직급여일액 제51조부터 제53조까지의 규정에 따른 연장급여를 지급하는 경우에 그 수급자격자의 수급기간은 제48조에 따른 그 수급자격자의

수급기간에 연장되는 구직급여일수를 더하여 산정한 기간으로 한다(법 제54조 제1항).

제51조에 따라 훈련연장급여를 지급하는 경우에 그 일액은 해당 수급자격자의 구직급여일액의 100분의 100으로 하고, 제52조 또는 제53조에 따라 개별연장급여 또는 특별연장급여를 지급하는 경우에 그 일액은 해당 수급자격자의 구직급여일액의 100분의 70을 곱한 금액으로 한다(법 제54조 제2항).

제2항에 따라 산정된 구직급여일액이 제46조 제2항에 따른 최저구직급여일액보다 낮은 경우에는 최저구직급여일액을 그 수급자격자의 구직급여일액으로 한다(법 제54조 제3항).

(11) 국민연금보험료의 지원 고용노동부장관은 「국민연금법」 제19조의2 제1항에 따라 구직급여를 받는 기간을 국민연금 가입기간으로 추가 산입하려는 수급자격자에게 국민연금 보험료의 일부를 지원할 수 있고, 제1항에 따른 지원금액은 「국민연금법」 제19조의2 제3항에 따른 연금보험료의 100분의 25의 범위로 한다(법 제55조의2 제1항·제2항).

(12) 급여지급의 제한과 지급방법

① 훈련거부 등에 의한 제한 수급자격자가 직업안정기관의 장이 소개하는 직업에 취직하는 것을 거부하거나 직업안정기관의 장이 지시한 직업능력개발 훈련 등을 거부하면 대통령령으로 정하는 바에 따라 구직급여의 지급을 정지한다. 다만, 법정의 어느 하나에 해당하는 정당한 사유가 있는 경우에는 그러하지 아니하다(법 제60조 제1항 참조).

② 부정행위에 따른 제한 거짓이나 그 밖의 부정한 방법으로 실업급여를 받았거나 받으려 한 자에게는 그 급여를 받은 날 또는 받으려 한 날부터의 구직급여를 지급하지 아니한다. 다만, 그 급여와 관련된 이직 이후에 새로 수급자격을 취득한 경우 그 새로운 수급자격에 따른 구직급여에 대하여는 그러하지 아니하다(법 제61조 제1항~제4항 참조).

③ 반환명령 등 직업안정기관의 장은 거짓이나 그 밖의 부정한 방법으로 구직급여를 지급받은 자에게 지급받은 전체 구직급여의 전부 또는 일부의 반환을 명할 수 있고, 이에 추가하여 고용노동부령으로 정하는 기준에 따라 그 거짓이나 그 밖의 부정한 방법으로 지급받은 구직급여액에 상당하는 액수 이하의 금액을 징수할 수 있다(법 제62조 제1항).

제1항의 경우에 거짓이나 그 밖의 부정한 방법이 사업주(사업주의 대리인·사용인, 그 밖의 종업원을 포함한다)의 거짓된 신고·보고 또는 증명으로 인한 것이면 그 사업주도 그 구직급여를 지급받은 자와 연대(連帶)하여 책임을 진다(법 동조 제2항).

(13) 미지급된 구직급여 수급자격자가 사망한 경우 그 수급자격자에게 지급되어야 할 구직급여로서 아직 지급되지 아니한 것이 있는 경우에는 그 수급자격자의 배우자(사실상의 혼인 관계에 있는 자를 포함한다)·자녀·부모·손자녀·조부모 또는 형제자매로서 수급자격자

와 생계를 같이하고 있던 자의 청구에 따라 그 미지급분을 지급한다(법 제57조 제1항).

제1항에 따라 지급받을 수 있는 자의 순위는 같은 항에 열거된 순서로 한다. 이 경우 같은 순위자가 2명 이상이면 그중 1명이 한 청구를 전원(全員)을 위하여 한 것으로 보며, 그 1명에게 한 지급은 전원에 대한 지급으로 본다(법 동조 제3항).

3) 취업촉진수당

(1) 조기재취업수당 조기재취업수당은 수급자격자(「외국인 근로자의 고용 등에 관한 법률」 제2조에 따른 외국인 근로자는 제외한다)가 안정된 직업에 재취직하거나 스스로 영리를 목적으로 하는 사업을 영위하는 경우로서 대통령령으로 정하는 기준에 해당하면 지급한다(법 제64조 제1항).

(2) 직업능력개발수당 직업능력개발수당은 수급자격자가 직업안정기관의 장이 지시한 직업능력개발 훈련 등을 받는 경우에 그 직업능력개발 훈련 등을 받는 기간에 대하여 지급한다(법 제65조 제1항). 제1항에도 불구하고 제60조 제1항 및 제2항에 따라 구직급여의 지급이 정지된 기간에 대하여는 직업능력개발수당을 지급하지 아니한다(법 동조 제2항).

(3) 광역구직활동비 광역구직활동비는 수급자격자가 직업안정기관의 소개에 따라 광범위한 지역에 걸쳐 구직활동을 하는 경우로서 대통령령으로 정하는 기준에 따라 직업안정기관의 장이 필요하다고 인정하면 지급할 수 있다(법 제66조 제1항).

(4) 이주비 이주비는 수급자격자가 취업하거나 직업안정기관의 장이 지시한 직업능력개발 훈련 등을 받기 위하여 그 주거를 이전하는 경우로서 대통령령으로 정하는 기준에 따라 직업안정기관의 장이 필요하다고 인정하면 지급할 수 있다(법 제67조 제1항).

(5) 취업촉진수당의 지급제한 거짓이나 그 밖의 부정한 방법으로 실업급여를 받았거나 받으려 한 자에게는 그 급여를 받은 날 또는 받으려 한 날부터 취업촉진수당을 지급하지 아니한다. 다만, 그 급여와 관련된 이직 이후에 새로 수급자격을 취득하면 그 새로운 수급자격에 따른 취업촉진수당은 그러하지 아니하다(법 제68조 제1항).

4) 자영업자에 대한 실업급여 적용의 특례

(1) 실업급여의 종류 자영업자인 피보험자의 실업급여의 종류는 제37조에 따른다. 다만, 제51조부터 제55조까지의 규정에 따른 연장급여와 제64조에 따른 조기재취업수당은 제외한다(법 제69조의2). 이 규정에 따라 일반의 실업급여와 마찬가지로 자영업자인 피보험자에게도 '구직급여'와 '취업촉진수당'을 지급 받을 수 있는 제도가 2012년 1월 21일부터 새로 신

설・시행된 것이다.

그러나 단서에서 일반의 구직급여 수급자와는 달리 자영업자인 피보험자에게는 연장급여(제51조~제55조)와 조기재취업수당(제64조)은 제외시키고 있으므로, 자영업자에 대하여 지급될 수 있는 실업급여에는 '구직급여'와 취업촉진수당 중에서 조기재취업수당을 제외한 '직업능력개발수당', '광역구직활동비' 및 '이주비' 등을 지급 받을 수 있게 된 것이다.

(2) 구직급여의 수급요건 구직급여는 폐업한 자영업자인 피보험자가 다음 각 호의 요건을 모두 갖춘 경우에 지급한다(법 제69조의3).

① 폐업일 이전 24개월간 제41조 제1항 단서에 따라 자영업자인 피보험자로서 갖춘 피보험 단위기간이 통산(通算)하여 1년 이상일 것

② 근로의 의사와 능력이 있음에도 불구하고 취업을 하지 못한 상태에 있을 것

③ 폐업사유가 제69조의7에 따른 수급자격의 제한 사유에 해당하지 아니할 것

④ 재취업을 위한 노력을 적극적으로 할 것

(3) 수급자격의 제한 제69조의3에도 불구하고 폐업한 자영업자인 피보험자가 다음 각 호의 어느 하나에 해당한다고 직업안정기관의 장이 인정하는 경우에는 수급자격이 없는 것으로 본다(법 제69조의7).

① 법령을 위반하여 허가 취소를 받거나 영업 정지를 받음에 따라 폐업한 경우

② 방화(放火) 등 피보험자 본인의 중대한 귀책사유로서 노동부령으로 정하는 사유로 폐업한 경우

③ 매출액 등이 급격하게 감소하는 등 고용노동부령으로 정하는 사유가 아닌 경우로서 전직 또는 자영업을 다시 하기 위하여 폐업한 경우

④ 그 밖에 고용노동부령으로 정하는 정당한 사유에 해당하지 아니하는 사유로 폐업한 경우

(4) 기초일액 및 구직급여일액

① 기초일액의 계산 자영업자인 피보험자이었던 수급자격자에 대한 기초일액은 다음 각 호의 구분에 따른 기간 동안 본인이 납부한 보험료의 산정기초가 되는 보험료징수법 제49조의2 제3항에 따라 고시된 보수액을 전부 합산한 후에 그 기간의 총일수로 나눈 금액으로 한다(법 제69조의4 제1항).

1. 수급자격과 관련된 피보험기간이 3년 이상인 경우 : 마지막 폐업일 이전 3년의 피보험기간
2. 수급자격과 관련된 피보험기간이 3년 미만인 경우 : 수급자격과 관련된 그 피보험기간

제1항에도 불구하고 자영업자인 피보험자이었던 수급자격자가 제50조 제4항에 따라 피보험기간을 합산하게 됨에 따라 제69조의6에서 정한 소정급여일수가 추가로 늘어나는 경우에는 그 늘어난 일수분에 대한 기초일액은 제1항에 따라 산정된 기초일액으로 하되, 그 기초일액이 다음 각 호에 해당하는 경우에는 각각 해당 호에 따른 금액으로 한다(법 동조 제2항).

1. 기초일액이 최저기초일액에 미치지 못하는 경우에는 최저기초일액
2. 기초일액이 제45조 제5항에 따라 대통령령으로 정하는 금액을 초과하는 경우에는 그 대통령령으로 정하는 금액

② **구직급여일액의 계산** 자영업자인 피보험자로서 폐업한 수급자격자에 대한 구직급여일액은 그 수급자격자의 기초일액에 100분의 50을 곱한 금액으로 한다(법 제69조의5).

(5) 소정급여일수 자영업자인 피보험자로서 폐업한 수급자격자에 대한 소정급여일수는 제49조에 따른 대기기간이 끝난 다음날부터 계산하기 시작하여 피보험기간에 따라 [별표 2]에서 정한 일수가 되는 날까지로 한다(법 제69조의6).

[별표 2] 자영업자의 구직급여의 소정급여일수(제69조의6 관련) 〈신설 2011.7.21〉

구분	피보험기간			
	1년 이상 3년 미만	3년 이상 5년 미만	5년 이상 10년 미만	10년 이상
소정급여일수	90일	120일	150일	180일

(6) 실업급여의 지급제한 고용노동부장관은 보험료를 체납한 사람에게는 고용노동부령으로 정하는 바에 따라 이 장에 따른 실업급여를 지급하지 아니할 수 있다(법 제69조의8).

(7) 실업급여에 관한 규정의 준용 자영업자인 피보험자의 실업급여에 관하여는 제38조, 제42조부터 제44조까지, 제47조부터 제49조까지, 제56조, 제57조, 제60조부터 제63조까지, 제65조부터 제68조까지를 준용한다(법 제69조의9 제1항).

자영업자인 피보험자의 취업촉진수당(조기재취업수당은 제외한다)에 관하여는 제57조 제1항·제3항 및 제62조를 준용한다(법 동조 제2항).

5. 육아휴직급여, 육아기 근로시간 단축급여, 출산전후 휴가급여

1) 육아휴직급여

(1) 육아휴직급여의 요건 고용노동부장관은 「남녀고용평등과 일·가정 양립 지원에 관한 법률」 제19조에 따른 육아휴직을 30일(「근로기준법」 제74조에 따른 출산전후 휴가기간 과 중복

되는 기간은 제외한다) 이상 부여받은 피보험자 중 다음 각 호의 요건을 모두 갖춘 피보험자에게 육아휴직급여를 지급한다(법 제70조 제1항).

① 육아휴직을 시작한 날 이전에 제41조에 따른 피보험 단위기간이 통산하여 180일 이상일 것

② 같은 자녀에 대하여 피보험자인 배우자가 30일 이상의 육아휴직을 부여받지 아니하거나 「남녀고용평등과 일·가정 양립지원에 관한 법률」 제19조의2에 따른 육아기 근로시간 단축(이하 "육아기 근로시간 단축"이라 한다)을 30일 이상 실시하지 아니하고 있을 것

제1항에 따른 육아휴직급여를 지급받으려는 사람은 육아휴직을 시작한 날 이후 1개월부터 육아휴직이 끝난 날 이후 12개월 이내에 신청하여야 한다. 다만, 해당 기간에 대통령령으로 정하는 사유로 육아휴직급여를 신청할 수 없었던 사람은 그 사유가 끝난 후 30일 이내에 신청하여야 한다(법 동조 제2항).

(2) 육아휴직의 확인 사업주는 피보험자가 제70조에 따른 육아휴직급여를 받으려는 경우 노동부령으로 정하는 바에 따라 사실의 확인 등 모든 절차에 적극 협력하여야 한다(법 제71조).

(3) 취업의 신고 등 피보험자가 육아휴직급여 기간 중에 이직 또는 새로 취업(취직한 경우 1주간의 소정근로시간이 15시간 미만인 경우는 제외한다. 이하 이 장에서 같다)하거나 사업주로부터 금품을 지급받은 경우에는 그 사실을 직업안정기관의 장에게 신고하여야 한다(법 제72조 제1항).

(4) 급여의 지급제한 및 감액 피보험자가 육아휴직급여 기간 중에 그 사업에서 이직하거나 새로 취업한 경우에는 그 이직 또는 취업하였을 때부터 육아휴직급여를 지급하지 아니한다(법 제73조 제1항). 피보험자가 사업주로부터 육아휴직을 이유로 금품을 지급받은 경우 대통령령으로 정하는 바에 따라 급여를 감액하여 지급할 수 있다(법 동조 제2항).

거짓이나 그 밖의 부정한 방법으로 육아휴직급여를 받았거나 받으려 한 자에게는 그 급여를 받은 날 또는 받으려 한 날부터 육아휴직급여를 지급하지 아니한다. 다만, 그 급여와 관련된 육아휴직 이후에 새로 육아휴직급여 요건을 갖춘 경우 그 새로운 요건에 따른 육아휴직급여는 그러하지 아니하다(법 동조 제3항).

2) 육아기 근로시간 단축급여

(1) 근로시간 단축급여의 지급 고용노동부장관은 육아기 근로시간 단축을 30일(「근로기준법」 제74조에 따른 출산전후 휴가기간과 중복되는 기간은 제외한다) 이상 실시한 피보험자 중

다음 각 호의 요건을 모두 갖춘 피보험자에게 육아기 근로시간 단축급여를 지급한다(법 제73조의2 제1항).

① 육아기 근로시간 단축을 시작한 날 이전에 제41조에 따른 피보험 단위기간이 통산하여 180일 이상일 것

② 같은 자녀에 대하여 피보험자인 배우자가 30일 이상의 육아휴직을 부여받지 아니하거나 육아기 근로시간 단축을 30일 이상 실시하지 아니하고 있을 것

(2) 단축급여의 지급신청 제1항에 따른 육아기 근로시간 단축급여를 지급받으려는 사람은 육아기 근로시간 단축을 시작한 날 이후 1개월부터 끝난 날 이후 12개월 이내에 신청하여야 한다. 다만, 해당 기간에 대통령령으로 정하는 사유로 육아기 근로시간 단축급여를 신청할 수 없었던 사람은 그 사유가 끝난 후 30일 이내에 신청하여야 한다(법 동조 제2항).

(3) 준용규정 육아휴직급여에 관하여는 제62조(반환명령 등)를 준용한다(법 제74조 제1항). 육아기 근로시간 단축급여에 관하여는 제62조, 제71조부터 제73조까지의 규정을 준용한다(법 동조 제2항).

3) 출산전후 휴가급여

(1) 출산전후 휴가급여의 요건 고용노동부장관은 「남녀고용평등과 일·가정 양립 지원에 관한 법률」 제18조에 따라 피보험자가 「근로기준법」 제74조에 따른 출산전후 휴가 또는 유산·사산휴가를 받은 경우로서 다음 각 호의 요건을 모두 갖춘 경우에 출산전후휴가 급여 등(이하 "출산전후휴가 급여 등"이라 한다)을 지급한다(법 제75조).

① 휴가가 끝난 날 이전에 제41조에 따른 피보험 단위기간이 통산하여 180일 이상일 것

② 휴가를 시작한 날[제19조 제2항에 따라 근로자의 수 등이 대통령령을 정하는 기준에 해당하는 기업이 아닌 경우는 휴가 시작 후 60일(한번에 둘이상의 자녀를 임신한 경우에는 75일)이 지난 날로 본다] 이후 1개월부터 휴가가 끝난 날 이후 12개월 이내에 신청할 것. 다만, 그 기간에 대통령령으로 정하는 사유로 출산전후 휴가급여 등을 신청할 수 없었던 자는 그 사유가 끝난 후 30일 이내에 신청하여야 한다.

(2) 사업주의 수급권 대위 사업주가 출산전후 휴가급여 등의 지급사유와 같은 사유로 그에 상당하는 금품을 근로자에게 미리 지급한 경우로서 그 금품이 출산전후 휴가급여 등을 대체하여 지급한 것으로 인정되면 그 사업주는 지급한 금액(제76조 제2항에 따른 상한액을 초과할 수 없다)에 대하여 그 근로자의 출산전후 휴가급여 등을 받을 권리를 대위한다(법 제75조의2).

(3) 지급기간과 지급금액 제75조에 따른 출산전후 휴가급여 등은 「근로기준법」 제74

조에 따른 휴가기간에 대하여 「근로기준법」의 통상임금(휴가를 시작한 날을 기준으로 산정한다)에 해당하는 금액을 지급한다. 다만, 제19조 제2항에 따라 근로자의 수 등이 대통령령으로 정하는 기준에 해당하는 기업이 아닌 경우에는 휴가기간 중 60일(한번에 둘 이상의 자녀를 임신한 경우에는 75일)을 초과한 일수(30일을 한도로 하되, 한번에 둘 이상의 자녀를 임신한 경우에는 45일을 한도로 한다)로 한정한다(법 제76조 제1항).

제5절 보험료와 고용보험기금

1. 보험료

고용보험법에 따른 고용보험사업에 드는 비용을 충당하기 위하여 징수하는 보험료와 그 밖의 징수금에 대하여는 「보험료징수법」에서 정하는 바에 따르게 되어 있다(법 제6조 제1항 참조).

이에 따라 근로복지공단은 보험사업에 드는 비용에 충당하기 위하여 보험가입자로부터 고용안정・직업능력개발사업 및 실업급여의 보험료를 징수한다(징수법 제13조 제1항 제1호)는 근거규정에 의하여 보험가입자인 사업주와 근로자로부터 보험료를 징수하는 것이다.

1) 보험료의 산정

(1) 근로자의 고용보험료 보험가입자로서 피보험자인 근로자가 부담하여야 하는 고용보험료는 자기의 보수 총액에 보험료징수법 제14조 제1항에 따른 실업급여의 보험료율의 2분의 1을 곱한 금액으로 한다. 다만, 사업주로부터 보험료징수법 제2조 제3호 본문에 따른 보수를 지급받지 아니하는 근로자는 제2조 제3호 단서에 따라 보수로 보는 금품의 총액에 제14조 제1항에 따른 실업급여의 보험료율을 곱한 금액을 부담하여야 하고, 제2조 제3호 단서에 따른 휴직이나 그 밖에 이와 비슷한 상태에 있는 기간 중에 사업주로부터 제2조 제3호 본문에 따른 보수를 지급받는 근로자로서 고용노동부장관이 정하여 고시하는 사유에 해당하는 근로자는 그 기간에 지급받는 보수의 총액에 제14조 제1항에 따른 실업급여의 보험료율을 곱한 금액을 부담하여야 한다(징수법 제13조 제2항).

그러나 제1항에도 불구하고 「고용보험법」 제10조 제1호에 따라 65세 이후에 고용되거나 자영업을 개시한 자에 대하여는 고용보험료 중 실업급여의 보험료를 징수하지 아니한다(징수법 제13조 제3항).

(2) 사업주의 고용보험료 보험가입자인 사업주가 부담하여야 하는 고용보험료는 그

사업에 종사하는 고용보험 가입자인 근로자의 개인별 보수총액(제2항 단서에 따른 보수로 보는 금품의 총액과 보수의 총액은 제외한다)에 다음 각 호를 각각 곱하여 산출한 각각의 금액을 합한 금액으로 한다(징수법 제13조 제4항).

① 제14조 제1항에 따른 고용안정・직업능력개발사업의 보험료율

② 실업급여의 보험료율의 2분의 1

위의 규정내용을 요약하면, 근로자가 부담하는 고용보험료는 근로자의 보수총액에 실업급여의 보험료율의 2분의 1을 곱한 금액으로 하고, 사업주가 부담하는 고용보험료는 근로자의 개인별 보수총액에 실업급여의 보험료율의 2분의 1을 곱하여 산출한 금액과 고용안정 및 직업능력개발사업의 보험료율을 각각 곱하여 산출한 금액을 합한 금액으로 한다는 뜻이다.

근로자의 보험료=근로자의 보수총액×실업급여의 보험료율의 1/2

사용자의 보험료=(근로자의 보수총액×실업급여의 보험료율의 1/2)+
(근로자의 보수총액×고용안정 및 직업능력개발사업의 보험료율)

2) 고용보험료율

(1) 보험료율의 결정 고용보험료율은 보험수지의 동향과 경제상황 등을 고려하여 1000분의 30의 범위 안에서 고용안정・직업능력개발사업의 보험료율 및 실업급여의 보험료율로 구분하여 대통령령으로 정한다(징수법 제14조 제1항). 제1항의 고용보험료율을 결정하거나 변경하려면 고용보험법 제7조에 따른 고용보험위원회의 심의를 거쳐야 한다(징수법 동조 제2항).

이에 따라 대통령령으로 정한 고용보험료율은 다음 각 호와 같다(징수법시행령 제12조 1항).

① 고용안정・직업능력개발사업의 보험료율 : 다음 각 목의 구분에 따른 보험료율

㈎ 상시근로자수가 150명 미만인 사업주의 사업 : 1만분의 25

㈏ 상시근로자수가 150명 이상인 사업주의 사업으로서 「고용보험법 시행령」 제12조에 따른 우선지원 대상기업의 범위에 해당하는 사업 : 1만분의 45

㈐ 상시근로자수가 150명 이상 1천명 미만인 사업주의 사업으로서 ㈏목에 해당하지 아니하는 사업 : 1만분의 65

㈑ 상시근로자수가 1천명 이상인 사업주의 사업으로서 ㈏목에 해당하지 아니하는 사업 및 국가・지방자치단체가 직접 행하는 사업 : 1만분의 85

② 실업급여의 보험료율 : 1천분의 13

(2) 보험료율의 특례 대통령령으로 정하는 사업으로서 매년 9월 30일 현재 고용보험의 보험관계가 성립한 후 3년이 지난 사업의 경우에 그 해 9월 30일 이전 3년 동안의 그 실업급여 보험료에 대한 실업급여 금액의 비율이 대통령령으로 정하는 비율에 해당하는 경우

에는 제14조 제1항에도 불구하고 그 사업에 적용되는 실업급여 보험료율의 100분의 40의 범위에서 대통령령으로 정하는 기준에 따라 인상하거나 인하한 비율을 그 사업에 대한 다음 보험연도의 실업급여 보험료율로 할 수 있다(징수법 제15조 제1항).

3) 보험료의 부과와 납부

(1) 부과 · 징수기관 보험료징수법 제13조 제1항에 따른 보험료는 공단(근로복지공단)이 매월 부과하고, 건강보험공단이 이를 징수하다(징수법 제16조의2 제1항). 제1항에도 불구하고 건설업 등 대통령령으로 정하는 사업의 경우에는 제17조 및 제19조에 따른 다(징수법 동조 제2항).

(2) 월별보험료의 산정 보험료징수법 제16조의2 제1항에 따라 사업주에게 부과하는 보험료(이하 "월별보험료"라 한다)는 근로자 개인별 월평균보수에 고용보험료율 각각 곱한 금액을 합산하여 산정한다(징수법 제16조의3 제1항).

제1항의 월평균보수는 다음 각 호에 따라 산정한 금액을 말한다. 다만, 근로자가 근로를 개시한 날이 속하는 달의 근무일수가 20일 미만인 경우에는 그 달을 제외한다(징수법 동조 제2항).

① 전년도 10월 이전에 근로를 개시한 경우에는 전년도 보수총액을 전년도 근무개월수로 나눈 금액

② 그 밖의 근로자의 경우에는 근로 개시일 부터 1년간(1년 이내이 근로계약기간을 정한 경우에는 그 기간) 지급하기로 정한 보수총액을 해당 근무개월수로 나눈 금액

제1항에 따라 월별보험료를 산정할 때 월평균보수는 다음 각 호에 따른 기간 동안 각각 적용한다(징수법 동조 제3항).

① 제2항 제1호에 따른 경우 : 매년 4월부터 다음 연도 3월까지

② 제2항 제2호에 따른 경우 : 근로자가 근로를 개시한 날이 속하는 달부터 다음 연도 3월까지. 다만, 해당 연도 10월 이후에 근로를 개시한 근로자의 경우에는 근로를 개시한 날이 속하는 달부터 다음다음 연도 3월까지

(3) 월별보험료의 고지와 납부 건강보험공단은 사업주에게 다음 각 호의 사항을 적은 문서로써 납부기한 10일 전까지 월별보험료의 납입을 고지하여야 한다(징수법 제16조의8 제1항).

① 징수하고자 하는 보험료 등의 종류

② 납부하여야 할 보험료 등의 금액

③ 납부기한 및 장소

(4) 보험료의 징수

① 원천공제징수 근로자가 부담하는 고용보험료의 원천공제징수 사업주는 보험료징수법 제13조 제2항에 따라 보험가입자인 근로자가 부담하는 고용보험료에 상당하는 금액

을 대통령령으로 정하는 바에 따라 그 근로자의 보수에서 원천공제할 수 있다(징수법 제16조 제1항, 시행령 제19조).

② 확정보험료의 신고납부 및 정산 사업주는 매 보험연도의 말일(보험연도 중에 보험관계가 소멸한 경우에는 그 소멸한 날의 전날)까지 사용한 근로자에게 지급한 임금총액(지급하기로 결정된 금액을 포함한다)에 고용보험료율을 곱하여 산정한 금액(이하 "확정보험료"라 한다)을 대통령령이 정하는 바에 따라 다음 보험연도의 3월 31일(보험연도 중에 보험관계가 소멸한 사업에 있어서는 그 소멸한 날부터 30일)까지 공단에 신고하여야 한다. 다만, 사업주가 국가 또는 지방자치단체인 경우에는 그 보험연도의 말일(보험연도 중에 보험관계가 소멸한 사업에 있어서는 그 소멸한 날부터 30일)까지 신고할 수 있다(징수법 제19조 제1항).

4) 고용보험료의 지원과 환수

(1) 보험료의 지원 국가는 사업장의 규모 및 근로자(내국인에 한한다. 이하 이 조에서 같다)의 보수가 대통령령으로 정하는 범위에 해당하는 경우 그 사업주와 근로자가 제13조 제2항 및 제4항에 따라 각각 부담하는 고용보험료의 일부를 예산의 범위에서 지원할 수 있다(징수법 제21조 제1항).

본 조항은 후술하는 지원금의 환수제도와 함께 영세사업장을 운영하는 사업주와 그 사업장에서 근무하는 저임금 근로자의 고용보험 가입률을 높이기 위하여 사업주와 근로자가 부담하는 고용보험료의 일부를 국가가 지원할 수 있는 근거를 마련하려는 취지에서 규정된 내용이다.

(2) 지원금의 환수 국가는 제21조에 따른 고용보험료의 지원을 받은 자가 다음 각 호의 어느 하나에 해당하는 경우에는 그 지원금액의 전부 또는 일부를 환수할 수 있다(징수법 제21조의2 제1항).

① 거짓 또는 부정한 방법으로 지원받은 경우
② 지원대상이 아닌 자가 지원받은 경우

2. 고용보험기금

(1) 기금의 설치 및 조성 고용노동부장관은 보험사업에 필요한 재원에 충당하기 위하여 고용보험기금(이하 "기금"이라 한다)을 설치한다(징수법 제78조 제1항). 기금은 보험료와 이 법에 따른 징수금·적립금·기금운용 수익금과 그 밖의 수입으로 조성한다(법 동조 제2항).

(2) 기금의 운용계획 고용노동부장관은 매년 기금운용 계획을 세워 제7조에 따른 고

용보험위원회 및 국무회의의 심의를 거쳐 대통령의 승인을 받아야 하고(법 제81조 제1항), 매년 기금의 운용 결과에 대하여 제7조에 따른 고용보험위원회의 심의를 거쳐 공표하여야 한다(법 동조 제2항).

제6절 권리구제

1. 심사청구와 재심사청구제도

제17조에 따른 피보험자격의 취득 · 상실에 대한 확인, 제4장의 규정에 따른 실업급여 및 제5장에 따른 육아휴직급여와 출산전후휴가 급여 등에 관한 처분에 이의가 있는 자는 제1차로 고용보험 심사관에게 심사를 청구할 수 있고, 그 심사관의 결정에 이의가 있는 자는 제2차로 고용보험심사위원회에 재심사를 청구할 수 있도록 규정하여(제7장 참조), 고용보험가입자의 권리를 구제하는 제도를 마련하고 있다.

1) 심사청구

(1) 피청구기관 피보험자격의 취득 및 상실에 대한 확인, 제4장의 규정에 따른 실업급여 및 제5장에 따른 육아휴직급여와 출산전후 휴가급여 등에 관한 처분(이하 "원처분 등"이라 한다)에 이의가 있는 자는 제89조에 따른 심사관에게 심사를 청구할 수 있다(법 제87조 제1항 전단).

제87조 제1항에 따른 심사의 청구는 원처분 등을 한 직업안정기관을 거쳐 심사관에게 하여야 한다. 직업안정기관은 심사청구서를 받은 날부터 5일 이내에 의견서를 첨부하여 심사청구서를 심사관에게 보내야 한다(법 제90조 제1항 · 2항). 제1항에 따른 심사의 청구는 시효 중단에 관하여 재판상의 청구로 본다(법 제87조 제3항).

(2) 청구기간 제1항에 따른 심사의 청구는 같은 항의 확인 또는 처분이 있음을 안 날부터 90일 이내에 제기하여야 한다(법 제87조 제2항 전단).

(3) 청구인의 대리인 선임 심사청구인(또는 재심사청구인)은 법정대리인 외에 다음 각 호의 어느 하나에 해당하는 자를 대리인으로 선임할 수 있다(법 제88조).

① 청구인의 배우자, 직계존속 · 비속 또는 형제자매
② 청구인인 법인의 임원 또는 직원
③ 변호사나 공인노무사

④ 제99조에 따른 고용보험심사위원회의 허가를 받은 자

심사청구인이 사망한 경우 그 심사청구인이 실업급여의 수급권자이면 제57조에 따른 유족이, 그 외의 자인 때에는 상속인 또는 심사청구의 대상인 원처분 등에 관계되는 권리 또는 이익을 승계한 자가 각각 심사청구인의 지위를 승계한다(법 제89조 제5항).

(4) 고용보험심사관 제87조에 따른 심사를 행하게 하기 위하여 고용보험심사관(이하 "심사관"이라 한다)을 둔다(법 제89조 제1항).

심사관은 제87조 제1항에 따라 심사청구를 받으면 30일 이내에 그 심사청구에 대한 결정을 하여야 한다. 다만, 부득이한 사정으로 그 기간에 결정할 수 없을 때에는 1차에 한하여 10일을 넘지 아니하는 범위에서 그 기간을 연장할 수 있다(법 동조 제2항).

당사자는 심사관에게 심리·결정의 공정을 기대하기 어려운 사정이 있으면 그 심사관에 대한 기피신청을 고용노동부장관에게 할 수 있다(법 동조 제4항).

(5) 본안 심리와 원 처분 등의 집행정지

① 보정 및 각하 심사의 청구가 제87조 제2항에 따른 기간이 지났거나 법령으로 정한 방식을 위반하여 보정(補正)하지 못할 것인 경우에 심사관은 그 심사의 청구를 결정으로 각하(却下)하여야 한다(법 제92조 제1항).

심사의 청구가 법령으로 정한 방식을 어긴 것이라도 보정할 수 있는 것인 경우에 심사관은 상당한 기간을 정하여 심사청구인에게 심사의 청구를 보정하도록 명할 수 있다. 다만, 보정할 사항이 경미한 경우에는 심사관이 직권으로 보정할 수 있다(법 동조 제2항).

심사관은 심사청구인이 제2항의 기간에 그 보정을 하지 아니하면 결정으로써 그 심사 청구를 각하(却下)하여야 한다(법 동조 제3항).

② 원처분 등의 집행정지 심사의 청구는 원처분 등의 집행을 정지시키지 아니 한다. 다만, 심사관은 원처분 등의 집행에 의하여 발생하는 중대한 위해(危害)를 피하기 위하여 긴급한 필요가 있다고 인정하면 직권으로 그 집행을 정지시킬 수 있다(법 제93조 제1항). 심사관은 제2항에 따라 집행을 정지시킨 경우에는 지체 없이 심사청구인에게 그 사실을 문서로 알려야 한다(법 동조 제4항).

심사관은 제1항 단서에 따라 집행을 정지시키려고 할 때에는 그 이유를 적은 문서로 그 사실을 직업안정기관의 장에게 알려야 한다(법 동조 제2항). 직업안정기관의 장은 제2항에 따른 통지를 받으면 지체 없이 그 집행을 정지하여야 한다(법 동조 제3항).

(6) 심사관의 권한 심사관은 심사의 청구에 대한 심리를 위하여 필요하다고 인정하면 심사청구인의 신청 또는 직권으로 다음 각 호의 조사를 할 수 있다(법 제94조 제1항).

① 심사청구인 또는 관계인을 지정 장소에 출석하게 하여 질문하거나 의견을 진술하게 하는 것
② 심사청구인 또는 관계인에게 증거가 될 수 있는 문서와 그 밖의 물건을 제출하게 하는 것
③ 전문적인 지식이나 경험을 가진 제삼자로 하여금 감정(鑑定)하게 하는 것
④ 사건에 관계가 있는 사업장 또는 그 밖의 장소에 출입하여 사업주·종업원이나 그 밖의 관계인에게 질문하거나 문서와 그 밖의 물건을 검사하는 것

(7) 결정내용 심사관은 심사의 청구에 대한 심리(審理)를 마쳤을 때에는 원처분 등의 전부 또는 일부를 취소하거나 심사청구의 전부 또는 일부를 기각한다(법 제96조). 제89조에 따른 결정은 대통령령으로 정하는 바에 따라 문서로 하여야 한다(법 제97조 제1항). 심사관은 결정을 하면 심사청구인 및 원처분 등을 한 직업안정기관의 장에게 각각 결정서의 정본(正本)을 보내야 한다(법 동조 제2항).

(8) 결정의 효력 결정은 심사청구인 및 직업안정기관의 장에게 결정서의 정본을 보낸 날부터 효력이 발생한다. 결정은 원처분 등을 행한 직업안정기관의 장을 기속(羈束)한다(법 제98조 제1항·제2항).

2) 재심사청구

(1) 피청구기관 원처분에 이의있는 자가 제기한 1차의 심사청구에 대하여 심사관이 행한 결정에 이의가 있는 자는 2차로 제99조에 따른 고용보험심사위원회에 재심사를 청구할 수 있다(법 제87조 제1항 후단). 제1항에 따른 재심사의 청구는 시효중단에 관하여 재판상의 청구로 본다(법 동조 제3항). 재심사의 청구는 원처분 등을 행한 직업안정기관의 장을 상대방으로 한다(법 제100조).

(2) 청구기간 재심사의 청구는 심사청구에 대한 결정이 있음을 안 날로부터 90일 이내에 제기하여야 한다(법 동조 제2항).

(3) 고용보험심사위원회 제87조에 따른 재심사를 하게 하기 위하여 고용노동부에 고용보험심사위원회(이하 "심사위원회"라 한다)를 둔다(법 제99조 제1항).

심사위원회는 근로자를 대표하는 자 및 사용자를 대표하는 자 각 1명 이상을 포함한 15명 이내의 위원으로 구성하고, 그 위원 중 2명은 상임위원으로 한다(법 동조 제2항·3항).

다음 각 호의 어느 하나에 해당하는 자는 위원에 임명될 수 없다(법 동조 제4항).

① 피성년후견인·피한정후견인 또는 파산의 선고를 받고 복권되지 아니한 자

② 금고 이상의 형을 선고받고 그 형의 집행이 종료되거나 집행을 받지 아니하기로 확정된 후 3년이 지나지 아니한 자

위원은 형의 선고를 받았거나 심신 쇠약 또는 현저한 능력 부족으로 직무를 수행하기 곤란한 때 외에는 그 의사와 다르게 면직되지 아니하며(법 동조 제5항). 상임위원은 정당에 가입하거나 정치에 관여하여서는 아니 된다(법 동조 제6항).

(4) 재결기간 심사위원회는 제87조 제1항에 따라 재심사의 청구를 받으면 50일 이내에 재결(裁決)을 하여야 한다. 이 경우 재결기간의 연장에 관하여는 제89조 제2항을 준용한다(법 동조 제7항).

(5) 심리(審理) 심사위원회는 재심사의 청구를 받으면 그 청구에 대한 심리기일(審理期日) 및 장소를 정하여 심리 기일 3일 전까지 당사자 및 그 사건을 심사한 심사관에게 알려야 한다(법 제101조 제1항).

당사자는 심사위원회에 문서나 구두로 그 의견을 진술할 수 있다(법 동조 제2항). 심사위원회의 재심사청구에 대한 심리는 공개한다. 다만, 당사자의 양쪽 또는 어느 한 쪽이 신청한 경우에는 공개하지 아니할 수 있다(법 동조 제3항).

심사위원회는 심리조서(審理調書)를 작성하여야 하고(법 동조 제4항), 당사자나 관계인은 제4항의 심리조서의 열람을 신청할 수 있으며(법 동조 제5항), 당사자나 관계인이 제5항에 따른 열람 신청을 하면 정당한 사유 없이 이를 거부하여서는 아니 된다(법 동조 제6항). 재심사청구의 심리에 관하여는 제94조(심사관의 권한) 및 제95조(실비변상)를 준용한다(법 동조 제7항).

3) 고지와 준용규정

(1) 고지의무 직업안정기관의 장이 원처분 등을 하거나 심사관이 제97조 제2항에 따라 결정서의 정본을 송부하는 경우에는 그 상대방 또는 심사청구인에게 원처분 등 또는 결정에 관하여 심사 또는 재심사를 청구할 수 있는지의 여부, 청구하는 경우의 경유(經由) 절차 및 청구 기간을 알려야 한다(법 제103조).

(2) 준용규정 심사위원회와 재심사에 관하여는 제89조 제4항(기피신청)·제5항(지위승계), 제91조(청구방식)부터 제93조(원처분의 집행정지)까지, 제96조(결정)부터 제98조(결정의 효력)까지의 규정을 준용한다(법 제102조).

(3) 다른 법률과의 관계 재심사의 청구에 대한 재결은 「행정소송법」 제18조를 적용할 경우 행정심판에 대한 재결로 본다(법 제104조 제1항). 심사 및 재심사의 청구에 관하여 이 법에서 정하고 있지 아니한 사항은 「행정심판법」의 규정에 따른다(법 동조 제2항).

제2부
공공부조

제12장 국민기초생활보장법

〈시행 2017.12.12 법률 제15185호〉

제1절 의의 및 목적

1. 의 의

1) 입법 연혁

(1) 「생활보호법」은 국가의 보호를 필요로 하는 절대빈곤층의 기본적인 생활을 보장함으로써 빈곤을 극복하려는 취지에서 1961년에 제정되었다.

그동안 경제발전에만 치중하는 국가정책하에서 이 법은 아동, 노인, 장애인 등 생활 무능력자에 대하여 국가가 시혜적인 차원에서 단순 생계지원 중심으로 시행되었다. 그러나 급여대상의 포괄성, 급여내용의 충분성·형평성, 제도의 효율성 등의 측면에서 많은 문제점이 지적되어 왔다.

(2) 이러한 상황에서 1997년 말부터 시작된 경제위기로 IMF 관리체제하에 들어가 대량의 실업사태를 맞게 되자 저소득층은 극심한 생활난을 겪게 되었으며, 실직과 이혼 등에 기인한 가족해체, 자살, 유기된 아동과 노인의 증가, 노숙자 및 결식아동의 증가 등 많은 사회문제가 발생하여 기존의 생활보호법으로서는 이에 대처할 수 없는 한계성이 노출되었다.

이와 같은 경기침체와 장기실업으로 인하여 생존권의 위협을 받는 광범위한 절대 빈곤층의 인간다운 생활을 보장할 수 있는 사회안전망이 절실히 요청되자 이에 국가가 적극적으로 대처할 수 있는 제도의 도입을 주장하는 여론이 확산되었다.

(3) 이에 정부는 1999년 9월 7일 법률 제6024호로 「국민기초생활보장법」을 제정하여 2000년 10월 1일부터 시행함으로써 기존의 생활보호법은 폐지되었다. 그 이후 수급권자의 범위확대, 부양의무자의 범위 축소, 차상위계층에 대한 수혜확충, 국제결혼에 대비한 제도개선, 불합리하거나 미비한 행정조직의 정비·확충 등과 법문

상의 어렵고 복잡한 용어를 쉽고 간결하게 정리하는 등 20여 차례의 개정을 거쳐 현행법(법률 제15185호, 시행 2017.12.12)에 이르게 되었다.

2) 개 념

국민기초생활보장법은 헌법상의 생존권 보장의 이념을 구체적으로 실현하기 위한 하위 법률로서, 보호가 필요한 절대빈곤층의 기본적인 생활을 국가가 보장하여 수급자의 자활・자립을 체계적으로 지원함으로써 생산적 복지를 구현하려는 법이라 할 수 있다.

2. 목 적

동법의 목적에 관하여 “이 법은 생활이 어려운 사람에게 필요한 급여를 실시하여 이들의 최저생활을 보장하고 자활을 돕는 것을 목적으로 한다”고 규정하고 있다(법 제1조). 이 법은 종전의 생활보호법과는 달리 다음과 같은 구체적 목적을 포함하고 있다(박송규, 2003 : 277-278).

첫째, 헌법상의 생존권을 실체적 권리로 규정하고 있다. 종전의 생활보호법은 국가의 지원을 단순한 시혜적인 보호로 규정하였으나, 동법에서는 국가의 보호를 국민의 법적 권리로 인정하여 생존권을 보장하려는 자연법상의 인권존중사상을 구체적으로 나타 낸 것이라 할 수 있다.

둘째, 수급자 선정기준에 해당하는 국민에게는 최저생활을 국가가 보장한다는 의지를 표방하고 있다. 종전의 생활보호법에서는 근로능력이 있는 자에게는 생계비를 지원하지 않았으나, 동법에서는 근로능력의 유무에 관계없이 급여의 종류별로 정하는 수급자 선정기준에 해당하는 국민의 최저생활을 보장하고 있다.

셋째, 근로능력이 있는 국민에게는 체계적인 지원을 함으로써 자활능력을 조성할 수 있게 한다는 목적을 제시하고 있다. 생활이 어려운 국민의 최저생활을 보장하되 국민 개인이 자신의 능력을 발휘하여 행복을 스스로 추구하고, 사회와 국가에 이바지하여 사회통합에 기여하는 자활・자립을 할 수 있게 하려는 생산적 복지를 지향하고 있다.

제2절 급여의 기본원칙

1. 국가(공공)책임의 원칙

헌법 제34조 제5항에서 “생활능력이 없는 국민은 법률의 정하는 바에 의하여 국가의 보호를 받는다”고 규정하고 있다. 이 헌법 규정에 의거하여 제정된 국민기초생활보장법(이하

"기초생보법"이라 한다)에서는 "생활이 어려운 사람에게 필요한 급여를 실시하여 이들의 최저생활을 보장하고 자활을 돕는 것을 목적으로 한다"(법 제1조). "이 법에 따른 급여는 수급권자 또는 수급자의 거주지를 관할하는 서울특별시장・광역시장・특별자치시장・도지사・특별자치도지사(이하 "시・도지사"라 한다)와 시장・군수・구청장이 실시한다"(법 제19조 제1항 참조)고 규정하여, 급여의 실시를 국가나 지방자치단체의 책임으로 한다는 점을 명시하고 있다.

2. 보충성의 원리

기초생보법은 "이 법에 따른 급여는 수급자가 자신의 생활의 유지・향상을 위하여 그의 소득・재산・근로능력 등을 활용하여 최대한 노력하는 것을 전제로 이를 보충・발전시키는 것을 기본원칙으로 한다(법 제3조 제1항)"고 규정하여 '보충성의 원리'를 채택하고 있다.

국민 각자는 자신의 생계유지에 대한 일차적 책임을 져야 하므로 개인적으로 가능한 모든 수단을 동원해야 하며, 그렇게 하여도 최저한의 생활을 유지할 수 없을 경우에 비로소 그 부족 부분을 국가가 보충해 준다는 원리에 입각하고 있다. 이 원리는 다른 사회보장제도에서는 도입되지 않은 특징으로서 공적부조제도를 규정한 관련 법령의 본질적이며 내재적인 특징이라 할 수 있다.

자본주의사회에서 이와 같은 자기생활책임의 원칙에서 비롯되는 보충성의 원리에서 재산・근로능력 등 활용의 원칙, 친속부양 우선의 원칙, 타법 우선의 원칙 등이 파생되어 나온다고 할 수 있다.

1) 재산・근로능력 등 활용의 원칙

기초생보법에 의한 급여는 수급권자가 자신의 생활의 유지・향상을 위하여 그 소득・재산・근로능력 등을 활용하여 최대한 노력하는 것을 전제로 하여 행하여지는 것이다(법 제3조 제1항).

따라서 소득과 재산이 있는 자는 일차적으로 그 소득과 재산으로 자신의 생활을 유지하여야 하고, 근로능력이 있는 자는 스스로 노동을 제공하려는 노력을 하여 자신의 생활유지를 도모해야 한다는 자기책임의 원칙을 규정하고 있는 것이다.

2) 사적 부양 우선의 원칙

기초생보법에서는 "부양의무자의 부양과 다른 법령에 따른 보호는 이 법에 따른 급여에 우선하여 행하여지는 것으로 한다(법 제3조 제2항 본문)"고 규정하고 있다. 그러므로 부양의무자가 있는 경우에는 기초생보법에 의한 급여에 우선하여 부양의무자가 그 의무를 이행하여야 한다.

그러나 부양의무자가 부양능력이 없거나 최저생활유지에도 미흡한 부양을 할 경우에 요보호자 본인의 자력 및 기타의 부조로서도 최저생활을 유지할 수 없을 때 비로소 그 부족분을 기초생보법에 의하여 보충해 주는 급여를 시행한다는 원칙이다.

여기서 '부양의무자'란 현 시대적 상황을 반영함으로써 민법상의 범위[1]보다 훨씬 좁혀서 "수급권자를 부양할 책임이 있는 사람으로서 수급권자의 1촌의 직계혈족 및 그 배우자를 말한다. 다만, 사망한 1촌의 직계혈족의 배우자는 제외한다(법 제2조 제5호)."고 규정하고 있다.

3) 타법 우선의 원칙

이는 "부양의무자의 부양과 다른 법령에 따른 보호는 기초생보법에 따른 급여에 우선하여 행하여지는 것으로 한다"(법 제3조 제2항 본문)는 원칙이다. 그러나 다른 법령에 따른 보호의 수준이 기초생보법에서 정하는 수준에 이르지 아니하는 경우에는 나머지 부분에 관하여 이 법에 따른 급여를 받을 권리를 잃지 아니한다(법 제3조 제2항 단서).

저소득자나 생활이 곤란한 자에 대하여 국가 또는 지방자치단체의 부조가 행해질 때에도 본법에 의한 급여는 최저생활을 유지하는 데 필요한 정도를 보충해 주는 수준을 초과하지 못하는 것이다. 따라서 기초수급자의 사회복지를 도모해야 한다는 관점에서 보면 기초생보법에 우선하여 다른 법률에 의한 보호를 받게 하는 것이 수급자에게 더욱 더 유리하다고 볼 수 있다.

여기서 규정하는 '다른 법령에 따른 보호'에는 산재보험법, 고용보험법, 의료급여법, 국민연금법 등 사회복지관련 법령 뿐만 아니라, 국가유공자 등 예우 및 지원에 관한 법률 등 개별사회복지 관련 법령에 의한 각종 청구권과 민법상의 불법행위에 의한 손해배상청구권 등이 발생하는 경우도 포함되는 것으로 해석한다.

3. 자활조성의 원리

기초생보법은 생활이 어려운 자에게 최저한도의 생활을 보장할 뿐만 아니라 그들의 자립을 조성하도록 지원하는 것을 목적으로 하고 있다(법 제1조).

사회복지의 궁극적인 목표는 생활곤란자를 단순히 지원하여 최저생활에 연연하게 하는 데 있는 것이 아니라, 요 보호자가 스스로 자신의 생계를 유지할 수 있는 능력을 길러주는 것이다. 모든 국민은 각자가 자신의 생활유지에 일차적인 책임이 있으며, 누구든지잠재적 능

1) 민법 제974조(부양의무) 다음 각호의 친족은 서로 부양의 의무가 있다.
① 직계혈족 및 그 배우자 간, ② 기타 친족 간(생계를 같이하는 경우에 한함)
민법 제777조(친족의 범위) 친족관계로 인한 법률상의 효력은 민법 또는 다른 법률에 특별한 규정이 없는 한 다음 각 호에 해당하는 자에 미친다.
① 8촌 이내의 혈족, ② 4촌 이내의 인척, ③ 배우자

력을 가진 발전 가능성을 가지고 있는 사람으로 보는 것이다.

이와 같은 잠재적인 가능성을 국가가 지원하여 개발·육성시킴으로써 자신과 그 가족의 생계를 스스로 해결할 수 있게 된다면, 이것이 바로 생산적 복지로서 사회복지의 이상적인 목표라 할 수 있다. 기초생보법은 바로 이러한 자활급여(법 제15조 참조)를 규정하여 자활기반을 조성하는 방향으로 운용함으로써 모든 국민이 국가사회의 일원으로서 온전한 사회활동을 할 수 있도록 하는 데 그 목표를 두고 있다.

4. 최저생활보장의 원리

기초생보법에서는 "이 법에 따른 급여는 건강하고 문화적인 최저생활을 유지할 수 있는 것이어야 한다(법 제4조 제1항)"고 규정하여, 최저생활보장의 원리를 급여의 기준으로 정하고 있다.

그러나 급여의 구체적인 기준은 국가의 재정형편 등 여러 가지 상황을 종합적으로 감안하여 법률에 의하여 구체화될 때 비로소 인정되는 법적 권리라고 하는 견해가 대법원의 판례[2)]이다.

이와 같은 최저생활보장의 원리를 기초생보법에서 구체화하려는 취지에서 급여의 종류에 따른 차등과 최저보장수준의 결정에 관한 규정을 두고 있다. 즉, 급여의 기준은 수급자의 연령, 가구규모, 거주지역, 그 밖의 생활여건 등을 고려하여 급여의 종류별로 보건복지부장관이 정하거나 급여를 지급하는 중앙행정기관의 장(이하 "소관 중앙행정기관의 장"이라 한다)이 보건복지부장관과 협의하여 정한다(법 제4조 제2항).

보건복지부장관 또는 소관 중앙행정기관의 장은 급여의 종류별 수급자 선정기준 및 최저보장수준을 결정하여야 하며(법 제6조 제1항), 매년 8월 1일까지 제20조 제2항에 따른 중앙생활보장위원회의 심의·의결을 거쳐 다음 연도 급여의 종류별 수급자 선정기준 및 최저보장수준을 공표하여야 한다(법 동조 제2항)고 규정하여, 종래 일률적인 최저생계비 기준을 탈피하여 급여의 종류별 선정기준 및 최저보장수준으로 개선하여 수급자 개인별 춤형 복지제도를 도입하였다.

2) 대법원, 1995.7.21. 선고, 93헌가14

제3절 기초생활보장제도 운용상의 원칙

헌법상 보장하는 생존권은 선언적 의미의 기본적 인권에 속하는 특성을 가지므로 국민기초생활보장제도를 실제로 운영함에는 이 선언적 의미의 생존권에 구체적인 법적 권리성을 부여하여 공공부조제도로서 실효성을 가지도록 해야 할 것이다. 이와 같은 취지를 관철시키기 위하여 기초생활보장제도를 운용함에 있어서 의거해야 할 여러 가지 원칙을 기초생보법에서 구체화 시키고 있다.

1. 신청보호의 원칙

기초생활수급자의 보호는 실시기관의 직권에 의하지 않고 수급권자와 그 친족, 기타 관계인의 신청에 의하여 결정·개시하는 것을 '신청주의의 원칙'이라 한다.

"수급권자와 그 친족, 그 밖의 관계인은 관할 특별자치도지사·시장·군수·구청장에게 수급권자에 대한 급여를 신청할 수 있다(법 제21조 제1항)"고 하여 '신청보호의 원칙'을 규정하고 있다. 그러나 수급권자 등 기타 관계인이 신청제도에 대하여 잘 알지 못하거나 낙인에 대한 두려움 등의 사유로 신청하지 않거나 신청을 기피함으로써 '신청보호'에서 누락되는 경우를 보완하기 위하여 국가의 '직권보호'를 아울러 규정하고 있다.

그래서 "사회복지전담공무원은 이 법에 따른 급여를 필요로 하는 사람이 누락되지 아니하도록 하기 위하여 관할지역에 거주하는 수급권자에 대한 급여를 직권으로 신청할 수 있다. 이 경우 수급권자의 동의를 구하여야 하며 수급권자의 동의는 수급권자의 신청으로 볼 수 있다"(법 제21조 제2항)고 국가의 '직권신청'을 규정하여 신청보호주의 원칙을 보완하고 있다.

2. 구체성·개별성의 원칙

헌법에서는 "모든 국민은 인간다운 생활을 할 권리를 가진다(헌법 제34조 제1항). 생활능력이 없는 국민은 법률이 정하는 바에 의하여 국가의 보호를 받는다(헌법 동조 제5항)"고 규정하고 있다. 이에 의거하여 제정된 「기초생보법」은 급여의 기준으로서 "이 법에 따른 급여는 건강하고 문화적인 최저 생활을 유지할 수 있는 것이어야 한다(법 제4조 제1항)"고 규정하고 있기 때문에 헌법상의 '인간다운 생활'이란 건강하고 문화적인 최저생활을 의미하는 것으로 해석된다.

이에 따라 급여의 기준은 "보건복지부장관이 수급자의 연령·가구규모·거주지역, 그 밖의 생활여건 등을 고려하여 급여의 종류별로 정하거나 급여를 지급하는 중앙행정기관의 장

(이하 "소관 중앙행정기관의 장"이라 한다)이 보건복지부장관과 협의하여 정한다(법 제4조 제2항)"고 규정하여 급여의 종류에 따라 수급자 선정기준을 다르게 정하는 구체성 · 개별성의 원칙이 적용되도록 하고 있다.

3. 개별가구단위의 원칙

일반적으로 국민의 경제생활 실태는 세대단위로 이루어지기 때문에 그에 필요한 최저생계비와 재산 및 근로능력 등을 조사하여 생활보호의 필요성 여부나 급여수준을 결정할 경우에는 세대단위로 행하는 것을 원칙으로 삼아야 한다.

이 원칙에 따라 기초생보법은 "보장기관은 이 법에 따른 급여를 개별가구를 단위로 실시하되 특히 필요하다고 인정하는 경우에는 개인 단위로 실시할 수 있다(법 제4조 제3항)"고 규정하고 있다. 여기서 특히 '필요하다고 인정하는 경우'란 개별가구의 구성원 중 일부가 그 개별가구 전체의 생활에 영향을 미칠 수 있는 특별한 사정이나 장애요인을 가지고 있을 경우(예컨대 학업, 특수한 질병 등)를 의미한다고 해석할 수 있다. 따라서 이러한 경우에는 요 보호대상자 개인 단위로 급여를 실시할 수 있는데, 이러한 판단은 전문적인 사회복지사나 사회사업가 등에 의하여 행해져야 할 것이다.

4. 금전급여의 원칙

"생계급여는 금전을 지급하는 것으로 한다. 다만, 금전으로 지급할 수 없거나 금전으로 지급하는 것이 적당하지 아니하다고 인정하는 경우에는 물품을 지급할 수 있다(법 제9조 제1항)"고 규정하여 '금전급여'를 원칙으로 하고 예외적으로 '현물급여'를 행하도록 정하고 있다.

공적부조 실시상의 일반적 원칙인 '현금급여'는 요보호자의 일상생활에서 선택권을 보장하고 인권을 존중하며 기초생활 보호업무를 간소화한다는 장점을 가지고 있다. 그러나 수급자가 알코올 · 마약 · 도박 등에 중독되어 현금관리능력이 없을 경우에는 보호의 목적달성이 불가능하므로 이 경우에는 예외적으로 현물급여를 할 수 있도록 규정한다(법 제9조 제1항 참조).

5. 정기지급의 원칙

제9조 제1항의 수급품은 대통령령으로 정하는 바에 따라 매월 정기적으로 지급하여야 한다. 다만, 특별한 사정이 있는 경우에는 그 지급방법을 다르게 정하여 지급할 수 있다(법 제9조 제2항). 기초생활수급자는 오로지 국가에서 지급하는 생계급여에 의존하여 생활해야 하므로 매월 일정한 날짜에 급여를 받게 함으로써 국민기초생활보장제도가 '사회안전망'으로서

기능을 수행하게 하려는 조치의 일환으로 이를 규정한 것이다.

그러나 수급자의 신체적·심리정신적 특성이나 대리 수급 등의 필요성이나 환경적 특성을 고려하여 비 정기적 지급이 있을 수 있기 때문에 예외규정을 두고 있다.

6. 직접지급의 원칙

생계급여의 수급품은 수급자에게 직접 지급한다. 다만 보장시설이나 타인의 가정에 위탁하여 생계급여를 실시하는 경우에는 그 위탁받은 사람에게 이를 지급할 수 있다(법 제9조 제3항). '직접지급의 원칙'은 수급자의 인격을 존중하고 선택권을 보장한다는 차원에서 위탁보호를 받는 경우에도 지켜져야 할 중요한 원칙이다. 다만, 본인에게 직접 지급하기에 적당하지 못한 사유가 있는 경우에는 예외로 위탁받은 자에게 지급할 수 있게 하고 있다.

그러나 생계급여가 실제 수급권자에게 정확하게 지급되도록 하기 위하여 "이 경우 보장기관은 보건복지부장관이 정하는 바에 따라 정기적으로 수급자의 수급 여부를 확인하여야 한다"(법 동조 제3항 후단)고 규정하고 있다.

7. 주거급여의 원칙

"생계급여는 수급자의 주거에서 실시한다. 다만, 수급자가 주거가 없거나 주거가 있어도 그곳에서는 급여의 목적을 달성할 수 없는 경우 또는 수급자가 희망하는 경우에는 수급자를 제32조에 따른 보장시설이나 타인의 가정에 위탁하여 급여를 실시할 수 있다(법 제10조 제1항)"고 규정하여 주거급여의 원칙을 기본으로 채택하고 일정한 경우에만 예외를 인정하고 있다.

8. 급여결정 자율성의 원칙

"지방자치단체인 보장기관은 해당 지방자치단체의 조례로 정하는 바에 따라 이 법에 따른 급여의 범위 및 수준을 초과하여 급여를 실시할 수 있다. 이 경우 해당 보장기관은 보건복지부장관 및 소관 중앙행정기관의 장에게 알려야 한다(법 제4조 제4항)"고 규정하여 자치단체의 재정여건에 따라 이 법에서 규정하는 최저보장수준의 급여 범위 및 수준을 초과하여 복지급여를 실시할 수 있는 자율성을 부여함으로서 법률초과규제조례의 제정이 가능하다는 대법원 판례(1997.4.25선고, 96추244)의 판시내용[3]을 입법화한 것으로 생각된다.

따라서 이 규정은 기초생보법에서 규정하는 최저보장 수준의 급여범위는 전국적인 최저기준이라 해석할 수 있으므로 이 최저 기준에 위배되지 않는 한 각 지방의 실정에 맞게 일률

3) p 45, 각주 11) 참조

적인 법정 기준을 초과하여 급여서비스를 제공할 수 있는 '법률초과규제조례'의 제정을 가능하게 함으로써 자치단체의 '급여결정자율성이 원칙'을 채택한 것이다.

그러나 어느 자치단체의 조례에 의한 초과 급여실시가 다른 자치단체의 주민에게 형평성의 문제를 야기하고 차별성을 부각시킴으로써 불평불만의 여론을 조성할 소지가 있기 때문에 해당 보장기관은 보건복지부장관 및 소관 중앙행정기관의 장에게 알려서 의견을 조정하도록 규정하고 있다.

제 4 절 기초생활보장 대상자와 급여기준

1. 수급권자와 급여기준

1) 개 념

기초생보법의 보호대상자는 동 법에 의한 수급권자와 수급자이다. '수급권자'라 함은 기초생보법에 따른 급여를 받을 수 있는 자격을 가진 사람을 말하고(법 제2조 제1호), '수급자'라 함은 기초생보법에 따른 급여를 받는 사람을 말한다(법 제2조 제2호).

2) 급여의 기준

(1) 수급요건의 개별화 개정되기 전 구법에서는 급여의 종류에 관계없이 수급권자가 되기 위한 일반적인 자격요건에 관하여 규정하였지만, 개정된 현행법에서는 급여의 종류별로 수급요건을 규정하는 맞춤형 급여체계를 도입하고 있다.

이 법에 따른 급여의 기준은 수급자의 연령, 가구 규모, 거주지역, 그 밖의 생활여건 등을 고려하여 급여의 종류별로 보건복지부장관이 정하거나 급여를 지급하는 중앙행정기관의 장(이하 "소관 중앙행정기관의 장"이라 한다)이 보건복지부장관과 협의하여 정한다(법 제4조 제2항).

보장기관은 이 법에 따른 급여를 개별가구 단위로 실시하되, 특히 필요하다고 인정하는 경우에는 개인 단위로 실시할 수 있다(법 제4조 제3항). 여기서 "보장기관"이란 이 법에 따른 급여를 실시하는 국가 또는 지방자치단체를 말한다(법 제2조 제4호).

지방자치단체인 보장기관은 해당 지방자치단체의 조례로 정하는 바에 따라 이 법에 따른 급여의 범위 및 수준을 초과하여 급여를 실시할 수 있다(법 제4조 제4항).

보건복지부장관과 소관 중앙행정기관의 장은 급여의 종류에 따라 개별 가구단위로 일반적인 급여기준을 정하지만 그 기준이 개인의 구체적인 환경이나 여건 등을 간과하는 등 특별한 경우에는 개인 단위의 맞춤형 급여체계를 실시할 수 있도록 규정하고, 특히 지방자치단체는 조례로 기초생보법에서 정한 급여의 범위와 수준을 넘어서는 급여를 지급할 수 있도록 규정하고 있다.

이는 대법원 판례(1992.7.28선고 92추31, 1997.4.25선고 96추244)의 판시내용을 수용한 것으로서, 기초생보법이 정한 급여의 수준을 최저보장기준으로 보고 각 지방자치단체가 지방의 실정및 재정형편에 맞게 조례를 제정하여 개별적인 맞춤형 복지급여를 실시하는 것을 용인한 규정이라 생각된다.

이와 같이 개별적인 맞춤형 급여를 실시하려면 해당 보장기관은 보건복지부장관 및 소관 중앙행정기관의 장에게 알려야 한다(법 제4조 제4항 후문).

(2) 외국인에 대한 특례 국내에 체류하고 있는 외국인 중 대한민국 국민과 혼인하여 본인 또는 배우자가 임신 중이거나 대한민국 국적의 미성년 자녀를 양육하고 있거나 배우자의 대한민국 국적인 직계존속(直系尊屬)과 생계나 주거를 같이하고 있는 사람으로서 대통령령으로 정하는 사람이 이 법에 따른 급여를 받을 수 있는 자격을 가진 경우에는 수급권자가 된다(법 제5조의2)

2. 수급권자의 자격요건

1) 수급권자의 자격요건

생계급여 수급권자는 부양의무자가 없거나, 부양의무자가 있어도 부양 능력이 없거나 부양을 받을 수 없는 사람으로서 그 소득인정액이 제20조 제2항에 따른 중앙 생활보장위원회의 심의・의결을 거쳐 결정하는 금액(이하 이 조에서 "생계급여 선정 기준"이라 한다) 이하인 사람으로 한다. 이 경우 생계급여 선정기준은 기준 중위소 득의 100분의 30 이상으로 한다(법 제8조 제2항). 이 규정에 따라 생계급여의 수급권자가 되려면 다음 4가지의 요건을 갖추어야 한다.

(1) 부양의무자가 없어야 한다.
(2) 부양의무자가 있어도 부양 능력이 없거나 부양을 받을 수 없어야 한다.
(3) 소득인정액이 생계급여선정기준 이하라야 한다.
(4) 생계급여선정기준이 기준중위소득의 100분의 30 이상이어야 한다.

이와 같은 4가지 요건에 대한 규정내용을 살펴보기로 한다.

2) 부양의무자에 관한 요건

부양의무자의 부양과 다른 법령에 따른 보호는 기초생보법에 따른 급여에 우선하여 행하여지는 것으로 규정하였기 때문에(법 제3조 제2항), 부양의무자에 관한 요건을 검토하여야 한다. 특히 생계급여 수급권자의 자격요건으로서 부양의무자 개념은 중요한 요소이다.

(1) 부양의무자가 없어야 한다. "부양의무자"라 함은 수급권자를 부양할 책임이 있는 사람으로서 수급권자의 1촌의 직계혈족 및 그 배우자를 말한다. 다만, 사망한 1촌의 직계혈족의 배우자는 제외한다(법 제2조 제5호).

이 법에서 규정하고 있는 부양의무자의 범위는 종전의 규정(생계를 같이하는 2촌 이내의 혈족)보다 한 단계 더 축소되어 있는데, 이는 수급권자의 범위를 확대하기 위한 규정이다. 즉, 부모자식 간에만 부양의무를 부담하게 하고 조부모와 손자 간에는 2촌이므로 부양의무자가 아니며, 또한 1촌의 직계혈족이 사망한 경우 그 배우자를 부양의무자에서 제외시켰다.

(2) 부양의무자가 있어도 부양능력이 없어야 한다. 앞에서 설명한 부양의무자에 해당하는 자가 있는 경우에는 생계급여의 수급자격이 없지만, 그 부양의무자가 부양능력이 없는 경우에는 수급권자가 될 수 있도록 규정하고 있다. 그래서 부양의무자에게 부양능력이 없다고 보는 경우를 열거하고 있다.

부양의무자가 다음 각 호의 어느 하나에 해당하는 경우에는 제8조 제2항, 제12조 제3항, 제12조의3 제2항에 따른 부양능력이 없는 것으로 본다(법 제8조의2 제1항).

1. 기준 중위소득 수준을 고려하여 대통령령으로 정하는 소득·재산 기준 미만인 경우
2. 직계존속 또는 「장애인연금법」 제2조 제1호의 중증장애인인 직계비속을 자신의 주거에서 부양하는 경우로서 보건복지부장관이 정하여 고시하는 경우
3. 그 밖에 질병, 교육, 가구 특성 등으로 부양능력이 없다고 보건복지부장관이 정하는 경우

(3) 부양의무자가 있어도 부양을 받을 수 없어야 한다. 수급권자의 부양의무자에게 부양능력이 있다하더라도 부양할 수 없는 처지에 놓여 있을 경우에는 역시 수급권자가 될 수 있도록 해야 하므로 부양받을 수 없는 것으로 보는 경우를 열거하고 있다.

부양의무자가 다음 각 호의 어느 하나에 해당하는 경우에는 제8조 제2항, 제12조 제3항, 제12조의3 제2항에 따른 부양을 받을 수 없는 것으로 본다(법 제8조의2 제2항).

1. 부양의무자가 「병역법」에 따라 징집되거나 소집된 경우
2. 부양의무자가 「해외이주법」 제2조의 해외이주자에 해당하는 경우
3. 부양의무자가 「형의 집행 및 수용자의 처우에 관한 법률」 및 「치료감호법」 등에 따른 교도소, 구치소, 치료감호시설 등에 수용 중인 경우
4. 부양의무자에 대하여 실종선고 절차가 진행 중인 경우
5. 부양의무자가 제32조의 보장시설에서 급여를 받고 있는 경우

6. 부양의무자의 가출 또는 행방불명으로 경찰서 등 행정관청에 신고된 후 1개월이 지났거나 가출 또는 행방불명 사실을 특별자치시장·특별자치도지사·시장 ·군수·구청장(자치구의 구청장을 말한다. 이하 "시장·군수·구청장"이라 한다)이 확인한 경우
7. 부양의무자가 부양을 기피하거나 거부하는 경우
8. 그 밖에 부양을 받을 수 없는 것으로 보건복지부장관이 정하는 경우

3) 소득인정액이 생계급여 선정기준 이하라야 한다.

(1) 소득인정액 개념 생계급여 수급권자가 되려면 소득인정액이 중앙생활보장위원회의 심의·의결을 거쳐 결정하는 금액인 생계급여 선정기준 이하라야 한다. 여기서 "소득인정액"이란 보장기관이 급여의 결정 및 실시 등에 사용하기 위하여 산출한 개별가구의 소득 평가액과 재산의 소득환산액을 합산한 금액을 말한다(법 제2조 제9호), 그러므로 수급권자의 소득인정액을 파악하려면, 그 산정요소인 개별가구의 소득 평가액과 재산의 소득환산액을 산출해야 한다.

(2) 개별가구의 소득평가액 제2조 제9호에 따른 개별가구의 소득평가액은 개별 가구의 실제소득에도 불구하고 보장기관이 급여의 결정 및 실시 등에 사용하기 위하여 산출한 금액으로 다음 각 호의 소득을 합한 개별가구의 실제소득에서 장애·질병·양육 등 가구 특성에 따른 지출 요인, 근로를 유인하기 위한 요인, 그 밖에 추가적인 지출요인에 해당하는 금액을 감하여 산정한다(법 제6조의3 제1항).

① 근로소득 ② 사업소득
③ 재산소득 ④ 이전소득

여기서 "개별가구"란 이 법에 따른 급여를 받거나 이 법에 따른 자격요건에 부합하는지에 관한 조사를 받는 기본단위로서 수급자 또는 수급권자로 구성된 가구를 말한다. 이 경우 개별가구의 범위 등 구체적인 사항은 대통령령으로 정한다(법 제2조 제8호).

(3) 재산의 소득환산액 제2조 제9호에 따른 재산의 소득환산액은 개별가구의 재산가액에서 기본재산액(기초 생활의 유지에 필요하다고 보건복지부장관이 정하여 고시 하는 재산액을 말한다) 및 부채를 공제한 금액에 소득환산율을 곱하여 산정한다. 이 경우 소득으로 환산하는 재산의 범위는 다음 각 호와 같다(법 제6조의3 제2항).

1. 일반재산(금융재산 및 자동차를 제외한 재산을 말한다)
2. 금융재산 3. 자동차

4) 생계급여 선정기준은 기준 중위소득의 100분의 30 이상으로 한다.

중앙생활보장위원회에서 생계급여 수급권자의 선정기준을 심의·의결할 경우에 정하게 되는 생계급여 선정기준금액은 기준 중위소득의 100분의 30 이상의 금액이 되도록 결정해야 한다는 의미이다.

(1) 기준 중위소득

① 개념 "기준 중위소득"이란 보건복지부장관이 급여의 기준 등에 활용하기 위하여 제20조 제2항에 따른 중앙생활보장위원회의 심의·의결을 거쳐 고시하는 국민 가구소득의 중위값을 말한다(법 제2조 제11호).

② 산정방법 기준 중위소득은 「통계법」 제27조에 따라 통계청이 공표하는 통계자료의 가구 경상소득(근로소득, 사업소득, 재산소득, 이전소득을 합산한 소득을 말한다)의 중간값에 최근 가구소득 평균 증가율, 가구규모에 따른 소득수준의 차이 등을 반영하여 가구규모별로 산정한다(법 제6조의2 제1항). 그 밖에 가구규모별 소득수준 반영 방법 등 기준 중위소득의 산정에 필요한 사항은 제20조 제2항에 따른 중앙생활보장위원회에서 정한다(법 동조 제2항).

(2) 보건복지부 고시 내용 보건복지부장관이 고시한 '2018년 기준 중위소득 및 생계·의료급여 선정기준[보건복지부고시 제2017-139호(시행 2018.1.1)]은 다음과 같다.

① 기준 중위소득

국민기초생활 보장법 제2조 제11호에 따라 급여의 기준 등에 활용하는 '기준 중위소득'을 다음과 같이 정한다.

구 분	1인 가구	2인 가구	3인 가구	4인 가구	5인 가구	6인 가구	7인 가구
금액(원/월)	1,672,105	2,847,097	3,683,150	4,519,202	5,355,254	6,191,307	7,027,359

* 8인 이상 가구의 기준 중위소득 : 1인 증가시마다 836,052원씩 증가

② 생계급여의 선정기준

국민기초생활 보장법 제6조 및 제8조 제1항·제2항·제3항에 따른 '생계급여의 선정기준 및 최저보장수준'은 다음과 같다.

구 분	1인 가구	2인 가구	3인 가구	4인 가구	5인 가구	6인 가구	7인 가구
금액(원/월)	501,632	854,129	1,104,945	1,355,761	1,606,576	1,857,392	2,108,208

* 8인 이상 가구의 생계급여 선정기준 : 1인 증가시마다 250,816원씩 증가

③ 보장시설 생계급여의 선정기준

국민기초생활 보장법 제6조 및 제8조 제4항에 따른 '시설에 위탁하여 생계급여를 실시하는 경우의 선정기준'은 아래와 같다.

구 분	1인 가구	2인 가구	3인 가구	4인 가구	5인 가구	6인 가구	7인 가구
금액(원/월)	668,842	1,138,839	1,473,260	1,807,681	2,142,102	2,476,523	2,810,944

* 8인 이상 가구의 생계급여 선정기준 : 1인 증가시마다 324,967원씩 증가

④ **의료급여의 선정기준**

국민기초생활 보장법 제6조 및 제12조의3에 따른 '의료급여의 선정기준'은 다음과 같이 정한다.

구 분	1인 가구	2인 가구	3인 가구	4인 가구	5인 가구	6인 가구	7인 가구
금액(원/월)	668,842	1,138,839	1,473,260	1,807,681	2,142,102	2,476,523	2,810,944

* 8인 이상 가구의 생계급여 선정기준 : 1인 증가시마다 334,421원씩 증가

5) 수급권자의 범위에 관한 특례

제8조, 제11조, 제12조, 제12조의3, 제13조, 제14조 및 제15조에 따른 수급권자에 해당하지 아니하여도 생활이 어려운 사람으로서 일정 기간 동안 이 법에서 정하는 급여의 전부 또는 일부가 필요하다고 보건복지부장관 또는 소관 중앙행정기관의 장이 정하는 사람은 수급권자로 본다(법 제14조의2).

3. 급여수준

1) 최저보장수준

(1) 개 념 "최저보장수준"이란 국민의 소득·지출 수준과 수급권자의 가구 유형 등 생활실태, 물가상승률 등을 고려하여 제6조에 따라 급여의 종류별로 공표하는 금액이나 보장수준을 말한다(법 제2조 제6호).

(2) 결 정 보건복지부장관 또는 소관 중앙행정기관의 장은 급여의 종류별 수급자 선정기준 및 최저보장수준을 결정하여야 하고(법 제6조 제1항), 매년 8월 1일까지 제20조 제2항에 따른 중앙생활보장위원회의 심의·의결을 거쳐 다음 연도의 급여의 종류별 수급자 선정기준 및 최저보장수준을 공표하여야 한다(법 제6조 제2항).

2) 보건복지부 고시내용

보건복지부장관이 고시한 '2018년 생계·의료급여 최저보장수준' [보건복지부고시 제2017-139호(시행 2018.1.1)]은 다음과 같다.

(1) 생계급여의 최저보장수준 생계급여의 최저보장수준은 생계급여와 소득인정액을 포함하여 생계급여 선정기준 이상이 되도록 한다.

생계급여액 = 생계급여 최저 보장수준(대상자 선정기준) – 소득인정액

(2) 보장시설 생계급여의 최저보장수준 보장시설 생계급여의 수급자 1인당 최저

보장수준은 보장시설 규모별로 아래의 금액으로 한다.

구분	피보험기간			
	30인 미만	30인 이상 100인 미만	100인 이상 300인 미만	300인 이상
금액(원/월)	251,849	222,950	219,813	219,236

(3) 의료급여의 최저보장수준 국민기초생활보장법 제6조 및 제12조의3에 따른 '의료급여의 선정기준'은 나음과 같으며 최저보장수준'은 「의료급여법」 및 관련 법령에 따른다.

구 분	1인 가구	2인 가구	3인 가구	4인 가구	5인 가구	6인 가구	7인 가구
금액(원/월)	668,842	1,138,839	1,473,260	1,807,681	2,142,102	2,476,523	2,810,944

* 8인 이상 가구의 생계급여 선정기준 : 1인 증가시마다 334,421원씩 증가

제 5 절 기초생활보장의 행정조직

1. 보장기관

1) 개 념

"보장기관"이란 기초생보법에 따른 급여를 실시하는 국가 또는 지방자치단체를 말한다(법 제2조 제4호).

2) 보장기관의 급여실시

(1) 거주지 관할주의 기초생보법에 의한 급여는 수급권자 또는 수급자의 거주지를 관할하는 시·도지사와 시장·군수·구청장[제7조 제1항 제4호의 교육급여인 경우에는 특별시·광역시·특별자치시·도·특별자치도의 교육감(이하 "시·도교육감"이라 한다)을 말한다. 이하 같다]이 실시한다. 다만 주거가 일정하지 아니한 경우에는 수급권자 또는 수급자가 실제 거주하는 지역을 관할하는 시장·군수·구청장이 실시한다(법 제19조 제1항). 수급권자나 수급자가 거주지를 변경하는 경우의 처리방법과 보장기관 간의 협조, 그 밖에 업무처리에 필요한 사항은 보건복지부령으로 정한다(법 동조 제3항).

(2) 시설위탁급여 거주지 관할주의(제1항)에도 불구하고 보건복지부장관과 시·도지사는 수급자를 각각 국가나 해당 지방자치단체가 경영하는 보장시설에 입소하게 하거나 다

른 보장시설에 위탁하여 급여를 실시할 수 있다(법 제19조 제2항).

(3) 사회복지 전담공무원의 배치 보장기관은 수급권자・수급자・차상위계층에 대한 조사와 수급자 결정 및 급여의 실시 등 이 법에 의한 보장업무를 수행하게 하기 위하여 「사회복지사업법」 제14조에 따른 사회복지전담공무원(이하 "사회복지전담공무원"이라 한다)을 배치하여야 한다. 이 경우 제15조에 따른 자활급여 업무를 수행하는 사회복지 전담공무원은 따로 배치하여야 한다(법 제19조 제4항).

2. 생활보장위원회

기초생보법에 의한 생활보장사업의 기획・조사・실시 등에 관한 사항을 심의・의결하기 위하여 보건복지부와 시・도 및 시・군・구(자치구를 말한다. 이하 같다)에 각각 생활보장위원회를 둔다. 다만, 시・도 및 시・군・구에 두는 생활보장위원회는 그 기능을 담당하기에 적합한 다른 위원회가 있고, 그 위원회의 위원이 생활보장위원회의 위원과 같은 자격(동법 제20조 제4항에 규정된 자격)을 갖춘 경우에는 시・도 또는 시・군・구의 조례로 정하는 바에 따라 그 위원회가 생활보장위원회의 기능을 대신할 수 있다(법 제20조 제1항).

1) 중앙생활보장위원회

(1) 조직 및 구성 보건복지부에 두는 중앙생활보장위원회는 위원장을 포함하여 16명 이내의 위원으로 구성하고, 위원은 보건복지부장관이 다음 각 호의 어느 하나에 해당하는 사람 중에서 위촉・지명하며 위원장은 보건복지부장관으로 한다(법 제20조 제3항).

1. 공공부조 또는 사회복지와 관련된 학문을 전공한 전문가로서 대학의 조교수 이상인 사람 또는 연구기관의 연구원으로 재직 중인 사람 5명 이내
2. 공익을 대표하는 사람 5명 이내
3. 관계 행정기관 소속 3급 이상 공무원 또는 고위공무원단에 속하는 일반직공무원 5명 이내

(2) 심의・의결사항 중앙생활보장위원회는 다음 각 호의 사항을 심의・의결한다(법 제20조 제2항 제1호~제7호).

1. 제20조의2 제3항에 따른 기초생활보장 종합계획의 수립
2. 소득인정액 산정방식과 기준 중위소득의 결정
3. 급여의 종류별 수급자 선정기준과 최저보장수준의 결정
4. 제20조의2 제2항 및 제4항에 따른 급여기준의 적정성 등 평가 및 실태조사에 관한

사항

5. 급여의 종류별 누락 · 중복, 차상위계층의 지원사업 등에 대한 조정
6. 제18조의3에 따른 자활기금의 적립 · 관리 및 사용에 관한 지침의 수립
7. 그 밖에 위원장이 회의에 부치는 사항

2) 지방생활보장위원회

시 · 도 및 시 · 군 · 구 생활보장위원회의 위원은 시 · 도지사 또는 시장 · 군수 · 구청장이 다음 각 호의 어느 하나에 해당하는 사람 중에서 위촉 · 지명하며 위원장은 해당 시 · 도지사 또는 시장 · 군수 · 구청장으로 한다. 다만, 제1항 단서에 따라 다른 위원회가 생활보장위원회의 기능을 대신하는 경우 위원장은 조례로 정한다(법 제20조 제4항).

① 사회보장에 관한 학식과 경험이 있는 사람
② 공익을 대표하는 사람
③ 관계 행정기관 소속 공무원

제1항에 따른 생활보장위원회는 심의 · 의결과 관련하여 필요한 경우 보장기관에 대하여 그 소속 공무원의 출석이나 자료의 제출을 요청할 수 있다. 이 경우 해당 보장기관은 정당한 사유가 없으면 요청에 따라야 한다(법 동조 제5항).

3. 기초생활보장계획의 수립과 평가

(1) 계획의 수립 · 제출 소관 중앙행정기관의 장은 수급자의 최저생활을 보장하기 위하여 3년마다 소관별로 기초생활보장 기본계획을 수립하여 보건복지부장관에게 제출하여야 한다(법 제20조의2 제1항).

(2) 평가와 위탁 보건복지부장관 및 소관 중앙행정기관의 장은 제4항에 따른 실태조사 결과를 고려하여 급여기준의 적정성 등에 대한 평가를 실시할 수 있으며, 이와 관련하여 전문적인 조사 · 연구 등을 「공공기관의 운영에 관한 법률」에 따른 공공기관 또는 민간 법인 · 단체 등에 위탁할 수 있다(법 동조 제2항).

(3) 종합계획의 수립 보건복지부장관은 제1항에 따른 기초생활보장 기본계획 및 제2항에 따른 평가결과를 종합하여 기초생활보장 종합계획을 수립하여 중앙생활보장위원회의 심의를 받아야 한다(법 동조 제3항).

(4) 실태조사 보건복지부장관은 수급권자, 수급자 및 차상위계층 등의 규모 · 생활실태 파악, 최저생계비 계측 등을 위하여 3년마다 실태조사를 실시 · 공표하여야 한다(법 동

조 제4항).

(5) 의견 · 자료제출요구 보건복지부장관 및 소관 중앙행정기관의 장은 관계 행정기관, 지방자치단체, 「공공기관의 운영에 관한 법률」에 따른 공공기관 등에 대하여 평가에 관한 의견 또는 자료의 제출을 요구할 수 있다. 이 경우 관계 행정기관 등은 특별한 사유가 없으면 이에 따라야 한다(법 동조 제5항).

제 6 절 급여의 종류와 내용

1. 급여의 종류와 수급요건

1) 급여의 종류

이 법에 따른 급여의 종류는 다음 각 호와 같다(법 제7조 제1항).

① 생계급여, ② 주거급여, ③ 의료급여, ④ 교육급여,
⑤ 해산급여, ⑥ 장제급여, ⑦ 자활급여

2) 급여의 실시

수급권자에 대한 급여는 수급자의 필요에 따라 제1항 제1호부터 제7호까지의 급여의 전부 또는 일부를 실시하는 것으로 한다(법 동조 제2항).

차상위계층에 속하는 사람(이하 "차상위자"라 한다)에 대한 급여는 보장기관이 차상위자의 가구별 생활여건을 고려하여 예산의 범위에서 제1항 제2호부터 제4호까지, 제6호 및 제7호에 따른 급여의 전부 또는 일부를 실시할 수 있다. 이 경우 차상위자에 대한 급여의 기준 및 절차 등에 관하여 필요한 사항은 대통령령으로 정한다(법 동조 제3항).

여기서 '차상위계층'이란 수급권자(제14조의2에 따른 수급권자로 보는 사람은 제외한다)에 해당하지 아니하는 계층으로서 소득인정액이 대통령령으로 정하는 기준 이하인 계층을 말한다(법 제2조 제10호). 여기서 "소득인정액이 대통령령으로 정하는 기준 이하인 계층"이란 소득인정액이 기준 중위소득의 100분의 50 이하인 사람을 말한다(시행령 제3조).

3) 급여의 특례

제8조, 제11조, 제12조, 제12조의3, 제13조, 제14조 및 제15조에 따른 수급권자에 해당

하지 아니하여도 생활이 어려운 사람으로서 일정 기간 동안 이 법에서 정하는 급여의 전부 또는 일부가 필요하다고 보건복지부장관 또는 소관 중앙행정기관의 장이 정하는 사람은 수급권자로 본다(법 제14조의2).

2. 각 급여의 수급요건

1) 생계급여

(1) 생계급여의 내용 생계급여는 수급자에게 의복, 음식물 및 연료비와 그 밖에 일상생활에 기본적으로 필요한 금품을 지급하여 그 생계를 유지하게 하는 것으로 한다(법 제8조).

(2) 생계급여의 수급요건, 급여수준 생계급여의 수급요건과 급여수준은 앞의 제4절에서 상세하게 설명하였음

(3) 생계급여의 방법(지급원칙) 이 법에서 규정하고 있는 생계급여의 지급원칙은 다음과 같다.

① 현금지급의 원칙 생계급여는 금전을 지급하는 것으로 한다. 다만, 금전으로 지급할 수 없거나 금전으로 지급하는 것이 적당하지 아니하다고 인정하는 경우에는 물품을 지급할 수 있다(법 제9조 제1항).

② 정기지급의 원칙 제1항의 수급품은 대통령령으로 정하는 바에 따라 매월 정기적으로 지급하여야 한다. 다만, 특별한 사정이 있는 경우에는 그 지급방법을 다르게 정하여 지급할 수 있다(법 동조 제2항). '수급품'이란 기초생보법에 따라 수급자에게 지급하거나 대여하는 금전 또는 물품을 말한다(법 제2조 제3호).

③ 직접지급의 원칙 제1항의 수급품은 수급자에게 직접 지급한다. 다만, 제10조 제1항 단서에 따라 제32조에 따른 보장시설이나 타인의 가정에 위탁하여 생계급여를 실시하는 경우에는 그 위탁받은 사람에게 이를 지급할 수 있다. 이 경우 보장기관은 보건복지부장관이 정하는 바에 따라 정기적으로 수급자의 수급 여부를 확인하여야 한다(법 제9조 제3항).

④ 차등지급의 원칙 생계급여는 보건복지부장관이 정하는 바에 따라 수급자의 소득인정액 등을 고려하여 차등지급할 수 있다(법 제9조 제4항). 생계급여는 소득 부족분에 대한 보충급여방식이기 때문에 소득이 있을 경우에는 이를 차감하여 지급하므로 차등 지급할 수 있다.

⑤ 주거지급여의 원칙 생계급여는 수급자의 주거에서 실시한다. 다만, 수급자가 주거가 없거나 주거가 있어도 그곳에서는 급여의 목적을 달성할 수 없는 경우 또는 수급자가 희망하는 경우에는 수급자를 제32조에 따른 보장시설이나 타인의 가정에 위탁하여 급여를 실시할 수 있다(법 제10조 제1항). 제1항에 따라 수급자에 대한 생계급여를 타인의 가정에 위탁

하여 실시하는 경우에는 거실의 임차료와 그 밖에 거실의 유지에 필요한 비용은 수급품에 가산하여 지급한다. 이 경우 제7조 제1항 제2호의 주거급여가 실시된 것으로 본다(법 제10조 제2항).

⑥ **자활조건부급여의 원칙** 보장기관은 대통령령으로 정하는 바에 따라 근로능력이 있는 수급자에게 자활에 필요한 사업에 참가할 것을 조건으로 하여 생계급여를 실시할 수 있다. 이 경우 보장기관은 제28조에 다른 자활지원계획을 고려하여 조건을 제시하여야 한다(법 제9조 제5항).

2) 주거급여

주거급여는 수급자에게 주거안정에 필요한 임차료, 유지・수선비, 그 밖의 수급품을 지급하는 것으로 한다. 주거급여에 관하여 필요한 사항은 따로 법률에서 정한다(법 제11조 제1・2항).

3) 교육급여

(1) 교육급여내용 교육급여는 수급자에게 입학금・수업료・학용품비, 그 밖의 수급품을 지급하는 것으로 하되, 학교의 종류・범위 등에 관하여 필요한 사항은 대통령령으로 정한다(법 제12조 제1항). 교육급여는 교육부장관의 소관으로 한다(법 제12조 제2항).

(2) 교육급여의 수급요건 교육급여 수급권자는 부양의무자가 없거나, 부양 의무자가 있어도 부양능력이 없거나 부양을 받을 수 없는 사람으로서 그 소득인정액이 제20조 제2항에 따른 중앙생활보장위원회의 심의・의결을 거쳐 결정하는 금액(이하 "교육 급여 선정기준"이라 한다) 이하인 사람으로 한다. 이 경우 교육급여 선정기준은 기준 중위 소득의 100분의 50 이상으로 한다(법 제12조 제3항). 이 규정에 따라 교육급여의 수급권자가 되려면 다음 요건을 갖추어야한다.

① 부양의무자가 없어야 한다.
② 부양의무자가 있어도 부양능력이 없어야 한다.
③ 부양의무자가 있어도 부양받을 수 없어야 한다.
④ 소득인정액이 교육급여 선정기준 이하라야 한다.
⑤ 교육급여 선정기준은 기준 중위소득의 100분의 50 이상으로 한다.

부양의무자의 개념은 제2조 제5호를, 부양의무자가 있어도 부양능력이 없는 것으로 보는 경우는 제8조의2 제1항을, 부양받을 수 없는 것으로 보는 경우는 제8조의2 제2항을 적용한다(법 제8조의2 제1・2항 참조).

(3) 초・중등교육법의 준용 교육급여의 신청 및 지급 등에 대하여는 「초・중등교육법」 제60조의4부터 제60조의9까지 및 제62조 제3항에 따른 교육비 지원절차를 준용한다(법

제12조 제4항).

(4) 교육급여의 적용특례 교육급여 수급권자를 선정하는 경우에는 제12조 제1항의 교육급여와 「초·중등교육법」 제60조의4에 따른 교육비 지원과의 연계·통합을 위하여 제3조 제2항 및 제12조 제3항에도 불구하고 소득인정액이 교육급여 선정기준 이하인 사람을 수급권자로 본다(법 제12조의2).

교육부장관이 고시(제2017-130호, 시행 2018.1.1)한 '교육급여의 선정기준 및 최저보장수준'은 다음과 같다.

교육급여의 선정기준 및 최저보장수준

국민기초생활 보장법 제6조 및 제12조 제1항과 제3항, 제12조의2에 따른 '교육급여의 선정기준 및 최저보장수준'을 다음과 같이 정한다.

① 선정기준

구 분	1인 가구	2인 가구	3인 가구	4인 가구	5인 가구	6인 가구	7인 가구
금액(원/월)	836,053	1,423,549	1,841,575	2,259,601	2,677,627	3,095,654	3,513,680

* 8인 이상 가구의 교육급여 선정기준: 1인 증가시마다 418,026원씩 증가 (8인가구 :3,931,706)
※ 국민기초생활보장법 제12조의2에 따라 부양의무자 기준은 적용하지 아니한다.

② 최저보장수준

선정기준에 해당하는 초·중학생 부교재비·학용품비, 고등학생부교재비·교과서·학용품비·입학금 및 수업료

구 분	부교재비	학용품비	교과서	입학금 및 수업료
초등학교	66,000원	50,000원	–	–
중학교	105,000원	57,000원	–	–
고등학교	105,000원	57,000원	해당 학년의 정규 교육과정에 편성된 교과목의 교과서 전체	학교장 고지 금액 전액
지급횟수	연 1회	연 2회 (분할지급)	연 1회	입학금은 입학시 1회 수업료는 분기별 지급

4) 의료급여

(1) 의료급여의 내용 의료급여는 수급자에게 건강한 필요한 각종 검사 및 치료 등을 지급하는 것으로 한다(법 제12조의3 제1항).

(2) 수급권자의 자격요건 의료급여 수급권자는 부양의무자가 없거나, 부양의 무자가 있어도 부양능력이 없거나 부양을 받을 수 없는 사람으로서 그 소득인정액이 제20조 제2항에 따른 중앙생활보장위원회의 심의·의결을 거쳐 결정하는 금액(이하 이 항에서 "의료급여 선정기준"이라 한다) 이하인 사람으로 한다. 이 경우 의료급여 선정 기준은 기준 중위소득의 100분의

40 이상으로 한다(법 제12조의3 제2항). 이 규정에 따 라 수급권자가 되려면 다음 각 요건을 갖추어야한다.

① 부양의무자가 없어야 한다.

② 부양의무자가 있어도 부양능력이 없어야 한다.

③ 부양의무자가 있어도 부양할 수 없어야 한다.

④ 소득인정액이 의료급여 선정기준 이하라야 한다.

⑤ 의료급여선정기준이 기준 중위소득의 100분의 40 이상이라야 한다.

여기서 부양의무자의 개념에는 제2조 제5호가, 부양의무자가 있어도 부양능력이 없는 것으로 보는 경우는 제8조의2 제1항이, 부양할 수 없는 것으로 보는 경우는 제8조의2 제2항이 적용된다(법 제8조의2 제1 · 2항 참조).

그 밖에 의료급여에 필요한 사항은 법률에서 따로 정한다(법 제12조의3 제3항).

5) 해산(解産)급여

해산급여는 제7조 제1항 제1호부터 제3호까지의 급여 중 하나 이상의 급여를 받는 수급자에게 다음 각 호의 급여를 실시하는 것으로 한다(법 제13조 제1항).

① 조산(助産)

② 분만 전과 분만 후에 필요한 조치와 보호

해산급여에 필요한 수급품은 보건복지부령으로 정하는 바에 따라 수급자나 그 세대주 또는 세대주에 준하는 사람에게 지급한다. 다만, 제2항에 따라 그 급여를 의료기관에 위탁하는 경우에는 수급품을 그 의료기관에 지급할 수 있다(법 제13조 제3항). 해산급 여는 보건복지부령으로 정하는 바에 따라 보장기관이 지정하는 의료기관에 위탁하여 실시할 수 있다(법 제13조 제2항).

6) 장제(葬祭)급여

(1) 장제급여의 내용 장제급여는 제7조 제1항 제1호부터 제3호까지의 급여 중 하나 이상의 급여를 받는 수급자가 사망한 경우 사체의 검안(檢案) · 운반 · 화장 또는 매장, 그 밖의 장제조치를 하는 것으로 한다(법 제14조 제1항). 장제급여는 보건복지부령으로 정하는 바에 따라 실제로 장제를 실시하는 사람에게 장제에 필요한 비용을 지급하는 것으로 한다. 다만, 그 비용을 지급할 수 없거나 비용을 지급하는 것이 적당하지 아니하다고 인정하는 경우에는 물품을 지급할 수 있다(법 동조 제2항).

제14조에 따른 장제급여를 실시하는 경우에 사망자에게 부양의무자가 없을 때에는시장 · 군수 · 구청장은 사망자가 유류(遺留)한 금전 또는 유가증권으로 그 비용에 충당하고, 그

부족액은 유류물품의 매각대금으로 이를 충당할 수 있다(법 제45조).

(2) 장제급여의 특례 제14조에 따른 수급권자에 해당하지 아니하여도 생활이 어려운 사람으로서 일정 기간 동안 이 법에서 정하는 급여의 전부 또는 일부가 필요하다고 보건복지부장관 또는 소관 중앙행정기관의 장이 정하는 사람은 수급권자로 본다(법 제14조 의2).

7) 자활급여

(1) 자활급여의 내용 자활급여는 수급자의 자활을 돕기 위하여 법정의 급여를 실시하는 것으로 한다(법 제15조 제1항 참조). 제1항의 자활급여는 관련 공공기관・비영리법인・시설과 그 밖에 대통령령으로 정하는 기관에 위탁하여 이를 실시할 수 있다. 이 경우 그에 드는 비용은 보장기관이 부담한다(법 제15조 제2항).

(2) 자활급여의 종류와 방법 등 자활자금의 대여(시행령 제17조), 직업훈련(시행령 제18조), 취업알선 등의 제공(시행령 제19조), 자활근로 기회의 제공(시행령 제20조), 창업지원(시행령 제21조), 자산형성 지원(시행령 제21조의2) 등이 있다.

3. 자활의 지원

(1) 중앙자활센터 수급자 및 차상위자의 자활촉진에 필요한 법정된 사업을 수행하기 위하여 중앙자활센터를 둘 수 있으며(법 제15조의2 제1항 참조), 정부는 중앙자활센터의 설치 및 운영에 필요한 경비의 전부 또는 일부를 보조할 수 있다(법 동조 제3항). 중앙자활센터는 법인으로 한다(법 동조 제2항),

(2) 광역자활센터 보장기관은 수급자 및 차상위자의 자활촉진에 필요한 법정된 사업을 수행하게 하기 위하여 사회복지법인 등 비영리법인과 단체(이하 이 조에서 "법인 등"이라 한다)를 법인 등의 신청을 받아 특별시・광역시・특별자치시・도・특별자치도(이하 "시・도"라 한다) 단위의 광역자활센터로 지정할 수 있다. 이 경우 보장기관은 법인 등의 지역사회복지사업 및 자활지원사업의 수행 능력・경험 등을 고려하여야 한다(법 제15조의3 제1항 참조).

(3) 지역자활센터 보장기관은 수급자 및 차상위③자의 자활의 촉진에 필요한 법정의 사업을 수행하게 하기 위하여 사회복지법인, 사회적협동조합 등 비영리법인과 단체(이하 이조에서 "법인 등"이라 한다)를 법인 등의 신청을 받아 지역자활센터로 지정할 수 있다. 이 경우 보장기관은 법인 등의 지역사회복지사업 및 자활지원사업 수행능력・경험 등을 고려하여야 한다(법 제16조 제1항). 보장기관은 제1항에 따라 지정을 받은 지역자활센터에 대하여 다음 각 호의 지원을 할 수 있다(법 동조 제2항).

① 지역자활센터의 설립 · 운영비용 또는 제1항 각 호의 사업수행 비용의 전부 또는 일부
② 국유 · 공유 재산의 무상임대
③ 보장기관이 실시하는 사업의 우선 위탁

보장기관은 지역자활센터에 대하여 정기적으로 사업실적 및 운영 실태를 평가하고 수급자의 자활촉진을 달성하지 못하는 지역자활센터에 대하여는 그 지정을 취소할 수 있다(법 동조 제3항). 지역자활센터는 수급자 및 차상위자에 대한 효과적인 자활 지원과 지역자활센터의 발전을 공동으로 도모하기 위하여 지역자활센터협회를 설립할 수 있다(법 제16조 제4항).

(4) 자활기관협의체 시장 · 군수 · 구청장은 자활지원사업의 효율적인 추진을 위하여 제16조에 따른 지역자활센터, 직업안정법 제2조의2 제1호의 직업안정기관, 「사회복지사업법」 제2조 제4호의 사회복지시설의 장 등과 상시적인 협의체계(이하 "자활기관협의체"라 한다)를 구축하여야 한다(법 제17조 제1항).

(5) 자활기금의 적립 보장기관은 이 법에 따른 자활지원사업의 원활한 추진을 위하여 일정한 금액과 연한을 정하여 자활기금을 적립할 수 있다(법 제18조의3 제1항). 보장기관은 자활지원사업의 효율적 추진을 위하여 필요하다고 인정하는 경우에는 자활기금의 관리 · 운영을 제15조의2에 따른 중앙자활센터 또는 자활지원사업을 수행하는 비영리법인에 위탁할 수 있다. 이 경우 그에 드는 비용은 보장기관이 부담한다(법 동조 제2항).

(6) 자활기업의 설립과 지원 수급자 및 차상위자는 상호 협력하여 자활기업을 설립 · 운영할 수 있다(법 제18조 제1항). 자활기업은 조합 또는 「부가가치세법」상의 사업자로 한다(법 동조 제2항). 보장기관은 자활기업에게 직접 또는 중앙자활센터, 광역자활센터 및 지역자활센터를 통하여 다음 각 호의 지원을 할 수 있다(법 동조 제3항).

1. 자활을 위한 사업자금 융자
2. 국유지 · 공유지 우선 임대
3. 국가나 지방자치단체가 실시하는 사업의 우선 위탁
4. 국가나 지방자치단체의 조달구매 시 자활기업 생산품의 우선 구매
5. 그 밖에 수급자의 자활촉진을 위한 각종 사업

(7) 자활교육 보건복지부장관, 특별시장 · 광역시장 · 특별자치시장 · 도지사 · 특별자치도지사(이하 "시 · 도지사"라 한다), 시장 · 군수 · 구청장은 수급자 및 차상위자의 자활촉진을 위하여 교육을 실시할 수 있다(법 제18조의5 제1항). 보건복지부장관은 제1항에 따른 교육을 위하여 교육기관을 설치 · 운영하거나, 운영의 전부 또는 일부를 법인 · 단체 등에 위탁할 수 있

다(법 동조 제2항).

4. 고용촉진 및 자산형성 지원

(1) 고용촉진 지원 보장기관은 수급자의 고용을 촉진하기 위하여 상시근로자의 일정 비율 이상을 수급자로 채용하는 기업에 대하여는 대통령령으로 정하는 바에 따라 제18조 제3항 각 호에 해당하는 지원을 할 수 있다(법 제18조의2 제1항).

(2) 자산형성 지원 보장기관은 수급자 및 차상위자가 자활에 필요한 자산을 형성할 수 있도록 재정적인 지원을 할 수 있고(법 제18조의4 제1항), 수급자 및 차상위자가 자활에 필요한 자산을 형성하는 데 필요한 교육을 실시할 수 있다(법 동조 제2항). 제1항에 따른 지원으로 형성된 자산은 대통령령으로 정하는 바에 따라 수급자의 재산의 소득환산액 산정 시 이를 포함하지 아니한다(법 동조 제3항).

제 7 절 급여의 신청 · 결정 · 실시

1. 급여의 신청

1) 급여신청주의와 정보제공의 동의

(1) 신청주의와 직권주의의 보완 수급권자와 그 친족, 그 밖의 관계인은 관할 시장 · 군수 · 구청장에게 수급권자에 대한 급여를 신청할 수 있다. 차상위자가 급여를 신청하려는 경우에도 같으며, 이 경우 신청방법과 절차 및 조사 등에 관하여는 제2항부터 제5항까지, 제22조, 제23조 및 제23조의2를 준용한다(법 제21조 제1항).

사회복지 전담공무원은 이 법에 의한 급여를 필요로 하는 사람이 누락되지 아니하도록 하기 위하여 관할지역 내에 거주하는 수급권자에 대한 급여를 직권으로 신청할 수 있다. 이 경우 수급권자의 동의를 구하여야 하며 수급권자의 동의는 수급권자의 신청으로 볼 수 있다(법 동조 제2항).

(2) 정보제공의 동의 제1항에 따라 급여신청을 할 때나 제2항에 따라 사회복지전담공무원이 급여신청을 하는 것에 수급권자가 동의하였을 때에는 수급권자와 부양의무자는 법정한 일정의 자료 또는 정보의 제공에 대하여 동의한다는 서면을 제출하여야 한다(법 동조 제3항 참조).

(3) 설명의무 및 금지행위 제1항에 따라 수급권자 등이 급여를 신청할 경우 사회복지 전담공무원은 신청한 사람이 급여에 관한 정보의 부족 등으로 불리한 입장에 놓이지 아니하도록 수급권자의 선정기준, 급여의 내용 및 신청방법 등을 알기 쉽게 설명하여야 한다(법제 동조 제4항). 시장 · 군수 · 구청장은 신청자에게 급여 신청의 철회나 포기를 유도하는 행위를 하여서는 아니 된다(법 동조 제5항).

2) 신청에 의한 조사

(1) 신청내용에 대한 조사 시장 · 군수 · 구청장은 제21조에 따른 급여신청이 있는 경우에는 사회복지 전담공무원으로 하여금 급여의 결정 및 실시 등에 필요한 다음 각 호의 사항을 조사하게 하거나 수급권자에게 보장기관이 지정하는 의료기관에서 검진을 받게 할 수 있다(법 제22조 제1항).

① 부양의무자의 유무 및 부양능력 등 부양의무자와 관련된 사항
② 수급권자 및 부양의무자의 소득 · 재산에 관한 사항
③ 수급권자의 근로능력, 취업상태, 자활욕구 등 제 28조에 따른 자활지원계획 수립에 필요한 사항
④ 그 밖에 수급권자의 건강상태, 가구특성 등 생활실태에 관한 사항

(2) 자료 제출의 요구 시장 · 군수 · 구청장은 제1항에 따라 신청한 수급권자 또는 그 부양의무자의 소득, 재산 및 건강상태 등을 확인하기 위하여 필요한 자료를 확보하기 곤란한 경우 보건복지부령으로 정하는 바에 따라 수급권자 또는 부양의무자에게 필요한 자료의 제출을 요구할 수 있고(법 제22조 제2항), 급여의 결정 또는 실시 등을 위하여 필요한 경우에는 제1항 각 호의 조사를 관계 기관에 위촉하거나 수급권자 또는 그 부양의무자의 고용주, 그 밖의 관계인에게 이에 관한 자료의 제출을 요청할 수 있다(법 동조 제3항).

(3) 관련 전산망의 이용협조요청 보장기관이 제1항 각 호의 조사를 실시하기 위하여 금융 · 국세 · 지방세 · 토지 · 건물 · 건강보험 · 국민연금 · 고용보험 · 출입국 · 병무 · 교정 등 관련전산망 또는 자료를 이용하려는 경우에는 관계 기관의 장에게 협조를 요청할 수 있다. 이 경우 관계 기관의 장은 정당한 사유가 없으면 협조하여야 한다(법 제22조 제4항).

(4) 정보와 자료의 용도제한 보장기관의 공무원 또는 공무원이었던 사람은 제1항부터 제4항까지의 규정에 따라 얻은 정보와 자료를 이 법에서 정한 보장목적 외에 다른 용도로 사용하거나 다른 사람 또는 기관에 제공하여서는 아니 된다(법 동조 제6항).

(5) 급여신청의 각하(却下) 보장기관은 수급권자 또는 부양의무자가 제1항 및 제2항

에 따른 조사 또는 자료제출 요구를 2회 이상 거부·방해 또는 기피하거나 검진 지시에 따르지 아니하면 급여신청을 각하(却下)할 수 있다. 이 경우 제29조 제2항을 준용한다(법 동조 제8항).

(6) 금융정보 등의 제공요청 보건복지부장관은 「금융실명거래 및 비밀보장에 관한 법률」 제4조 제1항과 「신용정보의 이용 및 보호에 관한 법률」 제32조 제1항에도 불구하고 수급권자와 그 부양의무자가 제21조 제3항에 따라 제출한 동의 서면을 전자적 형태로 바꾼 문서에 의하여 금융기관 등(「금융실명거래 및 비밀보장에 관한 법률」 제2조 제1호에 따른 금융회사 등 「신용정보의 이용 및 보호에 관한 법률」 제25조에 따른 신용정보집중기관을 말한다. 이하 같다)의 장에게 금융정보·신용정보 또는 보험정보(이하 "금융정보 등"이라 한다)의 제공을 요청할 수 있고(법 제23의2 제1항), 대통령령으로 정하는 기준에 따라 인적사항을 적은 문서 또는 정보통신망으로 금융기관 등의 장에게 수급자와 부양의무자의 금융정보 등을 제공하도록 요청할 수 있다(법 동조 제2항).

제1항부터 제3항까지의 규정에 따른 업무에 종사하고 있거나 종사하였던 사람은 업무를 수행하면서 취득한 금융정보 등을 이 법에서 정한 목적 외의 다른 용도로 사용하거나 다른 사람 또는 기관에 제공하거나 누설하여서는 아니 된다(법 동조 제6항).

3) 확인조사

(1) 수급자에 대한 정기조사 시장·군수·구청장은 수급자 및 수급자에 대한 급여의 적정성을 확인하기 위하여 매년 연간조사계획을 수립하고, 관할구역의 수급자를 대상으로 신청내용(법 제22조 제1항 각 호의 사항)을 매년 1회 이상 정기적으로 조사하여야 하며, 특히 필요하다고 인정하는 경우에는 보장기관이 지정하는 의료기관에서 검진을 받게 할 수 있다. 다만, 보건복지부장관이 정하는 사항은 분기마다 조사하여야 한다(법 제23조 제1항).

(2) 급여의 취소·정지 등 보장기관은 수급자 또는 부양의무자가 제1항에 따른 조사나 제2항에 따라 준용되는 제22조 제2항에 따른 자료제출 요구를 2회 이상 거부·방해 또는 기피하거나 검진지시에 따르지 아니하면 수급자에 대한 급여결정을 취소하거나 급여를 정지 또는 중지할 수 있다. 이 경우 제29조 제2항의 규정을 준용한다(법 동조 제3항). 보장기관은 제23조 제3항에 따라 급여의 결정을 취소하려는 경우에는 청문을 하여야 한다(법 제31조).

4) 차상위계층에 대한 조사

(1) 조사실시 시장·군수·구청장은 급여의 종류별 수급자 선정기준의 변경 등에 의하여 수급권자의 범위가 변동함에 따라 다음 연도에 이 법에 따른 급여가 필요할 것으로 예측되는 수급권자의 규모를 조사하기 위하여 보건복지부령으로 정하는 바에 따라 차상위계

층에 대하여 조사할 수 있다(법 제24조 제1항).

(2) 동 의 시장・군수・구청장은 제1항에 따른 조사를 하려는 경우 조사대상자의 동의를 받아야 한다. 이 경우 조사대상자의 동의는 다음 연도의 급여신청으로 본다(법 동조 제2항). 조사대상자의 자료제출, 조사의 위촉, 관련 전산망의 이용, 그 밖에 차상위계층에 대한 조사를 위하여 필요한 사항에 관하여는 제22조 제2항부터 제7항까지의 규정을 준용한다(법 동조 제3항).

5) 조사결과의 보고

제22조, 제23조, 제23조의2 및 제24조에 따라 시장・군수・구청장이 수급권자, 수급자, 부양의무자 및 차상위계층을 조사하였을 때에는 보건복지부령으로 정하는 바에 따라 관할 시・도지사에게 보고하여야 하며 보고를 받은 시・도지사는 이를 보건복지부장관 및 소관 중앙행정기관의 장에게 보고하여야 한다. 시・도지사가 조사하였을 때에도 또한 같다(법 제25조).

2. 급여의 결정・통지

(1) 급여의 결정 시장・군수・구청장은 제22조에 따라 조사를 하였을 때에는 지체 없이 급여 실시의 여부와 급여의 내용을 결정하여야 한다(법 제26조 제1항). 제24조에 따라 차상위계층을 조사한 시장・군수・구청장은 제27조 제1항 단서에 규정된 급여개시일이 속하는 달에 급여실시 여부와 급여 내용을 결정하여야 한다(법 동조 제2항).

(2) 급여결정의 통지 시장・군수・구청장은 제1항 및 제2항에 따라 급여실시 여부와 급여 내용을 결정하였을 때에는 그 결정의 요지, 급여의 종류・방법 및 급여의 개시 시기 등을 서면으로 수급권자 또는 신청인에게 통지하여야 한다(법 동조 제3항).

(3) 급여결정통지기일 신청인에 대한 위 제3항의 통지는 제21조에 따른 급여의 신청일부터 30일 이내에 하여야 한다. 다만, 다음 각 호의 어느 하나에 해당하는 경우에는 신청일부터 60일 이내에 통지할 수 있다. 이 경우 통지서에 그 사유를 구체적으로 밝혀야 한다(법 동조 제4항).

① 부양의무자의 소득・재산 등의 조사에 시일이 걸리는 특별한 사유가 있는 경우
② 수급권자 또는 부양의무자가 제22조 제1항・제2항 및 관계 법률에 따른 조사나 자료제출 요구를 거부・방해 또는 기피하는 경우

3. 급여의 실시

(1) 급여의 시행시기 제26조 제1항에 따라 급여 실시 및 급여 내용이 결정된 수급자에 대한 급여는 제21조에 따른 급여의 신청일부터 시작한다. 다만, 제6조에 따라 보건복지부장관 또는 소관 중앙행정기관의 장이 매년 결정·공표하는 급여의 종류별 수급자 선정기준의 변경으로 인하여 매년 1월에 새로이 수급자로 결정되는 사람에 대한 급여는 해당 연도의 1월 1일을 그 급여개시일로 한다(법 제27조 제1항).

(2) 긴급급여 시장·군수·구청장은 제26조 제1항에 따른 급여실시 여부의 결정을 하기 전이라도 수급권자에게 급여를 실시하여야 할 긴급한 필요가 있다고 인정할 때에는 제7조 제1항 각 호에 규정된 급여의 일부를 실시할 수 있다(법 제27조 제2항).

(3) 급여의 지급방법 보장기관이 급여를 금전으로 지급할 때에는 수급자의 신청에 따라 수급자 명의의 지정된 계좌(이하 "급여수급계좌"라 한다)로 입금하여야 한다. 다만, 정보통신장애나 그 밖에 대통령령으로 정하는 불가피한 사유로 급여수급계좌로 이체할 수 없을 때에는 대통령령으로 정하는 바에 따라 급여를 지급할 수 있다(법 제27조의2 제1항).

(4) 자활지원계획의 수립과 실시 시장·군수·구청장은 수급자의 자활을 체계적으로 지원하기 위하여 보건복지부장관이 정하는 바에 따라 법 제22조, 제23조, 제23조의2 및 제24조에 따른 조사결과를 고려하여 수급자 가구별로 자활지원계획을 수립하고 그에 따라 이 법에 따른 급여를 실시하여야 한다(법 제28조 제1항).

보장기관은 수급자의 자활을 위하여 필요한 경우에는 「사회복지사업법」 등 다른 법률에 따라 보장기관이 제공할 수 있는 급여가 있거나 민간기관 등이 후원을 제공하는 경우 제1항의 자활지원계획에 따라 급여를 지급하거나 후원을 연계할 수 있다(법 동조 제2항). 시장·군수·구청장은 수급자의 자활여건 변화와 급여실시 결과를 정기적으로 평가하고 필요한 경우 자활지원계획을 변경할 수 있다(법 동조 제3항).

4. 급여의 변경, 지급중지

(1) 급여의 변경 보장기관은 수급자의 소득·재산·근로능력 등이 변동된 경우에는 직권으로 또는 수급자나 그 친족, 그 밖의 관계인의 신청에 의하여 그에 대한 급여의 종류·방법 등을 변경할 수 있다(법 제29조 제1항). 제1항에 따른 급여의 변경은 서면으로 그 이유를 구체적으로 밝혀 수급자에게 통지하여야 한다(법 동조 제2항).

(2) 지급중지 보장기관은 수급자가 다음 각 호의 어느 하나에 해당하는 경우에는 급

여의 전부 또는 일부를 중지하여야 한다(법 제30조 제1항).

① 수급자에 대한 급여의 전부 또는 일부가 필요 없게 된 경우

② 수급자가 급여의 전부 또는 일부를 거부한 경우

근로능력이 있는 수급자가 제9조 제5항의 조건을 이행하지 아니하는 경우 조건을 이행할 때까지 제7조 제2항에도 불구하고 근로능력이 있는 수급자 본인의 생계급여의 전부 또는 일부를 지급하지 아니할 수 있다(법 동조 제2항). 제1항 및 제2항에 따른 급여의 중지 등에 관하여는 제29조 제2항을 준용한다(법 동조 제3항).

5. 급여의 불리한 변경 및 압류·양도의 금지, 신고의무

수급자에 대한 급여는 정당한 사유 없이 수급자에게 불리하게 변경할 수 없다(법 제34조). 수급자에게 지급된 수급품과 이를 받을 권리는 압류할 수 없고, 수급자명의로 지정된 급여수급계좌의 예금에 관한 채권은 압류할 수 없다(법 제35조 제1항·제2항). 수급자는 급여를 받을 권리를 타인에게 양도할 수 없다(법 제36조).

수급자는 거주지역, 세대의 구성 또는 임대차 계약내용이 변동되거나 제22조 제1항 각 호의 사항이 현저하게 변동되었을 때에는 지체 없이 관할 보장기관에 신고하여야 한다(법 제37조).

제8절 기초생활보장시설

1. 보장시설의 정의와 종류

이 법에서 보장시설이란 제7조에 규정된 급여를 실시하는 「사회복지사업법」에 따른 사회복지시설로서 법정된 일련의 시설 중 보건복지부령으로 정하는 시설을 말한다(법 제32조, 시행규칙 제41조의2 참조).

2. 보장시설의 장의 의무

(1) 위탁거부금지 보장시설의 장은 보장기관으로부터 수급자에 대한 급여를 위탁받은 경우에는 정당한 사유 없이 이를 거부하여서는 아니 된다(법 제33조 제1항).

(2) 최저기준 이상의 급여실시 보장시설의 장은 위탁받은 수급자에게 보건복지부장관 및 소관 중앙행정기관의 장이 정하는 최저기준 이상의 급여를 실시하여야 한다(법 제33조 제2항).

(3) 차별대우의 금지 보장시설의 장은 위탁받은 수급자에게 급여를 실시할 때 성별·신앙 또는 사회적 신분 등을 이유로 차별대우를 하여서는 아니 된다(법 제33조 제3항).

(4) 자유로운 생활보장과 종교상의 행위 강요금지 보장시설의 장은 수급자의 자유로운 생활을 보장하여야 하며, 위탁받은 수급자에게 종교상의 행위를 강제하여서는 아니 된다(법 제33조 제4항, 제5항).

제 9 절 기초생활의 보장비용

1. 보장비용의 의의와 범위

(1) 의 의 공공부조 제도의 일환으로서 기초생활보장비용의 주된 재원은 일반 조세에 의하여 조달하게 되며, 국가와 지방자치단체가 분담하게 되는데 그 분담비율은 나라에 따라 각기 상이하다. 대체적으로 보아 중앙정부가 지방정부보다 부담비율이 높지만 점차 지방정부로 부담을 전가시키는 추세에 있다.

(2) 보장비용의 범위 어떠한 사회보장제도이든 그 시행에는 재원이 필요한데, 일반적으로 사회보장제도를 실시하는 데 소요되는 일체의 비용을 '보장비용'이라 할 수 있다. 기초생보법에서는 "보장비용이란 다음 각 호의 비용을 말한다"고 규정하여 보장비용에 포함시길 수 있는 범위를 규정하고 있다(법 제42조 참조).

2. 보장비용의 부담 구분

1) 국가와 지방자치단체 간의 분담비율

보장비용에 대한 국가와 지방자치단체 간의 부담은 다음 구분에 의한다(법 제43조 제1항).

(1) 국가 또는 해당 시·도의 부담

① 국가 또는 시·도가 직접 수행하는 보장업무에 드는 비용(동조 동항 제1호).

② 제19조 제2항에 따른 급여의 실시 비용(동조 동항 제2호)

(2) 시·군·구의 부담(법 제43조 제1항 제3호) 시·군·구가 수행하는 보장업무에 드는 비용 중 보장업무에 소요되는 인건비와 사무비(법 제42조 제1호) 및 생활보장위원회의 운영에 소요되는 비용(법 제42조 제2호)

(3) 국가, 시·도 및 시·군·구의 부담비율 시·군·구가 수행하는 보장업무에 드는 비용 중 제반 급여실시비용(법 제42조 제3호) 및 그 밖에 기초생보법에 의한 보장업무에 소요되는 비용(법 동조 제4호)(이하 이 호에서 "시·군·구 보장비용"이라 한다)은 시·군·구의 재정여건, 사회보장비 지출 등을 고려하여 국가, 시·도 및 시·군·구가 다음 각 목에 따라 차등하여 분담한다(법 제43조 제1항 제4호).

㈎ 국가는 시·군·구 보장비용의 총액 중 100분의 40 이상 100분의 90 이하를 부담한다.

㈏ 시·도는 시·군·구 보장비용의 총액에서 위 ㈎목의 국가 부담분을 차감한 금액 중 100분의 30 이상 100분의 70 이하를 부담하고, 시·군·구는 시·군·구 보장비용의 총액 중에서 국가와 시·도가 부담하는 금액을 뺀 금액을 부담한다. 다만, 특별자치시·특별자치도는 시·군·구 보장비용의 총액 중에서 국가가 부담하는 금액을 뺀 금액을 부담한다.

2) 교육급여 보장비용 부담의 특례

제43조 제1항에도 불구하고 제12조 및 제12조의2에 따라 시·도교육감이 수행하는 보장업무에 드는 비용은 다음 각 호에 따라 차등하여 분담한다(법 제43조의2).

1. 소득인정액이 기준 중위소득의 100분의 40 이상인 수급자에 대한 입학금 및 수업료의 지원은「초·중등교육법」제60조의4에 따른다.
2. 소득인정액이 기준 중위소득의 100분의 40 이상인 수급자에 대한 학용품비와 그 밖의 수급품은 국가, 시·도, 시·군·구가 부담하며, 구체적인 부담비율에 관한 사항은 제43조 제1항 제4호 각 목에 따른다.
3. 소득인정액이 기준 중위소득의 100분의 40 미만인 수급자에 대한 보장비용은 국가, 시·도, 시·군·구가 제43조 제1항 제4호 각 목에 따라 부담하되, 제12조의2에 따라 추가적으로 적용되는 기준에 따른 수급자에 대한 입학금 및 수업료의 지원은「초·중등교육법」제60조의4에 따른다.

3) 지방자치단체의 부담

지방자치단체의 조례에 의하여 이 법에 의한 급여범위 및 수준을 초과하여 급여를 실시하는 경우 그 초과 보장비용은 당해 지방자치단체가 부담한다(법 제43조 제5항).

3. 비용의 징수, 반환명령

(1) 부양의무자로부터 징수 수급자에게 부양능력을 가진 부양의무자가 있음이 확인된

경우에는 보장비용을 지급한 보장기관은 생활보장위원회의 심의·의결을 거쳐 그 비용의 전부 또는 일부를 그 부양의무자로 부터 부양의무의 범위에서 징수할 수 있다(법 제46조 제1항).

(2) 부정수급자로 부터 징수 속임수나 그 밖의 부정한 방법으로 급여를 받거나 다인으로 하여금 급여를 받게 한 경우에는 보장비용을 지급한 보장기관은 그 비용의 전부 또는 일부를 그 급여를 받은 사람또는 급여를 받게 한 자(이하 "부정수급자"라 한다)로부터 징수할 수 있다(법 제46조 제2항).

(3) 상세징수 부양의무자(법 제46조 제1항의 경우) 또는 부정수급자(법 제46조 제2항의 경우)로부터 징수할 금액은 각각 부양의무자 또는 부정수급자에게 통지하여 징수하고, 부양의무자 또는 부정수급자가 이에 응하지 아니하는 경우 국세 또는 지방세 체납처분의 예에 따라 징수한다(법 제46조 제3항).

(4) 반환명령 보장기관은 급여의 변경 또는 급여의 정지·중지에 따라 수급자에게 이미 지급한 수급품 중 과잉지급분이 발생한 경우에는 즉시 수급자에 대하여 그 전부 또는 일부의 반환을 명하여야 한다. 다만, 이미 이를 소비하였거나 그 밖에 수급자에게 부득이한 사유가 있을 때에는 그 반환을 면제할 수 있다(법 제47조 제1항).

제27조 제2항에 따라 시장·군수·구청장이 긴급급여를 실시하였으나 조사 결과에 따라 급여를 실시하지 이니하기로 결성한 경우 급여비용의 반환을 명할 수 있다(법 동조 제2항).

제 10 절 권리구제

1. 시·도지사에 대한 이의신청

(1) 서면·구두의 이의신청 수급자나 급여 또는 급여 변경을 신정한 사람은 시장·군수·구청장(제7조 제1항 제4호의 교육급여인 경우에는 시·도교육감을 말한다)의 처분에 대하여 이의가 있는 경우에는 그 결정의 통지를 받은 날부터 60일 이내에 해당 보장기관을 거쳐 시·도지사(특별자치시장·특별자치도지사 및 시·도교육감의 처분에 이의가 있는 경우에는 해당 특별자치시장·특별자치도지사 및 시·도교육감을 말한다)에게 서면 또는 구두로 이의를 신청할 수 있다. 이 경우 구두로 이의신청을 접수한 보장기관의 공무원은 이의신청서를 작성할 수 있도록 협조하여야 한다(법 제38조 제1항).

제1항에 따른 이의신정을 받은 시장·군수·구청장은 10일 이내에 의견서와 관계서류를

첨부하여 이를 시·도지사에게 송부하여야 한다(법 동조 제2항).

(2) 시·도지사의 결정 및 통지 시·도지사가 법 제38조 제2항에 따라 시장·군수·구청장으로부터 이의신청서를 받았을 때(특별자치시장·특별자치도지사 및 시·도교육감의 경우에는 직접 이의신청을 받았을 때를 말한다)에는 30일 이내에 필요한 심사를 하고 이의신청을 각하 또는 기각하거나 해당 처분을 변경 또는 취소하거나 그 밖에 필요한 급여를 명하여야 한다(법 제39조 제1항). 시·도지사는 제1항에 따른 처분 등을 하였을 때에는 지체 없이 신청인과 해당 시장·군수·구청장에게 각각 서면으로 통지하여야 한다(법 동조 제2항).

2. 보건복지부장관에 대한 이의신청

(1) 서면·구두의 이의신청 제39조에 따른 처분(이의신청에 대한 시·도지사의 처분) 등에 대하여 이의가 있는 사람은 그 처분 등의 통지를 받은 날부터 60일 이내에 시·도지사를 거쳐 보건복지부장관(제7조 제1항 제2호 또는 제4호의 주거급여 또는 교육급여인 경우에는 소관 중앙행정기관의 장을 말하며, 보건복지부장관에게 한 이의신청은 소관 중앙행정기관의 장에게 한 것으로 본다)에게 서면 또는 구두로 이의를 신청할 수 있다. 이 경우 구두로 이의신청을 접수한 보장기관의 공무원은 이의신청서를 작성할 수 있도록 협조하여야 한다(법 제40조 제1항).

시·도지사는 제1항에 따른 이의신청을 받으면 10일 이내에 의견서와 관계서류를 첨부하여 보건복지부장관 또는 소관 중앙행정기관의 장(제7조 제1항 제2호 또는 제4호의 주거급여 또는 교육급여인 경우에 한정한다)에게 보내야 한다(법 동조 제2항).

(2) 장관의 재결 및 통지 보건복지부장관 또는 소관 중앙행정기관의 장은 제40조 제2항에 따라 이의신청서(시·도지사의 의견서가 첨부된 이의신청서)를 받았을 때에는 30일 이내에 필요한 심사를 하고 이의신청을 각하 또는 기각하거나 당해 처분의 변경 또는 취소의 결정을 하여야 한다(법 제41조 제1항). 보건복지부장관 또는 소관 중앙행정기관의 장은 제1항에 따른 결정을 하였을 때에는 지체 없이 해당 시·도지사 및 신청인에게 각각 서면으로 결정 내용을 통지하여야 한다. 이 경우 소관 중앙행정기관의 장이 결정 내용을 통지하는 때에는 그 사실을 보건복지부장관에게 알려야 한다(법 동조 제2항).

제13장 의료급여법

〈시행 2017.9.22, 법률 제14697호〉

제1절 의의 및 특성

1. 개 념

의료급여는 「국민기초생활 보장법」에 의한 수급자 등 생활이 어려운 법정의 일정한 저소득자에 대하여 국가의 재정으로 그들의 의료문제를 해결해 주는 공공부조제도의 일환이며, 국민건강보험과 함께 국가의 의료보장제도의 중요한 영역을 점하고 있다.

2. 입법연혁

빈곤계층을 대상으로 한 사회복지제도의 효시로 1961년에 제정된 「생활보호법」 제5조에 의료보호에 관한 규정을 둠으로써 의료보호가 처음으로 법제화되었다.

그러나 그 당시 의료보호는 주로 국공립의료원에서 생활보호대상자에 대하여 무료진료를 시행하였으나, 그 진료 혜택수준이 너무 빈약하여 의료보장제도로서 실효성이 거의 없었다.

이에 1976년 9월 국가의료보장제도의 기반 확립을 위한 '의료시혜확대방안'의 후속대책으로 1977년 1월 4일 "의료보호에 관한 규칙"을 제정함으로써 의료보호사업이 공공부조제도로서 본격화하기 시작하였으며, 1977년 12월 31일 법률 제3076호로 「의료보호법」이 제정됨으로써 의료보호사업이 공공부조제도로서 정착할 수 있는 기반을 마련하였다.

그 후 의료보호대상자의 확대와 전 국민 의료보장체제의 확립을 위한 여건변화와 의료보호혜택의 충실화를 기하기 위하여 18차례에 걸친 의료보호법의 일부 개정이 있었다.

2009. 10.1부터 시행된 국민기초생활보장법에서 의료보호법에 의한 종전의 의료보호를 의료급여로 변경하고 "의료급여는 따로 법률에서 정하는 바에 따른다"는 근거규정(국민기초생활보장법 제7조 제4항)에 따라 종전의 의료보호법을 전부개정하고 법률의 명칭도 「의료급여법」으로 고쳐서 2001년 10.1(법률 제6474호)부터 시행하게 되었다.

그 후 거의 매년 일부개정을 거듭해 오다가 급여비용의 심사·조정에 관한 처분에 이의가 있는 의료급여기관의 이의신청에 대하여 행한 '급여비용심사기관'의 결정에 재차 불복하는 자는 종전 국민권익위원회 소속 중앙행정심판위원회가 아니라 국민건강보험법에 따른 '건강보험분쟁조정위원회'에 심판청구를 할 수 있는 조항(법 제30조의2)을 신설하는 등 25 차례의 개정을 거쳐 현 법률(법률 제14697호)이 2017.9.22부터 시행하게 되었다.

3. 법의 목적과 특성

1) 목 적

이 법은 생활이 어려운 사람에게 의료급여를 함으로써 국민보건의 향상과 사회복지의 증진에 이바지함을 목적으로 한다(법 제1조).

2) 특 성

장애와 질병 및 상해 등의 치료와 재활은 개인과 가정에 무거운 경제적 부담과 심리적 압박을 가하게 된다. 특히 국가 사회적으로 의로운 행위를 하다가 갑작스런 사건 또는 사고로 인하여 소득의 단절이나 노동능력을 상실하게 되는 사람에게 자력으로 의료비를 부담하게 한다는 것은 헤아릴 수 없는 고통을 주고 건강의 회복을 어렵게 함으로써 빈곤의 수렁으로 빠지게 하는 원인이 되는 경우가 많다.

의료급여법은 생활이 어렵거나 생활 유지능력이 없는 사람, 국가유공자 또는 의로운 행위도중 사고를 당한 사람 등에게 무료로 또는 실비의 의료급여를 제공하여 건강을 회복하고 정상적인 사회활동에 복귀하게 함으로써 사회복지를 증진시키는 의료보장제도에 관한 법률이다. 이법은 건강보험제도 등에 비하여 다음과 같은 특성을 가진다.

(1) 수급권자의 선별성 소득과 관계없이 모든 국민의 건강회복 및 증진문제를 해결하려는 건강보험제도와는 달리, 생활이 어려운 저소득층과 국가사회적 기여자의 질병·부상 등과 같은 의료문제를 해결하려는 선별적 의료보호제도라는 특성을 가진다.

(2) 재원의 공공부조성 보험가입자가 납부하는 보험료에 의하여 소요재원을 충당하는 건강보험제도와 다르게, 의료급여제도는 소요되는 재원을 거의 대부분 국가 및 지방자치단체의 조세수입으로 충당하는 점에서 공공부조의 성격을 가진다.

(3) 소득의 재분배 기능 의료급여 수급권자는 거의 대부분 소득이 최저생계비수준에서 맴도는 저소득층 또는 국가사회 기여자이며 이들의 의료문제를 국가나 지방자치단체의 조세로 해결하여 사회적 형평을 도모함으로써 소득재분배기능을 수행하는 것이다.

4. 용어의 정의

이 법에서 사용하는 용어의 뜻은 다음과 같다(법 제2조).

(1) '수급권자'란 이 법에 따라 의료급여를 받을 수 있는 자격을 가진 사람을 말한다.

(2) '의료급여기관'이란 수급권자에 대한 진료·조제 또는 투약 등을 담당하는 의료기관 및 약국 등을 말한다.

(3) '부양의무자'란 수급권자를 부양할 책임이 있는 사람으로서 수급권자의 1촌 직계혈족 및 그 배우자를 말한다.

이 규정은 국민기초생활 보장법상의 '부양의무자'의 정의와 같은 취지에서 종전의 규정보다 부양의무자의 범위를 축소함으로써 의료급여 혜택을 받는 수급자의 범위를 확대하고 있다.

제2절 의료급여수급권

1. 수급권자

(1) 수급권자의 범위 이 법에 따른 수급권자는 다음 각 호와 같다(법 제3조 제1항).

① 「국민기초생활 보장법」에 따른 의료급여 수급자
② 「재해구호법」에 따른 이재민으로서 보건복지부장관이 의료급여가 필요하다고 인정한 사람
③ 「의사상자 등 예우 및 지원에 관한 법률」에 따라 의료급여를 받는 사람
④ 「입양특례법」에 따라 국내에 입양된 18세 미만의 아동
⑤ 「독립유공자 예우에 관한 법률」, 「국가유공자 등 예우 및 지원에 관한 법률」 및 「보훈보상대상자 지원에 관한 법률」의 적용을 받고 있는 사람과 그 가족으로서 국가보훈처장이 의료급여가 필요하다고 추천한 사람 중에서 보건복지부장관이 의료급여가 필요하다고 인정한 사람
⑥ 「무형문화재 보전 및 진흥에 관한 법률」에 따라 지정된 중요무형문화재의 보유자(명예보유자를 포함한다) 및 그 가족으로서 문화재청장이 의료급여가 필요하다고 추천한 사람 중에서 보건복지부장관이 의료급여가 필요하다고 인정한 사람
⑦ 「북한이탈주민의 보호 및 정착지원에 관한 법률」의 적용을 받고 있는 사람과 그 가

족으로서 보건복지부장관이 의료급여가 필요하다고 인정한 사람

⑧ 「5 · 18민주화운동 관련자 보상 등에 관한 법률」 제8조에 따라 보상금 등을 받은 사람과 그 가족으로서 보건복지부장관이 의료급여가 필요하다고 인정한 사람

⑨ 「노숙인 등의 복지 및 자립지원에 관한 법률」에 따른 노숙인 등으로서 보건복지부장관이 의료급여가 필요하다고 인정한 사람

⑩ 그 밖에 생활유지 능력이 없거나 생활이 어려운 자로서 대통령령으로 정하는 사람

제1항 제2호 및 제5호부터 제9호까지의 규정에 따른 수급권자의 인정 기준 등에 관한 사항은 보건복지부장관이 정하는 바에 따른다(법 동조 제2항). 제1항에 따른 수급권자에 대한 의료급여의 내용과 기준은 대통령령으로 정하는 바에 따라 구분하여 달리 정할 수 있다(법 동조 제3항),

(2) 의제수급권자(난민에 대한 특례) 「난민법」에 따른 난민인정자로서 「국민기초생활 보장법」 제12조의3 제2항에 따른 의료급여 수급권자의 범위에 해당하는 사람은 수급권자로 본다(법 제3조의2).

(3) 적용배제 수급권자가 업무 또는 공무로 생긴 질병 · 부상 · 재해로 다른 법령에 따른 급여나 보상(報償) 또는 보상(補償)을 받게 되는 경우에는 이 법에 따른 의료급여를 하지 아니한다(법 제4조 제1항). 수급권자가 다른 법령에 따라 국가나 지방자치단체 등으로 부터 의료급여에 상당하는 급여 또는 비용을 받게 되는 경우에는 그 한도에서 이 법에 따른 의료급여를 하지 아니한다(법 제4조 제2항).

2. 수급권자의 인정절차 등

(1) 수급권자의 인정신청 제3조 제1항 제2호부터 제10호까지의 수급권자가 되려는 사람은 보건복지부령으로 정하는 바에 따라 특별자치시장 · 특별자치도지사 · 시장(특별자치도의 행정시장은 제외한다) · 군수 · 구청장(구청장은 자치구의 구청장을 말하며, 이하 "시장 · 군수 · 구청장"이라 한다)에게 수급권자 인정 신청을 하여야 한다(법 제3조의3 제1항).

(2) 자료 · 정보제공의 동의 시장 · 군수 · 구청장은 제1항에 따른 신청인을 수급권자로 인정하는 것이 타당한지를 확인하기 위하여 필요한 경우 그 신청인에게 「국민기초생활 보장법」 제21조 제3항 각 호에 따른 자료 또는 정보의 제공에 동의한다는 서면을 제출하게 할 수 있다(법 동조 제2항). 제1항의 신청에 따른 조사, 확인조사, 금융정보 등의 제공 등에 관하여는 「국민기초생활 보장법」 제22조, 제23조 및 제23조의2를 준용한다(법 동조 제3항).

(3) 추천과 통보 국가보훈처장과 문화재청장은 대통령령으로 정하는 바에 따라 제3조 제1항 제5호 및 제6호의 수급권자로 인정할 필요가 있는 사람을 추천하여 그 결과를 수급권자의 주소지를 관할하는 시장・군수・구청장에게 알려야 한다. 이 경우 제3조 제1항 제5호 및 제6호의 수급권자가 되려는 사람이 제1항에 따른 수급권자 인정 신청을 한 것으로 본다(법 동조 제4항).

(4) 수급자의 선정 시장・군수・구청장은 제1항 및 제4항에 따라 인정 신청을 한 사람(제3조 제1항 제3호 및 제4호에 해당하는 사람은 제외한다)중에서 제3조 제2항에 따른 수급권자의 인정 기준에 따라 수급권자를 정하여야 한다(법 동조 제5항).

제3절 의료급여 보장기관

1. 의료급여의 시행주체

이 법에 의한 의료급여에 관한 업무는 수급권자의 거주지를 관할하는 특별시장・광역시장・도지사・특별자치도지사(이하 "시・도지사"라 한다)와 시장・군수・구청장(자치구의 구청장을 말한다. 이하 같다)이 행하므로(법 제5조 제1항), 시・도지사와 시장・군수・구청장이 의료급여의 보장기관이 된다.

제1항에도 불구하고 주거가 일정하지 아니한 수급권자에 대한 의료급여 업무는 그가 실제 거주하는 지역을 관할하는 시장・군수・구청장이 한다(법 제5조 제2항). 시・도지사 및 시장・군수・구청장은 수급권자의 건강 유지 및 증진을 위하여 필요한 사업을 실시하여야 한다(법 동조 제3항).

2. 보장기관의 사례관리

보건복지부장관, 시・도지사 및 시장・군수・구청장은 수급권자의 건강관리 능력 향상 및 합리적 의료이용 유도 등을 위하여 사례관리를 실시할 수 있다(법 제5조의2 제1항).

제1항에 따른 사례관리를 실시하기 위하여 특별시・광역시・특별자치시・도・특별자치도(이하 "시・도"라 한다) 및 시(특별자치도의 행정시를 제외한다. 이하 같다)・군・구(자치구를 말한다. 이하 같다)에 '의료급여 관리사'를 둔다(법 동조 제2항).

보건복지부장관은 제1항에 따른 사례관리 사업의 전문적인 지원을 위하여 해당 업무를 공공 또는 민간 기관・단체 등에 위탁하여 실시할 수 있다(법 동조 제3항). 제2항에 따른 의료급여 관리사의 자격 · 배치기준 등 운영에 관한 사항과 제3항에 따른 사례관리 사업 지원 업무 위탁 실시 등에 필요한 사항은 보건복지부령으로 정한다(법 동조 제4항).

3. 의료급여심의위원회

이 법에 따른 의료급여사업의 실시에 관한 사항을 심의하기 위하여 보건복지부, 시 · 도 및 시 · 군 · 구에 각각 의료급여심의위원회를 둔다. 다만, 시 · 도 및 시 · 군 · 구에 두는 의료급여심의위원회의 경우에는 그 기능을 담당하기에 적합한 다른 위원회가 있고 그 위원회의 위원이 제4항에 규정된 자격을 갖춘 경우 시 · 도 또는 시 · 군 · 구의 조례로 각각 정하는 바에 따라 그 위원회로 하여금 의료급여심의위원회의 기능을 수행하게 할 수 있다(법 제6조 제1항).

1) 중앙의료급여심의위원회

(1) 기 능 보건복지부에 두는 의료급여심의위원회(이하 "중앙의료급여심의위원회"라 한다)는 다음 각 호의 사항을 심의한다(법 제6조 제2항).

① 의료급여사업의 기본방향 및 대책 수립에 관한 사항
② 의료급여기준 및 수가에 관한 사항
③ 그 밖에 보건복지부장관 또는 위원장이 부의하는 사항

(2) 구 성 중앙의료급여심의위원회는 위원장을 포함하여 15명 이내의 위원으로 구성하고, 위원은 보건복지부장관이 다음 각 호의 어느 하나에 해당하는 사람 중에서 위촉 · 지명하며, 위원장은 보건복지부차관으로 한다(법 동조 제3항).

① 공익을 대표하는 사람(의료보장에 관한 전문가로서 대학의 조교수 이상인 사람 또는 연구기관의 연구원으로 재직 중인 사람)
② 의약계를 대표하는 사람 및 사회복지계를 대표하는 사람
③ 관계 행정기관 소속의 3급 이상 공무원

2) 지방의료급여심의위원회 위원의 자격

제6조 제1항에 따른 시 · 도 및 시 · 군 · 구 의료급여심의위원회의 위원은 특별시장 · 광역시장 · 도지사(이하 "시 · 도지사"라 한다) 또는 시장 · 군수 · 구청장이 다음 각 호의 어느 하나에 해당하는 사람 중에서 위촉 · 지명하며, 의원장은 해당 특별시장 · 광역시장 · 도지사 또는 시장 · 군수 · 구청장으로 한다. 다만, 제1항 단서에 따라 다른 위원회가 의료급여심의위원회의 기능을 대신하는 경우 위원장은 조례로 정한다(법 제6조 제4항).

① 의료보장에 관한 학식과 경험이 있는 사람

② 공익을 대표하는 사람

③ 관계 행정기관 소속의 공무원

제 4 절 의료급여

1. 의료급여의 내용 및 부담

이 법에 의한 수급권자의 질병・부상・출산 등에 대한 의료급여의 내용은 다음 각 호와 같다(법 제7조 제1항).

① 진찰・검사　② 약제(藥劑)・치료재료의 지급

③ 처치・수술과 그 밖의 치료　④ 예방・재활

⑤ 입원　⑥ 간호

⑦ 이송과 그 밖의 의료목적 달성을 위한 조치

제1항의 규정에 의한 의료급여의 방법・절차・범위・한도 등 의료급여의 기준에 관하여는 보건복지부령으로 정하고, 의료수가기준과 그 계산방법 등에 관하여는 보건복지부장관이 정한다(법 제7조 제2항). 보건복지부장관은 제2항에 따라 의료급여의 기준을 정할 때에는 업무 또는 일상생활에 지장이 없는 질환 등 보건복지부령으로 정하는 사항은 의료급여 대상에서 제외할 수 있다(법 동소 제3항).

2. 의료급여기관

1) 의료급여 실시기관

의료급여는 다음 각 호의 의료급여기관에서 실시한다. 이 경우 보건복지부장관은 공익상 또는 국가시책상 의료급여기관으로 적합하지 아니하다고 인정할 때에는 대통령령으로 정하는 바에 따라 의료급여기관에서 제외할 수 있다(법 제9조 제1항).

① 「의료법」에 따라 개설된 의료기관

② 「지역보건법」에 따라 설치된 보건소・보건의료원 및 보건지소

③ 「농어촌 등 보건의료를 위한 특별조치법」에 따라 설치된 보건진료소

④ 「약사법」에 따라 등록된 약국 및 같은 법 제91조에 따라 설립된 한국희귀의약품센터

제1항에 따른 의료급여기관은 정당한 이유 없이 이 법에 의한 의료급여를 거부하지 못한다(법 제9조 제3항).

2) 의료급여기관의 구분

의료급여기관은 다음 각 호와 같이 구분하되, 의료급여기관별 진료범위는 보건복지부령으로 정한다(법 제9조 제2항).

① 제1차 의료급여기관

㈎ 「의료법」 제33조 제3항에 따라 개설신고를 한 의료기관

㈏ 제1항 제2호부터 제4호까지의 규정에 따른 의료급여기관

② 제2차 의료급여기관 : 「의료법」 제33조 제4항 전단에 따라 개설허가를 받은 의료 기관

③ 제3차 의료급여기관 : 제2차의료급여기관중에서 보건복지부장관이 지정하는 의료 기관

3) 급여비용심사기관 등

특별시장・광역시장・도지사 또는 시장・군수・구청장은 제1항에 따른 의료급여기관이 개설・설치되거나 개설・설치된 의료급여기관의 신고・허가 및 등록사항 등이 변경되었을 때에는 보건복지부령으로 정하는 바에 따라 그 내용을 다음 각 호의 전문기관에게 알려야 한다(법 제9조 제4항).

① 제33조 제2항에 따라 의료급여에 든 비용(이하 "급여비용"이라 한다)의 심사・조정, 의료급여의 적정성 평가 및 급여 대상 여부의 확인 업무를 위탁받은 전문기관(이하 "급여비용심사기관"이라 한다)

② 제33조 제2항에 따라 급여비용의 지급업무를 위탁받은 전문기관(이하 "급여비용지급기관"이라 한다)

4) 의료급여기관의 업무정지

(1) 업무정지사유 보건복지부장관은 의료급여기관이 다음 각 호의 어느 하나에 해당하면 1년의 범위에서 기간을 정하여 의료급여기관의 업무정지를 명할 수 있다(법 제28조 제1항).

① 속임수나 그 밖의 부당한 방법으로 수급권자, 부양의무자 또는 시장・군수・구청장에게 급여비용을 부담하게 한 경우

② 제11조의4를 위반하여 본인부담금을 미리 청구하거나 입원보증금 등 다른 명목의 비용을 청구한 경우

③ 제32조 제2항에 따른 보고 또는 서류제출을 하지 아니하거나 거짓 보고를 하거나 거짓 서류를 제출하거나 소속 공무원의 질문 및 검사를 거부・방해 또는 기피한 경우

(2) 지정의 취소 보건복지부장관은 제3차 의료급여기관이 제1항 각 호의 어느 하나에 해당하면 그 지정을 취소할 수 있다(법 동조 제2항). 보건복지부장관은 제2항에 따라 지정취

소처분을 받은 제3차 의료급여기관을 그 지정을 취소한 날부터 1년 이내에는 제3차 의료급여기관으로 다시 지정할 수 없다(법 동조 제3항).

(3) 행정처분의 효력 승계 제1항에 따른 업무정지처분의 효과는 그 처분이 확정된 의료급여기관을 양수한 자 또는 합병 후 존속하는 법인이나 합병으로 설립된 법인에 승계되고, 업무정지처분의 절차가 진행 중인 때에는 양수인 또는 합병 후 존속하는 법인이나 합병으로 설립되는 법인에 대하여 그 절차를 계속 진행할 수 있다. 다만, 양수인 또는 합병 후 존속하는 법인이나 합병으로 설립되는 법인이 그 처분 또는 위반사실을 알지 못하였음을 증명하는 경우에는 그러하지 아니하다(법 동조 제6항).

(4) 과징금의 부과 · 징수 보건복지부장관은 의료급여기관이 제28조 제1항 제1호에 해당하여 업무정지처분을 하여야 하는 경우로서 그 업무정지처분이 수급권자에게 심한 불편을 주거나 그 밖의 특별한 사유가 있다고 인정되면 그 업무정지처분을 갈음하여 속임수나 그 밖의 부당한 방법으로 부담하게 한 급여비용의 5배 이하의 금액을 과징금으로 부과 · 징수할 수 있다. 이 경우 보건복지부장관은 12개월의 범위에서 분할 납부를 하게 할 수 있다(법 제29조).

제 5 절 의료급여비용

1. 급여비용의 부담

(1) 기금부담과 본인부담 급여비용은 대통령령으로 정하는 바에 따라 그 전부 또는 일부를 제25조의 규정에 의한 의료급여기금에서 부담하되, 의료급여기금에서 일부를 부담하는 경우 그 나머지의 비용은 본인이 부담한다(법 제10조).

이에 따라 동법 시행령 제13조 제1항에 규정된 [별표]에서 먼저 1종 수급권자와 2종 수급권자로 나누며, 제1차 · 2차 · 3차 의료급여기관의 구분에 따라 의료급여기금에서 부담하는 급여비용의 범위를 정하고, 이에 따른 본인부담금이나 부담률을 상세히 규정하고 있다.

(2) 요양비의 지급 시장 · 군수 · 구청장은 수급권자가 보건복지부령으로 정하는 긴급하거나 그 밖의 부득이한 사유로 의료급여기관과 같은 기능을 수행하는 기관으로서 보건복지부령으로 정하는 기관(제28조 제1항의 규정에 따라 업무정지처분기간 중인 의료급여기관을 포함한다)에서 질병 · 부상 · 출산 등에 대하여 의료급여를 받거나 의료급여기관이 아닌 장소에서 출산을 하였을 때에는 그 의료급여에 상당하는 금액을 보건복지부령으로 정하는 바에 따라 수급

권자에게 요양비로 지급한다(법 제12조 제1항).

(3) 장애인 및 임산부에 대한 특례급여 시장・군수・구청장은 「장애인복지법」에 따라 등록한 장애인인 수급권자에게 보장구(補裝具)에 대하여 급여를 실시할 수 있고(법 제13조 제1항), 임신한 수급권자가 임신기간 중 의료급여기관에서 받는 진료에 드는 비용(출산비용을 포함한다)에 대하여 추가급여를 실시할 수 있다(법 동조 제2항).

2. 급여비용의 청구와 지급

(1) 의료급여기관의 청구 의료급여기관은 제10조에 따라 의료급여기금에서 부담하는 급여비용의 지급을 시장・군수・구청장에게 청구할 수 있다. 이 경우 제2항에 따른 심사청구는 이를 시장・군수・구청장에 대한 급여비용의 청구로 본다(법 제11조 제1항).

(2) 급여비용심사기관의 통보 제1항의 규정에 따라 급여비용을 청구하려는 의료급여기관은 급여비용심사기관에 급여비용의 심사청구를 하여야 하며, 심사청구를 받은 급여비용심사기관은 이를 심사한 후 지체 없이 그 내용을 시장・군수・구청장 및 의료급여기관에 알려야 한다(법 동조 제2항).

(3) 청구의 대행 의료급여기관은 제2항에 따른 심사청구를 다음 각 호의 단체가 대행하게 할 수 있다(법 동조 제6항).

① 「의료법」 제28조 제1항에 따른 의사회・치과의사회・한의사회・조산사회 또는 같은 조 제6항에 따라 신고한 각각의 지부 및 분회
② 「의료법」 제52조에 따른 의료기관단체
③ 「약사법」 제11조에 따른 대한약사회 또는 같은 법 제14조에 따라 신고한 지부 및 분회

(4) 시장・군수・구청장의 지급 제2항에 따라 심사의 내용을 통보받은 시장・군수・구청장은 지체 없이 그 내용에 따라 급여비용을 의료급여기관에 지급하여야 한다. 이 경우 수급권자가 이미 납부한 본인부담금(제10조에 따라 수급권자가 부담하여야 하는 급여비용을 말한다. 이하 같다)이 과다한 경우에는 의료급여기관에 지급할 금액에서 그 과다하게 납부된 금액을 공제하여 이를 수급권자에게 반환하여야 한다(법 동조 제3항).

(5) 적정성 평가와 가감지급 시장・군수・구청장은 의료급여의 적정성 여부를 평가할 수 있고, 그 평가결과에 따라 급여비용을 가산 또는 감액 조정하여 지급한다. 이 경우 평가결과에 따른 급여비용의 가감지급의 기준은 보건복지부령으로 정한다(법 동조 제4항). 시장・군

수 · 구청장은 제4항에 따른 적정성 평가결과를 공개할 수 있다(법 동조 제5항).

(6) 급여대상 여부의 확인 수급권자는 본인부담금 외에 부담한 비용이 제7조 제3항에 따라 의료급여의 대상에서 제외되는 사항에 해당하는 비용(이하 "비급여비용"이라 한다)인지에 대하여 급여비용심사기관에 확인을 요청할 수 있다(법 제11조의3 제1항).

(7) 급여비용의 사전 청구금지 의료급여기관은 의료급여를 하기 전에 수급권자에게 본인부담금을 청구하거나 수급권자가 이 법에 따라 부담하여야 하는 비용과 비급여비용 외에 입원보증금 등 다른 명목의 비용을 청구하여서는 아니 된다(법 제11조의4).

(8) 급여비용의 지급 보류 제11조 제3항에도 불구하고 시장 · 군수 · 구청장은 급여비용의 지급을 청구한 의료급여기관이 「의료법」 제33조 제2항 또는 「약사법」 제20조 제1항을 위반하였다는 사실을 수사기관의 수사결과로 확인한 경우에는 해당 의료급여기관이 청구한 급여비용의 지급을 보류할 수 있다(법 제11조의5 제1항). 시장 · 군수 · 구청장은 제1항에 따라 급여비용의 지급을 보류하기 전에 해당 의료급여기관에게 의견제출의 기회를 주어야 한다(법 제11조의5 제2항).

제6절 의료급여에 대한 규제와 보호

1. 급여의 제한과 변경 및 중지

(1) 의료급여 제한사유 시장 · 군수 · 구청장은 수급권자가 다음 각 호의 어느 하나에 해당하면 이 법에 따른 의료급여를 하지 아니한다. 다만, 보건복지부장관이 의료급여를 할 필요가 있다고 인정하는 경우에는 그러하지 아니한다(법 제15조 제1항).

① 수급권자가 자신의 고의 또는 중대한 과실로 인한 범죄행위에 그 원인이 있거나 고의로 사고를 일으켜 의료급여가 필요하게 된 경우

② 수급권자가 정당한 이유 없이 이 법의 규정이나 의료급여기관의 진료에 관한 지시에 따르지 아니한 경우

(2) 제한사유의 통보 의료급여기관은 수급권자가 제1항 각 호의 어느 하나에 해당하는 경우 대통령령으로 정하는 바에 따라 수급권자의 거주지를 관할하는 시장 · 군수 · 구청장에게 알려야 한다(법 동조 제2항).

(3) 변 경 시장・군수・구청장은 수급권자의 소득・재산상황・근로능력 등이 변동되었을 때에는 직권으로 또는 수급권자나 그 친족 그 밖의 관계인의 신청을 받아 의료급여의 내용 등을 변경할 수 있고(법 제16조 제1항), 제1항에 따라 의료급여의 내용 등을 변경하였을 때에는 서면으로 그 이유를 밝혀 수급권자에게 알려야 한다(법 동조 제2항).

(4) 중 지 시장・군수・구청장은 수급권자가 다음 각 호의 어느 하나에 해당하면 의료급여를 중지하여야 한다(법 제17조 제1항).

① 수급권자에 대한 의료급여가 필요 없게 된 경우

② 수급권자가 의료급여를 거부한 경우

시장・군수・구청장은 수급권자가 의료급여를 거부한 경우에는 수급권자가 속한 가구원 전부에 대하여 의료급여를 중지하여야 하고(법 동조 제2항), 제1항에 따라 의료급여를 중지하였을 때에는 서면으로 그 이유를 밝혀 수급권자에게 알려야 한다(법 동조 제3항).

2. 구상권

시장・군수・구청장은 제3자의 행위로 인하여 수급권자에게 의료급여를 한 경우에는 그 급여비용의 범위에서 제3자에게 손해배상을 청구할 권리를 얻는다(법 제19조 제1항). 제1항에 따라 의료급여를 받은 사람이 제3자로부터 이미 손해배상을 받은 경우에는 시장・군수・구청장은 그 배상액의 한도에서 의료급여를 하지 아니한다(법 제19조 제2항).

3. 부당이득의 징수

(1) 의료급여수급자 및 의료급여기관에 대한 징수 시장・군수・구청장은 속임수 그 밖의 부당한 방법으로 의료급여를 받은 사람 또는 급여비용을 받은 의료급여기관에 대하여는 그 급여 또는 급여비용에 상당하는 금액의 전부 또는 일부를 부당이득금으로 징수한다(법 제23조 제1항), 시장・군수・구청장은 의료급여기관과 의료급여를 받으려는 사람이 공모하여 속임수나 그 밖의 부당한 방법으로 제1항에 따른 의료급여가 이루어진 경우에는 그 의료급여기관에 대하여 의료급여를 받은 사람과 연대하여 제1항의 부당이득금을 납부하게 할 수 있다(법 동조 제2항).

(2) 의료급여기관 및 명의 차용자에 대한 징수 시장・군수・구청장은 제1항에 따라 속임수나 그 밖의 부당한 방법으로 급여비용을 받은 의료급여기관이 다음 각 호의 어느 하나에 해당하는 경우에는 해당 의료급여기관을 개설한 자에게 그 의료급여기관과 연대하여 제1항의 부당이득금을 납부하게 할 수 있다(법 동조 제3항).

① 「의료법」 제33조 제2항을 위반하여 의료기관을 개설할 수 없는 자가 의료인의 면허나 의료법인 등의 명의를 대여받아 개설 · 운영하는 의료기관

② 「약사법」 제20조 제1항을 위반하여 약국을 개설할 수 없는 자가 약사 등의 면허를 대여받아 개설 · 운영하는 약국

(3) 수급권자에 대한 지급 시장 · 군수 · 구청장은 의료급여기관이 속임수나 그 밖의 부정한 방법으로 수급권자로 부터 급여비용을 받았을 때에는 그 의료급여기관으로부터 해당 급여비용을 징수하여 수급권자에게 지체없이 지급하여야 한다(법 동조 제4항).

4. 양도 · 압류금지와 소멸시효

1) 양도 · 압류금지

의료급여를 받을 권리는 양도 또는 압류할 수 없다(법 제18조). 의료급여수급권은 인간으로서 온전하게 생활하는 데 필요한 최소한의 생존권을 보장하려는 권리이며 수급권자의 일신전속권이라 할 수 있기 때문이다.

2) 소멸시효

의료급여법상의 제반 권리를 보호하기 위하여 그 소멸시효기간을 3년으로 정하고 있으며, 시효중단사유도 민법상의 요건보다 완화하고 있다.

(1) 3년의 시효기간 다음 각 호의 권리는 3년간 행사하지 아니하면 소멸시효가 완성된다(법 제31조 제1항).

① 의료급여를 받을 권리 ② 급여비용을 받을 권리 ③ 대지급금을 상환받을 권리

(2) 시효중단사유 제1항에 따른 시효는 다음 각 호의 어느 하나의 사유로 중단된다(법 동조 제2항).

① 급여비용의 청구 ② 대지급금에 대한 납입의 고지 및 독촉

(3) 민법의 준용 소멸시효 및 시효중단에 관하여 이 법에서 정한 사항 외에는 「민법」에 따른다(법 동조 제3항).

제7절 이의신청 및 심판청구

1. 이의신청

(1) 시장 · 군수 · 구청장의 처분 수급권자의 자격, 의료급여 및 급여비용에 대한 시장 · 군수 · 구청장의 처분에 이의가 있는 자는 시장 · 군수 · 구청장에게 이의신청을 할 수 있다(법 제30조 제1항).

(2) 급여비용심사기관의 심사 · 조정 급여비용의 심사 · 조정, 의료급여의 적정성 평가 및 급여 대상 여부의 확인에 관한 급여비용심사기관의 처분에 이의가 있는 제5조에 따른 보장기관, 의료급여기관 또는 수급권자는 급여비용심사기관에 이의신청을 할 수 있다(법 동조 제2항).

(3) 이의신청기간 제1항과 제2항에 따른 이의신청은 처분이 있음을 안 날부터 90일 이내에 문서(전자문서를 포함한다)로 하여야 하며, 처분이 있은 날부터 180일이 지나면 제기하지 못한다. 다만, 정당한 사유에 따라 그 기간에 이의신청을 할 수 없었음을 소명한 경우에는 그러하지 아니하다(법 동조 제3항).

(4) 급여비용여부 확인에 대한 이의신청기간 제3항 본문에도 불구하고 의료급여기관이 제11조의3에 따른 급여비용심사기관의 확인에 대하여 이의신청을 하려면 같은 조 제2항에 따라 통보받은 날부터 30일 이내에 하여야 한다(법 동조 제4항).

(5) 이의신청에 대한 결정 및 통지 시장 · 군수 · 구청장 및 제9조 제4항 제1호의 규정에 의한 급여비용심사기관(이하 "급여비용심사기관"이라 한다)은 법 제30조의 규정에 의한 이의신청을 받은 때에는 그로부터 60일 이내에 결정을 하여야 한다. 다만, 부득이한 사정이 있는 경우에는 30일의 범위 내에서 그 기간을 연장할 수 있다(시행령 제17조 제1항).

2. 심판청구

(1) 급여비용심사기관의 결정 제30조 제2항에 따른 급여비용심사기관의 이의신청에 대한 결정에 불복이 있는 자는 「국민건강보험법」 제89조에 따른 건강보험분쟁조정위원회에 심판청구를 할 수 있다. 이 경우 심판청구의 제기기간 및 제기방법에 관하여는 제30조 제3항을 준용한다(법 제30조의2 제1항).

(2) 제출기관 제1항에 따라 심판청구를 하려는 자는 대통령령으로 정하는 심판청구서를 제30조 제2항에 따른 처분을 행한 급여비용심사기관에 제출하거나 제1항에 따른 건강보험분쟁조정위원회에 제출하여야 한다(법 농조 제2항).

제14장 기초연금법

〈시행 2018.3.20 법률 제14881호〉

제1절 의 의

1. 입법연혁과 취지

저소득 계층의 노인에 대한 생계지원의 명목으로 종래 노인복지법에 의하여 지급하던 경노연금을 대체하여 2006년에 입법된 「기초노령연금법」이 2008.1.1부터 시행됨으로써 기초노령연금이 소득과 재산을 기준으로 생활이 어려운 노인들에게 지급되어 왔다.

우리나라 국민의 정년퇴직 이후의 소득보장을 위한 공적 연금제도인 국민연금법이 1988년부터 시행되었기 때문에 현세대의 노인계층은 가입연한이 짧아 국민연금법에 의한 소득보장의 혜택을 받지 못하고 있다. 그래서 이를 보완하려는 취지에서 기초노령연금제도를 도입하였으나 지급금액이 아주 낮아서 저소득 빈곤계층 노인의 생활에 실질적인 소득보장에는 크게 미흡한 수준이었다.

이와 같이 국민연금제도의 수혜범위에서 불가피하게 제외된 저소득층의 현재 노인세대에게 기초노령연금 지급액보다 개선된 기초연금을 국민연금의 가입연한과 연계하여 지급함으로써 국민연금혜택의 사각지대를 해소하려는 취지에서 「기초연금법」을 제정・시행(법률 제12617호, 시행 2014.7.1)하게 되었으며, 그 후 제도보완을 위하여 4차례 개정되었다.

기초연금법에서는 65세 이상의 노인 중 소득기반이 취약한 약 70퍼센트의 노인에게 기초연금을 지급하도록 규정하여 국가재정을 고려한 지속적인 지출가능성을 확보하면서 노인세대를 위한 안정적인 공적연금을 지급함으로써 노인의 빈곤문제를 해소하고 노인의 생활안정과 복지증진에 기여하려는 것이다.

2. 목 적

이 법은 노인에게 기초연금을 지급하여 안정적인 소득기반을 제공함으로써 노인의 생활 안정을 지원하고 복지를 증진함을 목적으로 한다(법 제1조). 법률상의 명목적인 목적은 '안정적인 소득기반의 제공'이라고 규정하고 있으나, 지급액의 수준이 빈곤계층 노인의 실질적인 생활보장에는 미흡한 수준이며, 국가의 일반조세 수입으로 연금지급을 지속적으로 보장해야 하는 공공부조 영역에 속하는 제도이므로 아직 선진국의 수준에 미달하는 정부의 재정여건으로 보아 노인복지의 실질적인 증진에는 미치지 못하고 있는 것이다.

3. 국가와 지방자치단체의 책무

(1) 생활안정의 지원수준 유지 국가와 지방자치단체는 기초연금이 제1조의 목적에 따라 노인의 생활안정을 지원하고 복지를 증진하는 데 필요한 수준이 되도록 최대한 노력하여야 한다(법 제4조 제1항).

(2) 재원의 조성책임 국가와 지방자치단체는 제1항에 따라 필요한 비용을 부담할 수 있도록 재원(財源)을 조성하여야 한다. 이 경우 「국민연금법」 제101조 제1항에 따라 설치된 국민연금기금은 기초연금 지급을 위한 재원으로 사용할 수 없다(법 제4조 제2항).

(3) 근로의욕의 저감방지 국가와 지방자치단체는 기초연금의 지급에 따라 계층 간 소득역전 현상이 발생하지 아니하고 근로의욕 및 저축유인이 저하되지 아니하도록 최대한 노력하여야 한다(법 제4조 제3항).

제 2 절 기초연금급여

1. 기초연금수급권자

(1) 수급권자 기초연금은 65세 이상인 사람으로서 소득인정액이 보건복지부장관이 정하여 고시하는 금액(이하 "선정기준액"이라 한다) 이하인 사람에게 지급한다(법 제3조 제1항).

이 규정은 기초연금수급권을 가지는 사람인 기초연금수급권자(법 제2조 제2호 참조)를 65세 이상으로서 소득인정액이 '선정기준액' 이하인 사람으로 명시하고 있다.

'소득인정액'이란 본인 및 배우자의 소득평가액과 재산의 소득환산액을 합산한 금액을 말한다. 이 경우 소득평가액과 재산의 소득환산액을 산정하는 소득 및 재산의 범위는 대통령령으로 정하고, 소득평가액과 재산의 소득환산액의 구체적인 산정방법은 보건복지부령으로 정한다(법 제2조 제4호).

(2) 수급자의 범위 보건복지부장관은 선정기준액을 정하는 경우 65세 이상인 사람 중 기초연금 수급자가 100분의 70 수준이 되도록 한다(법 동조 제2항). 이 조항은 기초연금수급권자 중 이 법에 따라 기초연금을 지급받는 사람인 기초연금수급자(법 제2조 제3호 참조)가 65세 이상의 전체 노인 중 70% 수준이 되도록 선정기준액을 정해야 한다는 정책적 규정이다. 그래서 선정기준액의 기준, 고시시기 및 적용기간 등은 대통령령으로 정하도록 규정하여(법 제3조 제4항), 국가재정 여건에 따라 조정할 수 있게 시행령에 위임하고 있다.

(3) 기초연금 지급제외자 제1항에도 불구하고 다음 각 호의 어느 하나에 해당하는 연금의 수급권자와 그 배우자나 다음 각 호의 어느 하나에 해당하는 연금을 받은 사람 중 대통령령으로 정하는 사람과 그 배우자에게는 기초연금을 지급하지 아니한다(법 제3조 제3항).

① 「공무원연금법」 제42조 및 「사립학교교직원 연금법」 제42조에 따른 퇴직연금, 퇴직연금일시금, 퇴직연금공제일시금, 장해연금, 장해보상금, 유족연금, 유족연금일시금, 순직유족연금 또는 유족일시금(유족일시금의 경우에는 「공무원연금법」 제56조 제1항 제3호에 해당하는 경우로서 유족이 같은 법 제60조에 따라 유족연금을 갈음하여 선택한 경우로 한정한다)

② 「군인연금법」 제6조에 따른 퇴역연금, 퇴역연금일시금, 퇴역연금공제일시금, 상이연금, 유족연금 또는 유족연금일시금

③ 「별정우체국법」 제24조 제2항에 따른 퇴직연금, 퇴직연금일시금, 퇴직연금공제일시금, 유족연금 또는 유족연금일시금

④ 「국민연금과 직역연금의 연계에 관한 법률」 제10조 또는 제13조에 따른 연계퇴직연금 또는 연계퇴직유족연금 중 같은 법 제2조 제1항 제7호에 따른 직역재직기간이 10년 이상인 경우의 연계퇴직연금 또는 연계퇴직유족연금

2. 기초연금액의 산정

(1) 산정요소 기초연금 수급권자에 대한 기초연금의 금액(이하 "기초연금액"이라 한다)은 제2항에 따른 기준연금액(이하 "기준연금액"이라 한다)과 국민연금 급여액 등을 고려하여 산정한다(법 제5조 제1항).

(2) 기준연금액 기준연금액은 보건복지부장관이 그 전년도의 기준연금액에 대통령령으로 정하는 바에 따라 전국소비자물가변동률(「통계법」 제3조에 따라 통계청장이 매년 고시하는 전

국소비자물가변동률을 말한다. 이하 같다)을 반영하여 매년 고시한다. 이 경우 그 고시한 기준연금액의 적용기간에 관하여는 「국민연금법」 제51조 제3항을 준용한다(법 제5조 제2항).

(3) 기초연금액의 산정 국민연금 수급권자에게 지급하는 기초연금액은 제1호의 금액에서 제2호의 금액을 뺀 금액(그 뺀 후의 금액이 0보다 작은 경우에는 0으로 한다)에 제3호의 금액을 더한 금액으로 한다(법 제5조 제4항).

① 기준연금액

② 국민연금 수급권자가 받을 수 있는 연금의 금액 중 「국민연금법」 제51조 제1항 제1호의 금액을 기초로 산정한 금액(「국민연금법」 제51조 제2항에 따라 매년 조정한 금액을 말하며, 이하 "소득재분배급여금액"이라 한다)에 3분의 2를 곱한 금액. 다만, 「국민연금법」에 따라 국민연금 수급권자의 연금의 금액을 연기 또는 조기 지급하거나 가산 또는 감액하여 지급하는 경우 등의 소득재분배급여금액 산정 기초가 되는 연금의 금액기준은 대통령령으로 정한다.

③ 부가연금액: 기준연금액의 2분의 1에 해당하는 금액

(4) 국민연금수급권자의 기초연금액 기초연금 수급권자 중 다음 각 호의 연금 수급권자(이하 "국민연금 수급권자"라 한다)에게 지급하는 기초연금액은 제4항에 따라 산정한 금액으로 한다(법 제5조 제3항).

①「국민연금법」 제61조, 제64조 또는 법률 제8541호 국민연금법 전부개정법률 부칙 제2조 · 제6조 · 제9조에 따른 노령연금 수급권자 또는 분할연금 수급권자

②「북한이탈주민의 보호 및 정착지원에 관한 법률」 제26조의2에 따른 국민연금 수급권자

(5) 연계노령연금 수급권자의 기초연금액 기초연금 수급권자 중 「국민연금과 직역연금의 연계에 관한 법률」 제10조에 따른 연계노령연금 수급권자에게는 제1호의 금액에서 제2호의 금액을 뺀 금액(그 뺀 후의 금액이 0보다 작은 경우에는 0으로 한다)에 제3호의 금액을 더한 금액을 지급한다(법 제5조 제5항).

① 기준연금액

② 가목과 나목의 금액을 합한 금액에 3분의 2를 곱한 금액

㈎ 소득재분배급여금액

㈏ 「국민연금과 직역연금의 연계에 관한 법률」 제12조에 따른 연계퇴직연금액에 2분의 1을 곱한 금액

③ 부가연금액: 기준연금액의 2분의 1에 해당하는 금액

(6) 기준연금액 수급자 기초연금 수급권자 중 다음 각 호의 어느 하나에 해당하는 사

람에게 지급하는 기초연금액은 기준연금액으로 한다(법 제5조 제6항).

① 제3항 각 호 또는 제5항에 해당하지 아니하는 사람

② 제3항 각 호 또는 제5항에 해당하는 사람으로서 다음 각목의 어느 하나에 해당하는 사람

(가) 「국민연금법」 제56조 제1항에 따라 국민연금 지급이 정지된 노령연금 수급권자 및 분할연금 수급권자

(나) 「장애인연금법」 제4조에 따른 수급권자

(다) 「국민기초생활 보장법」 제2조에 따른 수급권자로서 대통령령으로 정하는 사람

(라) 그 밖에 대통령령으로 정하는 사람

(7) 기초연금액 산정의 특례 제5조에도 불구하고 제5조 제3항 각 호 또는 같은 조 제5항에 해당하는 사람 중 「국민연금법」 및 「국민연금과 직역연금의 연계에 관한 법률」에 의한 수급권에 따라 매월 지급 받을 수 있는 급여액(「국민연금법」 제52조에 따른 부양가족연금액을 제외한 금액으로 한다. 이하 "국민연금 급여액 등"이라 한다)이 기준연금액의 100분의 150 이하인 사람에게 지급하는 기초연금액은 기준연금액으로 한다(법 제6조 제1항).

제5조에도 불구하고 제5조 제3항 각 호 또는 같은 조 제5항에 해당하는 사람 중 국민연금 급여액 등이 기준연금액의 100분의 150 초과 100분의 200 이하인 사람에게 지급하는 기초연금액은 기준연금액의 범위에서 대통령령으로 정하는 바에 따라 제5조에 따라 산정된 금액 이상으로 달리 정할 수 있다(법 제6조 제2항).

(8) 기초연금액의 한도 제5조 제3항부터 제5항까지의 규정에 따라 산정한 기초연금액이 기준연금액을 초과하는 경우 기준연금액을 기초연금액으로 본다(법 제7조).

(9) 기초연금액의 감액 본인과 그 배우자가 모두 기초연금 수급권자인 경우에는 각각의 기초연금액에서 기초연금액의 100분의 20에 해당하는 금액을 감액한다(법 제8조 제1항). 소득인정액과 제5조부터 제7조까지에 따른 기초연금액(제1항이 적용되는 경우에는 그 감액분이 반영된 금액을 말한다)을 합산한 금액이 선정기준액 이상인 경우에는 선정기준액을 초과하는 금액의 범위에서 기초연금액의 일부를 감액할 수 있다(법 동조 제2항). 제2항에 따른 감액의 세부적인 기준은 대통령령으로 정한다(법 동조 제3항).

3. 기초연금액의 적정성 평가와 고시

(1) 기준연금액의 조정 보건복지부장관은 제5조 제2항에도 불구하고 5년마다 기초연금 수급권자의 생활 수준, 「국민연금법」 제51조 제1항 제1호에 따른 금액의 변동률, 전국소

비자물가변동률 등을 종합적으로 고려하여 기초연금액의 적정성을 평가하고 그 결과를 반영하여 기준연금액을 조정하여야 한다(법 제9조 제1항).

(2) 재정소요전망과 실태조사 제1항에 따른 적정성 평가를 할 때에는 노인 빈곤에 대한 실태조사와 기초연금의 장기적인 재정소요에 대한 전망을 함께 실시하여야 한다(법 동조 제2항).

(3) 기준연금액의 고시 보건복지부장관은 제1항에 따라 조정한 기준연금액을 고시하여야 한다. 이 경우 그 고시는 제5조 제2항 전단에 따른 고시로 본다(법 동조 제3항).

제 3 절 기초연금의 신청 및 지급

1. 연금지급의 신청과 정보제공의 동의

(1) 지급신청 기초연금을 지급받으려는 사람(이하 "기초연금 수급희망자"라 한다) 또는 보건복지부령으로 정하는 대리인은 특별자치시장 · 특별자치도지사 · 시장 · 군수 · 구청장(자치구의 구청장을 말한다. 이하 같다)에게 기초연금의 지급을 신청할 수 있다(법 제10조 제1항).

(2) 정보제공의 동의 기초연금 수급희망자와 그 배우자는 제1항에 따른 신청을 할 때 다음 각 호의 자료 또는 정보를 보건복지부장관 및 특별자치시장 · 특별자치도지사 · 시장 · 군수 · 구청장(제28조 제2항에 따라 업무를 위탁받은 자를 포함한다)에게 제공하는 것에 대하여 동의한다는 서면을 제출하여야 한다(법 제10조 제2항).

① 「금융실명거래 및 비밀보장에 관한 법률」 제2조 제2호 및 제3호에 따른 금융자산 및 금융거래에 관한 자료 또는 정보 중 예금의 평균잔액과 그 밖에 대통령령으로 정하는 자료 또는 정보(이하 "금융정보"라 한다)

② 「신용정보의 이용 및 보호에 관한 법률」 제2조 제1호에 따른 신용정보 중 채무액과 그 밖에 대통령령으로 정하는 자료 또는 정보(이하 "신용정보"라 한다)

③ 「보험업법」 제4조 제1항 각 호에 따른 보험에 가입하여 납부한 보험료와 그 밖에 대통령령으로 정하는 자료 또는 정보(이하 "보험정보"라 한다)

2. 조사 · 질문과 자료 및 정보의 제공 요청

(1) 자료제출의 요구와 조사 · 질문 보건복지부장관 또는 특별자치시장 · 특별자치도지

사・시장・군수・구청장(이하 "지방자치단체장"이라 한다)은 기초연금 수급권의 발생・변경・상실 등을 확인하기 위하여 기초연금을 신청한 기초연금 수급희망자, 기초연금 수급권자, 기초연금 수급자와 그 각각의 배우자 및 고용주(이하 이 조에서 "기초연금 수급권자등"이라 한다)에게 필요한 서류나 그 밖에 소득・재산 등에 관한 자료의 제출을 요구할 수 있으며, 소속 공무원으로 하여금 기초연금 수급권자 등의 집이나 그 밖의 필요한 장소에 방문하여 서류 등을 조사하게 하거나 관계인에게 필요한 질문을 하게 할 수 있다(법 제11조 제1항).

(2) 자료 및 정보제공의 요청 보건복지부장관 또는 지방자치단체장은 제1항에 따른 확인・조사 또는 기초연금사업의 수행을 위하여 기초연금 수급권자 등의 다음 각 호에 해당하는 자료 또는 정보의 제공을 관계 기관의 장에게 요청할 수 있다. 이 경우 요청받은 관계 기관의 장은 특별한 사유가 없으면 그 요청에 따라야 한다(법 제11조 제2항 참조).

① 소득과 재산에 관한 자료 또는 정보
(가) 금융정보, 신용정보 및 보험정보
(나) 「국세기본법」 및 「지방세기본법」에 따른(당사자의 동의를 받은) 과세정보
(다) 토지, 건축물, 자동차, 선박, 항공기, 주택 입주권・분양권, 입목재산, 어업권 및 「지방세법」상의 회원권에 관한 자료 또는 정보
(라) 4대보험, 보훈급여, 각종 연금수급에 관한 자료 또는 정보

② 인적사항에 관한 자료 또는 정보
(가) 출입국 사실 관련 자료 또는 정보
(나) 교정시설 및 치료감호시설의 입소 및 출소 사실 관련 자료 또는 정보
(다) 범죄경력 자료 또는 정보
(라) 매장, 화장 및 장례 관련 자료 또는 정보
(마) 주민등록 및 가족관계등록 자료 또는 정보
(바) 가출, 실종 신고 및 부재자 재산의 관리에 관한 처분 자료 또는 정보

(3) 지급결정의 취소・정지 등 보건복지부장관 또는 지방자치단체장은 기초연금 수급희망자, 기초연금 수급권자 또는 기초연금 수급자가 제1항에 따른 서류 또는 자료를 제출하지 아니하거나 거짓의 서류 또는 자료를 제출한 경우 또는 조사・질문을 거부・방해 또는 기피하거나 거짓 답변을 한 경우에는 기초연금 지급의 신청을 각하하거나 기초연금 지급의 결정을 취소하거나 기초연금 지급을 정지할 수 있다(법 제11조 제4항).

3. 기초연금지급의 결정과 지급시기

(1) 지급의 결정과 통지 지방자치단체장은 제11조에 따른 조사를 한 후 기초연금 수급권의 발생·변경·상실 등을 결정한다(법 제13조 제1항).

지방자치단체장은 제1항에 따른 결정을 한 경우에는 그 결정내용을 서면으로 그 이유를 구체적으로 밝혀 기초연금 수급권자에게 지체 없이 통지하여야 한다(법 제13조 제2항).

(2) 지급 및 지급시기 지방자치단체장은 제13조 제1항에 따라 기초연금 수급권자로 결정한 사람에 대하여 기초연금의 지급을 신청한 날이 속하는 달부터 제17조에 따라 기초연금 수급권을 상실한 날이 속하는 달까지 매월 정기적으로 기초연금을 지급한다(법 제14조 제1항). 그러나 제16조 제1항에 따라 기초연금의 지급이 정지된 기간에는 기초연금을 지급하지 아니한다(법 동조 제2항).

(3) 미지급 기초연금 기초연금 수급자가 사망한 경우로서 그 기초연금 수급자에게 지급되지 아니한 기초연금액이 있는 경우에는 그 기초연금 수급자의 사망 당시 생계를 같이 한 부양의무자(배우자와 직계혈족 및 그 배우자를 말한다)는 미지급 기초연금을 청구할 수 있다. 이 경우 지방자치단체장은 지체 없이 그 지급 여부를 결정하여 그 부양의무자에게 통지하여야 한다(법 제15조 제1항).

4. 수급권자의 권리보호 및 구제

(1) 이의신청 제13조에 따른 결정이나 그 밖에 이 법에 따른 처분에 이의가 있는 사람은 특별자치시장·특별자치도지사·시장·군수·구청장에게 에게 이의신청을 할 수 있다(법 제22조 제1항).

제1항에 따른 이의신청은 그 처분이 있음을 안 날부터 90일 이내에 서면으로 하여야 한다. 다만, 정당한 사유로 인하여 그 기간 이내에 이의신청을 할 수 없었음을 증명한 때에는 그 사유가 소멸한 때부터 60일 이내에 이의신청을 할 수 있다(법 동조 제2항).

제1항과 제2항에 따른 이의신청의 절차 및 결정 통지 등에 관하여 필요한 사항은 보건복지부령으로 정한다(법 동조 제3항).

(2) 권리보호 기초연금 수급권은 양도하거나 담보로 제공할 수 없으며, 압류 대상으로 할 수 없으며, 기초연금으로 지급받은 금품은 압류할 수 없다(법 제21조 제1항·제2항).

제 4 절 기초연금지급의 규제

1. 변경 · 정지 · 상실사실의 신고

기초연금 수급자는 다음 각 호의 어느 하나에 해당하는 경우 대통령령으로 정하는 바에 따라 30일 이내에 그 사실을 지방자치단체장에게 신고하여야 한다. 다만, 제2호(제17조 제1호에 해당하는 경우로 한정한다)의 경우에는 「가족관계의 등록 등에 관한 법률」 제85조에 따른 신고의 무자가 지방자치단체장에게 신고하여야 한다(법 제15조).

① 제16조 제1항 각 호에 따른 지급 정지의 사유가 소멸한 경우
② 제17조에 따른 기초연금 수급권 상실의 사유가 있는 경우
③ 대통령령으로 정하는 기준에 해당하는 기초연금 수급자 또는 그 배우자의 소득 · 재산의 변동이 발생한 경우
④ 기초연금 수급자가 결혼 또는 이혼을 하거나 그 배우자가 사망한 경우
⑤ 그 밖에 보건복지부령으로 정하는 사유가 발생한 경우

2. 지급의 제한과 환수

(1) 지급의 정지 지방자치단체장은 기초연금 수급자가 다음 각 호의 어느 하나의 경우에 해당하면 그 사유가 발생한 날이 속하는 달의 다음 달부터 그 사유가 소멸한 날이 속하는 달까지는 기초연금의 지급을 정지한다(법 제16조 제1항).

① 기초연금 수급자가 금고 이상의 형을 선고받고 교정시설 또는 치료감호시설에 수용되어 있는 경우
② 기초연금 수급자가 행방불명되거나 실종되는 등 대통령령으로 정하는 바에 따라 사망한 것으로 추정되는 경우
③ 기초연금 수급자의 국외 체류기간이 60일 이상 지속되는 경우. 이 경우 국외체류 60일이 되는 날을 지급 정지의 사유가 발생한 날로 본다.
④ 그 밖에 제1호부터 제3호까지의 경우에 준하는 경우로서 대통령령으로 정하는 경우

(2) 수급권의 상실 기초연금 수급권자는 다음 각 호의 어느 하나에 해당하게 된 때에 기초연금 수급권을 상실한다(법 제17조).

① 사망한 때
② 국적을 상실하거나 국외로 이주한 때

③ 제3조에 따른 기초연금 수급권자에 해당하지 아니하게 된 때

(3) 연금액의 환수 지방자치단체장은 기초연금을 반은 사람이 다음 각 호의 어느 하나에 해당하는 경우에는 지급한 기초연금액을 대통령령으로 정하는 바에 따라 환수하여야 한다. 이 경우 제1호에 해당하는 경우에는 지급한 기초연금액에 대통령령으로 정하는 이자를 붙여 환수한다(법 제19조 제1항).

① 거짓이나 그 밖의 부정한 방법으로 기초연금을 받은 경우

② 제16조에 따라 기초연금의 지급이 정지된 기간에 대하여 기초연금이 지급된 경우

③ 그 밖의 사유로 기초연금이 잘못 지급된 경우

제3부

사회복지서비스

제15장 사회복지사업법

〈시행 2018.4.25. 법률 제14923호〉

제1절 총 칙

1. 입법연혁

우리나라 최초의 사회복지사업법은 1969년 12월 23일 국회를 통과하고, 1970년 1월 1일 법률 제2191호로 공포되어 동년 4월 2일자로 시행하게 되었다. 그 후 사회환경의 변화에 따라 사회복지에 대한 국민의 욕구가 증가하고 보다 나은 사회복지서비스를 제공하기 위한 제도적 기틀을 마련하고자 40여 차례의 개정을 거쳐 현행 법률(법률 제14923호, 시행 2018..4.25)에 이르게 되었다.

2. 사회복지사업법의 목적

사회복지사업법은 "사회복지사업에 관한 기본적 사항을 규정하여 사회복지를 필요로 하는 사람에 대하여 인간의 존엄성과 인간다운 생활을 할 권리를 보장하고 사회복지의 전문성을 높이며, 사회복지사업의 공정·투명·적정을 도모하고, 지역사회복지의 체계를 구축하고 사회복지서비스의 질을 높여 사회복지의 증진에 이바지함을 목적으로 한다"(법 제1조)고 규정하고 있다.

제1조에 규정된 법의 목적을 다음과 같이 분석·정리할 수 있다.

첫째, 사회복지사업에 관한 기본적인 사항을 규정함으로써 사회복지사업을 전문적·합리적으로 수행할 수 있게 하려는 목적이다. 사회복지사업에 관한 일반적인 총칙적 사항, 사회복지실천의 주체인 사회복지법인에 관한 사항, 각종 사회복지시설에 공통적인 사항을 포괄하고 있어서 개별 사회복지시설에서 제공하는 서비스의 일반적인 최저기준을 제시하고 있다(법 제43조 참조).

둘째, 사회복지를 필요로 하는 사람에 대하여 인간의 존엄과 인간다운 생활을 할 권리를 보장하려는 목적이다. 동 법은 헌법상의 생존권적 기본권을 실현시키기 위한 하위법률로서 모든 국민의 존엄과 인간다운 생활을 할 수 있는 권리를 보장하려는 데 목적이 있다.

셋째, 사회복지사업의 전문성을 제고시키려는 목적이다. 사회복지사의 자격 · 지도훈련 · 시험제도, 사회복지 전담기구 및 전담공무원제 등에 관하여 규정함으로써 사회복지사업을 전문적 · 체계적으로 수행할 수 있게 하려는 목적이다.

넷째, 사회복지사업의 공정 · 투명 · 적정을 기하려는 목적이다. 사회복지사업의 수행주체가 일반적으로 사회복지법인인 점을 감안하여 복지법인의 설립 및 정관에 관한 사항, 임원의 자격, 재산관리, 수익사업에 관한 사항, 시설장과 시설의 운영 및 평가에 관한 사항, 후원금관리 등에 관하여 규정함으로써 사회복지사업을 공정 · 투명하고 적정하게 운영하려는 목적이다.

다섯째, 지역사회복지의 체계를 구축하려는 목적이다. 동법은 지역사회에서 행하여지는 자원봉사활동의 활성화, 전문인과 비전문인에 의한 지역사회복지의 개입으로 지역사회의 문제를 예방 · 해결하기 위한 체제를 구축하려는 것을 목적으로 한다.

여섯째, 사회복지서비스의 질을 향상시키려는 목적이다

동법은 위와 같은 여섯 가지의 목적을 성실히 수행함으로써 국민 전체의 사회복지를 증진시키는 것을 궁극적인 목적으로 하고 있다. 동 법은 모든 국민의 보편적인 욕구를 충족시키고 요보호자에 대하여 비 금전적 및 비물질적인 복지서비스를 제공하여 사회성원으로서의 완전한 기능을 수행할 수 있는 환경을 조성함으로써 모든 국민의 행복과 안녕, 그리고 인간으로서의 존엄과 가치를 보장하여 국가 전체의 사회복지를 증진시키는 것을 최종목표로 정하고 있다.

3. 사회복지사업법의 기본이념

(1) 자율성 존중의 원칙 자율성이란 국민 개개인이 자기의 의지와 계획에 따라 행동여부를 스스로 결정하는 행동자유의 한 형태로서 자기자신의 문제를 해결하는 과정에 작용하는 개념이다. 따라서 자율성 존중의 원칙이란 개인이 자신의 문제를 자기의 의사에 따라 스스로 해결할 권리를 존중해야 한다는 원칙이다.

이와 같은 원칙을 반영하여 동법에서는 "사회복지를 필요로 하는 사람은 누구든지 자신의 의사에 따라 서비스를 신청하고 제공받을 수 있다"(법 제1조의2 제1항)고 규정하고 있다.

이 규정은 사회복지서비스를 제공할 경우에 사회복지를 필요로 하는 사람의 의사를 존중하여 그 자신의 결정에 의하여 서비스를 신청할 경우에 그 의사를 존중하여 서비스를 제공받게 해야 한다는 자율성 존중의 원칙을 기본이념으로 한다는 뜻이다.

(2) 공공성의 원칙 이 법에 따른 사회복지사업(법 제2조 제1호 참조)을 수행하는 자는 주로 사회복지법인이나 그 법인이 설치·운영하는 사회복지시설이므로 동 법인 및 시설은 사적 이익을 추구하는 영리성이 아니라 사회공공의 이익을 위한 공공성을 가지는 법인이나 시설이다.

또한 이들 법인이나 시설이 사회복지사업을 시행함에 있어서도 어떤 특정 개인·계층이나 단체의 편익을 위한 것이 아니라 전체 국민을 복지활동의 대상으로 하는 '공공성'을 확보해야 하는 사회복지사업이 되어야 하므로 "사회복지법인 및 사회복지시설은 공공성을 가지며 사회복지사업을 시행하는 데 있어서 공공성을 확보하여야 한다"(법 제1조의2 제2항)고 선언하고 있다.

(3) 인권존중의 원칙 사회복지사업은 사회복지서비스를 제공하는 사업이므로 그 대상은 주로 정상적인 사회생활을 하기 어려운 사회적 약자이다. 그러므로 사회복지서비스를 제공하는 직무에 종사하는 자는 요보호대상자에게 서비스를 제공하는 과정에서 신체적·정신적으로 짜증스럽고 귀찮은 고된 업무를 해야 할 경우가 많아서 대상자인 사회적 약자를 경시하고 인권을 무시하는 언행과 태도를 취하기 쉬운 것이다 .

따라서 사회복지활동에 종사하는 자는 특히 도움을 필요로 하는 대상자를 하나의 인격체로 존중하는 자세를 가져야 하기 때문에 "사회복지사업을 시행하는 데 있어서 사회복지를 제공하는 자는 사회복지를 필요로 하는 사람의 인권을 보장하여야 한다"(법 제1조의2 제3항)는 인권존중의 원칙을 동 법에서 규정하고 있는 것이다.

(4) 사회복지서비스의 선택권 보장 "사회복지서비스를 제공하는 자는 필요한 정보를 제공하는 등 사회복지서비스를 이용하는 사람의 선택권을 보장하여야 한다(법 동조 제4항)"고 규정하고 있다. 이는 국가나 지방자치단체에서 주관·관리하는 사회복지서비스에 관한 충분한 정보를 제공함으로서 모든 국민이 자신에게 맞는 필요한 서비스를 스스로 선택할 수 있는 권리를 국가가 보장하겠다는 이념을 표방하고 있는 것이다.

4. 사회복지사업의 개념 및 범위

1) 개념정의 방식

사회복지사업법은 사회복지사업을 정의하는 데 적극적으로 개념내용을 명확히 설명하는 방식을 택하지 않고 복지사업의 종류를 나열하는 방식을 택하고 있다. 즉, 사회복지사업의 개념정의방식에 관하여, 특정한 법률에 의한 일정한 사업이라는 형식으로 '한정적 열거주의'를 채택함으로써 여기에 열거되지 않은 사업은 비록 실질적으로는 사회복지사업으로서의 요소를 갖추고 있는 사업이라 할지라도 법률상으로는 사회복지사업으로 인정하지 않고 있다.

따라서 사회복지사업법에서 규정한 사회복지사업에 대한 정의는 사회복지사업의 종류와 그 적용범위를 한정적으로 명시하고 있는 셈이 된다. 그런데 사회복지사업은 연혁상 전통적으로 민간인이나 민간단체의 자선사업을 의미하는 것으로 파악해 왔기 때문에 과거에는 물질적 · 경제적인 원조사업만을 의미하였다.

그러나 오늘날의 사회복지는 아동 · 영유아 · 노인 · 장애인 · 모부자 · 빈민 등과 같이 경제적 · 정신적 · 신체적으로 불완전한 사회적 약자의 욕구뿐만 아니라 모든 국민의 욕구를 충족시키고 문제를 해결하여 독립된 인간으로 정상적인 사회생활을 스스로 할 수 있도록 제반 사회환경의 조성을 위한 비경제적 · 비물질적인 일체의 사회적 서비스를 포함하는 넓은 의미로 사용하고 있으므로 사회보장기본법상의 '사회보장'과 동일한 뜻으로 해석하고 있는 것이다.

그러나 사회복지사업법(동법 제2조 제6호 참조)에서 '사회복지서비스'를 "국가 · 지방자치단체 및 민간부문의 도움을 필요로 하는 모든 국민에게 「사회보장기본법」 제3조 제4호에 따른 사회서비스 중 사회복지사업을 통한 서비스를 제공하여 삶의 질이 향상되도록 제도적으로 지원하는 것"을 의미하는 것으로 규정하고 있기 때문에, 사회복지서비스를 좁은 의미의 사회복지의 뜻으로 보아야 하는 것이다. 따라서 사회복지사업법은 사회복지서비스에 관한 기본법 내지 일반법이라 할 수 있다.

그런데 사회복지사업에 포함되어 있는 「국민기초생활 보장법」에 의한 복지사업(법 제2조 제1호 가목 참조)은 그 성질상 공공부조에 속하고, 사회보장기본법에서는 '공공부조'와 '사회서비스'를 구분하여 정의하고 있으며 사회복지사업법에 의한 '사회복지서비스'를 사회보장기본법상의 '사회서비스'에 포함되는 '좁은 의미의 사회복지'의 뜻으로 이해한다면 공공부조를 사회복지사업에서 제외되는 것으로 해석할 여지도 없지 않다.

사회복지사업법이 처음으로 제정 · 시행될 때(제정1970.1.1, 시행 동년 4.2)와는 달리 그 후 빈번한 개정으로 동법의 사업범위를 점차 확대하여 왔고, 사회복지사업의 의미 내용도 과거의 전통적인 의미의 자선사업뿐만 아니라 현대적 의미의 각종 사회복지서비스를 포함하고 있는 점을 감안할 때, 「사회복지사업법」의 적용을 받아야 할 '사회복지사업'의 의미를 '한정적 열거주의'가 아니라 '예시적 열거주의'로 이해하는 것이 미래지향적인 해석이 될 것이다.

2) 사회복지사업의 정의 및 범위

이 법에서 말하는 '사회복지사업'이라 함은 다음에 나열하는 법률에 따른 복지에 관한 사업(법 제2조 제1호 참조)이라는 형식을 취하고 있다. 따라서 실질적으로는 비록 사회복지사업으로 인정된다 하더라도 이 법에서 규정하는 다음의 법률에 포함되지 않으면 법적으로는 사회복지사업이 아니라는 의미가 된다. 예컨대, 「건강가정기본법」은 본 조항에 나열되어 있는 법이 아니므로 동법에 의한 사업은 사회복지사업이라 할 수 없다. 따라서 「건강가정기본법」에 의한 복지활동은 「사회복지사업법」에 의한 규제나 지원을 받을 수 없는 것으로 해석할 여지가 있다.

사회복지사업법에 의한 '사회복지사업'은 다음과 같이 나누어 설명할 수 있다(법 제2조 제1호).

(1) 다음의 법률에 의한 보호・선도 또는 복지에 관한 사업

① 국민기초생활 보장법 ② 아동복지법
③ 노인복지법 ④ 장애인복지법
⑤ 한부모가족지원법 ⑥ 영유아보육법
⑦ 성매매방지 및 피해자보호 등에 관한 법률
⑧ 「정신건강증진 및 정신질환자 복지서비스 지원에 관한 법률」
⑨ 성폭력방지 및 피해자보호 등에 관한 법률 ⑩ 입양특례법
⑪ 일제하 일본군위안부 피해자에 대한 생활안정지원 및 기념사업 등에 관한 법률
⑫ 사회복지공동모금회법
⑬ 장애인・노인・임산부 등의 편의증진 보장에 관한 법률
⑭ 가정폭력방지 및 피해자보호 등에 관한 법률
⑮ 농어촌주민의 보건복지증진을 위한 특별법 ⑯ 식품기부활성화에 관한 법률
⑰ 의료급여법 ⑱ 기초연금법
⑲ 긴급복지지원법 ⑳ 다문화가족지원법
㉑ 장애인연금법 ㉒ 장애인활동 지원에 관한 법률
㉓ 노숙인 등의 복지 및 자립지원에 관한 법률
㉔ 보호관찰 등에 관한 법률 ㉕ 장애아동복지지원법
㉖ 발달장애인 권리보장 및 지원에 관한 법률 ㉗ 청소년복지지원법
㉘ 그 밖에 대통령령으로 정하는 법률

(2) 사회복지상담, 직업지원, 무료숙박, 지역사회복지, 의료복지, 재가복지(在家福祉), 사회복지관운영, 정신질환자 및 한센병력자의 사회복귀에 관한 사업 등 각종 복지사업

(3) 이와 같은 각종 복지사업과 관련된 자원봉사활동 및 복지시설의 운영 또는 지원을 목적으로 하는 사업

5. 사회복지사업법과 타 법률의 관계

사회복지사업법에는 "사회복지사업의 내용 및 절차 등에 관하여 사회복지사업 관련 법률

(법 제2조 제1호 각목의 법률)에 특별한 규정이 있는 경우를 제외하고는 이 법에서 정하는 바에 따른다"(법 제3조 제1항) 고 규정하고 있다.

사회복지사업법은 사회복지사업에 관한 일반법이므로 사회복지사업에 관련되는 특정 법률에 사회복지사업법의 내용과 다르게 규정되어 있을 경우에는 "특별법은 일반법에 우선한다"는 원칙에 따라 사회복지사업에 관련된 개별 법률이 사회복지사업법에 우선하여 적용된다는 의미이다. 그러므로 사회복지사업에 관련된 특정 법률에 규정이 없는 경우에는 일반법인 사회복지사업법의 규정에 따라야 한다.

또한 사회복지사업에 관련된 특정법률(법 제2조 제1호 각목의 법률)을 개정하는 경우에는 사회복지사업법에 부합하도록 하여야 한다(법 제3조 제2항). 이 규정의 의미는 사회복지사업법은 사회복지사업에 관한 기본법으로서의 성격을 가지므로 사회복지에 관련되는 개별 법률을 개정할 경우에는 사회복지사업법의 규정과 상충되지 않도록 하여야 한다는 뜻이다.

6. 사회복지의 시행주체

사회복지사업법은 국가, 지방자치단체, 사회복지사업시행자, 사회복지업무종사자와 지역주민을 사회복지의 시행주체로 규정하고 이들에게 일정한 책임을 지우는 규정을 두고 있다.

1) 국가와 지방자치단체

(1) 복지증진과 인권옹호 및 차별금지의 책임 헌법 제34조 제2항에서 정하고 있는 사회복지에 대한 국가책임을 수행하기 위하여 하위법인 사회복지사업법에서 "국가와 지방자치단체는 사회복지를 증진하고, 서비스를 이용하는 사람에 대하여 인권침해를 예방하고 차별을 금지하며 인권을 옹호할 책임을 진다(법 제4조 제1항)"고 하여 재차 국가와 지방자치단체를 사회복지의 증진과 보호대상자의 인권침해 예방 및 차별금지의 책임주체로서 명시하고 있다.

(2) 사회복지 및 보건의료서비스의 연계 "국가와 지방자치단체는 사회복지서비스와 보건의료서비스를 함께 필요로 하는 사람에게 이들 서비스가 연계되어 제공되도록 노력하여야 한다"(법 제4조 제2항)고 규정하여, 지역사회복지계획 및 실천에서 보건의료서비스와 사회복지서비스를 연계시켜 제공하기 위한 법적 근거를 마련해 주고 있다.

여기서 '사회복지서비스'란 국가・지방자치단체 및 민간부문의 도움을 필요로 하는 모든 국민에게 「사회보장기본법」 제3조 제4호에 따른 사회서비스 중 사회복지사업을 통한 서비스를 제공하여 삶의 질이 향상되도록 제도적으로 지원하는 것을 말하고(법 제2조 제6호), '보건의료서비스'란 국민의 건강을 보호 · 증진하기 위하여 보건의료인이 하는 모든 활동을 말한다(법 제2조 제7호)고 그 개념을 정의하고 있다.

(3) 직업훈련 및 복지욕구의 조사 국가와 지방자치단체, 그 밖에 사회복지사업을 하는 자는 사회복지를 필요로 하는 사람에 대하여 각종 서비스의 제공뿐만 아니라 그 사업과 관련한 상담, 작업치료(作業治療), 직업훈련 등을 실시하고 필요한 경우에는 주민의 복지욕구도 조사할 수 있도록 규정하고 있다(법 제4조 제3항).

(4) 복지시설의 균형적 설치 국가와 지방자치단체는 도움을 필요로 하는 국민이 본인의 선호와 필요에 따라 적절한 사회복지서비스를 제공받을 수 있도록 사회복지서비스 수요자 등을 고려하여 사회복지시설이 균형있게 설치되도록 노력하여야 한다(법 제4조 제4항).

이 규정은 사회복지수요자를 고려하지 않고 사회복지시설을 지역적으로 편중되게 설치함으로써 지역사회의 주민들이 사회복지서비스를 공평하게 제공받을 기회를 가지지 못하게 될 우려를 불식시키고자 하는 규정이다.

또한 복지서비스제공에 있어서 사회복지시설의 설치 · 운영자 입장에서 공급적 측면만을 고려할 것이 아니라 복지서비스를 필요로 하는 수요자 측면을 고려하는 것이 중요하다는 관점에서 사회복지시설의 균형적 설치를 규정한 것이다.

(5) 공적복지와 사적복지활동의 연계 국가와 지방자치단체는 민간부문의 사회복지 증진활동이 활성화되고 국가 및 지방자치단체의 사회복지사업과 민간부문의 사회복지 증진활동이 원활하게 연계될 수 있도록 노력하여야 한다(법 제4조 제5항).

국가와 지방자치단체의 정책적인 사회복지사업은 민간부문의 사회복지전문가에 의한 실천적인 활동에 의하여 비로소 구체적으로 전달되어 활성화될 수 있는 것이므로, 민간부문의 전문적 실행을 활성화시키고 또한 두가지 서비스가 연계될 수 있도록 국가와 지방자치단체의 노력의무를 규정한 것이다.

(6) 인권존중 및 인권교육의 강화 최근에는 사회복지시설에서 인권을 침해하는 사례가 빈번하여 사회문제로 대두함에 따라 요보호대상자의 인권을 특히 존중하는 서비스를 제공해야 하고, 이를 위하여 사회복지와 관련된 인권교육을 더욱더 강화시킬 것과 만약 인권침해사례가 있을 경우 신속히 대응할 수 있는 체계를 갖추게 하는 조항을 추가하였다.

그래서, "국가와 지방자치단체는 사회복지를 필요로 하는 사람의 인권이 충분히 존중되는 방식으로 사회복지서비스를 제공하고 사회복지와 관련된 인권교육을 강화하여야 하며(법 제4조 제6항), 사회복지서비스를 이용하는 사람이 긴급한 인권침해 상황에 놓인 경우 신속히 대응할 체계를 갖추어야 한다"고 규정하고 있다(법 동조 제7항).

(7) 지역사회보호체계의 확립노력 사회복지서비스를 지역 주민에게 효율적으로 제공하려면 시설 거주민이나 그 보호자의 욕구와 희망을 충분히 반영하는 서비스제공이 되어야 하므로 당해 지역사회 내에서 의사가 원활하게 전달될 수 있는 보호체계를 갖추는 것이 중요하다. 그러므로 "국가와 지방자치단체는 시설 거주자 또는 보호자의 희망을 반영하여 지역사회보호체계에서 서비스가 제공될 수 있도록 노력하여야 한다"고 규정한다(법 동조 제8항).

(8) 복지서비스의 정보제공 복지수요자의 욕구를 충족시키려면 사회복지서비스의 실시내용을 수요자가 우선 잘 알도록 해야 하므로 "사회복지서비스를 필요로 하는 사람들에게 서비스의 실시에 대한 정보를 제공해야 한다(법 제4조 제9항)"고 규정하여 국가와 지방자치단체에게 홍보의무를 부과하고 있다.

(9) 권리침해에 대한 구제조치 국가와 지방자치단체는 사회복지서비스를 제공하는 자로 부터 위법 또는 부당한 처분을 받아 권리나 이익을 침해당한 사람을 위하여 간이하고 신속한 구제조치를 마련하여야 한다(법 제4조 제10항).

사회복지서비스를 담당하는 국가행정기관이나 일반 사회복지법인·단체 등에 소속되어 서비스를 직접 제공하는 자로 부터 위법 또는 부당한 처분을 받음으로써 권리나 이익의 침해를 당하는 사례가 종종 발생하고 있으므로 이에 대한 간이·신속한 구제조치를 해야 할 의무를 국가나 지방자치단체에게 부담시키고 있다.

(10) 자원봉사활동의 지원·육성 사회복지 자원봉사활동에 대한 국가 및 지방자치단체의 지원·육성을 의무화하는 조항을 신설하여, 국가와 지방자치단체는 자원봉사활동을 지원·육성하기 위하여 다음 각 호의 사항을 실시하여야 한다(법 제9조 제1항).

① 자원봉사활동의 홍보 및 교육
② 자원봉사활동 프로그램의 개발·보급
③ 자원봉사활동 중의 재해에 대비한 시책의 개발
④ 그 밖에 자원봉사활동의 지원에 필요한 사항

국가와 지방자치단체는 제1항 각 호의 사항을 효율적으로 수행하기 위하여 사회복지법인이나 그 밖의 비영리 법인·단체에 이를 위탁할 수 있다(법 동조 제2항).

(11) 사회복지의 날 제정 국가는 국민의 사회복지에 대한 이해를 증진하고 사회복지사업 종사자의 활동을 장려하기 위하여 매년 9월 7일을 사회복지의 날로 하고, 사회복지의 날부터 1주간을 사회복지주간으로 한다(법 제15조의2 제1항). 국가와 지방자치단체는 사회복지의 날의 취지에 적합한 행사 등 사업을 실시하도록 노력하여야 한다(법 제15조의2 제2항).

(12) 전자정보시스템의 연계활용 특히 지방자치단체의 장은 사회복지사업을 수행할

때 관할 복지행정시스템과 사회복지업무에 대한 보건복지부장관의 전자정보시스템(법 제6조의2 제2항에 따른 정보시스템)을 전자적으로 연계하여 활용하여야 한다(법 제6조의2 제3항).

2) 보건복지부장관

(1) 전자정보시스템의 구축 · 운영 보건복지부장관은 사회복지업무에 필요한 각종 자료 또는 정보의 효율적 처리와 기록 · 관리 업무의 전자화를 위하여 정보시스템을 구축 · 운영할 수 있다(법 제6조의2 제1항).

보건복지부장관은 제1항에 따른 정보시스템을 구축 · 운영하는 데 필요한 자료를 수집 · 관리 · 보유할 수 있으며 관련 기관 및 단체에 필요한 자료의 제공을 요청할 수 있다. 이 경우 요청을 받은 기관 및 단체는 정당한 사유가 없으면 그 요청에 따라야 한다(법 동조 제2항).

(2) 사회복지법인 및 시설장의 협력 사회복지법인의 대표이사와 사회복지시설의 장은 국가와 지방자치단체가 실시하는 사회복지업무의 전자화 시책에 협력하여야 한다(법 제6조의2 제4항)

(3) 정보시스템 운영의 위탁 보건복지부장관은 제6조의2 제1항에 따른 정보시스템을 효율적으로 운영하기 위하여 「사회보장기본법」 제37조 제7항에 따른 전담기구에 그 운영에 관한 업무를 위탁할 수 있다(법 제6조의2 제5항).

(4) 지도 · 훈련 보건복지부장관은 이 법이나 그 밖의 사회복지 관련 법률의 시행에 관한 사무에 종사하는 공무원과 사회복지사업에 종사하는 사람의 자질 향상을 위하여 인권교육 등 필요한 지도와 훈련을 할 수 있다(법 제10조 제1항).

(5) 포 상 정부는 사회복지사업에 관하여 공로가 현저하거나 모범이 되는 자에 대하여 포상(褒賞)을 할 수 있다(법 제50조).

3) 사회복지사업시행자

법 제4조 제3항에서 "국가와 지방자치단체, 그 밖에 사회복지사업을 하는 자는 ………"라고 규정하고 있는데 여기서 '그 밖에 사회복지사업을 하는 자'란 국가와 지방자치단체라는 공적 기관 외에 사회복지사업을 하는 개인 · 단체, 법인과 지역사회조직 등을 포괄하는 뜻이므로 사회복지사업을 수행하는 전통적 의미의 사회사업가, 사회복지활동을 체계적 · 조직적으로 수행하는 단체 · 법인이나 지역사회의 사적 조직 · 단체를 통칭하는 뜻으로 해석할 수 있다.

그래서 국가와 지방자치단체 외에 앞에서 설명한 의미의 '그 밖에 사회복지사업을 하는 자'도 사회복지를 필요로 하는 사람에 대하여 그 사업과 관련한 상담, 작업치료, 직업훈련 등을 실시하고, 필요한 경우에는 주민의 복지욕구를 조사할 수 있도록 규정하고 있다(법 제4조 제3항).

4) 사회복지업무종사자

(1) 인권존중 및 최대봉사의 원칙 "이 법에 따라 사회복지업무에 종사하는 사람은 그 업무를 수행할 때에 사회복지를 필요로 하는 사람을 위하여 인권을 존중하고 차별 없이 최대로 봉사하여야 한다"(법 제5조 제1항)고 규정한다. 종전에 시행령에서 규정하였던 봉사의무를 법률에 규정하여, 사회복지종사자들이 보호대상자들의 인권을 존중하고 형평의 원칙에 따라 차별 없이 최대로 봉사해야 할 의무를 더욱더 강조하기 위하여 법률상의 의무로 격상시키고 있다.

이는 사회복지 전문직이 주로 사회적 약자의 욕구와 문제를 다루기 때문에 특별히 요구되는 윤리적 책임이라고 할 수 있다. 그래서 한국사회복지사협회에서 특별히 사회복지사 윤리강령을 제정・발표한 것이다. 그래서 국가와 지방자치단체는 복지업무에 종사하는 사람이 그 업무를 수행할 때에 사회복지를 필요로 하는 사람의 인권을 침해하는 행위를 한 경우에는 제2조 제1호 각 목의 법률이 정하는 바에 따라 처분하고 그 사실을 공표하는 등의 조치를 하도록 의무화하고 있다(법 제5조 제2항).

(2) 비밀누설의 금지 사회복지사업 또는 사회복지업무에 종사하였거나 종사하고 있는 사람은 그 업무 수행 과정에서 알게 된 다른 사람의 비밀을 누설하여서는 아니 된다(법 제47조). 이 규정은 사회복지행정의 업무를 맡아 보는 공무원에게도 적용된다. 정당한 접근권한 없이 또는 허용된 접근권한을 넘어 제6조의2 제2항에 따른 정보시스템의 정보를 훼손・멸실・변경・위조하거나 검색・복제한 자는 3년 이하의 징역 또는 3천만원 이하의 벌금에 처하도록 규정하고(법 제53조의3), 또한 복지담당 공무원이 복지요구조사와 관련하여 취득한 금융정보 등을 누설하면 처벌받도록 규정하고 있다(법 제53조의2, 제56조, 제57조 참조).

5) 지역주민의 시설설치방해금지

누구든지 정당한 이유 없이 사회복지시설의 설치를 방해하여서는 아니 된다(법 제6조 제1항). 이 조항은 지역주민들이 사회복지시설을 혐오시설로 생각하고 그 설치를 반대하는 행위를 하는 '님비(Nimby) 현상'을 금지하기 위한 조치로서 만약 이 규정을 위반하게 되면 1년 이하의 징역 또는 1천만원 이하의 벌금(법 제54조 제1호)에 처하도록 하였다.

시장・군수・구청장은 정당한 이유 없이 사회복지시설의 설치를 지연시키거나 제한하는 조치를 하여서는 아니 된다(법 제6조 제2항).

이는 지방자치제를 실시하게 된 이후 부터 관할지역 주민의 지역이기주의와 지방자치단체장의 선거를 연계시키는 정치적 이해관계와 맞물려 단체장이 선거를 의식하여 사회복지시설의 설치를 고의로 지연시키거나 제한하는 조치를 취할 가능성이 많아 이를 방지하려는 취지이다.

제 2 절 사회복지의 전달체계

1. 의 의

1) 개 념

사회복지전달체계란 사회복지서비스를 대상자에게 효율적으로 제공하기 위한 일선조직과 이에 관련된 제도적인 체계를 말한다. 사회복지서비스를 효과적으로 실행하려면 먼저 그 전달체계를 조직화・효율화하는 것이 중요하다.

2) 사회복지서비스 제공의 원칙

사회복지서비스란 사회복지를 필요로 하는 모든 사람들에게 사회복지사업을 통한 서비스의 제공으로 삶의 질을 향상시키 위한 제도적 지원을 의미하므로(법 제2조 제6호 참조), 그 지원의 효율성과 원활한 제공 및 품질향상을 위한 몇가지 원칙과 그 평가제도에 관하여 규정하고 있다.

(1) 현물제공의 원칙 사회복지서비스를 필요로 하는 사람(이하 "보호대상자"라 한다)에 대한 사회복지서비스 제공(이하 "서비스 제공"이라 한다)은 현물(現物)로 제공하는 것을 원칙으로 한다(법 제5조의2제1항).

(2) 서비스이용권의 지급 시장(「제주특별자치도 설치 및 국제자유도시 조성을 위한 특별법」 제11조 제2항에 따른 행정시장을 포함한다. 이하 같다)・군수・구청장(자치구의 구청장을 말한다. 이하 같다)은 국가 또는 지방자치단체 외의 자로 하여금 제1항의 서비스 제공을 실시하게 하는 경우에는 보호대상자에게 사회복지서비스 이용권(이하 "이용권"이라 한다)을 지급하여 국가 또는 지방자치단체 외의 자로 부터 그 이용권으로 서비스 제공을 받게 할 수 있다(법 제5조의2 제2항).

(3) 품질향상 시책의 수립 국가와 지방자치단체는 사회복지서비스의 품질향상과 원활한 제공을 위하여 필요한 시책을 마련하여야 한다(법 동조 제3항).

(4) 전문성 평가 국가와 지방자치단체는 사회복지서비스의 품질을 관리하기 위하여

사회복지서비스를 제공하는 기관 · 법인 · 시설 · 단체의 서비스 환경, 서비스 제공 인력의 전문성 등을 평가할 수 있다(법 동조 제4항).

(5) 평가기관의 설치, 위탁 보건복지부장관은 제4항에 따른 평가를 위하여 평가기관을 설치 · 운영하거나, 평가의 전부 또는 일부를 관계 기관 또는 단체에 위탁할 수 있고(법 동조 제5항), 제5항에 따라 평가를 위탁한 기관 또는 단체에 대하여 그 운영에 필요한 비용을 지원할 수 있다(법 동조 제6항).

3) 전달체계의 분류

사회복지전달체계는 국가 행정권의 주도적인 개입 여부에 따라 일반적으로 공공전달체계와 민간(사적)전달체계로 구분할 수 있다.

'공공전달체계'는 사회복지서비스의 제공자인 국가와 지방자치단체가 급여를 받는 수혜자인 국민에게 서비스를 효율적으로 연결시켜 주는 행정조직 및 기능을 갖추고, 사회복지대상자의 선정과 급여의 내용을 결정 · 제공함에 이르기까지 주도적으로 업무를 수행하는 행정체계를 말한다. 이와 같은 사회복지분야의 공공전달체계는 일반행정의 조직체계외에 개별적인 사회복지 관련법령에 따라 설립된 각종 위원회나 센터, 사회복지기관에 의하여 수행되고 있다.

'민간전달체계'는 현대의 산업사회에서 사회복지대상자의 다양한 복지욕구를 충족시키기 위하여 복지전문가에 의한 고도의 창조적 지식과 실천적 기술이 요청되기 때문에, 사회복지시설을 설치 · 운영하는 개인 및 단체와 조직(법인 포함)이 국가의 정책적 지원을 받아 각종 사회복지서비스를 일선 현장의 사회복지전문가를 통하여 수행 · 실천하는 사적 체계를 말한다.

2. 사회복지의 공적 전달체계

공공전달체계에는 정부조직법에 따라 중앙 주무부서로서 '보건복지부'를 사회복지의 최고행정기관으로 하여 광역자치단체인 특별시 · 광역시 · 특별자치시 · 특별자치도 및 도 단위의 복지행정기관이 있고, 기초자치단체인 시 · 군 · 구 등의 하위 복지행정기관과 최 일선에서 주민들을 직접 연결시키는 읍 · 면 · 동의 사회복지담당자에 이르기까지 사회복지서비스의 공적 전달체계가 구성되어 있다.

1) 사회보장위원회

사회보장기본법에 따라 국무총리소속으로 설치되어 있는 '사회보장위원회'가 사회보장에 관한 주요시책을 심의 · 조정하는 최고의 정책결정기관으로서, 보건복지부장관이 5년마다 수립하는 '사회보장에 관한 기본계획'을 심의하여 확정하는 기능을 수행한다.

2) 보건복지부장관 및 관계 중앙행정기관의 장

사회보장위원회가 심의 · 확정한 사회보장기본계획에 따라 보건복지부장관 및 관계 중앙행정기관의 장은 사회보장과 관련된 소관 주요시책의 '시행계획'을 매년 수립 · 시행하게 되며, 이러한 시행계획과 전년도 추진실적을 제출받은 보건복지부장관은 이를 종합하여 그 성과를 평가한 결과를 사회보장위원회에 보고한다.

3) 지방자치단체

특별시장 · 광역시장 · 특별자치시장 · 도지사 또는 특별자치도지사 · 시장(「제주특별자치도 설치 및 국제자유도시 조성을 위한 특별법」 제11조 제1항에 따른 행정시장을 포함한다) · 군수 · 구청장(자치구의 구청장을 말한다. 이하 같다)은 보건복지부장관이 5년 마다 수립 · 시행하는 기본계획과 연계하여 사회보장에 관한 '지역계획'을 수립시행하게 된다.

4) 사회복지의 공적 전달체계에 대한 보완 입법

앞에서 살펴본 바와 같이 사회복지관련 행정업무를 통활 · 기획하는 보건복지부장관은 사회복지법인 및 사회복지시설의 종사자, 거주자 및 이용자에 관한 자료 등 운영에 필요한 정보의 효율적 처리와 기록 · 관리 업무의 전자화를 위하여 정보시스템을 구축 · 운영할 수 있으며(법 제6조의2 제1항), 제1항에 따른 정보시스템을 구축 · 운영하는 데 필요한 자료를 수집 · 관리 · 보유할 수 있으며 관련 기관 및 단체에 필요한 자료의 제공을 요청할 수 있게 새로 규정하고 있다(법 제6조의2 제2항).

이와 같은 전자정보시스템을 효율적으로 운영하여 사회복지서비스가 복지수요자에게 빠짐없이 전달되는 체계를 구축하기 위하여 보건복지부장관은 사회보장정보시스템을 운영 · 지원하는 전담기구를 설치하고(사회보장기본법 제37조 제7항 참조), 이에 그 운영을 위탁할 수 있도록 규정하였다(법 제6조의2 제5항).

그러나 국무총리소속으로 설치된 사회보장위원회에서 확정된 사회복지정책이 일선 행정기관으로 하명되어 복지서비스가 요보호대상자에게 전달 · 실천되는 과정에서 미흡한 많은 문제점이 노정되어, 실제로 도움이 절실하게 필요한 계층이 오히려 사회복지의 사각지대로 방치되는 사례가 발생하게 되었다.

이러한 사회복지전달체계의 문제점을 개선 보완하기 위하여 「사회보장급여의 이용 · 제공 및 수급권자 발굴에 관한 법률」(법률 제12935호, 2015.7.1시행, 이하 "사회보장급여법"이라 한다)을 새로 제정 · 시행하게 된 것이다.

동법에서는 사회보장에 관한 공적 전달체계를 효율화하기 위하여 사회보장급여의 신청에서 부터 조사, 결정 및 지급과 사후관리에 이르기 까지 일련의 필요한 절차를 구체적으로 규정하고, 요보호대상자를 발굴하기 위한 신고의무, 직권신청. 보호계획의 수립 · 시행, 상담 · 안내 · 지원의뢰 등 제반 절차를 강화하여 복지사각지대를 해소하는 방안을 제도적으로 보완하고 있는 것이다.

또한 사회보장정보시스템의 원활한 운영으로 사회복지서비스의 실천적인 효과성을 제고하는 한편, 중앙행정기관과 지방자치단체 간 복지행정의 유기적인 연계성과 통일성을 기하여 지역 간 균형적인 시행방안과 지원체계를 정립하려는 사회복지서비스의 공적 전달체계를 정비 · 개선시켜 국민의 복지수혜 체감도를 획기적으로 높이고자 하는 것이다.

그래서 사회복지사업법에 규정된 제2장의2 '사회복지서비스의 실시'에 관한 조항(제33조의2~제33조의8)을 삭제하고, 그 서비스 절차를 세밀하게 구체적으로 강화한 「사회보장급여법」을 제정 · 개정하여 시행하게 된 것이므로 사회복지의 공적전달체계에 관한 내용은 동법을 살펴보는 것으로 대체하고, 여기서는 사회복지의 사적 전달체계에 관하여 기술하기로 한다.

3. 사회복지의 민간(사적)전달체계

사회복지의 증진책임은 1차적으로 국가 및 지방자치단체와 법률에 의하여 설치되는 각종 위원회 및 공공기관 등에게 있다. 그러나 1970년대에 들어와 선진국에 불어 닥친 오일 쇼크 등 경제 환경과 인구의 고령화 등 사회적 환경의 변화에 따라 국가에 대한 복지욕구는 보편화 · 다양화 · 세분화되어 갔지만, 이에 대응하는 공적 사회복지의 확대는 정부의 재정적자와 사회보장예산의 축소 등으로 한계에 부딪치게 되었다. 이에 따라 공적 사회복지에 대신할 민간 사회복지의 중요성이 대두되어 지역사회를 중심으로 한 민간단체와 법인 등의 실천적 복지를 강조하게 되었다.

최근 우리나라에서도 급속하게 성장 · 발전된 산업화의 영향으로 핵가족화, 여성의 사회활동 참여 증가, 인구의 고령화 및 저출산 등의 영향으로 사회복지서비스의 욕구가 다양화 · 개별화 · 전문화되면서 공적 서비스 못지 않게 민간에 의한 복지서비스가 크게 요청되고 있다.

사회복지의 민간전달체계에는 사회복지협의회, 사회복지사협회, 사회복지공동모금회와 사회복지법인 등을 나열할 수 있는데. 그 중에서 주로 사회복지시설을 설치 · 운영하거나 국가나 지방자치단체의 사회복지시설을 위탁받아 운영하는 대표적인 조직이 사회복지(재단)법인이므로 사회복지법인에 대하여는 '제3절'에 독립시켜 상세하게 설명하기로 한다.

1) 사회복지협의회

(1) 사회복지협의회의 목적 및 성격 사회복지에 관한 다음 각 호의 업무를 수행하기

위하여 전국단위의 한국사회복지협의회(이하 "중앙협의회"라 한다)와 시·도 단위의 시·도 사회복지협의회(이하 "시·도 협의회"라 한다)를 두며, 필요한 경우에는 시(「제주특별자치도 설치 및 국제자유도시 조성을 위한 특별법」 제10조 제2항에 따른 행정시를 포함한다. 이하 같다)·군·구(자치구를 말한다. 이하 같다) 단위의 시·군·구 사회복지협의회(이하 "시·군·구협의회"라 한다)를 둘 수 있다(법 제33조 제1항).

① 사회복지에 관한 조사·연구 및 정책 건의
② 사회복지 관련 기관·단체 간의 연계·협력·조정
③ 사회복지 소외계층 발굴 및 민간사회복지 자원과의 연계·협력
④ 대통령령으로 정하는 사회복지사업의 조성 등

(2) 법인격 중앙협의회, 시·도 협의회 및 시·군·구협의회는 이 법에 따른 사회복지법인으로 하되, 제23조 제1항(재산소유에 관한 규정)은 적용하지 아니한다(법 동조 제2항).

2) 한국사회복지사협회

(1) 사회복지사협회의 목적 사회복지사는 사회복지에 관한 전문지식과 기술을 개발·보급하고, 사회복지사의 자질을 향상을 위한 교육 훈련을 실시하며, 사회복지사의 복지증진을 도모하기 위하여 한국사회복지사협회(이하 "협회"라 한다)를 설립한다(법 제46조 제1항).

(2) 사단법인 협회는 법인으로 하되(법 동조 제2항), 협회의 조직과 운영 등에 필요한 사항은 대통령령으로 정한다(법 동조 제2항). 협회에 관하여 이 법에서 규정한 사항을 제외하고는 「민법」 중 사단법인에 관한 규정을 준용한다(법 동조 제3항).

협회의 회원은 사회복지사 자격증을 교부받은 자로 한다(시행령 제23조).[1]

3) 사회복지공동모금회(사회복지공동모금회법)〈시행 2016.8.4 법률 제13995호〉

(1) 목적 및 기본원칙

① 모금회의 목적 사회복지공동모금회법(이하 "모금회법"이라 한다)에서 "이 법은 사회복지공동모금회(이하 "모금회"라 한다)의 공동모금을 통하여 국민이 사회복지를 이해하고 참여하도록 함과 아울러 국민의 자발적인 성금으로 조성된 재원을 효율적이고 공정하게 관리·운용함으로써 사회복지증진에 이바지함을 목적으로 한다(동법[2]제1조)"고 규정한다.

② 모금회 운영

㈎ 공동모금 및 재원운용의 기본원칙 : 이 법에서는 기본원칙을 세 가지로 규정하

---

1) 사회복지사 자격제도는 제4절 참조
2) 사회복지공동모금회법을( )속에 표기할 경우 편의상 "동법"이라 한다.

고 있다(동법 제3조).

㉠ **자발성의 원칙** 기부하는 자의 의사에 반하여 기부금품을 모집하여서는 아니 된다(법 동조 제1항). 그래서 기부금품을 강제 모집한 자는 3년 이하의 징역 또는 3천만원 이하의 벌금에 처하도록 규정하고 있다(동법 제35조 제1항 제1호).

㉡ **공정성의 원칙** 제17조의 규정에 따라 조성된 재원(이하 "공동모금재원"이라 한다)은 지역 · 단체 · 대상자 및 사업별로 복지수요가 공정하게 충족되도록 배분하여야 하고, 제1조의 목적 및 제25조(사회복지사업 기타 사회복지활동)의 용도에 맞도록 공정하게 관리 · 운용되어야 한다(동법 동조 제2항).

㉢ **객관성 · 공개의 원칙** 공동모금 재원의 배분은 객관적인 기준에 따라 효율적으로 이루어지도록 하고 그 결과를 공개하여야 한다(동법 동조 제3항).

㈏ **임직원의 신분:** 모금회의 임 · 직원 및 이 법에 따른 기부금품모집업무에 종사하는 사람은 형법 제129조부터 제132조 까지의 규정을 적용할 때에는 공무원으로 본다(동법 제30조).

③ **민법의 준용** 이 법 또는 모금회의 정관으로 규정하지 아니한 사항은 민법 중 재단법인에 관한 규정을 준용한다(동법 제34조).

(2) 모금회의 설립 사회복지공동모금사업을 관장하기 위하여 사회복지공동모금회(이하 "모금회"이라 한다)를 둔다(동법 제4조 제1항). 모금회는 사회복지사업법 제2조 제3호의 사회복지법인으로 한다(동법 동조 제2항). 모금회는 정관을 작성하여 보건복지부장관의 인가를 받아 등기함으로써 설립된다(동법 동조 제3항).

(3) 모금회의 사업 모금회는 다음 각 호의 사업을 수행한다(동법 제5조).

① 사회복지공동모금사업
② 공동모금재원의 배분
③ 공동모금재원의 운용 및 관리
④ 사회복지공동모금에 관한 조사 · 연구 · 홍보 및 교육훈련
⑤ 제14조에 따른 사회복지공동모금지회의 운영
⑥ 사회복지공동모금과 관련된 국제교류 및 협력증진사업
⑦ 다른 기부금품모집자와의 협력사업
⑧ 그 밖에 모금회의 목적달성에 필요한 사업

(4) 임원구성 모금회에는 다음 각 호의 임원을 둔다(동법 제7조 제1항).

① 회장 1명

② 부회장 3명

③ 이사(회장 · 부회장 및 사무총장을 포함한다) 15명 이상 20명 이하

④ 감사 2명

임원의 선임방법 및 그 자격요건에 관하여 필요한 사항은 모금회의 정관으로 정한다(동법 제9조 제2항). 임원의 임기는 3년으로 하며, 한 차례만 연임할 수 있다(동법 제7조 제2항).

모금회에는 정관으로 정하는 중요사항을 의결하기 위하여 이사로 구성된 이사회를 둔다(동법 제8조 제1항).

(5) 모금회의 지회

① 시 · 도지회 모금회에 지역단위의 사회복지공동모금사업을 관장하기 위하여 특별시 · 광역시 · 특별자치시 · 도 · 특별자치도(이하 "시 · 도"라 한다)단위 사회복지공동모금지회(이하 "지회"라 한다)를 둔다(동법 제14조 제1항). 지회장은 이사회의 의결을 거쳐 회장이 임명한다(동법 동조 제3항).

② 모금재원의 배분 지회에서 조성한 공동모금재원은 해당 시 · 도의 배분대상자에게 배분하는 것을 원칙으로 한다(동법 동조 제3항).

(6) 모금회의 재원

(가) 재원의 조성 모금회의 사업에 필요한 경비는 다음 각 호의 재원으로 조성한다(동법 제17조).

① 사회복지공동모금에 의한 기부금품

② 법인 또는 단체가 출연하는 현금 · 물품 · 그 밖의 재산

③ 「복권 및 복권기금법」 제23조 제1항에 따라 배분받은 복권수익금

④ 그 밖의 수입금

(나) 기부금품의 모집

① 연중모금 모금회는 사회복지사업이나 그 밖의 사회복지활동을 지원하기 위하여 연중 기부금품을 모집 · 접수할 수 있다(동법 제18조 제1항).

② 집중모금 모금회는 효율적인 모금을 위하여 일정한 기간을 정하여 집중모금을 할 수 있다(동법 동조 제4항). 모금회가 집중모금을 하려면 그 모집일부터 15일 전에 그 내용을 보건복지부장관에게 보고하여야 하며, 그 모집을 종료하였을 때에는 모집 종료일부터 1개월 이내에 그 결과를 보건복지부장관에게 보고하여야 한다(동법 동조 제5항).

③ 복권의 발행 모금회는 사회복지사업이나 그 밖의 사회복지활동 등을 지원하기 위한 재원을 조성하기 위하여 복권을 발행할 수 있다(동법 제18조의2 제1항). 제1

항에 따른 복권의 당첨금을 받을 권리는 그 지급일부터 3개월간 행사하지 아니하면 소멸시효가 완성되며, 소멸시효가 완성된 당첨금은 공동모금재원에 귀속된다(동법 18조의2 제3항).

④ 모금창구의 지정　모금회는 기부금품의 접수를 효율적이고 공정하게 하기 위하여 언론기관을 모금창구로 지정하고, 지정된 언론기관의 명의로 모금계좌를 개설할 수 있다(동법 제19조).

(7) 모금재원의 배분

㈎ 배분기준　모금회는 매년 8월 31일까지 다음 각 호의 사항이 포함된 다음 회계연도의 공동모금재원의 배분기준을 정하여 이를 공고하여야 한다(동법 제20조 제1항).

① 공동모금재원의 배분대상　② 배분한도액
③ 배분신청기간 및 배분신청서 제출 장소　④ 배분심사기준
⑤ 배분재원의 과부족 시 조정방법　⑥ 배분신청 시 제출할 서류
⑦ 그 밖에 공동모금재원의 배분에 필요한 사항

㈏ 별도의 배분기준　모금회는 재난구호 및 긴급구호 등 긴급히 지원하여야 할 필요가 있는 경우에는 제1항에 준하여 별도의 배분기준에 따라 지원할 수 있다(동법 동조 제2항).

(8) 공동모금재원의 사용

① 재원의 사용　공동모금재원은 사회복지사업이나 그 밖의 사회복지활동에 사용한다(동법 제25조 제1항). 매 회계연도에 조성된 공동모금재원은 해당 회계연도에 지출하는 것을 원칙으로 한다. 다만, 재난구호 및 긴급구호 등 긴급히 지원할 필요가 있는 때를 대비하여 매 회계연도의 공동모금재원의 일부를 적립하는 경우에는 그러하지 아니하다(동법 동조 제2항).

② 사업계획서의 제출　모금회는 매 회계연도의 사업계획 및 예산안을 회계연도가 시작되기 1개월 전에 보건복지부장관에게 제출하여야 한다(동법 제26조 제1항). 모금회가 예산안을 작성할 때에는 제22조 제2항에 따른 배분계획과 모금경비 및 모금회의 운영비 등을 포함하여야 한다(동법 동조 제2항). 모금회는 매 회계연도 종료 후 3개월 이내에 세입·세출결산서를 작성하여 보건복지부장관에게 제출하여야 한다. 이 경우 「공인회계사법」에 따른 회계법인의 감사보고서를 붙여야 한다(동법 동조 제3항).

③ 기부금품의 지정　기부금품의 기부자는 배분지역, 배분대상자 또는 사용용도를 지정할 수 있다(동법 제27조 제1항). 모금회는 제1항에 따른 지정 취지가 이 법의 목적·취지나 「공직선거법」을 위반하는 경우 그 사실을 기부자에게 설명하고 이 법의 목적·취지와 「공직선거법」을 위반하지 아니 하도록 지정할 것을 요구하거나 그 지정을 철회할 것을 요구하여야 한다. 기부자가 이에 따르지 아니하는 경우에는 기부금품을 접수하지 아니하여야 한다(동법

동조 제2항).

④ **회계연도** 모금회의 회계연도는 1월1일부터 12월 31일까지로 한다(법 제28조).

⑤ **부조금의 지원** 국가 또는 지방자치단체는 모금회에 기부금품의 모집에 필요한 비용과 모금회의 관리 운영에 필요한 비용을 보조할 수 있다(법 제33조 제1항). 제1항의 규정에 의한 보조금은 그 목적 외의 용도에 사용할 수 없다(동법 동조 제2항).

제 3 절 사회복지법인

1. 법인(法人)의 의의

'법인'이라 함은 자연인 외에 법인격(권리능력)이 인정된 자, 즉 권리·의무의 주체가 될 수 있는 법률상의 지위나 자격을 가진 자를 말한다. 민법상으로 일정한 목적을 위하여 결합한 사람의 단체(사단 또는 조합)와 일정한 목적을 위하여 제공된 재산(재단)에 대하여 권리능력(법인격)을 부여하는데, 전자를 '사단법인'이라 하고, 후자를 '재단법인'이라 한다.

민법에서는 권리능력을 인정하는 법적 주체로서 '사람'에 대하여 규정하고, 사람이 단체나 일정한 목적의 재산에 대하여도 독립된 법인격을 부여하여 그 단체의 활동과 특정 목적의 재산에 대한 법률관계를 개인과 구별하여 처리함으로써, 단체와 그 구성원 간의 법률관계와 재산의 출연자(出捐者)와 그 출연된 특정 재산 간의 법률관계를 명확하게 구분하여 처리하고자 한다.

그래서 민법[3]은 자연인(自然人)인 '사람'에 대하여 인정한 권리능력·행위능력·불법행위능력을 '법인'에게 대하여도 부여하고 있다.

2. 법인(法人)의 능력

(1) 법인의 권리능력 법인이 그 구성원으로 부터 독립하여 자기의 명의로 법률상의 권리·의무를 향유할 수 있는 자격을 '법인의 권리능력'이라 하는데, 민법은 '정관으로 정한 목적의 범위 내로' 법인의 권리능력을 제한하여 인정하고 있다(민법 제34조 참조).

(2) 법인의 행위능력 법인이 자기의 명의로 타인과 법률행위를 할 수 있는 법적 자격을 '법인의 행위능력'이라 하는데, 현실적으로 법인은 그 대표기관(이사)의 대표행위를 통하여

---

3) 민법 제3조(권리능력의 존속기간) 사람은 생존한 동안 권리와 의무의 주체가 된다. 제34조(법인의 권리능력) 법인은 법률의 규정에 좇아 정관으로 정한 목적의 범위 내에서 권리와 의무의 주체가 된다.

타인과 법률행위를 한다(민법 제59조 참조).

(3) 법인의 불법행위능력 법인이 사회활동을 수행하는 과정에서 타인에게 손해를 가할 수 있고, 또한 그 손해발생행위(불법행위)의 책임을 부담할 능력이 있다고 보아 손해배상의무를 부담할 수 있도록 법인에게 불법행위능력을 부여하고 있다. 현실적으로는 법인의 이사, 기타 대표자나 그 피용자의 직무에 관한 불법행위에 대하여 법인이 손해배상책임을 부담하게 된다(민법 제35조, 제756조 참조).

※ 민법 제35조(법인의 불법행위능력)

① 법인은 이사, 기타 대표자가 그 직무에 관하여 타인에게 가한 손해를 배상할 책임이 있다. 이사, 기타 대표자는 이로 인하여 자기의 손해배상책임을 면하지 못한다.

② 법인의 목적범위 외의 행위로 인하여 타인에게 손해를 가한 때에는 그 사항의 의결에 찬성하거나 그 의결을 집행한 사원, 이사 및 기타 대표자가 연대하여 배상하여야 한다.

※ 제756조(사용자의 배상책임)

① 타인을 사용하여 어느 사무에 종사하게 한 자는 피용자가 그 사무집행에 관하여 제삼자에게 가한 손해를 배상할 책임이 있다. 그러나 사용자가 피용자의 선임 및 그 사무감독에 상당한 주의를 한 때 또는 상당한 주의를 하여도 손해가 있을 경우에는 그러하지 아니하다.

법인의 종류를 분류·정리해 보면 다음과 같다.

〈 법인의 분류 〉

- 법인
  - 공법인
  - 사법인
    - 영리법인
      - 회사(사단법인)
    - 비영리법인
      - 사단법인
      - 재단법인
        - 공익법인
        - 비공익법인

3. 사회복지법인의 의의

'사회복지법인'이라 함은 사회복지사업을 수행할 것을 목적으로 설립된 법인을 말한다(법 제2조 제3호). 민법상의 법인에 관한 규정도 비영리법인에 관하여 적용되는 일반법으로서의 성격을 가지지만 사회복지법인은 사회복지사업을 수행하기 위하여 설립되므로 비영리법인 중에서 특히 '공익법인'이라는 특성을 가지게 된다.

따라서 「사회복지사업법」은 법인에 관한 일반법인 민법에 대하여 특별법이 되고, 「공익법인의 설립·운영에 관한 법률」에 대하여도 특별법의 지위에 있으므로 사회복지법인에 대하여 이 법에 규정이 없으면 「공익법인의 설립·운영에 관한 법률」이 이차적으로 적용되고 그래도 적용할 조항이 없는 경우에는 「민법」이 적용된다(동법 제32조 참조).

사회복지법인에는 법 제23조에 따라 시설의 설치·운용을 목적으로 하는 '시설법인'(시행규칙 제13조 제1항)과 법 제23조에 따라 시설의 설치·운용을 목적으로 하지 아니하고 사회복지사업을 지원하는 것을 목적으로 하는 '지원법인'(시행규칙 제13조 제2항)이 있는데, 양 법인은 그 목적에 따라 갖추어야 할 기본재산의 기준이 다르게 적용된다(시행규칙 제13조 참조).

이 법에 의한 사회복지법인이 아닌 자는 사회복지법인이라는 용어를 사용하지 못한다(법 제31조). 사회복지법인의 공공성을 도모하고 법인이라는 명칭의 남용으로 인한 일반의 신뢰 저하를 방지하기 위한 것이다. 이에 위반하면 300만 원 이하의 과태료에 처한다(법제58조 제1항).

4. 사회복지법인의 설립

재단법인을 설립하려면 일반적으로 재산의 출연, 정관의 작성, 주무부서(행정기관)의 설립허가, 설립등기 등 네 가지 절차를 밟아야 하는데, 사회복지법인도 재단법인이므로 그 설립에는 이 4가지 설립절차를 거쳐야 한다. 사회복지법인에 대한 주무부서가 개정 전에는 보건복지부였으나 개정 후에는 시·도지사로 변경되었다.

1) 재산의 출연(出捐)

사회복지법인은 반드시 재산을 소유해야 하는 재단법인(법 제23조 제1항 참조)이므로 그 설립에는 반드시 설립자가 재산을 출연하여야 한다. 출연하는 재산의 종류에는 부동산·동산·주식·채권 등 제한이 없다.

2) 정관(定款)의 작성

사회복지법인을 설립하는 데 중요한 사항은 설립자의 재산출연 외에 설립하고자 하는 법인의 '정관'을 작성하는 일이다. 정관이란 어떤 단체나 법인의 조직과 유영에 관한 근본규칙을 말하는데, 그 정관의 기재사항은 필요적(절대적) 기재사항과 임의적 기재사항으로 나눌 수 있다.

'필요적 기재사항'은 정관에 반드시 기재해야 할 사항으로서 이를 흠결하면 정관 자체가 무효가 되는 사항이다. 법인의 정관에는 다음 각 호의 사항(필요적 기재사항)이 포함되어야 한다(법 제17조 제1항 제1호~제11호).

① 목적	② 명칭
③ 주된 사무소의 소재지	④ 사업의 종류
⑤ 자산 및 회계에 관한 사항	⑥ 임원의 임면(任免) 등에 관한 사항

⑦ 회의에 관한 사항
⑧ 수익(收益)을 목적으로 하는 사업이 있는 경우 그에 관한 사항
⑨ 정관의 변경에 관한 사항
⑩ 존립시기와 해산사유를 정한 때에는 그 시기와 사유 및 남은 재산의 처리방법
⑪ 공고 및 그 방법에 관한 사항

'임의적 기재사항'은 위에 기재한 11가지 사항 외에 법인의 조직·운영·해산 등에 관한 사항으로 정관에 규정되어 있는 것을 말하는데, 임의적 기재사항도 일단 정관에 기재되면 정관변경의 절차에 의해서만 변경할 수 있다.

3) 법인설립의 허가

사회복지법인(이하 이 장에서 "법인"이라 한다)을 설립하려는 자는 정관을 작성하여 대통령령으로 정하는 바에 따라 시·도지사의 허가를 받아야 한다(법 제16조 제1항). 종전에는 보건복지부장관의 허가를 받았으나 시·도지사의 허가사항으로 개정되었다.

법인설립에는 일반적으로 자유설립주의 및 특허주의 외에 허가주의와 인가주의가 있는데 사회복지법인의 설립에는 '허가주의'를 채택하고 있다.

'허가주의'는 법인설립에 관하여 행정관청의 자유재량이 허용되는 경우로서, 허가권자의 허가거부에 대한 구제소송을 인정하지 않는 자유재량행위[4]에 속하는 행정처분이며, '사립학교재단법인'의 설립이나 '장학재단'의 설립 등이 이에 속한다.

'인가주의'는 법률에서 정하고 있는 요건을 갖추면 인가권자는 반드시 인가처분을 해야 하며, 만약 인가처분을 거절하면 이에 대한 구제소송이 가능하다는 점에서 전자의 허가주의와 다르다.

제16조에 따라 사회복지법인의 설립허가를 받으려는 자는 법인설립허가신청서에 보건복지부령으로 정하는 서류[5]를 첨부하여 사회복지법인의 주된 사무소의 소재지를 관할하는 시장·군수·구청장 을 거쳐 시·도지사에게 제출(전자문서에 의한 제출을 포함한다)하여야 한다(시행령 제8조 제1항).

4) 법인설립의 등기

제1항에 따라 설립허가를 받은 자는 법인의 주된 사무소의 소재지에서 설립등기를 하여야 한다(법 제16조 제2항). 설립된 법인으로 하여금 등기를 반드시 하도록 하는 것은 법인과 거래하는 상대방으로 하여금 법인의 내용을 알게 하여 불측의 손해를 입지 않게 하려는 취지에

---

4) 대판 1996.5.16. 선고, 95누4810.
5) 사회복지사업법 시행규칙 제7조 제2항 제1호~제10호.참조

서 법인설립의 등기를 하도록 의무화하고 등기 후에는 선의의 제3자에게도 대항할 수 있게 하려는 것이다.

여기서 '등기'란 일정한 법률관계를 일반 공중에게 널리 공시하기 위하여 국가의 공부(公簿)인 등기부에 기재하는 것을 말하는데, 법인 등기제도는 법인과 거래관계를 맺는 일반 제3자에게 그 법인에 관한 내용을 등기부에 명백히 공시해 줌으로써 법인과 거래하는 제3자가 불측의 손해를 입지 않도록 방지하려는 것이므로 거래의 안전을 보호하려는 취지이다.

(1) 법인격 취득시기에 관한 규정의 해석 그런데 사회복지법인의 설립시기, 즉 사회복지재단이 법인격을 취득하는 시기(時期)가 시·도지사의 설립허가시 인가, 아니면 설립등기시 인가에 관하여는 견해가 대립되고 있다.

사회복지법인을 설립하려는 자가 시·도지사의 허가를 받은 후 주된 사무소의 소재지에서 설립등기를 함으로써 법인이 성립되므로, 설립등기시에 법인격이 부여되는 것으로 해석하고(법 제16조 참조), 이때부터 그 재단은 법인으로서 사람과 같이 권리·의무의 주체가 된다고 주장하는 견해[6]가 법개정 이전에는 있었다.

법인을 설립하려는 자가 시·도지사로 부터 설립허가를 받으면 교부받은 설립허가증을 첨부하여 법인의 주된 사무소의 소재지에서 설립등기를 하게 되는데, 이 경우 설립등기는 법인의 '성립요건'이 아니고 '대항요건'이기 때문에 사회복지재단의 법인격 취득시기는 주무관청인 시·도지사의 설립허가를 받은 때라고 해석한다. 따라서 이 견해[7]는 설립허가를 받은 때부터 그 사회복지재단은 법인으로서 권리능력과 행위능력을 가지게 되지만, 선의의 제3자에 대한 대항력은 등기시 부터 생긴다고 해석한다.

민법상 재단법인의 설립에도 사회복지사업법과 같이 재산의 출연, 정관의 작성, 주무관청의 허가, 설립등기라는 네 가지 절차를 거치게 되는데, 법인의 설립시기에 대하여, 민법에서는 "법인은 주된 사무소의 소재지에서 설립등기를 함으로써 성립한다"(민법 제33조)고 규정하여, 설립등기가 대항요건이 아니고 성립요건임을 명백히 하고 있으므로 견해의 대립이 없는 것이다.

그러나 개정된 사회복지사업법 제16조 제1항에서는 "사회복지법인을 설립하려는 자는 대통령령으로 정하는 바에 따라 시·도지사의 허가를 받아야 한다"고 규정하고, 이어 제2항에서 "제1항에 따라 허가를 받은 자는 법인의 주된 사무소의 소재지에서 설립등기를 하여야 한다"고 규정하고 있다.

2011년 8월 4일 개정(법률 제10997호) 이전에는 제16조 제2항의 규정내용이 '제1항에 의하

6) 강희갑, 사회복지법제론, 양서원, 2006, p.331.
7) 박석돈, (핵심)사회복지법제론, 삼영사, 2006, p.65.
현외성, 한국사회복지법제론, 양서원, 2005, p.464.

여 설립된 법인'이라고 규정하고 있기 때문에 제1항에서 요구한 '보건복지부장관'의 허가를 받으면 그 때 부터 법인으로 성립된다는 뜻으로 해석하는 것이 옳았다. 그리고 제2항에서 제1항에 의하여 설립된 법인이 반드시 등기하도록 규정한 것은 사회복지법인이 설립되어 존재하고 있음을 일반 제3자 등에게 널리 알려서 제3자가 불측의 손해를 입지 않도록 하려는 취지로 보아 설립등기를 성립요건이 아닌 대항요건으로 해석하는 것이 타당하였다.

그런데 2011년 개정법(2011.8.4 시행)에서는 제1항에서 '보건복지부장관의 허가'를 바꾸어 '시 · 도지사의 허가'를 받게 개정하고, 제2항에서 "제1항의 규정에 의하여 설립된 법인은 주된 사무소의 소재지에서 설립등기를 하여야 한다"를 "제1항에 따라 허가를 받은 자는 법인의 주된 사무소의 소재지에서 설립등기를 하여야 한다"라고 문구를 바꾸었다.

위와 같이 개정된 조항에서 시 · 도지사의 허가를 받은 자가 "법인의 주된 사무소의 소재지에서 설립등기를 하여야 한다"라고 규정하고 있기 때문에 '설립등기'를 재단법인의 '성립요건'으로 해석할 수 있는 것이다. 따라서 법 개정 이전에는 주무관서의 설립허가를 받으면 그 때부터 재단법인이 되고 그 후에 하게 되는 설립등기는 '대항요건'으로 해석하였지만, 개정 이후 현재는 설립등기를 사회복지재단의 '성립요건'으로 해석하여 그 때부터 법인격이 인정되는 재단법인이 되는 것으로 해석할 수 있다.

(2) 법인격취득시기의 중요성 이와 같이 사회복지재단의 법인격 취득시기, 즉 '법인이 되는 시기'를 명확하게 해야 할 이유는 복지재단을 설립하려는 자가 출연한 재산이 언제부터 재단의 소유라고 주장할 수 있을 것인가, 다시 말하면 '복지재단의 법인격 취득시기'가 출연재산에 대한 재단의 소유권인정 여부를 좌우할 수 있기 때문이다. 예컨대 설립자가 출연하려는 재산에 부동산이 포함되어 있을 때 설립절차를 진행하고 있는 동안에는 재단에 법인격이 인정되지 않으므로 출연하겠다는 부동산을 재단명의로 소유권 이전등기를 할 수 없는 것이다.

그러나 시 · 도지사의 법인 설립허가를 받았지만 아직 설립등기를 하지 않고 있는 사이에 재산의 출연자가 사망하게 되고 그 상속자가 출연부동산의 상속등기를 한 후 이러한 사실을 모르는 선의의 제3자에게 매각한 경우에 재단이나 제3자 중 누구에게 소유권을 인정할 것인가 하는 문제는 설립하려는 '재단의 법인격 취득시기'와 관련하여 결과가 달라지는 중대한 문제가 될 수 있는 것이다.

이 문제는 부동산소유권이전에 형식주의를 취하는 민법이론과 관련된 것이므로 민법의 해설[8]을 참조하면 '법인격 취득시기'가 중요한 문제라는 것을 이해하게 될 것이다.

---

8) 이은영, 물권법, 150-154면, 박영사, 2002; 김준호, 민법총칙, 177-179면, 법문사, 2002.참조

5) 정관의 변경

법인이 정관을 변경하고자 할 때에는 시・도지사의 인가를 받아야 한다. 다만 보건복지부령으로 정하는 경미한 사항의 경우에는 그러하지 아니하다(법 제17조 제2항 단서). 여기서 “보건복지부령으로 정하는 경미한 사항”이란 정관의 필요적 기재사항 중 공고 및 그 방법에 관한 사항을 말한다(시행규칙 제9조).

5. 사회복지법인의 임원

사회복지법인은 고도의 공익성이 요구되고 그 관리・운영의 공정성과 투명성이 보장되어야 하므로 법인을 관리・운영하는 임원에 대하여 아주 구체적인 제한 규정을 두고 있다. 그 이유는 사회복지법인의 재정운용상의 부정・비리 뿐만 아니라 심각한 인권침해 등 많은 문제점이 노출되어 사회문제화가 되었기 때문에 임원의 선임 자체를 엄격하게 규제하여 문제의 발생소지를 미연에 방지하려는 것이다.

1) 임원의 수

법인은 대표이사를 포함한 이사 7명 이상과 감사 2명 이상을 두어야 한다(법 제18조 제1항). 종전에는 이사를 5명 이상으로 하였으나 법 개정 이후에는 이사를 7명 이상으로 바꾸었다. 이사와 감사의 상한선을 두지 않았으나 대개 이사 수를 홀수로 정하는 것이 상례이다.

2) 임원의 임기와 임면보고

이사의 임기는 3년으로 하고, 감사의 임기는 2년으로 하며, 각각 연임할 수 있다(법 제18조 제4항). 법인이 임원을 임면하는 경우에는 법인임원의 임면보고서에 필요한 서류를 첨부하여 지체없이 시・도지사에게 보고하여야 한다(법 제18조 제6항, 시행규칙 제10조 참조).

3) 임원선임에 대한 제한

(1) 추천기관의 제한 법인은 제18조 제1항에 따른 이사 정수의 3분의 1(소수점 이하는 버린다) 이상을 다음 각 호의 어느 하나에 해당하는 기관이 3배수로 추천한 사람 중에서 선임하여야 한다(법 제18조 제2항).

① 「사회보장급여의 이용・제공 및 수급권자 발굴에 관한 법률」 제40조 제1항에 따른 시・도사회보장위원회

② 「사회보장급여의 이용・제공 및 수급권자 발굴에 관한 법률」 제41조 제1항에 따른 지역사회보장협의체

이와 같이 법인이 이사를 선임할 때 공공성이 있는 추천기관에서 추천한 사람 중에서 선임하도록 한 것은, 과거 재단법인의 이사장이 그와 친족, 친분 또는 연고관계가 있는 사람을 이사로 선임함으로써 이사장의 독단이나 전횡으로 빚어진 부패 및 비리와 인권유린의 난맥상을 사전에 차단하여 법인의 관리·운영상의 투명성 및 공정성을 기하고자 하는 것이다.

(2) 추천후보자의 제한 제2항 각 호의 기관은 제2항에 따라 이사를 추천하기 위하여 매년 다음 각 호의 어느 하나에 해당하는 사람으로 이사 후보군을 구성하여 공고하여야 한다. 다만, 사회복지법인의 대표자, 사회복지사업을 하는 비영리법인 또는 단체의 대표자, 「사회보장급여의 이용·제공 및 수급권자 발굴에 관한 법률」 제41조에 따른 지역사회보장협의체의 대표자는 제외한다(법 제18조 제8항).

1. 사회복지 또는 보건의료에 관한 학식과 경험이 풍부한 사람
2. 사회복지를 필요로 하는 사람의 이익 등을 대표하는 사람
3. 「비영리민간단체지원법」 제2조에 따른 비영리민간단체에서 추천한 사람
4. 사회복지공동모금회법」 제14조에 따른 사회복지공동모금지회에서 추천한 사람

(3) 특별관계인의 제한 이사회의 구성에 있어서 대통령령으로 정하는 특별한 관계에 있는 사람이 이사 현원(現員)의 5분의 1을 초과할 수 없다(법 제18조 제3항). 여기서 "대통령령으로 정하는 특별한 관계에 있는 사람"이란 출연자(出捐者)나 그 출연자와 이해관계나 친족관계 등 일정한 관계를 가진 사람을 말한다(시행령 제9조 제1항 참조).

이러한 특별관계에 있는 사람이 임원의 5분의 1을 초과하지 못하게 함으로써 이사회 결의에 법인대표의 전횡을 방지하여 사회복지재단법인의 공정한 관리·운영을 보장하려 는 취지이다. 또한 외국인인 이사는 이사 현원의 2분의 1 미만이어야 한다(법 제18조 제5항) .

(4) 감사의 제한 감사는 이사와 제3항에 따른 특별한 관계에 있는 사람이 아니어야 하며, 감사 중 1명은 법률 또는 회계에 관한 지식이 있는 사람 중에서 선임하여야 한다. 다만, 대통령령으로 정하는 일정 규모 이상의 법인은 시·도지사의 추천을 받아 「주식회사의 외부감사에 관한 법률」 제2조 제7호에 따른 감사인에 속한 사람을 감사로 선임하여야 한다(법 제18조 제7항, 시행령 제10조 참조).

(5) 임원의 겸직금지 이사는 법인이 설치한 사회복지시설의 장을 제외한 그 시설의 직원을 겸할 수 없다(법 제21조 제1항). 감사는 법인의 이사, 법인이 설치한 사회복지시설의 장 또는 그 직원을 겸할 수 없다(법 동조 제2항).

(6) 금품 등 수수금지 누구든지 임원의 선임과 관련하여 금품, 향응 또는 그 밖의 재산상 이익을 주고받거나 주고받을 것을 약속하여서는 아니 된다(법 제18조의2).

4) 임원의 결격사유 및 자격상실 사유

사회복지법인의 임원으로 선임될 수 없는 결격사유와 임원으로 선임되었더라도 결격사유에 해당하게 되면 자격을 상실하게 되어 당연히 물러나게 하고 있다.

(1) 다음 각 호의 어느 하나에 해당하는 사람은 임원이 될 수 없다(법 제19조 제1항).

1. 미성년자

1의2. 피성년후견인 또는 피한정후견인

1의3. 파산선고를 받고 복권되지 아니한 사람

1의4. 법원의 판결에 따라 자격이 상실되거나 정지된 사람

1의5. 금고 이상의 실형을 선고받고 그 집행이 끝나거나(집행이 끝난 것으로 보는 경우를 포함한다) 집행이 면제된 날부터 3년이 지나지 아니한 사람

1의6. 금고 이상의 형의 집행유예를 선고받고 그 유예기간 중에 있는 사람

1의7. 제1호의5 및 제1호의6에도 불구하고 사회복지사업 또는 그 직무와 관련하여 「아동복지법」 제71조, 「보조금 관리에 관한 법률」 제40조부터 제42조까지 또는 「형법」 제28장·제40장(제360조는 제외한다)의 죄를 범하거나 이 법을 위반하여 다음 각 목의 어느 하나에 해당하는 사람

가. 100만원 이상의 벌금형을 선고받고 그 형이 확정된 후 5년이 지나지 아니한 사람

나. 형의 집행유예를 선고받고 그 형이 확정된 후 7년이 지나지 아니한 사람

다. 징역형을 선고받고 그 집행이 끝나거나(집행이 끝난 것으로 보는 경우를 포함한다) 집행이 면제된 날부터 7년이 지나지 아니한 사람

1의8. 제1호의5부터 제1호의7 까지의 규정에도 불구하고 「성폭력범죄의 처벌 등에 관한 특례법」 제2조의 성폭력범죄(「성폭력범죄의 처벌 등에 관한 특례법」 제2조 제1항 제1호는 제외한다) 또는 「아동·청소년의 성보호에 관한 법률」 제2조 제2호의 아동·청소년대상 성범죄를 저지른 사람으로서 형 또는 치료감호를 선고받고 확정된 후 그 형 또는 치료감호의 전부 또는 일부의 집행이 끝나거나(집행이 끝난 것으로 보는 경우를 포함한다) 집행이 유예·면제된 날부터 10년이 지나지 아니한 사람

2. 제22조에 따른 해임명령에 따라 해임된 날부터 5년이 지나지 아니한 사람

2의2. 제26조에 따라 설립허가가 취소된 사회복지법인의 임원이었던 사람(그 허가의 취소사유 발생에 관하여 직접적인 또는 이에 상응하는 책임이 있는 자로서 대통령령으로 정하는 사람으로 한정한다)으로서 그 설립허가가 취소된 날부터 5년이 지나지 아니한 사람

2의3. 제40조에 따라 시설의 장에서 해임된 사람으로서 해임된 날부터 5년이 지나지 아니한 사람

2의4. 제40조에 따라 폐쇄명령을 받고 3년이 지나지 아니한 사람

3. 사회복지분야의 6급 이상 공무원으로 재직하다 퇴직한 지 3년이 경과하지 아니한 사람 중에서 퇴직 전 5년 동안 소속하였던 기초자치단체가 관할하는 법인의 임원이 되고자 하는 사람

(2) 임원이 제1항 각 호의 어느 하나에 해당하게 되었을 때에는 그 자격을 상실 한다(법 동조 제2항).

(3) 시행일 제19조 제1항 제2호의2부터 제2호의4까지 및 제35조 제2항 제1호(제19조 제1항 제2호의2부터 제2호의4까지의 개정규정에 해당하는 부분으로 한정한다)의 개정규정은 공포 후 1년이 경과한 날부터 시행한다(법 부칙 제1조 참조), 제19조 제1항 및 제35조 제2항의 개정규정은 같은 개정규정 시행 후 최초로 선임되거나 취임하는 임원 또는 시설의 장부터 적용한다(법 부칙 제2조 참조).

5) 임원의 결원과 보충

(1) 결원의 보충 이사 또는 감사 중에 결원이 생겼을 때에는 2개월 이내에 보충하여야 한다(법 제20조 제1항). 결원으로 인해 새로 선임되는 임원의 임기는 법에 특별규정이 없으면 정관의 규정에 따른다.

(2) 임시이사의 선임 법인이 제20조에 따른 기간 내에 결원된 이사를 보충하지 아니하여 법인의 정상적인 운영이 어렵다고 판단되는 경우 시・도지사는 지체없이 이해관계인의 청구 또는 직권으로 임시이사를 선임하여야 한다(법 제22조의3 제1항).

임시이사는 제1항에 따른 사유가 해소될 때까지 재임한다(법 동조 제2항). 제1항에 따른 임시이사의 선임 등에 필요한 사항은 보건복지부령으로 정한다(법 동조 제4항).

시・도지사는 임시이사가 선임되었음에도 불구하고 해당 법인이 정당한 사유없이 이사회 소집을 기피할 경우 이사회 소집을 권고할 수 있다(법 동조 제3항).

(3) 임시이사의 해임 시・도지사는 다음 각 호의 어느 하나에 해당하는 경우 이해관계인의 청구 또는 직권으로 임시이사를 해임할 수 있다. 이 경우 제2호부터 제4호까지의 규정에 따라 임시이사를 해임하는 때에는 지체 없이 그 후임자를 선임하여야 한다(법 제22조의4 제1항).

① 임시이사 선임사유가 해소된 경우

② 임시이사가 제19조 제1항 제1호 및 제1호의2 부터 제1호의8 까지의 어느 하나에 해당하는 경우

③ 임시이사가 직무를 태만히 하여 법인의 정상화가 어려운 경우

④ 임시이사가 제22조 제1항 각 호의 어느 하나에 해당하는 경우

법인은 제1항에 따라 해임된 임시이사를 이사로 선임할 수 없다(법 동조 제2항).

6) 임원에 대한 해임명령

(1) 해임명령사유 시・도지사는 임원이 다음 각 호의 어느 하나에 해당할 때에는 법인에 그 임원의 해임을 명할 수 있다(법 제22조 제1항).

① 시・도지사의 명령을 정당한 이유 없이 이행하지 아니하였을 때

② 회계부정이나 인권침해 등 현저한 불법행위 그 밖의 부당행위 등이 발견되었을 때

③ 법인의 업무에 관하여 시・도지사에게 보고할 사항에 대하여 고의로 보고를 지연하거나 허위보고를 하였을 때

④ 제18조 제2항・제3항 또는 제7항을 위반하여 선임된 사람

⑤ 제21조를 위반한 사람

⑥ 제22조의2에 따른 직무집행 정지명령을 이행하지 아니한 사람

⑦ 그 밖에 이 법 또는 이 법에 따른 명령을 위반하였을 때

제1항에 따른 해임명령은 시・도지사가 해당 법인에게 그 사유를 들어 시정을 요구한 날부터 15일이 경과하여도 이에 응하지 아니한 경우에 한한다. 다만, 시정을 요구하여도 시정할 수 없는 것이 명백하거나 회계부정, 횡령, 뇌물수수 등 비리의 정도가 중대한 경우에는 시정요구 없이 임원의 해임을 명할 수 있으며, 그 세부적 기준은 대통령령으로 정한다(법 동조 제2항).

(2) 임원의 직무집행정지 시・도지사는 제22조에 따른 해임명령을 하기 위하여 같은 조 제1항 각 호의 사실 여부에 대한 조사나 감사가 진행 중인 경우 및 해임명령 기간 중인 경우에는 해당 임원의 직무집행을 정지시킬 수 있다(법 제22조의2 제1항).

시・도지사는 제1항에 따른 임원의 직무집행 정지사유가 소멸되면 즉시 직무집행 정지명령을 해제하여야 한다(법 동조 제2항).

6. 사회복지법인의 업무집행

1) 법인과 이사의 대표권

법인은 법률과 정관의 규정에 따라 이사를 선임함으로써 이사에게 법인의 내부적 및 대외적인 업무집행권을 부여하게 된다. 법인과 이사의 법률관계는 법인이 이사를 선임함으로써 법인과 이사 간에 위임관계가 생긴다고 볼 수 있으므로, 양자 간에는 민법의 위임에 관한 규

정(민법 제680조~제692조)이 유추적용된다고 보아야 할 것이다.

대체로 최초의 이사선임은 설립자가 설립과 함께하며, 그 후에는 정관의 규정에 따라 연임 또는 개임하게 된다. 정당한 절차를 거친 이사의 임명에는 법인의 업무집행권과 대표권을 수여하는 의사가 포함된 것으로 해석된다.

2) 이사회의 소집절차와 의결

이사회는 법인의 의결기관이고 그 구성원인 이사는 집행기관이므로(민법 제58조 참조), 이사는 이사회에서 결정된 사항을 집행하게 된다. 이 경우에 정관에 다른 규정이 없으면 법인의 사무집행은 이사의 과반수로서 결정한다(민법 제58조 제2항). 법인과 특정의 이사와 관계되는 사항을 의결하는 경우에는 그 이사는 의결권이 없다(민법 제74조).

법인이 이사회를 소집하고자 할 경우에는 정관의 규정내용에 따라 대표이사(이사장)가 회의의 목적사항을 명시하여 정관에 규정된 기일(회의 개최 7일 전까지)까지 각 이사에게 통지하여야 한다(민법 제71조 참조). 법인이 특정의 이사에게 적법한 통지를 하지 아니하여 그 이사가 출석하지 아니한 채 이사회가 개최되었다면 그 이사회의 결의는 무효라고 하는 것이 판례[9]이다.

3) 감사의 직무

일반적으로 법인은 정관으로 감사를 둘 수 있는 것으로 규정하지만(민법 제66조), 사회복지법인에는 반드시 감사를 2명 이상 두어야 한다(법 제18조). 그런데 사회복지사업법에서는 감사의 직무에 관하여 규정하고 있지 않으므로, 민법(제67조) 및 「공익법인의 설립·운영에 관한 법률(제10조)」에 따라 다음과 같은 직무를 수행한다.

① 공익법인의 업무와 재산상황을 감사하는 일 및 이사에 대하여 이에 필요한 자료의 제출 또는 의견을 요구하고 이사에게 의견을 진술하거나 이사회에서 발언하는 일
② 이사회의 회의록에 기명·날인하는 일
③ 법인의 업무와 재산상황을 감사한 결과 불법 또는 부당한 점이 있음을 발견한 때 지체없이 이를 주무관청에 보고하는 일과 이를 이사회에 보고하거나 보고하기 위하여 이사회 소집을 요구하는 일
④ 이사가 법인의 목적범위 외의 행위를 하거나 기타 이 법 또는 이 법에 의한 명령이나 정관에 위반하는 행위를 하여 법인에 현저한 손해를 발생하게 할 우려가 있는 때에는 그 이사에 대하여 직무집행을 유지할 것을 법원에 청구하는 일

---

9) 1994.9.23. 선고, 94다 35084.

7. 사회복지법인의 재산과 운영

사회복지법인은 사회복지사업을 수행할 것을 목적으로 설립된 법인이므로 그 목적사업의 수행에는 일정액 이상의 기본재산이 필요하다. 그래서 사회복지사업법에서는 법인은 사회복지사업의 운영에 필요한 재산을 반드시 소유하도록 규정하고 있다(법 제23조 제1항).

1) 재산의 구분

법인의 재산은 기본재산과 보통재산으로 구분하며, 기본재산은 그 목록과 가액(價額)을 정관에 적어야 한다(법 동조 제2항). 사회복지법인의 자산구성을 분류 해 보면 다음과 같다.

〈 법인의 자산구성 〉

- 자산
  - 기본재산
    - 목적사업용 기본재산
    - 수익용 기본재산
  - 보통재산
  - 수익사업용 재산

(1) 기본재산 사회복지법인이 정관에서 정한 목적사업을 수행하는 데 반드시 필요한 재산을 말하는데, 이 기본재산에는 부동산, 정관에서 기본재산으로 정한 재산, 이사회의 결의에 의하여 기본재산으로 편입된 재산으로 구성된다(시행규칙 제12조 제1항 제1호~3호).

법인은 기본재산에 관하여 다음 각 호의 어느 하나에 해당하는 경우에는 시・도지사의 허가를 받아야 한다. 다만, 보건복지부령으로 정하는 사항에 대하여는 그러하지 아니하다(법 제23조 제3항).

① 매도・증여・교환・임대・담보제공 또는 용도변경을 하려는 경우

② 보건복지부령으로 정하는 금액 이상을 1년 이상 장기차입(長期借入)하려는 경우

여기서 "보건복지부령으로 정하는 금액 이상"이라 함은 장기차입하고자 하는 금액을 포함한 장기차입금의 총액이 기본재산 총액에서 차입 당시의 부채총액을 공제한 금액의 100분의 5에 상당하는 금액 이상을 말한다(시행규칙 제15조 제1항).

(2) 보통재산 법인의 기본재산 외의 재산은 보통재산으로 한다(시행규칙 제12조 제1항). 이는 법인의 운영에 소요되는 현금, 집기, 비품, 시설물 등을 포함한다.

(3) 수익사업용 재산 법인이 그 기본재산만으로는 정관에서 정하고 있는 사업의 목적달성이 어려울 때 그 목적사업을 재정적으로 지원하기 위하여 본래의 정관 소정의 목적사업 외에 수익을 목적으로 하는 사업을 할 수 있다. 그래서 법인은 목적사업의 경비에 충당하

기 위하여 필요한 때에는 법인의 설립 목적 수행에 지장이 없는 범위에서 수익사업을 할 수 있도록 규정하고 있다(법 제28조 제1항).

수익사업용 재산은 법인의 기본재산과는 달리 반드시 법인이 갖추어야 할 재산이 아니고, 그 수익금으로 법인의 목적사업을 지원하기 위하여 별도로 출연한 재산이다. 그러나 법인은 그 수익사업에서 생긴 수익을 법인 또는 법인이 설치한 사회복지시설의 운영 외의 목적에 사용할 수 없다(법 제28조 제2항).

그러나 수익사업용 재산은 기본재산과는 구별되는 별개의 재산이므로 수익사업에 관한 회계는 법인의 다른 회계와 구분하여 회계처리하여야 한다(법 제28조 제3항).

2) 재산의 취득보고

법인이 매수・기부체납(寄附採納)・후원 등의 방법으로 재산을 취득하였을 때에는 지체 없이 이를 법인의 재산으로 편입조치하여야 한다. 이 경우 법인은 그 취득사유, 취득재산의 종류・수량 및 가액을 매년 시・도지사에게 보고하여야 한다(법 제24조).

8. 사회복지법인의 소멸과 합병

1) 법인설립허가의 취소

사회복지법인은 그 설립허가를 취소당하게 되면 소멸하게된다(법 제26조). 시・도지사는 법인이 다음 각 호의 어느 하나에 해당할 때에는 기간을 정하여 시정명령을 하거나 법인설립허가를 취소할 수 있다. 다만, 제1호 또는 제7호에 해당할 때에는 설립허가를 취소하여야 한다(법 제26조 제1항).

① 거짓이나 그 밖의 부정한 방법으로 설립허가를 받았을 때
② 설립허가 조건을 위반하였을 때
③ 목적달성이 불가능하게 되었을 때
④ 목적사업 외의 사업을 하였을 때
⑤ 정당한 사유없이 설립허가를 받은 날부터 6개월 이내에 목적사업을 개시하지 아니하거나 1년 이상 사업실적이 없을 때
⑥ 법인이 운영하는 시설에서 반복적 또는 집단적 성폭력범죄가 발생한 때
⑦ 법인 설립 후 기본재산을 출연하지 아니한 때
⑧ 제18조 제1항의 임원정수를 위반한 때
⑨ 제18조 제2항을 위반하여 이사를 선임한 때
⑩ 제22조에 따른 임원의 해임명령을 이행하지 아니한 때

⑪ 그 밖에 이 법 또는 이 법에 따른 명령이나 정관을 위반하였을 때

법인이 제1항 각 호(제1호 및 제7호는 제외한다)의 어느 하나에 해당하여 설립허가를 취소하는 경우는 다른 방법으로 감독 목적을 달성할 수 없거나 시정을 명한 후 6개월 이내에 법인이 이를 이행하지 아니한 경우로 한정한다(법 제26조 제2항).

2) 합 병

법인은 시 · 도지사의 허가를 받아 이 법에 따른 다른 법인과 합병할 수 있다. 다만, 주된 사무소가 서로 다른 특별시 · 광역시 · 특별자치시 · 도 · 특별자치도(이하 "시 · 도"라 한다)에 소재한 법인 간의 합병의 경우에는 보건복지부장관의 허가를 받아야 한다(법 제30조 제1항).

제1항에 따라 법인이 합병하는 경우 합병 후 존속하는 법인이나 합병으로 설립된 법인은 합병으로 소멸된 법인의 지위를 승계한다(법 제30조 제2항).

3) 잔여재산의 처리

해산한 법인의 남은 재산은 정관으로 정하는 바에 따라 국가 또는 지방자치단체에 귀속된다(법 제27조 제1항).

제1항에 따라 국가 또는 지방자치단체에 귀속된 재산은 사회복지사업에 사용하거나 유사한 목적을 가진 법인에게 무상으로 대여하거나 무상으로 사용 · 수익하게 할 수 있다. 다만, 해산한 법인의 이사 본인 및 그와 대통령령으로 정하는 특별한 관계에 있는 사람이 이사로 있는 법인에 대하여는 그러하지 아니하다(법 제27조 제2항).[10]

9. 사회복지법인의 지도 · 감독과 행정처분의 공표

(1) 지도 · 감독 및 검사 · 질문 보건복지부장관 또는 시 · 도지사 또는 시장 · 군수 · 구청장은 사회복지사업을 운영하는 자의 소관업무에 관하여 지도 · 감독을 하며, 또 필요한 경우 그 업무에 관하여 보고 또는 관계서류의 제출을 명하거나, 소속 공무원으로 하여금 사회복지법인의 사무소 또는 시설에 출입하여 검사 또는 질문을 하게 할 수 있다(법 제51조 제1항).

법인의 주된 사무소의 소재지와 시설의 소재지가 동일한 시 · 도 또는 시 · 군 · 구에 있지 아니한 경우 그 시설의 업무에 관하여는 시설소재지의 시 · 도지사 또는 시장 · 군수 · 구청장이 지도 · 감독 등을 한다. 이 경우 지도 · 감독 등을 위하여 필요할 때에는 법인의 업무에 대하여 법인의 주된 사무소 소재지의 시 · 도지사 또는 시장 · 군수 · 구청장에게 협조를

10) 민법에 의하면 해산한 법인의 재산은 ① 정관으로 지정한 자와, ② 주무관청의 허가를 얻어 그 법인의 목적에 유사한 목적으로 처분할 수 있고, ③ 처분되지 않은 재산은 국고에 귀속되는 것으로 규정한다(민법 제80조 참조).

요청할 수 있다(법 제51조 제2항).

제2항에 따른 지도 · 감독 등에 관하여 따로 지방자치단체 간에 협약을 체결한 경우에는 제2항에도 불구하고 협약에서 정한 시 · 도지사 또는 시장 · 군수 · 구청장이 지도 · 감독 등의 업무를 수행한다(법 동조 제3항).

(2) 행정처분의 공표 보건복지부장관 또는 시 · 도지사는 지도 · 감독을 실시한 후 제26조 및 제40조에 따른 행정처분 등을 한 경우에는 처분 대상인 법인 또는 시설의 명칭, 처분사유, 처분내용 등 처분과 관련된 정보를 대통령령으로 정하는 바에 따라 공표할 수 있다(법 동조 제5항).

제 4 절 사회복지시설

1. 사회복지시설의 의의

(1) 개 념 "사회복지시설이란 사회복지사업을 할 목적으로 설치된 시설을 말한다"(법 제2조 제4호)고 규정할 뿐 적극적인 개념정의를 하지 않고 있다. 일반적으로 사회복지시설이라 하면 사회적 약자를 포함하여 모든 국민이 이용할 수 있는 복지시설을 총칭하는 것이다. 환언하면, 사회복지시설이란 아동, 노인, 장애인 등 사회적 약자가 스스로 정상적인 사회생활을 하기 어려운 경우에 상담 · 보호 · 치료 · 지원 등의 서비스를 제공할 뿐만 아니라 모든 국민의 삶의 질을 높이기 위하여 복지시설로서 마련된 설비, 건조물, 장소 등을 포괄하는 의미이다.

(2) 시설의 평가 사회복지시설은 보호대상자에게 사회복지서비스를 제공하는 시설이므로 질적 수준이 높은 서비스를 제공하는 것이 아주 중요하다. 그러므로 보건복지부장관과 시 · 도지사는 보건복지부령으로 정하는 바에 따라 시설을 정기적으로 평가하고, 그 결과를 공표하거나 시설의 감독 · 지원 등에 반영할 수 있으며 시설 거주자를 다른 시설로 보내는 등의 조치를 할 수 있다(법 제43조의2 제1항). 이에 따라 보건복지부장관 및 시 · 도지사는 3년마다 1회 이상 시설에 대한 평가를 실시하여야 한다(시행규칙 제27조 제1항).

2. 사회복지시설의 종류

사회복지시설은 분류기준에 따라 다양하게 분류할 수 있다.

1) 시설의 설립 및 운영 주체에 의한 분류

시회복지시설을 설립 · 운영하는 주제가 국가 또는 지방자치단체인가, 또는 민간법인이나 민간단체인가에 따라 다음과 같은 종류로 구분된다.

(1) 공립공영시설 국가 또는 지방자치단체가 설립해서 직접 운영하는 시설이다(예 : 국립재활원).

(2) 공립민영시설 국가 또는 지방자치단체가 설립해서 사인 또는 민간법인에 위탁 운영하는 시설을 말한다. 우리나라의 노숙인시설은 대부분 지방자치단체가 설립하여 종교법인 또는 사회복지법인에 위탁하여 운영하고 있다(예 : 종합사회복지관 등).

(3) 사립공영시설 민간이 설립해서 그 운영을 국가 또는 지방자치단체에 위탁하거나 또는 헌납한 시설이다. 외국에는 이런 예가 흔하다. 기업체가 시설물(건물만)을 설치하여 공공기관 또는 다른 사회복지법인에 기부체납하는 경우가 이 형태이다.

(4) 사립민영시설 사인이나 민간법인이 설립하여 직접 운영하는 시설이다. 우리나라의 대부분이 이 형태에 속한다.

2) 시설의 이용방법에 따른 분류

시설 이용자의 일상생활 전체를 보호하느냐 또는 통원케 하여 일상생활의 일부 서비스를 제공하느냐에 따른 뷴류방법이다.

(1) 생활시설 요보호자대상자를 수용하여 24시간 보호하는 시설을 말한다. 통상적으로 시설이라 할 때에는 생활시설을 말한다.

(2) 이용시설 재가 또는 생활시설의 보호대상자를 통원케 하여 서비스를 제공하는 시설이다. 통상적으로 이용시설을 '기관'이라 부른다. 때로는 생활시설이 이용시설을 겸하는 경우도 있다.

3) 요금의 징수 여부에 따른 분류

이용자로부터 비용을 징수하느냐 여부에 따른 분류방법이다.

(1) 유료시설 이용자 또는 그 부양의무자로부터 전적으로 요금을 징수하여 운영하는 시설이다. 유료시설의 징수액에는 보호비는 물론 시설의 유지를 위한 관리비와 인건비 등 기타의 모든 비용이 포함된다.

(2) 무료시설 이용자로부터 요금을 징수하지 않고 전액 무료로 서비스를 제공하는 시설 또는 실비의 요금만을 징수하는 시설로서 우리나라의 시설이 대부분 여기에 속한다. 여기서 '실비'라 함은 시설 이용자에게 직접 투여된 보호비만을 말하며, 기타의 비용은 포함되지 않는 점에서 유료와 구분된다.

3. 시설의 설치주체 및 신고제 등

(1) 시설의 설치주체 국가나 지방자치단체는 아무런 신고 없이 사회복지시설(이하 "시설"이라 한다)을 설치·운영할 수 있으나(법 제34조 제1항), 국가 또는 지방자치단체 외의 자가 시설을 설치·운영하려는 경우에는 보건복지부령으로 정하는 바에 따라 시장·군수·구청장에게 신고하여야 한다. 다만, 각 호의 어느 하나에 해당하는 자는 시설의 설치·운영신고를 할 수 없다(법 제34조 제2항).

1. 제40조에 따라 폐쇄명령을 받고 3년이 지나지 아니한 자
2. 제19조 제1항 제1호 및 제1호의2부터 제1호의8까지의 어느 하나에 해당하는 개인 또는 그 개인이 임원인 법인

(2) 시설의 설치·운영신고제 법 제34조 제2항에 따라 국가 또는 지방자치단체외의 자가 시설을 설치·운영하고자 하는 때에는 별지 제15호서식의 사회복지시설설치·운영신고서(전자문서로 된 신고서를 포함한다)에 법정의 서류(전자문서를 포함한다)를 첨부하여 관할 시장·군수·구청장에게 제출하여야 한다(시행규칙 제20조 제1항 참조).

여기서 설명한 시설의 설치·운영신고는 모든 사회복지시설에 적용되는 일반적인 기준이며, 이 기준 외에 각각의 개별 법령에서 정하는 사회복지시설이 갖추어야 할 시설 및 인력기준 등을 보건복지부령에 위임하고 있으므로 개별 법령의 시행규칙에서 구체적인 기준내용을 정하고 있다.

(3) 시설의 운영기준과 위탁 시설을 설치·운영하는 자는 보건복지부령으로 정하는 재무·회계에 관한 기준에 따라 시설을 투명하게 운영하여야 한다(법 제34조 제3항).

(4) 시설의 통합설치·운영 이 법 또는 제2조 제1호 각 목의 법률에 따른 시설을 설치·운영하려는 경우에는 지역특성과 시설분포의 실태를 고려하여 이 법 또는 제2조 제1호 각목의 법률에 따른 시설을 통합하여 하나의 시설로 설치·운영하거나 하나의 시설에서 둘 이상의 사회복지사업을 통합하여 수행할 수 있다. 이 경우 국가 또는 지방자치단체 외의 자는 통합하여 설치·운영하려는 각각의 시설이나 사회복지사업에 관하여 해당 관계 법령에 따라 신고하거나 허가 등을 받아야 한다(법 제34조의2 제1항).

제1항에 따라 둘 이상의 시설을 통합하여 하나의 시설로 설치·운영하거나 하나의 시설에서 둘 이상의 사회복지사업을 통합하여 수행하는 경우 해당 시설에서 공동으로 이용하거나 배치할 수 있는 시설 및 인력 기준 등은 보건복지부령으로 정한다(법 동조 제2항).

(5) 시설수용인원의 제한 각 사회복지시설의 수용인원은 300명을 초과할 수 없다. 다만, 대통령령으로 정하는 경우에는 그러하지 아니하다(법 제41조). 수용인원 300명을 초과할 수 있는 사회복지시설은 다음 각 호의 어느 하나에 해당하는 시설로 한다(시행령 제19조).

① 노인복지법 제32조에 따른 노인주거복지시설 중 양로시설과 노인복지주택

② 노인복지법 제34조에 따른 노인의료복지시설 중 노인요양시설

4. 사회복지관

(1) 의 의 개정 전의 사회복지사업법에서는 '사회복지시설'에 관한 규정을 제3장에 두고 이를 국가 및 지방자치단체가 설치·운영하는 사회복지시설과 국가 또는 지방자치단체 외의 자가 설치·운영하는 사회복지시설로 나누어, 이 후자의 시설 중 사회복지관의 입·퇴소의 기준·절차 및 직업보도 등에 관하여 필요한 사항을 보건복지부령으로 정할 수 있게 규정하고 있었다(개정 전의 법 제34조 제1·2·4항, 시행규칙 제21조 제22조 참조).

그래서 국가 및 지방자치단체 외의 자가 설치·운영하는 '사회복지관'에 관한 기준을 보건복지부령으로 규정하고, 국가가 직접 설치·운영하거나 국가가 직접 설치하고 민간단체에 위탁 운영하는 복지시설이나 사회복지관에 관하여는 명시적 규정이 없었다.

그러나 이번 개정에서는 종전의 제34조 제4항을 삭제하고 제34조의5에서 사회복지관의 설치에 관한 조항을 신설하여 제2조 제5호에서 사회복지관의 개념을 규정한 취지에 맞추고 있다.

환언하면, 제34조의5 제1항에서 국가 또는 지방자치단체가 설치·운영하거나 그 외의 자가 설치·운영하는 시설(제34조 제1항과 제2항에 따른 시설)에 관계없이 모든 사회복지관에 적용되는 조항으로 규정하고, 동 조항 제3항에서 정하는 사회복지관의 설치·운영에 관한 보건복지부령도 그 설치·운영의 주체와 상관없이 모든 사회복지관에 적용되는 것으로 개정(시행 2012.8.5,법률 제11007호)된 것이다.

(2) 사회복지관의 사업범위 제34조 제1항과 제2항에 따른 시설 중 사회복지관은 지역사회의 특성과 지역주민의 복지욕구를 고려하여 서비스 제공 등 지역복지증진을 위한 사업을 실시할 수 있다(법 제34조의5 제1항).

본조 제1항은 사회복지관의 설치주체가 국가나 지방자치단체이든 민간주체이든 관계없

이 사회복지관의 사업범위를 지역사회의 복지증진에 관한 사업으로 규정함으로써 "사회복지관이란 지역사회를 기반으로 일정한 시설과 전문인력을 갖추고 지역주민의 참여와 협력을 통하여 지역사회의 복지문제를 예방하고 해결하기 위하여 종합적인 복지서비스를 제공하는 시설을 말한다"(법 제2조 제5호)고 규정한 사회복지관의 정의내용과 궤를 같이 하고 있음을 알 수 있다.

3) 복지관의 우선제공 대상자

사회복지관은 모든 지역주민을 대상으로 사회복지서비스를 실시하되, 다음 각 호의 지역주민에게 우선 제공하여야 한다(법 제34조의5 제2항).

① 「국민기초생활 보장법」에 따른 수급자 및 차상위계층

② 장애인, 노인, 한부모가족 및 다문화가족

③ 직업 및 취업 알선이 필요한 사람

④ 보호와 교육이 필요한 유아・아동 및 청소년

⑤ 그 밖에 사회복지관의 사회복지서비스를 우선 제공할 필요가 있다고 인정되는 사람

그 밖에 사회복지관의 설치・운영・사업 등에 필요한 사항은 보건복지부령으로 정한다(법 동조 제3항, 시행규칙 제23조 제1・2항, 제23조의2 제2항 참조).

5. 시설운영의 위탁

1) 의 의

제34조 제1항에 따라 국가나 지방자치단체가 설치한 시설은 필요한 경우 사회복지법인 또는 비영리법인에게 위탁하여 운영하게 할 수 있다(법 제34조 제4항). 위탁운영의 기준・기간 및 방법 등에 관하여 필요한 사항은 보건복지부령으로 정한다(법 동조 제5항).

이에 근거하여 국가나 지방자치단체가 직접 설치하거나 회사 및 민간단체 등이 설치하여 국가나 지방자치단체에 기부체납한 시설은 거의 예외 없이 사회복지법인이나 비영리법인에 위탁하여 운영하고 있다.

2) 시설의 위탁방법 및 고려사항

법 제34조 제4항에 따라 국가 또는 지방자치단체가 설치한 시설을 위탁하여 운영하고자 하는 경우에는 공개모집에 의하여 수탁자를 선정하되, 수탁자의 재정적 능력, 공신력, 사업수행능력, 지역 간 균형분포 및 시행규칙 제27조의2에 따른 평가결과(평가를 한 경우에 한한다) 등을 종합적으로 고려하여 선정하여야 한다(시행규칙 제21조 제1항).

3) 수탁자선정심의위원회

(1) 설치 시행규칙 제21조 제1항에 따른 시설의 수탁자 선정을 위하여 낭해 시설을 설치한 국가 또는 지방자치단체(이하 "위탁기관"이라 한다)에 "수탁자선정심의위원회"(이하 "선정위원회"라 한다)를 둔다(시행규칙 동조 제2항). 국가 또는 지방자치단체는 제1항에 따라 수탁자를 선정하고자 하는 경우에는 제2항에 따른 선정위원회의 심의를 거쳐야 한다(시행규칙 동조 제3항).

(2) 선정위원회의 구성 및 위원의 자격 선정위원회는 위원장 1명을 포함한 9명 이내의 위원으로 구성하고, 위원은 다음 각 호의 어느 하나에 해당하는 자 중에서 위탁기관의 장이 임명 또는 위촉하며, 위원장은 위원 중에서 위탁기관의 장이 지명한다(시행규칙 제21조 제4항).

① 사회복지업무를 담당하는 공무원
② 사회복지에 관한 학식과 경험이 풍부한 자
③ 공익단체에서 추천한 자
④ 그 밖에 법률전문가 등 선정위원회 참여가 필요하다고 위탁기관의 장이 인정하는 자

(3) 선정위원회의 의결정족수 선정위원회는 재적위원 과반수의 출석으로 개의하고 출석위원 과반수의 찬성으로 의결한다(시행규칙 제21조 제5항). 이 규칙에 정한 것 외에 선정위원회의 운영에 관하여 필요한 사항은 위탁기관의 장이 정한다(시행규칙 동조 제6항).

4) 위탁계약

국가나 지방자치단체는 법 제34조 제4항에 따라 시설을 위탁하여 운영하고자 하는 때에는 다음 각 호의 내용이 포함된 계약을 체결하여야 한다(시행규칙 제21조의2 제1항 제1호~제7호).

① 수탁자의 성명 및 주소　② 위탁계약기간
③ 위탁대상시설 및 업무내용　④ 수탁자의 의무 및 준수 사항
⑤ 시설의 안전관리에 관한 사항　⑤의② 시설종사자의 고용승계에 관한 사항
⑥ 계약의 해지에 관한 사항
⑦ 기타 시설의 운영에 필요하다고 인정되는 사항

위 제1항 제2호의 규정에 의한 위탁계약기간은 5년으로 한다. 다만 위탁자가 필요하다고 인정하는 때에는 선정위원회의 심의를 거쳐 그 계약기간을 갱신할 수 있다(시행규칙 제21조의2 제2항).

6. 시설운영자의 보험가입

(1) 시설운영자의 보험가입의무 시설의 운영자는 다음 각 호의 손해배상책임을 이행하

기 위하여 손해보험회사의 책임보험에 가입하거나 「사회복지사 등의 처우 및 지위 향상을 위한 법률」 제4조에 따른 한국사회복지공제회의 책임공제에 가입하여야 한다(법 제34조의3 제1항).

① 화재로 인한 손해배상책임

② 화재 외의 안전사고로 인하여 생명·신체에 피해를 입은 보호대상자에 대한 손해배상책임

(2) 보험가입 의무시설의 범위 제1항에 따라 책임보험이나 책임공제에 가입해야 할 사회복지시설의 범위는 대통령령으로 정한다(법 동조 제3항, 시행령 제18조의3 참조). 국가나 지방자치단체는 예산의 범위에서 제1항에 따른 책임보험 또는 책임공제의 가입에 드는 비용의 전부 또는 일부를 보조할 수 있다(법 동조 제2항).

7. 시설의 안전점검

(1) 안전점검의 결과보고 및 개·보수의 지원 시설의 장은 시설에 대하여 정기 및 수시 안전점검을 실시하여야 하고(법 제34조의4 제1항), 제1항에 따라 정기 또는 수시 안전점검을 한 후 그 결과를 시장·군수·구청장에게 제출하여야 한다(법 동조 제2항).

시장·군수·구청장은 제2항에 따른 결과를 받은 후 필요한 경우에는 시설의 운영자에게 시설의 보완 또는 개수(改修)·보수를 요구할 수 있으며, 이 경우 시설의 운영자는 요구에 따라야 한다(법 동조 제3항). 국가나 지방자치단체는 예산의 범위에서 제1항부터 제3항까지의 규정에 따른 안전점검, 시설의 보완 및 개수·보수에 드는 비용의 전부 또는 일부를 보조할 수 있다(법 동조 제4항).

(2) 안전점검을 받아야 할 시설의 범위 제34조의4의 규정에 따라 정기 또는 수시 안전점검을 받아야 하는 시설의 범위, 안전점검 시기, 안전점검기관 및 그 절차는 대통령령으로 정한다(법 제34조의4 제5항, 시행령 제18조의4 제1·2·3항 참조).

8. 시설의 설치·폐지·변경 등

(1) 시설의 운영신고 제34조 제2항에 따른 신고를 한 자는 지체 없이 시설의 운영을 시작하여야 한다(법 제38조 제1항).

(2) 시설의 휴지·재개·폐지신고 및 조치 시설의 운영자는 그 운영을 일정 기간 중단하거나 다시 시작하거나 시설을 폐지하려는 경우에는 보건복지부령으로 정하는 바에 따라 시장·군수·구청장에게 신고하여야 한다(법 제38조 제2항). 시장·군수·구청장은 제2항에 따라 시설 운영이 중단되거나 시설이 폐지되는 경우에는 보건복지부령으로 정하는 바에 따

라 시설거주자의 권익을 보호하기 위하여 다음 각 호의 조치를 하여야 한다(법 제38조 제3항).

① 시설 거주자가 다른 시설을 선택할 수 있도록 하고 그 이행을 확인하는 조치

② 시설 거주자가 이용료·사용료 등의 비용을 부담하는 경우 납부한 비용 중 사용하지 아니한 금액을 반환하게 하고 그 이행을 확인하는 조치

③ 보조금·후원금 등의 사용 실태 확인과 이를 재원으로 조성한 재산 중 남은 재산의 회수조치

④ 그 밖에 시설거주자의 권익 보호를 위하여 필요하다고 인정되는 조치

(3) 시설운영의 재개 시설운영자가 제2항에 따라 시설운영을 재개하려고 할 때에는 보건복지부령으로 정하는 바에 따라 시설 거주자의 권익을 보호하기 위하여 다음 각 호의 조치를 하여야 한다(법 제38조 제4항).

① 운영 중단 사유의 해소

② 향후 안정적 운영계획의 수립

③ 그 밖에 시설 거주자의 권익 보호를 위하여 보건복지부장관이 필요하다고 인정하는 조치

(4) 시설의 개선, 사업의 정지, 폐쇄 등 보건복지부장관, 시·도지사 또는 시장·군수·구청장은 시설이 다음 각 호의 어느 하나에 해당할 때에는 그 시설의 개선, 사업의 정지, 시설의 장의 교체를 명하거나, 시설의 폐쇄를 명할 수 있다(법 제40조 제1항).

① 시설이 설치기준에 미달하게 되었을 때

② 사회복지법인 또는 비영리법인이 설치·운영하는 시설의 경우 그 사회복지법인 또는 비영리법인의 설립허가가 취소되었을 때

③ 설치목적이 달성되었거나 그 밖의 사유로 계속하여 운영될 필요가 없다고 인정할 때

④ 회계부정이나 불법행위 또는 그 밖의 부당행위 등이 발견되었을 때

⑤ 제34조 제2항에 따른 신고를 하지 아니하고 시설을 설치·운영하였을 때

⑥ 제36조 제1항에 따른 운영위원회를 설치하지 아니하거나 운영하지 아니하였을 때

⑦ 정당한 이유 없이 제51조 제1항에 따른 보고 또는 자료 제출을 하지 아니하거나 거짓으로 하였을 때

⑧ 정당한 이유 없이 제51조 제1항에 따른 검사·질문을 거부·방해하거나 기피하였을 때

⑨ 시설에서 「성폭력범죄의 처벌 등에 관한 특례법」 제2조 제1항 제3호부터 제5호까지의 성폭력범죄 또는 「아동·청소년의 성보호에 관한 법률」 제2조 제3호의 아동·청소년대상 성폭력범죄가 발생한 때

⑩ 1년 이상 시설이 휴지상태에 있어 시장·군수·구청장이 재개를 권고하였음에도 불구하고 재개하지 아니한 때

제1항에 따른 사업의 정지 및 시설의 폐쇄명령을 받은 경우에는 제38조 제3항을 준용한다(법 동조 제2항).

9. 시설의 장과 종사자

(1) 시설의 장 사회복지시설의 장은 상근하여야 한다(법 제35조 제1항). 시설의 장은 명의만 가지고 2중의 직업을 가지게 됨으로써 복지관의 관리·운영을 소홀히 하는 폐단을 방지하기 위한 규정이다.

다음 각 호의 어느 하나에 해당하는 사람은 시설의 장이 될 수 없다(법 제35조 제2항).

① 제19조 제1항 제1호, 제1호의2부터 제1호의8까지 및 제2호의2부터 제2호의4까지의 어느 하나에 해당하는 사람
② 제22조에 따른 해임명령에 따라 해임된 날부터 5년이 지나지 아니한 사람
③ 사회복지분야의 6급 이상 공무원으로 재직하다 퇴직한 지 3년이 경과하지 아니한 사람 중에서 퇴직 전 5년 동안 소속하였던 기초자치단체가 관할하는 시설의 장이 되고자 하는 사람

(2) 시설 종사자의 결격사유 사회복지법인과 사회복지시설을 설치·운영하는 자는 시설에 근무할 종사자를 채용할 수 있다(법 제35조의2 제1항). 다음 각 호의 어느 하나에 해당하는 사람은 사회복지법인 또는 사회복지시설의 종사자가 될 수 없다(법 동조 제2항).

① 제19조 제1항 제1호의7 또는 제1호의8에 해당하는 사람
② 제1호에도 불구하고 종사자로 재직하는 동안 시설이용자를 대상으로 「성폭력범죄의 처벌 등에 관한 특례법」 제2조에 따른 성폭력범죄 및 「아동·청소년의 성보호에 관한 법률」 제2조 제2호에 따른 아동·청소년대상 성범죄를 저질러 금고 이상의 형 또는 치료감호를 선고받고 그 형이 확정된 사람

10. 시설의 운영위원회

(1) 설치 및 심의사항 시설의 장은 시설의 운영에 관한 다음 각 호의 사항을 심의하기 위하여 시설에 운영위원회(이하 "위원회"이라 한다)를 두어야 한다. 다만, 보건복지부령으로 정하는 경우에는 복수의 시설에 공동으로 위원회를 둘 수 있다(법 제36조 제1항).

① 시설운영계획의 수립·평가에 관한 사항

② 사회복지 프로그램의 개발·평가에 관한 사항

③ 시설 종사자의 근무환경 개선에 관한 사항

④ 시설 거주자의 생활환경 개선 및 고충 처리 등에 관한 사항

⑤ 시설 종사자와 거주자의 인권보호 및 권익증진에 관한 사항

⑥ 시설과 지역사회의 협력에 관한 사항

⑦ 그 밖에 시설의 장이 운영위원회의 회의에 부치는 사항

(2) 운영위원회 위원의 임명·위촉 위원회의 위원은 다음 각 호의 어느 하나에 해당하는 사람 중에서 관할 시장·군수·구청장이 임명하거나 위촉한다(법 36조 제2항).

① 시설의 장

② 시설 거주자 대표

③ 시설 거주자의 보호자 대표

④ 시설 종사자의 대표

⑤ 해당 시·군·구 소속의 사회복지업무를 담당하는 공무원

⑥ 후원자 대표 또는 지역주민

⑦ 공익단체에서 추천한 사람

⑧ 그 밖에 시설의 운영 또는 사회복지에 관하여 전문적인 지식과 경험이 풍부한 사람

위와 같이 운영위원회를 설치하여 심의기구로 규정하고 종선규정과는 달리 위원의 임명에 시설장의 추천을 배제한 것은, 법인 이사장이나 이사 및 시설장의 영향력을 받지 않는 별도의 전문가로 구성하거나 또는 현실적으로 시설운영에 관계되는 사람들로 구성하여 법인 이사장이나 시설의 장의 독단이나 전횡에 의한 비리·부정 등의 폐단을 방지하기 위한 것이다.

(3) 시설의 장의 보고 운영위원회의 설치 취지를 관철시키고 동 위원회의 운영을 활성화시키기 위하여 시설의 장은 다음 각 호의 사항을 제1항에 따른 운영위원회에 보고하여야 한다(법 제36조 제3항).

① 시설의 회계 및 예산·결산에 관한 사항

② 후원금 조성 및 집행에 관한 사항

③ 그 밖에 시설운영과 관련된 사건··사고에 관한 사항

특히 시설의 장은 후원금품대장 등 보건복지부령으로 정하는 서류를 시설에 갖추어 두어야 한다(법 제37조). 이것은 사회복지시설 운영의 투명성을 확보하여 공명정대한 복지시설이 되게 함으로써 신뢰받는 지역주민들의 적극적인 협조를 유도하기 위한 것이다(시행규칙 제25조 참조).

제 5 절 사회복지사제도

1. 사회복지사제도의 의의

사회복지사업은 사회적 약자를 정상적인 사회구성원으로 복귀시키는 전문적인 지식과 기술을 필요로 하는 실천적 사업이다. 따라서 사회복지사업을 하나의 전문적인 직업분야로서 인정하고 이를 담당하는 사회복지사를 특별히 양성·배치함으로써 현대 복지국가로의 전환과 발전에 중요한 기능을 담당하게 하려는 취지에서 사회복지사 자격제도를 법제화하고 있는 것이다.

사회복지사는 사회학·심리학 등을 비롯하여 사회복지분야의 전문지식을 바탕으로 개인·집단·지역사회의 제반 문제를 전문적으로 해결하는 독창적인 이론과 실천적 기술을 가져야 한다. 특히 현대사회는 급격한 변화와 발전의 시대로서 인간관계상의 제반 문제가 욕구불만이나 사회부적응에서 야기되는 경우가 많기 때문에 이를 해결하기 위해서는 전문적인 지식과 창조적인 실천기술을 갖춘 전문가의 개입에 의한 원조가 반드시 필요하다.

이에 따라 사회복지사업법에서 사회복지사의 자격요건을 엄격히 규정하고, 사회복지법인이나 사회복지시설의 설치·운영에는 일정 수 이상의 사회복지사를 의무적으로 채용하게 하며, 특히 사회복지사 1급은 반드시 국가시험을 치르도록 하여 그 전문성을 더욱더 높이도록 하였다. 그래서 보건복지부장관은 사회복지에 관한 전문지식과 기술을 갖춘 자에게 사회복지사의 자격증을 교부할 수 있게 하였다(법 제11조 제1항 참조).

2. 사회복지사의 자격

(1) 자격증의 발급 보건복지부장관은 사회복지에 관한 전문지식과 기술을 가진 사람에게 사회복지사 자격증을 발급할 수 있다(법 제11조 제1항).

(2) 등급별 자격기준 사회복지사의 등급은 1급·2급·3급으로 하고 등급별 자격기준과 자격증의 발급절차 등은 대통령령으로 정한다(법 제11조 제2항). 이에 따른 등급별 자격기준은 [별표 1]과 같다(법 제11조 제2항, 시행령 제2조 제1항 참조). 사회복지학 전공교과목과 사회복지관련 교과목이라 함은 다음 [별표 1]과 같다(시행규칙 제3조 참조).

[별표 1] 사회복지학 전공교과목과 사회복지관련 교과목(시행규칙 제3조 관련)

〈개정 2010.3.19〉

1. 사회복지학 전공교과목과 사회복지관련 교과목 및 학점

구분	교과목	이수과목(학점)	
		대학원	대학・전문대학
필수 과목	사회복지개론, 인간행동과 사회환경, 사회복지정책론, 사회복지법제, 사회복지실천론, 사회복지실천기술론, 사회복지조사론, 사회복지행정론, 지역사회복지론, 사회복지현장실습	6과목 18학점 (과목당 3학점) 이상	10과목 30학점 (과목당 3학점) 이상
선택 과목	아동복지론, 청소년복지론, 노인복지론, 장애인복지론, 여성복지론, 가족복지론, 산업복지론, 의료사회사업론, 학교사회사업론, 정신건강론, 교정복지론, 사회보장론, 사회문제론, 자원봉사론, 정신보건사회복지론, 사회복지지도감독론, 사회복지자료분석론, 프로그램 개발과 평가, 사회복지발달사, 사회복지윤리와 철학	2과목 6학점 (과목당 3학점) 이상	4과목 12학점 (과목당 3학점) 이상

비고 : 교과목의 명칭이 동일하지 아니하더라도 교과의 내용이 동일하다고 보건복지부장관이 인정하는 경우에는 동일 교과목으로 본다.

2. 필수과목 중 사회복지현장실습에 관한 기준

가. 실습기관 : 법 제2조 제1호에 따른 사회복지사업과 관련된 법인・시설, 기관 및 단체로 한다.

나. 실습지도자 : 사회복지사 1급 자격증을 소지한 자로서 3년 이상 또는 사회복지사 2급 자격증을 소지한 자로서 5년 이상 사회복지사업의 실무경험이 있는 자가 실습을 지도하여야 한다.

다. 실습시간 : 현장실습시간은 120시간 이상으로 한다.

(3) 사회복지사의 결격사유 다음 각 호의 어느 하나에 해당하는 사람은 사회복지사가 될 수 없다(법 제11조의2).

① 피성년후견인 또는 피한정후견인

② 금고 이상의 형을 선고 받고 그 집행이 끝나지 아니하였거나 그 집행을 받지 아니하기로 확정되지 아니한 사람

③ 법원의 판결에 의하여 자격이 상실되거나 정지된 사람

④ 마약・대마 또는 향정신성의약품의 중독자

⑤ 「정신건강증진 및 정신질환자 복지서비스 지원에 관한 법률」 제3조 제1호에 따른 정신질환자. 다만, 전문의가 사회복지사로서 적합하다고 인정하는 사람은 그러하지 아니하다.

(4) 사회복지사의 자격취소사유 보건복지부장관은 사회복지사가 다음 각 호의 어느 하나에 해당하는 경우 그 자격을 취소하거나 1년의 범위에서 정지시킬 수 있다. 다만, 제1호부터 제3호까지에 해당하면 그 자격을 취소하여야 한다(법 제11조의3 제1항).

① 거짓이나 그 밖의 부정한 방법으로 자격을 취득한 경우

② 제11조의2 각 호의 어느 하나에 해당하게 된 경우

③ 자격증을 대여·양도 또는 위조·변조한 경우

④ 사회복지사의 업무수행 중 그 자격과 관련하여 고의나 중대한 과실로 다른 사람에게 손해를 입힌 경우

⑤ 자격정지 처분을 3회 이상 받았거나, 정지 기간 종료 후 3년 이내에 다시 자격정지 처분에 해당하는 행위를 한 경우

⑥ 자격정지 처분 기간에 자격증을 사용하여 자격 관련 업무를 수행한 경우 보건복지부장관은 제1항에 따라 자격이 취소된 사람에게는 그 취소된 날부터 2년 이내에 자격증을 재교부하지 못한다.

보건복지부장관은 제1항에 따라 자격이 취소된 사람에게는 그 취소된 날부터 2년 이내에 자격증을 재교부하지 못한다(법 제11조의3제2항).

(5) 자격증의 교부 사회복지사의 자격증을 교부받고자 하는 자는 법정의 서류를 첨부한 사회복지사자격증 교부신청서를 한국사회복지사협회(이하 "협회"라 한다)에 제출하여야 한다(시행령 제2조 제2항, 시행규칙 제4조 제1항 참조).

3. 국가시험의 시행

(1) 시험의 실시와 위탁 사회복지사 1급 자격증을 받으려는 사람은 국가시험에 합격하여야 한다(법 제11조 제3항). 보건복지부장관은 사회복지사 1급의 국가시험을 매년 1회 이상 실시하여야 한다(시행령 제3조 제1항). 국가시험은 보건복지부장관이 시행하되, 시험의 관리는 대통령령으로 정하는 바에 따라 시험관리능력이 있다고 인정되는 관계 전문기관에 위탁할 수 있다(법 제12조 제1항).

보건복지부장관은 법 제12조 제1항에 따라 다음 각 호의 어느 하나에 해당하는 관계전문기관을 시험관리기관으로 지정하여 시험관리 업무를 위탁한다(시행령 제3조 제2항).

① 시험에 관한 조사·연구 등을 통하여 시험에 관한 전문적인 능력을 갖춘 비영리법인

② 사회복지에 관한 전문지식과 기술을 갖춘 비영리법인

③ 「한국산업인력공단법」에 따른 한국산업인력공단

이에 따라 현재 시험관리기관으로 사회복지사협회가 주관하여 시행하고 있다.

(2) 시험의 시행공고 시험관리기관의 장은 제1항에 따른 시험을 실시하고자 하는 때에는 미리 보건복지부장관의 승인을 얻어 시험일시·시험장소·시험과목·응시원서의 제출기간·응시수수료의 반환기준, 그 밖에 필요한 사항을 시험일 90일 전까지 공고하여야 한다. 이 경우 응시수수료의 반환기준은 보건복지부령으로 정한다(시행령 동조 제3항).

(3) 사회복지사 1급 시험 응시자격 1급 시험에 응시할 수 있는 자격은 [별표 3]과 같다

(법 제12조 제4항, 시행령 제4조 제1항).

[별표 3] 사회복지사 1급 국가시험 응시자격(시행령 제4조 관련)(개정 2010.3.15)

① 고등교육법에 따른 대학원에서 사회복지학 또는 사회사업학을 전공하고 석사학위 또는 박사학위를 취득한 자. 다만, 대학에서 사회복지학 또는 사회사업학을 전공하지 아니하고 동 석사학위를 취득한 자는 보건복지부령이 정하는 사회복지학 전공교과목과 사회복지관련 교과목 중 사회복지현장실습을 포함한 필수과목 6과목 이상(대학에서 이수한 교과목을 포함하되, 대학원에서 4과목 이상을 이수하여야 한다), 선택과목 2과목 이상을 각각 이수하여야 한다.
② 고등교육법에 의한 대학에서 보건복지부령이 정하는 사회복지학 전공교과목과 사회복지관련 교과목을 이수하고 학사학위를 취득한 자
③ 법령에서 고등교육법에 의한 대학을 졸업한 자와 동등 이상의 학력이 있다고 인정하는 자로서 보건복지부령으로 정하는 사회복지학 전공과목과 사회복지관련 교과목을 이수한 자
④ 외국의 대학 또는 대학원에서 사회복지학 또는 사회사업학을 전공하고 학사학위 이상을 취득한 자로서 제1호 및 제2호의 자격과 동등하다고 보건복지부장관이 인정하는 자
⑤ 별표 1의 사회복지사 2급 자격 기준이란 라목 내지 사목에 해당하는 자로서 시험일 현재 1년 이상 사회복지사업의 실무경험이 있는 자

(4) 시험과목 시험은 필기시험의 방법에 의하여 실시하며, 그 시험과목은 [별표 2]와 같다(법 제12조 제4항, 시행령 제3조 제4항).

[별표 2] 사회복지사 국가시험과목(시행령 제3조 제3항 관련)

① 사회복지기초(인간행동과 사회환경 및 사회복지조사론을 말함)
② 사회복지실천(사회복지실천론 · 사회복지실천기술론 및 지역사회복지론을 말함)
③ 사회복지정책과 제도(사회복지정책론 · 사회복지행정론 및 사회복지법제론을 말함)

(5) 합격기준 시험의 합격결정에 있어서는 매 과목 4할 이상, 전 과목 총점의 6할 이상을 득점한 자를 합격자로 한다(시행령 제3조 제5항).

4. 사회복지사의 채용 및 교육

(1) 채용의무자 사회복지법인 및 사회복지시설을 설치 · 운영하는 자는 대통령령으로 정하는 바에 따라 사회복지사를 그 종사자로 채용하고, 보고방법 · 보고주기 등 보건복지부령으로 정하는 바에 따라 특별시장 · 광역시장 · 특별자치시장 · 도지사 · 특별자치도지사(이하 "시 · 도지사"라 한다) 또는 시장 · 군수 · 구청장에게 사회복지사의 임면에 관한 사항을 보고하여야 한다. 다만, 대통령령으로 정하는 사회복지시설은 그러하지 아니하다(법 제13조 제1항).

(2) 채용의무 제외 시설 사회복지사를 채용할 의무가 없는 시설은 다음 각 호와 같다

(법 제13조 제1항 단서, 시행령 제6조 제2항).

① 「노인복지법」에 따른 노인여가복지시설(노인복지관은 제외한다)
② 「장애인복지법」에 따른 점자도서관과 점자도서 및 음성도서 출판시설
③ 「영유아보육법」에 따른 어린이집
④ 「성매매방지 및 피해자보호 등에 관한 법률」 제5조에 따른 성매매피해자 등을 위한 지원시설 및 같은 법 제10조에 따른 성매매피해상담소
⑤ 「정신건강증진 및 정신질환자 복지서비스 지원에 관한 법률」 제3조 제6호 및 제7호에 따른 정신요양시설 및 정신재활시설
⑥ 「성폭력방지 및 피해자보호 등에 관한 법률」에 따른 성폭력피해상담소

(3) 사회복지사를 채용해야 할 업무 법 제13조 제1항 본문에 따라 사회복지법인 또는 사회복지시설을 설치・운영하는 자는 해당 법인 또는 시설에서 다음 각 호에 해당하는 업무에 종사하는 자를 사회복지사로 채용하여야 한다. 다만, 법 제2조 제1항 각목의 법률에서 따로 정하고 있는 경우에는 그에 의한다(시행령 제6조 제1항).

① 사회복지 프로그램의 개발 및 운영 업무
② 시설거주자의 생활지도 업무
③ 사회복지를 필요로 하는 사람에 대한 상담 업무

(4) 보수교육 보건복지부장관은 사회복지사의 자질 향상을 위하여 필요하다고 인정하면 사회복지사에게 교육을 받도록 명할 수 있다. 다만, 사회복지법인 또는 사회복지시설에 종사하는 사회복지사는 정기적으로 인권에 관한 내용이 포함된 보수교육(補修教育)을 받아야 한다(법 제13조 제2항). 사회복지법인 또는 사회복지시설을 운영하는 자는 그 법인 또는 시설에 종사하는 사회복지사에 대하여 제2항 단서에 따른 교육을 이유로 불리한 처분을 하여서는 아니 된다(법 동조 제3항).

5. 인권존중과 최대봉사의 원칙

이 법에 따라 복지업무에 종사하는 사람은 그 업무를 수행할 때에 사회복지를 필요로 하는 사람을 위하여 인권을 존중하고 차별 없이 최대로 봉사하여야 한다(법 제5조). 한국사회복지사협회는 2001년 12월 15일 전국사회복지사대회에서 선서문을 낭독하고 새로운 윤리강령을 채택하였다.

제 6 절 사회복지서비스와 사회보장급여

1. 의 의

1) 개념정의와 문제점

(1) 사회복지서비스의 개념 사회복지사업법에서는 "사회복지서비스란 국가・지방자치단체 및 민간부문의 도움을 필요로 하는 모든 국민에게 「사회보장기본법」 제3조 제4호에 따른 사회서비스 중 사회복지사업을 통한 서비스를 제공하여 삶의 질이 향상되도록 제도적으로 지원하는 것을 말한다(법 제2조 제6호)"고 정의하고 있다.

그런데 사회복지서비스는 사회보험이나 공공부조와는 달리 비금전적・비물질적 급여와 사회심리적 급여(서비스)를 주된 내용으로 하기 때문에 보호대상자에 대하여 구체적인 서비스를 제공하려면 신청에서부터 시작하여 발굴・조사・계획수립 및 실시에 이르기까지 세부적인 절차에 관하여 상세하게 규정할 필요가 있다.

그러나 사회복지서비스의 종류 및 내용에 관한 사회복지법상의 규정이 시대적 환경변화에 따라 확대・다양화되어 가는 요보호대상자의 욕구를 충족시키기에는 미흡한 한계점이 노출되었다.

환언하면, 이러한 사회복지서비스가 제공되어 실질적인 혜택을 받아야 할 지원대상자를 찾아 도움을 주지 못함으로써 생활고에 빠져 자살에 이르는 비극적인 참상이 발생하게 되자 지금까지 유명무실하였던 사회복지사업법상의 사회복지서비스에 관한 제 규정(제2장의2, 제3장의2 등)을 삭제 또는 축소하고 「사회보장급여의 이용・제공 및 수급권자 발굴에 관한 법률」[(법률 제12935호) 이하 「사회보장급여법」이라 칭한다]을 새로 재정 및 개정하여(법률 제14696호) 2017년 9월 22일 시행하게 된 것이다.

(2) 사회보장급여법의 취지 기존 사회복지사업법상의 사회복지서비스가 사회복지사업 중심으로 규정되어 있어서, 중앙행정기관과 지방자치단체의 유기적인 연계를 통한 지역단위의 사회보장급여를 제대로 제공하지 못하므로써 실질적인 도움을 받아야할 계층이 복지의 사각지대에 놓이는 사례가 종종 발생하게 것이다.

그래서 새로 제정한 ③ 「사회보장급여법」에서는 사회보장급여의 신청, 조사, 결정・지급, 사후관리에 이르기 까지 복지대상자 선정 및 지원에 필요한 일련의 절차와 방법 등에 관한 사항을 구체적으로 규정할 뿐만 아니라, 소외계층을 발굴하기 위한 신고의무, 보호대상자에게 필요한 급여의 직권신청, 보호계획 수립・지원, 상담・안내・의뢰 등 수급권자 보호절차를 세

밀하게 규정함으로써 궁극적으로는 국민 개개인이 적합한 복지혜택을 누릴 수 있는 맞춤형 서비스를 제공함으로써 사회보장서비스에 대한 국민의 체감도를 향상시키고자 한 것이다.[11)]

2) 사회보장급여의 범위

사회보장급여법에서는 "사회보장급여란 제5호의 보장기관이 「사회보장기본법」 제3조 제1호에 따라 제공하는 현금, 현물, 서비스 및 그 이용권을 말한다"고 규정하여(동법 제2조 제1호), 사회보험, 공공부조 와 사회서비스를 모두 포괄함으로써 사회복지사업법상의 사회복지서비스보다 훨씬 확장된 개념으로 사용하고 있다.

이와 같이 지원대상자에게 실질적인 복지혜택을 보장하려는 사회보장급여법이 제정 · 시행됨에 따라 사회복지사업법상의 사회복지서비스는 사회복지사업을 통한 서비스의 제공에만 극한시켜서 사회복지사업의 내용 및 절차에 관한 일반법으로서의 기능으로 제한하였으며(법 제3조 제1항 참조), 또한 보호대상자에 대한 사회복지서비스는 현물로 제공하는 것을 원칙으로 하고 있다(법 제5조의2 제1항 참조).

3) 서비스의 최저기준 설정

상기한 바와 같이 사회복지서비스는 비금전적 · 비경제적 · 사회심리적 급여로서 그 내용 및 절차의 세부규정화가 어렵다는 특성 때문에 각종 복지시설에서 임의로 제공하는 서비스의 질적 수준이 저하되어 특히 인권을 침해할 가능성이 상존하게 된다. 그래서 "보건복지부장관은 시설에서 제공하는 서비스의 최저기준을 마련하여야 하고(법 제43조 제1항), 시설운영자는 제1항의 서비스 최저기준 이상으로 서비스 수준을 유지하여야 한다"(법 동조 제2항)고 규정하고 있다

2. 재가복지서비스

(1) 재가복지서비스의 우선 국가 또는 지방자치단체는 보호대상자가 다음 각 호의 어느 하나에 해당하는 재가복지서비스를 제공받도록 할 수 있다(법 제41조의2 제1항).

① 가정봉사서비스 : 가사 및 개인활동을 지원하거나 정서활동을 지원하는 서비스

② 주간 · 단기보호서비스 : 주간 · 단기보호시설에서 급식 및 치료 등 일상생활의 편의를 낮 동안 또는 단기간 동안 제공하거나 가족에 대한 교육 및 상담을 지원하는 서비스

시장 · 군수 · 구청장은 「사회보장급여의 이용 · 제공 및 수급권자 발굴에 관한 법률」 제

---
11) www.law.go.kr에서 인용

15조에 따른 보호대상자별 서비스 제공 계획에 따라 보호대상자에게 사회복지서비스를 제공하는 경우 시설입소에 우선하여 제1항 각 호의 재가복지서비스를 제공하도록 하여야 한다(법 제41조의2 제2항).

(2) 가정봉사원의 양성 국가나 지방자치단체는 재가복지서비스를 필요로 하는 가정 또는 시설에서 보호대상자가 일상생활을 하기 위하여 필요한 각종 편의를 제공하는 가정봉사원을 양성하도록 노력하여야 한다(법 제41조의4).

제 7 절 사회복지사업의 비용

1. 의 의

사회복지사업에 소요되는 비용은 국가가 부담하는 것이 원칙이지만, 최근에는 국가재정의 부족과 사회복지욕구의 다양성 등의 이유로 수혜자 부담의 유료복지가 점차적으로 확대되어 가는 추세에 있다.

그러나 현재까지 사회복지사업의 대부분이 무료복지이며, 대상자의 범위가 확대된 사회복지사업을 수행하기 위한 비용은 여러 가지 통로와 형태에 의하여 조달되어야 하는 당위성 때문에 여전히 재원조달과 사용의 법적 근거를 마련하는 경우가 일반적이다.

한편 사회복지법인이나 사회복지시설은 특히 공공의 이익을 위하여 운영되어야 하므로 국가나 지방자치단체로부터 지급된 재원이나 후원금으로 받은 예산을 투명하고 공정하게 관리・집행해야 하므로 사회복지사업법의 관련 규정 외에 「사회복지법인 및 사회복지시설 재무・회계규칙」(이하 "법인회계규칙"이라 한다)을 보건복지부령(제480호,시행 2017.3.1)으로 정하여 사회복지 법인 및 사회복지시설의 재무회계 및 후원금 관리의 명확성・공정성・투명성을 기하도록 철저하게 규제하고 있다.

2. 보조금의 지급과 환수

(1) 보조금의 지급대상 국가나 지방자치단체는 사회복지사업을 하는 자 중 대통령령으로 정하는 자에게 운영비 등 필요한 비용의 전부 또는 일부를 보조할 수 있다(법 제42조 제1항).

(2) 보조금의 용도제한 제1항에 따른 보조금은 그 목적 외의 용도에 사용할 수 없다(법 제42조 제2항). 한편 사회복지법인(이하 "법인"이라 한다) 회계 및 사회복지시설(이하 "시설"이

라 한다) 회계의 예산은 세출예산이 정한 목적 외에 이를 사용하지 못하는 것이 원칙이다(법인 회계규칙 제15조). 그러나 예산집행에 탄력성을 부여함으로써 사업계획이나 여건변동에 따른 집행의 효율화를 기하기 위하여 '예산의 전용'과 '세출예산의 이월'이라는 제도를 규정하고 있다.

(3) 보조금의 환수 국가나 지방자치단체는 제1항에 따라 보조금을 받은 자가 다음 각 호의 어느 하나에 해당할 때에는 이미 지급한 보조금의 전부 또는 일부의 반환을 명할 수 있다. 다만, 제1호 및 제2호의 경우에는 반환을 명하여야 한다(법 제42조 제3항).

① 거짓이나 그 밖의 부정한 방법으로 보조금을 받았을 때

② 사업목적 외의 용도에 보조금을 사용하였을 때

③ 이 법 또는 이 법에 따른 명령에 위반하였을 때

제1항에 따른 보조금과 관련하여 이 법에서 규정한 사항 외에는 「보조금 관리에 관한 법률」 및 「지방재정법」을 따른다(법 제42조 제3항).

3. 비용의 징수

(1) 비용징수의 취지 사회복지서비스에 소요되는 비용을 복지대상자나 그 부양의무자로부터 징수하는 것은, 자기생활유지의 일차적 책임이 개인에게 있으며 자유주의 복지이념을 채택하고 있는 현대 복지국가에서 자기생활책임의 원칙의 구체적 발현이다. 그래서 사회복지사업법에서는 본인이 능력이 있거나 부양의무자가 있는데도 불구하고 사회복지서비스를 받았을 경우에 대비한 규정을 두고 있다.

(2) 비용의 징수 이 법에 따른 복지조치에 필요한 비용을 부담한 지방자치단체의 장이나 그 밖에 시설을 운영하는 자는 그 혜택을 받은 본인 또는 그 부양의무자로부터 대통령령으로 정하는 바에 따라 그가 부담한 비용의 전부 또는 일부를 징수할 수 있다(법 제44조 제1항).

4. 후원금

사회복지법인의 대표이사와 시설의 장은 아무런 대가 없이 무상으로 받은 금품이나 그 밖의 자산(이하 "후원금"이라 한다)의 수입·지출 내용을 공개해야 하며 그 관리에 명확성이 확보되도록 하여야 한다(법 제45조 제1항). 후원금에 관한 영수증 발급, 수입 및 사용결과 보고, 그 밖에 후원금 관리 및 공개 절차 등 구체적인 사항은 보건복지부령으로 정한다(법 동조 제2항).

5. 세제상의 지원

(1) 상속 · 증여세의 면제 사회복지사업법에 의해 설립된 사회복지법인이 운영하는 사업에 출연한 재산은 상속세와 증여세가 면제된다(상속세법 제8조의2 제1항, 동법 시행령 제3조의2 제2항). 이것은 사회복지법인의 재정적 지원과 기업 또는 기업재산의 사회 환원을 목적으로 상속재산을 공익사업에 기부하도록 유도하기 위한 세제상의 특별조치이다.

(2) 법인세의 면제 법인세는 사회복지법인에 내해서는 부과하지 아니한다. 다만, 법인이 별도의 수익사업을 영위할 때는 그 부분에 대해서만 법인세가 부과된다(법인세법 제1조).

(3) 조세 · 공과금의 면제 그 외에 사회복지사업에 직접 관계되는 시설의 건물과 토지에 대해서는 조세 및 공과금을 면제시켜 주는 것이 일반적이다.

(4) 개인기부금의 소득공제 개인도 사회복지법인에 기부하면 수입의 10% 범위 안에서 종합소득세 산정에서 공제된다(소득세법 제34조 제1항).

이와 같이 국가 및 지방자치단체가 사회복지법인에 대해서 직접적으로 각종 세금의 부담의무를 면제해 줄 뿐만 아니라, 기업이나 개인이 사회복지법인에 기부할 경우 기부금액에 상당하는 만큼의 세제상 혜택을 줌으로써 간접적으로 사회복지법인에 기부를 권장하고 있다.

(5) 압류의 금지 사회복지사업법 및 법 제2조 제1호 각 목의 법률에 따라 지급된 금품과 이를 받을 권리는 압류하지 못한다(법 제48조). 사회복지 관련법령에 따른 각종 급여는 생존권 유시의 수준에 불과하므로 모든 국민의 인간다운 생활을 할 권리를 보장하려는(헌법 제134조 참조) 헌법정신을 반영하여 절대적 권리로서 보호하려는 것이다.

제16장 노인복지법

〈시행 2018.4.25, 법률 제149225호〉

제1절 의의 및 목적

1. 의 의

1) 개념정의

노인복지란 노인문제를 예방・해결하여 노후생활을 안정적이고 행복하게 영위하도록 국가 사회적으로 지원하는 사회복지를 의미하는데, 노인복지법은 바로 이와 같은 노인복지와 관련된 제반 활동에 관한 법이라 할 수 있다.

노인복지법은 적용대상을 노인으로 하고 있다. 그러나 노인에 대한 구체적인 규정을 두지 않고 다만 복지조치의 개별조항에 65세 이상이라고 연령을 기준으로 일률적으로 규정하고 있으며(제9조 제1항, 제26조, 제28조 등), 다만 개별조항에서 예외규정을 두고 있을 뿐이다(예컨대 법 제28조 제2항, 제33조의2 제1항 단서, 시행규칙 제14조 제1항・제2항, 제18조 제1항 제1호 라목・제2항, 제24조 제1항・제2항 등 참조).

2) 노인복지법의 이념

노인복지법은 세 가지 기본이념을 제시하고 이에 덧붙여 노인을 섬기는 건전한 가족제도의 중요성을 부각시키고 있기 때문에 그 기본이념을 다음과 같이 요약할 수 있다.

(1) 안정된 생활보장 노인은 후손의 양육과 국가 및 사회의 발전에 기여하여 온 자로서 존경받으며 건전하고 안정된 생활을 보장받는다(법 제2조 제1항).

(2) 사회활동참여의 기회보장 노인은 그 능력에 따라 적당한 일에 종사하고 사회적 활동에 참여할 기회를 보장받는다(법 동조 제2항).

(3) 사회발전의 기여 노력 노인은 노령에 따르는 심신의 변화를 자각하여 항상 심신의 건강을 유지하고 그 지식과 경험을 활용하여 사회의 발전에 기여하도록 노력하여야 한다(법 동조 제3항).

(4) 건전한 가족제도의 유지 · 발전 국가와 국민은 경로효친의 미풍양속에 따른 건전한 가족제도가 유지 · 발전되도록 노력하여야 한다(법 제3조).

2. 목적 및 특성

(1) 목 적 노인복지법은 노인의 질환을 사전예방 또는 조기발견하고 질환상태에 따른 적절한 치료 · 요양으로 심신의 건강을 유지하고, 노후의 생활안정을 위하여 필요한 조치를 강구함으로써 노인의 보건복지증진에 기여함을 목적으로 한다(법 제1조).

(2) 특 성 노인복지법은 사회보험법이나 공공부조법과 구별되는 사회복지서비스법으로서의 특성을 가지고 있다. 노후의 금전적 소득은 국민연금법이나 기초연금법 등 각종 연금제도에 규정하고, 노인복지법의 주된 내용은 노인들의 욕구 중 비경제적 욕구에 속하는 사회적 · 심리적 · 정신적 서비스에 관한 것을 핵심적으로 담고 있는 특성을 지닌다.

따라서 노인문제의 사정과 개입에도 그 욕구의 다양성에 따른 전문가의 재량적 판단이 필요하기 때문에 서비스대상자별로 개별화해야 된다는 특성을 가지게 된다.

그러므로 노인복지법은 사회복지전문가뿐만 아니라 의사 · 간호사 · 물리치료사 · 영양사를 위시하여 정신적 · 심리적인 상담자 등 다양한 분야의 전문가 등이 참여하는 다학문적 · 다기능적인 서비스를 제공하는 실천적 개입을 규정한 법이라 할 수 있다.

3. 복지증진의 책임

(1) 국가와 지방자치단체의 책임 국가와 지방자치단체는 노인의 보건 및 복지증진의 책임이 있으며, 이를 위한 시책을 강구하여 추진하여야 하고(법 제4조 제1항), 이러한 시책을 강구함에 있어 법 제2조에 규정된 기본이념이 구현되도록 노력하며(법 동조 제2항), 보건복지부장관은 노인의 보건 및 복지에 관한 실태조사를 3년마다 실시하고 그 결과를 공표하여야 할 책임을 진다(법 제5조 제1항).

(2) 사업경영자의 책임 노인의 일상생활에 관련되는 사업을 경영하는 자는 그 사업을 경영함에 있어 노인의 보건복지가 증진되도록 노력하여야 한다(법 제4조 제3항).

(3) 노인의 날 등의 제정 및 행사 노인에 대한 사회적 관심과 공경의식을 높이기 위하여 매년 10월 2일을 노인의 날로, 매년 10월을 경로의 달로 하고(법 제6조 제1항), 부모에 대한 효사상을 앙양하기 위하여 매년 5월 8일을 어버이날로 한다(법 동조 제2항).

(4) 노인실태조사 보건복지부장관은 노인의 보건 및 복지에 관한 실태조사를 3년마다

실시하고 그 결과를 공표하여야 한다(법 제5조 제1항). 보건복지부장관은 제1항에 따른 실태조사를 위하여 관계 기관·법인·단체·시설의 장에게 필요한 자료의 제출 또는 의견의 진술을 요청할 수 있다(법 제5조 제2항).

제 2 절 노인복지의 시행주체

1. 복지실시기관

국가와 지방자치단체가 노인의 복지증진책임을 지므로(법 제4조 제1항 참조) 그 구체적인 노인복지실시기관은 보건복지부장관, 서울특별시장·광역시장·도지사·특별자치도지사 또는 시장·군수·구청장이 된다(법 제28조 제1항·제2항 참조).

2. 노인복지상담원

노인의 복지를 담당하게 하기 위하여 특별자치도와 시·군·구(자치구를 말한다. 이하 같다)에 노인복지상담원을 둔다(법 제7조 제1항). 노인복지상담원의 임용 또는 위촉, 직무 및 보수 등에 관하여 필요한 사항은 대통령령으로 정한다(법 제7조 제1항, 시행령 제12조·제13조 참조).

3. 노인복지명예지도원

복지실시기관은 양로시설, 노인공동생활가정, 노인복지주택, 노인요양시설 및 노인요양공동생활가정의 입소노인의 보호를 위하여 노인복지명예지도원을 둘 수 있다(법 제51조 제1항).

4. 지역봉사지도원

(1) 위 촉 국가 또는 지방자치단체는 사회적 신망과 경험이 있는 노인으로서 지역봉사를 희망하는 경우에는 이를 지역봉사지도원으로 위촉할 수 있다(법 제24조 제1항).

(2) 업 무 지역봉사지도원의 업무는 다음 각 호와 같다(법 동조 제2항).

① 국가 또는 지방자치단체가 행하는 업무 중 민원인에게 대한 상담 및 조언

② 도로의 교통정리, 주·정차 단속의 보조, 자연보호 및 환경침해 행위단속의 보조와 청소년 선도

③ 충효사상, 전통의례 등 전통문화의 전수교육
④ 문화재의 보호 및 안내
④-2 노인에 대한 교통안전 및 교통사고예방 교육
⑤ 기타 대통령령이 정하는 업무

제3절 보건 · 복지조치

1. 노인의 사회참여 지원

국가 또는 지방자치단체는 노인의 사회참여 확대를 위하여 노인의 봉사활동 기회를 넓히고 노인에게 적합한 직종의 개발과 그 보급을 위한 시책을 강구하며 근로능력이 있는 노인에게 일할 기회를 우선적으로 제공하도록 노력하여야 하고(법 제23조 제1항), 노인의 지역봉사활동 및 취업의 활성화를 기하기 위하여 노인지역봉사기관, 노인취업알선기관 등 노인복지관계기관에 대하여 필요한 지원을 할 수 있다(법 동조 제2항).

2. 노인일자리전담기관

(1) 의 의 노인일자리전담기관은 노인의 능력과 적성에 맞는 일자리지원사업을 전문적 · 체계적으로 수행하기 위한 전담기관을 말한다. 노인일자리전담기관은 2011년 노인복지법 개정(법률 제10563호, 시행 2011.10.8)에서 노인에게 노후의 보충적 소득활동을 지원하고 건강하며 생산적인 노후생활을 영위하게 함으로써 노인의 삶의 질 향상에 기여하도록 돕기 위하여 새로 만들어진 일자리 전담기관이다.

(2) 종 류 노인의 능력과 적성에 맞는 일자리지원사업을 전문적 · 체계적으로 수행하기 위한 전담기관(이하 "노인일자리전담기관"이라 한다)은 다음 각 호의 기관으로 한다(법 제23조의2 제1항).

① **노인인력개발기관** : 노인일자리개발 · 보급사업, 조사사업, 교육 · 홍보 및 협력사업, 프로그램인증 · 평가사업 등을 지원하는 기관
② **노인일자리지원기관** : 지역사회 등에서 노인일자리의 개발 · 지원, 창업 · 육성 및 노인에 의한 재화의 생산 · 판매 등을 직접 담당하는 기관
③ **노인취업알선기관** : 노인에게 취업 상담 및 정보를 제공하거나 노인일자리를 알선하는 기관

(3) 설치 · 운영 국가 또는 지방자치단체는 노인일자리전담기관을 설치 · 운영하거나 그 운영의 전부 또는 일부를 법인 · 단체 등에 위탁할 수 있다(법 제23조의2 제2항).

노인일자리 전담기관의 설치 · 운영 또는 위탁에 관하여 필요한 사항은 대통령령으로 정하고(법 동조 제3항), 제1항 제2호의 노인일자리지원기관의 시설 및 인력에 관한 기준 등은 보건복지부령으로 정한다(법 동조 제4항).

3. 노인에 대한 지원

(1) 생업지원 국가 또는 지방자치단체 기타 공공단체가 설치 · 운영하는 공공시설 안에 식료품 · 사무용품 · 신문 등 일상생활용품의 판매를 위한 매점이나 자동판매기의 설치를 허가 또는 위탁할 때에는 65세 이상의 자의 신청이 있는 경우 이를 우선적으로 반영하여야 한다(법 제25조).

(2) 경로우대 국가 또는 지방자치단체는 65세 이상의 자에 대하여 대통령령이 정하는 바에 의하여 국가 또는 지방자치단체의 수송시설 및 고궁 · 능원 · 박물관 · 공원 등의 공공시설을 무료로 또는 그 이용요금을 할인하여 이용하게 할 수 있다(법 제26조 제1항).

65세 이상의 자에 대하여 그 이용요금을 할인할 수 있는 공공시설(이하 "경로우대시설"이라 한다)의 종류와 그 할인율은 [별표 1]과 같다(시행령 제19조 제1항)

[별표 1] 경로우대시설의 종류와 할인율(시행령 제19조 제1항 관련) 〈개정 2007. 12. 13〉

시설의 종류	할인율(일반요금에 대한 백분율)
1. 철도	
가. 새마을호, 무궁화호	100분의 30
나. 통근열차	100분의 50
다. 수도권전철	100분의 100
2. 도시철도(도시철도 구간 안의 국유전기철도를 포함한다)	100분의 100
3. 고궁	100분의 100
4. 능원	100분의 100
5. 국공립박물관	100분의 100
6. 국공립공원	100분의 100
7. 국공립미술관	100분의 100
8. 국공립국악원	100분의 50 이상
9. 국가 · 지방자치단체 또는 국가나 지방자치단체가 출연하거나 경비를 지원하는 법인이 설치 · 운영하거나 그 운영을 위탁한 공연장	100분의 50

비 고 1. 철도 및 도시철도의 경우에는 운임에 한한다.
2. 공연장의 경우에는 그 공연장의 운영자가 자체기획한 공연의 관람료에 한한다.
3. 새마을호의 경우 토요일과 공휴일에는 할인율을 적용하지 아니한다.

(3) 경영자에 대한 지원 국가 또는 지방자치단체는 노인의 일상생활에 관련된 사업을 경영하는 자에게 65세 이상의 자에 대하여 그 이용요금을 할인하여 주도록 권유할 수 있으며(법 제26조 제2항), 제2항의 규정에 의하여 노인에게 이용요금을 할인하여 주는 자에 대하여 적절한 지원을 할 수 있다(법 동조 제3항).

(4) 건강진단 및 보건교육의 지원 국가 또는 지방자치단체는 대통령령이 정하는 바에 의하여 65세 이상의 자에 대하여 건강진단과 보건교육을 실시할 수 있다. 이 경우 보건복지부령으로 정하는 바에 따라 성별 다빈도질환 등을 반영하여야 하며(법 제27조 제1항, 시행령 제20조 참조), 노인성 질환자의 경제적 부담능력 등을 고려하여 노인성 질환의 예방교육, 조기발견 및 치료 등에 필요한 비용의 전부 또는 일부를 지원할 수 있다(법 제27조의4 제1항).

(5) 독거노인에 대한 지원 국가 또는 지방자치단체는 홀로 사는 노인에 대하여 방문요양과 돌봄 등의 서비스와 안전 확인 등의 보호조치를 취하여야 하고, 제1항에 따른 사업을 노인 관련 기관·단체에 위탁할 수 있으며, 예산의 범위에서 그 사업 및 운영에 필요한 비용을 지원할 수 있다(법 제27조의2 제1·2항).

(6) 독거노인종합지원센터 보건복지부장관은 홀로 사는 노인에 대한 돌봄과 관련된 다음 각 호의 사업을 수행하기 위하여 독거노인종합지원센터를 설치·운영할 수 있다(법 제27조의3제1항).

① 홀로 사는 노인에 대한 정책 연구 및 프로그램의 개발
② 홀로 사는 노인에 대한 현황조사 및 관리
③ 홀로 사는 노인 돌봄사업 종사자에 대한 교육
④ 홀로 사는 노인에 대한 돌봄사업의 홍보, 교육교재 개발 및 보급
⑤ 홀로 사는 노인에 대한 돌봄사업의 수행기관 지원 및 평가
⑥ 관련 기관 협력체계의 구축 및 교류
⑦ 홀로 사는 노인에 대한 기부문화 조성을 위한 기부금품의 모집, 접수 및 배부
⑧ 그 밖에 홀로 사는 노인의 돌봄을 위하여 보건복지부장관이 위탁하는 업무 보건복지부장관은 제1항에 따른 독거노인종합지원센터의 운영을 전문 인력과 시설을 갖춘 법인 또는 단체에 위탁할 수 있다(법 동조 제2항).

(7) 노인성 질환에 대한 의료지원 국가 또는 지방자치단체는 노인성 질환자의 경제적 부담능력 등을 고려하여 노인성 질환의 예방교육, 조기발견 및 치료 등에 필요한 비용의 전부 또는 일부를 지원할 수 있다(법 제27조의4제1항).

4. 상담 · 입소 등의 조치

(1) 65세 이상의 노인에 대한 조치 보건복지부장관, 특별시장 · 광역시장 · 도지사 · 특별자치도지사(이하 "시 · 도지사"라 한다), 시장 · 군수 · 구청장(자치구의 구청장을 말한다. 이하 같다)은 노인에 대한 복지를 도모하기 위하여 필요하다고 인정한 때에는 다음 각 호의 조치를 하여야 한다(법 제28조 제1항).

① 65세 이상의 자 또는 그를 보호하고 있는 자를 관계공무원 또는 노인복지상담원으로 하여금 상담 · 지도하게 하는 것
② 65세 이상의 자로서 신체적 · 정신적 · 경제적 이유 또는 환경상의 이유로 거택에서 보호받기가 곤란한 자를 노인주거복지시설 또는 재가노인복지시설에 입소시키거나 입소를 위탁하는 것
③ 65세 이상의 자로서 신체 또는 정신상의 현저한 결함으로 인하여 항상 보호를 필요로 하고, 경제적 이유로 거택에서 보호받기가 곤란한 자를 노인의료복지시설에 입소시키거나 입소를 위탁하는 것

(2) 65세 미만의 자에 대한 조치 보건복지부장관, 시 · 도지사 또는 시장 · 군수 · 구청장(이하 "복지실시기관"이라 한다)은 65세 미만의 자에 대하여도 그 노쇠현상이 현저하여 특별히 보호할 필요가 있다고 인정할 때에는 제1항 각 호의 조치를 할 수 있다(법 동조 제2항).

(3) 장례의 시행 복지실시기관은 위 제1항 또는 제2항의 규정에 의하여 입소 조치된 자가 사망한 경우에 그 자에 대한 장례를 행할 자가 없을 때에는 그 장례를 행하거나 당해 시설의 장으로 하여금 그 장례를 행하게 할 수 있다(법 동조 제3항). 복지실시기관 또는 노인복지시설의 장은 이와 같은 규정에 의한 장례를 행함에 있어서 사망자가 유류한 금전 또는 유가증권을 그 장례에 필요한 비용에 충당할 수 있으며, 부족이 있을 때에는 유류물품을 처분하여 그 대금을 이에 충당할 수 있다(법 제48조).

5. 노인재활요양사업의 실시

국가 또는 지방자치단체는 신체적 · 정신적으로 재활요양을 필요로 하는 노인을 위한 재활요양사업을 실시할 수 있다(법 제30조 제1항). 제1항의 노인재활요양사업의 내용 및 기타 필요한 사항은 보건복지부령으로 정한다(법 동조 제2항).

제 4 절 노인복지시설의 설치 · 운영

1. 노인복지시설의 종류 및 설치신고

(1) 노인복지시설의 종류 노인복지시설의 종류는 다음 각 호와 같다(법 제31조).

① 노인주거복지시설 ② 노인의료복지시설
③ 노인여가복지시설 ④ 재가노인복지시설
⑤ 노인보호전문기관 ⑥ 제23조의2 제1항 제2호의 노인일자리지원기관
⑦ 제39조의19에 따른 학대피해노인 전용쉼터

(2) 설치신고의 의제 법 제33조 제2항(노인주거복지시설의 설치신고), 제35조 제2항(노인의료복지시설의 설치신고), 제37조 제2항(노인여가복지시설의 설치신고) 및 제39조 제2항(재가노인복지시설의 설치신고)에 따라 노인복지시설의 설치신고를 한 경우「사회복지사업법」제34조 제2항(사회복지시설의 설치신고)에 따른 사회복지시설 설치신고를 한 것으로 본다(법 제31조의2).

2. 노인주거복지시설

(1) 노인주거복지시설의 종류 노인주거복지시설은 다음 각 호의 시설로 한다(법 제32조 제1항).

① **양로시설** : 노인을 입소시켜 급식과 그 밖에 일상생활에 필요한 편의를 제공함을 목적으로 하는 시설
② **노인공동생활가정** : 노인들에게 가정과 같은 주거여건과 급식, 그 밖에 일상생활에 필요한 편의를 제공함을 목적으로 하는 시설
③ **노인복지주택** : 노인에게 주거시설을 임대하여 주거의 편의 · 생활지도 · 상담 및 안전관리 등 일상생활에 필요한 편의를 제공함을 목적으로 하는 시설

(2) 노인주거복지시설의 설치신고 국가 또는 지방자치단체는 노인주거복지시설을 설치할 수 있다(법 제33조 제1항). 국가 또는 지방자치단체 외의 자가 노인주거복지시설을 설치하고자 하는 경우에는 특별자치도지사 · 시장 · 군수 · 구청장(이하 "시장 · 군수 · 구청장"이라 한다)에게 신고하여야 한다(법 동조 제2항).

(3) 노인주거복지시설의 시설기준 등 노인주거복지시설의 입소대상 · 입소절차 · 입소비용 및 임대 등에 관하여 필요한 사항은 보건복지부령으로 정한다(법 제33조 제3항, 시행규칙 제19조 참조).

(4) 노인복지주택의 입소자격 등 노인복지주택에 입소할 수 있는 자는 60세 이상의 노인(이하 "입소자격자"라 한다)으로 한다. 다만, 다음 각 호의 어느 하나에 해당하는 경우에는 입소자격자와 함께 입소할 수 있다(법 제33조의2 제1항).

① 입소자격자의 배우자

② 입소자격자가 부양을 책임지고 있는 19세 미만의 자녀·손자녀

노인복지주택을 설치하거나 설치하려는 자는 노인복지주택을 입소자격자에게 임대하여야 한다(법 동조 제2항). 제2항에 따라 노인복지주택을 임차한 자는 해당 노인주거시설을 입소자격자가 아닌 자에게 다시 임대할 수 없다(법 제33조의2 제3항). 제33조 제2항에 따라 노인복지주택을 설치한 자는 당해 노인복지주택의 전부 또는 일부 시설을 시장·군수·구청장의 확인을 받아 대통령령으로 정하는 자에게 위탁하여 운영할 수 있다(법 제33조의2 제6항).

입소자격자가 사망하거나 노인복지주택에 거주하지 아니하는 경우 제1항에 따라 노인복지주택에 입소한 입소자격자의 배우자 및 자녀·손자녀는 보건복지부령으로 정하는 기간 내에 퇴소하여야 한다. 다만, 입소자격자의 해외 체류 등 보건복지부령으로 정하는 부득이한 사유가 있는 경우에는 그러하지 아니하다(법 제33조의2 제7항).

(5) 노인복지주택의 규모제한 시장·군수·구청장은 지역 내 노인 인구, 노인주거복지시설의 수요와 공급실태 및 노인복지주택의 효율적인 이용 등을 고려하여 노인복지주택의 공급가구수와 가구별 건축면적(주거의 용도로만 쓰이는 면적에 한한다)을 일정규모 이하로 제한할 수 있다(법 제33조의2 제5항).

3. 노인의료복지시설

(1) 노인의료복지시설의 종류 노인의료복지시설은 다음 각 호의 시설로 한다(법 제34조 제1항).

① **노인요양시설** : 치매·중풍 등 노인성질환 등으로 심신에 상당한 장애가 발생하여 도움을 필요로 하는 노인을 입소시켜 급식·요양과 그 밖에 일상생활에 필요한 편의를 제공함을 목적으로 하는 시설

② **노인요양공동생활가정** : 치매·중풍 등 노인성질환 등으로 심신에 상당한 장애가 발생하여 도움을 필요로 하는 노인에게 가정과 같은 주거여건과 급식·요양, 그 밖에 일상생활에 필요한 편의를 제공함을 목적으로 하는 시설

'치매'란 「치매관리법」 제2조 제1호에 따른 치매를 말한다(법 제1조의2 제3호). 「치매관리법」에서 규정하는 '치매'란 퇴행성 뇌질환 또는 뇌혈관계 질환 등으로 인하여 기억력, 언어능력, 지남력(指南力), 판단력 및 수행능력 등의 기능이 저하됨으로써 일상생활에서 지장을 초래

하는 후천적인 다발성 장애를 말한다(치매관리법 제2조 제1호).

(2) 노인의료복지시설의 설치신고 국가 또는 지방자치단체는 노인의료복지시설을 설치할 수 있다(법 제35조 제1항). 국가 또는 지방자치단체 외의 자가 노인의료복지시설을 설치하고자 하는 경우에는 시장·군수·구청장에게 신고하여야 한다(법 동조 제2항).

(3) 시설기준 등 노인의료복지시설의 시설, 인력 및 운영에 관한 기준과 설치신고 및 설치허가 등에 관하여 필요한 사항은 보건복지부령으로 정한다(제35조 제3항, 시행규칙 동조 제2항 참조).

4. 노인여가복지시설

(1) 노인여가복지시설의 종류 노인여가복지시설은 다음 각 호의 시설로 한다(법 제36조 제1항).

① 노인복지관 : 노인의 교양·취미생활 및 사회참여활동 등에 대한 각종 정보와 서비스를 제공하고, 건강증진 및 질병예방과 소득보장·재가복지, 그 밖에 노인의 복지증진에 필요한 서비스를 제공함을 목적으로 하는 시설

② 경로당 : 지역노인들이 자율적으로 친목도모·취미활동·공동작업장 운영 및 각종 정보교환과 기타 여가활동을 할 수 있도록 하는 장소를 제공함을 목적으로 하는 시설

③ 노인교실 : 노인들에 대하여 사회활동 참여욕구를 충족시키기 위하여 건전한 취미생활·노인건강유지·소득보장 기타 일상생활과 관련한 학습프로그램을 제공함을 목적으로 하는 시설

(2) 경로당에 대한 지원

① 양곡구입비 등의 보조 : 국가 또는 지방자치단체는 경로당의 활성화를 위하여 지역별·기능별 특성을 갖춘 표준 모델 및 프로그램을 개발·보급하여야 하고(법 제37조 제3항), 경로당에 대하여 예산의 범위에서 「양곡관리법」에 따른 정부관리양곡 구입비의 전부 또는 일부를 보조할 수 있으며(법 제37조의2 제1항), 예산의 범위에서 경로당의 냉난방 비용의 전부 또는 일부를 보조할 수 있다(법 동조 제2항).

② 공과금의 감면 : 「전기사업법」에 따른 전기판매사업자, 「전기통신사업법」에 따른 전기통신사업자 및 「도시가스사업법」에 따른 도시가스사업자는 경로당에 대하여 각각 전기요금·전기통신요금 및 도시가스요금을 감면할 수 있고(법 제37조의3 제1항), 「수도법」에 따른 수도사업자(수도사업자가 지방자치단체인 경우에는 해당 지방자치단체의

장을 말한다)는 경로당에 대하여 수도요금을 감면할 수 있다(법 동조 제2항).

(3) 노인여가복지시설의 설치신고 국가 또는 지방자치단체는 노인여가복지시설을 설치할 수 있고, 국가 또는 지방자치단체 외의 자가 노인여가복지시설을 설치하고자 하는 경우에는 시장・군수・구청장에게 신고하여야 한다(법 제37조 제1항・제2항).

(4) 시설기준 등 노인여가복지시설의 시설, 인력 및 운영에 관한 기준과 설치신고 등에 관하여 필요한 사항은 보건복지부령으로 정한다(법 제37조 제4항, 시행규칙 제26조 참조). 국가 또는 지방자치단체는 경로당의 활성화를 위하여 지역별・기능별 특성을 갖춘 표준 모델 및 프로그램을 개발・보급하여야 한다(법 제37조 제3항).

5. 재가노인복지시설

(1) 재가노인복지시설의 서비스 종류 재가노인복지시설은 다음 각 호의 어느 하나 이상의 서비스를 제공함을 목적으로 하는 시설을 말한다(법 제38조 제1항).

① **방문요양서비스**: 가정에서 일상생활을 영위하고 있는 노인(이하 "재가노인"이라 한다)으로서 신체적・정신적 장애로 어려움을 겪고 있는 노인에게 필요한 각종 편의를 제공하여 지역사회 안에서 건전하고 안정된 노후를 영위하도록 하는 서비스

② **주・야간보호서비스**: 부득이한 사유로 가족의 보호를 받을 수 없는 심신이 허약한 노인과 장애노인을 주간 또는 야간 동안 보호시설에 입소시켜 필요한 각종 편의를 제공하여 이들의 생활안정과 심신기능의 유지・향상을 도모하고, 그 가족의 신체적・정신적 부담을 덜어주기 위한 서비스

③ **단기보호서비스**: 부득이한 사유로 가족의 보호를 받을 수 없어 일시적으로 보호가 필요한 심신이 허약한 노인과 장애노인을 보호시설에 단기간 입소시켜 보호함으로써 노인 및 노인가정의 복지증진을 도모하기 위한 서비스

④ **방문목욕서비스**: 목욕장비를 갖추고 재가노인을 방문하여 목욕을 제공하는 서비스

⑤ **그 밖의 서비스**: 그 밖에 재가노인에게 제공하는 서비스로서 보건복지부령이 정하는 서비스

(2) 재가노인복지시설의 설치신고 국가 또는 지방자치단체는 재가노인복지시설을 설치할 수 있다(법 제39조 제1항). 국가 또는 지방자치단체 외의 자가 재가노인복지시설을 설치하고자 하는 경우에는 시장・군수・구청장에게 신고하여야 한다(법 동조 제2항).

(3) 재가노인복지시설의 시설기준 등 재가노인복지시설의 시설, 인력 및 운영에 관한 기준과 설치신고 등에 관하여 필요한 사항은 보건복지부령으로 정한다(법 제39조 제3항, 시행규

칙 제29조 참조).

6. 시설전문인력(요양보호사)

(1) 요양보호사의 채용 노인복지시설의 설치·운영자는 보건복지부령으로 정하는 바에 따라 노인 등의 신체활동 또는 가사활동 지원 등의 업무를 전문적으로 수행하는 요양보호사를 두어야 한다(법 제39조의2 제1항). 요양보호사가 되려는 사람은 제39조의3에 따라 요양보호사를 교육하는 기관(이하 "요양보호사교육기관"이라 한다)에서 교육과정을 마치고 시·도 지사가 실시하는 요양보호사 자격시험에 합격하여야 한다(법 동조 제2항).

(2) 요양보호사 자격증 시·도지사는 제2항에 따라 요양보호사 자격시험에 합격한 사람에게 요양보호사 자격증을 교부하여야 한다(법 동조 제3항). 요양보호사의 교육과정, 요양보호사 자격시험 실시 및 자격증 교부 등에 관하여 필요한 사항은 보건복지부령으로 정한다(법 동조 제5항).

(3) 요양보호사 교육기관의 지정 및 취소 시·도지사는 요양보호사의 양성을 위하여 보건복지부령으로 정하는 지정기준에 적합한 시설을 요양보호사교육기관으로 지정·운영하여야 한다(법 제39조의3 제1항).

시·도지사는 요양보호사교육기관이 다음 각 호의 어느 하나에 해당하는 경우 사업의 정지를 명하거나 그 지정을 취소할 수 있다. 다만, 제1호에 해당하는 경우 지정을 취소하여야 한다(법 동조 제2항).

① 거짓이나 그 밖의 부정한 방법으로 요양보호사교육기관으로 지정을 받은 경우
② 제1항에 따른 지정기준에 적합하지 아니하게 된 경우
③ 교육과정을 1년 이상 운영하지 아니하는 경우
④ 정당한 사유 없이 제42조에 따른 보고 또는 자료제출을 하지 아니하거나 거짓으로 한 경우 또는 조사·검사를 거부·방해하거나 기피한 경우

시·도지사는 제2항에 따라 지정취소를 하는 경우 청문을 실시하여야 한다(법 동조 제3항)

(4) 요양보호사의 결격사유 다음 각 호의 어느 하나에 해당하는 사람은 요양보호사가 될 수 없다(법 제39조의13).

① 「정신보건법」 제3조 제1호에 따른 정신질환자. 다만, 전문의가 요양보호사로서 적합하다고 인정하는 사람은 그러하지 아니하다.
② 마약·대마 또는 향정신성의약품 중독자
③ 피성년후견인

④ 금고 이상의 형을 선고받고 그 형의 집행이 종료되지 아니하였거나 그 집행을 받지 아니하기로 확정되지 아니한 사람

⑤ 법원의 판결에 따라 자격이 정지 또는 상실된 사람

⑥ 요양보호사의 자격이 취소된 날부터 1년이 경과되지 아니한 사람

(5) 요양보호사 자격의 취소 시 · 도지사는 요양보호사가 다음 각 호의 어느 하나에 해당하는 경우 그 자격을 취소할 수 있다. 다만, 제1호부터 제3호까지의 경우 자격을 취소하여야 한다(법 제39조의14 제1항).

① 제39조의13 각 호의 어느 하나에 해당하게 된 경우

② 제39조의9를 위반하여 제55조의2부터 제55조의4까지의 규정에 따른 처벌을 받은 경우

③ 거짓이나 그 밖의 부정한 방법으로 자격증을 취득한 경우

④ 영리를 목적으로 노인 등에게 불필요한 요양서비스를 알선 · 유인하거나 이를 조장한 경우

⑤ 자격증을 대여 · 양도 또는 위조 · 변조한 경우

시 · 도지사는 제1항에 따라 요양보호사의 자격을 취소하는 경우 청문을 실시하여야 한다(법 동조 제2항).

제 5 절 학대받는 노인에 대한 보호

1. 의 의

(1) 개념 '노인학대'라 함은 노인에 대하여 신체적 · 정신적 · 정서적 · 성적 폭력 및 경제적 착취 또는 가혹행위를 하거나 유기 또는 방임을 하는 것을 말한다(법 제1조의2 제4호).

(2) 노인학대예방의 날 범국민적으로 노인학대에 대한 인식을 높이고 관심을 유도하기 위하여 매년 6월 15일을 노인학대예방의 날로 지정하고, 국가와 지방자치단체는 노인학대예방의 날의 취지에 맞는 행사와 홍보를 실시하도록 노력하여야 한다(법 제6조 제4항). 국가와 지방자치단체는 노인학대를 예방하고 수시로 신고를 받을 수 있도록 긴급전화를 설치하여야 한다(법 제39조의4 제1항).

(3) 홍보영상의 제작 · 배포 보건복지부장관은 노인학대의 예방과 방지, 노인학대의 위

해성, 신고방법 등에 관한 홍보영상을 제작하여 「방송법」 제2조 제23호의 방송편성책임자에게 배포하여야 하고(법 제6조의2 제1항), 「방송법」 제2조 제3호 가목의 지상파방송사업자에게 같은 법 제73조 제4항에 따라 대통령령으로 정하는 비상업적 공익광고 편성비율의 범위에서 제1항의 홍보영상을 채널별로 송출하도록 요청할 수 있다(법 제6조의2 제2항).

2. 인권교육

(1) 인권교육의 실시 제31조의 노인복지시설 중 대통령령으로 정하는 시설을 설치·운영하는 자와 그 종사자는 인권에 관한 교육(이하 이 조에서 "인권교육"이라 한다)을 받아야 하며, 또한 해당 시설을 이용하고 있는 노인들에게 인권교육을 실시할 수 있다(법 제6조의3 제1항·제2항).

(2) 인권교육기관의 지정 보건복지부장관은 제1항 및 제2항에 따른 인권교육을 효율적으로 실시하기 위하여 인권교육기관을 지정할 수 있다(법 동조 제3항 본문). 이 경우 예산의 범위에서 인권교육에 소요되는 비용을 지원할 수 있으며, 지정을 받은 인권교육기관은 보건복지부장관의 승인을 받아 인권교육에 필요한 비용을 교육대상자로부터 징수할 수 있다(법 동조 제3항 후문).

(3) 지정 취소, 업무정지 보건복지부장관은 제3항에 따라 지정을 받은 인권교육기관이 다음 각 호의 어느 하나에 해당하면 그 지정을 취소하거나 6개월 이내의 기간을 정하여 업무를 정지할 수 있다. 다만, 제1호에 해당하면 그 지정을 취소하여야 한다(법 동조 제4항).

① 거짓이나 그 밖의 부정한 방법으로 지정을 받은 경우
② 제5항에 따라 보건복지부령으로 정하는 지정요건을 갖추지 못하게 된 경우
③ 인권교육의 수행능력이 현저히 부족하다고 인정되는 경우

3. 노인보호전문기관

1) 노인보호전문기관의 설치 및 운영위탁

(1) 중앙노인보호전문기관의 설치 국가는 지역 간의 연계체계를 구축하고 노인학대를 예방하기 위하여 다음 각 호의 업무를 담당하는 중앙노인보호전문기관을 설치·운영하여야 한다(법 제39조의5 제1항).

① 노인인권보호 관련 정책제안
② 노인인권보호를 위한 연구 및 프로그램의 개발
③ 노인학대 예방의 홍보, 교육자료의 제작 및 보급

④ 노인보호전문사업 관련 실적 취합, 관리 및 대외자료 제공
⑤ 지역노인보호전문기관의 관리 및 업무지원
⑥ 지역노인보호전문기관 상담원의 심화교육
⑦ 관련 기관 협력체계의 구축 및 교류
⑧ 노인학대 분쟁사례 조정을 위한 중앙노인학대사례판정위원회 운영
⑨ 그 밖에 노인의 보호를 위하여 대통령령으로 정하는 사항

(2) 지역노인보호전문기관의 설치 학대받는 노인의 발견·보호·치료 등을 신속히 처리하고 노인학대를 예방하기 위하여 다음 각 호의 업무를 담당하는 지역노인보호전문기관을 특별시·광역시·도·특별자치도(이하 "시·도"라 한다)에 둔다(법 동조 제2항).

① 노인학대 신고전화의 운영 및 사례접수
② 노인학대 의심사례에 대한 현장조사
③ 피해노인 및 노인학대자에 대한 상담
④ 피해노인가족 관련자와 관련 기관에 대한 상담
⑤ 상담 및 서비스제공에 따른 기록과 보관
⑥ 일반인을 대상으로 한 노인학대 예방교육
⑦ 노인학대행위자를 대상으로 한 재발방지 교육
⑧ 노인학대사례 판정을 위한 지역노인학대사례판정위원회 운영 및 자체사례회의 운영
⑨ 그 밖에 노인의 보호를 위하여 보건복지부령으로 정하는 사항

(3) 노인보호전문기관의 운영위탁 보건복지부장관 및 시·도지사는 노인학대예방사업을 목적으로 하는 비영리법인을 지정하여 제1항에 따른 중앙노인보호전문기관과 제2항에 따른 지역노인보호전문기관의 운영을 위탁할 수 있다(법 동조 제3항).

2) 노인보호전문기관의 설치 및 운영기준, 상담원의 자격과 배치기준

위 제1항에 따른 중앙노인보호전문기관과 제2항에 따른 지역노인보호전문기관의 설치기준과 운영, 상담원의 자격과 배치기준 및 제3항에 따른 위탁기관의 지정 등에 필요한 사항은 대통령령으로 정한다(법 동조 4항). 이에 따라 법 제39조의5 제1항 및 제2항에 따른 중앙 및 지역 노인보호전문기관의 설치기준과 운영 및 상담원의 배치기준은 [별표 1의2]와 같다(시행령 제20조의4 참조).

4. 노인학대 신고 및 교육의무

(1) 신고의무자 누구든지 노인학대를 알게 된 때에는 노인보호전문기관 또는 수사기관에 신고할 수 있다(법 제39조의6 제1항). 다음 각 호의 어느 하나에 해당하는 자는 그 직무상 65세 이상의 사람에 대한 노인학대를 알게 된 때에는 즉시 노인보호전문기관 또는 수사기관에 신고하여야 한다(법 동조 제2항).

① 의료법 제3조 제1항의 의료기관에서 의료업을 행하는 의료인
② 제31조에 따른 노인복지시설의 장과 그 종사자 및 제7조에 따른 노인복지상담원
③ 「장애인복지법」 제58조의 규정에 의한 장애인복지시설에서 장애노인에 대한 상담·치료·훈련 또는 요양업무를 수행하는 사람
④ 「가정폭력방지 및 피해자보호 등에 관한 법률」 제5조 및 제7조에 따른 가정폭력 관련 상담소 및 가정폭력피해자 보호시설의 장과 그 종사자
⑤ 「사회복지사업법」 제14조에 따른 사회복지전담공무원 및 같은 법 제34조에 따른 사회복지관, 부랑인 및 노숙인보호를 위한 시설의 장과 그 종사자
⑥ 「노인장기요양보험법」 제31조에 따른 장기요양기관 및 제32조에 따른 재가장기요양기관의 장과 그 종사자
⑦ 「119구조·구급에 관한 법률」 제10조에 따른 119구급대의 구급대원
⑧ 「건강가정기본법」 제35조에 따른 건강가정지원센터의 장과 그 종사자
⑨ 「다문화가족지원법」 제12조에 따른 다문화가족지원센터의 장과 그 종사자
⑩ 「성폭력방지 및 피해자보호 등에 관한 법률」 제10조에 따른 성폭력피해상담소 및 같은 법 제12조에 따른 성폭력피해자보호시설의 장과 그 종사자
⑪ 「응급의료에 관한 법률」 제36조에 따른 응급구조사
⑫ 「의료기사 등에 관한 법률」 제1조의2제1호에 따른 의료기사

(2) 교육의무 신고인의 신분은 보장되어야 하며 그 의사에 반하여 신분이 노출되어서는 아니 된다(법 동조 제3항). 관계 중앙행정기관의 장은 제2항 각 호의 어느 하나에 해당하는 사람의 자격취득 교육과정이나 보수교육 과정에 노인학대 예방 및 신고의무와 관련된 교육 내용을 포함하도록 하여야 한다(법 동조 제4항).

5. 현장출동 및 조사·질문 등

(1) 현장출동의무 제39조의6의 규정에 의하여 노인학대 신고를 접수한 노인보호전문기관의 직원이나 사법경찰관리는 지체 없이 노인학대의 현장에 출동하여야 한다. 이 경우 노

인보호전문기관의 장이나 수사기관의 장은 서로 동행하여 줄 것을 요청할 수 있고, 그 요청을 받은 때에는 정당한 사유가 없으면 소속 직원이나 사법경찰관리를 현장에 동행하도록 하여야 한다(법 제39조의7 제1항).

(2) 조사 · 질문 등 제1항에 따라 출동한 노인보호전문기관의 직원이나 사법경찰관리는 피해자를 보호하기 위하여 신고된 현장에 출입하여 관계인에 대하여 조사를 하거나 질문을 할 수 있다. 이 경우 노인보호전문기관의 직원은 피해노인의 보호를 위한 범위에서만 조사 또는 질문을 할 수 있다(법 동조 제2항).

(3) 분리조사 등 제2항에 따라 조사 또는 질문을 하는 노인보호전문기관의 직원이나 사법경찰관리는 피해자 · 신고자 · 목격자 등이 자유롭게 진술할 수 있도록 노인학대행위자로부터 분리된 곳에서 조사하는 등 필요한 조치를 하여야 한다(법 동조 제4항).

(4) 분리 · 인도의무 제1항의 규정에 의하여 현장에 출동한 자는 학대받은 노인을 노인학대행위자로부터 분리하거나 치료가 필요하다고 인정할 때에는 노인보호전문기관 또는 의료기관에 인도하여야 한다(법 동조 제5항). 누구든지 정당한 사유 없이 노인학대 현장에 출동한 자에 대하여 현장조사를 거부하거나 업무를 방해하여서는 아니 된다(법 동조 제6항).

(5) 노인학대등의 통보 사법경찰관리는 노인 사망 및 상해사건, 가정폭력 사건 등에 관한 직무를 행하는 경우 노인학대가 있었다고 의심할만한 사유가 있는 때에는 노인보호전문기관에 그 사실을 통보하여야 한다(법 제39조의15 제1항). 제1항의 통보를 받은 노인보호전문기관은 피해노인 보호조치 등 필요한 조치를 하여야 한다(법 동조 제2항).

(6) 학대피해노인 전용쉼터의 설치 국가와 지방자치단체는 노인학대로 인하여 피해를 입은 노인(이하 이 조에서 "학대피해노인"이라 한다)을 일정기간 보호하고 심신 치유 프로그램을 제공하기 위하여 학대피해노인 전용쉼터(이하 "쉼터"라 한다)를 설치 · 운영할 수 있다(법 제39조의19 제1항). 국가와 지방자치단체는 쉼터의 운영업무를 제39조의5 제1항 및 제2항에 따른 노인보호전문기관에 위탁할 수 있다. 이 경우 국가와 지방자치단체는 위탁에 소요되는 비용을 지원할 수 있다(법 제39조의19 제3항).

6. 보조인의 선임

학대받은 노인의 법정대리인, 직계친족, 형제 · 자매, 노인보호전문기관의 상담원 또는 변호사는 노인학대사건의 심리에 있어서 보조인이 될 수 있다. 다만, 변호사가 아닌 경우에는 법원의 허가를 받아야 한다(법 제39조의8 제1항).

법원은 학대받은 노인을 증인으로 신문하는 경우 본인·검사 또는 노인보호전문기관의 신청이 있는 때에는 본인과 신뢰관계에 있는 자의 동석을 허가할 수 있다(법 제39조의8 제2항). 수사기관이 학대받은 노인을 조사하는 경우에도 보조인의 선임(제1항) 및 본인과 신뢰관계에 있는 자의 동석(제2항) 등의 절차를 준용한다(법 동조 제3항).

7. 금지행위

누구든지 다음 각 호의 어느 하나에 해당하는 행위를 하여서는 아니 된다(법 제39조의9).

① 노인의 신체에 폭행을 가하거나 상해를 입히는 행위
② 노인에게 성적 수치심을 주는 성폭행·성희롱 등의 행위
③ 자신의 보호·감독을 받는 노인을 유기하거나 의식주를 포함한 기본적 보호 및 치료를 소홀히 하는 방임행위
④ 노인에게 구걸을 하게 하거나 노인을 이용하여 구걸하는 행위
⑤ 노인을 위하여 증여 또는 급여된 금품을 그 목적 외의 용도에 사용하는 행위
⑥ 폭언, 협박, 위협 등으로 노인의 정신건강에 해를 끼치는 정서적 학대행위

8. 실종노인에 관한 신고의무 등

(1) 신고의무 누구든지 정당한 사유 없이 사고 또는 치매 등의 사유로 인하여 보호자로부터 이탈된 노인(이하 "실종노인"이라 한다)을 경찰관서 또는 지방자치단체의 장에게 신고하지 아니하고 보호하여서는 아니 된다(법 제39조의10 제1항).

(2) 신상카드의 작성 제31조에 따른 노인복지시설(「사회복지사업법」 제2조 제4호에 따른 사회복지시설 및 사회복지시설에 준하는 시설로서 인가·신고 등을 하지 아니하고 노인을 보호하는 시설을 포함한다. 이하 "보호시설"이라 한다)의 장 또는 그 종사자는 그 직무를 수행하면서 실종노인임을 알게 된 때에는 지체 없이 보건복지부령으로 정하는 신상카드를 작성하여 지방자치단체의 장과 제3항 제2호의 업무를 수행하는 기관의 장에게 제출하여야 한다(법 동조 제2항).

(3) 보건복지부장관의 업무 보건복지부장관은 실종노인의 발생예방, 조속한 발견과 복귀를 위하여 다음 각 호의 업무를 수행하여야 한다. 이 경우 보건복지부장관은 노인복지관련 법인이나 단체에 그 업무의 전부 또는 일부를 위탁할 수 있다(법 동조 제3항).

① 실종노인과 관련된 조사 및 연구
② 실종노인의 데이터베이스 구축·운영
③ 그 밖에 실종노인의 보호 및 지원에 필요한 사항

(4) 경찰청장의 시행업무 경찰청장은 실종노인의 조속한 발견과 복귀를 위하여 다음 각 호의 사항을 시행하여야 한다(법 동조 제4항).

① 실종노인에 대한 신고체계의 구축 및 운영
② 그 밖에 실종노인의 발견과 복귀를 위하여 필요한 사항

9. 조사 · 질문 및 보고 · 자료제출, 비밀누설 금지

(1) 조사 · 질문 등 보건복지부장관, 시 · 도지사 또는 시장 · 군수 · 구청장은 필요하다고 인정하는 때에는 관계공무원 또는 노인복지상담원으로 하여금 노인복지시설과 노인의 주소 · 거소, 노인의 고용장소 또는 제39조의9의 금지행위를 위반할 우려가 있는 장소에 출입하여 노인 또는 관계인에 대하여 필요한 조사를 하거나 질문을 하게 할 수 있다(법 제39조의11 제1항).

(2) 보고 · 자료제출 등 경찰청장, 시 · 도지사 또는 시장 · 군수 · 구청장은 실종노인의 발견을 위하여 필요한 때에는 보호시설의 장 또는 그 종사자에게 필요한 보고 또는 자료제출을 명하거나 소속 공무원으로 하여금 보호시설에 출입하여 관계인 또는 노인에 대하여 필요한 조사 또는 질문을 하게 할 수 있다(법 동조 제2항).

(3) 비밀누설의 금지 이 법에 의한 학대노인의 보호와 관련된 업무에 종사하였거나 종사하는 자는 그 직무상 알게 된 비밀을 누설하지 못한다(법 제39조의12 제1항).

10. 노인학대 범죄자의 취업제한 등

(1) 노인관련기관의 취업제한 노인학대관련범죄로 형 또는 치료감호를 선고받아 확정된 사람(이하 "노인학대관련범죄전력자"라 한다)은 그 확정된 때부터 형 또는 치료감호의 전부 또는 일부의 집행이 종료(종료된 것으로 보는 경우를 포함한다)되거나 집행을 받지 아니하기로 확정된 후 10년까지의 기간 동안 다음 각 호의 어느 하나에 해당하는 시설 또는 기관(이하 "노인관련기관"이라 한다)을 운영하거나 노인관련기관에 취업 또는 사실상 노무를 제공할 수 없다(제39조의17 제1항).

① 제31조의 노인복지시설
②「노인장기요양보험법」 제31조에 따른 장기요양기관 및 같은 법 제32조에 따른 재가장기요양기관
③「가정폭력방지 및 피해자보호 등에 관한 법률」 제4조의6의 긴급전화센터, 같은 법 제5조의 가정폭력 관련 상담소 및 같은 법 제7조의2의 가정폭력피해자 보호시설
④「건강가정기본법」 제35조의 건강가정지원센터

⑤ 「다문화가족지원법」 제12조의 다문화가족지원센터
⑥ 「성폭력방지 및 피해자보호 등에 관한 법률」 제10조의 성폭력피해상담소 및 같은 법 제12조의 성폭력피해자보호시설 및 같은 법 제18조의 성폭력피해자통합지원센터
⑦ 「의료법」 제3조의 의료기관
⑧ 「장애인복지법」 제58조의 장애인복지시설
⑨ 「정신건강증진 및 정신질환자 복지서비스 지원에 관한 법률」 제3조에 따른 정신건강복지센터 및 정신건강증진시설

(2) 관할행정기관장의 범죄전력 조회 제1항 각 호의 노인관련기관의 설치 신고·인가·허가 등을 관할하는 행정기관의 장(이하 이 조에서 "관할행정기관의 장"이라 한다)은 노인관련기관을 운영하려는 자에 대하여 본인의 동의를 받아 관계 기관의 장에게 노인학대관련범죄 전력 조회를 요청하여야 한다(제39조의17 제2항).

관할행정기관의 장은 노인학대관련범죄전력자가 제1항을 위반하여 노인관련기관을 운영하거나 노인관련기관에 취업 또는 사실상 노무를 제공하고 있는지를 직접 또는 관계 기관 조회 등의 방법으로 점검·확인하여야 한다(제39조의17 제4항).

(3) 노인관련기관장의 범죄전력조회 노인관련기관의 장은 그 기관에 취업 중이거나 사실상 노무를 제공 중인 사람 또는 취업하려 하거나 사실상 노무를 제공하려는 사람에 대하여 노인학대관련범죄 전력을 확인하여야 한다. 이 경우 본인의 동의를 받아 관계 기관의 장에게 노인학대관련범죄 전력 조회를 요청하여야 한다(제39조의17 제3항).

제6절 노인복지의 재정

1. 비용부담

(1) 국가 및 지방자치단체의 부담 다음 각 호의 어느 하나에 해당하는 비용은 대통령령이 정하는 바에 따라 국가 또는 지방자치단체가 부담한다(법 제45조 제2항).
① 노인일자리 전담기관의 설치·운영 또는 위탁에 소요되는 비용
② 노인의 건강진단 등과 상담·입소 등의 조치에 소요되는 비용
③ 국가 또는 지방자치단체가 설치하는 노인주거복지시설·노인의료복지시설·노인여가복지시설·재가노인복지시설 등 노인복지시설의 설치·운영에 소요되는 비용

(2) 본인 또는 부양의무자의 부담 건강진단 등과 상담·입소 등(제27조 및 제28조의 규정

에 따른)의 복지조치에 필요한 비용을 부담한 복지실시기관은 당해 노인 또는 그 부양의무자로부터 대통령령이 정하는 바에 의하여 그 부담한 비용의 전부 또는 일부를 수납하거나 청구할 수 있다(법 제46조 제1항).

부양의무가 없는 자가 제28조의 규정에 의한(상담 · 입소 등) 복지조치에 준하는 보호를 행하는 경우 즉시 그 사실을 부양의무자 및 복지실시기관에 알려야 한다(법 동조 제2항). '부양의무자'라 함은 피부양자의 배우자(사실상의 혼인관계에 있는 자를 포함한다)와 직계비속 및 그 배우자(사실상의 혼인관계에 있는 자를 포함한다)를 말한다(법 제1조의2 제1호).

제2항의 보호를 행한 자는 부양의무자에게 보호비용의 전부 또는 일부를 청구할 수 있다(법 동조 제3항).

(3) 조정권의 행사 제46조 제3항의 규정에 의하여 부양의무자가 부담하여야 할 보호비용에 대하여 보호를 행한 자와 부양의무자 사이에 합의가 이루어지지 아니하는 경우로서 시장 · 군수 · 구청장은 당사자로부터 조정요청을 받은 경우에는 이를 조정할 수 있다(법 제50조 제4항). 시장 · 군수 · 구청장은 제4항의 조정을 위하여 필요하다고 인정하는 경우 부양의무자에게 소득 · 재산 등에 관한 자료의 제출을 요구할 수 있다(법 동조 제5항).

(4) 비용의 수납 및 신고 제32조 제1항에 따른 양로시설, 노인공동생활가정 및 노인복지주택, 제34조 제1항에 따른 노인요양시설 및 노인요양공동생활가정을 설치한 자는 그 시설에 입소하거나 그 시설을 이용하는 「국민기초생활 보장법」 제7조 제1항 제1호에 따른 생계급여 수급자 또는 같은 항 제3호에 따른 의료급여 수급자 외의 자로부터 그에 소요되는 비용을 수납하고자 할 때에는 시장 · 군수 · 구청장에게 신고하여야 한다. 다만, 보건복지부령이 정한 비용수납 한도액의 범위 안에서 수납할 때에는 그러하지 아니하다(법 동조 제5항).

제36조 제1항의 규정에 의한 노인여가복지시설 또는 제38조 제1항의 규정에 의하여 재가노인복지시설을 설치한 자 또는 편의를 제공하는 자가 그 시설을 이용하는 자로부터 그에 소요되는 비용을 수납하고자 할 때에는 미리 시장 · 군수 · 구청장에게 신고하여야 한다(법 동조 제7항).

2. 비용의 보조, 국 · 공유재산의 무상대부

국가 또는 지방자치단체는 대통령령이 정하는 바에 의하여 노인복지시설의 설치 · 운영에 필요한 비용을 보조할 수 있고(법 제47조), 국가 또는 지방자치단체는 노인보건복지관련 연구시설이나 사업의 육성을 위하여 필요하다고 인정하는 경우에는 국유재산법 또는 지방재정법의 규정에 불구하고 국 · 공유재산을 무상으로 대부하거나 사용 · 수익하게 할 수 있다(법 제54조).

제7절 노인복지서비스 수급권의 보호와 구제

1. 조세 공과금의 감면

제31조의 규정에 의한 노인복지시설에서 노인을 위하여 사용하는 건물 · 도지 등에 대하여는 소세감면규제법 등 관계법령이 정하는 바에 의하여 조세 기타 공과금을 감면할 수 있다(법 제49조).

2. 권리구제

(1) 이의신청 노인 또는 그 부양의무자는 이 법에 따른 복지조치에 대하여 이의가 있을 때에는 당해 복지실시기관에 이의를 신청할 수 있다(법 제50조 제1항). 제1항에 따른 이의신청은 해당 복지조치가 있음을 안 날부터 90일 이내에 문서로 하여야 한다. 다만, 정당한 사유로 인하여 그 기간 이내에 이의신청을 할 수 없었음을 증명한 때에는 그 사유가 소멸한 날부터 60일 이내에 이의신청을 할 수 있다(법 동조 제2항).

제1항의 이의신청을 받은 복지실시기관은 그 신청을 받은 날부터 30일 이내에 이를 심사 · 결정하여 청구인에게 통보하여야 한다(법 동조 제3항).

(2) 행정심판의제기 제3항의 심사 · 결정에 이의가 있는 자는 그 통보를 받은 날부터 90일 이내에 행정심판을 제기할 수 있다(법 동조 제4항).

(3) 조정 제46조 제3항의 규정에 의하여 부양의무자가 부담하여야 할 보호비용에 대하여 보호를 행한 자와 부양의무자 사이에 합의가 이루어지지 아니하는 경우로서 시장 · 군수 · 구청장은 당사자로부터 조정요청을 받은 경우에는 이를 조정할 수 있다(법 동조 제5항).

제8절 노인복지시설에 대한 지도 · 감독 등

1. 노인복지시설 설치운영자의 의무

(1) 시설의 변경 · 폐지신고 제33조 제2항의 규정에 의하여 노인주거복지시설을 설치한 자, 제35조 제2항의 규정에 의하여 노인의료복지시설을 설치한 자, 제37조 제2항에 의하여 노인여가복지시설을 설치한 자 또는 제39조 제2항의 규정에 의하여 재가노인복지시설을 설

치한 자가 그 설치신고 사항 중 보건복지부령이 정하는 사항을 변경하거나 그 시설을 폐지 또는 휴지하고자 할 때에는 대통령령이 정하는 바에 의하여 시장 · 군수 · 구청장에게 미리 신고하여야 한다(법 제40조 제1·2항).

(2) 수탁거부의 금지 제32조 제1항의 규정에 의한 양로시설, 노인공동생활가정 및 노인복지주택, 제34조 제1항의 규정에 의한 노인요양시설 및 노인요양공동생활가정 또는 제38조 제1항의 규정에 의한 재가노인복지시설을 설치 · 운영하는 자가 복지실시기관으로부터 제28조 제1항 제2호 및 제3호, 동조 제2항 또는 제3항의 규정에 의하여 노인의 입소 · 장례를 위탁받은 때에는 정당한 이유 없이 이를 거부하여서는 아니 된다(법 제41조)

(3) 조사 · 검사 · 현항자료 제출 복지실시기관은 제31조의 규정에 의한 노인복지시설 또는 제39조의3 제1항에 따른 요양보호사교육기관을 설치 · 운영하는 자로 하여금 당해 시설 또는 사업에 관하여 필요한 보고를 하게 하거나 관계공무원으로 하여금 당해 시설 또는 사업의 운영상황을 조사하게 하거나 장부 기타 관계서류를 검사하게 할 수 있다(법 제42조 제1항).

제31조의 규정에 의한 노인복지시설을 설치 · 운영하는 자는 보건복지부령이 정하는 바에 따라 매년도 입소자 또는 이용자 현황 등에 관한 자료를 복지실시기관에 제출하여야 한다(법 제42조 제2항).

2. 사업의 정지 · 폐지 등

(1) 시 · 도지사 또는 시장 · 군수 · 구청장의 정지 · 폐지 명령 시 · 도지사 또는 시장 · 군수 · 구청장은 노인주거복지시설, 노인의료복지시설 또는 제23조의2 제1항 제2호의 노인일자리지원기관이 다음 각 호의 어느 하나에 해당하는 때에는 1개월의 범위에서 사업의 정지 또는 폐지를 명할 수 있다(법 제43조 제1항).

① 제23조의2 제4항(노인일자리지원기관), 제33조 제3항(노인주거복지시설) 또는 제35조 제3항(노인의료복지시설)에 따른 시설 등에 관한 기준에 미달하게 된 때
② 제41조(수탁의무)의 규정에 위반하여(노인의 입소 · 장례의) 수탁을 거부한 때
③ 정당한 이유 없이 제42조(감독)의 규정에 의한 보고 또는 자료 제출을 하지 아니하거나 허위로 한 때 또는 조사 · 검사를 거부 · 방해하거나 기피한 때
④ 제46조 제5항(비용의 수납 · 청구)의 규정에 위반한 때

(2) 시장 · 군수 · 구청장의 정지 · 폐지 명령 시장 · 군수 · 구청장은 노인여가복지시설 또는 재가노인복지시설이 다음 각 호의 어느 하나에 해당하는 때에는 1개월의 범위에서 사업의 정지 또는 폐지를 명할 수 있다(법 제43조 제2항).

① 제37조 제3항(노인여가복지시설) 또는 제39조 제3항(재가노인복지시설)의 시설 등에 관한 기순에 미달하게 된 때
② 제41조의 규정에 위반하여 수탁을 거부한 때(재가노인복지시설의 경우에 한한다)
③ 정당한 이유 없이 법 제42조의 규정에 의한 보고 또는 자료 제출을 하지 아니하거나 허위로 한 때 또는 조사 · 검사를 거부 · 방해하거나 기피한 때
④ 제46조 제7항(비용수납의 사전신고)의 규정에 위반한 때

(3) 청문의 실시 시장 · 군수 · 구청장은 법 제43조의 규정에 의한 사업의 폐지를 명하고자 하는 경우에는 청문을 실시하여야 한다(법 제44조).

3. 권한의 위임 · 위탁

보건복지부장관 또는 시 · 도지사는 이 법에 의한 권한의 일부를 대통령령이 정하는 바에 의하여 각각 시 · 도지사 또는 시장 · 군수 · 구청장에게 위임할 수 있고(법 제53조 제1항), 보건복지부장관, 시 · 도지사 또는 시장 · 군수 · 구청장은 이 법에 의한 업무의 일부를 대통령령이 정하는 바에 의하여 법인 또는 단체에 위탁할 수 있다(법 동조 제2항).

제17장 아동복지법

〈시행 2018.4.25, 법률 제14925호〉

제1절 의의 및 목적

1. 의 의

(1) 개 념 「아동복지법」이란 18세 미만인 아동(법 제3조 제1호)의 복지에 관한 법이라고 간단히 정의를 내릴 수 있다. 그런데 어느 국가에서나 아동은 모든 국민과 마찬가지로 한 인간으로서의 존엄과 가치를 가지며 행복을 추구할 권리를 보장하고 있다(헌법 제10조 참조). 이것은 한 인간으로서 건강하고 행복하게 자랄 수 있도록 양육되어야 할 권리를 아동에게 기본권으로 인정한다는 것이다.

아동에 관한 문제는 단순히 아동 개인의 문제에만 그치지 않고 가족과 사회 전체에 커다란 영향을 미칠 뿐만 아니라, 아동은 미래의 국가사회를 짊어지고 발전시켜 나가야 할 세대이기 때문에 세계 모든 국가에서 사회 전체가 관심을 기울여 아동의 올바른 성장과 교육을 위하여 장기적인 정책을 수립・시행하고 있는 것이다.

그래서 "국가는 청소년의 복지 향상을 위한 정책을 실시할 의무를 진다(헌법 34조 제4항)"고 규정하고 있으며, 이에 따라 아동복지는 사회복지분야에서 아주 중요한 영역을 차지하며 아동문제를 영속적인 제도적 대책으로 해결해 가기 위하여 아동복지를 법적 제도로서 확립・시행하고 있다.

(2) 아동복지법의 제정 고아 등과 같은 아동 중 극히 일부인 요보호아동의 시혜적 구호만 규정하던 「아동복리법」(1961.12.30 법률 제912호)이 그 동안의 경제발전과 성장으로 보호대상을 부분적으로 라도 전체 아동으로 확대하고, 특히 유아기의 기본적 인격과 능력개발을 위한 여건을 조성한다는 취지에서 1981년 4월 13일 「아동복지법」(법률 제3438호)으로 전면 개정되었다.

2. 목적과 기본이념

(1) 목 적 아동복지법은 "아동이 건강하게 출생하여 행복하고 안전하게 자랄 수 있도록 아동의 복지를 보장하는 것을 목적으로 한다(법 제1조)"고 규정하고 있다.

(2) 기본이념 아동복지법의 기본이념으로 다음 네 가지를 규정하고 있다.

첫째, 차별금지의 원칙이다. 아동은 자신 또는 부모의 성별, 연령, 종교, 사회적 신분, 재산, 장애유무, 출생지역, 인종 등에 따른 어떠한 종류의 차별도 받지 아니하고 자라나야 한다(법 제2조 제1항).

둘째, 가정환경의 중요성 부각이다. 아동은 완전하고 조화로운 인격발달을 위하여 안정된 가정환경에서 행복하게 자라나야 한다(법 동조 제2항)고 규정하여 아동의 인격형성에 있어서 가정환경의 중요성을 강조하고 있다.

셋째, 아동이익 우선의 원칙이다. 아동에 관한 모든 활동에 있어서 아동의 이익이 최우선적으로 고려되어야 한다(법 동조 제3항).

넷째, 보호와 지원의 법적 권리성 보장이다. 아동은 아동의 권리보장과 복지증진을 위하여 이 법에 따른 보호와 지원을 받을 권리를 가진다(법 동조 제4항).

3. 아동복지에 대한 책임

1) 국가 및 지방자치단체의 책임

(1) 아동 지원 및 권익증진정책의 수립 · 시행 국가와 지방자치단체는 아동의 안전 · 건강 및 복지 증진을 위하여 아동과 그 보호자 및 가정을 지원하기 위한 정책을 수립 · 시행하여야 하고(법 제4조 제1항), 보호대상아동 및 지원대상아동의 권익을 증진하기 위한 정책을 수립 · 시행하여야 한다(법 동조 제2항).

여기서 '아동'이란 18세 미만인 사람을 말하고(법 제3조 제1호), '보호자'란 친권자, 후견인, 아동을 보호 · 양육 · 교육하거나 그러한 의무가 있는 자 또는 업무 · 고용 등의 관계로 사실상 아동을 보호 · 감독하는 자를 말한다(법 제3조 제3호).

'보호대상아동'이란 보호자가 없거나 보호자로부터 이탈된 아동 또는 보호자가 아동을 학대하는 경우 등 그 보호자가 아동을 양육하기에 적당하지 아니하거나 양육할 능력이 없는 경우의 아동을 말한다(법 제3조 제4호).

'지원대상아동'이란 아동이 조화롭고 건강하게 성장하는 데에 필요한 기초적인 조건이 갖추어지지 아니하여 사회적 · 경제적 · 정서적 지원이 필요한 아동을 말한다(법 제3조 제5호).

(2) 가정 중심의 성장환경 조성에 대한 지원 국가와 지방자치단체는 아동이 태어난

가정에서 성장할 수 있도록 지원하고, 아동이 태어난 가정에서 성장할 수 없을 때에는 가정과 유사한 환경에서 성장할 수 있도록 조치하며, 아동을 가정에서 분리하여 보호할 경우에는 신속히 가정으로 복귀할 수 있도록 지원하여야 한다(법 제4조 제3항).

(3) 장애아동의 권익보호 시책의 강구 국가와 지방자치단체는 장애아동의 권익을 보호하기 위하여 필요한 시책을 강구하여야 한다(법 제4조 제4항).

(4) 차별금지 시책의 강구 아동이 자신 또는 부모의 성별, 연령, 종교, 사회적 신분, 재산, 장애유무, 출생지역 또는 인종 등에 따른 어떠한 종류의 차별도 받지 아니하도록 필요한 시책을 강구하여야 한다(법 제4조 제5항).

(5) 권리 및 복지증진 시책의 수립 · 시행과 교육 · 홍보 국가와 지방자치단체는 「아동의 권리에 관한 협약」에서 규정한 아동의 권리 및 복지 증진 등을 위하여 필요한 시책을 수립 · 시행하고, 이에 필요한 교육과 홍보를 하여야 한다(법 제4조 제6항).

(6) 교육의 지원 국가와 지방자치단체는 아동의 보호자가 아동을 행복하고 안전하게 양육하기 위하여 필요한 교육을 지원하여야 한다(법 제4조 제7항).

(7) 복지단체의 지도 · 육성 국가 및 지방자치단체는 아동복지단체를 지도 · 육성할 수 있다(법 제58조).

(8) 어린이날 및 어린이주간 어린이에 대한 사랑과 보호의 정신을 높임으로써 이들을 옳고 아름답고 슬기로우며 씩씩하게 자라나도록 하기 위하여 매년 5월 5일을 어린이날로 하며, 5월 1일부터 5월 7일까지를 어린이주간으로 한다(법 제5조).

2) 국민과 보호자의 책임

아동의 보호자는 아동을 가정에서 그의 성장시기에 맞추어 건강하고 안전하게 양육하여야 한다(법 제5조 제1항). 아동의 보호자는 아동에게 신체적 고통이나 폭언 등의 정신적 고통을 가하여서는 아니 된다(법 동조 제2항). 모든 국민은 아동의 권익과 안전을 존중하여야 하며, 아동을 건강하게 양육하여야 한다(법 동조 제3항)

3) 비밀누설의 금지책임

아동복지사업 또는 아동보호전문기관을 포함하여 아동복지업무에 종사하였거나 종사하는 자는 그 직무상 알게 된 비밀을 누설하여서는 아니 된다(법 제65조).

제2절 아동복지정책의 수립 및 시행

1. 아동정책기본계획의 수립 · 심의

(1) 기본계획의 수립 및 내용 보건복지부장관은 아동정책의 효율적인 추진을 위하여 5년마다 아동정책기본계획(이하 "기본계획"이라 한다)을 수립하여야 한다(법 제7조 제1항). 기본계획은 다음 각 호의 사항을 포함하여야 한다(법 동조 제2항).

① 이전의 기본계획에 관한 분석 · 평가
② 아동정책에 관한 기본방향 및 추진목표
③ 주요 추진과제 및 추진방법
④ 재원조달방안
⑤ 그 밖에 아동정책을 시행하기 위하여 특히 필요하다고 인정되는 사항

(2) 기본계획 수립의 협의, 심의, 통보 보건복지부장관은 기본계획을 수립할 때에는 미리 관계 중앙행정기관의 장과 협의하여야 한다(법 제7조 제3항). 기본계획은 제10조에 따른 아동정책조정위원회의 심의를 거쳐 확정한다. 이 경우 보건복지부장관은 확정된 기본계획을 관계 중앙행정기관이 장 및 특별시장 · 광역시장 · 도지사 · 특별자치도지사(이하 "시 · 도지사"라 한다)에게 알려야 한다(법 제7조 제4항).

2. 연도별 시행계획의 수립 · 시행과 평가

(1) 시행계획의 수립 보건복지부장관, 관계 중앙행정기관의 장 및 시 · 도지사는 매년 기본계획에 따라 연도별 아동정책시행계획(이하 "시행계획"이라 한다)을 수립 · 시행하여야 한다(법 제8조 제1항).

(2) 추진실적의 제출 및 평가 관계 중앙행정기관의 장 및 시 · 도지사는 다음 연도의 시행계획 및 전년도의 시행계획에 따른 추진실적을 대통령령으로 정하는 바에 따라 매년 보건복지부장관에게 제출하고, 보건복지부장관은 매년 시행계획에 따른 추진실적을 평가하여야 한다(법 동조 제2항).

(3) 계획수립의 협조요청 보건복지부장관, 관계 중앙행정기관의 장 및 시 · 도지사는 기본계획 또는 시행계획의 수 립 · 시행을 위하여 필요한 경우에는 관계 기관 · 단체나 그 밖의 민간기업체의 장에게 협소를 요청할 수 있다(법 제9조 제1항). 제1항에 따른 요청을 받은 자는 정당한 사유가 없는 한 이에 따라야 한다(법 동조 제2항).

3. 아동종합실태조사

(1) 종합실태 조사 및 공표 보건복지부장관은 5년마다 아동의 양육 및 생활환경, 언어 및 인지 발달, 정서적 · 신체적 건강, 아동안전, 아동학대 등 아동의 종합실태를 조사하여 그 결과를 공표하고, 이를 기본계획과 시행계획에 반영하여야 한다(법 제11조 제1항 본문).

(2) 분야별 실태조사 보건복지부장관은 필요한 경우 보건복지부령으로 정하는 바에 따라 분야별 실태조사를 할 수 있다(법 동조 제1항 단서).

(3) 자료제출 및 의견진술의 요청 보건복지부장관은 제1항에 따른 실태조사를 위하여 관계 기관 · 법인 · 단체 · 시설의 장에게 필요한 자료의 제출 또는 의견의 진술을 요청할 수 있다. 이 경우 요청을 받은 자는 정당한 사유가 없으면 이에 협조하여야 한다(법 동조 제2항).

제 3 절 아동복지행정의 지원기관

1. 아동정책조정위원회

(1) 위원회의 설치 아동의 권리증진과 건강한 출생 및 성장을 위하여 종합적인 아동정책을 수립하고 관계부처의 의견을 조정하며, 그 정책의 이행을 감독하고 평가하기 위하여 국무총리 소속으로 아동정책조정위원회(이하 "위원회"라 한다)를 둔다(법 제10조 제1항).

(2) 심의 · 조정사항 위원회는 다음 각 호의 사항을 심의 · 조정한다(법 동조 제2항).

① 기본계획의 수립에 관한 사항
② 아동의 권익 및 복지 증진을 위한 기본방향에 관한 사항
③ 아동정책의 개선과 예산지원에 관한 사항
④ 아동 관련 국제조약의 이행 및 평가 · 조정에 관한 사항
⑤ 아동정책에 관한 관련 부처 간 협조에 관한 사항
⑥ 그 밖에 위원장이 부의하는 사항

(3) 구성 및 위원의 자격 위원회는 위원장을 포함한 25명 이내의 위원으로 구성하되, 위원장은 국무총리가 되고 위원은 다음 각 호의 사람이 된다(법 동조 제3항).

① 기획재정부장관 · 교육부장관 · 법무부장관 · 행정안전부장관 · 문화체육관광부장관 · 산업통상자원부장관 · 보건복지부장관 · 고용노동부장관 · 여성가족부장관

② 아동관련 단체의 장이나 아동에 대한 학식과 경험이 풍부한 사람 중 위원장이 위촉하는 15명 이내의 위원

(4) 업무의 위탁 위원회는 제2항 제4호에 따른 국제조약의 이행확인을 위하여 필요한 업무를 관계 전문기관 또는 단체에게 위탁할 수 있다(법 동조 제4항).

(5) 출석 · 설명, 자료제출요구 위원회는 필요하다고 인정하는 때에는 관계 행정기관에 대하여 그 소속 직원이 출석 · 설명과 사료의 제출을 요구할 수 있다(법 동조 제5항).

2. 아동복지심의위원회

(1) 설치 및 심의사항 시 · 도지사, 시장 · 군수 · 구청장(자치구의 구청장을 말한다. 이하 같다)은 다음 각 호의 사항을 심의하기 위하여 그 소속으로 아동복지심의위원회(이하 "심의위원회"라 한다)를 각각 둔다(법 제12조 제1항).

① 제8조에 따른 시행계획 수립 및 시행에 관한 사항
② 제15조에 따른 보호조치에 관한 사항
③ 제16조에 따른 퇴소조치에 관한 사항
④ 제18조에 따른 친권행사의 제한이나 친권상실 선고 청구에 관한 사항
⑤ 제19조에 따른 아동의 후견인의 선임이나 변경 청구에 관한 사항
⑥ 지원대상아동의 선정과 그 지원에 관한 사항
⑦ 그 밖에 아동의 보호 및 지원서비스를 위하여 시 · 도지사 또는 시장 · 군수 · 구청장이 필요하다고 인정하는 사항

(2) 조직 · 구성 · 운영, 보고 심의위원회의 조직 · 구성 및 운영 등에 필요한 사항은 대통령령으로 정하는 기준에 따라 해당 지방자치단체의 조례로 정한다(법 동조 제2항). 시 · 도지사, 시장 · 군수 · 구청장은 대통령령으로 정하는 바에 따라 심의위원회의 구성 및 운영 현황에 관한 사항을 연 1회 보건복지부장관에게 보고하여야 한다(법 동조 제3항).

3. 아동복지전담공무원

(1) 배치 및 자격 아동복지에 관한 업무를 담당하기 위하여 특별시 · 광역시 · 도 · 특별자치도(이하 "시 · 도"라 한다) 및 시 · 군 · 구(자치구를 말한다. 이하 같다)에 각각 아동복지전담공무원(이하 "전담공무원"이라 한다)을 둘 수 있다(법 제13조 제1항). 여기서 '아동복지'란 아동이 행복한 삶을 누릴 수 있는 기본적인 여건을 조성하고 조화롭게 성장 · 발달할 수 있도록 하기 위한 경제적 · 사회적 · 정서적 지원을 말한다(법 제3조 제2호).

전담공무원은 「사회복지사업법」 제11조에 따른 사회복지사의 자격을 가진 사람으로 하고 그 임용 등에 필요한 사항은 해당 시・도 및 시・군・구의 조례로 정한다(법 제13조 제2항).

(2) 직무 및 권한 전담공무원은 아동에 대한 상담 및 보호조치, 가정환경에 대한 조사, 아동복지시설에 대한 지도・감독, 아동범죄 예방을 위한 현장확인 및 지도・감독 등 지역 단위에서 아동의 복지증진을 위한 업무를 수행한다(법 동조 제3항).

관계 행정기관, 아동복지전담기관, 아동복지시설 및 아동복지단체(아동의 권리를 보장하고 복지증진을 목적으로 설립된 기관 및 단체를 말한다. 이하 같다)를 설치・운영하는 자는 전담공무원이 협조를 요청하는 경우 정당한 사유가 없는 한 이에 따라야 한다(법 동조 제4항).

4. 아동위원

(1) 설치 및 직무 시・군・구에 아동위원을 둔다(법 제14조 제1항). 아동위원은 그 관할 구역의 아동에 대하여 항상 그 생활상태 및 가정환경을 상세히 파악하고 아동복지에 필요한 원조와 지도를 행하며, 전담공무원 및 관계 행정기관과 협력하여야 한다(법 동조 제2항). 아동위원은 그 업무의 원활한 수행을 위하여 적절한 교육을 받을 수 있다(법 동조 제3항).

(2) 신분 등 아동위원은 명예직으로 하되, 수당을 지급할 수 있다(법 동조 제4항). 그 밖에 아동위원에 관한 사항은 해당 시・군・구의 조례로 정한다(법 동조 제5항).

5. 보건소

보건소는 이 법에 의하여 다음 각 호의 업무를 행한다(법 제36조).

① 아동의 전염병 예방조치
② 아동의 건강상담, 신체검사와 보건위생에 관한 지도
③ 아동의 영양개선

제 4 절 아동에 대한 보호서비스

1. 아동보호서비스

1) 아동의 보호조치

(1) 보호조치의 범위와 위협행위의 금지 시・도지사 또는 시장・군수・구청장은 그

관할 구역에서 보호대상아동을 발견하거나 보호자의 의뢰를 받은 때에는 아동의 최상의 이익을 위하여 대통령령으로 정하는 바에 따라 다음 각 호에 해당하는 보호조치를 하여야 한다(법 제15조 제1항).

① 전담공무원 또는 아동위원에게 보호대상아동 또는 그 보호자에 대한 상담 · 지도를 수행하게 하는 것
② 보호자 또는 대리양육을 원하는 연고자에 대하여 그 가정에서 아동을 보호 · 양육할 수 있도록 필요한 조치를 하는 것
③ 아동의 보호를 희망하는 사람에게 가정위탁하는 것
④ 보호대상아동을 그 보호조치에 적합한 아동복지시설에 입소시키는 것
⑤ 약물 및 알코올중독, 정서 · 행동 · 발달 장애, 성폭력 · 아동학대 피해 등으로 특수한 치료나 요양 등의 보호를 필요로 하는 아동을 전문치료기관 또는 요양소에 입원 또는 입소시키는 것
⑥ 「입양특례법」에 따른 입양과 관련하여 필요한 조치를 하는 것

'가정위탁'이란 보호대상아동의 보호를 위하여 성범죄, 가정폭력, 아동학대, 정신질환 등의 전력이 없는 보건복지부령으로 정하는 기준에 적합한 가정에 보호대상아동을 일정 기간 위탁하는 것을 말한다(법 제3조 제6호).

누구든지 제15조 제1항에 따른 보호조치와 관련하여 그 대상이 되는 아동복지시설의 종사자를 신체적 · 정신적으로 위협하는 행위를 하여서는 아니 된다(법 제15조 제7항).

(2) 보호조치전 조사와 아동의 의사존중 시 · 도지사 또는 시장 · 군수 · 구청장은 제1항 제1호 및 제2호의 보호조치가 적합하지 아니한 보호대상아동에 대하여 제1항 제3호부터 제6호까지의 보호조치를 할 수 있다. 이 경우 제1항 제3호부터 제5호까지의 보호조치를 하기 전에 보호대상아동에 대한 상담, 건강검진, 심리검사 및 가정환경에 대한 조사를 실시하여야 한다(법 제15조 제2항).

시 · 도지사 또는 시장 · 군수 · 구청장은 제1항 제3호부터 제6호까지의 보호조치를 함에 있어서 해당 보호대상아동의 의사를 존중하여야 하며, 보호자가 있을 때에는 그 의견을 들어야 한다. 다만, 아동의 보호자가 「아동학대범죄의 처벌 등에 관한 특례법」 제2조 제5호의 아동학대행위자(이하 "아동학대행위자"라 한다)인 경우에는 그러하지 아니하다(법 동조 제4항).

(3) 보호자의 참여 시 · 도지사 또는 시장 · 군수 · 구청장은 제1항에 따른 보호조치를 하려는 경우 보호대상아동의 개별 보호 · 관리 계획을 세워 보호하여야 하며, 그 계획을 수립할 때 해당 보호대상아동의 보호자를 참여시킬 수 있다(법 동조 제3항).

(4) 입소 및 일시 위탁보호 시・도지사 또는 시장・군수・구청장은 제1항 제3호 부터 제6호까지의 보호조치를 할 때까지 필요하면 제52조 제1항 제2호에 따른 아동일시보호시설에 보호대상아동을 입소시켜 보호하거나, 적합한 위탁가정 또는 적당하다고 인정하는 자에게 일시 위탁하여 보호하게 할 수 있다. 이 경우 보호기간 동안 보호대상아동에 대한 상담, 건강검진, 심리검사 및 가정환경에 대한 조사를 실시하고 그 결과를 보호조치 시에 고려하여야 한다(법 동조 제5항).

(4) 예방적 조치강구 시・도지사 또는 시장・군수・구청장은 그 관할구역에서 약물 및 알코올중독, 정서・행동・발달 장애 등의 문제를 일으킬 가능성이 있는 아동의 가정에 대하여 예방차원의 적절한 조치를 강구하여야 한다(법 동조 제6항).

(5) 가정위탁보호자의 경력조회 시・도지사 또는 시장・군수・구청장은 아동의 가정위탁보호를 희망하는 사람에 대하여 범죄경력을 확인하여야 한다. 이 경우 본인의 동의를 받아 관계 기관의 장에게 범죄의 경력 조회를 요청하여야 한다(법 동조 제8항).

(6) 신원확인등의 협조요청 가정위탁지원센터의 장은 위탁아동, 가정위탁보호를 희망하는 사람, 위탁아동의 부모 등의 신원확인 등의 조치를 시・도지사 또는 시 장・군수・구청장에게 협조 요청할 수 있으며, 요청을 받은 시・도지사 또는 시장・군수・구청장은 정당한 사유가 없는 한 이에 응하여야 한다(법 동조 제9항).

(7) 양육상황 점검 및 조치의 변경 시・도지사 또는 시장・군수・구청장은 제15조 제1항 제2호부터 제6호까지의 보호조치 중인 보호대상아동의 양육상황을 보건복지부령으로 정하는 바에 따라 매년 점검하여야 한다(법 제15조의3 제1항). 시・도지사 또는 시장・군수・구청장은 제1항에 따른 양육상황을 점검한 결과에 따라 보호대상아동의 복리를 보호할 필요가 있거나 해당 보호조치가 적절하지 아니하다고 판단되는 경우에는 지체 없이 보호조치를 변경하여야 한다(법 동조 제2항).

2) 조치의 종료 및 퇴소조치와 보호기간의 연장

(1) 조치의 종료 및 퇴소조치 제15조 제1항 제3호부터 제5호까지의 보호조치 중인 보호대상아동의 연령이 18세에 달하였거나, 보호 목적이 달성되었다고 인정되면 해당 시・도지사, 시장・군수・구청장은 대통령령으로 정하는 절차와 방법에 따라 그 보호 중인 아동의 보호조치를 종료하거나 해당 시설에서 퇴소시켜야 한다(법 제16조 제1항).

(2) 가정복귀의 신청 제15조 제1항 제2호부터 제4호까지의 보호조치 중인 보호대상아동의 친권자, 후견인 등 보건복지부령으로 정하는 자는 관할 시・도지사 또는 시장・군수・구

청장에게 해당 보호대상아동의 가정 복귀를 신청할 수 있다(법 동조 제2항). 시·도지사 또는 시장·군수·구청장은 제2항에 따른 가정 복귀 신청을 받은 경우에는 아동복지시설의 장의 의견을 들은 후 보호조치의 종료 또는 퇴소조치가 보호대상아동의 복리에 반하지 아니한다고 인정되면 해당 보호대상아동을 가정으로 복귀시킬 수 있다(동조 제3항).

(3) 사후관리 시·도지사 또는 시장·군수·구청장은 전담공무원 등 관계 공무원으로 하여금 보호조치의 종료로 가정으로 복귀한 보호대상아동이 가정을 방문하여 해당 아동의 복지 증진을 위하여 필요한 지도·관리를 제공하게 하여야 한다(법 제16조의2).

(4) 보호기간의 연장 제1항에도 불구하고 제15조에 따라 보호조치 중인 아동이 다음 각 호의 어느 하나에 해당하면 시·도지사, 시장·군수·구청장은 해당 아동의 보호기간을 연장할 수 있다(법 동조 제2항).

① 「고등교육법」 제2조에 따른 대학 이하의 학교(대학원은 제외한다)에 재학 중인 경우
② 제52조 제1항 제1호의 아동양육시설 또는 「근로자직업능력개발법」 제2조 제3호에 따른 직업능력개발 훈련시설에서 직업 관련 교육·훈련을 받고 있는 경우
③ 그 밖에 위탁가정 및 각종 아동복지시설에서 해당 아동을 계속하여 보호·양육할 필요가 있다고 대통령령으로 정하는 경우

3) 친권상실의 청구 및 통지와 직접청구

(1) 친권의 행사제한 및 상실선고의 청구 시·도지사, 시장·군수·구청장 또는 검사는 아동의 친권자가 그 친권을 남용하거나 현저한 비행이나 아동학대, 그 밖에 친권을 행사할 수 없는 중대한 사유가 있는 것을 발견한 경우 아동의 복지를 위하여 필요하다고 인정할 때에는 법원에 친권행사의 제한 또는 친권상실의 선고를 청구하여야 한다(법 제18조 제1항).

(2) 친권행사제한 및 상실선고청구의 요청 아동복지시설의 장 및 「초·중등교육법」에 따른 학교의 장(이하 "학교의 장"이라 한다)은 제1항의 사유에 해당하는 경우 시·도지사, 시장·군수·구청장 또는 검사에게 법원에 친권행사의 제한 또는 친권상실의 선고를 청구하도록 요청할 수 있다(법 동조 제2항).

(3) 아동의 의견존중 시·도지사, 시장·군수·구청장 또는 검사는 제1항 및 제2항에 따라 친권행사의 제한 또는 친권상실의 선고 청구를 할 경우 해당 아동의 의견을 존중하여야 한다(법 동조 제3항).

(4) 청구여부의 결정과 통지 시·도지사, 시장·군수·구청장 또는 검사는 제2항에 따라 친권행사의 제한 또는 친권상실의 선고 청구를 요청받은 경우에는 요청받은 날부터 30

일 내에 청구 여부를 결정한 후 해당 요청기관에 청구 또는 미청구 요지 및 이유를 서면으로 알려야 한다(법 동조 제4항).

(5) 법원에 직접청구 제4항에 따라 처리결과를 통보받은 아동복지시설의 장 및 학교의 장은 그 처리결과에 대하여 이의가 있을 경우 통보받은 날부터 30일 내에 직접 법원에 친권상실의 제한 또는 친권상실의 선고를 청구할 수 있다(법 동조 제5항).

2. 아동의 후견인

1) 법원에 대한 선임청구

(1) 후견인의 선임 및 변경청구 시・도지사, 시장・군수・구청장, 아동복지시시설의 장 및 학교의 장은 친권자 또는 후견인이 없는 아동을 발견한 경우 그 복지를 위하여 필요하다고 인정할 때에는 법원에 후견인의 선임을 청구하여야 한다(법 제19조 제1항). 시・도지사, 시장・군수・구청장, 아동복지시설의 장, 학교의 장 또는 검사는 후견인이 해당 아동을 학대하는 등 현저한 비행을 저지른 경우에는 후견인 변경을 법원에 청구하여야 한다(법 동조 제2항).

(2) 아동의 의견존중 제1항에 따른 후견인의 선임 및 제2항에 따른 후견인의 변경청구를 할 때에는 해당 아동의 의견을 존중하여야 한다(법 동조 제3항).

(3) 특별법 우선적용 아동복지시설에 입소 중인 보호대상아동에 대하여는 「보호시설에 있는 미성년자의 후견직무에 관한 법률」을 적용한다(법 동조 제3항).

2) 법원의 후견인 선임

(1) 민법과의 관계 법원은 제19조 제1항 및 제2항에 따른 청구에 따라 후견인을 선임하거나 변경할 경우 「민법」 제932조 및 제935조에도 불구하고 해당 아동의 후견에 적합한 사람을 후견인으로 선임할 수 있다(법 제20조 제1항).

(2) 임시후견인 역할 법원은 후견인이 없는 아동에 대하여 제1항에 따라 후견인을 선임하기 전까지 시・도지사, 시장・군수・구청장, 제45조에 따른 아동보호전문기관(이하 "아동보호전문기관"이라 한다)의 장 및 가정위탁지원센터의 장으로 하여금 임시로 그 아동의 후견인 역할을 하게 할 수 있다. 이 경우 해당 아동의 의견을 존중하여야 한다(법 동조 제2항).

3. 보호시설에 있는 미성년자의 후견 직무에 관한 법률〈시행 2017.6.22 법률 제14695호〉

1) 의 의

(1) 취 지 민법상 미성년자는 단독으로 온전한 법률효과가 생기는 법률행위를 할 수 없으므로 이를 보완 해 주는 사람인 법정대리인이 필요한데, 법정대리인은 친권자인 부·모가 되는 것이 일반적이다. 그러니 미성년자에게 친권자가 없거나 친권자가 법률행위의 대리권 및 재산관리권을 행사할 수 없는 경우에는 그 후견인을 두도록 되어 있어서 민법규정(민법 제931조~제933조)에 따라 미성년후견인이 정해지는데, 그래도 미성년후견인이 될 자가 없는 경우에는 가정법원이 미성년후견인을 선임하게 된다(민법 제932조 참조).[1)]

그러나 보호시설에 있는 미성년자의 경우에는 일반적으로 친권자가 없는 경우가 많고, 있더라도 보호시설에 수용되어 있을 형편이라면 미성년자인 아동을 친권자가 유기 내지 방임한 것으로 볼 수 있기 때문에, 「보호시설에 있는 미성년자의 후견 직무에 관한 법률」(이하 "후견 법률"이라 칭한다)을 이들에게 우선적으로 적용시켜 특별히 보호하려는 것이다.

(2) 보호시설의 범위 '보호시설'이란 다음 각 목의 시설을 말한다(후견 법률 제2조 제1호, 동법 시행령 제2조 참조).

(가) 「아동복지법」 제52조에 따른 아동복지시설 중 대통령령으로 정하는 시설

(나) 「장애인복지법」 제58조 제1항 제1호의 장애인 거주시설

(다) 「정신건강증진 및 정신질환자 복지서비스 지원에 관한 법률」 제22조에 따른 정신요양시설 및 같은 법 제26조에 따른 정신재활시설

(라) 「한부모가족지원법」 제19조 제1항 제3호의 미혼모자가족복지시설

(마) 「노숙인 등의 복지 및 자립지원에 관한 법률」 제16조 제1항 제2호부터 제4호까지의 노숙인자활시설, 노숙인재활시설 및 노숙인요양시설

(바) 「청소년복지 지원법」 제31조 제1호 및 제2호의 청소년쉼터 및 청소년자립지원관

(사) 「성폭력방지 및 피해자보호 등에 관한 법률」 제12조 제3항 제1호부터 제3호까지의 일반보호시설, 장애인보호시설, 특별지원 보호시설

(아) 「성매매방지 및 피해자보호 등에 관한 법률」 제9조 제1항 제1호·제2호 및 제4호의 일반 지원시설과 청소년 지원시설, 자립지원 공동생활시설

---

1) 미성년자에 대하여 친권자가 없거나 친권자가 법률행위의 대리권 및 재산관리권을 행사할 수 없는 경우에는 미성년후견인을 두어야 한다(928조). 가정법원은 제931조에 따라 지정된 미성년후견인이 없는 경우에는 직권으로 또는 미성년자, 친족, 이해관계인, 검사, 지방자치단체의 장의 청구에 의하여 미성년후견인을 선임한다(932조1항). 가정법원은 친권상실의 선고나 대리권 및 재산관리권 상실의 선고에 따라 미성년후견인을 선임할 필요가 있는 경우에는 직권으로 미성년후견인을 선임한다(932조2항).

2) 후견인과 확인공고

(1) 후견인 및 지정 국가 또는 지방자치단체가 설치·운영하는 보호시설에 있는 미성년자인 고아에 대하여는 그 보호시설의 장이 후견인이 된다(후견법률 제3조 제1항). 국가 또는 지방자치단체 외의 자가 설치·운영하는 보호시설에 있는 미성년자인 고아에 대하여는 대통령령으로 정하는 바에 따라 그 보호시설의 소재지를 관할하는 특별자치시장·시장(「제주특별자치도 설치 및 국제자유도시 조성을 위한 특별법」에 따른 행정시장을 포함한다. 이하 같다)·군수·구청장이 후견인을 지정한다(후견법률 동조 제2항). 보호시설에 있는 고아가 아닌 미성년자에 대하여도 제1항과 제2항을 준용하되, 대통령령으로 정하는 바에 따라 법원의 허가를 받아야 한다(후견법률 동조 제3항).

(2) 부양의무자의 확인공고 보호시설의 장은 제3조에 따른 후견인 지정 등에 있어 대통령령으로 정하는 바에 따라 해당 보호시설의 소재지를 관할하는 특별자치시장·시장·군수·구청장에게 부양의무자 확인 공고를 의뢰하여야 한다. 다만, 다른 보호시설의 장이 확인 공고를 의뢰한 사실이 있는 사람에 대하여는 그러하지 아니하다(후견법률 제4조 제1항). 제1항에 따라 부양의무자 확인공고를 의뢰받은 특별자치시장·시장·군수·구청장은 대통령령으로 정하는 기간 동안 공고를 하여야 한다(후견법률 동조 제2항).

여기서 '부양의무자'란 보호시설에 있는 미성년자에 대하여 「민법」 제931조 및 제932조에 따라 후견인이 될 수 있는 사람을 말한다(후견법률 제2조 제2호).

(3) 후견인의 결격사유 다음 각 호의 어느 하나에 해당하는 사람은 후견인이 될 수 없다(후견법률 제5조).

① 민법 제937조 각 호의 어느 하나에 해당하는 사람
② 후견인의 직무를 성실히 수행할 수 없거나 아동복지를 위하여 부적당하다고 인정되는 사람

위 제1호의 민법에 규정된 결격사유는 다음과 같다(민법 제937조 참조).

① 미성년자
② 피성년후견인, 피한정후견인, 피특정후견인, 피임의후견인
③ 회생절차개시결정 또는 파산선고를 받은 자
④ 자격정지 이상의 형의 선고를 받고 그 형기(刑期) 중에 있는 사람
⑤ 법원에서 해임된 법정대리인
⑥ 법원에서 해임된 성년후견인, 한정후견인, 특정후견인, 임의후견인과 그 감독인
⑦ 행방이 불분명한 사람
⑧ 피후견인을 상대로 소송을 하였거나 하고 있는 자 또는 그 배우자와 직계혈족

(4) 후견인의 직무 제3조에 따라 후견인이 된 사람의 직무에 관하여는 민법의 후견인의 임무에 관한 규정(민법 941조~제956조)을 준용한다. 다만, 피후견인(被後見人)의 입양에 관한 직무는 제4조 제2항에 따른 공고기간이 만료된 날의 다음 날부터 수행할 수 있다(후견법률 제6조).

3) 후견인의 지정취소 등

제3조에 따라 후견인으로 지정받거나 지정에 관한 법원의 허가를 받은 사람이 제5조 각 호의 어느 하나에 해당(후견인의 결격사유)하게 되거나 그 임무가 종료되었을 때에는 해당 보호시설의 소재지를 관할하는 특별자치시장 · 시장 · 군수 · 구청장은 후견인의 지정을 취소하거나 해당 법원에 그 허가의 취소를 청구할 수 있다(후견법률 제7조).

제 5 절 입양특례법〈시행 2017.9.19, 법률 제14890호〉

1. 의 의

(1) 입양특례법의 개정취지 민법상으로 입양이 성립되려면 법정의 요건[2](실질적 요건과 형식적 요건)을 모두 갖추어야 하는데, 요보호아동에게는 대개 부모 등 법정대리인이 없거나 양육을 포기한 경우이므로 민법에 의한 절차보다 용이하게 입양될 수 있게 하기 위하여 특별법인 「입양촉진 및 절차에 관한 특례법」을 제정 · 시행하였다.

그러나 이 법이 시행된 이후 입양되는 아동의 복리를 무시한체 입양자의 개인적 이익만을 추구하는 등 입양제도를 남용하는 사례까지 생기게 되자 국가의 관리 · 감독을 강화하는 입양절차가 필요하게 되었다.

이에 종전의 입양촉진 및 절차에 관한 특례법에 의하여 법원의 허가없이 간이하게 입양하던 절차를 개선하여 국내외 입양 모두 법원의 허가를 받도록 하며, 친생부모에게 양육에 관한 충분한 상담 및 양육정보를 제공하는 등 부모의 직접 양육을 지원하는 한편, 양자가 된 사람에게 자신에 대한 입양정보 접근권을 부여하고, 국내입양의 우선 추진을 의무화함으로써

---

2) 입양에 관한 민법 규정 :
제869조(15세 미만자의 입양승낙) 양자가 될 자가 15세 미만인 때에는 법정대리인이 그에 갈음하여 입양의 승낙을 한다.
제870조(입양의 동의) ① 양자가 될 자는 부모의 동의를 얻어야 하며, 부모가 사망, 기타 사유로 인하여 동의를 할 수 없는 경우에 다른 직계존속이 있으면 그 동의를 얻어야 한다.
② 제①항의 경우에 직계존속이 수인인 때에는 최근존속을 선순위로 하고, 동순위자가 수인인 때에는 연장자를 선순위로 한다.
제871조(미성년자입양의 동의) 양자가 될 자가 성년에 달하지 못한 경우에 부모 또는 다른 직계존속이 없으면 후견인의 동의를 얻어야 한다. 그러나 후견인이 동의를 함에 있어서는 가정법원의 허가를 얻어야 한다.

입양아동의 권익과 복지를 증진시키려는 취지에서 법의 명칭도 「입양특례법」(이하 본 절에서는 “입양법”이라 칭한다)으로 변경하여 전부개정하게 된 것이다.

(2) 민법의 준용 「입양법」은 민법에 대하여 특별법이므로 입양에 관하여 이 법에 특별히 규정한 사항을 제외하고는 민법에서 정하는 바에 따른다(입양법 제42조).

2. 법의 목적과 이념

(1) 목 적 이 법은 요보호아동의 입양(入養)에 관한 요건 및 절차 등에 대한 특례와 지원에 필요한 사항을 정함으로써 양자(養子)가 되는 아동의 권익과 복지를 증진하는 것을 목적으로 한다(입양법 제1조). 이 법에서 ‘아동’이란 18세 미만인 사람을 말하고(입양법 제2조 제1호), ‘요보호아동’이란 「아동복지법」 제3조 제4호에 따른 보호대상아동을 말한다(입양법 제2조 제2호).

(2) 이념과 입양원칙 “모든 아동은 그가 태어난 가정에서 건강하게 자라야 한다(입양법 제3조 제1항)”는 이념에 따라 “이 법에 따른 입양은 아동의 이익이 최우선이 되도록 하여야 한다”(입양법 제4조)고 규정하여 입양되는 아동에게 건전한 양육과 지원이 최우선 되도록 해야 함을 천명하고 있다.

그래서 국가와 지방자치단체는 아동이 그가 태어난 가정에서 건강하게 자랄 수 있도록 지원하는 것(입양법 제3조 제2항 전단)을 1차적 의무로 하고, 그 연후에 태어난 가정에서 자라기 곤란한 아동에게는 건강하게 자랄 수 있는 다른 가정을 제공하기 위하여 필요한 조치와 지원을 하여야 하는 것(입양법 제3조 제2항 후단)을 2차적 의무로 규정한 것이다.

또한 “모든 국민은 입양아동이 건강하게 자랄 수 있도록 협력하여야 한다(입양법 제3조 제3항)”는 것을 이념으로 정하고 있다. 이 법에서 ‘입양아동’이란 이 법에 따라 입양된 아동을 말한다(입양법 제2조 제3호).

(3) 입양의 날 건전한 입양문화의 정착과 국내입양의 활성화를 위하여 5월 11일을 입양의 날로 하고, 입양의 날부터 1주일을 입양주간으로 한다(입양법 제5조 제1항).

3. 국가 등의 책무

(1) 국내입양 우선의 원칙 “국가 및 지방자치단체는 입양의뢰된 아동의 양친(養親)될 사람을 국내에서 찾기 위한 시책을 최우선적으로 시행하여야 한다”(입양법 제7조 제1항)는 원칙에 맞추어 국가는 아동에 대한 보호의무와 책임을 이행하기 위하여 국외입양을 줄여나가기 위하여 노력하여야 할 것(입양법 제8조)을 규정하고 있다.

(2) 입양기관의 장의 의무 입양기관의 장은 보건복지부령으로 정하는 바에 따라 입양의뢰된 아동의 양친을 국내에서 찾기 위한 조치를 취하고, 그 결과를 보건복지부장관에게 보고하여야 한다(입양법 제7조 제2항).

그러나 제2항에 따른 국내입양을 위한 조치에도 불구하고 양친을 찾지 못한 경우 제6조에 따른 정보시스템을 활용한 관련 기관과의 정보공유를 통하여 국내입양을 추진하여야 하며(입양법 제7조 제3항), 제2항 및 제3항에도 불구하고 국내에서 양친이 되려는 사람을 찾지 못하였을 경우에 한하여 국외입양을 추진할 수 있는 것(입양법 제7조 제4항)으로 하는 '국내입양 최우선의 원칙'을 국가의 중점시책으로 하는 제한규정을 두고 있다.

(3) 국가시책 사항의 실시 국가와 지방자치단체는 건전한 입양문화를 조성하고 요보호아동의 국내입양을 활성화하며, 아동이 입양 후의 가정생활에 원만하게 적응할 수 있도록 하는 등 입양아동의 권익과 복지 증진을 위하여 다음 각 호의 사항을 실시하여야 한다(입양법 제3조 제4항).

① 입양정책의 수립 및 시행
② 입양에 관한 실태조사 및 연구
③ 입양 및 사후관리 절차의 구축 및 운영
④ 입양아동 및 입양가정에 대한 지원
⑤ 입양 후 원만한 적응을 위한 상담 및 사회복지서비스 제공
⑥ 입양에 대한 교육 및 홍보
⑦ 그 밖에 보건복지부령으로 정하는 필요한 사항

(4) 정보시스템의 구축・운영 국가는 입양아동 등에 대한 사후서비스 제공과 국내입양 활성화에 필요한 정보를 입양기관 등에 제공하기 위하여 정보시스템을 구축・운영하여야 한다(입양법 제6조 제1항). 제1항에 따른 정보시스템은 법인이나 단체에 그 업무의 전부 또는 일부를 위탁하여 운영할 수 있다(입양법 제6조 제2항).

4. 입양요건

1) **양자가 될 사람(피입양자의 자격)**

이 법에 따라 양자가 될 사람은 요보호아동으로서 다음 각 호의 어느 하나에 해당하는 사람이어야 한다(입양법 제9조).

① 보호자로 부터 이탈된 사람으로서 특별시장・광역시장・도지사 및 특별자치도지사(이하 "시・도지사"라 한다) 또는 시장・군수・구청장(자치구의 구청장을 말한다. 이하 같다)이 부양의무자를 확인할 수 없어 국민기초생활 보장법에 따른 보장시설(이하 "보장시설"이라 한다)에 보호 의뢰한 사람

② 부모(부모가 사망이나 그 밖의 사유로 동의할 수 없는 경우에는 다른 직계존속을 말한다) 또는 후견인이 입양에 동의하여 보장시설 또는 제20조에 따른 입양기관에 보호 의뢰한 사람

③ 법원에 의하여 친권상실의 선고를 받은 사람의 자녀로서 시ㆍ도지사 또는 시장ㆍ군수ㆍ구청장이 보장시설에 보호 의뢰한 사람

④ 그 밖에 부양의무자를 알 수 없는 경우로서 시ㆍ도지사 또는 시장ㆍ군수ㆍ구청장이 보장시설에 보호 의뢰한 사람

이 법에서 '부양의무자'란 「국민기초생활 보장법」 제2조 제5호에 따른 부양의무자를 말한다(입양법 제2조 제4호).

2) 양친이 될 사람(입양자)

(1) 입양자의 자격 이 법에 따라 양친이 될 사람은 다음 각 호의 요건을 모두 갖추어야 한다(입양법 제10조 제1항).

① 양자를 부양하기에 충분한 재산이 있을 것

② 양자에 대하여 종교의 자유를 인정하고 사회의 구성원으로서 그에 상응하는 양육과 교육을 할 수 있을 것

③ 양친이 될 사람이 아동학대ㆍ가정폭력ㆍ성폭력ㆍ마약 등의 범죄나 알코올 등 약물중독의 경력이 없을 것

④ 양친이 될 사람이 대한민국 국민이 아닌 경우 해당 국가의 법에 따라 양친이 될 수 있는 자격이 있을 것

⑤ 그 밖에 양자가 될 사람의 복지를 위하여 보건복지부령으로 정하는 필요한 요건을 갖출 것

(2) 인권침해 직업의 기피 등 양친이 될 사람은 양자가 될 아동이 복리에 반하는 직업이나 그 밖에 인권침해의 우려가 있는 직업에 종사하지 아니하도록 하여야 한다(입양법 제10조 제2항). 양친이 되려는 사람은 입양의 성립 전에 입양기관 등으로 부터 보건복지부령으로 정하는 소정의 교육을 마쳐야 한다(입양법 동조 제3항).

3) 가정법원의 허가

(1) 입양서류와 법원의 허가 제9조에서 정한 아동을 입양하려는 경우에는 다음 각 호의 서류를 갖추어 가정법원의 허가를 받아야 한다(입양법 제11조 제1항).

① 양자가 될 아동의 출생신고 증빙 서류

② 제9조 및 제10조의 자격을 구비하였다는 서류
③ 제12조 및 제13조에 따른 입양동의 서류
④ 그 밖에 아동의 복리를 위하여 보건복지부령으로 정하는 서류

(2) 조사 · 확인 후 발급 제1항에서 정한 가정법원의 입양 허가에 필요한 서류는 대통령령으로 정하는 기관이 서류의 작성에 필요한 사항을 조사 · 확인한 후 이를 발급하되, 서류의 작성 등에 필요한 사항은 보건복지부령으로 정한다(입양법 제11조 제3항).

(3) 법원의 재량권 정법원은 양자가 될 사람의 복리를 위하여 양친이 될 사람의 입양의 동기와 양육능력, 그 밖의 사정을 고려하여 제1항의 허가를 하지 아니할 수 있다(입양법 동조 제2항). 제1항에 따른 허가신청 절차, 심리 및 허가 등에 필요한 사항은 대법원규칙으로 정한다(입양법 동조 제4항).

4) 입양의 동의

입양이 성립되려면 입양 당사자의 합의가 있어야 하는데, 입양될 자가 요보호아동인 경우에는 입양법에서 민법상의 요건보다 더욱 더 완화하여 규정하고 있다.

(1) 친생부모의 동의 제9조 각 호의 어느 하나에 해당하는 아동을 양자로 하려면 친생부모의 동의를 받아야 한다. 다만, 다음 각 호의 어느 하나에 해당하는 경우에는 그러하지 아니하다(입양법 제12조 제1항).

① 친생부모가 친권상실의 선고를 받은 경우
② 친생부모의 소재불명 등의 사유로 동의를 받을 수 없는 경우

(2) 후견인의 동의 친생부모가 제1항 단서의 사유로 인하여 입양의 동의를 할 수 없는 경우에는 후견인의 동의를 받아야 한다(입양법 동조 제2항). 제9조 제2호에 해당하는 아동을 양자로 하고자 할 경우에는 보호의뢰 시의 입양동의로써 제1항에 따른 입양이 동의를 갈음할 수 있다(입양법 동조 제3항).

(3) 입양될 아동의 동의 13세 이상인 아동을 입양하고자 할 때에는 제1항 또는 제2항에 따른 동의권자의 동의 외에 입양될 아동의 동의를 받아야 한다(입양법 동조 제4항).

(4) 동의의 철회 등 제1항부터 제4항까지의 규정에 따른 동의는 제11조 제1항의 허가가 있기 전에는 철회할 수 있다(입양법 동조 제5항). 제1항부터 제4항까지의 규정에 따른 입양의 동의 또는 제5항에 따른 입양동의의 철회는 서면으로 하며, 동의에 필요한 사항은 보건복지부령으로 정한다(입양법 동조 제6항).

5) 입양동의의 요건

(1) 입양동의기간의 제한과 대가 금지 제12조 제1항에 따른 입양의 동의는 아동의 출생일부터 1주일이 지난 후에 이루어져야 하고(입양법 제13조 제1항), 입양동의의 대가로 금전 또는 재산상의 이익, 그 밖의 반대급부를 주고받거나 주고받을 것을 약속하여서는 아니 된다(입양법 동조 제2항).

(2) 입양기관의 상담의무 입양기관은 제12조 제1항에서 정한 입양동의 전에 친생부모에게 아동을 직접 양육할 경우 지원받을 수 있는 사항 및 입양의 법률적 효력 등에 관한 충분한 상담을 제공하여야 하며, 상담내용 등에 대하여는 보건복지부령으로 정한다(입양법 동조 제3항). 입양기관은 제12조 제4항에서 정한 입양동의 전에 입양될 아동에게 입양동의의 효과 등에 관한 충분한 상담을 제공하여야 하며, 상담내용 등에 대하여는 보건복지부령으로 정한다(입양법 동조 제4항).

5. 입양의 효력 및 취소

1) 입양의 효력발생

이 법에 따른 입양은 가정법원의 인용심판 확정으로 입양의 효력이 발생하므로(입양법 제15조 전단), 이 법에 따라 입양된 아동은 「민법」상 친양자와 동일한 지위를 가지게 된다(입양법 제14조). 양친 또는 양자는 가정법원의 허가서를 첨부하여 「가족관계의 등록 등에 관한 법률」에서 정하는 바에 따라 신고하여야 한다(입양법 제15조 후단).

2) 입양의 취소 및 파양

(1) 입양의 취소청구 입양아동의 친생의 부 또는 모는 자신에게 책임이 없는 사유로 인하여 제12조 제1항 제2호에 따라 입양의 동의를 할 수 없었던 경우에는 입양의 사실을 안 날부터 6개월 안에 가정법원에 입양의 취소를 청구할 수 있다(입양법 제16조 제1항).

(2) 확정판결의 통보 가정법원은 입양의 취소 청구에 대한 판결이 확정되거나 심판의 효력이 발생한 때에는 지체 없이 그 뜻을 가정법원 소재지 지방자치단체에 통보한다(입양법 동조 제2항).

(3) 파양의 청구사유 양친, 양자, 검사는 다음 각 호의 어느 하나의 사유가 있는 경우에는 가정법원에 파양을 청구할 수 있다(입양법 제17조 제1항).

① 양친이 양자를 학대 또는 유기하거나 그 밖에 양자의 복리를 현저히 해하는 경우

② 양자의 양친에 대한 패륜행위로 인하여 양자관계를 유지시킬 수 없게 된 경우

가정법원은 파양이 청구된 아동이 13세 이상인 경우 입양아동이 의견을 청취하고 그 의견을 존중하여야 한다(입양법 동조 제2항).

(4) 확정판결의 통보 가정법원은 파양의 청구에 대한 판결이 확정되거나 심판의 효력이 발생한 때에는 지체 없이 그 뜻을 가정법원 소재지 지방자치단체에 통보한다(입양법 동조 제3항).

6. 국외입양

1) 국내에서의 국외입양

국내에서 제9조 각 호의 어느 하나에 해당하는 사람을 양자로 하려는 외국인은 후견인과 함께 양자로 할 사람의 등록기준지 또는 주소지를 관할하는 가정법원에 보건복지부령으로 정하는 바에 따라 다음 각 호의 서류를 첨부하여 입양허가를 신청하여야 한다(입양법 제18조).

① 양자가 될 아동의 출생신고 증빙 서류

② 양자가 될 사람이 제9조의 자격을 구비하였다는 서류

③ 제10조 제1항에 따른 양친이 될 사람의 가정 상황에 관한 서류

④ 제12조 및 제13조에 따른 입양동의 서류

2) 외국에서의 국외입양

(1) 입양허가신청 외국인으로부터 입양알선을 의뢰받은 입양기관의 장은 입양알선을 하려면 보건복지부장관이 발행한 해외이주허가서를 첨부하여 가정법원에 입양허가를 신청하여야 한다(입양법 제19조 제1항). 국외에 거주하는 외국인이 국내에 거주하는 아동을 입양하기 위하여는 입양기관을 통하여 입양절차를 진행하여야 한다(입양법 동조 제2항).

(2) 해외 이주허가서 발급 제1항에 따른 신청을 받은 보건복지부장관은 다음 각 호의 어느 하나에 해당하는 경우에는 해외이주허가서를 발행하지 아니할 수 있다(입양법 동조 제4항).

① 양자가 될 사람이 미아이거나 그 밖에 보건복지부령으로 정하는 사람인 경우

② 입양기관의 장이 입양을 원하는 외국인의 국가나 그 국가의 공인받은 입양기관과 입양업무에 관한 협약을 체결하지 아니한 경우

③ 입양을 원하는 외국인의 국가가 대한민국과 전쟁상태 또는 적대적인 상태에 있는 국가인 경우

(3) 한국국적의 말소 양자가 될 사람이 해외이주허가를 받고 출국하여 그 국가의 국적을 취득하였을 때에는 입양기관의 장은 보건복지부령으로 정하는 바에 따라 지체 없이 그 사실을 법무부장관에게 보고 하고, 법무부장관은 직권으로 그의 대한민국 국적을 말소할 것을 등록기준지 관할 가족관계등록 관서에 통지하여야 한다(입양법 동조 제3항).

7. 입양기관

1) 입양기관의 운영허가 및 제한

(1) 운영허가 입양기관을 운영하려는 자는 사회복지사업법에 따른 사회복지법인으로서 보건복지부장관의 허가를 받아야 한다. 다만, 국내입양만을 알선하려는 자는 시・도지사의 허가를 받아야 한다(입양법 제20조 제1항). 제1항에 따라 허가받은 사항 중 대통령령으로 정하는 중요한 사항을 변경하려고 하는 경우에는 신고하여야 한다(입양법 제20조 제2항).

(2) 입양기관의 장의 자격 제한과 보수교육 외국인은 입양기관의 장이 될 수 없다(입양법 동조 제3항). 입양기관의 장과 그 종사자는 입양아동의 인권을 보호하고 건전한 입양문화를 정착시키기 위하여 정기적으로 보건복지부령으로 정하는 보수교육을 받아야 한다(입양법 동조 제4항).

(3) 협약체결의 보고 입양기관의 장이 입양을 원하는 국가나 그 국가의 공인을 받은 입양기관과 입양업무에 관한 협약을 체결하였을 때에는 보건복지부장관에게 보고하여야 한다. 이 경우 입양업무에 관한 협약에 포함되어야 할 사항은 대통령령으로 정한다(입양법 동조 제5항).

2) 입양기관의 의무

(1) 입양의뢰된 자의 권익보호 입양기관의 장은 입양의뢰된 사람의 권익을 보호하고, 부모를 알 수 없는 경우에는 부모 등 직계존속을 찾기 위하여 노력을 다하여야 한다(입양법 제21조 제1항).

(2) 입양자의 자격조사 입양기관의 장은 입양을 알선할 때 그 양친이 될 사람에 대하여 제10조에서 정한 사실을 조사하여야 한다(입양법 동조 제2항).

(3) 입양자에 대한 교육 및 입양결과보고 입양기관의 장은 양친이 될 사람에게 입양 전에 아동양육에 관한 교육을 하여야 하며, 입양이 성립된 후에는 보건복지부령으로 정하는 바에 따라 입양아동과 그에 관한 기록 등을 양친 또는 양친이 될 사람에게 건네주고, 그 결과

를 특별자치도지사・시장・군수・구청장에게 보고하여야 한다(입양법 동조 제3항).

(4) 정보제공 입양기관의 장은 입양업무의 효율 및 입양기관 간의 협력체계 구축을 위하여 입양아동과 가족에 관한 정보를 보건복지부령으로 정하는 바에 따라 제26조에 따른 중앙입양원에 제공하여야 한다(입양법 동조 제4항).

(5) 입양업무기록의 영구보존 입양기관의 장은 입양업무에 관한 사항을 보건복지부령으로 정하는 바에 따라 기록하여야 하고, 이 경우 입양기록은 전자문서로서 기록할 수 있다(입양법 동조 제5항). 그리고 이 입양업무에 관한 기록은 입양아동에 대한 사후관리를 위하여 영구보존하여야 한다(입양법 동조 제6항).

(6) 후견직무 입양기관의 장은 입양을 알선하기 위하여 보장시설의 장, 부모 등으로부터 양자될 아동을 인도받았을 때에는 그 인도받은 날부터 입양이 완료될 때까지 그 아동의 후견인이 된다. 다만, 양자가 될 아동에 대하여 법원이 이미 후견인을 둔 경우에는 그러하지 아니하다(입양법 제22조 제1항). 제1항의 경우에 양자로 될 아동을 인도한 친권자의 친권행사는 정지된다. 다만, 친권자가 제12조 제5항에 따라 입양의 동의를 철회한 때에는 다시 친권을 행사할 수 있다(입양법 동조 제2항).

(7) 가족관계등록 창설 입양기관의 장은 양자가 될 아동을 가족관계등록이 되어 있지 아니한 상태에서 인계받았을 때에는 그 아동에 대한 가족관계등록 창설 절차를 거친다(입양법 제23조).

3) 입양알선이 곤란한 사람 등의 보호조치

입양기관의 장은 다음 각 호의 어느 하나에 해당하는 사람이 있는 경우에는 시・도지사 또는 시장・군수・구청장에게 이를 보고하여야 한다(입양법 제24조 제1항).

① 제9조 제2호에 따라 보호의뢰된 사람으로서 입양알선이 곤란한 사람

② 이 법에 따른 입양이 취소되거나 파양을 선고받은 사람으로서 보호자가 입양기관에 보호를 요청한 사람

시・도지사 또는 시장・군수・구청장은 제1항에 따른 보고를 받은 사람에 대하여 아동복지법 제15조에 따른 보호조치를 지체없이 하여야 한다(입양법 동조 제2항).

4) 사후관리서비스 제공

(1) 사후관리사항 입양기관의 장은 입양이 성립된 후 1년 동안 양친과 양자의 상호적응을 위하여 다음 각 호의 사후관리를 하여야 한다. 국외입양 사후관리에 관한 내용, 방법

등 구체적 사항은 대통령령으로 정한다(입양법 제25조 제1항).

① 양친과 양자의 상호적응상태에 관한 관찰 및 이에 필요한 서비스
② 입양가정에서의 아동양육에 필요한 정보의 제공
③ 입양가정이 수시로 상담할 수 있는 창구의 개설 및 상담요원의 배치

(2) 국적취득여부 확인 · 보고 입양기관의 장은 해당 국가의 협력기관을 통하여 입양아동이 입양된 국가의 국적을 취득하였는지를 확인하고 그 결과를 제**26**조에 따른 중앙입양원의 원장을 통하여 보건복지부장관에게 보고하여야 한다(입양법 동조 제2항).

(3) 모국방문사업 등 입양기관의 장은 국외로 입양된 아동을 위하여 모국방문사업 등 대통령령으로 정하는 사업을 실시하여야 한다(입양법 동조 제3항).

5) 지도 · 감독, 업무정지 및 허가취소

(1) 지도 · 감독 등 보건복지부장관, 시 · 도지사 또는 시장 · 군수 · 구청장은 입양기관을 운영하는 자에 대하여 소관 업무에 관하여 필요한 지도 · 감독을 하며, 필요한 경우 그 업무에 관하여 보고 또는 관계 서류의 제출을 명하거나 소속 공무원으로 하여금 입양기관의 사무소 또는 시설에 출입하여 검사하거나 질문하게 할 수 있다(입양법 제38조 제1항).

(2) 업무정지 및 허가취소 보건복지부장관 또는 시 · 도지사는 입양기관이 다음 각 호의 어느 하나에 해당할 때에는 6개월 이내의 기간을 정하여 업무정지를 명하거나 제20조 제1항에 따른 허가를 취소할 수 있다(입양법 제39조 제1항).

① 제20조 제6항에 따른 시설 및 종사자의 기준에 미치지 못하게 되었을 때
② 제13조 제3항 · 제4항 또는 제21조 제1항을 위반하여 입양의뢰된 사람의 권익을 해치는 행위를 하였을 때
③ 정당한 사유 없이 제38조에 따른 보고를 하지 아니하거나 거짓으로 하였을 때 또는 조사를 거부 · 방해하거나 기피하였을 때
④ 이 법 또는 이 법에 따른 명령을 위반하였을 때

8. 중앙입양원

(1) 설립과 법인격 보건복지부장관은 국내입양 활성화 및 입양에 대한 사후 관리 등을 위하여 중앙입양원을 설립 · 운영하여야 한다. 설립된 중앙입양원은 재단법인으로 한다(입양법 제26조 제1항, 제2항). 중앙입양원을 설립할 때에는 정관을 작성하여 보건복지부장관의 인가를 받아야 한다. 정관을 변경하고자 하는 경우에도 또한 같다(입양법 동조 제3항).

(2) 업 무 중앙입양원은 다음 각 호의 업무를 수행하다(입양법 제26조 제4항).

① 입양아동·가족정보 및 친가족 찾기에 필요한 통합데이터베이스 운영
② 입양아동의 데이터베이스 구축 및 연계
③ 국내외 입양정책 및 서비스에 관한 조사·연구
④ 입양 관련 국제협력 업무
⑤ 그 밖에 보건복지부장관으로부터 위탁받은 사업

중앙입양원에 관하여 이 법에 규정된 것을 제외하고는 「민법」 중 재단법인에 관한 규정을 준용한다(입양법 동조 제5항).

(3) 구성 및 임원 중앙입양원에 이사장 1명을 포함한 9명 이내의 이사와 감사 1명을 두며, 이사장은 보건복지부장관이 임명하고 원장을 겸임한다. 원장은 중앙입양원을 대표하고, 업무를 총괄한다(입양법 제27조 제1항·2항·3항,·4항). 이사, 감사 및 직원에 대한 임명절차 및 임기 등에 관한 필요한 사항은 보건복지부령으로 정한다(입양법 동조 제5항).

(4) 비용보조 정부는 중앙입양원의 설립·운영에 필요한 경비를 예산의 범위에서 보조할 수 있다. 제1항에 따른 보조금의 사용 등에 필요한 사항은 「보조금의 예산 및 관리에 관한 법률」에서 정하는 바에 따른다(입양법 제28조 제1항·제2항).

(5) 관계 기관 등에 대한 협조 요청 중앙입양원 원장은 업무수행을 위하여 필요한 경우 공공기관, 입양기관 등에 대하여 자료를 제출하도록 요청할 수 있다. 이 경우 그 요청을 받은 기관은 특별한 사유가 없으면 그에 따라야 한다. 제1항에 따라 중앙입양원에 제공된 자료는 제26조 제4항에서 정한 업무수행을 위한 목적 외에는 사용할 수 없다(입양법 제29조 제1·2항).

(6) 지도·감독 보건복지부장관은 중앙입양원을 지도·감독한다. 보건복지부장관은 중앙입양원에 대하여 업무·회계 및 재산에 관하여 필요한 사항을 보고하게 하거나 소속 공무원으로 하여금 중앙입양원의 장부·서류, 그 밖의 물건을 검사하게 할 수 있다(입양법 제30조 제1항·2항). 보건복지부장관은 제2항에 따른 보고 또는 검사의 결과 필요하다고 인정하는 경우에는 시정명령 등 필요한 조치를 할 수 있다(입양법 동조 제4항).

9. 입양아동 등에 대한 복지지원

(1) 아동의 인도 입양기관 또는 부모는 법원의 입양허가 결정 후 입양될 아동을 양친이 될 사람에게 인도한다(입양법 제31조 제1항). 국외입양의 경우 아동의 인도는 보건복지부령으로 정하는 특별한 사정이 없으면 대한민국에서 이루어져야 한다(입양법 동조 제2항).

(2) 비용의 수납 및 보조 제20조 제1항에 따른 입양기관은 대통령령으로 정하는 바에 따라 양친이 될 사람으로부터 입양 알선에 실제로 드는 비용의 일부를 받을 수 있다(입양법 제32조 제1항). 국가와 지방자치단체는 양친이 될 사람에게 제1항의 입양 알선에 실제로 드는 비용의 전부 또는 일부를 보조할 수 있다(입양법 동조 제2항).

(3) 요보호아동의 발생예방 국가와 지방자치단체는 아동이 태어난 가정에서 양육될 수 있도록 요보호아동의 발생예방에 필요한 시책을 강구하여야 한다(입양법 제34조).

(4) 양육보조금 등의 지급 국가와 지방자치단체는 입양기관의 알선을 받아 입양된 장애아동 등 입양아동이 건전하게 자랄 수 있도록 필요한 경우에는 대통령령으로 정하는 범위에서 양육수당, 의료비, 아동교육지원비, 그 밖의 필요한 양육보조금을 지급할 수 있다(입양법 제35조 제1항). 국가와 지방자치단체는 입양기관의 운영비와 「국민기초생활 보장법」에 따라 지급되는 수급품 외에 가정위탁보호비용을 보조할 수 있다(입양법 동조 제2항).

10. 입양아동 등에 대한 정보공개

(1) 입양정보의 공개청구 이 법에 따라 양자가 된 사람은 중앙입양원 또는 입양기관이 보유하고 있는 자신과 관련된 입양정보의 공개를 청구할 수 있다. 다만, 이 법에 따라 양자가 된 사람이 미성년자인 경우에는 양친의 동의를 받아야 한다(입양법 제36조 제1항).

중앙입양원 또는 입양기관의 장은 제1항에 따른 요청이 있을 때 입양아동의 친생부모의 동의를 받아 정보를 공개하여야 한다. 다만, 친생부모가 정보의 공개에 동의하지 아니하는 경우에는 그 친생부모의 인적사항을 제외하고 정보를 공개하여야 한다(입양법 동조 제2항).

제2항의 단서에도 불구하고 친생부모가 사망이나 그 밖의 사유로 동의할 수 없는 경우에는 양자가 된 사람의 의료상 목적 등 특별한 사유가 있는 경우에는 친생부모의 동의 여부와 관계없이 입양정보를 공개할 수 있다(입양법 동조 제3항).

(2) 비밀유지의 의무 중앙입양원 또는 입양기관에 종사하는 사람 또는 종사하였던 사람은 그 업무를 행하는 과정에서 알게 된 비밀을 누설하여서는 아니 된다. 다만, 제36조에 따라 입양정보를 공개하는 때에는 예외로 한다(입양법 제37조).

제6절 아동학대의 예방 및 보호조치

1. 아동학대의 의의

(1) 아동학대의 개념 '아동학대'란 보호자를 포함한 성인이 아동의 건강 또는 복지를 해치거나 정상적 발달을 저해할 수 있는 신체적·정신적·성적 폭력이나 가혹행위를 하는 것과 아동의 보호자가 아동을 유기하거나 방임하는 것을 말한다(법 제3조 제7호).

(2) 아동학대예방의 날 아동의 건강한 성장을 도모하고, 범국민적으로 아동학대의 예방과 방지에 관한 관심을 높이기 위하여 매년 11월 19일을 아동학대예방의 날로 지정하고, 아동학대예방의 날부터 1주일을 아동학대예방주간으로 한다(법 제23조 제1항). 국가와 지방자치단체는 아동학대예방의 날의 취지에 맞는 행사와 홍보를 실시하도록 노력하여야 한다(법 동조 제2항).

2. 아동학대의 예방과 방지의무

(1) 조치의무 국가와 지방자치단체는 아동학대의 예방과 방지를 위하여 다음 각 호의 조치를 취하여야 한다(법 제22조 제1항).

① 아동학대의 예방과 방지를 위한 각종 정책의 수립 및 시행
② 아동학대의 예방과 방지를 위한 연구·교육·홍보 및 아동학대 실태조사
③ 아동학대에 관한 신고체제의 구축·운영
④ 피해아동의 보호와 치료 및 피해아동의 가정에 대한 지원
⑤ 그 밖에 대통령령으로 정하는 아동학대의 예방과 방지를 위한 사항

여기서 '피해아동'이란 아동학대로 인하여 피해를 입은 아동을 말한다(법 제3조 제8호).

(2) 긴급전화의 설치 국가와 지방자치단체는 아동학대를 예방하고 수시로 신고를 받을 수 있도록 긴급전화를 설치하여야 한다(법 제22조 제2항).

(3) 학생 등에 대한 학대 예방 및 지원 등 국가와 지방자치단체는 「유아교육법」에 따른 유치원의 유아 및 「초·중등교육법」에 따른 학교의 학생(이하 이 조에서 "학생 등"이라 한다)에 대한 아동학대의 조기 발견 체계 및 제45조에 따른 지역아동보호전문기관(이하 "지역아동보호전문기관"이라 한다) 등 관련 기관과의 연계 체계를 구축하고, 학대피해 학생 등이 유치원 또는 학교에 안정적으로 적응할 수 있도록 지원하여야 한다(법 제22조의2제1항). 교육부장관은 아동학대의 조기 발견과 신속한 보호조치를 위하여 대통령령으로 정하는 바에 따라 장기결석

학생 등의 정보 등을 보건복지부장관과 공유하여야 한다(법 동조 제2항).

(4) 피해아동 등에 대한 신분조회 등 조치 아동보호전문기관의 장은 피해아동의 보호, 치료 등을 수행함에 있어서 피해아동, 그 보호자 또는 아동학대행위자에 대한 다음 각 호의 조치를 관계 중앙행정기관의 장, 시·도지사 또는 시장·군수·구청장에게 협조 요청할 수 있으며, 요청을 받은 관계 중앙행정기관의 장, 시·도지사 또는 시장·군수·구청장은 정당한 사유가 없으면 이에 따라야 한다(법 제22조의3).

① 「출입국관리법」에 따른 외국인등록 사실증명의 열람 및 발급
② 「가족관계의 등록 등에 관한 법률」 제15조 제1항 제1호부터 제4호까지에 따른 증명서의 발급
③ 「주민등록법」에 따른 주민등록표 등본·초본의 열람 및 발급
④ 「국민기초생활 보장법」에 따른 수급자 여부의 확인
⑤ 「장애인복지법」에 따른 장애인등록증의 열람 및 발급

(5) 홍보영상의 제작·배포·송출 보건복지부장관은 아동학대의 예방과 방지, 위반 행위자의 계도를 위한 교육 등에 관한 홍보영상을 제작하여 「방송법」 제2조 제23호의 방송편성책임자에게 배포하여야 한다(법 제24조 제1항).

보건복지부장관은 「방송법」 제2조 제3호 가목의 지상파방송사업자에게 같은 법 제73조 제4항에 따라 대통령령으로 정하는 비상업적 공익광고 편성비율의 범위에서 제1항의 홍보영상을 채널별로 송출하도록 요청할 수 있다(법 동조 제2항). 제2항에 따른 지상파방송사업자는 제1항의 홍보영상 외에 독자적인 홍보영상을 제작하여 송출할 수 있다. 이 경우 보건복지부장관에게 필요한 협조 및 지원을 요청할 수 있다(법 동조 제3항).

3. 아동학대 신고와 보호조치 및 사후관리

1) 아동학대 신고의무와 교육

종전에는 아동복지법에서 아동학대 신고절차와 신고의무자를 규정하고 있었으나, 이를 삭제하고 「아동학대범죄의 처벌 등에 관한 특례법」(약칭: 아동학대처벌법)을 제정(법률 제13426호)하여 아동학대 관련 범죄자를 더욱 더 엄하게 처벌하고 아동학대의 신고의무자와 현장출동 및 응급조치 등에 관하여 규정하고 있다.

(1) 신고의무와 절차 누구든지 아동학대를 알게 된 경우나 그 의심이 있는 경우에는 아동보호전문기관 또는 수사기관에 신고할 수 있다(아동학대처벌법 제10조 제1항). 다음 각 호의 어느 하나에 해당하는 사람이 직무를 수행하면서 아동학대범죄를 알게 된 경우나 그 의심이

있는 경우에는 아동보호전문기관 또는 수사기관에 신고하여야 한다(동법 제10조 제2항).

① 가정위탁지원센터의 장과 그 종사자
② 아동복지시설의 장과 그 종사자(아동보호전문기관의 장과 그 종사자는 제외한다)
③ 제13조에 따른 아동복지전담공무원
④「가정폭력방지 및 피해자보호 등에 관한 법률」 제5조에 따른 가정폭력관련 상담소 및 같은 법 제7조의2에 따른 가정폭력피해자 보호시설의 장과 그 종사자
⑤「건강가정기본법」 제35조에 따른 건강가정지원센터의 장과 그 종사자
⑥「다문화가족지원법」 제12조에 따른 다문화가족지원센터의 장과 그 종사자
⑦「사회복지사업법」 제14조에 따른 사회복지전담공무원 및 같은 법 제34조에 따른 사회복지시설의 장과 그 종사자
⑧「성매매방지 및 피해자보호 등에 관한 법률」 제5조에 따른 지원시설 및 같은 법 제10조에 따른 성매매피해상담소의 장과 그 종사자
⑨「성폭력방지 및 피해자보호 등에 관한 법률」 제10조에 따른 성폭력피해상담소 및 같은 법 제12조에 따른 성폭력피해자보호시설의 장과 그 종사자
⑩「소방기본법」 제34조에 따른 구급대의 대원
⑪「응급의료에 관한 법률」 제36조에 따른 응급구조사
⑫「영유아보육법」 제10조에 따른 어린이집의 원장 등 보육교직원
⑬「유아교육법」 제20조에 따른 교직원 및 같은 법 제23조에 따른 강사 등
⑭「의료기사 등에 관한 법률」 제1조의2 제1호에 따른 의료기사
⑮「의료법」 제2조 제1항에 따른 의료인과같은법 제3조 제1항에 따른 의료기관의 장
⑯「장애인복지법」 제58조에 따른 장애인복지시설의 장과 그 종사자로서 시설에서 장애아동에 대한 상담·치료·훈련 또는 요양 업무를 수행하는 사람
⑰「정신건강증진 및 정신질환자 복지서비스 지원에 관한 법률」 제3조 제3호에 따른 정신건강복지센터, 같은 조 제5호에 따른 정신의료기관, 같은 조 제6호에 따른 정신요양시설 및 같은 조 제7호에 따른 정신재활시설의 장과 그 종사자
⑱「청소년기본법」 제3조 제6호에 따른 청소년시설 및 같은 조 제8호에 따른 청소년단체의 장과 그 종사자
⑲「청소년보호법」 제35조에 따른 청소년보호재활센터의 장과 그 종사자
⑳「초·중등교육법」 제19조에 따른 교직원, 같은 법 제19조의2에 따른 전문상담교사 및 같은 법 제22조에 따른 산학겸임교사 등
㉑「한부모가족지원법」 제19조에 따른 한부모가족복지시설의 장과 그 종사자
㉒「학원의 설립·운영 및 과외교습에 관한 법률」 제6조에 따른 학원의 운영자·강

사 · 직원 및 같은 법 제14조에 따른 교습소의 교습자 · 직원

㉓ 「아이돌봄 지원법」 제2조 제4호에 따른 아이돌보미

㉔ 「아동복지법」 제37조에 따른 취약계층 아동에 대한 통합서비스지원 수행 인력

㉕ 「입양특례법」 제20조에 따른 입양기관의 장과 그 종사자

(2) 신고인의 공개금지 누구든지 제1항 및 제2항에 따른 신고인의 인적사항 또는 신고인임을 미루어 알 수 있는 사실을 다른 사람에게 알려주거나 공개 또는 보도하여서는 아니 된다(동법 제10조 제3항).

(3) 신고절차 및 방법의 설명서 배포 보건복지부장관은 제2항 각 호의 신고의무자가 아동학대의 사실을 알게 된 경우 이를 지체 없이 아동보호전문기관 또는 수사기관에 신고할 수 있도록 하기 위하여 아동학대의 신고 절차와 방법 등에 필요한 사항을 기재한 설명서를 작성하여 배포하여야 한다(동법 동조 제4항).

(4) 신고의무자에 대한 교육 관계 중앙행정기관의 장은 「아동학대범죄의 처벌 등에 관한 특례법」 제10조 제2항 각 호의 어느 하나에 해당하는 사람의 자격취득 과정이나 보수교육 과정에 아동학대예방 및 신고의무와 관련된 교육내용을 포함하도록 하여야 한다(법 제26조 제1항). 관계 중앙행정기관의 장 및 시 · 도지사는 아동학대 신고의무자에게 본인이 아동학대 신고의무자라는 사실을 고지할 수 있고, 아동학대 예방 및 신고의무와 관련한 교육(이하 이 조에서 "신고의무 교육"이라 한다)을 실시할 수 있다(법 동조 제2항).

아동학대 신고의무자가 소속된 기관 · 시설 등의 장은 소속 아동학대 신고의무자에게 신고의무 교육을 실시하고, 그 결과를 관계 중앙행정기관의 장에게 제출하여야 한다(법 동조 제3항).

2) 아동학대 등의 통보 및 보호조치

(1) 통 보 사법경찰관리는 아동 사망 및 상해사건, 가정폭력 사건 등에 관한 직무를 행하는 경우 아동학대가 있었다고 의심할 만한 사유가 있는 때에는 아동보호전문기관에 그 사실을 통보하여야 한다(법 제27조의2 제1항).

사법경찰관 또는 보호관찰관은 「아동학대범죄의 처벌 등에 관한 특례법」 제14조 제1항에 따라 임시조치의 청구를 신청하였을 때에는 아동보호전문기관에 그 사실을 통보하여야 한다(법 동조 제2항).

(2) 보호조치 제1항 및 제2항의 통보를 받은 아동보호전문기관은 피해아동 보호조치 등 필요한 조치를 하여야 한다(법 동조 제3항).

(3) 응급조치에 대한 거부금지 「아동학대범죄의 처벌 등에 관한 특례법」 제12조 제1

항 제3호 또는 제4호에 따라 사법경찰관리 또는 아동보호전문기관의 직원이 피해아동을 인도하는 경우에는 아동학대 관련 보호시설이나 의료기관은 정당한 사유 없이 이를 거부하여서는 아니 된다(법 제27조의3).

3) 사후관리 및 지원

(1) 확인 및 지원제공 아동보호전문기관의 장은 아동학대가 종료된 이후에도 가정방문, 전화상담 등을 통하여 아동학대의 재발 여부를 확인하여야 하고(법 제28조 제1항), 아동학대가 종료된 이후에도 아동학대의 재발 방지 등을 위하여 필요하다고 인정하는 경우 피해아동 및 보호자를 포함한 피해아동의 가족에게 필요한 지원을 제공할 수 있다(법 동조 제2항).

(2) 상담, 교육, 치료 등의 지원 아동보호전문기관의 장은 아동의 안전 확보와 재학대 방지, 건전한 가정기능의 유지 등을 위하여 피해아동 및 보호자를 포함한 피해아동의 가족에게 상담, 교육 및 의료적·심리적 치료 등의 필요한 지원을 제공하여야 하고(법 제29조 제1항), 제1항의 지원을 위하여 관계기관에 협조를 요청할 수 있다(법 동조 제2항).

보호자를 포함한 피해아동의 가족은 아동보호전문기관이 제1항에 따라 제공하는 지원에 성실하게 참여하여야 한다(법 동조 제3항).

(3) 이익의 최우선 고려 아동보호전문기관의 장은 제1항의 지원 여부의 결정 및 지원의 제공 등 모든 과정에서 피해아동의 이익을 최우선으로 고려하여야 한다(법 동조 제4항).

(4) 취학의 지원 국가와 지방자치단체는 「초·중등교육법」 제2조 각 호의 학교에 재학 중인 피해아동 및 피해아동의 가족이 주소지 외의 지역에서 취학(입학·재입학·전학·편입학을 포함한다. 이하 같다)할 필요가 있을 때에는 그 취학이 원활하게 이루어 질 수 있도록 지원하여야 한다(법 동조 제5항).

(5) 상담·교육 등의 권고 아동보호전문기관의 장은 아동학대행위자에 대하여 상담·교육 및 심리적 치료 등 필요한 지원을 받을 것을 권고할 수 있다(법 제29조의2).

4. 아동학대정보시스템의 구축·운영, 위탁

(1) 정보시스템의 구축·운영 보건복지부장관은 아동학대 관련 정보를 공유하고 아동학대를 예방하기 위하여 대통령령으로 정하는 바에 따라 아동학대정보시스템을 구축·운영하여야 한다(법 제28조의2 제1항).

(2) 정보의 입력·관리 보건복지부장관은 피해아동, 그 가족 및 학대행위자에 관한

정보와 아동학대예방사업에 관한 정보를 제1항에 따른 아동학대정보시스템에 입력・관리하여야 한다. 이 경우 보건복지부장관은 관계 중앙행정기관의 장, 시・도지사, 시장・군수・구청장, 아동보호전문기관 등에 필요한 자료를 요청할 수 있다(법 제28조의2 제2항).

(3) 정보의 요청 다음 각 호의 어느 하나에 해당하는 자는 아동의 보호 및 아동학대 발생 방지를 위하여 필요한 경우 국가아동학대정보시스템상의 피해아동, 그 가족 및 아동학대행위자에 관한 정보를 보건복지부장관에게 요청할 수 있다. 이 경우 대통령령으로 정하는 바에 따라 목적과 필요한 정보의 범위를 구체적으로 기재하여야 한다(법 동조 제3항).

1. 시・도지사 및 시장・군수・구청장
2. 판사, 검사 및 경찰관서의 장
3. 「초・중등교육법」에 따른 학교의 장
4. 제29조의7에 따른 아동학대 전담의료기관의 장
5. 제52조 제1항 제1호부터 제6호까지 및 제9호・제10호에 해당하는 아동복지시설의 장
6. 그 밖에 대통령령으로 정하는 피해아동의 보호 및 지원 관련 기관 또는 단체의 장

보건복지부장관은 제3항에 따른 요청이 있는 경우 국가아동학대정보시스템상의 해당 정보를 제공할 수 있다. 다만, 피해아동의 보호를 위하여 필요한 경우로서 대통령령으로 정하는 경우에는 정보의 제공을 제한할 수 있다(법 동조 제4항).

(4) 정보시스템의 운영위탁 보건복지부장관은 중앙아동보호전문기관에게 제1항에 따른 국가아동학대정보시스템 운영을 위탁할 수 있다(법 제28조의2 제6항).

5. 보조인 및 동석자

(1) 보조인의 범위 법원의 심리과정에서 변호사, 법정대리인, 직계 친족, 형제자매, 아동보호전문기관의 상담원은 학대아동사건의 심리에 있어서 보조인이 될 수 있다. 다만, 변호사가 아닌 경우에는 법원의 허가를 받아야 한다(법 제21조 제1항).

(2) 동석자의 범위 법원은 피해아동을 증인으로 신문하는 경우 검사, 피해아동과 그 보호자 또는 아동보호전문기관의 신청이 있는 경우에는 피해아동과 신뢰관계에 있는 사람의 동석을 허가할 수 있다(법 동조 제2항). 수사기관이 피해아동을 조사하는 경우에도 제1항 및 제2항과 같다(법 동조 제3항).

6. 금지행위

(1) 아동에 대한 금지행위 누구든지 다음 각 호의 어느 하나에 해당하는 행위를 하여

서는 아니 된다(법 제17조).

① 아동을 매매하는 행위
② 아동에게 음행을 시키거나 음행을 매개하는 행위 또는 아동에게 성적 수치심을 주는 성희롱 등의 성적 학대행위
③ 아동의 신체에 손상을 주거나 신체의 건강 및 발달을 해치는 신체적 학대행위
④ 삭제
⑤ 아동의 정신건강 및 발달에 해를 끼치는 정서적 학대행위
⑥ 자신의 보호·감독을 받는 아동을 유기하거나 의식주를 포함한 기본적 보호·양육·치료 및 교육을 소홀히 하는 방임행위
⑦ 장애를 가진 아동을 공중에 관람시키는 행위
⑧ 아동에게 구걸을 시키거나 아동을 이용하여 구걸하는 행위
⑨ 공중의 오락 또는 흥행을 목적으로 아동의 건강 또는 안전에 유해한 곡예를 시키는 행위 또는 이를 위하여 아동을 제3자에게 인도하는 행위
⑩ 정당한 권한을 가진 알선기관 외의 자가 아동의 양육을 알선하고 금품을 취득하거나 금품을 요구 또는 약속하는 행위
⑪ 아동을 위하여 증여 또는 급여된 금품을 그 목적 외의 용도로 사용하는 행위

(2) 조사·질문권 보건복지부장관, 시·도지사 또는 시장·군수·구청장은 필요하다고 인정할 때에는 관계 공무원이나 전담공무원으로 하여금 아동복지시설과 아동의 주소·거소, 아동의 고용장소 또는 제17조의 금지행위를 위반할 우려가 있는 장소에 출입하여 아동 또는 관계인에 대하여 필요한 조사를 하거나 질문을 하게 할 수 있다(법 제66조 제1항).

7. 아동학대관련 범죄자에 대한 제한조치

(1) 아동관련기관의 운영·취업제한 아동학대관련범죄로 형 또는 치료감호를 선고받아 확정된 사람(이하 "아동학대관련범죄전력자"라 한다)은 그 확정된 때부터 형 또는 치료감호의 전부 또는 일부의 집행이 종료(종료된 것으로 보는 경우를 포함한다)되거나 집행을 받지 아니하기로 확정된 후 10년까지의 기간 동안 다음 각 호에 해당하는 시설 또는 기관(이하 "아동관련기관"이라 한다)을 운영하거나 아동관련기관에 취업 또는 사실상 노무를 제공할 수 없다(법 제29조의3 제1항).

① 제37조에 따른 취약계층 아동 통합서비스 수행기관, 제45조의 아동보호전문기관, 제48조의 가정위탁지원센터 및 제52조의 아동복지시설
② 「가정폭력방지 및 피해자보호 등에 관한 법률」 제4조의6의 긴급전화센터, 같은 법

제5조의 가정폭력 관련 상담소 및 같은 법 제7조의2의 가정폭력피해자 보호시설

③「건강가정기본법」 제35조의 건강가정지원센터

④「다문화가족지원법」 제12조의 다문화가족지원센터

⑤「성매매방지 및 피해자보호 등에 관한 법률」 제5조의 성매매피해자 등을 위한 지원시설 및 같은 법 제10조의 성매매피해상담소

⑥「성폭력방지 및 피해자보호 등에 관한 법률」 제10조의 성폭력피해상담소 및 같은 법 제12조의 성폭력피해자보호시설 및 같은 법 제18조의 성폭력피해자통합지원센터

⑦「영유아보육법」 제2조 제3호의 어린이집

⑧「유아교육법」 제2조 제2호의 유치원

⑨「의료법」 제3조의 의료기관(같은 법 제2조의 의료인에 한정한다)

⑩「장애인복지법」 제58조의 장애인복지시설

⑪「정신보건법」 제3조에 따른 정신보건시설, 정신질환자사회복귀시설, 정신요양시설 및 같은 법 제13조의2의 정신보건센터

⑫「주택법」 제2조 제2호의 공동주택의 관리사무소(경비업무 종사자에 한정한다)

⑬「청소년기본법」 제3조에 따른 청소년시설, 청소년단체

⑭「청소년활동진흥법」 제2조 제2호의 청소년활동시설

⑮「청소년복지 지원법」 제29조 제1항의 청소년상담복지센터, 같은 법 제30조의 이주배경청소년지원센터 및 같은 법 제31조 각 호의 청소년쉼터, 청소년자립지원관, 청소년치료재활센터

⑯「청소년 보호법」 제35조의 청소년 보호・재활센터

⑰「체육시설의 설치・이용에 관한 법률」 제2조 제1호의 체육시설 중 아동의 이용이 제한되지 아니하는 체육시설로서 문화체육관광부장관이 지정하는 체육시설

⑱「초・중등교육법」 제2조 각 호의 학교

⑲「학원의 설립・운영 및 과외교습에 관한 법률」 제2조 제1호의 학원 및 같은 조 제2호의 교습소 중 아동의 이용이 제한되지 아니하는 학원과 교습소로서 교육부장관이 지정하는 학원・교습소

⑳「한부모가족지원법」 제19조의 한부모가족복지시설

㉑ 아동보호전문기관 또는 학대피해아동쉼터를 운영하는 법인

㉒「보호소년 등의 처우에 관한 법률」에 따른 소년원 및 소년분류심사원

(2) 법죄 전력의 확인 및 조회의 요청 제1항 각 호(제12호는 제외한다)의 아동관련기관의 설치 또는 설립인가・신고를 관할하는 지방자치단체의 장, 교육감 또는 교육장은 아동관련기

관을 운영하려는 자에 대하여 본인의 동의를 받아 관계 기관의 장에게 아동학대관련범죄 전력 조회를 요청하여야 한다(법 제29조의3 제2항).

아동관련기관의 장은 그 기관에 취업 중이거나 사실상 노무를 제공 중인 사람 또는 취업하려 하거나 사실상 노무를 제공하려는 사람에 대하여 아동학대관련범죄 전력을 확인하여야 한다. 이 경우 본인의 동의를 받아 관계 기관의 장에게 아동학대관련범죄 전력 조회를 요청하여야 한다(법 동조 제3항).

제2항 및 제3항에 따라 아동학대관련범죄 전력 조회를 요청받은 관계 기관의 장은 정당한 사유가 없으면 이에 따라야 한다(법 동조 제4항).

(3) 범죄전력자 취업의 점검 · 확인 보건복지부장관 또는 관계 중앙행정기관의 장은 아동학대관련범죄전력자가 제29조의3 제1항을 위반하여 다음 각 호의 아동관련기관에 취업 또는 사실상 노무를 제공하고 있는지를 직접 또는 관계 기관 조회 등의 방법으로 점검 · 확인하여야 한다(법 제29조의4 제1항).

① 교육부장관: 제29조의3 제1항 제8호 · 제18호 · 제19호에 따른 아동관련기관
② 문화체육관광부장관: 제29조의3 제1항 제17호에 따른 아동관련기관
③ 보건복지부장관: 제29조의3 제1항 제1호 · 제7호 · 제9호 · 제10호 · 제11호에 따른 아동관련기관
④ 여성가족부장관: 제29조의3 제1항 제2호 · 제3호 · 제4호 · 제5호 · 제6호 · 제13호 · 제14호 · 제15호 · 제16호 · 제20호에 따른 아동관련기관
⑤ 국토교통부장관: 제29조의3 제1항 제12호에 따른 아동관련기관
⑥ 법무부장관: 제29조의3제1항 제22호에 따른 아동관련기관

보건복지부장관 또는 관계 중앙행정기관의 장은 제1항에 따른 점검 · 확인을 위하여 필요한 경우에는 아동관련기관의 장 또는 그 감독기관에 관련 자료의 제출을 요구할 수 있다(법 동조 제2항). 보건복지부장관 또는 관계 중앙행정기관의 장은 제1항에 따른 점검 · 확인 결과를 대통령령으로 정하는 바에 따라 인터넷 홈페이지 등을 이용하여 공개하여야 한다(법 동조 제3항).

(4) 취업자의 해임요구 제29조의4 제1항 각 호의 중앙행정기관의 장은 제29조의3 제1항을 위반하여 취업하거나 사실상 노무를 제공하는 사람에 대하여 아동관련기관의 장에게 그의 해임을 요구하여야 한다(법 제29조의5 제1항).

(5) 아동관련기관의 폐쇄, 등록 · 허가의 취소 제29조의4 제1항 각 호의 중앙행정기관의 장은 아동관련기관의 장에게 제29조의3 제1항을 위반하여 운영 중인 아동관련기관의 폐쇄를

요구하여야 하고(법 동조 제2항), 아동관련기관의 장이 제2항에 따른 폐쇄요구를 정당한 사유 없이 거부하거나 1개월 이내에 요구사항을 이행하지 아니하는 경우에는 대통령령으로 정하는 바에 따라 해당 아동관련기관을 폐쇄하거나 그 등록·허가 등을 취소하거나 관계 행정기관의 장에게 이를 요구할 수 있다(법 동조 제3항).

(6) 아동학대에 대한 법률상담 등 국가는 피해아동을 위한 법률상담과 소송대리(訴訟代理) 등의 지원(이하 이 조에서 "법률상담등"이라 한다)을 할 수 있다(법 제29조의6 제1항). 보건복지부장관과 아동보호전문기관의 장은 「법률구조법」 제8조에 따른 대한법률구조공단 또는 대통령령으로 정하는 그 밖의 기관에 법률상담등을 요청할 수 있다(법 동조 제2항).

(7) 아동학대 전담의료기관의 지정 보건복지부장관, 시·도지사 및 시장·군수·구청장은 국·공립병원, 보건소 또는 민간의료기관을 피해아동의 치료를 위한 전담의료기관(이하 이 조에서 "전담의료기관"이라 한다)으로 지정할 수 있다(법 제29조의7 제1항). 전담의료기관은 피해아동·가족·친족, 아동보호전문기관 또는 아동복지시설의 장, 경찰관서의 장, 판사 또는 가정법원 등의 요청이 있는 경우 피해아동에 대하여 다음 각 호의 조치를 하여야 한다(법 동조 제2항).

① 아동학대 피해에 대한 상담
② 신체적·정신적 치료
③ 그 밖에 대통령령으로 정하는 의료에 관한 사항

제 7 절 아동에 대한 지원서비스

1. 아동의 안전 및 건강지원

1) 안전기준의 설정

국가는 대통령령으로 정하는 바에 따라 아동복지시설과 아동용품에 대한 안전기준 을 정하고 아동용품을 제작·설치·관리하는 자에게 이를 준수하도록 하여야 한다(법 제30조). 이 법에서 '아동복지시설'이란 제50조에 따라 설치된 시설을 말한다(법 제3조 제10호).

2) 아동의 안전교육

(1) 안전교육 계획 및 실시 아동복지시설의 장, 「영유아보육법」에 따른 어린이집의 원장, 「유아교육법」에 따른 유치원의 원장 및 「초·중등교육법」에 따른 학교의 장은 교육대상

아동의 연령을 고려하여 대통령령으로 정하는 바에 따라 매년 다음 각 호의 사항에 관한 교육계획을 수립하여 교육을 실시하여야 한다(법 제31조 제1항).

① 성폭력 및 아동학대 예방
② 실종 · 유괴의 예방과 방지
③ 약물의 오남용 예방
④ 재난대비 안전
⑤ 교통안전

(2) 결과보고 아동복지시설의 장, 「영유아보육법」에 따른 어린이집의 원장은 제1항에 따른 교육계획 및 교육실시 결과를 관할 시장 · 군수 · 구청장에게 매년 1회 보고하여야 한다(법 동조 제2항). 「유아교육법」에 따른 유치원의 원장 및 「초 · 중등교육법」에 따른 학교의 장은 제1항에 따른 교육계획 및 교육실시 결과를 대통령령으로 정하는 바에 따라 관할 교육감에게 매년 1회 보고하여야 한다(법 동조 제3항).

3) 영상정보처리기기 설치 등

국가와 지방자치단체는 유괴 등 범죄의 위험으로부터 아동을 보호하기 위하여 필요하다고 인정하는 경우에는 다음 각 호의 어느 하나에 해당되는 시설의 주변구역을 아동보호구역으로 지정하여 범죄의 예방을 위한 순찰 및 아동지도 업무 등 필요한 조치를 할 수 있다(법 제32조 제1항).

① 「도시공원 및 녹지 등에 관한 법률」 제15조에 따른 도시공원
② 「영유아보육법」 제10조에 따른 어린이집
③ 「초 · 중등교육법」 제38조에 따른 초등학교 및 같은 법 제55조에 따른 특수학교
④ 「유아교육법」 제2조에 따른 유치원

국가와 지방자치단체는 제1항에 따라 지정된 아동보호구역에 「개인정보 보호법」 제2조 제7호에 따른 영상정보처리기기를 설치하여야 한다(법 동조 제3항). 이 법에서 정한 것 외에 영상정보처리기기의 설치 등에 관한 사항은 「개인정보 보호법」에 따른다(법 동조 제4항).

4) 아동안전 보호인력의 배치

국가와 지방자치단체는 실종 및 유괴 등 아동에 대한 범죄의 예방을 위하여 순찰 활동 및 아동 지도 업무 등을 수행하는 아동안전 보호인력을 배치 · 활용할 수 있다(법 제33조 제1항). 제1항에 따라 순찰활동 및 아동지도 업무 등을 수행하는 아동안전보호인력은 그 권한을 표시하는 증표를 지니고 이를 관계인에게 내보여야 한다(법 동조 제2항). 국가와 지방자치단체는 아동안전 보호인력으로 배치하고자 하는 사람에 대하여 본인의 동의를 받아 범죄경력을 확인하여야 한다(법 동조 제3항).

5) 아동긴급보호소 지정 및 운영

경찰청장은 유괴 등의 위험에 처한 아동을 보호하기 위하여 아동긴급보호소를 지정·운영할 수 있다(법 제34조 제1항). 경찰청장은 제1항에 따른 아동긴급보호소의 지정을 원하는 자에 대하여 본인의 동의를 받아 범죄경력을 확인하여야 한다(법 동조 제2항).

6) 건강한 심신의 보존

아동의 보호자는 아동의 건강유지와 향상을 위하여 최선의 주의와 노력을 하여야 한다(법 제35조 제1항). 국가와 지방자치단체는 아동의 건강증진과 체력향상을 위하여 다음 각 호에 해당 하는 사항을 지원하여야 한다(법 동조 제2항).

① 신체적 건강 증진에 관한 사항

② 자살 및 각종 중독의 예방 등 정신적 건강 증진에 관한 사항

③ 급식지원 등을 통한 결식예방 및 영양개선에 관한 사항

④ 비만방지 등 체력 및 여가증진에 관한 사항

국가와 지방자치단체는 아동의 신체적·정신적 문제를 미리 발견하여 아동이 제때에 상담과 치료를 받을 수 있는 기반을 마련하여야 한다(법 동조 제3항).

2. 취약계층 아동 통합서비스지원 및 자립지원 등

1) 취약계층 아동에 대한 통합서비스지원

국가와 지방자치단체는 아동의 건강한 성장과 발달을 도모하기 위하여 대통령령으로 정하는 바에 따라 아동의 성장 및 복지 여건이 취약한 가정을 선정하여 그 가정의 지원대상아동과 가족을 대상으로 보건, 복지, 보호, 교육, 치료 등을 종합적으로 지원하는 통합서비스를 실시한다(법 제37조 제1항). 보건복지부장관은 통합서비스지원사업의 운영지원에 관한 업무를 법인, 단체 등에 위탁할 수 있다(법 동조 제3항).

2) 자립지원

(1) 자립지원조치 사항 국가와 지방자치단체는 보호대상아동의 위탁보호 종료 또는 아동복지시설 퇴소 이후의 자립을 지원하기 위하여 다음 각 호에 해당하는 조치를 시행하여야 한다(법 제38조 제1항).

① 자립에 필요한 주거·생활·교육·취업 등의 지원

② 자립에 필요한 자산의 형성 및 관리 지원(이하 “자산형성지원”이라 한다)

③ 자립에 관한 실태조사 및 연구

④ 사후관리체계 구축 및 운영

⑤ 그 밖에 자립지원에 필요하다고 대통령령으로 정하는 사항

(2) 자립지원계획의 수립 및 교육 가정위탁지원센터의 장 및 아동복지시설의 장은 보호하고 있는 15세 이상의 아동을 대상으로 매년 개별 아동에 대한 자립지원계획을 수립하고, 그 계획을 수행하는 종사자를 대상으로 자립지원에 관한 교육을 실시하여야 한다(법 제39조 제1항).

(3) 자립지원전담기관의 설치 · 운영 및 위탁 국가와 지방자치단체는 자립지원 관련 데이터베이스 구축 및 운영, 자립지원 프로그램의 개발 및 보급, 사례관리 등의 업무를 전담할 기관을 설치 · 운영하거나, 그 운영의 전부 또는 일부를 법인, 단체 등에 위탁할 수 있다(법 제40조).

(4) 아동자립지원추진협의회 보건복지부장관은 지원대상아동의 자립지원 정책을 효율적으로 수행하기 위하여 관계 행정기관의 공무원으로 구성되는 아동자립지원추진협의회를 둘 수 있다(법 제41조 제1항).

3) 자산형성지원사업

(1) 사업실시와 업무 국가와 지방자치단체는 아동이 건전한 사회인으로 성장 · 발전할 수 있도록 자산형성지원사업을 실시할 수 있다(법 제42조 제1항). 보건복지부장관은 제42조에 따른 자산형성지원사업을 효율적으로 추진하기 위하여 자산형성지원사업 운영업무 및 금융자산관리업무를 하여야 한다(법 제43조 제1항).

제1항에 따른 자산형성지원사업의 운영업무는 다음 각 호와 같다(법 동조 제2항).

① 자산형성지원사업 대상아동의 관리

② 자산형성지원사업의 후원자 발굴 및 관리

③ 자산형성지원사업에 관한 교육 및 홍보

④ 자산형성지원사업에 관한 조사 · 연구 및 평가

⑤ 그 밖에 자산형성지원사업과 관련하여 보건복지부령으로 정하는 사항

(2) 금융자산관리업무 제1항에 따른 금융자산관리업무는 다음 각 호와 같다(법 동조 제3항).

① 자산형성지원사업을 위한 금융상품의 개발 및 관리

② 자산형성지원사업을 위한 금융상품의 운영에 관한 사항

(3) 지원사업 관련업무의 위탁 보건복지부장관은 제43조 제2항에 따른 자산형성 지원사업의 운영업무를 「사회복지사업법」에 따른 사회복지법인 등 대통령령으로 정하는 법인 또는 단체에 위탁할 수 있다(법 제44조 제1항).

제 8 절 아동복지시설

1. 의 의

(1) 개념 변경 개정 전에는 '아동보호전문기관'과 가정위탁지원센터를 '아동복지전담기관'이란 개념에 포함시켰으나(구법 제3조 제9호 참조), 이 개념을 삭제하고 이 두 가지 기관을 제5장 '아동복지시설'에 포함시켜 규정하고 있다.

(2) 업무의 구분 '아동보호전문기관'은 학대받은 아동의 발견, 보호, 치료에 대한 신속한 처리 및 아동학대예방사업을 활성화하고 이들 사업의 지역 간 연계체계를 구축하는 업무를 수행하고, '가정위탁지원센터'는 보호대상아동에 대한 가정위탁사업을 활성화하고 지역 간 연계체계를 구축하는 업무를 담당한다.

2. 아동보호전문기관

1) 중앙아동보호전문기관

(1) 설 치 국가는 아동학대예방사업을 활성화하고 지역 간 연계체계를 구축하기 위하여 중앙아동보호전문기관을 둔다(법 제45조 제1항).

(2) 업 무 중앙아동보호전문기관은 법정의 업무를 수행한다(법 제46조 제1항 참조).

2) 지역아동보호전문기관

(1) 설 치 및 위탁 지방자치단체는 학대받은 아동의 발견, 보호, 치료에 대한 신속처리 및 아동학대예방을 담당하는 지역아동보호전문기관을 시 · 도 및 시 · 군 · 구에 1개소 이상 두어야 한다. 다만, 시 · 도지사는 관할 구역의 아동 수 및 지리적 여건을 고려하여 조례로 정하는 바에 따라 둘 이상의 시 · 군 · 구를 통합하여 하나의 지역아동보호전문기관을 설치 · 운영할 수 있다(법 제45조 제2항).

제2항 단서에 따라 지역아동보호전문기관을 통합하여 설치 · 운영하는 경우 시 · 도지사

는 지역아동보호전문기관의 설치·운영에 필요한 비용을 관할구역의 아동의 수 등을 고려하여 시장·군수·구청장에게 공동으로 부담하게 할 수 있다(법 동조 제3항).

(2) 업 무 지역아동보호전문기관은 법정의 업무를 수행한다(법 제46조 제2항 참조).

3) 아동학대사례전문위원회

(1) 설치 아동학대 예방 및 피해아동에 대한 지원 등에 관련된 사항을 심의하기 위하여 지역아동보호전문기관에 아동학대사례전문위원회(이하 "사례전문위원회"라 한다)를 둔다. 이 경우 사례전문위원회의 독립적 구성이 불가하다는 등 대통령령으로 정하는 사유가 있는 경우에는 둘 이상의 지역아동보호전문기관이 공동으로 사례전문위원회를 구성할 수 있다(법 제46조의2 제1항).

(2) 심의사항 사례전문위원회는 아동학대 예방 및 피해아동에 대한 지원 등을 위하여 다음 각 호의 사항을 심의한다(법 동조 제2항).

① 피해아동 및 그 가족 등에 대한 지원
② 아동학대행위에 대한 개입 방향 및 절차
③ 아동학대행위에 대한 고발 여부
④ 그 밖에 대통령령으로 정하는 사항

(3) 구성 사례전문위원회는 위원장 1명을 포함하여 5명 이상 15명 이하의 위원으로 구성하되, 지역아동보호전문기관의 장의 추천을 받아 해당 아동보호전문기관을 설치한 지방자치단체의 장이 위촉한다. 이 경우 해당 지방자치단체의 아동학대 담당 공무원 및 관할 경찰서의 아동학대 담당 경찰관은 당연직 위원으로 위촉하고, 판사·검사 또는 변호사의 직에 3년 이상 재직한 사람을 1명 이상 위원으로 위촉하여야 한다(법 동조 제3항).

(4) 자료요청 사례전문위원회는 해당 지역에서 발생한 아동학대 사건에 대하여 아동보호전문기관의 장 및 관할 경찰서장에게 관련 자료를 요청할 수 있다(법 동조 제4항).

4) 운영의 위탁과 성과평가

보건복지부장관, 시·도지사 및 시장·군수·구청장은 아동학대예방 사업을 목적으로 하는 비영리법인을 지정하여 제1항에 따른 중앙아동보호전문기관 및 제2항에 따른 지역아동보호전문기관의 운영을 위탁할 수 있다(법 제45조 제4항).

보건복지부장관은 아동보호전문기관의 업무 실적에 대하여 3년마다 성과평가를 실시하여야 한다(법 제47조 제1항).

3. 가정위탁지원센터

'가정위탁'이란 보호대상아동의 보호를 위하여 성범죄, 가정폭력, 아동학대, 정신질환 등의 전력이 없는 보건복지부령으로 정하는 기준에 적합한 가정에 보호대상아동을 일정기간 위탁하는 것을 말한다(법 제3조 제6호).

1) 중앙가정위탁지원센터

(1) 설 치 국가는 가정위탁사업을 활성화하고 지역 간 연계체계를 구축하기 위하여 중앙가정위탁지원센터를 둔다(법 제48조 제1항).

(2) 업 무 중앙가정위탁지원센터는 법정의 업무를 수행한다(법제49조 제1항 참조).

2) 지역가정위탁지원센터

(1) 설 치 지방자치단체는 보호대상아동에 대한 가정위탁사업을 활성화하기 위하여 시 · 도 및 시 · 군 · 구에 지역가정위탁지원센터를 둔다. 다만, 시 · 도지사는 조례로 정하는 바에 따라 둘 이상의 시 · 군 · 구를 통합하여 하나의 지역가정위탁지원센터를 설치 · 운영할 수 있다(법 제48조 제2항).

(2) 업 무 지역가정위탁지원센터는 법정의 업무를 수행한다(법 제49조 제2항 참조).

(3) 비용의 공동부담 제2항 단서에 따라 지역가정위탁지원센터를 통합하여 설치 · 운영하는 경우 시 · 도지사는 지역가정위탁지원센터의 설치 · 운영에 필요한 비용을 관할구역의 아동의 수 등을 고려하여 시장 · 군수 · 구청장에게 공동으로 부담하게 할 수 있다(법 제48조 제3항).

3) 운영의 위탁

보건복지부장관, 시 · 도지사 및 시장 · 군수 · 구청장은 가정위탁지원을 목적으로 하는 비영리법인을 지정하여 제1항 및 제2항에 따른 중앙가정위탁지원센터 및 지역가정위탁지원센터의 운영을 위탁할 수 있다(법 제48조 제4항).

4. 아동복지시설

1) 개 념

'아동복지시설'이란 「아동복지법」 제50조에 따라 설치된 시설을 말한다(법 제3조 제10호).

이 법에 따른 아동복지시설이 아니면 아동복지시설이라는 명칭을 사용하지 못한다(법 제69조).

2) 설치 · 폐업 등의 신고

국가 또는 지방자치단체는 아동복지시설을 설치할 수 있고(법 제50조 제1항), 국가 또는 지방자치단체 외의 자는 관할 시장 · 군수 · 구청장에게 신고하고 아동복지시설을 설치할 수 있다(법 동조 제2항). 제50조 제2항에 따라 신고한 아동복지시설을 폐업 또는 휴업하거나 그 운영을 재개하고자 하는 자는 보건복지부령으로 정하는 바에 따라 미리 시장 · 군수 · 구청장에게 신고하여야 한다(법 제51조).

3) 아동복지시설의 종류

아동복지시설은 제52조 제1항에 규정된 해당 시설 고유의 업무를 전문적으로 실시하는 '전문아동복지시설', 두 가지 이상의 서비스를 통합하여 제공하는 '종합아동복지시설'(제52조 제2항)과 당해 고유업무 외에 다른 사업도 추가로 실시하는 '복합아동복지시설'(제52조 제3항)로 나눌 수 있다.

(1) 전문아동복지시설의 종류 전문아동복지시설의 종류는 다음과 같다(법 제52조 제1항 제1호~제8호).

① **아동양육시설**: 보호대상아동을 입소시켜 보호, 양육 및 취업훈련, 자립지원 서비스 등을 제공하는 것을 목적으로 하는 시설

② **아동일시보호시설**: 보호대상아동을 일시보호하고 아동에 대한 향후의 양육대책수립 및 보호조치를 행하는 것을 목적으로 하는 시설

③ **아동보호치료시설**: 아동에게 보호 및 치료서비스를 제공하는 다음 각목의 시설

(가) 불량행위를 하거나 불량행위를 할 우려가 있는 아동으로서 보호자가 없거나 친권자나 후견인이 입소를 신청한 아동 또는 가정법원, 지방법원소년부지원에서 보호위탁된 19세 미만인 사람을 입소시켜 치료와 선도를 통하여 건전한 사회인으로 육성하는 것을 목적으로 하는 시설

(나) 정서적 · 행동적 장애로 인하여 어려움을 겪고 있는 아동 또는 학대로 인하여 부모로부터 일시 격리되어 치료받을 필요가 있는 아동을 보호 · 치료하는 시설

④ **공동생활가정**: 보호대상아동에게 가정과 같은 주거여건과 보호, 양육, 자립지원서비스를 제공하는 것을 목적으로 하는 시설

⑤ **자립지원시설**: 아동복지시설에서 퇴소한 사람에게 취업준비기간 또는 취업 후 일정기간 동안 보호함으로써 자립을 지원하는 것을 목적으로 하는 시설

⑥ **아동상담소 :** 아동과 그 가족의 문제에 관한 상담, 치료, 예방 및 연구 등을 목적으로 하는 시설

⑦ **아동전용시설 :** 어린이공원, 어린이놀이터, 아동회관, 체육 · 연극 · 영화 · 과학실험전시시설, 아동휴게숙박시설, 야영장 등 아동에게 건전한 놀이 · 오락, 그 밖의 각종 편의를 제공하여 심신의 건강유지와 복지증진에 필요한 서비스를 제공하는 것을 목적으로 하는 시설

⑧ **지역아동센터 :** 지역사회 아동의 보호 · 교육, 건전한 놀이와 오락의 제공, 보호자와 지역사회의 연계 등 아동의 건전육성을 위하여 종합적인 아동복지서비스를 제공하는 시설

⑨ 제45조에 따른 아동보호전문기관

⑩ 제48조에 따른 가정위탁지원센터

(2) 종합아동복지시설 위에서 규정한 지역아동센터는 종합적인 아동복지서비스를 제공하는 시설이므로 종합아동복지시설이라 할 수 있는데, 그 외 앞에서 규정한 당해 시설 고유의 서비스를 두 가지 이상 통합하여 제공하는 '종합아동복지시설'을 설치할 수 있다(법 제52조 제2항).

(3) 복합아동복지시설 제1항에 따른 아동복지시설은 각 시설고유의 목적사업을 해치지 아니하고 각 시설별 설치기준 및 운영기준을 충족하는 경우 다음 각 호의 사업을 추가로 실시할 수 있는 '복합아동복지시설'을 설치할 수 있다(법 동조 제3항).

① **아동가정지원사업 :** 지역사회 아동의 건전한 발달을 위하여 아동, 가정, 지역주민에게 상담, 조언 및 정보를 제공하여 주는 사업

② **아동주간보호사업 :** 부득이한 사유로 가정에서 낮 동안 보호를 받을 수 없는 아동을 대상으로 개별적인 보호와 교육을 통하여 아동의 건전한 성장을 도모하는 사업

③ **아동전문상담사업 :** 학교부적응아동 등을 대상으로 올바른 인격형성을 위한 상담, 치료 및 학교폭력예방을 실시하는 사업

④ **학대아동보호사업 :** 학대아동의 발견, 보호, 치료 및 아동학대의 예방 등을 전문적으로 실시하는 사업

⑤ **공동생활가정사업 :** 보호대상아동에게 가정과 같은 주거여건과 보호를 제공하는 것을 목적으로 하는 사업

⑥ **방과후 아동지도사업 :** 저소득층 아동을 대상으로 방과후 개별적인 보호와 교육을 통하여 건전한 인격형성을 목적으로 하는 사업

(4) 아동전용시설의 설치 국가와 지방자치단체는 아동이 항상 이용할 수 있는 아동전용시설을 설치하도록 노력하여야 한다(법 제53조 제1항). 아동이 이용할 수 있는 문화·오락시설·교통시설, 그 밖의 서비스시설 등을 설치·운영하는 자는 대통령령으로 정하는 바에 따라 아동의 이용편의를 고려한 편익설비를 갖추고 아동에 대한 입장료와 이용료 등을 감면할 수 있다(법 동조 제2항).

(5) 학대피해아동쉼터의 지정 시장·군수·구청장은 제52조 제1항 제4호에 따른 공동생활가정 중에서 피해아동에 대한 보호, 치료, 양육서비스 등을 제공하는 '학대피해아동쉼터'를 지정할 수 있다(법 제53조의2).

5. 아동복지시설의 종사자

(1) 개념, 자격 및 배치기준 '아동복지시설 종사자'란 아동복지시설에서 아동의 상담·지도·치료·양육, 그 밖에 아동의 복지에 관한 업무를 담당하는 사람을 말한다(법 제3조 제11호). 아동복지시설에는 필요한 전문인력을 배치하여야 한다(법 제54조 제1항).

아동복지시설 종사자의 직종과 수, 그 자격 및 배치기준은 대통령령으로 정한다(법 제54조 제2항, 시행령 제52조 [별표 11][별표 12] 참조).

(2) 시설의 장의 의무 아동복지시설의 장은 보호아동의 권리를 최대한 보장하여야 하며, 친권자가 있는 경우 보호아동의 가정복귀를 위하여 적절한 상담과 지도를 병행하여야 한다(법 제57조).

(3) 시설 종사자의 교육훈련, 비밀유지의무 시·도지사 또는 시장·군수·구청장은 아동복지시설 종사자의 양성 및 자질향상을 위한 교육·훈련을 실시하여야 하며(법 제55조 제1항), 제1항의 교육훈련을 대학(전문대학을 포함한다) 또는 아동복지단체나 그 밖의 교육훈련시설(이하 "교육훈련시설"이라 한다)에 위탁하여 실시할 수 있다(법 동조 제2항). 아동복지사업을 포함하여 아동복지업무에 종사하였거나 종사하는 자는 그 직무상 알게된 비밀을 누설하여서는 아니된다(법 제65조).

6. 시설개선·사업의 정지·폐쇄 등

(1) 시설개선·정지 등 사유 보건복지부장관, 시·도지사 또는 시장·군수·구청장 은 아동복지시설, 아동복지전담기관과 교육훈련시설(대학 및 전문대학은 제외 한다)이 다음 각 호의 어느 하나에 해당하는 경우에는 소관에 따라 그 시설의 개선, 6개월 이내의 사업의 정지, 위

탁의 취소 또는 해당 시설의 장의 교체를 명하거나 시설의 폐쇄를 명할 수 있다(법 제56조 제1항)

① 시설이 설치기준에 미달하게 된 경우
② 사회복지법인 또는 비영리법인이 설치·운영하는 시설로서 그 사회복지법인이나 비영리법인의 설립허가가 취소된 경우
③ 설치목적의 달성이나 그 밖의 사유로 계속하여 운영될 필요가 없다고 인정할 때
④ 보호대상아동에 대한 아동학대행위가 확인된 경우
⑤ 거짓이나 그 밖의 부정한 방법으로 경비의 지원을 받은 경우
⑥ 아동복지시설의 사업정지기간 중에 사업을 한 경우
⑦ 그 밖에 이 법 또는 이 법에 따른 명령을 위반한 경우

(2) 청문실시 보건복지부장관, 시·도지사 또는 시장·군수·구청장은 제56조에 따른 위탁의 취소 또는 시설의 폐쇄명령을 하고자 하는 경우에는 청문을 실시하여야 한다(법 제67조).

제 9 절 아동복지의 재정

1. 비용의 보조 및 징수

(1) 비용의 보조 국가 및 지방자치단체는 대통령령으로 정하는 바에 따라 다음 각 호의 어느 하나에 해당하는 비용의 전부 또는 일부를 보조할 수 있다(법 제59조).

① 아동복지시설의 설치 및 운영과 프로그램의 운용에 필요한 비용 또는 수탁보호 중인 아동의 양육 및 보호관리에 필요한 비용
② 보호대상아동의 대리양육이나 가정위탁보호에 따른 비용
③ 아동복지사업의 지도, 감독, 계몽 및 홍보에 필요한 비용
④ 삭제〈2016. 3. 22〉
④의2 제26조에 따른 신고의무 교육에 소요되는 비용
⑤ 제37조에 따른 취약계층 아동에 대한 통합서비스지원에 필요한 비용
⑥ 제38조에 따른 보호대상아동의 자립지원에 필요한 비용
⑦ 제42조에 따른 자산형성지원사업에 필요한 비용
⑧ 제58조에 따른 아동복지단체의 지도·육성에 필요한 비용

(2) 비용의 징수 시·도지사, 시장·군수·구청장 또는 아동복지시설의 장은 제15조

제1항 제3호부터 제5호까지 및 같은 조 제5항 및 제6항에 따른 보호조치에 필요한 비용의 전부 또는 일부를 대통령령으로 정하는 바에 따라 각각 그 아동의 부양의무자로부터 징수할 수 있다(법 제60조).

2. 보조금의 반환명령

국가 또는 지방자치단체는 아동복지시설의 장 등 보호수탁자, 가정위탁지원센터의 장, 대리양육자 및 아동복지단체의 장이 다음 각 호의 어느 하나에 해당하는 경우에는 이미 교부한 보조금의 전부 또는 일부의 반환을 명할 수 있다(법 제61조).

① 보조금의 교부조건을 위반한 때
② 거짓이나 그 밖의 부정한 방법으로 보조금의 교부를 받은 때
③ 아동복지시설의 경영에 관하여 개인의 영리를 도모하는 행위를 한 경우
④ 보조금의 사용잔액이 있는 경우
⑤ 이 법 또는 이 법에 따른 명령을 위반한 때

3. 국 · 공유재산의 무상대여, 공과금의 면제, 압류금지

국가 또는 지방자치단체는 아동복지시설의 설치 · 운영을 위하여 필요하다고 인정하는 경우 「국유재산법」 및 「공유재산 및 물품 관리법」에도 불구하고 국유 · 공유 재산을 무상으로 대부하거나 사용 · 수익하게 할 수 있다(법 제62조 제1항).

아동복지시설에서 그 보호아동을 위하여 사용하는 건물 및 토지, 시설설치 및 운영에 소요되는 비용에 대하여는 「조세특례제한법」, 그 밖의 관계 법령으로 정하는 바에 따라 조세 그 밖의 공과금을 면제할 수 있다(법 제63조). 이 법에 따라 지급된 금품과 이를 받을 권리는 압류하지 못한다(법 제64조).

제18장 장애인복지법

〈시행 2017.9.19 법률 제14892호〉

제1절 의의 및 목적과 적용범위

1. 의 의

(1) 장애인의 개념정의 장애인문제는 장애의 원인이 선천적이든 후천적이든 장애인 개인이나 가족문제가 아니라 모든 국민의 인간으로서의 존엄과 가치이념에 따라 국가사회가 적극적으로 해결해 나가야 할 사회문제로 인식하고 있다. 장애인복지는 장애인의 기본적 욕구를 해결하여 인간다운 생활을 영위할 수 있게 하는 다양한 장애인복지정책을 시행하려는 제반 사회복지적 활동과 노력의 총체라고 할 수 있다.

다시 말해서 장애인이 가진 사회적 장애를 물적 · 인적 자원의 활용 및 지원을 통하여 가능한 한 완화 · 해소시킬 뿐만 아니라 다른 정상인과 동등한 수준의 생활안정과 환경을 조성함으로써 장애인 자신의 사회심리적 · 물리적 장애요소와 장애인에 대한 모든 국민의 가치관을 승화시켜 사회통합을 이루고자 하는 제반 활동을 장애인복지라고 말할 수 있다.

따라서 장애인복지법은 이와 같은 장애인의 복지증진을 통하여 정상적인 사회활동의 참여를 촉진시키는 법이라 할 수 있다.

(2) 입법연혁 최초의 장애인의 복지법은 UN이 장애인의 사회참여와 인권 보장에 관한 관심을 국제사회에 환기시키기 위하여 정한 '세계 장애인의 날'인 1981년 6월 5일 법률 제3452호로 「심신장애자복지법」을 제정 · 공포하면서 부터 시작된 것이다.

그 간의 경제성장과 발전에 수반하는 산업화 · 도시화로 인하여 장애인이 점차 많아지자 장애인에 대한 인식변화와 함께 장애인의 권리보장과 재활지원 및 사회복지서비스의 필요성이 대두되어 1989년 12월 30일 법률 제4179호로 「장애인복지법」으로 전면 개정하여 시행하게 되었다.

2. 목적 및 기본이념

1) 목 적

장애인복지법은 "장애인의 인간다운 삶과 권리 보장을 위한 국가와 지방자치단체 등의 책임을 명백히 하고, 장애발생 예방과 장애인의 의료·교육·직업재활·생활환경개선 등에 관한 사업을 정하여 장애인복지대책을 종합적으로 추진하며, 장애인의 자립생활·보호 및 수당 지급 등에 관하여 필요한 사항을 정하여 장애인의 생활안정에 기여하는 등 장애인의 복지와 사회활동 참여증진을 통하여 사회통합에 이바지함을 목적으로 한다(법 제1조)"고 규정하고 있다.

장애인복지법은 그 목적에서 언급한 바와 같이 급여대상자인 장애인의 인간다운 삶과 권리보장뿐만 아니라, 장애발생의 예방, 장애의 조기발견에 대한 국민의 관심증진, 장애인의 자립지원 및 보호 등 종합적인 복지조치에 대한 국가와 지방자치단체의 책임을 명시하고 있다(법 제9조 제1항 참조).

특히 여성장애인의 권익보호정책, 중증장애인 보호정책, 장애인정책의 적극적인 홍보를 통하여 장애인에 대한 국민의 올바른 인식제고에 필요한 정책의 강구 등 종합적인 장애인복지조치를 장애인복지법에 포함시키고 있다는 점(법 제9조 참조)에서 다른 사회복지서비스법과는 다른 특성을 지니고 있다.

2) 기본이념

장애인복지법은 기본이념으로 "장애인의 완전한 사회 참여와 평등을 통하여 사회통합을 이루는데 있다"고 규정한다(법 제3조).

이 규정은 일반적인 법의 이념이 아니라 장애인복지의 실천지침으로서 장애인의 개인적 차원에서는 정상인과 같이 완전한 사회참여와 평등한 생활을 영위할 수 있게 하고, 장애인을 포함한 사회적 차원에서는 공동체 구성원 전체의 사회통합을 달성시켜야 한다는 규범적 의무를 천명한 것이다. 이와 같은 장애인복지법의 기본이념을 구체화시키는 개별 조항은 다음과 같다.

(1) 장애인의 권리보장 장애인은 인간으로서 존엄과 가치를 존중받으며, 그에 걸맞은 대우를 받는다(법 제4조 제1항). "장애인은 국가·사회의 구성원으로서 정치·경제·사회·문화, 그 밖의 모든 분야의 활동에 참여할 권리를 가지고(법 동조 제2항), 장애인 관련 정책결정과정에 우선적으로 참여할 권리가 있다(법 동조 제3항)"고 규정하여 장애인의 권리를 구체화시켜 법적인 권리로 보장하고 있다.

(2) 차별금지 누구든지 장애를 이유로 정치·경제·사회·문화 생활의 모든 영역

에서 차별을 받지 아니하고, 장애인을 차별하여서는 아니 된다(법 제8조 제1항 참조). 누구든지 장애인을 비하·모욕하거나 장애인을 이용하여 부당한 영리행위를 하여서는 아니 되며, 장애인의 장애를 이해하기 위하여 노력하여야 한다(법 동조 제2항).

이와 같이 장애인복지법에서는 장애인을 행위의 주체로서 비하하거나 모욕감을 느끼게 해서는 안되며, 행위의 객체로서 차별하여 부당한 대우를 하지 않도록 규정하고 있다. 환언하면, 사회 각 분야에서 장애인에 대한 차별철폐와 배려를 통하여 장애인을 포함한 모든 국민의 공동체의식을 함양시킴으로써 사회통합을 기하고자 하는 것이다.

3. 적용범위

(1) 장애인의 개념정의 '장애인'이란 신체적·정신적 장애로 오랫동안 일상생활이나 사회생활에서 상당한 제약을 받는 자를 말한다(법 제2조 제1항).

(2) 적용대상자 이 법을 적용받는 장애인은 제1항에 따른 장애인 중 다음 각 호의 어느 하나에 해당하는 장애가 있는 자로서 대통령령으로 정하는 장애의 종류 및 기준에 해당하는 자를 말한다(법 제2조 제2항).

① '신체적 장애'란 주요 외부 신체기능의 장애, 내부기관의 장애 등을 말한다.

② '정신적 장애'란 발달장애 또는 정신 질환으로 발생하는 장애를 말한다.

여기서 "대통령령으로 정하는 장애의 종류 및 기준에 해당하는 자"란 [별표 1]에서 장애인의 종류 및 기준으로 15가지를 정하고 있으며(시행령 제2조 제1항 참조), 장애등급은 [별표 1]에서 장애의 정도에 따라 1급에서 부터 6급까지 규정하고 있다(시행규칙 제2조 제1항 참조).

제 2 절 장애인복지의 책임주체

1. 국가·지방자치단체의 책임

(1) 장애인의 복지향상 국가와 지방자치단체는 장애발생을 예방하고, 장애의 조기발견에 대한 국민의 관심을 높이며, 장애인의 자립을 지원하고, 보호가 필요한 장애인을 보호하여 장애인의 복지를 향상시킬 책임을 진다(법 제9조 제1항).

(2) 여성장애인의 권익보호 국가와 지방자치단체는 여성장애인의 권익을 보호하고 사회참여를 확대하기 위하여 기초학습과 직업교육 등 필요한 시책을 강구하고 여성 장애인의

권익을 보호하는 정책을 강구하여야 한다(법 제7조, 제9조 제2항).

(3) 장애인복지정책의 홍보 국가와 지방자치단체는 장애인복지정책을 장애인과 그 보호자에게 적극적으로 홍보하여야 하며, 국민이 장애인을 올바르게 이해하도록 하는 데에 필요한 정책을 강구하여야 한다(법 제9조 제3항).

(4) 의견수렴과 참여보장 국가 및 지방자치단체는 장애인정책의 결정과 그 실시에 있어서 장애인 및 장애인의 부모, 배우자, 그 밖에 장애인을 보호하는 자의 의견을 수렴하여야 한다. 이 경우 당사자의 의견수렴을 위한 참여를 보장하여야 한다(법 제5조).

(5) 중증장애인의 보호 국가와 지방자치단체는 장애 정도가 심하여 자립하기가 매우 곤란한 장애인(이하 "중증장애인"이라 한다)이 필요한 보호 등을 평생 받을 수 있도록 알맞은 정책을 강구하여야 한다(법 제6조).

(6) 장애인의 날 장애인에 대한 국민의 이해를 깊게 하고 장애인의 재활의욕을 높이기 위하여 매년 4월 20일을 장애인의 날로 하며, 장애인의 날부터 1주간을 장애인주간으로 한다(법 제14조 제1항). 국가와 지방자치단체는 장애인의 날의 취지에 맞는 행사 등 사업을 하도록 노력하여야 한다(법 동조 제2항).

2. 국민의 책임

(1) 장애발생의 예방 및 장애의 조기발견 모든 국민은 장애발생의 예방과 장애의 조기발견을 위하여 노력하여야 하며, 장애인의 인격을 존중하고 사회통합의 이념에 기초하여 장애인의 복지 향상에 협력하여야 한다(법 제10조).

(2) 차별금지 의무 누구든지 장애를 이유로 정치·경제·사회·문화 생활의 모든 영역에서 차별을 받지 아니하고, 누구든지 장애를 이유로 정치·경제·사회·문화 생활의 모든 영역에서 장애인을 차별하여서는 아니 되며(법 제8조 제1항), 장애인을 비하·모욕하거나 장애인을 이용하여 부당한 영리행위를 하여서는 아니 되며, 장애인의 장애를 이해하기 위하여 노력하여야 한다(법 동조 제2항).

제 3 절 장애인복지의 기본정책

1. 장애발생의 예방, 재활의료, 사회적응훈련 등

(1) 장애발생의 예방 등 국가와 지방자치단체는 장애의 발생원인과 그 예방에 관한 조사연구를 촉진하여야 하며, 모자보건사업의 강화, 장애의 원인이 되는 질병의 조기발견과 조기치료 그 밖에 필요한 시책을 강구하여야 하고(법 제17조 제1항), 교통사고, 산업재해, 약물중독 및 환경오염 등에 의한 장애발생을 예방하기 위하여 필요한 조치를 강구하여야 한다(법 제17조 제2항).

(2) 재활치료 국가와 지방자치단체는 장애인이 생활기능을 익히거나 되찾을 수 있도록 필요한 기능치료와 심리치료 등 재활의료를 제공하고 장애인의 장애를 보완할 수 있는 장애인보조기구를 제공하는 등 필요한 정책을 강구하여야 한다(법 제18조).

(3) 사회적응 훈련 국가와 지방자치단체는 장애인이 재활치료를 마치고 일상생활이나 사회생활을 원활히 할 수 있도록 사회적응 훈련을 실시하여야 한다(법 제19조).

2. 장애인에 대한 교육시책과 직업지도 등

(1) 교육내용 · 방법의 개발, 조사 · 연구의 촉진 국가와 지방자치단체는 사회통합의 이념에 따라 장애인이 연령 · 능력 · 장애의 종류 및 정도에 따라 충분히 교육을 받을 수 있도록 교육내용과 방법을 개선하는 등 필요한 정책을 강구하고(법 제20조 제1항), 장애인의 교육에 관한 조사 · 연구를 촉진하여야 한다(법 동조 제2항).

(2) 전문적 진로교육실시 국가와 지방자치단체는 장애인에게 전문 진로교육을 실시하는 제도를 강구하여야 한다(법 동조 제3항).

(3) 불리한 조취의 금지 및 편의시설의 정비 각급 학교의 장은 교육을 필요로 하는 장애인이 그 학교에 입학하려는 경우 장애를 이유로 입학지원을 거부하거나 입학시험 합격자의 입학을 거부하는 등의 불리한 조치를 하여서는 아니 된다(법 동조 제4항). 모든 교육기관은 교육대상인 장애인의 입학과 수학(修學) 등에 편리하도록 장애의 종류와 정도에 맞추어 시설을 정비하거나 그 밖에 필요한 조치를 강구하여야 한다(법 동조 제5항).

(4) 직업지도 등의 정책강구 국가와 지방자치단체는 장애인이 적성과 능력에 맞는 직업에 종사할 수 있도록 직업지도, 직업능력 평가, 직업적응훈련, 직업훈련, 취업알선, 고용 및

취업 후 지도 등 필요한 정책을 강구하여야 한다(법 제21조 제1항).

(5) 재활사업의 조사연구 국가와 지방자치단체는 장애인 직업재활훈련이 원활히 이루어질 수 있도록 장애인에게 적합한 직종과 재활사업에 관한 조사·연구를 촉진하여야 한다(법 동조 제2항).

3. 정보접근의 원활성 제고

1) 전기통신·방송시설의 개선

국가와 지방자치단체는 장애인이 정보에 원활하게 접근하고 자신의 의사를 표시할 수 있도록 전기통신·방송시설 등을 개선하기 위하여 노력하여야 하고(법 제22조 제1항), 장애인의 특성을 고려하여 정보통신망 및 정보통신기기의 접근·이용에 필요한 지원 및 도구의 개발·보급 등 필요한 시책을 강구하여야 한다(법 제22조 제6항).

2) 시청각장애인에 대한 복지

(1) 청각·시각장애인을 위한 방송 국가와 지방자치단체는 방송국의 장 등 민간 사업자에게 뉴스와 국가적 주요사항의 중계 등 대통령령으로 정하는 방송 프로그램에 청각장애인을 위한 한국수어 또는 폐쇄자막과 시각장애인을 위한 화면해설 또는 자막해설 등을 방영하도록 요청하여야 하며(법 제22조 제2항), 시각장애인이 정보에 쉽게 접근할 수 있도록 점자도서와 음성도서 등을 보급하기 위하여 노력하여야 한다(법 제22조 제5항).

(2) 수어통역 등의 요청 국가와 지방자치단체는 국가적인 행사 그 밖의 교육·집회 등 대통령령으로 정하는 행사를 개최하는 경우에는 청각장애인을 위한 한국수어통역 및 시각장애인을 위한 점자 또는 점자·음성변환용 코드가 삽입된 자료 등을 제공하여야 하며, 민간이 주최하는 행사의 경우에는 한국수어통역과 점자 또는 점자·음성변환용 코드가 삽입된 자료 등을 제공하도록 요청할 수 있다(법 제22조 제3항).

4. 편의시설 및 안전대책의 강구

(1) 편의시설의 설치 및 안전대책의 강구 국가와 지방자치단체는 장애인이 공공시설과 교통수단 등을 안전하고 편리하게 이용할 수 있도록 편의시설의 설치와 운영에 필요한 정책을 강구하여야 한다(법 제23조 제1항). 이에 대하여는 「장애인·노인·임산부 등의 편의증진보장에 관한 법률」이 별도로 제정되어 있다.

국가와 지방자치단체는 공공시설 등 이용편의를 위하여 한국수어 통역·안내보조 등

인적서비스 제공에 관하여 필요한 시책을 강구하여야 한다(법 제23조 제2항).

국가와 지방자치단체는 추락사고 등 장애로 인하여 일어날 수 있는 안전사고와 비상재해 등에 대비하여 시각 · 청각 장애인과 이동이 불편한 장애인을 위하여 피난용 통로를 확보하고 점자 · 음성 · 문자 안내판을 설치하며, 긴급통보체계를 마련하는 등 장애인의 특성을 배려한 안전대책 등 필요한 조치를 강구하여야 한다(법 제24조).

(2) 선거권행사의 편의 제공 국가와 지방자치단체는 장애인이 선거권을 행사하는 데에 불편함이 없도록 편의시설 · 설비를 설치하고, 선거권행사에 관하여 홍보하며, 선거용 보조기구를 개발 · 보급하는 등 필요한 조치를 강구하여야 한다(법 제26조).

5. 인식개선을 위한 홍보사업, 주택보급, 문화 · 환경 · 관광활동의 지원

(1) 홍보사업 등 국가와 지방자치단체는 학생, 공무원, 근로자, 그 밖의 일반국민 등을 대상으로 장애인에 대한 인식개선을 위한 교육 및 공익광고 등 홍보사업을 실시하여야 한다(법 제25조 제1항). 국가는 「초 · 중등교육법」에 따른 학교에서 사용하는 교과용 도서에 장애인에 대한 인식개선을 위한 내용이 포함되도록 하여야 한다(법 동조 제2항).

(2) 주택공급 국가와 지방자치단체는 공공주택 등 주택을 건설할 경우에는 장애인에게 장애 정도를 고려하여 우선 분양 또는 임대할 수 있도록 노력하여야 하고(법 제27조 제1항), 주택의 구입자금 · 임차자금 또는 개 · 보수비용의 지원 등 장애인의 일상생활에 적합한 주택의 보급 · 개선에 필요한 시책을 강구하여야 한다(법 동조 제2항).

(3) 문화 · 체육 · 관광활동 등의 지원 국가와 지방자치단체는 장애인의 문화생활과, 체육활동 및 관광활동에 대한 장애인의 접근을 보장하기 위하여 관련 시설 및 설비, 그 밖의 환경을 정비하고 문화생활, 체육활동 및 관광활동 등을 지원하도록 노력하여야 한다(법 제28조).

6. 한국장애인개발원의 설립

(1) 개발원의 설립 국가와 지방자치단체는 장애인복지의 종합적이고 체계적인 조사 · 연구 · 평가 및 장애인 체육활동 등 장애인정책개발 등을 위하여 필요한 정책을 강구하여야 한다(법 제29조 제1항). 제1항에 따른 장애인 관련 조사 · 연구 수행 및 정책개발 · 복지진흥 · 재활체육진흥 등을 위하여 재단법인 한국장애인개발원(이하 "개발원"이라 한다)을 설립한다(법 동조 제2항). 개발원의 사업과 활동은 정관으로 정한다(법 동조 제3항).

(2) 비용의 보조, 조세감면 국가와 지방자치단체는 개발원 운영에 필요한 비용을 보조

할 수 있으며, 「조세특례제한법」에서 정하는 바에 따라 조세를 감면하고 개발인에 기부된 재산에는 소득계산의 특례를 적용한다(법 동조 제4항).

7. 경제적 부담의 경감, 장애인가족 지원

(1) 경제적 부담의 경감 국가와 지방자치단체, 「공공기관의 운영에 관한 법률」 제4조에 따른 공공기관, 「지방공기업법」에 따른 지방공사 또는 지방공단은 장애인과 장애인을 부양하는 자의 경제적 부담을 줄이고 장애인의 자립을 촉진하기 위하여 세제상의 조치, 공공시설 이용료 감면, 그 밖에 필요한 정책을 강구하여야 하고(법 제30조 제1항), 장애인과 장애인을 보호하기 위하여 동행하는 자의 운임 등을 감면하는 정책을 강구하여야 한다(법 제30조 제2항 참조).

(2) 장애인 가족 지원 국가와 지방자치단체는 장애인 가족의 삶의 질 향상 및 안정적인 가정생활 영위를 위하여 다음 각 호의 필요한 시책을 수립·시행하여야 한다(법 제30조의2 제1항).

① 장애인 가족에 대한 인식개선 사업 ② 장애인 가족 돌봄 지원
③ 장애인 가족 휴식 지원 ④ 장애인 가족 사례관리 지원
⑤ 장애인 가족 역량강화 지원 ⑥ 장애인 가족 상담 지원
⑦ 그 밖에 보건복지부장관이 장애인 가족을 위하여 필요하다고 인정하는 지원

국가와 지방자치단체는 장애인 가족 지원 사업을 효율적으로 추진하기 위하여 장애인 관련 사업을 수행하는 기관·단체 등을 장애인 가족 지원 사업 수행기관(이하 "수행기관"이라 한다)으로 지정할 수 있다(법 제30조의2 제2항).

제 4 절 장애인복지의 시행주체

1. 장애인복지의 실시기관과 권한의 위임

(1) 국가와 지방자치단체 장애인복지의 일차적 책임주체인 국가와 지방자치단체가 장애인복지에 관한 광범위한 기본정책을 수립·시행할 책임을 부담하지만(법 제9조, 제17조~제30조 참조) 구체적인 복지조치를 위시한 복지행정의 시행기관인 장애인복지실시기관은 국가의 경우는 보건복지부장관이, 지방자치단체의 경우는 특별시장·광역시장·도지사와 시장·군수·구청장이 된다. 이러한 복지실시기관은 법이 규정하고 있는 장애인복지에 관련된 제반

업무를 수행할 책임을 부담하게 된다.

(2) 권한의 위임 국가와 지방자치단체가 장애인복지와 관련된 총괄적인 업무를 수행할 책임을 지는 복지실시기관이지만, 복잡하고 다양하며 더군다나 전문성을 요하는 장애인복지를 위한 모든 조치를 직접 수행할 수 없는 한계를 극복하기 위하여, 일선에서 실무를 직접 수행하고 있는 기관이나 민간단체 또는 법인에게 위임하여 처리하는 것이 반드시 필요하다.

그래서 이 법에 따른 보건복지부장관 및 특별시장 · 광역시장 · 도지사 · 특별자치도지사(이하 이 조에서 "시 · 도지사"라 한다)의 권한은 대통령령으로 정하는 바에 따라 국립재활원장, 시 · 도지사 또는 시장 · 군수 · 구청장에게 그 일부를 위임할 수 있고(법 제85조 제1항), 이 법에 따른 보건복지부장관 및 시 · 도지사의 업무는 대통령령으로 정하는 바에 따라 장애인 관련 단체 또는 법인에 그 일부를 위탁할 수 있게 하였다(법 동조 제2항).

2. 보건복지부장관, 관계 중앙행정기관의 장

(1) 장애인정책종합계획의 수립 · 시행 보건복지부장관은 장애인의 권익과 복지증진을 위하여 관계 중앙행정기관의 장과 협의하여 5년마다 장애인정책종합계획(이하 "종합계획"이라 한다)을 수립 · 시행하여야 한다(법 10조의2 제1항).

종합계획에는 다음 각 호의 사항이 포함되어야 한다(법 10조의2 제2항).

① 장애인의 복지에 관한 사항 ② 장애인의 교육문화에 관한 사항
③ 장애인의 경제활동에 관한 사항 ④ 장애인의 사회참여에 관한 사항
⑤ 그 밖에 장애인의 권익과 복지증진을 위하여 필요한 사항

(2) 사업계획의 수립 · 시행 관계 중앙행정기관의 장은 장애인의 권익과 복지증진을 위하여 관련 업무에 대한 사업계획을 매년 수립 · 시행하여야 하고, 그 사업계획과 전년도의 사업계획 추진실적을 매년 보건복지부장관에게 제출하여야 한다(법 동조 제3항).

(3) 장애인정책조정위원회의 심의 보건복지부장관은 제3항에 따라 제출된 사업계획과 추진실적을 종합하여 종합계획을 수립하되, 제11조에 따른 장애인정책조정위원회의 심의를 미리 거쳐야 한다. 종합계획을 변경하는 경우에도 또한 같다(법 동조 제4항).

(4) 추진성과의 평가와 반영 보건복지부장관은 종합계획의 추진성과를 매년 평가하고, 그 결과를 종합계획에 반영할 필요가 있는 경우에는 제4항 후단에 따라 종합계획을 변경하거나 다음 종합계획을 수립할 때에 반영하여야 한다(법 동조 제5항).

(5) 국회에 대한 보고 보건복지부장관은 종합계획을 수립하거나 해당 연도의 사업계

획, 전년도 사업계획의 추진실적, 추진성과의 평가를 확정한 때에는 이를 지체 없이 국회 소관 상임위원회에 보고하여야 한다(법 제10조의3).

3. 장애인정책조정위원회

(1) 위원회의 설치 장애인 종합정책을 수립하고 관계 부처 간의 의견을 조정하며 그 정책의 이행을 감독·평가하기 위하여 국무총리 소속하에 장애인정책조정위원회(이하 "위원회"라 한다)를 둔다(법 제11조 제1항).

(2) 위원회의 심의사항 위원회는 법정의 8개 사항을 심의·조정한다(법 동조 제2항 참조).

(3) 위원회의 출석·자료제출 요구권 위원회는 필요하다고 인정되면 관계행정기관에 그 직원의 출석·설명과 자료 제출을 요구할 수 있다(법 동조 제3항).

(4) 장애인정책조정실무위원회 위원회는 제11조 제2항의 사항을 미리 검토하고 관계기관 사이의 협조사항을 정리하기 위하여 위원회에 장애인정책조정 실무위원회(이하 "실무위원회"라 한다)를 둔다(법 제11조 제4항).

4. 장애인정책책임관의 지정

중앙행정기관의 장은 해당 기관의 장애인정책을 효율적으로 수립·시행하기 위하여 소속공무원 중에서 장애인정책책임관을 지정할 수 있다(법 제12조 제1항).

5. 지방장애인복지위원회, 장애인복지상담원

(1) 지방장애인복지위원회 장애인복지 관련 사업의 기획·조사·실시 등을 하는 데에 필요한 사항을 심의하기 위하여 지방자치단체에 지방장애인복지위원회를 둔다(법 제13조 제1항). 제1항의 지방장애인복지위원회를 조직·운영하는 데에 필요한 사항은 대통령령으로 정하는 기준에 따라 지방자치단체의 조례로 정한다(법 동조 제2항, 시행령 제12조 참조).

(2) 장애인복지상담원 장애인 복지 향상을 위한 상담 및 지원 업무를 맡기기 위하여 시·군·구(자치구를 말함. 이하 같음)에 장애인복지상담원을 둔다(법 제33조 제1항). 장애인복지상담원은 그 업무를 할 때에 개인의 인격을 존중하고, 업무상 알게 된 개인의 신상에 관한 비밀을 누설하여서는 아니 된다(법 동조 제2항).

6. 장애인복지단체

(1) 단체의 보호육성 국가와 지방자치단체는 장애인의 복지를 향상하고 자립을 돕기 위하여 장애인복지단체를 보호・육성하도록 노력하여야 한다(법 제63조 제1항). 국가와 지방자치단체는 예산의 범위 안에서 제1항에 따른 단체의 사업 또는 활동이나 그 시설에 필요한 경비의 전부 또는 일부를 보조할 수 있다(법 동조 제2항).

(2) 장애인복지단체협의회 장애인복지단체의 활동을 지원하고 장애인의 복지를 향상하기 위하여 장애인복지단체협의회(이하 "협의회"라 한다)를 설립할 수 있다(법 제64조 제1항). 협의회는 「사회복지사업법」에 따른 사회복지법인으로 하지만, 사회복지사업의 운용에 필요한 재산을 소유해야 하는 규정(사회복지사업법 제23조 제1항)의 적용을 배제시키고 있으므로(법 동조 제2항) 재산이 없는 법인설립도 가능하다. 협의회의 조직과 운영 등에 관하여 필요한 사항은 정관으로 정한다(법 동조 제3항).

7. 한국언어재활사협회

언어재활사는 언어재활에 관한 전문지식과 기술을 개발・보급하고 언어재활사의 자질향상을 위한 교육훈련 및 언어재활사의 복지증진을 도모하기 위하여 한국언어재활사협회(이하 "협회"라 한다)를 설립할 수 있다(법 제80조의2 제1항).

제1항에 따른 협회는 법인으로 하며(법 동조 제2항), 협회에 관하여 이 법에서 규정한 것을 제외하고는 「민법」 중 사단법인에 관한 규정을 준용한다(법 동조 제3항).

8. 장애인복지 전문인력(제9절에서 설명)

제 5 절 복지조치

1. 실태조사 및 등록제도

1) 실태조사

보건복지부장관은 장애인 복지정책의 수립에 필요한 기초 자료로 활용하기 위하여 3년마다 장애실태조사를 실시하여야 한다(법 제31조 제1항). 제1항에 따른 장애실태조사의 방법, 대상 및 내용 등에 관하여 필요한 사항은 대통령령으로 정한다(법 동조 제2항).

2) 장애인 등록제도

(1) 등록 장애인, 그 법정대리인 또는 대통령령으로 정하는 보호자(이하 "법정대리인 등"이라 한다)는 장애 상태와 그 밖에 보건복지부령이 정하는 사항을 특별자치시장 · 특별자치도지사 · 시장 · 군수 또는 구청장(자치구의 구청장을 말한다 이하 같다)에게 등록하여야 하며, 특별자치시장 · 특별자치도지사 · 시장 · 군수 · 구청장은 등록을 신청한 장애인이 제2조에 따른 기준에 맞으면 장애인등록증(이하 "등록증"이라 한다)을 내주어야 한다(법 제32조 제1항)

(2) 장애등급 조정 특별자치시장 · 특별자치도지사 · 시장 · 군수 · 구청장은 제1항에 따라 등록증을 받은 장애인의 장애 상태의 변화에 따른 장애 등급 조정을 위하여 장애 진단을 받게 하는 등 장애인이나 법정대리인 등에게 필요한 조치를 할 수 있다(법 동조 제3항). 장애인의 장애인정과 등급사정(査定)에 관한 업무를 담당하게 하기 위하여 보건복지부에 장애판정위원회를 둘 수 있다(법 동조 제4항).

(3) 등록증의 양도 · 대여금지 등록증은 양도하거나 대여하지 못하며, 등록증과 비슷한 명칭이나 표시를 사용하여서는 아니 된다(법 동조 제5항).

(4) 정밀심사의뢰 특별자치시장 · 특별자치도지사 · 시장 · 군수 · 구청장은 제1항에 따른 장애인 등록 및 제3항에 따른 장애 상태의 변화에 따른 장애등급을 조정함에 있어 장애인의 장애인정과 장애등급 사정이 적정한지를 확인하기 위하여 필요한 경우 대통령령으로 정하는 「공공기관의 운영에 관한 법률」 제4조에 따른 공공기관에 장애 정도에 관한 정밀심사를 의뢰할 수 있다(법 동조 제6항).

(5) 정보제공 특별자치시장 · 특별자치도지사 · 시장 · 군수 · 구청장은 제32조에 따른 장애인 등록 과정에서 장애등급이 변동 · 상실된 장애인과 장애등급을 받지 못한 신청인에게 장애등급의 변동 · 상실에 따른 지원의 변화에 대한 정보와 재활 및 자립에 필요한 각종 정보를 제공하여야 한다(법 제32조의5 제1항).

(6) 등록 취소 등 특별자치시장 · 특별자치도지사 · 시장 · 군수 · 구청장은 제32조 제1항에 따라 등록증을 받은 사람(제3호의 경우에는 법정대리인등을 포함한다)이 다음 각 호의 어느 하나에 해당하는 경우에는 장애인 등록을 취소하여야 한다(법 제32조의3 제1항).

① 사망한 경우
② 제2조에 따른 기준에 맞지 아니하게 된 경우
③ 정당한 사유 없이 보건복지부령으로 정하는 기간 동안 제32조 제3항에 따른 장애진단 명령 등 필요한 조치를 따르지 아니한 경우
④ 장애인 등록 취소를 신청하는 경우

(7) 등록증 반환명령 특별자치시장・특별자치도지사・시장・군수・구청장은 다음 각 호의 어느 하나에 해당하는 경우에는 제32조 제1항에 따라 등록증을 받은 사람과 법정대리인 등 및 부정한 방법으로 등록증을 취득한 사람 등에게 등록증의 반환을 명하여야 한다(법 동조 제2항).

① 제1항에 따라 장애인 등록이 취소된 경우
② 중복발급 및 양도・대여 등 부정한 방법으로 등록증을 취득한 경우

3) 재외동포 및 외국인의 장애인 등록제도

재외동포 및 외국인 중 다음 각 호의 어느 하나에 해당하는 사람은 제32조에 따라 장애인 등록을 할 수 있다(법 제32조의2 제1항).

①「재외동포의 출입국과 법적 지위에 관한 법률」제6조에 따라 국내거소신고를 한 사람
②「주민등록법」제6조에 따라 재외국민으로 주민등록을 한 사람
③「출입국관리법」제31조에 따라 외국인등록을 한 사람으로서 같은 법 제10조 제1항에 따른 체류자격 중 대한민국에 영주할 수 있는 체류자격을 가진 사람
④「재한외국인 처우 기본법」제2조 제3호에 따른 결혼이민자
⑤「난민법」제2조 제2호에 따른 난민인정자

국가와 지방자치단체는 제1항에 따라 등록한 장애인에 대하여는 예산 등을 고려하여 장애인복지사업의 지원을 제한할 수 있다(법 동조 제2항).

2. 장애인 지원사업

국가와 지방자치단체는 제32조 제1항에 따라 등록한 장애인에게 필요한 복지서비스가 적시에 제공될 수 있도록 다음 각 호의 장애인 지원 사업을 실시한다(법 제32조의4제1항)

① 복지서비스에 관한 상담 및 정보 제공
② 복지서비스 신청의 대행
③ 장애인 개인별로 필요한 욕구의 조사 및 복지서비스 제공 계획의 수립 지원
④ 장애인과 복지서비스 제공 기관・법인・단체・시설과의 연계
⑤ 복지서비스 등 복지자원의 발굴 및 데이터베이스 구축
⑥ 그 밖에 복지서비스의 제공에 필요한 사업

국가와 지방자치단체는 제1항에 따른 장애인 지원 사업을 대통령령으로 정하는 바에 따라「공공기관의 운영에 관한 법률」제4조에 따른 공공기관에 위탁할 수 있다(법 동조 제2항).

3. 재활상담 및 입소조치 등

(1) 상담과 조치내용 보건복지부장관, 특별시장·광역시장·도지사·특별자치시장·특별자치도지사 또는 시장·군수·구청장(이하 "장애인복지실시기관"이라 한다)은 장애인에 대한 검진 및 재활상담을 하고, 필요하다고 인정되면 다음 각 호의 조치를 하여야 한다(법 제34조 제1항).

① 국공립병원, 보건소, 보건지소, 그 밖의 의료기관(이하 "의료기관"이라 한다)에 의뢰하여 의료와 보건지도를 받게 하는 것
② 국가 또는 지방자치단체가 설치한 장애인복지시설에서 주거편의·상담·치료·훈련 등의 필요한 서비스를 받도록 하는 것
③ 제59조에 따라 설치된 장애인복지시설에 위탁하여 그 시설에서 주거편의·상담·치료·훈련 등의 필요한 서비스를 받도록 하는 것
④ 공공직업능력개발 훈련시설이나 사업장 내 직업훈련시설에서 하는 직업훈련 또는 취업알선을 필요로 하는 자를 관련시설이나 직업안정업무기관에 소개하는 것

(2) 상담원의 방문·지도 장애인복지실시기관은 제1항의 재활상담을 하는 데에 필요하다고 인정되면 제33조에 따른 장애인복지상담원을 해당 장애인의 가정 또는 장애인이 주거편의·상담·치료·훈련 등의 서비스를 받는 시설이나 의료기관을 방문하여 상담하게 하거나 필요한 지도를 하게 할 수 있다(법 제34조 제2항).

4. 재활 및 자립지원 서비스 제공, 교육비 지급

(1) 재활 및 자립 지원 국가와 지방자치단체는 장애인의 일상생활을 편리하게 하고 사회활동 참여를 높이기 위하여 장애유형·장애정도별로 재활 및 자립지원 서비스를 제공하는 등 필요한 정책을 강구하여야 하며, 예산의 범위 안에서 지원할 수 있다(법 제35조).

(2) 자녀교육비 지급 장애인복지실시기관은 경제적 부담능력 등을 고려하여 장애인이 부양하는 자녀 또는 장애인인 자녀의 교육비를 지급할 수 있다(법 제38조 제1항).

5. 산후조리도우미 지원 등

(1) 도우미 지원 국가 및 지방자치단체는 임산부인 여성장애인과 신생아의 건강관리를 위하여 경제적 부담능력 등을 감안하여 여성장애인의 가정을 방문하여 산전·산후 조리를 돕는 도우미(이하 "산후조리도우미"라 한다)를 지원할 수 있다(법 제37조 제1항).

(2) 모니터링 실시 국가 및 지방자치단체는 제1항의 규정에 따른 산후조리도우미 지원사업에 대하여 보건복지부령이 정하는 바에 따라 정기적으로 모니터링(산후조리도우미 지원사업의 실효성 등을 확보하기 위한 정기적인 점검활동을 말한다)을 실시하여야 한다(법 동조 제2항).

6. 장애인의 자동차 등에 대한 지원

(1) 조세의 감면 국가와 지방자치단체, 그 밖의 공공단체는 장애인이 이동수단인 자동차 등을 편리하게 사용할 수 있도록 하고, 경제적 부담을 줄여 주기 위하여 조세감면 등 필요한 지원정책을 강구하여야 한다(법 제39조 제1항).

(2) 장애인자동차 등 표지 발급 시장·군수·구청장은 장애인이 이용하는 자동차 등을 지원하는 데에 편리하도록 장애인이 사용하는 자동차 등임을 알아볼 수 있는 표지(이하 "장애인사용자동차표지"라 한다)를 발급하여야 한다(법 동조 제2항).

(3) 장애인자동차 등 표지의 대여금지 장애인사용 자동차 등 표지를 대여하거나 보건복지부령이 정하는 자 외의 자에게 양도하는 등 부당한 방법으로 사용하여서는 아니 되며, 이와 비슷한 표지·명칭 등을 사용하여서는 아니 된다(법 동조 제3항).

(4) 발급대상 및 절차 장애인사용자동차표지의 발급대상과 발급절차 등에 관하여 필요한 사항은 보건복지부령으로 정한다(법 동조 제4항).

7. 장애인 보조견의 훈련·보급지원 등

(1) 보조견의 훈련·보급지원 국가와 지방자치단체는 장애인의 복지향상을 위하여 장애인을 보조할 장애인 보조견(補助犬)의 훈련·보급을 지원하는 방안을 강구하여야 한다(법 제40조 제1항).

(2) 보조견표지의 발급 보건복지부장관은 장애인 보조견에 대하여 장애인 보조견표지(이하 "보조견표지"라 한다)를 발급할 수 있다(법 동조 제2항).

(3) 보조견 통행거부의 금지 누구든지 보조견 표지를 붙인 장애인 보조견을 동반한 장애인이 대중교통수단을 이용하거나 공공장소, 숙박시설 및 식품접객업소 등 여러 사람이 다니거나 모이는 곳에 출입하려는 때에는 정당한 사유 없이 거부하여서는 아니 된다. 제4항에 따라 지정된 전문훈련기관에 종사하는 장애인 보조견 훈련자 또는 장애인 보조견 훈련 관련 자원봉사자가 보조견표지를 붙인 장애인 보조견을 동반한 경우에도 또한 같다(법 동조 제3항).

(4) 전문훈련기관의 지정 보건복지부장관은 장애인보조견의 훈련·보급을 위하여 전문훈련기관을 지정할 수 있다(법 동조 제4항). 보조견표지의 발급대상, 발급절차 및 전문훈련기관의 지정에 관하여 필요한 사항은 보건복지부령으로 정한다(법 동조 제5항).

8. 자금의 대여, 생업지원 등

(1) 자금의 대여 국가와 지방자치단체는 장애인이 사업을 시작하거나 필요한 지시과 기능을 익히는 것 등을 지원하기 위하여 대통령령으로 정하는 바에 따라 자금을 대여할 수 있다(법 제41조).

(2) 매점설치 등의 우선지원 국가와 지방자치단체, 그 밖의 공공단체는 소관 공공시설 안에 식료품·사무용품·신문 등 일상생활용품을 판매하는 매점이나 자동판매기의 설치를 허가하거나 위탁할 때에는 장애인이 신청하면 우선적으로 반영하도록 노력하여야 한다(법 제42조 제1항). 제1항에 따른 설치 허가권자는 매점·자동판매기 설치를 허가하기 위하여 설치 장소와 판매할 물건의 종류 등을 조사하고 그 결과를 장애인에게 알리는 조치를 강구하여야 한다(법 동조 제5항).

(3) 담배소매인 지정우선 시장·군수 또는 구청장은 장애인이 「담배사업법」에 따라 담배소매인으로 지정받기 위하여 신청하면 그 장애인을 우선적으로 지정하도록 노력하여야 한다(법 동조 제2항).

(4) 우표류 판매업 계약우선 장애인이 우편법령에 따라 국내 우표류 판매업 계약신청을 하면 우편관서는 그 장애인이 우선적으로 계약할 수 있도록 노력하여야 한다(법 동조 제3항).

(5) 생산품의 우선구매 국가, 지방자치단체 및 그 밖의 공공단체는 장애인복지시설과 장애인복지단체에서 생산한 물품의 우선구매에 필요한 조치를 마련하여야 한다(법 제44조).

(6) 고용촉진과 공공시설의 우선이용 국가와 지방자치단체는 직접 경영하는 사업에 능력과 적성이 맞는 장애인을 고용하도록 노력하여야 하며, 장애인에게 적합한 사업을 경영하는 자에게 장애인의 능력과 적성에 따라 장애인을 고용하도록 권유할 수 있다(법 제46조).

국가와 지방자치단체, 그 밖의 공공단체는 장애인의 자립을 지원하는 데에 필요하다고 인정되면 그 공공시설의 일부를 장애인이 우선 이용하게 할 수 있다(법 제47조).

9. 국·공유재산의 우선매각·무상임대

(1) 국·공유재산의 우선매각·무상임대 국가와 지방자치단체는 이 법에 따른 장애인복

지시설을 설치하거나 장애인복지단체가 장애인복지사업과 관련한 시설을 설치하는 데에 필요할 경우 국유·공유 토지와 시설 등을 우선 매각하거나 임대 또는 무상으로 대부할 수 있다(법 제48조 제1항).

(2) 환수·임차계약의 취소 국가와 지방자치단체는 제1항에 따라 국가나 지방자치단체로부터 토지와 시설을 매수·임차하거나 대부받은 자가 그 매수·임차 또는 대부한 날부터 2년 이내에 장애인복지시설을 설치하지 아니하거나 장애인복지단체의 장애인복지사업 관련시설을 설치하지 아니할 때에는 토지와 시설을 환수하거나 임차계약을 취소할 수 있다(법 동조 제2항).

10. 장애인에 대한 수당

(1) 장애수당의 지급 국가와 지방자치단체는 장애인의 장애정도와 경제적 수준을 고려하여 장애로 인한 추가적 비용을 보전(補塡)하게 하기 위하여 장애수당을 지급할 수 있다. 다만, 「국민기초생활 보장법」 제7조 제1항 제1호에 따른 생계급여 또는 같은 항 제3호에 따른 의료급여를 받는 장애인에게는 장애수당을 반드시 지급하여야 한다(법 제49조 제1항). 제1항에도 불구하고 「장애인연금법」 제2조 제1호에 따른 중증장애인에게는 제1항에 따른 장애수당을 지급하지 아니한다(법 동조 제2항). 국가와 지방자치단체는 제1항에 따라 장애수당을 지급하려는 경우에는 장애수당을 받으려는 사람의 장애 정도에 대하여 심사할 수 있다(법 동조 제3항).

(2) 장애아동수당의 지급 국가와 지방자치단체는 장애아동에게 보호자의 경제적 생활수준 및 장애아동의 장애정도를 고려하여 장애로 인한 추가적 비용을 보전(補塡)하게 하기 위하여 장애아동수당을 지급할 수 있다(법 제50조 제1항).

(3) 장애인보호수당의 지급 국가와 지방자치단체는 장애인을 보호하는 보호자에게 그의 경제적 수준과 장애인의 장애정도를 고려하여 장애로 인한 추가적 비용을 보전하게 하기 위하여 보호수당을 지급할 수 있다(법 제50조 제2항).

11. 자녀교육비 및 장애수당 등의 지급신청 및 환수

(1) 지급신청 제38조에 따른 자녀교육비(이하 "자녀교육비"라 한다), 제49조 및 제50조에 따른 장애수당, 장애아동수당 및 보호수당(이하 "장애수당 등"이라 한다)을 지급받으려는 사람은 보건복지부령으로 정하는 바에 따라 특별자치시장·특별자치도지사·시장·군수·구청장에

게 자녀교육비 및 장애수당 등의 지급을 신청할 수 있다(법 제50조의2 제1항).

(2) 정보제공 동의서의 제출 제1항에 따라 신청을 할 때에 신청인과 그 가구원(「국민기초생활 보장법」 제2조 제8호에 따른 개별가구의 가구원을 말한다. 이하 같다)은 대통령령으로 정하는 바에 따라 다음 각 호의 자료 또는 정보의 제공에 동의한다는 서면을 제출하여야 한다(법 동조 제2항).

① 「금융실명거래 및 비밀보장에 관한 법률」 제2조 제2호 및 제3호에 따른 금융자산 및 금융거래의 내용에 대한 자료 또는 정보 중 예금의 평균잔액과 그 밖에 대통령령으로 정하는 자료 또는 정보(이하 "금융정보"라 한다)
② 「신용정보의 이용 및 보호에 관한 법률」 제2조 제1호에 따른 신용정보 중 채무액과 그 밖에 대통령령으로 정하는 자료 또는 정보(이하 "신용정보"라 한다)
③ 「보험업법」 제4조 제1항 각 호에 따른 보험에 가입하여 납부한 보험료와 그 밖에 대통령령으로 정하는 자료 또는 정보(이하 "보험정보"라 한다)

(3) 금융정보 등의 제공요청 및 제공 보건복지부장관은 「금융실명거래 및 비밀보장에 관한 법률」 제4조와 「신용정보의 이용 및 보호에 관한 법률」 제32조에도 불구하고 제50조의2 제2항에 따라 신청인과 그 가구원이 제출한 동의 서면을 전자적 형태로 바꾼 문서로 「금융실명거래 및 비밀보장에 관한 법률」 제2조 제1호에 따른 금융회사 등이나 「신용정보의 이용 및 보호에 관한 법률」 제2조 제6호에 따른 신용정보집중기관(이하 "금융기관 등" 이라 한다)의 장에게 금융정보 · 신용정보 또는 보험정보(이하 "금융정보 등" 이라 한다)의 제공을 요청할 수 있다(법 제50조의3 제1항).

보건복지부장관은 자녀교육비 및 장애수당 등을 받고 있는 사람(이하 "수급자"라 한다)에 대한 그 지급의 적정성을 확인하기 위하여 필요하다고 인정하는 경우 대통령령으로 정하는 기준에 따라 인적사항을 기재한 문서(전자문서를 포함한다)로 금융기관 등의 장에게 수급자와 그 가구원의 금융정보 등의 제공을 요청할 수 있다(법 동조 제2항).

(4) 부정수급자에 대한 환수 특별자치시장 · 특별자치도지사 · 시장 · 군수 · 구청장은 자녀교육비 및 장애수당 등을 받은 사람이 다음 각 호의 어느 하나에 해당하면 그가 받은 자녀교육비 및 장애수당 등의 전부 또는 일부를 환수하여야 한다(법 제51조 제1항).

① 거짓이나 그 밖의 부정한 방법으로 자녀교육비 및 장애수당 등을 받은 경우
② 자녀교육비 및 장애수당 등을 받은 후 그 자녀교육비 및 장애수당 등을 받게 된 사유가 소급하여 소멸된 경우
③ 잘못 지급된 경우

12. 자립훈련비의 지급, 재활 및 자립생활의 연구

(1) 자립훈련비의 지급 장애인복지실시기관은 제34조 제1항 제2호 또는 제3호에 따라 장애인복지시설에서 주거편의 · 상담 · 치료 · 훈련 등을 받도록 하거나 위탁한 장애인에 대하여 그 시설에서 훈련을 효과적으로 받는 데 필요하다고 인정되면 자립훈련비를 지급할 수 있으며, 특별한 사정이 있으면 훈련비 지급을 대신하여 물건을 지급할 수 있다(법 제43조 제1항).

(2) 연구과제의 의뢰와 연구비의 지급 국가와 지방자치단체는 장애인 재활 및 자립생활에 대하여 종합적이고 체계적으로 조사 · 연구 · 평가하기 위하여 전문 연구기관에 장애예방 · 의료 · 교육 · 직업재활 및 자립생활 등에 관한 연구과제를 선정하여 의뢰할 수 있다(법 제52조 제1항). 국가와 지방자치단체는 제1항에 따른 연구과제를 수행하는 데에 들어가는 비용을 예산의 범위 안에서 보조할 수 있다(법 동조 제2항).

13. 자립생활의 지원

(1) 자립생활의 지원시책 강구 국가와 지방자치단체는 중증장애인의 자기결정에 의한 자립생활을 위하여 활동보조인의 파견 등 활동보조서비스 또는 장애인보조기구의 제공, 그 밖의 각종 편의 및 정보제공 등 필요한 시책을 강구하여야 한다(법 제53조).

(2) 중증장애인자립생활지원센터 국가와 지방자치단체는 중증장애인의 자립생활을 실현하기 위여 중증장애인자립생활지원센터를 통하여 필요한 각종 지원서비스를 제공하며(법 제54조 제1항), 중증장애인자립생활지원센터에 예산의 범위에서 운영비 또는 사업비의 일부를 지원할 수 있다(법 동조 제3항).

(3) 활동지원급여의 지원 국가와 지방자치단체는 중증장애인이 일상생활 또는 사회생활을 원활히 할 수 있도록 활동지원급여를 지원할 수 있다(법 제55조 제1항). 국가 및 지방자치단체는 임신 등으로 인하여 이동이 불편한 여성장애인에게 임신 및 출산과 관련한 진료 등을 위하여 경제적 부담능력 등을 감안하여 활동보조인의 파견 등 활동보조서비스를 지원할 수 있다(법 동조 제2항).

(4) 장애동료 간 상담 국가와 지방자치단체는 장애인이 장애를 극복하는 데 도움이 되도록 장애동료간 상호 대화나 상담의 기회를 제공하도록 노력하여야 한다(법 제56조 제1항).

14. 권리구제와 보호

(1) 이의신청 장애인이나 법정대리인 등은 이 법에 따른 복지조치에 이의가 있으면

해당 장애인복지실시기관에 이의신청을 할 수 있다(법 제84조 제1항). 제1항에 따른 이의신청은 복지조치가 있음을 안 날부터 90일 이내에 문서로 하여야 한다. 다만, 정당한 사유로 인하여 그 기간 이내에 이의신청을 할 수 없었음을 증명한 때에는 그 사유가 소멸한 날부터 60일 이내에 이의신청을 할 수 있다(법 동조 제2항).

장애인복지실시기관은 제1항에 따른 이의신청을 받은 때에는 30일 이내에 심사 · 결정하여 신청인에게 통보하여야 한다(법 동조 제3항).

(2) 행정심판의 제기 위의 제3항에 따른 심사 · 결정에 이의가 있는 자는 「행정심판법」에 따라 행정심판을 제기할 수 있다(법 동조 제4항).

(3) 압류금지 이 법에 따라 장애인에게 지급되는 금품은 압류하지 못한다(법 제82조).

제 6 절 장애인복지시설과 단체

1. 시설을 통한 장애인 복지향상정책의 강구

(1) 기능회복과 사회성향상정책의 강구 국가와 지방자치단체는 장애인이 제58조에 따른 장애인복지시설의 이용을 통하여 기능회복과 사회성 향상을 도모할 수 있도록 필요한 정책을 강구하여야 한다(법 제57조 제1항).

(2) 인권보호정책 및 프로그램의 실시 국가와 지방자치단체는 제58조에 따른 장애인복지시설을 이용하는 장애인의 인권을 보호하기 위하여 필요한 정책을 마련하고 관련 프로그램을 실시할 수 있는 기반을 조성하여야 한다(법 동조 제2항).

(3) 시설 선택권의 보장 장애인복지실시기관은 제58조에 따른 장애인복지시설에 대한 장애인의 선택권을 최대한 보장하여야 한다(법 동조 제3항). 장애인복지실시기관은 장애인의 선택권을 보장하기 위하여 제58조에 따른 장애인복지시설을 이용하려는 장애인에게 시설의 선택에 필요한 정보를 충분히 제공하여야 한다(법 동조 제4항).

2. 장애인복지시설의 종류와 설치 · 이용 및 운영

1) 시설의 종류

장애인복지시설의 종류는 다음 각 호와 같다(법 제58조 제1항).

① 장애인 거주시설 : 거주공간을 활용하여 일반가정에서 생활하기 어려운 장애인에게 일정 기간 동안 거주・요양・지원 등의 서비스를 제공하는 동시에 지역사회생활을 지원하는 시설
② 장애인 지역사회재활시설 : 장애인을 전문적으로 상담・치료・훈련하거나 장애인의 일상생활, 여가활동 및 사회참여활동 등을 지원하는 시설
③ 장애인 직업재활시설 : 일반 작업환경에서는 일하기 어려운 장애인이 특별히 준비된 작업환경에서 직업훈련을 받거나 직업생활을 할 수 있도록 하는 시설
④ 장애인 의료재활시설 : 장애인을 입원 또는 통원하게 하여 상담, 진단・판정, 치료 등 의료재활서비스를 제공하는 시설
⑤ 그 밖에 대통령령으로 정하는 시설

2) 시설의 설치

(1) 국가와 지방자치단체의 설치 국가와 지방자치단체는 장애인복지시설을 설치할 수 있다(법 제59조 제1항).

(2) 국가와 지방자치단체 외의 자의 설치 제1항에 규정된 자 외의 자가 장애인복지시설을 설치・운영하려면 해당 시설 소재지 관할 시장・군수・구청장에게 신고하여야 하며, 신고한 사항 중 보건복지부령으로 정하는 중요한 사항을 변경할 때에도 신고하여야 한다. 다만, 제62조에 따른 폐쇄명령을 받고 1년이 지나지 아니한 자는 시설의 설치・운영신고를 할 수 없다(법 동조 제2항).

제58조 제1항 제1호에 따른 장애인 거주시설의 정원은 30명을 초과할 수 없다. 다만, 특수한 서비스를 위하여 일정 규모 이상이 필요한 시설 등 대통령령으로 정하는 경우에는 그러하지 아니하다(법 동조 제3항). 제58조 제1항 제4호에 따른 의료재활시설의 설치는 「의료법」에 따른다(법 동조 제4항).

(3) 비용의 보조 국가와 지방자치단체는 대통령령으로 정하는 바에 따라 장애인복지시설의 설치・운영에 필요한 비용의 전부 또는 일부를 보조할 수 있다(법 제81조).

3) 시설운영의 개시 등

(1) 운영의 개시 제59조 제2항에 따라 신고한 자는 지체 없이 시설운영을 시작하여야 한다(법 제60조 제1항).

(2) 중단・폐지 등의 신고 시설운영자가 시설운영을 중단 또는 재개하거나 시설을

폐지하려는 때에는 보건복지부령이 정하는 바에 따라 미리 시장・군수・구청장에게 신고하여야 한다(법 동조 제2항).

(3) 중단・폐지시의 조치 시설운영자가 제2항에 따라 시설운영을 중단하거나 시설을 폐지할 때에는 보건복지부령이 정하는 바에 따라 시설 이용자의 권익을 보호하기 위하여 다음 각 호의 조치를 하여야 한다(법 동조 제3항).

① 시장・군수・구청장의 협조를 받아 시설 이용자가 다른 시설을 선택할 수 있도록 하고 그 이행을 확인하는 조치

② 시설이용자가 이용료・사용료 등의 비용을 부담하는 경우 납부한 비용 중 사용하지 아니한 금액을 반환하게 하고 그 이행을 확인하는 조치

③ 보조금・후원금 등의 사용실태 확인과 이를 재원으로 조성한 재산 중 남은 재산의 회수조치

④ 그 밖에 시설이용자의 권익보호를 위하여 보건복지부장관이 필요하다고 인정하는 조치

(4) 운영의 재개 시설운영자가 제2항에 따라 시설운영을 재개하려고 할 때에는 보건복지부령으로 정하는 바에 따라 시설이용자의 권익을 보호하기 위하여 다음 각 호의 조치를 하여야 한다(법 동조 제4항).

① 운영중단 사유의 해소

② 향후 안정적 운영계획의 수립

③ 그 밖에 시설이용자의 권익보호를 위하여 보건복지부장관이 필요하다고 인정하는 조치

4) 장애인 거주시설의 이용절차

(1) 이용신청과 결정 장애인 거주시설을 이용하려는 자와 그 친족, 그 밖의 관계인은 보건복지부령으로 정하는 서류를 갖추어 시장・군수・구청장에게 장애인의 시설이용을 신청하여야 한다(법 제60조의2 제1항). 제1항에 따라 시설이용을 신청받은 시장・군수・구청장은 이용신청자의 시설이용 적격성 여부를 심사하여, 그 결과에 따라 시설이용 여부를 결정하여야 한다(법 동조 제2항).

(2) 통 보 시장・군수・구청장은 제2항에 따른 이용신청자의 시설이용 적격성 및 제79조 제2항에 따른 본인부담금을 결정하여 이용신청자와 시설운영자에게 통보한다(법 동조 제3항).

(3) 계약체결 및 보고 시설운영자는 이용신청자와 서비스 이용조건, 본인부담금 등의 사항을 포함하여 계약을 체결하고, 그 결과를 시장・군수・구청장에게 보고하여야 하며, 계약에 관한 세부적인 사항은 보건복지부령으로 정한다(법 동조 제5항).

(4) 운영자의 보고 및 조치 시설이용자가 제1항부터 제3항까지의 절차를 거치지 아니하고 시설을 이용하는 경우, 시설운영자는 보건복지부령으로 정하는 바에 따라 해당 사례를 시장・군수・구청장에게 보고하여야 하며, 시장・군수・구청장은 이용적격성 여부의 확인 등 필요한 조치를 취하여야 한다(법 동조 제4항).

(5) 시설이용의 중단 시설이용자가 시설이용을 중단하려는 경우에는 보건복지부령으로 정하는 기간 전에 시설 이용을 중단할 의사를 시설운영자에게 밝혀야 한다. 이 경우 시설운영자는 이용중단과 관련하여 필요한 조치를 하여야 하고, 이용중단 희망자에 대하여 이용중단에 따른 어떠한 불이익한 처분이나 차별도 하여서는 아니 된다(법 동조 제7항).

5) 거주시설의 서비스 최저기준, 거주시설운영자의 의무

(1) 서비스의 최저기준 보건복지부장관은 장애인 거주시설에서 제공하여야 하는 서비스의 최저기준을 마련하여야 하며, 장애인복지실시기관은 그 기준이 충족될 수 있도록 필요한 조치를 취하여야 한다(법 제60조의3 제1항). 시설운영자는 제1항에 따른 서비스의 최저기준 이상으로 서비스의 수준을 유지하여야 한다(법 동조 제2항).

(2) 시설운영자의 의무 시설운영자는 시설이용자의 인권을 보호하고, 인권이 침해된 경우에는 즉각적인 회복조치를 취하여야 한다(법 제60조의4 제1항).

시설운영자는 시설이용자의 거주, 요양, 생활지원, 지역사회생활 지원 등을 위하여 필요한 서비스를 제공하여야 하고(법 동조 제2항), 시설이용자의 사생활 및 자기결정권의 보장을 위하여 노력하여야 하며(법 동조 제3항), 시설 이용자의 인권을 보호하기 위하여 장애인 거주시설에 시설 이용 장애인 인권지킴이단을 두어야 한다(법 동조 제4항).

3. 감독, 조사·질문, 시설의 개선・사업의 정지・폐쇄 등

(1) 감독, 조사・검사 등 장애인복지실시기관은 장애인복지시설을 설치・운영하는 자의 소관업무 및 시설이용자의 인권실태 등을 지도・감독하며, 필요한 경우 그 시설에 관한 보고 또는 관련서류 제출을 명하거나 소속공무원에게 그 시설의 운영상황・장부, 그 밖의 서류를 조사・검사하거나 질문하게 할 수 있다(법 제61조 제1항).

(2) 시설개선, 사업정지, 폐쇄 등 장애인복지실시기관은 장애인복지시설이 다음 각 호의 어느 하나에 해당하는 때에는 그 시설의 개선, 사업의 정지, 시설의 장의 교체를 명하거나 해당 시설의 폐쇄를 명할 수 있다(법 제62조 제1항).

① 제59조 제4항에 따른 시설기준에 미치지 못한 때
② 정당한 사유 없이 제61조에 따른 보고를 하지 아니하거나 거짓으로 보고한 때 또는 조사·검사 및 질문을 거부·방해하거나 기피한 때
③ 사회복지법인이나 비영리법인이 설치·운영하는 시설인 경우 그 사회복지법인이나 비영리법인의 설립허가가 취소된 때
④ 시설의 회계부정이나 시설이용자에 대한 인권침해 등 불법행위, 그 밖의 부당행위 등이 발견된 때
⑤ 설치목적을 이루었거나 그 밖의 사유로 계속하여 운영할 필요가 없다고 인정되는 때
⑥ 이 법 또는 이 법에 따른 명령이나 처분을 위반한 경우

장애인복지시실시기관은 제58조 제1항 제1호에 따른 장애인 거주시설이 제60조의3에 따른 서비스 최저기준을 유지하지 못할 때에는 그 시설의 개선, 사업의 정지, 시설의 장의 교체를 명하거나 해당 시설의 폐쇄를 명할 수 있다(법 동조 제2항).

(3) 청문의 실시 장애인복지실시기관은 다음 각 호의 어느 하나에 해당하는 조치를 하려면 청문을 하여야 한다(법 제83조의2).

① 제62조에 따른 장애인복지시설의 폐쇄 명령
② 제70조 제1항에 따른 의지·보조기 제조업소의 폐쇄 명령
③ 제76조에 따른 의지·보조기 기사의 자격취소

4. 장애인복지단체 및 협의회

(1) 단체의 보호육성 국가와 지방자치단체는 장애인의 복지향상하고 자립을 돕기 위하여 장애인복지단체를 보호·육성하도록 노력하여야 한다(법 제63조 제1항).

(2) 장애인복지단체협의회 장애인복지단체의 활동을 지원하고 장애인의 복지를 향상시키기 위하여 장애인복지단체협의회(이하 “협의회”라 한다)를 설립할 수 있다(법 제63조 제1항). 협의회는 「사회복지사업법」에 따른 사회복지법인으로 하되, 사회복지사업법 제23조 제1항은 적용하지 아니한다(법 동조 제2항). 협의회의 조직과 운영에 관한 사항은 정관으로 정한다(법 동조 제3항).

제 7 절 장애인에 대한 학대 및 성범죄

1. 장애인 대상 성범죄자의 취업제한 및 경력조회 등

(1) 운영 · 취업제한 및 제한기간 성범죄(「성폭력범죄의 처벌 등에 관한 특례법」 제2조 제1항에 따른 성폭력범죄 또는 「아동 · 청소년의 성보호에 관한 법률」 제2조 제2호에 따른 아동 · 청소년대상 성범죄를 말한다. 이하 같다)로 형 또는 치료감호를 선고받아 확정된 사람은 그 형 또는 치료감호의 전부 또는 일부의 집행을 종료하거나 집행이 유예 · 면제된 날부터 10년 동안 장애인복지시설을 운영하거나 장애인복지시설에 취업 또는 사실상 노무를 제공할 수 없다[1](법 제59조의3 제1항).

(2) 시설운영자 및 근무자의 경력조회 시장 · 군수 · 구청장은 제59조 제2항에 따라 장애인복지시설을 운영하려는 자에 대하여 본인의 동의를 받아 관계기관의 장에게 성범죄의 경력조회를 요청하여야 한다(법 동조 제2항).

장애인복지시설운영자는 그 시설에 취업 중이거나 사실상 노무를 제공 중인 사람 또는 취업하려 하거나 사실상 노무를 제공하려는 사람에 대하여 성범죄의 경력을 확인하여야 한다. 이 경우 본인의 동의를 받아 관계기관의 장에게 성범죄의 경력조회를 요청하여야 한다(법 동조 제3항).

(3) 성범죄의 확인 · 점검과 해임요구 시장 · 군수 · 구청장은 성범죄로 유죄판결이 확정된 사람이 장애인복지시설에 취업하였는지를 직접 또는 관계기관 조회 등의 방법으로 확인 · 점검할 수 있다. 이 경우 시장 · 군수 · 구청장은 제1항을 위반하여 장애인복지시설에 취업하거나 사실상 노무를 제공하는 사람이 있으면 장애인복지시설운영자에게 그의 해임을 요구할 수 있다(법 동조 제4항).

(4) 관계기관의 장의 협조 제2항부터 제4항까지의 규정에 따라 성범죄의 경력조회를 요청받은 관계기관의 장은 정당한 사유가 없는 한 이에 따라야 한다(법 동조 제5항).

2. 장애인학대 및 장애인 대상 성범죄 신고의무와 절차

(1) 범죄신고 누구든지 장애인학대 및 장애인 대상 성범죄를 알게 된 때에는 제59조의9에 따른 중앙 장애인권익옹호기관 또는 지역장애인권익옹호기관(이하 "장애인권익옹호기관"

---

1) 헌재 2015헌마915, 2016. 7. 28. 장애인복지법(2012. 1. 26. 법률 제11240호로 개정된 것) 제59조의3 제1항 중 '성폭력범죄의 처벌 등에 관한 특례법' 제2조 제1항에 따른 성폭력범죄로 형을 선고받아 확정된 사람에 관한 부분은 헌법에 위반된다.

이라 한다)이나 수사기관에 신고할 수 있다(법 제59조의4 제1항). "장애인학대"란 장애인에 대하여 신체적 · 정신적 · 정서적 · 언어적 · 성적 폭력이나 가혹행위, 경제적 착취, 유기 또는 방임을 하는 것을 말한다(법 제2조 제3항).

(2) 신고의무자 다음 각 호의 어느 하나에 해당하는 사람은 그 직무상 장애인학대 및 장애인 대상 성범죄를 알게 된 경우에는 지체없이 장애인권익옹호기관 또는 수사기관에 신고하여야 한다(법 동조 제2항).

① 「사회복지사업법」 제14조에 따른 사회복지 전담공무원 및 같은 법 제34조에 따른 사회복지시설의 장과 그 종사자
② 「장애인활동 지원에 관한 법률」 제16조에 따른 활동지원인력 및 같은 법 제20조에 따른 활동지원기관의 장과 그 종사자
③ 「의료법」 제2조 제1항의 의료인 및 같은 법 제3조 제1항의 의료기관의 장
④ 「의료기사 등에 관한 법률」 제1조의2의 의료기사
⑤ 「응급의료에 관한 법률」 제36조의 응급구조사
⑥ 「소방기본법」 제34조에 따른 구급대의 대원
⑦ 「정신보건법」 제13조의2에 따른 정신보건센터의 장과 그 종사자
⑧ 「영유아보육법」 제10조에 따른 어린이집의 원장 등 보육교직원
⑨ 「유아교육법」 제20조에 따른 교직원 및 같은 법 제23조에 따른 강사 등
⑩ 「초 · 중등교육법」 제19조에 따른 교직원, 같은 법 제19조의2에 따른 전문상담교사 등 및 같은 법 제22조에 따른 산학겸임교사 등
⑪ 「학원의 설립 · 운영 및 과외교습에 관한 법률」 제6조에 따른 학원의 운영자 · 강사 · 직원 및 같은 법 제14조에 따른 교습소의 교습자 · 직원
⑫ 「성폭력방지 및 피해자보호 등에 관한 법률」 제10조에 따른 성폭력피해상담소의 장과 그 종사자 및 같은 법 제12조에 따른 성폭력피해자보호시설의 장과 그 종사자
⑬ 「성매매방지 및 피해자보호 등에 관한 법률」 제9조에 따른 지원시설의 장과 그 종사자 및 같은 법 제17조에 따른 성매매피해상담소의 장과 그 종사자
⑭ 「가정폭력방지 및 피해자보호 등에 관한 법률」 제5조에 따른 가정폭력 관련 상담소의 장과 그 종사자 및 같은 법 제7조의2에 따른 가정폭력피해자 보호시설의 장과 그 종사자
⑮ 「건강가정기본법」 제35조에 따른 건강가정지원센터의 장과 그 종사자
⑯ 「다문화가족지원법」 제12조에 따른 다문화가족지원센터의 장과 그 종사자
⑰ 「아동복지법」 제48조에 따른 가정위탁지원센터의 장과 그 종사자

⑱ 「한부모가족지원법」 제19조의 한부모가족복지시설의 장과 그 종사자
⑲ 「청소년 기본법」 제3조 제6호의 청소년시설의 장과 그 종사자 및 같은 조 제8호의 청소년단체의 장과 그 종사자
⑳ 「청소년 보호법」 제35조에 따른 청소년 보호·재활센터의 장과 그 종사자
㉑ 「노인장기요양보험법」 제2조 제5호의 장기요양요원

(3) 신고인 보호 및 교육 신고인의 신분은 보호되어야 하며, 그 의사에 반하여 신원이 노출되어서는 아니 된다(법 동조 제3항). 제2항 각 호에 따른 소관 중앙행정기관의 장은 제2항 각 호의 어느 하나에 해당하는 사람의 자격 취득 과정이나 보수교육 과정에 장애인학대 및 장애인 대상 성범죄 예방 및 신고의무에 관한 교육 내용을 포함하도록 하여야 한다(법 동조 제6항).

(4) 응급조치의무 제59조의4에 따라 장애인학대 신고를 접수한 장애인권익옹호기관의 직원이나 사법경찰관리는 지체 없이 장애인학대현장에 출동하여야 한다(법 제59조의5 제1항). 제1항에 따라 장애인학대현장에 출동한 자는 학대받은 장애인을 학대행위자로부터 분리하거나 치료가 필요하다고 인정할 때에는 장애인권익옹호기관 또는 의료기관에 인도하여야 한다(법 동조 제2항).

장애인학대행위자 등 장애인학대와 관련되어 있는 자는 장애인학대현장에 출동한 자에 대하여 현장조사를 거부하거나 업무를 방해하여서는 아니 된다(법 동조 제3항).

(5) 학대예방 및 방지의 조치의무 국가와 지방자치단체는 장애인학대의 예방과 방지를 위하여 다음 각 호의 조치를 취하여야 한다(법 제59조의8).

① 장애인학대의 예방과 방지를 위한 각종 정책의 수립 및 시행
② 장애인학대의 예방과 방지를 위한 연구·교육·홍보와 장애인학대 현황 조사
③ 장애인학대에 관한 신고체계의 구축·운영
④ 장애인학대로 인하여 피해를 입은 장애인(이하 "피해장애인"이라 한다)의 보호 및 치료와 피해장애인의 가정에 대한 지원
⑤ 장애인학대 예방 관계 기관·법인·단체·시설 등에 대한 지원
⑥ 그 밖에 대통령령으로 정하는 장애인학대의 예방과 방지를 위한 사항

(6) 보조인의 선임 학대받은 장애인의 법정대리인, 직계친족, 형제자매 또는 변호사는 장애인학대사건의 심리에 있어서 보조인이 될 수 있다. 다만, 변호사가 아닌 경우에는 법원의 허가를 받아야 한다(법 제59조의6 제1항).

법원은 학대받은 장애인을 증인으로 신문하는 경우 본인 또는 검사의 신청이 있는 때에

는 본인과 신뢰관계에 있는 사람의 동석을 허가할 수 있다(법 동조 제2항). 수사기관이 학대받은 장애인을 조사하는 경우에도 제1항 및 제2항의 절차를 준용한다(법 동조 제3항).

3. 장애인에 대한 금지행위

누구든지 다음 각 호의 어느 하나에 해당하는 행위를 하여서는 아니 된다(법 제59조의7).

① 장애인에게 성적 수치심을 주는 성희롱 · 성폭력 등의 행위
② 장애인의 신체에 폭행을 가하거나 상해를 입히는 행위
③ 자신의 보호 · 감독을 받는 장애인을 유기하거나 의식주를 포함한 기본적 보호 및 치료를 소홀히 하는 방임행위
④ 장애인에게 구걸을 하게 하거나 장애인을 이용하여 구걸하는 행위
⑤ 장애인을 체포 또는 감금하는 행위
⑥ 장애인의 정신건강 및 발달에 해를 끼치는 정서적 학대행위
⑦ 장애인을 위하여 증여 또는 급여된 금품을 그 목적 외의 용도에 사용하는 행위
⑧ 공중의 오락 또는 흥행을 목적으로 장애인의 건강 또는 안전에 유해한 곡예를 시키는 행위

4. 장애인학대의 예방과 방지

1) 학대의 예방과 방지의무

국가와 지방자치단체는 장애인학대의 예방과 방지를 위하여 다음 각 호의 조치를 취하여야 한다(법 제59조의8).

① 장애인학대의 예방과 방지를 위한 각종 정책의 수립 및 시행
② 장애인학대의 예방과 방지를 위한 연구 · 교육 · 홍보와 장애인학대 현황 조사
③ 장애인학대에 관한 신고체계의 구축 · 운영
④ 장애인학대로 인하여 피해를 입은 장애인(이하 "피해장애인"이라 한다)의 보호 및 치료와 피해장애인의 가정에 대한 지원
⑤ 장애인학대 예방 관계 기관 · 법인 · 단체 · 시설 등에 대한 지원
⑥ 그 밖에 대통령령으로 정하는 장애인학대의 예방과 방지를 위한 사항

2) 장애인권익옹호기관의 설치

(1) 중앙 장애인권익옹호기관 국가는 지역 간의 연계체계를 구축하고 장애인학대를 예방하기 위하여 다음 각 호의 업무를 담당하는 중앙장애인권익옹호기관을 설치 · 운영하여야 한다(법 제59조의9 제1항).

① 제2항에 따른 지역장애인권익옹호기관에 대한 지원
② 장애인학대 예방 관련 연구 및 실태조사
③ 장애인학대 예방 관련 프로그램의 개발 · 보급
④ 장애인학대 예방 관련 교육 및 홍보
⑤ 장애인학대 예방 관련 전문인력의 양성 및 능력개발
⑥ 관계 기관 · 법인 · 단체 · 시설 간 협력체계의 구축 및 교류
⑦ 장애인학대 신고접수와 그 밖에 보건복지부령으로 정하는 장애인학대 예방과 관련된 업무

(2) 지역 장애인권익옹호기관 학대받은 장애인을 신속히 발견 · 보호 · 치료하고 장애인 학대를 예방하기 위하여 다음 각 호의 업무를 담당하는 지역장애인권익옹호기관을 특별시 · 광역시 · 특별자치시 · 도 · 특별자치도에 둔다(법 제59조의9 제2항).

① 장애인학대의 신고접수, 현장조사 및 응급보호
② 피해장애인과 그 가족, 장애인학대행위자에 대한 상담 및 사후관리
③ 장애인학대 예방 관련 교육 및 홍보
④ 장애인학대사례판정위원회 설치 · 운영
⑤ 그 밖에 보건복지부령으로 정하는 장애인학대 예방과 관련된 업무

(3) 위탁과 비용의 지원 보건복지부장관, 특별시장 · 광역시장 · 특별자치시장 · 도지사 · 특별자치도지사는 「공공기관의 운영에 관한 법률」 제4조에 따른 공공기관 또는 장애인학대의 예방 및 방지를 목적으로 하는 비영리법인을 지정하여 장애인권익옹호기관의 운영을 위탁할 수 있다. 이 경우 보건복지부장관, 특별시장 · 광역시장 · 특별자치시장 · 특별자치도지사는 그 운영에 드는 비용을 지원할 수 있다(법 제59조의9 제3항).

(4) 사후관리 등 장애인권익옹호기관의 장은 장애인학대가 종료된 후에도 가정방문, 시설방문, 전화상담 등을 통하여 장애인학대의 재발 여부를 확인하여야 한다(법 제59조의10 제1항).

장애인권익옹호기관의 장은 장애인학대가 종료된 후에도 피해장애인의 안전 확보, 장애인학대의 재발 방지, 건전한 가정기능의 유지 등을 위하여 피해장애인, 피해장애인의 보호자(친권자, 「민법」에 따른 후견인, 장애인을 보호 · 양육 · 교육하거나 그러한 의무가 있는 사람 또는 업무 · 고용 등의 관계로 사실상 장애인을 보호 · 감독하는 사람을 말한다. 이하 이 조에서 같다) · 가족에게 상담, 교육 및 의료적 · 심리적 치료 등의 지원을 하여야 한다(법 제59조의10 제2항).

장애인권익옹호기관의 장은 제2항에 따른 지원을 하기 위하여 관계 기관 · 법인 · 단체 · 시설에 협조를 요청할 수 있고(법 동조 제3항), 제2항에 따른 지원을 할 때에는 피해장애인의 이익을 최우선으로 고려하여야 한다(법 동조 제4항).

(5) 피해장애인 쉼터 특별시장·광역시장·특별자치시장·도지사·특별자치도지사는 피해장애인의 임시 보호 및 사회복귀 지원을 위하여 장애인 쉼터를 설치·운영할 수 있다(법 제59조의11 제1항).

제8절 장애인보조기구

1. 개념 정의

'장애인보조기구'란 장애인이 장애의 예방·보완과 기능향상을 위하여 사용하는 의지·보조기 및 그 밖에 보건복지부장관이 정하는 보장구와 일상생활의 편의증진을 위하여 사용하는 생활용품을 말한다(법 제65조 제1항). 보건복지부장관은 장애인의 일상생활의 편의증진 등을 위하여 다른 법률이 정하는 바에 따라 제1항에 따른 장애인보조기구의 지원 및 활용촉진 등에 관한 사업을 실시할 수 있다(법 동조 제2항).

2. 의지·보조기 제조업체

(1) 제조업체의 개설사실 통보 의지·보조기를 제조·개조·수리하거나 신체에 장착하는 사업(이하 "의지·보조기제조업"이라 한다)을 하는 자는 그 제조업소를 개설한 후 7일 이내에 보건복지부령이 정하는 바에 따라 시장·군수·구청장에게 제조업소의 개설사실을 알려야 한다. 제조업소의 소재지 변경 등 보건복지부령이 정하는 중요사항을 변경한 때에도 또한 같다(법 제69조 제1항).

(2) 의지·보조기 기사의 채용 의지·보조기 제조업자는 제72조에 따른 의지·보조기 기사(補助器 技士)를 1명 이상 두어야 한다. 다만 의지·보조기 제조업자 자신이 의지·보조기 기사인 경우에는 따로 기사를 두지 아니하여도 된다(법 동조 제2항).

(3) 의사의 처방에 의한 제조 의지·보조기 제조업자는 의사의 처방에 따라 의지·보조기를 제조하거나 개조하여야 한다(법 동조 제4항).

3. 의지·보조기 제조업소의 폐쇄

(1) 폐쇄사유 시장·군수·구청장은 의지·보조기 제조업자가 다음 각 호의 어느 하나에 해당하는 경우에는 그 제조업소의 폐쇄를 명할 수 있다(법 제70조 제1항).

① 제69조 제2항을 위반하여 의지 · 보조기 기사를 두지 아니하고 의지 · 보조기 제조업을 한 경우

② 영업정지처분 기간에 영업을 하거나 3회 이상 영업정지처분을 받은 경우

의지 · 보조기 제조업자가 제70조에 따른 폐쇄명령을 받은 후 6개월이 지나지 아니하면 같은 장소에서 같은 제조업을 하여서는 아니 된다(법 제69조 제3항).

(2) 영업정지명령 시장 · 군수 · 구청장은 의지 · 보조기 제조업자가 의지 · 보조기제조업을 하면서 고의나 중대한 과실로 의지 · 보조기를 착용하는 사람의 신체에 손상을 입힌 사실이 있는 때에는 6개월의 범위 안에서 보건복지부령으로 정하는 바에 따라 영업정지를 명할 수 있다(법 제70조 제2항).

제 9 절 장애인복지 전문인력

1. 전문인력의 필요성

장애인복지에서는 장애의 유형과 등급 등 다양한 장애요인에 따른 전문적 · 개별적이며 종합적인 복지실천기술이 특히 중요하기 때문에 다양한 실천기술을 가진 장애인복지 전문인력의 양성과 훈련이 반드시 필요하다. 이에 따라 장애인복지법에서는 전문인력에 관한 규정을 '장(章)'으로 독립시켜 제7장에서 규정하고 있다.

2. 전문인력의 양성 및 위탁

(1) 양성 · 훈련 국가와 지방자치단체 그 밖의 공공단체는 의지 · 보조기 기사, 언어재활사, 장애인재활상담사, 한국수어통역사, 점역(點譯) · 교정사 등 장애인복지 전문인력, 그 밖에 장애인복지에 관한 업무에 종사하는 자를 양성 · 훈련하는 데에 노력해야 한다(법 제71조 제1항).

국가와 지방자치단체는 제1항에 따른 장애인복지 전문인력의 양성에 소요되는 비용을 예산의 범위 안에서 보조할 수 있다(법 동조 제4항).

(2) 전문기관에 위탁 국가와 지방자치단체는 제1항에 따른 장애인복지전문인력의 양성업무를 관계 전문기관 등에 위탁할 수 있다(법 동조 제3항).

3. 의지 · 보조기 기사

(1) 자격증교부 보건복지부장관은 다음 각 호의 어느 하나에 해당하는 자로서 제73조에 따른 국가시험에 합격한 자(이하 "의지 · 보조기 기사"라 한다)에게 의지 · 보조기 기사자격증을 내주어야 한다(법 제72조 제1항).

① 「고등교육법」에 따른 전문대학이나 교육부장관이 이와 같은 수준 이상의 학력이 있다고 인정하는 학교에서 보건복지부령으로 정하는 의지 · 보조기 관련 교과목을 이수하고 졸업한 자

② 보건복지부장관이 인정하는 외국에서 제1호에 해당하는 학교와 같은 수준 이상의 교육과정을 마치고 외국의 해당 의지 · 보조기 기사자격증을 받은 자

(2) 자격증 대여금지 의지 · 보조기 기사자격증은 다른 자에게 대여하지 못한다(법 동조 제3항).

(3) 의지 · 보조기 관련 교과목 위의 법 제72조 제1항에 따른 의지 · 보조기 관련 교과목은 [별표 6]과 같다(시행규칙 제56조 참조).

(4) 보수교육 보건복지부장관은 의지 · 보조기 기사 등에 대하여 자질향상을 위하여 필요한 보수(補修)교육을 받도록 명할 수 있다(법 제75조 제1항).

4. 언어재활사

(1) 자격증 교부 보건복지부장관은 제2항에 따른 자격요건을 갖춘 사람으로서 제73조에 따른 국가시험에 합격한 사람(이하 "언어재활사"라 한다)에게 언어재활사 자격증을 내주어야 한다(법 제72조의2 제1항).

(2) 자격의 종류 및 응시자격요건 언어재활사의 종류 및 국가시험 응시자격 요건은 다음 각 호의 구분과 같다. 이 경우 외국의 대학원 · 대학 · 전문대학에서 언어재활 분야의 학위를 취득한 사람으로서 등급별 자격기준과 동등한 학력이 있다고 보건복지부장관이 인정하는 경우에는 해당 등급의 응시자격을 갖춘 것으로 본다(법 동조 제2항).

① 1급 언어재활사 : 2급 언어재활사 자격증을 가진 사람으로서 다음 각목의 어느 하나에 해당하는 사람

(가) 「고등교육법」에 따른 대학원에서 언어재활 분야의 박사학위 또는 석사학위를 취득한 사람으로서 언어재활기관에 1년 이상 재직한 사람

(나) 「고등교육법」에 따른 대학에서 언어재활 관련 학과의 학사학위를 취득한 사람으

로서 언어재활기관에 3년 이상 재직한 사람

② 2급 언어재활사 : 「고등교육법」에 따른 대학원 · 대학 · 전문대학의 언어재활 관련 교과목을 이수하고 관련 학과의 석사학위 · 학사학위 · 전문학사학위를 취득한 사람

이 법 시행 3년 후부터 제72조의2 제2항 제2호의 개정규정에 따른 자격을 취득하려는 사람으로서 「고등교육법」에 따른 전문학사 학위를 취득한 사람은 해당 전문대학에서 120학점 이상을 이수하고 졸업한 사람으로 한다(법률 제11010호 부칙 제3조).

(3) 자격증 대여금지 언어재활사 자격증은 다른 사람에게 대여하지 못한다(법 동조 제4항).

(4) 관련학과와 관련교과목 제1항과 제3항에 따른 자격증의 교부 · 재교부 절차와 관리 및 제2항에 따른 언어재활기관의 범위, 대학원 · 대학 · 전문대학의 언어재활관련 학과와 언어재활사로서 이수하여야 하는 관련 교과목의 범위 등에 필요한 사항은 보건복지부령으로 정한다(법 동조 제5항).

(5) 경과규정 이 법 시행 당시 보건복지부장관이 인정하는 단체에서 발급한 언어치료사 자격증을 소지한 사람은 제72조의2 및 제73조의 개정규정에도 불구하고 이 법 시행 후 3년 이내에 보건복지부장관이 실시하는 해당 급수별 특례시험을 거쳐 이 법에 따른 언어재활사 자격증을 취득할 수 있다(법률 제11010호 부칙 제2조).

(6) 언어재활사협회 언어재활사는 언어재활에 관한 전문지식과 기술을 개발 · 보급하고 언어재활사의 자질향상을 위한 교육훈련 및 언어재활사의 복지증진을 도모하기 위하여 한국언어재활사협회(이하 "협회"라 한다)를 설립할 수 있는데(법 제80조의2 제1항), 제1항에 따른 협회는 법인으로 한다(법 동조 제2항). 협회에 관하여 이 법에서 규정한 것을 제외하고는 「민법」 중 사단법인에 관한 규정을 준용한다(법 동조 제3항).

5. 장애인재활상담사

1) 자격증 교부

보건복지부장관은 장애인의 직업재활 등을 지원하기 위하여 제2항에 따른 자격요건을 갖춘 사람으로서 제73조에 따른 국가시험에 합격한 사람(이하 "장애인재활상담사"라 한다)에게 장애인재활상담사 자격증을 내주어야 한다(법 제72조의3 제1항).

2) 자격의 종류 및 응시자격요건

장애인재활상담사의 종류 및 국가시험 응시자격 요건은 다음 각 호의 구분과 같다. 이

경우 외국의 대학원·대학·전문대학에서 장애인재활 분야의 학위를 취득한 사람으로서 등급별 자격기준과 동등한 학력이 있다고 보건복지부장관이 인정하는 경우에는 해당 등급의 응시자격을 갖춘 것으로 본다(법 동조 제2항).

(1) 1급 장애인재활상담사: 다음 각 목의 어느 하나에 해당하는 사람

① 「고등교육법」에 따른 대학원에서 장애인재활 분야의 박사학위를 취득한 사람
② 2급 장애인재활상담사 자격증을 가진 사람으로서 「고등교육법」에 따른 대학원에서 장애인재활 분야의 석사학위를 취득한 사람
③ 2급 장애인재활상담사 자격증을 가진 사람으로서 장애인재활 관련 기관에서 3년 이상 재직한 사람
④ 사회복지사 2급 자격증을 가진 사람으로서 장애인재활 관련 기관에서 5년 이상 재직한 사람

(2) 2급 장애인재활상담사: 다음 각 목의 어느 하나에 해당하는 사람

① 「고등교육법」에 따른 대학에서 보건복지부령으로 정하는 장애인재활 관련 교과목을 이수한 사람
② 3급 장애인재활상담사 자격증을 가진 사람으로서 장애인재활 관련 기관에서 2년 이상 재직한 사람
③ 사회복지사 2급 자격증을 가진 사람으로서 장애인재활 관련 기관에서 3년 이상 재직한 사람

(3) 3급 장애인재활상담사: 「고등교육법」에 따른 전문대학에서 보건복지부령으로 정하는 장애인재활 관련 교과목을 이수한 사람

3) 자격증 대여금지

장애인재활상담사 자격증은 다른 사람에게 대여하지 못한다(법 동조 제4항).

6. 국가시험의 실시

(1) 실시시기 의지·보조기 기사, 언어재활사 및 장애인재활상담사(이하 "의지·보조기 기사 등"이라 한다)의 국가시험은 보건복지부장관이 실시하되, 실시시기·실시방법·시험과목, 그 밖에 시험실시에 관하여 필요한 사항은 대통령령으로 정한다(법 제73조 제1항).

(2) 시험업무의 위탁 보건복지부장관은 제1항에 따른 국가시험의 실시에 관한 업무를

대통령령으로 정하는 바에 따라 「한국보건의료인국가시험원법」에 따른 한국보건의료인국가시험원에 위탁할 수 있다(법 제73조 제2항).

(3) 응시자격의 제한 등 다음 각 호의 어느 하나에 해당하는 자는 제73조에 따른 국가시험에 응시할 수 없다(법 제74조 제1항).

① 「정신건강증진 및 정신질환자 복지서비스 지원에 관한 법률」 제3조 제1호에 따른 정신질환자. 다만, 전문의가 의지・보조기 기사 등으로서 적합하다고 인정하는 사람은 그러하지 아니하다.

② 마약・대마 또는 향정신성의약품 중독자

③ 피성년후견인

④ 이 법이나 「형법」 제234조・제317조 제1항, 「의료법」, 「국민건강보험법」, 「의료급여법」, 「보건범죄단속에 관한 특별조치법」, 「마약류 관리에 관한 법률」 또는 「후천성면역결핍증예방법」을 위반하여 금고 이상의 형을 선고받고 그 형의 집행이 끝나지 아니하였거나 집행을 받지 아니하기로 확정되지 아니한 자

(4) 부정행위자에 대한 제재 부정한 방법으로 제73조에 따른 국가시험에 응시한 자나 국가시험에 관하여 부정행위를 한 자는 그 수험을 정지시키거나 합격을 무효로 한다(법 동조 제2항). 제2항에 따라 수험이 정지되거나 합격이 무효가 된 자는 그 후 2회에 한하여 제73조에 따른 국가시험에 응시할 수 없다(법 동조 제3항).

7. 자격의 취소 및 정지

(1) 자격취소 보건복지부장관은 의지・보조기 기사 등이 다음 각 호의 어느 하나에 해당한 때에는 그 자격을 취소해야 한다(법 제76조).

① 제72조 제3항을 위반해서 타인에게 의지・보조기 기사자격증을 대여한 때

①의2 제72조의2 제4항을 위반하여 타인에게 언어재활사 자격증을 대여하였을 때

①의3 제72조의3 제4항을 위반하여 타인에게 장애인재활상담사 자격증을 대여하였을 때

② 제74조 제1항 각 호의 어느 하나에 해당하게 된 때

③ 제77조에 따른 자격정지처분 기간에 그업무를 하거나 자격정지처분을 3회받은 때

(2) 자격정지 보건복지부장관은 의지・보조기 기사 등이 다음 각 호의 어느 하나에 해당하면 6개월 이내의 범위 안에서 보건복지부령으로 정하는 바에 따라 자격을 정지시킬 수 있다(법 제77조).

① 의지・보조기 기사의 업무를 하면서 고의 또는 중대한 과실로 의지・보조기 착용

자의 신체에 손상을 입힌 사실이 있는 때

①의2 언어재활사의 업무를 하면서 고의 또는 중대한 과실로 언어재활 대상자의 기능에 손상을 입힌 사실이 있을 때

①의3 장애인재활상담사의 업무를 하면서 고의 또는 중대한 과실로 재활 대상자에게 손해를 입힌 사실이 있을 때

② 제75조에 따른 보수교육을 연속하여 2회 이상 받지 아니한 때

제10절 장애인복지비용

1. 비용 및 이용비용의 부담 · 부과 등

(1) 복지실시기관의 부담 자녀교육비(제38조 제1항), 자립훈련비(제43조 제1항), 장애수당(제49조 제1항), 장애아동수당과 보호수당(제50조 제1 · 2항) 및 활동보조인 등 서비스지원(제55조 제1항)에 따른 조치와 제59조 제1항에 따른 장애인복지시설의 설치 · 운용에 드는 비용은 예산의 범위 안에서 대통령령으로 정하는 바에 따라 장애인복지실시기관이 부담하게 할 수 있다(법 제79조 제1항).

(2) 시설이용비용의 부담과 본인부담금의 부과 국가와 지방자치단체는 장애인이 제58조의 장애인복지시설을 이용하는 데 드는 비용의 전부 또는 일부를 부담할 수 있으며, 시설 이용자의 자산과 소득을 고려하여 본인부담금을 부과할 수 있다(법 동조 제2항).

(3) 장애인 또는 부양의무자의 비용부담 제34조 제1항 제1호에 따른 조치에 필요한 비용을 부담한 장애인복지실시기관은 해당 장애인 또는 그 부양의무자로부터 대통령령으로 정하는 바에 따라 장애인복지실시기관이 부담한 비용의 전부 또는 일부를 받을 수 있다(법 제80조 제1항).

2. 압류금지와 조세감면

이 법에 따라 장애인에게 지급되는 금품은 압류하지 못한다(법 제82조 제1항). 제50조의4 제1항에 따른 장애인복지급여수급계좌의 예금에 관한 채권은 압류할 수 없다(법 제82조 제2항). 이 법에 따라 지급되는 금품, 제58조에 따른 장애인복지시설 및 제63조에 따른 장애인복지단체에서 장애인이 제작한 물품에는 「조세특례제한법」과 「지방세특례제한법」, 그 밖의 조세 관계법령이 정하는 바에 따라 조세를 감면한다(법 제83조 제1항).

제19장 영유아보육법

〈시행 2017.3.14.법률 제14597호〉

제1절 총　칙

1. 목적 및 이념

1) 목 적

영유아보육법에서 “이 법은 영유아(嬰幼兒)의 심신을 보호하고 건전하게 교육하여 건강한 사회구성원으로 육성함과 아울러 보호자의 경제적 · 사회적 활동이 원활하게 이루어 지도록 함으로써 영유아 및 가정의 복지 증진에 이바지함을 목적으로 한다”(법 제1조)고 규정하고 있다. 여기서 ‘영유아’란 6세 미만의 취학 전 아동을 말한다(법 제2조 제1호).

2) 보육이념

‘보육’이란 영유아를 건강하고 안전하게 보호 · 양육하고 영유아의 발달특성에 맞는 교육을 제공하는 어린이집 및 가정양육 지원에 관한 사회복지서비스를 말한다(법 제2조 제2호). 여기서 ‘어린이집’이란 보호자의 위탁을 받아 영유아를 보육하는 기관을 말한다(법 동조 제3호).

(1) 영유아 이익의 최우선　　보육은 영유아의 이익을 최우선적으로 고려하여 제공되어야 한다(법 제3조 제1항).

(2) 영유아의 안전 · 건강성장　　보육은 영유아가 안전하고 쾌적한 환경에서 건강하게 성장할 수 있도록 하여야 한다(법 동조 제2항).

(3) 영유아보육의 차별금지　　영유아는 자신이나 보호자의 성, 연령, 종교, 사회적 신분, 재산, 장애, 인종 및 출생지역 등에 따른 어떠한 종류의 차별도 받지 아니하고 보육되어야 한다(법 동조 제3항).

2. 보육에 대한 책임주체

(1) 국 민 모든 국민은 영유아를 건전하게 보육할 책임을 진다(법 제4조 제1항). 영유아는 국가의 장래를 좌우할 소중한 인적 보배라 할 수 있으므로 영유아를 건전하게 키워 나가야 할 최우선적인 책임을 모든 국민이 짊어져야 한다는 뜻에서 국가나 지방자치단체보다 앞선 첫 번째 책임의 주체로 규정한 것이다.

(2) 국가와 지방자치단체, 보호자 국가와 지방자치단체는 보호자와 더불어 영유아를 건전하게 보육할 책임을 지며(법 제4조 제2항), 특별자치도지사·시장·군수·구청장(자치구의 구청장을 말한다. 이하 같다)은 영유아의 보육을 위한 적절한 어린이집을 확보하여야 한다(법 동조 제3항). 여기서 '보호자'란 친권자·후견인, 그 밖의 자로서 영유아를 사실상 보호하고 있는 자를 말한다(법 제2조 제4호). 국가와 지방자치단체는 보육교직원의 양성 및 근로여건 개선을 위하여 노력하여야 한다(법 제4조 제4항).

(3) 보건복지부장관 보건복지부장관은 이 법의 적절한 시행을 위하여 보육실태 조사를 3년마다 하여야 한다(법 제9조 제1항). 제1항에 따른 보육실태조사의 방법과 내용 등에 필요한 사항은 보건복지부령으로 정한다(법 동조 제2항). 개정 전에는 5년마다 실태조사를 하도록 규정했으나, 영유아에 대한 보육실태의 변화 및 국민의 여망을 파악하여 국가정책에 빨리 반영하려는 취지에서 조사주기를 3년으로 바꾼 것이다.

(4) 시·도지사, 시장·군수·구청장 시·도지사, 시장·군수·구청장은 「도시개발법」, 「도시 및 주거환경정비법」, 「택지개발촉진법」, 「산업입지 및 개발에 관한 법률」 및 「보금자리주택건설 등에 관한 특별법」 등에 따라 시행하는 개발·정비·조성사업에 어린이집 또는 어린이집용지가 확보될 수 있도록 노력하여야 한다(법 제11조의2).

(5) 보호자교육 국가와 지방자치단체는 영유아의 보호자에게 영유아의 성장·양육방법, 보호자의 역할, 영유아의 인권 등에 대한 교육을 실시할 수 있다(법 제9조의2제1항). 보건복지부장관 또는 지방자치단체의 장은 예산의 범위에서 제1항에 따른 교육에 필요한 비용을 보조할 수 있다(법 동조 제2항).

3. 보육계획의 수립·시행

(1) 보육계획의 수립 보건복지부장관, 시·도지사 및 시장·군수·구청장은 보육사업을 원활하게 추진하기 위하여 보건복지부장관의 경우에는 중앙보육정책위원회, 그 밖의 경우에는 각 지방보육정책위원회의 심의를 거쳐 어린이집 수급계획 등을 포함한 보육계획을

수립 · 시행하여야 한다. 이 경우 보육계획에는 국 · 공립어린이집의 공급에 관한 계획 및 목표가 포함되어야 한다(법 제11조 제1항).

(2) 계획수립을 위한 협조요청 보건복지부장관, 시 · 도지사 및 시장 · 군수 · 구청장은 제1항에 따른 보육계획의 수립 · 시행을 위하여 필요하면 어린이집, 보육관련 법인 · 단체 등에 대하여 자료제공 등의 협조를 요청할 수 있으며, 그 요청을 받은 어린이집과 보육관련 법인 · 단체 등은 정당한 사유가 없으면 요청에 따라야 한다(법 제11조 제2항).

4. 보육정책의 시행 · 심의 · 지원기관

영유아보육에 관한 행정의 시행주체는 당연히 국가 및 지방자치단체이지만 일선에서 영유아의 복지를 위한 보육실천의 직접적인 시행자는 어린이집의 설치자와 보육교직원이다. 어린이집의 설치 · 운영자와 보육교직원에 관하여는 독립된 장(章)에서 별도로 규정하고 있으므로 여기서는 보육사업 등 보육정책을 비롯한 실질적인 보육이 시행될 수 있도록 보조 · 지원하는 역할을 수행하는 행정기관에 관하여 설명한다.

1) 보육정책조정위원회

(1) 설치 및 구성 보육정책에 관한 관계부처 간의 의견을 조정하기 위하여 국무총리 소속으로 보육정책조정위원회(이하 "조정위원회"라 한다)를 둔다(법 제5조 제1항). 조정위원회는 위원장을 포함한 12명 이내의 위원으로 구성하되, 위원장은 국무조정실장이 되고 위원은 다음 각 호의 자가 된다(법 동조 제3항).

① 기획재정부차관, 교육부차관, 보건복지부차관, 고용노동부차관 및 여성가족부차관
② 제1호의 위원이 추천하여 위원장이 위촉하는 보육계 · 유아교육계 · 여성계 · 사회복지계 · 시민단체 및 보호자를 대표하는 자 각 1명

(2) 심의 · 조정사항 조정위원회는 다음 각 호의 사항을 심의 · 조정한다(법 제5조 제2항).

① 보육정책의 기본방향에 관한 사항
② 보육관련 제도개선과 예산지원에 관한 사항
③ 보육에 관한 관계 부처간 협조사항
④ 그 밖에 위원장이 회의에 부치는 사항

2) 보육정책위원회

(1) 설 치 보육에 관한 각종 정책 · 사업 · 보육지도 및 어린이집 평가인증 사항 등을 심의하기 위하여 보건복지부에 중앙보육정책위원회를, 특별시 · 광역시 · 도 · 특별자치

도(이하 "시·도"라 한다) 및 시·군·구(자치구를 말한다. 이하 같다)에 지방보육정책위원회를 둔다. 다만, 지방보육정책위원회는 그 기능을 담당하기에 적합한 다른 위원회가 있고, 그 위원회의 위원이 제2항에 따른 자격을 갖춘 경우에는 시·도 또는 시·군·구의 조례로 정하는 바에 따라 그 위원회가 지방보육정책위원회의 기능을 대신할 수 있다(법 제6조 제1항).

(2) 구 성 　제1항에 따른 중앙보육정책위원회와 지방보육정책위원회(이하 "보육정책위원회"라 한다)의 위원은 보육전문가, 어린이집의 원장 및 보육교사 대표, 보호자 대표 또는 공익을 대표하는 자, 관계 공무원 등으로 구성한다(법 동조 제2항).

3) 육아종합지원센터

(1) 설 치 　영유아에게 제26조의2에 따른 일시보육 서비스를 제공하거나 보육에 관한 정보의 수집·제공 및 상담을 위하여 보건복지부장관은 중앙육아종합지원센터를, 특별시장·광역시장·특별자치시장·도지사·특별자치도지사(이하 "시·도지사"라 한다) 및 시장·군수·구청장은 지방육아종합지원센터를 설치·운영하여야 한다. 이 경우 필요하다고 인정하는 경우에는 영아·장애아 보육 등에 관한 육아종합지원센터를 별도로 설치·운영할 수 있다(법 제7조 제1항).

(2) 전문요원 　제1항에 따른 중앙육아종합지원센터와 지방육아종합지원센터(이하 "육아종합지원센터"라 한다)에는 육아종합지원센터의 장과 보육에 관한 정보를 제공하는 보육전문요원 및 보육교직원의 정서적·심리적 상담 등의 업무를 하는 상담전문요원 등을 둔다(법 제7조 제2항). 육아종합지원센터의 설치·운영 및 기능, 육아종합지원센터의 장과 보육전문요원 및 상담전문요원의 자격 및 직무 등에 필요한 사항은 대통령령으로 정한다(법 제7조 제4항).

4) 보육개발원

보건복지부장관은 보육에 관한 연구와 정보 제공, 프로그램 및 교재개발, 평가척도 개발 및 보육교직원 연수 등의 업무를 위하여 보육개발원을 설치하거나 그 업무를 관련 연구기관 등에 위탁할 수 있다(법 제8조 제1항).

제 2 절 어린이집의 종류와 설치

1. 어린이집의 종류

어린이집의 종류는 다음 각 호와 같다(법 제10조).

① **국 · 공립어린이집** : 국가나 지방자치단체가 설치 · 운영하는 어린이집

② **사회복지법인어린이집** : 「사회복지사업법」에 따른 사회복지법인(이하 "사회복지법인"이라 한다)이 설치 · 운영하는 어린이집

③ **법인 · 단체 등 어린이집** : 각종 법인(사회복지법인을 제외한 비영리법인)이나 단체 등이 설치 · 운영하는 어린이집으로서 대통령령으로 정하는 어린이집

④ **직장어린이집** : 사업주가 사업장의 근로자를 위하여 설치 · 운영하는 어린이집(국가나 지방자치단체의 장이 소속 공무원 및 국가나 지방자치단체의장과 근로계약을 체결한 자로서 공무원이 아닌 자를 위하여 설치 · 운영하는 어린이집을 포함한다)

⑤ **가정어린이집** : 개인이 가정이나 그에 준하는 곳에 설치 · 운영하는 어린이집

⑥ **협동어린이집** : 보호자 또는 보호자와 보육교직원이 조합(영리를 목적으로 하지 아니하는 조합에 한정한다)을 결성하여 설치 · 운영하는 어린이집

⑦ **민간어린이집** : 제1호부터 제6호까지의 규정에 해당하지 아니하는 어린이집

2. 어린이집의 설치와 시설기준

1) 설 치

(1) 국 · 공립어린이집 국가나 지방자치단체는 국 · 공립어린이집을 설치 · 운영하여야 한다. 이 경우 국 · 공립어린이집은 제11조의 보육계획에 따라 다음 각 호의 지역에 우선적으로 설치하여야 한다(법 제12조).

① 도시 저소득주민 밀집 주거지역 및 농어촌지역 등 취약지역

② 「건축법」에 따른 공동주택 중 대통령령으로 정하는 일정 세대 이상의 공동주택을 건설하는 주택단지 지역

③ 「산업입지 및 개발에 관한 법률」 제2조 제8호에 따른 산업단지 지역

(2) 국 · 공립 외의 어린이집 국 · 공립어린이집 외의 어린이집을 설치 · 운영하려는 자는 특별자치도지사 · 시장 · 군수 · 구청장의 인가를 받아야 한다. 인가받은 사항 중 중요사항을 변경하려는 경우에도 또한 같다(법 제13조 제1항). 제1항에 따라 어린이집의 설치인가를

받은 자는 어린이집 방문자 등이 볼 수 있는 곳에 어린이집 인가증을 게시하여야 한다(법 동조 제2항).

(3) 직장어린이집

① 설치의무자 대통령령으로 정하는 일정규모 이상의 사업장의 사업주는 직장어린이집을 설치하여야 한다. 다만, 사업장의 사업주가 직장어린이집을 단독으로 설치할 수 없을 때에는 사업주 공동으로 직장어린이집을 설치·운영하거나, 지역의 어린이집과 위탁계약을 맺어 근로자 자녀의 보육을 지원(이하 이 조에서 "위탁보육"이라 한다)하여야 한다(법 제14조 제1항).

여기서 "대통령령이 정하는 일정규모 이상의 사업장"이란 상시 여성근로자 300인 이상 또는 근로자 500인 이상을 고용하고 있는 사업장으로 한다(시행령 제20조 제1항). 제1항 단서에 따라 사업장의 사업주가 위탁보육을 하는 경우에는 사업장 내 보육대상이 되는 근로자 자녀 중에서 위탁보육을 받는 근로자 자녀가 보건복지부령으로 정하는 일정 비율 이상이 되도록 하여야 한다(법 제14조 제2항). 제1항에 따른 어린이집의 설치 및 위탁보육에 필요한 사항은 보건복지부령으로 정한다(법 제14조 제3항).

② 미이행 사업장 공표 보건복지부장관 및 대통령령으로 정하는 기관("조사기관"이라 한다. 이하 이 조에서 같다)의 장은 제14조에 따른 직장어린이집 설치 등 의무이행에 관한 실태조사를 매년 실시하여야 한다. 이 경우, 조사기관의 장은 실태조사를 완료한 후 그 결과를 보건복지부장관에게 통보하여야 한다(법 제14조의2 제1항). 보건복지부장관은 제1항에 따른 실태조사 결과 직장어린이집 설치 등의 의무를 이행하지 아니한 사업장 및 실태조사에 불응한 사업장("미이행 사업장"이라 한다. 이하 이 조에서 같다)의 명단을 공표할 수 있다. 다만, 대통령령으로 정하는 사유가 있는 경우에는 그러하지 아니하다(법 동조 제2항).

③ 명단공표심의위원회 제1항에 따른 미이행 사업장 명단 공표 여부를 심의하기 위하여 보건복지부에 직장어린이집명단 공표심의위원회(이하 이 조에서 "위원회"라 한다)를 둔다. 이 경우 위원회의 위원은 위원장을 포함하여 5인 이상으로 구성하고 다음 각 호의 어느 하나에 해당하는 사람 중에서 보건복지부장관이 임명 또는 위촉한다(법 동조 제3항).

1. 보건복지부에서 보육정책을 담당하는 3급 공무원 또는 고위공무원단에 속하는 일반직 공무원
2. 변호사 등 법률 전문가
3. 근로자를 대표하는 사람
4. 사업주를 대표하는 사람
5. 공익을 대표하는 사람
6. 그 밖에 보육전문가 등 대통령령으로 정하는 사람

보건복지부장관은 위원회의 심의를 거친 명단공표 대상 사업장의 사업주에게 대통령령으로 정하는 바에 따라 명단 공표 대상자임을 통지하여 소명기회를 주어야 한다(법 동조 제4

항). 제2항에 따른 공표는 보건복지부·고용노동부의 홈페이지에 1년간 게시하고, 2개 이상 일간지에 게재하는 방법으로 한다(법 동조 제5항).

④ 이행명령 시·도지사, 시장·군수·구청장은 제14조에 따른 사업장의 사업주가 직장어린이집의 설치 등 의무를 이행하지 아니하는 경우에는 상당한 기간을 정하여 그 의무를 이행할 것을 명할 수 있다(법 제44조의2).

⑤ 이행강제금 시·도지사, 시장·군수·구청장은 제44조의2에 따른 명령을 이행하지 아니한 자에 대하여 그 명령의 이행에 필요한 상당한 기간을 정하여 그 기간 내에 이행할 것을 다시 명할 수 있으며, 이를 이행하지 아니한 경우에는 같은 조에 따른 명령이 있었던 날을 기준으로 하여 1년에 2회, 매회 1억원의 범위에서 이행강제금을 부과·징수할 수 있다(법 제44조의3제1항).

2) 어린이집의 설치기준

어린이집을 설치·운영하려는 자는 보건복지부령으로 정하는 설치기준을 갖추어야 한다. 다만, 놀이터, 비상재해대비시설 및 폐쇄회로 텔레비전의 설치와 관련된 사항은 각각 제15조의2부터 제15조의4까지에 따른다(법 제15조). 이에 따라 보건복지부령으로 정한 어린이집의 설치기준은 [별표 1]과 같다(시행규칙 제9조 참조).

(1) 놀이터 설치 어린이집을 설치·운영하는 자는 놀이터를 설치하여야 하며 설치에 관한 기준은 보건복지부령으로 정한다. 다만, 다음 각 호의 어느 하나에 해당하는 어린이집은 그러하지 아니하다(법 제15조의2 제1항).

① 보육 정원 50명 미만인 어린이집
② 100미터 이내에 보건복지부령으로 정하는 기준을 충족하는 놀이터가 설치되어 있는 어린이집

제1항에도 불구하고 특별자치도지사·시장·군수·구청장은 제6조 제1항에 따른 지방보육정책위원회의 심의를 거쳐 2005년 1월 29일 이전에 인가받은 어린이집이 도심지 및 도서·벽지 등 지역의 여건상 놀이터를 설치하기 곤란한 경우로서 보육상 지장이 없다고 인정하는 경우에는 놀이터를 설치하지 아니하거나 놀이터 설치기준을 완화하여 변경 인가할 수 있다(법 동조 제2항).

(2) 비상재해대비시설

① 시설의 설치 어린이집을 설치·운영하는 자는 반드시 1층과 2층 이상 등 종류별 비상재해대비시설을 설치하여야 하며 설치에 관한 기준은 보건복지부령으로 정한다(법 제15조의3 제1항).

② 시설기준심의위원회　제1항에도 불구하고 특별자치도지사・시장・군수・구청장은 2009년 7월 3일 이전에 이미 인가받은 어린이집("기인가 어린이집"이라 한다. 이하 이 조에서 같다)이 비상재해 대비에 지장이 없다고 판단할 경우 종전 인가당시 기준을 적용할 수 있다. 이 경우, 특별자치도지사・시장・군수・구청장은 기인가 어린이집이 비상재해 대비에 지장이 없는지 여부를 판단하기 위해 비상재해대비시설기준 심의위원회를 구성・운영하여야 하며 해당 위원회의 심의를 반드시 거쳐야 한다(법 동조 제2항).

③ 시설기준심의위원회의 구성　제2항에 따른 비상재해대비시설기준 심의위원회의 위원은 5인 이상으로 하며 다음 각 호의 어느 하나에 해당하는 사람 중에서 특별자치도지사・시장・군수・구청장이 임명하거나 위촉한다. 이 경우 전체 위원의 2분의 1 이상은 제1호부터 제4호까지에 해당하는 사람으로 구성하여야 하며 위원장은 위원 중에서 호선한다(법 동조 제3항).

1. 소방공무원　2. 소방기술사　3. 소방시설관리사
4. 「소방시설 설치・유지 및 안전관리에 관한 법률」 제4조의2에 따른 소방・방재 분야에 관한 전문지식을 갖춘 사람
5. 보육 관련 업무를 담당하는 공무원
6. 「고등교육법」 제2조에 따른 학교에 재직하고 있는 보육 관련 분야 교수

위원의 임기, 운영 및 회의 등에 필요한 사항은 제6조에 따른 지방보육정책위원회 관련 규정을 준용한다(법 동조 제4항).

(3) 폐쇄회로 텔레비전

① 설치　어린이집을 설치・운영하는 자는 아동학대 방지 등 영유아의 안전과 어린이집의 보안을 위하여 「개인정보 보호법」 및 관련 법령에 따른 폐쇄회로 텔레비전(이하 "폐쇄회로 텔레비전"이라 한다)을 설치・관리하여야 한다. 다만, 다음 각 호의 어느 하나에 해당하는 경우에는 그러하지 아니하다(법 제15조의4 제1항).

1. 어린이집을 설치・운영하는 자가 보호자 전원의 동의를 받아 시장・군수・구청장에게 신고한 경우
2. 어린이집을 설치・운영하는 자가 보호자 및 보육교직원 전원의 동의를 받아 「개인정보 보호법」 및 관련 법령에 따른 네트워크 카메라를 설치한 경우

어린이집을 설치・운영하는 자는 폐쇄회로 텔레비전에 기록된 영상정보를 60일 이상 보관하여야 하고(법 제15조의4 제3항), 제15조의4 제1항의 영상정보가 분실・도난・유출・변조 또는 훼손되지 아니하도록 내부 관리계획의 수립, 접속기록 보관 등 대통령령으로 정하는 바에 따라 안전성 확보에 필요한 기술적・관리적 및 물리적 조치를 하여야 한다(법 제15조의5 제3항).

② 준수사항 제1항에 따라 폐쇄회로 텔레비전을 설치·관리하는 자는 영유아 및 보육교직원 등 정보주체의 권리가 침해되지 아니하도록 다음 각 호의 사항을 준수하여야 한다(법 제15조의4 제2항).

1. 아동학대 방지 등 영유아의 안전과 어린이집의 보안을 위하여 최소한의 영상정보만을 적법하고 정당하게 수집하고, 목적 외의 용도로 활용하지 아니하도록 할것
2. 영유아 및 보육교직원 등 정보주체의 권리가 침해받을 가능성과 그 위험 정도를 고려하여 영상정보를 안전하게 관리할 것
3. 영유아 및 보육교직원 등 정보주체의 사생활 침해를 최소화하는 방법으로 영상정보를 처리할 것

폐쇄회로 텔레비전의 설치·관리와 그 영상정보의 열람에 관하여 이 법에서 규정된 것을 제외하고는 「개인정보 보호법」(제25조는 제외한다)을 적용한다(법 제15조의5 제5항).

③ 영상정보의 열람금지 폐쇄회로 텔레비전을 설치·관리하는 자는 다음 각 호의 어느 하나에 해당하는 경우를 제외하고는 제15조의4 제1항의 영상정보를 열람하게 하여서는 아니 된다(법 제15조의5 제1항).

1. 보호자가 자녀 또는 보호아동의 안전을 확인할 목적으로 열람시기·절차 및 방법 등 보건복지부령으로 정하는 바에 따라 요청하는 경우
2. 「개인정보 보호법」 제2조 제6호 가목에 따른 공공기관이 제42조 또는 「아동복지법」 제66조 등 법령에서 정하는 영유아의 안전업무 수행을 위하여 요청하는 경우
3. 범죄의 수사와 공소의 제기 및 유지, 법원의 재판업무 수행을 위하여 필요한 경우
4. 그 밖에 보육관련 안전업무를 수행하는 기관으로서 보건복지부령으로 정하는 자가 업무의 수행을 위하여 열람시기·절차 및 방법 등 보건복지부령으로 정하는 바에 따라 요청하는 경우

④ 조사·점검 국가 및 지방자치단체는 어린이집에 설치한 폐쇄회로 텔레비전의 설치·관리와 그 영상정보의 열람으로 영유아 및 보육교직원 등 정보주체의 권리가 침해되지 아니하도록 설치·관리 및 열람 실태를 보건복지부령으로 정하는 바에 따라 매년 1회 이상 조사·점검하여야 한다(법 제15조의5 제4항).

(4) 금지행위 어린이집을 설치·운영하는 자는 다음 각 호의 어느 하나에 해당하는 행위를 하여서는 아니 된다(법 제15조의5 제2항).

① 제15조의4 제1항의 설치 목적과 다른 목적으로 폐쇄회로 텔레비전을 임의로 조작하거나 다른 곳을 비추는 행위

② 녹음기능을 사용하거나 보건복지부령으로 정하는 저장장치 이외의 장치 또는 기기에 영상정보를 저장하는 행위

3) 어린이집연합회

보육사업의 원활한 추진과 어린이집의 균형적인 발전, 어린이집 간의 정보교류 및 상호협조 증진을 위하여 어린이집연합회(이하 "연합회"라 한다)를 설립할 수 있다(법 제53조 제1항). 어린이집연합회의 조직과 운영, 기능 등에 필요한 사항은 보건복지부령으로 정한다(법 동조 제2항).

3. 설치 · 운영자의 결격사유

다음 각 호의 어느 하나에 해당하는 자는 어린이집을 설치 · 운영할 수 없다(법 제16조).

① 미성년자 · 피성년후견인 또는 피한정후견인
②「정신보건법」 제3조 제1호의 정신질환자
③「마약류 관리에 관한 법률」 제2조 제1호의 마약류에 중독된 자
④ 파선선고를 받고 복권되지 아니한 자
⑤ 금고 이상의 실형을 선고받고 그 집행이 종료(집행이 종료된 것으로 보는 경우를 포함한다)되거나 집행이 면제된 날부터 5년(「아동복지법」 제3조 제7호의2에 따른 아동학대관련범죄를 저지른 경우에는 20년)이 경과되지 아니한 자
⑥ 금고 이상의 형의 집행유예를 선고받고 그 유예기간 중에 있는 사람. 다만, 「아동복지법」 제3조 제7호의2에 따른 아동학대관련범죄로 금고 이상의 형의 집행유예를 선고받은 경우에는 그 집행유예가 확정된 날부터 20년이 지나지 아니한 사람
⑦ 제45조에 따라 어린이집의 폐쇄명령을 받고 5년이 경과되지 아니한 자
⑧ 제54조에 따라 300만원 이상의 벌금형이 확정된 날부터 2년이 지나지 아니한 사람 또는「아동복지법」 제3조 제7호의2에 따른 아동학대관련범죄로 벌금형이 확정된 날부터 10년이 지나지 아니한 사람
⑨ 제23조의3에 따른 교육명령을 이행하지 아니한 자

특별자치시장 · 특별자치도지사 · 시장 · 군수 · 구청장은 제16조 또는 제20조에 따른 결격사유의 확인을 위하여 관계 기관의 장에게 범죄경력자료 등에 대한 조회요청을 할 수 있다(법 제51조의3 제1항). 제1항에 따른 조회요청을 받은 관계 기관의 장은 정당한 사유 없이 이를 거부하여서는 아니 된다(법 제51조의3 제2항).

제 3 절 보육교직원

1. 개념과 배치

(1) 개 념 '보육교직원'이란 어린이집에서 영유아의 보육, 건강관리 및 보호자와의 상담, 그 밖에 어린이집의 관리 · 운영 등의 업무를 담당하는 자로서 어린이집의 원장 및 보육교사와 그 밖의 직원을 말한다(법 제2조 제5호).

(2) 배치기준 어린이집에는 보육교직원을 두어야 하고(법 제17조 제1항), 보육교사의 업무 부담을 경감할 수 있도록 보조교사 등을 둔다(법 동조 제2항). 휴가 또는 보수교육 등으로 보육교사의 업무에 공백이 생기는 경우에는 이를 대체할 수 있는 대체교사를 배치한다(법 동조 제3항). 보육교직원 및 그 밖의 인력의 배치기준 등에 필요한 사항은 보건복지부령으로 정하는데(법 동조 제2항), 이에 따른 보육교직원의 배치기준은 [별표 2]와 같다(시행규칙 제10조 참조). 국가와 지방자치단체는 보육교직원의 양성 및 근로여건 개선을 위하여 노력하여야 한다(법 제4조 제4항)

(3) 예 외 특별자치도지사 · 시장 · 군수 · 구청장은 도서 · 벽지 · 농어촌지역 등에 있는 어린이집으로서 제15조에 따른 어린이집의 설치기준 및 제17조 제2항에 따른 보육교직원의 배치기준을 적용하기 어렵다고 인정하는 경우에는 제6조에 따른 지방보육정책위원회의 심의를 거쳐 관할 시 · 도지사의 승인을 받아 이를 달리 적용할 수 있다(법 제52조 제1항).

제1항에 따른 도서 · 벽지 · 농어촌지역 등의 구체적인 범위, 어린이집의 설치기준 및 보육교직원의 배치기준은 보건복지부령으로 정한다(법 동조 제2항).

2. 보육교직원의 직무와 임면

1) 직무와 책임

어린이집의 원장은 어린이집을 총괄하고 보육교사와 그 밖의 직원을 지도 · 감독하며 영유아를 보육한다(법 제18조 제1항). 보육교사는 영유아를 보육하고 어린이집의 원장이 불가피한 사유로 직무를 수행할 수 없을 때에는 그 직무를 대행한다(법 동조 제2항). 보육교직원은 영유아를 보육함에 있어 영유아에게 신체적 고통이나 고성 · 폭언 등의 정신적 고통을 가하여서는 아니 되며(법 제18조의2제1항), 영유아의 생명 · 안전보호 및 위험방지를 위하여 주의의무를 다하여야 한다(법 동조 제2항).

2) 임면과 관리 · 보고

특별자치도지사 · 시장 · 군수 · 구청장은 보육교직원의 권익 보장과 근로여건 개선을 위하여 보육교직원의 임면(任免)과 경력 등에 관한 사항을 관리하여야 한다(법 제19조 제1항). 어린이집의 원장은 보건복지부령으로 정하는 바에 따라 보육교직원의 임면에 관한 사항을 특별지치도지사 · 시장 · 군수 · 구청장에게 보고하여야 한다(법 동조 제2항).

3) 보육교직원의 자격

(1) 어린이집의 원장 어린이집의 원장은 대통령령으로 정하는 자격을 가진 자로서 보건복지부장관이 검정 · 수여하는 자격증을 받은 자이어야 한다(법 제21조 제1항).

(2) 보육교사 보육교사는 다음 각 호의 어느 하나에 해당하는 자로서 보건복지부장관이 검정 · 수여하는 자격증을 받은 자이어야 한다(법 제21조 제2항).

① 「고등교육법」 제2조에 따른 학교에서 보건복지부령으로 정하는 보육 관련 교과목과 학점을 이수하고 전문학사학위 이상을 취득한 사람

①의2 법령에 따라 「고등교육법」 제2조에 따른 학교를 졸업한 사람과 같은 수준 이상의 학력이 있다고 인정된 사람으로서 보건복지부령으로 정하는 보육관련 교과목과 학점을 이수하고 전문학사학위 이상을 취득한 사람

② 고등학교 또는 이와 같은 수준 이상의 학교를 졸업한 자로서 시 · 도지사가 지정한 교육훈련시설에서 소정의 교육과정을 이수한 사람

제2항에 따른 보육교사의 등급은 1 · 2 · 3급으로 하고, 등급별 자격기준은 대통령령으로 정한다(법 동조 제3항). 법 제21조 제1항 및 제3항에 의한 어린이집의 원장과 보육교사의 자격기준은[별표 1]과 같다(시행령 제21조 참조).

(3) 보육교직원의 결격사유 다음 각 호의 어느 하나에 해당하는 자는 어린이집에 근무할 수 없다(법 제20조).

① 제16조 각 호의 어느 하나에 해당하는 자

② 제46조나 제47조에 따라 자격정지 중인 자

③ 제48조 제1항에 따라 자격이 취소된 후 같은 조 제2항에 따른 자격 재교부 기한이 경과되지 아니한 자

(4) 명의대여 등의 금지 어린이집의 원장 또는 보육교사는 다른 사람에게 자기의 성명이나 어린이집의 명칭을 사용하여 어린이집의 원장 또는 보육교사의 업무를 수행하게 하거나 자격증을 대여하여서는 아니 된다(법 제22조의2).

(5) 경력의 인정 어린이집에 근무하는 자 중 「유아교육법」에 따른 유치원교원의 자격을 가진 자에 대하여는 어린이집에서의 근무경력을 「유아교육법」에 따른 교육경력으로 인정한다. 유치원(「유아교육법」 제2조 제6호에 따른 방과 후 과정 수업과정을 운영하고 있는 유치원을 말한다)에 근무하는 자 중 이 법에 따른 보육교사의 자격을 가진 자에 대하여는 유치원에서의 근무경력을 이 법에 따른 보육경력으로 인정한다(법 제50조 제1·2항).

3. 보수교육

(1) 원장의 보수교육 보건복지부장관은 어린이집 원장의 자질향상을 위한 보수교육(補修教育)을 실시하여야 하는데, 이 경우 보수교육은 집합교육을 원칙으로 한다(법 제23조 제1항). 제1항에 따른 보수교육은 사전직무교육과 직무교육으로 구분한다(법 동조 제2항). 제1항에 따른 보수교육에는 다음 각 호의 사항에 관한 내용을 포함하여야 한다(법 동조 제4항).

① 성폭력 및 아동학대 예방
② 실종·유괴의 예방과 방지
③ 감염병 및 약물의 오남용 예방 등 보건위생 관리
④ 재난대비 안전
⑤ 교통안전
⑥ 어린이집 원장의 인성함양(영유아의 인권보호 교육을 포함한다)
⑦ 그 밖에 보건복지부령으로 정하는 사항

(2) 보육교사의 보수교육 보건복지부장관은 보육교사의 자질향상을 위한 보수교육(補修教育)을 실시하여야 한다. 이 경우 보수교육은 집합교육을 원칙으로 한다(법 제23조의2 제1항), 제1항에 따른 보수교육은 직무교육과 승급교육으로 구분한다(법 동조 제2항). 제1항에 따른 보수교육에는 다음 각 호의 사항에 관한 내용을 포함하여야 한다(법 동조 제3항).

① 성폭력 및 아동학대 예방
② 실종·유괴의 예방과 방지
③ 감염병 및 약물의 오남용 예방 등 보건위생 관리
④ 재난대비 안전
⑤ 교통안전
⑥ 보육교사의 인성함양(영유아의 인권보호 교육을 포함한다)
⑦ 그 밖에 보건복지부령으로 정하는 사항

제 4 절 어린이집의 운영

1. 어린이집의 이용대상 · 운영기준 · 교육명령 · 세제지원

1) 이용대상

어린이집의 이용대상은 보육이 필요한 영유아를 원칙으로 한다. 다만, 필요한 경우 어린이집의 원장은 만 12세까지 연장하여 보육할 수 있다(법 제27조).

2) 운영기준

어린이집을 설치 · 운영하는 자는 보건복지부령으로 정하는 운영기준에 따라 어린이집을 운영하여야 한다(법 제24조 제1항). 이에 따라 제정된 어린이집의 운영기준은 [별표 8]과 같다(시행규칙 제23조 참조).

3) 교육명령

보건복지부장관은 「아동복지법」 제17조를 위반한 사람이 제16조 제5호부터 제8호까지의 결격사유 및 제20조 제1호의 결격사유(제16조 제5호부터 제8호까지의 결격사유에 해당하는 경우에 한정한다)에 해당하지 아니하게 되어 어린이집을 설치 · 운영하거나 어린이집에 근무하려는 경우에는 그 사람에 대하여 사전에 아동학대 방지를 위한 교육을 받도록 명하여야 한다. 이 경우 교육실시에 드는 비용은 교육을 받는 사람이 부담한다(법 제23조의3 제1항).

4) 세제지원

제14조와 제37조에 따라 사업주가 직장어린이집을 설치 · 운영하거나 보육수당을 지급하는 데에 드는 비용과 보호자가 영유아의 보육을 위하여 지출한 보육료 및 그 밖에 보육에 드는 비용과 제10조 제4호의 직장어린이집을 제외한 어린이집의 운영비에 관하여는 「조세특례제한법」에서 정하는 바에 따라 조세를 감면한다(법 제39조 제1 · 2항 참조).

5) 위탁운영

(1) 국 · 공립 어린이집 국가나 지방자치단체는 국 · 공립어린이집을 법인 · 단체 또는 개인에게 위탁하여 운영할 수 있다. 이 경우 최초 위탁은 보건복지부령으로 정하는 국 · 공립어린이집 위탁제 선정관리 기준에 따라 심의하며, 다음 각 호의 어느 하나에 해당하는 자에게 위탁하는 경우를 제외하고는 공개경쟁의 방법에 따른다(법 제24조 제2항).

① 민간어린이집을 국가 또는 지방자치단체에 기부채납하여 국·공립어린이집으로 전환하는 경우 기부채납 전에 그 어린이집을 설치·운영한 자
② 국·공립어린이집 설치시 해당 부지 또는 건물을 국가 또는 지방자치단체에 기부채납하거나 무상으로 사용하게 한 자
③ 「주택법」에 따라 설치된 민간어린이집을 국·공립어린이집으로 전환하는 경우 전환하기 전에 그 어린이집을 설치·운영한 자

(2) 직장어린이집 제14조에 따라 직장어린이집을 설치한 사업주는 이를 법인·단체 또는 개인에게 위탁하여 운영할 수 있다(법 동조 제3항).

2. 어린이집운영위원회

(1) 설 치 어린이집의 원장은 어린이집 운영의 자율성과 투명성을 높이고 지역사회와의 연계를 강화하여 지역 실정과 특성에 맞는 보육을 실시하기 위하여 어린이집에 어린이집운영위원회를 설치·운영할 수 있다. 다만, 제26조에 따른 취약보육(脆弱保育)을 우선적으로 실시하여야 하는 어린이집과 대통령령으로 정하는 어린이집은 어린이집운영위원회를 설치·운영하여야 한다(법 제25조 제1항). 여기서 "대통령령이 정하는 어린이집"이라 함은 보육정원이 40인 이상인 어린이집을 말한다(시행령 제21조의2 참조).

(2) 구성과 회의개최 어린이집운영위원회는 그 어린이집의 원장, 보육교사 대표, 학부모 대표 및 지역사회 인사(직장어린이집의 경우에는 그 직장의 어린이집 업무 담당자로 한다)로 구성한다. 이 경우 학부모 대표가 2분의 1 이상이 되도록 구성하여야 한다(법 제25조 제2항).

어린이집의 원장은 어린이집 운영위원회의 위원 정수를 5명 이상 10명 이내의 범위에서 어린이집의 규모 등을 고려하여 정할 수 있다(법 동조 제3항). 법 제25조 제1항에 따라 설치되는 어린이집운영위원회(이하 "운영위원회"라 한다)의 위원장은 당해 보육교직원이 아닌 위원 중에서 호선한다(시행규칙 제26조 제1항).

어린이집운영위원회는 연간 4회 이상 개최하여야 한다(법 제25조 제5항).

(3) 어린이집 참관 보호자는 영유아의 보육환경·보육내용 등 어린이집의 운영실태를 확인하기 위하여 어린이집 원장에게 어린이집 참관을 요구할 수 있다. 이 경우 어린이집 원장은 특별한 사유가 없으면 이에 따라야 한다(법 제25조의3 제1항). 제1항에 따른 참관기준 및 방법 등에 필요한 사항은 보건복지부령으로 정한다(법제25조의3 제2항).

(4) 심의사항 운영위원회는 다음 각 호의 사항을 심의한다(법 제25조 제4항).

① 어린이집 운영규정의 제정이나 개정에 관한 사항

② 어린이집 예산 및 결산의 보고에 관한 사항
③ 영유아의 건강·영양 및 안전에 관한 사항
③의2 아동학대 예방에 관한 사항
④ 보육시간, 보육과정의 운영 방법 등 어린이집의 운영에 관한 사항
⑤ 보육교직원의 근무환경 개선에 관한 사항
⑥ 영유아의 보육환경 개선에 관한 사항
⑦ 어린이집과 지역사회의 협력에 관한 사항
⑧ 보육료 외의 필요경비를 받는 경우 제38조에 따른 범위에서 그 수납액 결정에 관한 사항
⑨ 그 밖에 어린이집 운영에 대한 제안 및 건의사항

3. 부모모니터링단

(1) 구성·운영 시·도지사 또는 시장·군수·구청장은 어린이집 보육환경을 모니터링하고 개선을 위한 컨설팅을 하기 위하여 부모, 보육·보건 전문가로 점검단(이하 이조에서 "부모모니터링단"이라 한다)을 구성·운영할 수 있다(법 제25조의2 제1항).

부모모니터링단은 10명 이내로 구성하며 시·도지사 또는 시장·군수·구청장이 위촉한다(법 동조 제3항).

(2) 교육과 지원 시·도지사 및 시장·군수·구청장은 부모모니터링단으로 위촉된 사람에게 직무 수행에 필요한 교육을 실시할 수 있다(법 동조 제4항). 국가와 지방자치단체는 부모모니터링단의 구성·운영 및 교육 등에 필요한 비용의 전부 또는 일부를 예산의 범위에서 지원할 수 있다(법 동조 제5항).

(3) 직무의 범위 부모모니터링단은 다음 각 호의 직무를 수행한다(법 동조 제2항).
① 어린이집 급식, 위생, 건강 및 안전관리 등 운영상황 모니터링
② 어린이집 보육환경 개선을 위한 컨설팅
③ 그 밖에 보육 관련 사항으로서 보건복지부령으로 정하는 사항

(4) 승인, 출입 등 부모모니터링단은 제2항 각 호의 직무를 수행하기 위하여 어린이집에 출입할 수 있으며, 이 경우 미리 시·도지사 또는 시장·군수·구청장의 승인을 받아야 한다(법 동조 제6항). 부모모니터링단은 공무원이 제42조에 따라 어린이집 운영 상황을 조사하기 위하여 어린이집에 출입하는 경우에는 공무원과 함께 어린이집에 출입할 수 있다. 이 경우 시·도지사 또는 시장·군수·구청장의 승인을 생략할 수 있다(법 동조 제8항).

4. 취약보육의 우선실시

(1) 취약보육의 우선 국가나 지방자치단체, 사회복지법인, 그 밖의 비영리법인이 설치한 어린이집과 대통령령으로 정하는 어린이집의 원장은 영아·장애아·「다문화가족지원법」 제2조 제1호에 따른 다문화가족의 아동 등에 대한 보육(이하 "취약보육"이라 한다)을 우선적으로 실시하여야 한다(법 제26조 제1항).

(2) 취약보육의 종류 법 제26조 제1항의 규정에 의한 취약보육은 다음 각 호의 보육을 포함한다(시행규칙 제28조 제1항).

① 영아보육 : 만 3세 미만의 영아를 대상으로 보육서비스를 제공하는 것
② 장애아보육 : 「장애인복지법」 제32조에 따라 장애인으로 등록된 영유아 등에게 보 육서비스를 제공하는 것
③ 다문화아동보육 : 「다문화가족지원법」 제2조 제1호에 따른 다문화가족의 영유아 등에게 보육서비스를 제공하는 것
④ 시간연장형보육 : 기준 보육시간 외에 시간을 연장하여 보육서비스를 제공하는 것

(3) 취약보육시책의 수립·시행 보건복지부장관, 시·도지사 및 시장·군수·구청장은 취약보육을 활성화하는 데에 필요한 각종 시책을 수립·시행하여야 한다(법 제 26조 제2항).

5. 일시보육서비스

(1) 일시보육서비스의 지원 국가 또는 지방자치단체는 제34조에 따른 무상보육 및 「유아교육법」 제24조에 따른 무상교육 지원을 받지 아니하는 영유아에 대하여 필요한 경우 일시보육 서비스를 지원할 수 있다. 이 경우 일시보육 서비스의 종류, 지원대상, 지원방법, 그 밖에 일시보육 서비스의 제공에 필요한 사항은 보건복지부령으로 정한다(법 제 26조의2 제1항).

(2) 일시보육서비스지정기관 특별자치시장·특별자치도지사·시장·군수·구청장은 다음 각 호의 어느 하나에 해당하는 시설을 일시보육 서비스를 제공하는 기관(이하 이 조에서 "일시보육서비스지정기관"이라 한다)으로 지정할 수 있다(법 동조 제2항).

① 육아종합지원센터
② 어린이집
③ 그 밖에 일시보육서비스의 제공이 가능한 시설로서 보건복지부령으로 정하는시설

(3) 지정기관의 취소 시장·군수·구청장은 일시보육서비스지정기관이 다음 각 호의 어느 하나에 해당하는 경우에는 제2항에 따른 지정을 취소할 수 있다(법 동조 제3항)

① 일시보육서비스지정기관이 지급받은 보조금 및 비용을 목적 외의 용도에 사용하였을 경우

② 일시보육서비스지정기관이 거짓이나 그 밖의 부정한 방법으로 보조금 및 비용을 지급받았을 경우
③ 그 밖에 대통령령으로 정하는 사유가 있는 경우

6. 보육의 우선제공

(1) 우선보육의 대상자 국가나 지방자치단체, 사회복지법인, 그 밖의 비영리법인이 설치한 어린이집과 대통령령으로 정하는 어린이집의 원장은 다음 각 호의 어느 하나에 해당하는 자가 우선적으로 어린이집을 이용할 수 있도록 하여야 한다. 다만, 「고용정책기본법」 제40조 제2항에 따라 고용촉진시설의 설치 · 운영을 위탁받은 공공단체 또는 비영리법인이 설치 · 운영하는 어린이집의 원장은 근로자의 자녀가 우선으로 어린이집을 이용하게 할 수 있다(법 제28조 제1항).

① 「국민기초생활 보장법」에 따른 수급자
② 「한부모가족지원법」 제5조에 따른 보호대상자의 자녀
③ 「국민기초생활 보장법」 제24조에 따른 차상위계층의 자녀
④ 「장애인복지법」 제2조에 따른 장애인 중 보건복지부령으로 정하는 장애 정도에 해당하는 자의 자녀
⑤ 「다문화가족지원법」 제2조 제1호에 따른 다문화가족의 자녀
⑥ 「국가유공자 등 예우 및 지원에 관한 법률」 제4조 제1항에 따른 국가유공자 중 제3호의 전몰군경, 제4호 · 제6호 · 제12호 · 제15호 · 제17호의 상이자로서 보건복지부령으로 정하는 자, 제5호 · 제14호 · 제16호의 순직자의 자녀
⑦ 제1형 당뇨를 가진 경우로서 의학적 조치가 용이하고 일상생활이 가능하여 보육에 지장이 없는 영유아
⑧ 그 밖에 소득수준 및 보육수요 등을 고려하여 보건복지부령으로 정하는 자의 자녀

(2) 직장보육의 우선대상자 사업주는 사업장 근로자의 자녀가 우선적으로 직장어린이집을 이용할 수 있도록 하여야 한다(법 제28조 제2항).

7. 보육과정과 생활기록부

(1) 표준보육과정의 개발 보육과정은 영유아의 신체 · 정서 · 언어 · 사회성 및 인지적 발달을 도모할 수 있는 내용을 포함하여야 한다(법 제29조 제1항). 보건복지부장관은 표준보육과정을 개발 · 보급하여야 하며, 필요하면 그 내용을 검토하여 수정 · 보완하여야 한다(법 동조 제2항). 어린이집의 원장은 제2항의 표준보육과정에 따라 영유아를 보육하도록 노력하여야 한

다(법 동조 제3항).

(2) 생활기록부의 작성 어린이집의 원장은 영유아 생활지도 및 초등학교 교육과의 연계 지도에 활용할 수 있도록 영유아의 발달상황 등을 종합적으로 관찰·평가하여 보건복지부장관이 정하는 기준에 따라 생활기록부를 작성·관리하여야 한다(법 제29조의2).

8. 어린이집 평가인증

(1) 평가인증 실시와 지원 보건복지부장관은 보육서비스의 질적 수준을 향상시키기 위하여 어린이집 설치·운영자의 신청에 따라 어린이집의 보육환경, 보육과정 운영 및 보육인력의 전문성 등을 평가하여 해당 어린이집에 대한 평가인증을 실시할 수 있다(법 제30조 제1항).

보건복지부장관은 제1항에 따른 평가인증을 받으려는 어린이집 설치·운영자에게 보건복지부령으로 정하는 바에 따라 평가인증에 필요한 비용을 받을 수 있고(법 동조 제2항), 제1항에 따른 평가인증의 결과에 따라 보육사업 실시에 필요한 지원을 할 수 있다(법 동조 제3항).

보건복지부장관은 제1항에 따른 어린이집 평가인증의 결과를 보건복지부령으로 정하는 바에 따라 공표할 수 있다(법 동조 제4항).

(2) 평가인증의 취소 보건복지부장관은 제1항에 따라 평가인증을 받은 어린이집의 설치·운영자가 다음 각 호의 어느 하나에 해당하는 경우에는 그 평가인증을 취소할 수 있다. 다만, 제1호에 해당하는 경우에는 그 인증을 취소하여야 한다(법 동조 제5항).

① 거짓이나 그 밖의 부정한 방법으로 평가인증을 받은 경우
② 어린이집의 설치·운영자가 이 법을 위반하여 금고 이상의 형을 선고받고 그 형이 확정 된 경우
③ 제40조 제2호 또는 제3호에 따라 보조금의 반환명령을 받았거나, 제45조 또는 제46조부터 제48조까지의 규정에 따른 행정처분을 받은 경우(시정명령을 받은 경우는 제외한다)
④ 그 밖에 평가인증을 유지하기 어렵다고 인정되는 경우로서 보건복지부령으로 정하는 경우

(3) 평가인증 경비의 충당 제51조의2 제1항 제4호에 따라 평가인증에 관한 업무를 위탁받은 공공 또는 민간 기관·단체는 제2항에 따라 납부받은 수수료를 보건복지부장관의 승인을 받아 평가인증에 필요한 경비에 직접 충당할 수 있다(법 동조 제6항).

9. 건강 · 영양 및 안전

(1) 건강관리 및 응급이송 어린이집의 원장은 영유아와 보육교직원에 대하여 정기적으로 건강진단을 실시하고, 영유아의 건강진단 실시여부를 제29조의2에 따른 어린이집 생활기록부에 기록하여 관리하는 등 건강관리를 하여야 한다. 다만, 보호자가 별도로 건강검진을 실시하고 그 검진결과 통보서를 제출한 영유아에 대해서는 건강진단을 생략할 수 있다(법 제31조 제1항). 어린이집의 원장은 영유아에게 질병 · 사고 또는 재해 등으로 인하여 위급 상태가 발생한 경우 즉시 응급의료기관에 이송하여야 한다(법 동조 제2항).

(2) 예방접종의 확인 및 협조요청 어린이집의 원장은 영유아에 대하여 최초로 보육을 실시한 날부터 30일 이내에 특별자치도지사 · 시장 · 군수 · 구청장 또는 영유아의 보호자로부터 「감염병의 예방 및 관리에 관한 법률」 제27조에 따라 특별자치도지사 · 시장 · 군수 · 구청장 또는 예방접종을 한 자가 발급한 예방접종증명서 또는 그 밖에 이에 준하는 증명자료를 제출받아 영유아의 예방접종에 관한 사실을 확인할 수 있다(법 제31조의3 제1항).

어린이집의 원장은 제1항에 따른 확인 결과 예방접종을 받지 아니한 영유아에게는 필요한 예방접종을 받도록 보호자를 지도할 수 있으며, 필요한 경우 관할 보건소장에게 예방접종 지원 등의 협조를 요청할 수 있다(법 동조 제2항).

(3) 치료 · 예방 및 격리조치 등 어린이집의 원장은 제31조에 따른 건강진단 결과 질병에 감염되었거나 감염될 우려가 있는 영유아에 대하여 그 보호자와 협의하여 질병의 치료와 예방에 필요한 조치를 하여야 한다(법 제32조 제1항).

어린이집의 원장은 제31조에 따른 건강진단의 결과나 그 밖에 의사의 진단 결과 감염병에 감염 또는 감염된 것으로 의심되거나 감염될 우려가 있는 영유아, 어린이집 거주자 및 보육교직원을 보건복지부령으로 정하는 바에 따라 어린이집으로부터 격리시키는 등 필요한 조치를 할 수 있다(법 동조 제2항).

어린이집의 원장은 제1항의 조치를 위하여 필요하면 「지역보건법」 제7조와 제10조에 따른 보건소 및 보건지소, 「의료법」 제3조에 따른 의료기관에 협조를 구할 수 있다(법 동조 제3항).

(4) 급식관리 및 통학버스의 신고 어린이집의 원장은 영유아에게 보건복지부령으로 정하는 바에 따라 균형있고 위생적이며 안전한 급식을 하여야 하고(법 제33조), 영유아의 통학을 위하여 차량을 운영하는 경우 「도로교통법」 제52조에 따라 미리 어린이통학버스로 관할 경찰서장에게 신고하여야 한다(법 제33조의2).

10. 어린이집 안전공제사업

(1) 안전공제사업에 대한 장관의 허가 어린이집 상호간의 협동조직을 통하여 어린이집의 안전사고를 예방하고 어린이집 안전사고로 인하여 생명·신체 또는 재산상의 피해를 입은 영유아 및 보육교직원 등에 대한 보상을 하기 위하여 보건복지부장관의 허가를 받아 어린이집 안전공제사업(이하 "공제사업"이라 한다)을 할 수 있다(법 제31조의2 제1항).

(2) 공제회의 설립 공제사업을 위하여 설립되는 어린이집 안전공제회(이하 "공제회"라 한다)는 주된 사무소의 소재지에 설립등기를 함으로써 성립하며 그 때에 법인으로 된다(법 동조 제2항).

(3) 공제회 가입과 공제료 납부 어린이집의 원장은 공제회의 가입자가 되며(법 동조 제3항), 공제회에 가입한 어린이집의 원장은 공제사업의 수행에 필요한 출자금과 다음 각 호의 공제료 등을 공제회에 납부하여야 한다. 다만, 제2호와 제3호의 공제료는 어린이집의 원장이 선택하여 납부할 수 있다(법 동조 제4항).

① 영유아의 생명·신체에 대한 피해를 보상하기 위한 공제료

② 보육교직원 등의 생명·신체에 대한 피해를 보상하기 위한 공제료

③ 어린이집의 재산상의 피해를 보상하기 위한 공제료

어린이집의 원장이 제4항 제3호의 공제료를 납부하는 경우 「사회복지사업법」 제34조의2에 따른 보험가입의무를 이행한 것으로 본다(법 동조 제11항).

(4) 공제회의 기본재산 공제회의 기본재산은 회원의 출자금 등으로 조성한다. 다만 보건복지부장관은 공제회의 주된 사무소의 설치 및 운영에 필요한 비용의 일부를 지원할 수 있다(법 동조 제5항 제5항).

(5) 공제회의 정관 등 공제회의 설립허가 기준 및 절차, 정관기재사항, 운영 및 감독 등에 관하여 필요한 사항은 대통령령으로 정하고(법 동조 제7항), 공제회의 회원자격, 임원에 관한 사항 및 출자금의 부담기준에 관한 사항은 정관으로 정한다(법 동조 제6항).

(6) 공제규정의 허가 공제회는 공제사업의 범위, 공제료, 공제사업에 충당하기 위한 책임준비금 등 공제사업의 운영에 관하여 필요한 사항을 포함한 공제규정을 정하여 보건복지부장관의 허가를 받아야 한다. 공제규정을 변경하고자 하는 때에도 또한 같다(법 동조 제8항).

(7) 민법의 준용 공제회에 관하여 이 법에 규정된 것을 제외하고는 「민법」 중 재단법인에 관한 규정을 준용하고(법 동조 제9항), 이 법에 따른 공제회의 사업에 대하여는 「보험업법」을 적용하지 아니한다(법 동조 제10항).

제5절 비용부담 및 지원신청

1. 비용의 부담 및 지원과 환수

(1) 무상보육과 지원 국가와 지방자치단체는 영유아에 대한 보육을 무상으로 하되, 그 내용 및 범위는 대통령령으로 정한다(법 제34조 제1항). 제1항에 따른 무상보육 실시에 드는 비용은 대통령령으로 정하는 바에 따라 국가나 지방자치단체가 부담하거나 보조하여야 하고(법 동조 제3항), 자녀가 2명 이상인 경우에 대하여 추가적으로 지원할 수 있다(법 동조 제5항).

(2) 무상보육의 지원 국가와 지방자치단체는 장애아 및 「다문화가족지원법」 제2조 제1호에 따른 다문화가족의 자녀의 무상보육에 대하여는 대통령령으로 정하는 바에 따라 그 대상의 여건과 특성을 고려하여 지원할 수 있다(법 동조 제2항).

(3) 표준보육비용 보건복지부장관은 어린이집 표준보육비용 등을 조사하고 그 결과를 바탕으로 예산의 범위에서 관계 행정기관의 장과 협의하여 제3항에 따른 국가 및 지방자치단체가 부담하는 비용을 정할 수 있다(법 동조 제4항). 이 표준보육비용 관련 사항은 2014년 1월 1일 이후 최초로 적용한다(법률 제11627호 부칙 제2조).

(4) 어린이집의 추가설치 · 운영 제12조 후단에도 불구하고 국가와 지방자치단체는 제1항 및 제2항에 따른 무상보육을 받으려는 영유아와 장애아 및 다문화가족의 자녀를 보육하기 위하여 필요한 어린이집을 설치 · 운영하여야 한다(법 동조 제6항).

(5) 양육수당 국가와 지방자치단체는 어린이집이나 「유아교육법」 제2조에 따른 유치원을 이용하지 아니하는 영유아에 대하여 영유아의 연령과 보호자의 경제적 수준을 고려하여 양육에 필요한 비용을 지원할 수 있다(제34조의2 제1항). 제1항에 따른 영유아가 제26조의2에 따른 일시보육 서비스를 이용하는 경우에도 그 영유아에 대하여는 제1항에 따른 양육에 필요한 비용을 지원할 수 있다(법 동조 제2항).

국가와 지방자치단체는 제1항에 따라 양육에 필요한 비용을 지원받는 영유아가 90일 이상 지속하여 해외에 체류하는 경우에는 그 기간 동안 양육에 필요한 비용의 지원을 정지한다(법 동조 제3항). 보건복지부장관 및 지방자치단체의 장은 제3항에 따라 양육수당의 지급을 정지하는 경우 서면으로 그 이유를 분명하게 밝혀 영유아의 보호자에게 통지하여야 한다(법 동조 제4항).

(6) 보육서비스 이용권 국가와 지방자치단체는 제34조 제1항, 제34조의2에 따른 비용

지원을 위하여 보육서비스 이용권(이하 "이용권"이라 한다)을 영유아의 보호자에게 지급할 수 있다(법 제34조의3 제1항).

(7) 지원액의 환수 국가 또는 지방자치단체는 보호자가 거짓이나 그 밖의 부정한 방법으로 제34조 및 제34조의2에 따른 비용을 지원받은 경우에는 그 비용의 전부 또는 일부를 환수할 수 있다(법 제40조의2 제1항).

2. 비용지원의 신청과 정보제공 등

(1) 신청과 정보 등의 제공 영유아의 보호자는 제34조, 제34조의2에 따른 비용의 지원을 신청할 수 있다(법 제34조의4 제1항). 제1항에 따른 신청을 할 때 다음 각 호의 자료 또는 정보 제공에 대한 보호자 및 그 가구원의 동의 서면을 제출하여야 한다(법 동조 제2항).

① 「금융실명거래 및 비밀보장에 관한 법률」 제2조 제2호 및 제3호에 따른 금융자산 및 금융거래의 내용에 대한 자료 또는 정보 중 예금의 평균잔액과 그 밖에 대통령령으로 정하는 자료 또는 정보(이하 "금융정보"라 한다)

② 「신용정보의 이용 및 보호에 관한 법률」 제2조 제1호에 따른 신용정보 중 채무액과 그 밖에 대통령령으로 정하는 자료 또는 정보(이하 "신용정보"라 한다)

③ 「보험업법」 제4조 제1항 각 호에 따른 보험에 가입하여 납부한 보험료와 그 밖에 대통령령으로 정하는 자료 또는 정보(이하 "보험정보"라 한다)

(2) 자료제출요구와 조사 · 질문 보건복지부장관 또는 지방자치단체의 장은 제34조의4 제1항에 따른 신청자 및 지원이 확정된 자에 대하여 비용 지원대상 자격확인을 위하여 필요한 서류나 그 밖의 소득 · 재산 등에 관한 자료의 제출을 요구할 수 있으며, 소속 공무원으로 하여금 비용지원 신청자 및 지원이 확정된 자의 주거, 그 밖의 필요한 장소에 출입하여 서류 등을 조사하게 하거나 관계인에게 필요한 질문을 하게 할 수 있다(법 제34조의5 제1항).

보건복지부장관 또는 지방자치단체의 장은 제1항에 따른 조사 또는 비용 지원사업을 수행하기 위하여 필요한 금융정보, 신용정보, 보험정보, 국세 · 지방세 · 토지 · 건물 · 건강보험 · 국민연금 · 고용보험 · 산재보험 등에 관한 자료의 제공을 관계기관의 장에게 요청할 수 있다(법 동조 제2항).

보건복지부장관 또는 지방자치단체의 장은 비용지원 신청자 또는 지원이 확정된 자가 제1항에 따른 서류 또는 자료의 제출을 거부하거나 조사 · 질문을 거부 · 방해 또는 기피하는 경우에는 비용지원의 신청을 각하하거나 지원결정을 취소 · 중지 또는 변경할 수 있다(법 동조 제4항).

(3) 금융정보 등의 제공요청 및 제공 국가 및 지방자치단체는 제34조, 제34조의2 및 제35조에 따른 비용을 지원하고자 할 때 비용지원 신청자 및 그 가구원의 재산을 평가하기 위하여 「금융실명거래 및 비밀보장에 관한 법률」 제4조 제1항과 「신용정보의 이용 및 보호에 관한 법률」 제23조 제1항에도 불구하고 비용지원 신청자 및 그 가구원이 제34조의4에 따라 제출한 동의 서면을 전자적 형태로 바꾼 문서에 의하여 금융기관 등(「금융실명거래 및 비밀보장에 관한 법률」 제2조 제1호에 따른 금융기관, 「신용정보의 이용 및 보호에 관한 법률」 제2조 제5호에 따른 신용정보집중기관을 말한다. 이하 같다)의 장에게 금융정보 · 신용정보 또는 보험정보(이하 "금융정보 등"이라 함)의 제공을 요청할 수 있다(법 제34조의6 제1항).

제1항 및 제2항에 따른 업무에 종사하거나 종사하였던 자는 업무를 수행하면서 취득한 금융정보 등을 이 법으로 정한 목적 외의 다른 용도로 사용하거나 다른 사람 또는 기관에 제공하거나 누설하여서는 아니 된다(법 동조 제5항).

3. 어린이집의 운영과 비용

(1) 비용의 보조 등 국가나 지방자치단체는 대통령령으로 정하는 바에 따라 제10조에 따른 어린이집의 설치, 보육교사(대체교사를 포함한다)의 인건비, 초과보육(超過保育)에 드는 비용 등 운영경비 또는 지방보육정보센터의 설치 · 운영, 보육교직원의 복지증진, 취약보육의 실시 등 보육사업에 드는 비용의 전부 또는 일부를 보조한다(법 제36조).

(2) 사업주의 비용부담 제14조에 따라 어린이집을 설치한 사업주는 대통령령으로 정하는 바에 따라 그 어린이집의 운영과 보육에 필요한 비용의 전부 또는 일부를 부담하여야 한다(법 제37조).

(3) 보육료 등의 수납 제12조부터 제14조까지의 규정에 따라 어린이집을 설치 · 운영하는 자는 그 어린이집의 소재지를 관할하는 시 · 도지사가 정하는 범위에서 그 시설을 이용하는 자로부터 보육료와 그 밖의 필요경비 등을 받을 수 있다. 다만, 시 · 도지사는 필요시 어린이집 유형과 지역적 여건을 고려하여 그 기준을 다르게 정할 수 있다(법 제38조).

(4) 비용 및 보조금의 반환명령 국가나 지방자치단체는 어린이집의 설치 · 운영자, 보육정보센터의 장, 보수교육 위탁실시자 등이 다음 각 호의 어느 하나에 해당하는 경우에는 이미 교부한 비용과 보조금의 전부 또는 일부의 반환을 명할 수 있다(법 제40조).

① 시설운영이 정지 · 폐쇄 또는 취소된 경우
② 사업 목적 외의 용도에 보조금을 사용한 경우
③ 거짓이나 그 밖의 부정한 방법으로 보조금을 교부받은 경우

④ 삭제(2011.8.4)

⑤ 착오 또는 경미한 과실로 보조금을 교부받은 경우로서 보건복지부령이 정하는 사유에 해당하는 경우

제6절 지도 · 감독 등

1. 지도 · 명령과 검사, 폐지 · 휴지 · 재개 등의 신고

(1) 지도, 조사, 검사 등 보건복지부장관, 시 · 도지사 및 시장 · 군수 · 구청장은 보육사업의 원활한 수행을 위하여 어린이집 설치 · 운영자 및 보육교직원에 대하여 필요한 지도와 명령을 할 수 있고(법 제41조), 어린이집을 설치 · 운영하는 자로 하여금 그 시설에 관하여 필요한 보고를 하게 하거나 관계 공무원으로 하여금 그 어린이집의 운영상황을 조사하게 하거나 장부와 그 밖의 서류를 검사하게 할 수 있다(법 제42조 제1항).

(2) 위법행위의 신고 누구든지 다음 각 호의 어느 하나에 해당하는 자를 관계 행정기관이나 수사기관에 신고 또는 고발할 수 있다(법 제42조의2 제1항).

① 거짓이나 그 밖의 부정한 방법으로 보조금을 교부받거나 유용한 자

② 제24조 제1항에 따른 어린이집 운영기준을 지키지 아니한 자

③ 제33조에 따른 급식관리기준을 지키지 아니한 자

④ 제33조의2에 따른 어린이집 차량안전관리 기준을 지키지 아니한 자

⑤ 「아동복지법」 제3조 제7호에 따른 아동학대 행위를 한 자

⑥ 그 밖에 보건복지부령으로 정하는 자

(3) 폐지 · 휴지 · 재개 등의 신고 제13조 제1항에 따라 인가된 어린이집을 폐지하거나 일정기간 운영을 중단하거나 운영을 재개하려는 자는 보건복지부령으로 정하는 바에 따라 미리 특별자치도지사 · 시장 · 군수 · 구청장에게 신고하여야 한다(법 제43조 제1항).

어린이집의 원장은 어린이집이 폐지되거나 일정기간 운영이 중단되는 경우에는 보건복지부령으로 정하는 바에 따라 그 어린이집에서 보육 중인 영유아가 다른 어린이집으로 옮길 수 있도록 하는 등 영유아의 권익을 보호하기 위한 조치를 취하여야 한다(법 동조 제2항).

(4) 휴원명령 보건복지부장관, 시 · 도지사 또는 시장 · 군수 · 구청장은 천재지변이나 감염병 발생 등 긴급한 사유로 정상적인 보육이 어렵다고 인정하는 경우 어린이집의 원장

에게 휴원을 명할 수 있다(법 제43조의2 제1항).

2. 시정 또는 변경 명령

보건복지부장관, 시・도지사 또는 시장・군수・구청장은 어린이집이 다음 각 호의 어느 하나에 해당하면 어린이집의 원장 또는 그 설치・운영자에게 기간을 정하여 그 시정 또는 변경을 명할 수 있다(법 제44조).

① 제13조 제1항에 따른 변경인가를 받지 아니하고 어린이집을 운영하는 경우
② 제15조,제15조의2 및 제15조의3에 따른 어린이집의 설치기준을 위반한 경우
②의2 제15조의4에 따른 폐쇄회로 텔레비전의 설치・관리 및 영상정보의 보관기준을 위반한 경우
③ 제17조 제2항에 따른 보육교직원의 배치기준을 위반한 경우
③의2. 제19조 제2항에 따른 보육교직원의 임면에 관한 사항을 보고하지 아니하거나 거짓으로 보고한 경우
④ 제24조 제1항에 따른 어린이집의 운영기준을 위반한 경우
④의2. 제25조 제1항 단서를 위반하여 어린이집운영위원회를 설치・운영하지 아니한 경우
④의3. 제29조 제4항 전단을 위반하여 영유아에게 특별활동을 제공한 경우
④의4. 제29조 제4항 후단을 위반하여 특별활동에 참여하지 아니하는 영유아에게 특별활동을 대체할 수 있는 프로그램을 제공하지 아니한 경우
④의5. 제29조의2에 따른 생활기록부를 작성・관리하지 아니한 경우
④의6. 제32조 제1항에 따른 질병의 치료와 예방조치를 하지 아니한 경우
④의7. 제33조에 따른 균형 있고 위생적이며 안전한 급식을 하지 아니한 경우
⑤ 제38조에 따른 보육료 등 한도액을 초과하여 받은 경우
⑥ 제42조에 따른 보고를 하지 아니하거나 거짓으로 보고한 경우 또는 조사・검사를 거부하거나 기피한 경우
⑦ 제43조 제1항에 따른 신고를 하지 아니하고 어린이집을 폐지하거나 일정기간 운영을 중단하거나 운영을 재개한 경우
⑦의2. 제43조의2 제2항을 위반하여 휴원하지 아니하거나 긴급보육수요에 대비한 조치를 하지 아니한 경우
⑧ 제49조의2에 따른 정보의 공시에 관한 사항을 위반한 경우

3. 어린이집의 운영정지 · 폐쇄명령 등

(1) 운영정지 · 폐쇄명령 보건복지부장관, 시 · 도지사 및 시장 · 군수 · 구청장은 어린이집을 설치 · 운영하는 자가 다음 각 호의 어느 하나에 해당하면 1년 이내의 어린이집 운영정지를 명하거나 어린이집의 폐쇄를 명할 수 있다. 이 경우 보육교직원 등 설치 · 운영자의 관리 · 감독 하에 있는 자가 제4호에 해당하는 행위를 한 경우에는 설치 · 운영자가 한 행위로 본다(설치 · 운영자가 그 행위를 방지하기 위하여 상당한 주의와 감독을 게을리하지 아니한 경우에는 그러하지 아니하다)(법 제45조 제1항).

① 거짓이나 그 밖의 부정한 방법으로 보조금을 교부받거나 보조금을 유용(流用)한 경우
② 제40조에 따른 비용 또는 보조금의 반환명령을 받고 반환하지 아니한 경우
③ 제44조에 따른 시정 또는 변경명령을 위반한 경우
④ 「아동복지법」 제3조 제7호에 따른 아동학대행위를 한 경우
⑤ 「도로교통법」 제53조 제3항을 위반하여 어린이통학버스(제33조의2 및 「도로교통법」 제52조에 따른 신고를 하지 아니한 경우를 포함한다)에 보육교직원을 함께 태우지 아니한 채 어린이통학버스 운행 중 발생한 교통사고로 영유아가 사망하거나 신체에 보건복지부령으로 정하는 중상해를 입은 경우

(2) 조사 · 검사 특별자치시장 · 특별자치도지사 · 시장 · 군수 · 구청장은 설치 · 운영자 또는 보육교직원이 제1항 제4호에 따른 아동학대 행위를 한 것으로 의심되는 경우 즉시 제42조에 따른 보고를 받거나 조사 · 검사를 실시하여야 한다(법 제45조 제3항).

(3) 행정처분 특별자치시장 · 특별자치도지사 · 시장 · 군수 · 구청장은 제3항에 따른 보고나 조사 · 검사를 실시한 후 지체 없이 「아동복지법」 제45조에 따른 아동보호전문기관 등 관계 기관과 협의하여 제1항에 따른 행정처분 여부를 결정하여야 한다(법 동조 제4항).

(4) 권익보호조치 특별자치도지사 · 시장 · 군수 · 구청장은 어린이집이 제1항에 따라 운영정지 또는 폐쇄되는 경우에는 어린이집에 보육 중인 영유아를 다른 어린이집으로 옮기도록 하는 등 영유아의 권익을 보호하기 위하여 필요한 조치를 하여야 한다(법 동조 제5항).

(5) 과징금 부과 보건복지부장관, 시 · 도지사 또는 시장 · 군수 · 구청장은 어린이집의 설치 · 운영자가 제45조 제1항 각 호의 어느 하나에 해당하여 어린이집 운영정지를 명하여야 하는 경우로서 그 운 영정지가 영유아 및 보호자에게 심한 불편을 주거나 그 밖에 공익을 해칠 우려가 있으면 어린이집 운영정지 처분을 갈음하여 3천만 원 이하의 과징금을 부과할 수 있다(법 제45조의2 제1항)

(6) 행정처분 효과의 승계 어린이집을 설치·운영하는 자가 그 어린이집을 양도하거나 사망한 때 또는 법인의 합병이 있는 때에는 종전의 어린이집을 설치·운영한 자에게 제45조 제1항 각 호의 사유로 행한 행정제재처분의 효과는 그 행정처분일 부터 1년간 그 양수인·상속인 또는 합병 후 신설되거나 존속하는 법인에 승계되며, 행정제재처분의 절차가 진행 중인 경우에는 양수인·상속인 또는 합병 후 신설되거나 존속하는 법인에 대하여 행정제재처분의 절차를 속행할 수 있다. 다만, 양수인·상속인 또는 합병 후 신설되거나 존속하는 법인이 양수 또는 합병할 때 그 처분 또는 위반사실을 알지 못하였음을 증명하는 경우에는 그러하지 아니하다(법 제45조의3).

4. 원장 및 보육교사의 자격정지 및 취소

(1) 원장의 자격정지 보건복지부장관은 어린이집의 원장이 다음 각 호의 어느 하나에 해당하면 1년(「아동복지법」 제3조 제7호에 따른 아동학대 행위로 제1호 가목에 해당하게 된 경우에는 2년) 이내의 범위에서 보건복지부령으로 정하는 바에 따라 그 자격을 정지시킬 수 있다(법 제46조).

① 어린이집의 원장이 업무수행 중 고의나 중대한 과실로 영유아에게 손해를 입힌 경우로서 다음 각목의 어느 하나에 해당하는 경우
   ㈎ 영유아의 생명을 해치거나 신체 또는 정신에 중대한 손해를 입힌 경우
   ㈏ 제24조에 따른 운영기준을 위반하여 손해를 입힌 경우
   ㈐ 제33조에 따라 보건복지부령으로 정한 급식기준을 위반하여 손해를 입힌 경우
   ㈑ 그 밖에 손해를 입힌 경우
② 해당 업무수행에 필요한 자격이 없는 자를 채용하여 보육교사·간호사 또는 영양사 등의 업무를 수행하게 한 경우
③ 제23조에 따른 보수교육을 연속하여 3회 이상 받지 아니한 경우
④ 거짓이나 그 밖의 부정한 방법으로 보조금을 교부받거나 보조금을유용한경우
⑤ 「공익신고자 보호법」 제2조 제2호에 따른 공익신고를 한 보육교직원에게 같은 조 제6호에 따른 불이익조치를 한 경우

(2) 보육교사의 자격정지 보건복지부장관은 보육교사가 다음 각 호의 어느 하나에 해당하면 1년(「아동복지법」 제3조 제7호에 따른 아동학대 행위로 제1호에 해당하게 된 경우에는 2년)이내의 범위에서 보건복지부령으로 정하는 바에 따라 그 자격을 정지시킬 수 있다(법 제47조).

① 보육교사가 업무수행 중 그 자격과 관련하여 고의나 중대한 과실로 손해를 입힌 경우
② 제23조의2에 따른 보수교육을 연속하여 3회 이상 받지 아니한 경우

(3) 자격의 취소 보건복지부장관은 어린이집의 원장 또는 보육교사가 다음 각 호의 어느 하나에 해당하면 그 자격을 취소할 수 있다(법 제48조 제1항).

① 거짓이나 그 밖의 부정한 방법으로 자격증을 취득한 경우
② 자격 취득자가 업무 수행 중 그 자격과 관련하여 고의나 중대한 과실로 손해를 입히고 금고 이상의 형을 선고받은 경우
③ 「아동복지법」 제3조 제7호의2에 따른 아동학대관련범죄로 처벌을 받은 경우
④ 제22조의2에 따른 명의대여금지 등의 의무를 위반한 경우
⑤ 자격정지처분기간 종료 후 3년 이내에 자격정지처분에 해당하는 행위를 한 경우
⑥ 자격정지처분을 받고도 자격정지처분기간 이내에 자격증을 사용하여 자격관련 업무를 수행한 경우
⑦ 자격정지처분을 3회 이상 받은 경우
⑧ 제46조 제4호에 해당하여 금고 이상의 형을 선고받은 경우

(4) 자격의 재교부금지 보건복지부장관은 제1항에 따라 자격이 취소된 사람에게는 그 취소된 날부터 다음 각 호의 구분에 따라 자격을 재교부하지 못한다(법 제48조 제2항).

① 제1항 각 호의 사항 중 제3호 이외의 어느 하나에 해당하는 경우: 2년
② 제1항 제3호에 해당하는 경우: 10년(다만, 「아동복지법」 제3조 제7호의2에 따른 아동학대관련범죄로 금고 이상의 실형을 선고받고 그 집행이 종료되거나 집행이 면제된 날부터 20년이 지나지 아니한 사람 또는 「아동복지법」 제3조 제7호의2에 따른 아동학대관련범죄로 금고 이상의 형의 집행유예가 확정된 날부터 20년이 지나지 아니한 사람에게는 자격을 재교부할 수 없다)

5. 청문의 실시

보건복지부장관, 시·도지사 및 시장·군수·구청장은 제45조부터 제48조까지의 행정처분을 하려면 청문을 하여야 한다(법 제49조).

6. 어린이집 정보 공시, 위반사실의 공표

(1) 정보의 공시 어린이집의 원장은 어린이집이 보유·관리하는 다음 각 호의 정보를 매년 1회 이상 공시하여야 한다. 이 경우 어린이집의 원장은 공시한 정보(이하 이 조에서 "공시정보"라 한다)를 특별자치시장·특별자치도지사·시장·군수·구청장에게 제출하여야 하고 보건복지부장관은 공시정보와 관련된 자료의 제출을 요구할 수 있다(법 제49조의2 제1항).

① 어린이집의 시설, 설치·운영자, 보육교직원 등 기본현황

② 제29조에 따른 어린이집 보육과정에 관한 사항
③ 제38조에 따라 수납하는 보육료와 그 밖의 필요경비에 관한 사항
④ 어린이집 예산·결산 등 회계에 관한 사항
⑤ 영유아의 건강·영양 및 안전관리에 관한 사항
⑥ 그 밖에 보육여건 및 어린이집 유영에 관한 사항으로서 대통령령으로 정하는 사항

(2) 위반사실의 공표 보건복지부장관, 시·도지사 또는 시장·군수·구청장은 제45조 또는 제45조의2에 따른 행정처분을 받은 어린이집으로서 다음 각 호의 어느 하나의 경우에 해당하는 어린이집에 대하여 그 위반행위, 처분내용, 해당 어린이집의 명칭, 대표자의 성명, 어린이집 원장의 성명(대표자와 동일인이 아닌 경우만 해당한다) 및 그 밖에 다른 어린이집과의 구별에 필요한 사항으로서 대통령령으로 정하는 사항을 공표하여야 한다. 다만, 제1호의 경우에는 보건복지부령으로 정하는 금액 이상인 경우에 한하여 공표하여야 한다(법 제49조의3 제1항).

① 거짓이나 그 밖의 부정한 방법으로 보조금을 교부받거나 보조금을 유용한 경우
② 제24조에 따른 운영기준 및 제33조에 따라 보건복지부령으로 정한 급식기준을 위반하여 영유아의 생명을 해치거나 신체 또는 정신에 중대한 피해가 발생한 경우

보건복지부장관, 시·도지사 또는 시장·군수·구청장은 제46조부터 제48조까지의 행정처분을 받은 사람으로서 「아동복지법」 제3조 제7호에 따른 아동학대행위를 하여 영유아의 생명을 해치거나 신체 또는 정신에 중대한 피해를 입힌 어린이집의 원장 및 보육교사에 대하여 법 위반 이력과 명단, 그 밖에 대통령령으로 정하는 사항을 공표하여야 한다(법 동조 제2항).

7. 업무의 위탁

(1) 위탁업무의 내용 보건복지부장관, 시·도지사 또는 시장·군수·구청장은 대통령령으로 정하는 바에 따라 다음 각 호에 해당하는 업무를 공공기관 또는 민간기관·단체 등에 위탁할 수 있다(법 제51조의2 제1항).

① 제7조 제1항에 따른 육아종합지원센터의 운영업무
② 제22조 제1항에 따른 어린이집의 원장 또는 보육교사의 자격 검정 및 보육자격증 교부 등에 관한 업무
③ 제23조 제1항 및 제23조의2 제1항에 따른 보수교육의 실시 업무
④ 제30조 제1항에 따른 어린이집 평가인증에 관한 업무
⑤ 제34조의3 제1항에 따른 이용권에 관한 업무

(2) 위탁의 취소 보건복지부장관, 시·도지사 또는 시장·군수·구청장은 다음 각

호의 어느 하나에 해당하는 경우에는 제1항에 따른 위탁을 취소할 수 있다(법 동조 제3항).

① 수탁기관이 제2항에 따라 지급받은 보조금을 목적 외의 용도에 사용하였을 경우

② 수탁기관이 거짓이나 그 밖의 부정한 방법으로 제2항에 따른 보조금을 지급받았을 경우

③ 그 밖에 대통령령으로 정하는 사유가 있는 경우

제20장 한부모가족지원법

〈시행 2018.7.17, 법률 제15355호〉

제1절 총 칙

1. 법의 목적

이 법은 한부모가족이 안정적인 가족 기능을 유지하고 자립할 수 있도록 지원함으로써 한부모가족의 생활안정과 복지 증진에 이바지함을 목적으로 한다(법 제1조).

2. 한부모가족복지조치의 시행 주체

한부모가족복지법에서는 '실시기관'이라는 용어를 사용하지 않고 '지원기관'이라는 명칭으로 대체하고 있다. 그러나 양자는 한부모가족복지를 시행하는 주체의 뜻이므로 동일한 내용을 지칭한 것으로 해석된다. 그러므로 이 법에 따른 지원을 행하는 국가나 지방자치단체를 '지원기관'이라 정의하므로(법 제4조 제6호) 한부모가족복지의 시행기관은 결국 국가와 지방자치단체가 된다.

(1) 국가와 지방자치단체 국가와 지방자치단체는 한부모가족의 복지를 증진할 책임을 지며(법 제2조 제1항), 한부모가족의 권익과 자립을 지원하기 위한 여건을 조성하고 이를 위한 시책을 수립・시행하여야 한다(법 동조 제2항).

국가와 지방자치단체는 한부모가족에 대한 사회적 편견과 차별을 예방하고, 사회구성원이 한부모가족을 이해하고 존중할 수 있도록 교육 및 홍보 등 필요한 조치를 하여야 하며(법 동조 제3항), 청소년 한부모가족의 자립을 위하여 노력하여야 하며(법 동조 제5항), 한부모가족복지단체를 지원할 수 있다(법 제9조).

국가와 지방자치단체는 이 법에 따른 지원대상자를 발굴하기 위하여 필요한 자료 또는 정보의 제공과 홍보에 노력하여야 하며(법 제5조의3), 한부모가족 지원 관련 업무에 종사하는 공무원의 한부모가족에 대한 이해 증진과 전문성 향상을 위하여 교육을 실시할 수 있다(법 제6조의2).

(2) 교육부장관, 교육감 교육부장관과 특별시·광역시·특별자치시·도·특별자치도의 교육감은 「유아교육법」 제2조 제2호의 유치원, 「초·중등교육법」 제2조 및 「고등교육법」 제2조의 학교에서 한부모가족에 대한 이해를 돕는 교육을 실시하기 위한 시책을 수립·시행하여야 한다(법 제2조 제4항).

(3) 국 민 모든 국민은 한부모가족의 복지증진에 협력하여야 한다(법 동조 제6항).

3. 한부모가족의 권리와 책임

(1) 차별대우를 받지 않을 권리 한부모가족의 모(母) 또는 부(父)는 임신과 출산 및 양육을 사유로 합리적인 이유 없이 교육·고용 등에서 차별을 받지 아니한다(법 제3조 제1항). 한부모가족의 모 또는 부와 아동은 한부모가족 관련 정책결정과정에 참여할 권리가 있고(법 동조 제2항), 그가 가지고 있는 자산과 노동능력 등을 최대한으로 활용하여 자립과 생활 향상을 위하여 노력하여야 한다(법 동조 제3항).

국가와 지방자치단체는 아동·청소년 보육·교육을 실시함에 있어서 한부모가족 구성원인 아동·청소년을 차별하여서는 아니 된다(법 제17조의5).

(2) 자립과 생활향상의 책임 한부모가족의 모 또는 부와 아동은 그가 가지고 있는 자산과 노동능력 등을 최대한으로 활용하여 자립과 생활향상을 위하여 노력하여야 한다(법 동조 제2항).

4. 용어의 정의

이 법에서 사용하는 용어의 뜻은 다음과 같다(법 제4조 제1호~제7호).

(1) '모' 또는 '부'란 다음 각목의 어느 하나에 해당하는 자로서 아동인 자녀를 양육하는 자를 말한다.

㈎ 배우자와 사별 또는 이혼하거나 배우자로부터 유기(遺棄)된 자

㈏ 정신이나 신체의 장애로 장기간 노동능력을 상실한 배우자를 가진 자

㈐ 교정시설·치료감호시설에 입소한 배우자 또는 병역복무 중인 배우자를 가진 사람

㈑ 미혼자(사실혼(事實婚)관계에 있는 자는 제외한다)

㈒ ㈎목 부터 ㈑목 까지에 규정된 자에 준하는 자로서 여성가족부령으로 정하는 자

(1)의2. '청소년 한부모'란 24세 이하의 모 또는 부를 말한다.

(2) '한부모가족'이란 모자가족 또는 부자가족을 말한다.
(3) '모자가족'이란 모가 세대주(세대주가 아니더라도 세대원(世代員)을 사실상 부양하는 자를 포함한다)인 가족을 말한다.
(4) '부자가족'이란 부가 세대주(세대주가 아니더라도 세대원을 사실상 부양하는 자를 포함한다)인 가족을 말한다.
(5) '아동'이란 18세 미만(취학 중인 경우에는 22세 미만을 말하되 「병역법」에 따른 병역의무를 이행하고 취학 중인 경우에는 병역의무를 이행한 기간을 가산한 연령 미만을 말한다)의 자를 말한다.
(6) '지원기관'이란 이 법에 따른 지원을 행하는 국가나 지방자치단체를 말한다.
(7) '한부모가족복지단체'란 한부모가족의 복지증진을 목적으로 설립된 기관이나 단체를 말한다.

5. 지원대상자

1) 지원대상자의 범위

이 법에 따른 지원대상자는 제4조 제1호·제1호의2 및 제2호부터 제5호까지의 규정에 해당하는 자로서 여성가족부령으로 정하는 자로 한다(법 제5조 제1항). 제1항에 따른 지원대상자 중 아동의 연령을 초과하는 자녀가 있는 한부모가족의 경우 그 자녀를 제외한 나머지 가족구성원을 지원대상자로 한다(법 동조 제2항).

2) 지원대상자의 범위에 대한 특례

(1) 미혼모 혼인 관계에 있지 아니한 자로서 출산 전 임신부와 출산 후 해당 아동을 양육하지 아니하는 모는 제5조에도 불구하고 제19조 제1항 제3호의 미혼모자가족복지시설을 이용할 때에는 이 법에 따른 지원대상자가 된다(법 제5조의2 제1항).

(2) 조부·조모 다음 각 호의 어느 하나에 해당하는 아동과 그 아동을 양육하는 조부 또는 조모로서 여성가족부령으로 정하는 자는 제5조에도 불구하고 이 법에 따른 지원대상자가 된다(법 제5조의2 제2항).

① 부모가 사망하거나 생사가 분명하지 아니한 아동
② 부모가 정신 또는 신체의 장애·질병으로 장기간 노동능력을 상실한 아동
③ 부모의 장기복역 등으로 부양을 받을 수 없는 아동
④ 부모가 이혼하거나 유기하여 부양을 받을 수 없는 아동
⑤ 제1호부터 제4호까지에 규정된 자에 준하는 자로서 여성가족부령으로 정하는 아동

(3) 외국인 국내에 체류하고 있는 외국인 중 대한민국 국민과 혼인하여 대한민국 국적의 아동을 양육하고 있는 사람으로서 대통령령으로 정하는 사람이 제5조에 해당하면 이 법에 따른 지원대상자가 된다(법 제5조의2 제3항).

6. 실태조사

(1) 조사실시와 결과공표 여성가족부장관은 한부모가족 지원을 위한 정책수립에 활용하기 위하여 3년마다 한부모가족에 대한 실태조사를 실시하고 그 결과를 공표하여야 한다. 또한, 여성가족부장관은 필요한 경우 여성가족부령으로 정하는 바에 따라 청소년 한부모 등에 대한 실태를 조사·연구할 수 있다(법 제6조 제1항).

(2) 자료제출의 요청과 협조 여성가족부장관은 제1항에 따른 실태조사를 위하여 관계 공공기관 또는 관련 법인·단체에 대하여 필요한 자료의 제출 등 협조를 요청할 수 있으며, 요청받은 관계 공공기관 또는 관련 법인·단체는 특별한 사유가 없으면 이에 협조하여야 한다(법 동조 제2항).

7. 한부모가족의 날

한부모가족에 대한 국민의 이해와 관심을 제고하기 위하여 매년 5월 10일을 한부모가족의 날로 한다(법 제5조의4제1항). 국가와 지방자치단체는 한부모가족의 날의 취지에 맞는 행사 등 사업을 실시할 수 있다(법 동조 제2항).

제 2 절 한부모가족복지급여

1. 지원대상자의 조사, 대장의 작성·비치

특별자치시장·특별자치도지사·시장·군수·구청장(자치구의 구청장을 말한다. 이하 같다)은 매년 1회 이상 관할구역 지원대상자의 가족상황, 생활실태 등을 조사하여야 하고(법 제10조 제1항), 제1항에 따른 조사 결과를 대장(臺帳)으로 작성·비치하여야 한다. 다만, 「사회복지사업법」 제6조의2 제2항에 따른 정보시스템을 활용할 때에는 전자적으로 작성하여 관리할 수 있다(법 동조 제2항).

2. 복지급여

1) 신 청

(1) 신청자 지원대상자 또는 그 친족이나 그 밖의 이해관계인은 제12조에 따른 복지급여를 관할 특별자치시장 · 특별자치도지사 · 시장 · 군수 · 구청장에게 신청할 수 있다(법 제11조 제1항).

(2) 지원대상자의 동의서면 제출 제1항에 따라 복지급여 신청을 할 때에는 금융정보, 신용정보와 보험정보의 자료 또는 정보의 제공에 대한 지원대상자의 동의 서면을 제출하여야 한다(법 제11조 제2항 참조).

2) 복지급여의 내용

(1) 한부모가족 복지급여의 종류 국가나 지방자치단체는 법 제11조에 따른 복지급여의 신청이 있으면 다음 각 호의 복지급여를 실시하여야 한다. 다만, 이 법에 따른 지원대상자가 「국민기초생활 보장법」 등 다른 법령에 따라 지원을 받고 있는 경우에는 그 범위에서 이 법에 따른 급여를 하지 아니한다(법 제12조 제1항).

① 생계비 ② 아동교육지원비
③ 삭제(2011.4.12) ④ 아동양육비
⑤ 그 밖에 대통령령으로 정하는 비용

(2) 추가복지급여 제1항 제4호의 아동양육비를 지급할 때에 미혼모나 미혼부가 5세 이하의 아동을 양육하거나 청소년 한부모가 아동을 양육하면 예산의 범위에서 추가적인 복지급여를 실시하여야 한다. 이 경우 모 또는 부의 직계존속이 5세 이하의 아동을 양육하는 경우에도 또한 같다(법 동조 제2항).

(3) 직업훈련비와 생계비 국가나 지방자치단체는 이 법에 따른 지원대상자의 신청이 있는 경우에는 예산의 범위에서 직업훈련비와 훈련기간 중 생계비를 추가적으로 지급할 수 있다(법 동조 제3항).

(4) 수급계좌 국가나 지방자치단체는 제12조에 따른 복지급여를 받는 지원대상자의 신청이 있는 경우에는 복지 급여를 지원대상자 명의의 지정된 계좌(이하 "복지급여수급계좌"라 한다)로 입금하여야 한다(법 제12조의5 제1항).

3) 복지급여 사유의 확인 등

(1) 지원대상자에 대한 자료제출의 요청 여성가족부장관 또는 특별자치시장·특별자치도지사·시장·군수·구청장은 제11조에 따라 복지급여를 신청한 지원대상자 또는 제12조에 따른 복지급여를 받고 있는 지원대상자에 대하여 급여사유의 발생·변경 또는 상실을 확인하기 위하여 필요한 소득·재산 등에 관한 자료의 제출을 요구할 수 있으며, 소속공무원으로 하여금 지원대상자의 주거 등에 출입하여 생활환경 및 소득자료 등을 조사하게 하거나 지원대상자의 고용주 등 관계인에게 필요한 질문을 하게 할 수 있다(법 제12조의2 제1항).

(2) 관계기관의 장에 대한 자료요청 여성가족부장관 또는 특별자치시장·특별자치도지사·시장·군수·구청장은 제1항에 따른 확인을 위하여 필요한 국세·지방세, 토지·건물, 건강보험·고용보험·국민연금, 출국·입국, 교정시설·치료감호시설의 입소·출소, 병무, 주민등록·가족관계등록 등에 관한 자료의 제공을 관계기관의 장에게 요청할 수 있다.

(3) 금융기관의 장에 대한 요청 여성가족부장관은 제11조에 따라 복지급여를 신청한 지원대상자의 급여사유의 발생을 확인하기 위하여 필요하다고 인정하는 경우 지원대상자가 제11조 제2항에 따라 제출한 동의서면을 전자적 형태로 바꾼 문서에 의하여 금융기관 등(「금융실명거래 및 비밀보장에 관한 법률」 제2조 제1호에 따른 금융회사 등 및 「신용정보의 이용 및 보호에 관한 법률」 제2조 제6호에 따른 신용정보집중기관을 말한다. 이하 같다)의 장에게 금융정보, 신용정보 또는 보험정보(이하 "금융정보 등"이라 한다)의 제공을 요청할 수 있다(법 제12조의3 제1항).

여성가족부장관은 제12조에 따라 복지급여를 받고 있는 지원대상자의 급여 사유의 변경·상실을 확인하기 위하여 필요하다고 인정하는 경우 대통령령으로 정하는 기준에 따라 인적사항을 적은 문서 또는 정보통신망으로 금융기관 등의 장에게 금융정보 등을 제공하도록 요청할 수 있다(법 동조 제2항).

4) 복지급여의 거절·변경 등

(1) 복지급여의 지급거절 여성가족부장관 또는 특별자치도지사·시장·군수·구청장은 제11조에 따라 복지급여를 신청한 보호대상자가 제12조의2 제1항에 따른 자료의 제출을 거부하거나 조사·질문을 거부·방해 또는 기피하는 경우에는 복지급여의 지급을 거절할 수 있다(법 제12조의4 제1항).

(2) 지급의 정지 등 여성가족부장관 또는 특별자치시장·특별자치도지사·시장·군수·구청장은 제12조에 따른 복지급여를 받고 있는 보호대상자에 대하여 다음 각 호의 구

부에 따른 조치를 할 수 있다(법 동조 제2항).

① 보호대상자가 제12조의2 제1항에 따른 자료의 제출을 거부하거나 소사 · 질문을 거부 · 방해 또는 기피하는 경우 : 복지급여 지급의 정지
② 보호대상자의 복지급여 사유가 변경되거나 상실된 경우 : 복지급여의 변경 또는 지급 중지

5) 급여수급권의 보호와 심사청구

(1) 양도 · 담보, 압류금지 이 법에 따라 지급된 복지급여와 이를 받을 권리는 다른 사람에게 양도하거나 담보로 제공할 수 없으며, 다른 사람은 이를 압류할 수 없다(법 제27조 제1항). 제12조의5 제1항에 따라 지정된 복지급여수급계좌의 예금에 관한 채권은 압류할 수 없다(법 동조 제2항).

(2) 심사청구 보호대상자 또는 그 친족이나 그 밖의 이해관계인은 이 법에 따른 복지급여 등에 대하여 이의가 있으면 그 결정을 통지받은 날부터 90일 이내에 서면으로 해당 복지실시기관에 심사를 청구할 수 있다(법 제28조 제1항).

복지실시기관은 제1항의 심사청구를 받으면 30일 이내에 이를 심사 · 결정하여 청구인에게 통보하여야 한다(법 동조 제2항).

(3) 양육비 가이드라인 여성가족부장관은 자녀양육비 산정을 위한 자녀양육비 가이드라인을 마련하여 법원이 이혼판결시 적극 활용할 수 있도록 노력하여야 한다(법 제17조의3).

3. 복지자금의 대여와 가족지원서비스

(1) 자금의 대여 국가나 지방자치단체는 한부모가족의 생활안정과 자립을 촉진하기 위하여 다음 각 호의 어느 하나의 자금을 대여할 수 있다(법 제13조 제1항).

① 사업에 필요한 자금 ② 아동교육비
③ 의료비 ④ 주택자금
⑤ 그 밖에 대통령령으로 정하는 한부모가족의 복지를 위하여 필요한 자금

(2) 가족지원서비스 국가 또는 지방자치단체는 한부모가족에게 다음 각 호의 가족지원서비스를 제공하도록 노력하여야 한다(법 제17조).

① 아동의 양육 및 교육서비스 ② 장애인, 노인, 만성질환자 등의 부양서비스
③ 취사, 청소, 세탁 등 가사서비스 ④ 교육 · 상담 등 가족관계 증진서비스

⑤ 인지청구 및 자녀양육비 청구 등을 위한 법률상담, 소송대리 등 법률구조서비스
⑥ 그 밖에 대통령령으로 정하는 한부모가족에 대한 가족지원서비스

4. 고용의 촉진, 매점의 우선허가, 교육 및 재정지원

(1) 직업능력개발 훈련 실시 국가 또는 지방자치단체는 한부모가족의 모 또는 부와 아동의 직업능력을 개발하기 위하여 능력 및 적성 들을 고려한 직업능력개발 훈련을 실시하여야 하고(법 제14조 제1항), 한부모가족의 모 또는 부와 아동의 고용을 촉진하기 위하여 적합한 직업을 알선하고 각종 사업장에 모 또는 부와 아동이 우선 고용되도록 노력하여야 한다(법 동조 제2항).

(2) 고용지원 연계 국가 또는 지방자치단체는 한부모가족의 모 또는 부와 아동의 취업기회를 확대하기 위하여 한부모가족 관련 시설 및 기관과 「직업안정법」 제2조의2 제1호에 따른 직업안정기관 간 효율적인 연계를 도모하여야 한다(법 제14조의2 제1항). 고용노동부장관은 한부모가족의 모 또는 부와 아동을 위한 취업지원사업 등이 효율적으로 추진될 수 있도록 여성가족부장관과 긴밀히 협조하여야 한다(법 동조 제2항).

(3) 매점 등의 우선허가 국가 또는 지방자치단체가 운영하는 공공시설의 장은 그 공공시설에 각종 매점 및 시설의 설치를 허가하는 경우 이를 한부모가족 또는 한부모가족복지단체에 우선적으로 허가할 수 있다(법 제15조). 국가 또는 지방자치단체는 한부모가족의 아동이 공공의 아동편의시설과 그 밖의 공공시설을 우선적으로 이용할 수 있도록 노력하여야 한다(법 제16조).

(4) 교육지원 국가나 지방자치단체는 청소년 한부모가 학업을 할 수 있도록 청소년 한부모의 선택에 따라 다음 각 호의 어느 하나에 해당하는 지원을 할 수 있다(법 제17조의2 제1항).

① 「초 · 중등교육법」 제2조에 따른 학교에서의 학적 유지를 위한 지원 및 교육비 지원 또는 검정고시 지원
② 「평생교육법」 제31조 제2항에 따른 학력인정 평생교육시설에 대한 교육비 지원
③ 「초 · 중등교육법」 제28조에 따른 교육 지원
④ 그 밖에 청소년 한부모의 교육 지원을 위하여 여성가족부령으로 정하는 사항

제1항 제3호에 따른 교육 지원을 위하여 특별시 · 광역시 · 특별자치시 · 도 · 특별자치도의 교육감은 제19조에 따른 한부모가족복지시설에 순회교육 실시를 위한 지원을 할 수 있다(법 동조 제2항). 국가와 지방자치단체는 청소년 한부모의 학업과 양육의 병행을 위하여 그 자녀

가 청소년 한부모가 속한 「고등교육법」 제2조에 따른 학교에 설치된 직장어린이집을 이용할 수 있도록 지원할 수 있다(법 동조 제3항).

(5) 재정지원, 분양 · 임대의 우선권 국가나 지방자치단체는 청소년 한부모가 수거마련 등 자립에 필요한 자산을 형성할 수 있도록 재정적인 지원을 할 수 있다(법 제17조의4 제1항). 제1항에 따른 지원으로 형성된 자산은 청소년 한부모가 이 법에 따른 지원대상자에 해당하는지 여부를 조사 · 확인할 때 이를 포함하지 아니한다(법 동조 제2항).

국가나 지방자치단체는 「주택법」에서 정하는 바에 따라 국민주택을 분양하거나 임대할 때에는 한부모가족에게 일정비율이 우선 분양될 수 있도록 노력하여야 한다(법 제18조).

(6) 건강진단 국가와 지방자치단체는 청소년 한부모의 건강증진을 위하여 건강진단을 실시할 수 있고(법 제17조의5제1항), 제1항에 따른 건강진단의 결과를 청소년 한부모 본인에게 알려주어야 한다(법 동조 제2항).

(7) 상담전화의 설치 여성가족부장관은 한부모가족 지원에 관한 종합정보의 제공과 지원기관 및 시설의 연계 등에 관한 전문적이고 체계적인 상담서비스를 제공하기 위하여 한부모가족 상담전화를 설치 · 운영할 수 있다(법 제18조의2 제1항).

제 3 절 한부모가족복지시설

1. 한부모가족복지시설의 종류와 설치, 시설기준

(1) 시설의 종류 한부모가족복지시설은 다음 각 호의 시설로 한다(법 제19조 제1항).

① 모자가족복지시설 : 모자가족에게 다음 각목의 어느 하나 이상의 편의를 제공하는 시설

(가) 기본생활지원 : 생계가 어려운 모자가족에게 일정 기간 동안 주거와 생계를 지원

(나) 공동생활지원 : 독립적인 생활이 어려운 모자가족에게 일정 기간 동안 공동생활을 통하여 자립을 준비할 수 있도록 주거 등을 지원

(다) 자립생활지원 : 자립욕구가 강한 모자가족에게 일정 기간 동안 주거를 지원

② 부자가족복지시설 : 부자가족에게 다음 각목의 어느 하나 이상의 편의를 제공하는 시설

(가) 기본생활지원 : 생계가 어려운 부자가족에게 일정 기간 동안 주거와 생계를 지원

(나) **공동생활지원** : 독립적인 생활이 어려운 부자가족에게 일정 기간 동안 공동생활을 통하여 자립을 준비할 수 있도록 주거 등을 지원

(다) **자립생활지원** : 자립욕구가 강한 부자가족에게 일정 기간 동안 주거를 지원

③ **미혼모자가족복지시설** : 미혼모자가족과 출산 미혼모 등에게 다음 각목의 어느 하나 이상의 편의를 제공하는 시설

(가) **기본생활지원** : 미혼 여성의 임신·출산 시 안전 분만 및 심신의 건강 회복과 출산후의 아동의 양육 지원을 위하여 일정 기간 동안 주거와 생계를 지원

(나) **공동생활지원** : 출산 후 해당 아동을 양육하지 아니하는 미혼모 또는 미혼모와 그 출산 아동으로 구성된 미혼모자가족에게 일정 기간 동안 공동생활을 통하여 자립을 준비할 수 있도록 주거 등을 지원

④ **일시지원복지시설** : 배우자(사실혼 관계에 있는 사람을 포함한다)가 있으나 배우자의 물리적·정신적 학대로 아동의 건전한 양육이나 모의 건강에 지장을 초래할 우려가 있을 경우 일시적 또는 일정 기간 동안 모와 아동 또는 모에게 주거와 생계를 지원하는 시설

⑤ **한부모가족복지상담소** : 한부모가족에 대한 위기·자립상담 또는 문제해결 지원 등을 목적으로 하는 시설

(2) 시설의 설치 국가나 지방자치단체는 한부모가족복지시설을 설치할 수 있다(법 제20조 제1항). 제19조에 따른 한부모가족복지시설의 장은 청소년 한부모가 입소를 요청하는 경우에는 우선 입소를 위한 조치를 취하여야 한다(법 동조 제2항)

국가나 지방자치단체 외의 자가 한부모가족복지시설을 설치·운영하려면 시장·군수·구청장에게 신고하여야 한다. 신고한 사항 중 여성가족부령으로 정하는 중요 사항을 변경하려는 경우에도 또한 같다(법 동조 제3항).

(3) 시설 기준 한부모가족복지시설의 시설 설치·운영 기준, 시설 종사자의 직종(職種)과 수(數) 및 자격기준, 그 밖에 설치신고에 필요한 사항은 여성가족부령으로 정한다(법 제20조 제5항, 시행규칙 제10조의2 제1·2항 참조).

(4) 수탁의무 한부모가족복지시설을 설치·운영하는 자는 특별시장·광역시장·특별자치시장·도지사·특별자치도지사(이하 "시·도지사"라 한다) 또는 시장·군수·구청장으로부터 한부모가족복지시설에 한부모가족을 입소하도록 위탁받으면 정당한 사유 없이 이를 거부하지 못한다(법 제22조).

2. 시설의 폐지 · 휴지 신고, 감독 및 시설 폐쇄 등

(1) 폐지 · 휴지의 신고 제20조 제3항에 따라 한부모가족복지시설의 설치신고를 한 자가 그 시설을 폐시하거나 그 시설의 운영을 일시적으로 중단하려면 여성가족부령으로 정하는 바에 따라 미리 특별자치시장 · 특별자치도지사 · 시장 · 군수 · 구청장에게 신고하여야 한다(법 제21조).

(2) 조사 · 검사 여성가족부장관, 시 · 도지사 또는 시장 · 군수 · 구청장은 한부모가족복지시설을 설치 · 운영하는 자에게 그 시설에 관하여 필요한 보고를 하게 하거나, 관계 공무원에게 시설의 운영상황을 조사하게 하거나 장부 등 그 밖의 서류를 검사하게 할 수 있다(법 제23조 제1항).

(3) 시설의 정지 · 폐쇄 명령 특별자치시장 · 특별자치도지사 · 시장 · 군수 · 구청장은 한부모가족복지시설이 다음 각 호의 어느 하나에 해당하면 그 사업의 정지나 폐지를 명하거나 시설을 폐쇄할 수 있다(법 제24조).

① 제20조 제5항의 시설기준에 미달하게 된 경우
② 제22조를 위반한 경우
③ 정당한 이유 없이 제23조 제1항에 따른 보고를 하지 아니하거나 거짓으로 한 경우 또는 조사 · 검사를 거부하거나 기피한 경우

(4) 청문의 실시 특별자치시장 · 특별자치도지사 · 시장 · 군수 · 구청장은 제24조에 따라 사업의 폐지를 명하거나 시설을 폐쇄하려면 청문을 하여야 한다(법 제24조의2).

제4절 한부모가족복지비용

1. 비용의 보조 · 징수

(1) 보 조 국가나 지방자치단체는 대통령령으로 정하는 바에 따라 한부모가족복지사업에 드는 비용을 보조할 수 있다(법 제25조).

(2) 징 수 거짓이나 그 밖의 부정한 방법으로 복지급여를 받거나 타인으로 하여금 복지급여를 받게 한 경우 복지급여를 지급한 지원기관은 그 비용의 전부 또는 일부를 그 복지급여를 받은 자 또는 복지급여를 받게 한 자(이하 "부정수급자"라 한다)로부터 징수할 수 있다

(법 제25조의2 제1항)

2. 보조금 등의 반환명령

국가나 지방자치단체는 한부모가족복지시설의 장이나 한부모가족복지단체의 장이 다음 각 호의 어느 하나에 해당하면 이미 내준 보조금의 전부 또는 일부의 반환을 명할 수 있다(법 제26조 제1항).

① 보조금의 교부조건을 위반한 경우

② 거짓이나 그 밖의 부정한 방법으로 보조금을 받은 경우

③ 한부모가족복지시설을 경영하면서 개인의 영리를 도모하는 행위를 한 경우

④ 이 법 또는 이 법에 따른 명령을 위반한 경우

제21장 정신건강증진 및 정신질환자 복지서비스 지원에 관한 법률

〈시행 2017.5.30, 법률 제14224호〉

제1절 총 칙

1. 목적과 기본이념

1) 목 적

이 법은 정신질환의 예방·치료, 정신질환자의 재활·복지·권리보장과 정신건강 친화적인 환경 조성에 필요한 사항을 규정함으로써 국민의 정신건강증진 및 정신질환자의 인간다운 삶을 영위하는 데 이바지함을 목적으로 한다(법 제1조). 이 법에서 '정신질환자'란 망상, 환각, 사고(思考)나 기분의 장애 등으로 인하여 독립적으로 일상생활을 영위하는 데 중대한 제약이 있는 사람을 말한다(법 제3조 제1호).

2) 기본이념

정신건강증진 및 정신질환자 복지서비스 지원에 관한 법률(이하 "정신선상복지법"이라고 약칭한다)은 제2조에서 다음과 같은 기본이념을 규정하고 있다(법 제2조 제1항~제9항).

(1) 정신질환에 대한 보호권 모든 국민은 정신질환으로부터 보호받을 권리를 가진다(법 동조 제1항).

(2) 인간 존엄과 최적치료의 권리보장 모든 정신질환자는 인간으로서의 존엄과 가치를 보장받고, 최적의 치료를 받을 권리를 가진다(법 동조 제2항).

(3) 차별대우금지 모든 정신질환자는 정신질환이 있다는 이유로 부당한 차별대우를 받지 아니한다(법 동조 제3항).

(4) 특별 치료 및 교육의 권리보장 미성년자인 정신질환자에 대하여는 특별히 치료·보호 및 교육을 받을 권리를 가진다(법 동조 제4항).

(5) 입원의 최소화 · 자발성 정신질환자에 대해서는 입원 또는 입소(이하 "입원 등"이라 한다)가 최소화되도록 지역 사회 중심의 치료가 우선적으로 고려되어야 하며, 정신건강증진시설에 자신의 의지에 따른 입원 또는 입소(이하 "자의입원 등"이라 한다)가 권장되어야 한다(법 동조 제5항).

(6) 자유로운 환경 및 의견교환의 보장 정신건강증진시설에 입원 등을 하고 있는 모든 사람은 가능한 한 자유로운 환경을 누릴 권리와 다른 사람들과 자유로이 의견교환을 할 수 있는 권리를 가진다(법 동조 제6항).

(7) 자기결정권의 존중 정신질환자는 원칙적으로 자신의 신체와 재산에 관한 사항에 대하여 스스로 판단하고 결정할 권리를 가진다. 특히 주거지, 의료행위에 대한 동의나 거부, 타인과의 교류, 복지서비스의 이용 여부와 복지서비스 종류의 선택 등을 스스로 결정할 수 있도록 자기결정권을 존중받는다(법 동조 제7항).

(8) 자유로운 의사표현의 권리 정신질환자는 자신에게 법률적 · 사실적 영향을 미치는 사안에 대하여 스스로 이해하여 자신의 자유로운 의사를 표현할 수 있도록 필요한 도움을 받을 권리를 가진다(법 동조 제8항).

(9) 참여권 보장 정신질환자는 자신과 관련된 정책의 결정과정에 참여할 권리를 가진다(법 동조 제9항).

2. 정신보건복지의 시행주체

1) 국가 및 지방자치단체의 책무

(1) 연구 · 조사, 지도 · 상담 국가와 지방자치단체는 국민의 정신건강을 증진시키고, 정신질환을 예방하며, 정신질환자의 치료 · 재활 및 장애극복과 사회적응 촉진을 위한 연구 · 조사와 지도 · 상담 등 필요한 조치를 하여야 한다(법 제4조 제1항).

(2) 정신건강서비스 전달체계의 확립 국가와 지방자치단체는 정신질환의 예방 · 치료와 정신질환자의 재활을 위하여 정신건강복지센터와 정신건간증진시설, 사회복지시설, 학교 및 사업장 등을 연계하는 정신건강서비스 전달체계를 확립하여야 한다(법 동조 제2항).

(3) 종합시책의 수립 · 시행 국가와 지방자치단체는 정신질환자 등과 그 가족에 대한 권익향상, 인권보호 및 지원 서비스 등에 관한 종합적인 시책을 수립하고 그 추진을 위하여 노력하여야 한다(법 동조 제3항).

(4) 차별과 편견의 해소조치 국가와 지방자치단체는 정신질환자 등과 그 가족에 대한 모든 차별 및 편견을 해소하고 차별받은 정신질환자 등과 그 가족의 권리를 구제할 책임이 있으며, 정신질환자 등과 그 가족에 대한 차별 및 편견을 해소하기 위하여 적극적인 조치를 하여야 한다(법 동조 제4항).

2) 국민의 의무

모든 국민은 정신건강증진을 위하여 국가와 지방자치단체가 실시하는 조사 및 정신건강증진사업 등에 협력하여야 한다(법 제5조).

3) 정신건강증진시설의 장의 의무

정신건강증진시설의 장은 정신질환자 등이 입원 등을 하거나 사회적응을 위한 훈련을 받으려고 하는 때에는 지체 없이 정신질 환자 등과 그 보호의무자에게 이 법 및 다른 법률에 따른 권리 및 권리행사 방법을 알리고, 그 권리행사에 필요한 각종 서류를 정신건강증진시설에 갖추어 두어야 한다(법 제6조 제1항).

정신보건시설의 장은 정신질환자 등의 치료, 보호 및 재활 과정에서 정신질환자 등의 의견을 존중하여야 하고(법 동조 제2항), 입원 등 또는 거주 중인 정신질환자 등이 인간으로서의 존엄과 가치를 보장받으며 자유롭게 생활할 수 있도록 노력하여야 한다(법 동조 제3항).

3. 인권교육

(1) 교육수강의무 정신보건시설의 장과 종사자는 인권에 관한 교육(이하“인권교육”이라 한다)을 받아야 한다(법 제70조 제1항). 보건복지부장관은 인권 교육을 하기 위하여 인권교육기관을 지정할 수 있다(법 동조 제2항).

(2) 비용의 지원 · 징수 보건복지부장관은 제2항에 따라 지정한 인권교육기관에 교육과정의 운영에 드는 비용의 일부를 예산의 범위에서 보조할 수 있으며, 제2항에 따라 지정을 받은 인권교육기관은 보건복지부장관의 승인을 받아 교육에 필요한 경비를 교육대상자로 부터 징수할 수 있다(법 동조 제3항).

(3) 지정의 취소, 업무의 정지 보건복지부장관은 제2항에 따라 지정한 인권교육기관이 다음 각 호의 어느 하나에 해당하면 그 지정을 취소하거나 6개월 이내의 기간을 정하여 업무를 정지할 수 있다. 다만, 제1호에 해당하면 그 지정을 취소하여야 한다(법 동조 제4항).

① 거짓이나 그 밖의 부정한 방법으로 지정을 받은 경우

② 제5항에 따라 보건복지부령으로 정하는 지정요건을 갖추지 못하게 된 경우
③ 인권교육의 수행능력이 현저히 부족하다고 인정되는 경우

4. 정신건강의 날

정신건강의 중요성을 환기하고 정신질환에 대한 편견을 해소하기 위하여 매년 10월 10일을 정신건강의 날로 하고, 정신건강의 날이 포함된 주(週)를 정신건강주간으로 한다(법 제14조 제1항). 국가와 지방자치단체는 정신건강의 날 취지에 적합한 행사와 교육 · 홍보사업을 실시할 수 있다(법 동조 제2항).

5. 권한의 위임 및 업무위탁

이 법에 따른 보건복지부장관 또는 시 · 도지사의 권한은 대통령령으로 정하는 바에 따라 그 일부를 시 · 도지사, 제16조에 따른 국립정신건강연구기관의 장, 국립정신병원 등의 장 또는 시장 · 군수 · 구청장에게 위임할 수 있다(법 제83조 제1항). 보건복지부장관은 이 법에 따른 업무의 일부를 대통령령으로 정하는 바에 따라 정신건강 관련 기관 또는 단체에 위탁할 수 있다(법 동조 제2항).

제2절 정신건강증진정책의 수립 · 시행

1. 국가계획과 지역계획의 수립

(1) 국가계획의 수립 보건복지부장관은 관계 행정기관의 장과 협의하여 5년마다 정신건강증진 및 정신질환자 복지서비스 지원에 관한 국가의 기본계획(이하 "국가계획"이라 한다)을 수립하여야 한다(법 제7조 제1항).

(2) 지역계획의 수립 특별시장 · 광역시장 · 특별자치시장 · 도지사 · 특별자치도지사(이하 "시 · 도지사"라 한다)는 국가계획에 따라 각각 특별시 · 광역시 · 특별자치시 · 도 · 특별자치도(이하 "시 · 도"라 한다) 단위의 정신건강증진 및 정신질환자 복지서비스 지원에 관한 계획(이하 "지역계획"이라 한다)을 수립하여야 한다. 이 경우 해당 지역계획은 「지역보건법」 제7조에 따른 지역보건의료계획과 연계되도록 하여야 한다(법 제7조 제2항).

(3) 계획의 내용 국가계획 또는 지역계획에는 다음 각 호의 사항이 포함되어야 한다(법 동조 제3항).

① 정신질환의 예방, 상담, 조기발견, 치료 및 재활을 위한 활동과 각 활동 상호 간 연계
② 영・유아, 아동, 청소년, 중・장년, 노인 등 생애주기(이하 "생애주기"라 한다) 및 성별에 따른 정신건강증진사업
③ 정신질환자의 조기퇴원 및 사회적응
④ 적정한 정신건강증진시설의 확보 및 운영
⑤ 정신질환에 대한 인식개선을 위한 교육・홍보, 정신질환자의 법적 권리보장 및 인권보호 방안
⑥ 전문인력의 양성 및 관리
⑦ 정신건강증진을 위한 교육, 주거, 근로환경 등의 개선 및 이와 관련된 부처 또는 기관과의 협력 방안
⑧ 정신건강 관련 정보체계 구축 및 활용
⑨ 정신질환자와 그 가족의 지원
⑩ 정신질환자의 건강, 취업, 교육 및 주거 등 지역사회 재활과 사회참여
⑪ 정신질환자에 대한 복지서비스의 연구・개발 및 평가에 관한 사항
⑫ 정신질환자에 대한 복지서비스 제공에 필요한 재원의 조달 및 운용에 관한 사항
⑬ 그 밖에 보건복지부장관 또는 시・도지사가 정신건강증진을 위하여 필요하다고 인정하는 사항

(4) 자료제공 및 협조 요청 보건복지부장관과 시・도지사는 국가계획 및 지역계획의 수립・시행에 필요한 자료의 제공 및 협조를 관계 행정기관, 정신건강증진시설 및 관련 기관・단체 등에 요청할 수 있다(법 동조 제4항).

(5) 연계, 백서발간 국가계획 및 지역계획을 수립할 때에는 「장애인복지법」 제10조의2에 따른 장애인정책종합계획과 연계되도록 하여야 한다(법 동조 제5항). 보건복지부장관은 5년마다 정신질환자의 인권과 복지증진 추진사항에 관한 백서를 발간하여 공표하여야 한다(법 동조 제6항).

2. 시행계획의 수립・시행

(1) 시행계획 수립과 시행 보건복지부장관과 시・도지사는 각각 국가계획과 지역계획에 따라 매년 시행 계획을 수립・시행하여야 하고, 시장・군수・구청장(자치구의 구청장을 말한다.

이하 같다)은 매년 관할 시·도의 지역계획에 따라 시행계획을 수립·시행하여야 한다. 다만, 시·도지사나 시장·군수·구청장이 지역계획의 시행계획 내용을 포함하여 「지역보건법」 제7조 제2항 및 제8조에 따라 연차별 시행계획을 수립·시행하는 경우에는 본문에 따른 시행계획을 별도로 수립·시행하지 아니할 수 있다(법 제8조 제1항).

(2) 장관의 평가 보건복지부장관은 국가계획 및 지역계획의 시행 결과를, 시·도지사는 해당 지역계획의 시행 결과를 각각 대통령령으로 정하는 바에 따라 평가할 수 있다(법 동조 제2항).

(3) 자료제공 및 협조요청 보건복지부장관과 시·도지사 및 시장·군수·구청장은 국가계획 및 지역계획의 시행계획의 수립·시행에 필요한 자료의 제공 및 협조를 관계 행정기관, 정신건강증진시설 및 관련 기관·단체 등에 요청할 수 있다(법 동조 제3항).

3. 심의위원회의 심의

보건복지부장관은 다음 각 호의 사항에 관하여 「국민건강증진법」 제5조에 따른 국민건강증진정책심의위원회의 심의를 받아야 한다.

① 국가계획의 수립

② 정신건강증진 및 정신질환자 복지서비스 지원 체계와 제도의 발전

국민건강증진정책심의위원회의 설치, 심의사항, 구성과 운영 등에 관하여는 국민 건강증진법에 규정되어 있다(동법 제5조, 제5조의2 참조)

4. 실태조사와 조기발견체계의 구축

(1) 실태조사 보건복지부장관은 5년마다 다음 각 호의 사항에 관한 실태조사(이하 "실태조사"라 한다)를 하여야 한다. 다만, 정신건강증진 정책을 수립하는 데 필요한 경우 수시로 실태조사를 할 수 있다(법 제10조 제1항).

① 정신질환의 인구학적 분포, 유병률(有病率) 및 유병요인

② 성별, 연령 등 인구학적 특성에 따른 정신질환의 치료 이력, 정신건강증진시설 이용현황

③ 정신질환으로 인한 사회적·경제적 손실

④ 정신질환자의 취업·직업훈련·소득·주거·경제상태 및 정신질환자에 대한 복지서비스

⑤ 정신질환자 가족의 사회·경제적 상황

⑥ 그 밖에 정신건강증진에 필요한 사항으로서 보건복지부령으로 정하는 사항

보건복지부장관은 실태조사를 하는 데 필요한 자료를 제공하도록 정신건강증진시설 및 대통령령으로 정하는 관련 기관·단체 등에 요청할 수 있다(법 동조 제2항). 실태조사는 필요한 경우 「장애인복지법」 제31조에 따른 장애 실태조사와 함께 실시할 수 있다(법 동조 제4항).

(2) 조기발견체계의 구축 보건복지부장관, 시·도지사 및 시장·군수·구청장은 정신질환의 원활한 치료와 만성화 방지를 위하여 정신건강복지센터, 정신건강증진시설 및 의료기관을 연계한 정신건강상 문제의 조기발견 체계를 구축하여야 한다(법 제11조 제1항) 보건복지부장관, 시·도지사 및 시장·군수·구청장은 생애주기 및 성별 정신건강상 문제의 조기발견·치료를 위한 교육·상담 등의 정신건강증진사업을 시행한다(법 동조 제2항).

5. 정신건강증진사업

1) 의 의

(1) 개 념 정신건강복지법에서 "정신건강증진사업이란 정신건강 관련 교육·상담, 정신질환의 예방·치료, 정신질환자의 재활, 정신건강에 영향을 미치는 사회복지·교육·주거·근로 환경의 개선 등을 통하여 국민의 정신건강을 증진시키는 사업을 말한다(법 제3조 제2호)고 규정하고 있다. 과거에는 3차산업 중심의 양적 성장주도 경제사회구조였지만, 현대사회는 창조적·개혁적 지식 중심의 4차산업을 지향하는 아주 복잡다단한 사회·경제체제이므로 환경·교육·문화·주거·근로 등 국민생활의 모든 부문에 걸쳐 현상의 극복과 미래의 예측에 고심하게 된 것이다.

(2) 취 지 이러한 환경 속에서 누구에게나 일상생활을 영위해 나가는 것 자체가 정신적 안정과 신체적 건강을 위협하는 요소로 작용하게 된 것이다.

따라서 정신건강증진사업은 이제 개인적인 문제가 아니라 국가적 과제로 대두하게 되어 모든 국민의 정신건강상의 문제에 대하여 조기발견체계를 구축하고 치료를 위한 교육·상담을 하는 정신건강증진사업을 국가 및 지방자치단체와 각급학교·기관·단체가 수행해야 하는 단계에 이르게 된 것이다(법 제11조 참조).

2) 국가와 지방자치단체의 사업

(1) 보건복지부장관의 총괄·지원 보건복지부장관은 제7조 제3항 각 호에 관한 전국 단위의 정신건강증진사업 등을 수행하고, 제2항 및 제3항에 따른 지방자치단체의 지역별 정신건강증진사업 등을 총괄·지원한다(법 제12조 제1항).

(2) 시 · 도지사의 총괄 · 지원 시 · 도지사는 관할 구역에서의 제7조 제3항 각 호에 관한 정신건강증진사업 등, 시 · 군 · 구(자치구를 말한다. 이하 같다) 간 연계체계 구축 및 응급 정신의료 서비스 제공 등 광역 단위의 정신건강증진사업 등을 수행하며, 시장 · 군수 · 구청장이 제8조 제1항 본문에 따른 지역계획의 시행계획이나 같은 항 단서에 따른 지역보건의료계획의 시행계획에 따른 정신건강증진사업 등을 총괄 · 지원한다(법 제12조 제2항).

(3) 시장 · 군수 · 구청장의 사업수행 시장 · 군수 · 구청장은 관할 구역에서의 제7조 제3항 각 호에 관한 정신건강증진사업 등을 수행한다(법 동조 제3항).

(4) 연계성 확보 보건복지부장관, 시 · 도지사 및 시장 · 군수 · 구청장은 제1항부터 제3항까지의 규정에 따른 정신건강증진사업 등을 시행하는 경우에 정신건강복지센터, 정신건강증진시설, 사회복지시설, 학교 및 사업장의 관련 활동이 서로 연계되도록 하여야 한다(법 동조 제4항).

(5) 정신건강복지사업지원단 제1항에 따른 정신건강증진사업 등에 관하여 자문 · 지원하기 위하여 보건복지부장관 소속으로 중앙정신건강복지사업지원단을 두고, 제2항에 따른 정신건강증진사업 등에 관하여 자문 · 지원하기 위하여 시 · 도지사 소속으로 지방정신건강복지사업지원단을 둔다(법 동조 제6항).

(6) 정신보건센터의 설치 국가 및 지방자치단체는 제13조 제1항에 따른 지역사회정신보건사업의 실시를 위하여 시 · 군 · 구 단위로 정신질환자의 발견 · 상담 · 진료 · 사회복귀훈련 및 이에 관한 사례 관리 등을 실시하기 위한 정신보건센터를 설치하도록 노력하여야 한다(법 제13조의2 제1항). 제1항의 정신보건센터의 설치를 위한 재원은 국가와 지방자치단체가 부담한다(법 동조 제2항).

(7) 정신보건연구기관의 설치 국가는 정신보건의 향상을 도모하기 위하여 정신보건연구를 위한 기관을 설치하여야 한다(법 제14조).

3) 학교 · 기관 · 단체 등의 사업

(1) 사업의 실시노력 다음 각 호에 해당하는 기관 · 단체 · 학교의 장 및 사업장의 사용자는 구성원의 정신건강에 관한 교육 · 상담과 정신질환 치료와의 연계 등의 정신건강증진사업을 실시하도록 노력하여야 한다(법 제13조 제1항).

① 국가 및 지방자치단체의 기관 중 업무의 성질상 정신건강을 해칠 가능성이 높아 정신건강증진사업을 실시할 필요가 있는 기관으로서 대통령령으로 정하는 기관

② 「초 · 중등교육법」 및 「고등교육법」에 따른 학교 중 대통령령으로 정하는 학교

③ 「근로기준법」에 따른 근로자 300명 이상을 사용하는 사업장

④ 그 밖에 업무의 성질이나 근무자 수 등을 고려하여 정신건강증진사업을 실시할 필요가 있는 기관·단체로서 대통령령으로 정하는 기관·단체

(2) 장관의 권고·지원 보건복지부장관은 제1항에 따른 정신건강증진사업의 효율적인 시행을 위하여 그 구체적 내용 및 방법 등에 관한 지침 시행, 정보 제공, 그 밖의 필요한 사항의 권고를 할 수 있다(법 동조 제2항). 보건복지부장관은 제1항 각 호의 기관·단체·학교 및 사업장 중 구성원의 정신건강 증진을 위하여 적극적으로 노력한 기관 등을 선정·공표할 수 있으며, 해당 기관·단체·학교 및 사업장에 대하여 지원을 할 수 있다(법 동조 제3항).

제3절 정신건강전문기관 및 전문요원

1. 정신건강복지센터

(1) 개 념 '정신건강복지센터'란 정신건강증진시설, 「사회복지사업법」에 따른 사회복지시설(이하 "사회복지시설"이라 한다), 학교 및 사업장과 연계체계를 구축하여 지역사회에서의 정신건강증진사업 및 제33조부터 제38조까지의 규정에 따른 정신질환자 복지서비스 지원사업(이하 "정신건강증진사업 등"이라 한다)을 하는 다음 각 목의 기관 또는 단체를 말한다(법 제3조 제3호).

가. 제15조 제1항부터 제3항까지의 규정에 따라 국가 또는 지방자치단체가 설치·운영하는 기관

나. 제15조 제6항에 따라 국가 또는 지방자치단체로부터 위탁받아 정신건강증진사업 등을 수행하는 기관 또는 단체

(2) 장관의 설치·위탁 보건복지부장관은 필요한 지역에서의 제12조 제1항에 따른 소관 정신건강증진사업 등의 제공 및 연계 사업을 전문적으로 수행하게 하기 위하여 정신건강복지센터를 설치·운영할 수 있다(법 제15조 제1항).

보건복지부장관은 제2항 및 제3항에 따른 정신건강복지센터의 설치·운영에 필요한 비용의 일부를 부담한다(법 동조 제5항). 보건복지부장관은 대통령령으로 정하는 바에 따라, 시·도지사 및 시장·군수·구청장은 조례나 규칙으로 정하는 바에 따라 소관 정신건강증진사업 등을 정신건강에 관한 전문성이 있는 기관·단체에 위탁하여 수행할 수 있다(법 동조 제6항).

(3) 광역정신건강복지센터의 설치 시・도지사는 관할 구역에서의 제12조 제2항에 따른 소관 정신건강증진사업 등의 제공 및 연계 사업을 전문적으로 수행하게 하기 위하여 광역정신건강복지센터를 설치・운영할 수 있다(법 동조 제2항).

(4) 기초정신건강복지센터의 설치 시장・군수・구청장은 관할 구역에서의 제12조 제3항에 따른 소관 정신건강증진사업 등의 제공 및 연계 사업을 전문적으로 수행하게 하기 위하여 「지역보건법」에 따른 보건소(이하 "보건소"라 한다)에 기초정신건강복지센터를 설치・운영할 수 있다(법 동조 제3항).

(5) 보호의무자의 동의 정신건강복지센터의 장은 정신건강증진사업 등의 제공 및 연계사업을 수행하기 위하여 정신질환자를 관리하는 경우에 정신질환자 본인이나 제39조에 따른 보호의무자(이하 "보호의무자"라 한다)의 동의를 받아야 한다(법 동조 제4항).

(6) 보 고 시・도지사는 소관 광역정신건강복지센터의 운영 현황 및 정신건강증진사업 등의 추진 내용을, 시장・군수・구청장은 관할 시・도지사를 통하여 소관 기초정신건강복지센터의 운영 현황 및 정신건강증진사업 등의 추진 내용을 각각 반기별로 보건복지부장관에게 보고하여야 한다(법 동조 제7항).

2. 국립정신건강연구기관

보건복지부장관은 다음 각 호의 업무 수행을 위하여 국립정신건강연구기관을 둘 수 있다(법 제16조).

① 뇌(腦)신경 과학에 관한 연구
② 정신질환 치료 및 재활을 위한 중개(仲介)・임상 연구
③ 정신건강증진 서비스 전달체계 개선에 관한 연구
④ 정신질환과 관련된 정보・통계의 수집・분석 및 제공
⑤ 정신건강증진 전문가 양성 및 정신건강증진시설 종사자 훈련
⑥ 국가계획의 수립 및 실태조사의 지원
⑦ 국가정신건강정책의 수행을 위한 국립정신병원의 지원
⑧ 그 밖에 대통령령으로 정하는 업무

3. 정신건강전문요원

(1) 정신건강전문요원의 자격증 및 종류 보건복지부장관은 정신건강분야에 관한 전문지식과 기술을 갖추고 보건복지부령으로 정하는 수련기관에서 수련을 받은 자에게 정신건강전

문요원의 지격을 줄 수 있다(법 제7조 제1항). 제1항에 따른 정신건강전문요원(이하 "정신건강전문요원"이라 한다)은 정신건강임상심리사 · 정신건강간호사 및 정신건강사회복지사로 구분한다(법 동조 제2항).

보건복지부장관은 정신건강전문요원의 자질을 향상시키기 위하여 보수교육을 실시할 수 있고(법 동조 제3항). 제3항에 따른 보수교육을 국립정신병원, 「고등교육법」 제2조에 따른 학교 또는 대통령령으로 정하는 전문기관에 위탁할 수 있다(법 동조 제4항).

(2) 자격 취소 및 정지사유 보건복지부장관은 정신건강전문요원이 다음 각 호의 어느 하나에 해당하는 경우에는 그 자격을 취소하거나 6개월 이내의 기간을 정하여 자격의 정지를 명할 수 있다. 다만, 제1호 또는 제2호에 해당하면 그 자격을 취소하여야 한다(법 동조 제5항).

① 자격을 받은 후 제18조 각 호의 어느 하나에 해당하게 된 경우
② 거짓이나 그 밖의 부정한 방법으로 자격을 받은 경우
③ 고의 또는 중대한 과실로 제6항에 따라 대통령령으로 정하는 업무의 수행에 중대한 지장이 발생하게 된 경우

(3) 전문요원의 결격사유 다음 각 호의 어느 하나에 해당하는 자는 정신건강전문요원이 될 수 없다(법 제18조).

① 피성년후견인
② 이 법이나 다음 각 목의 어느 하나에 해당하는 법을 위반하여 금고 이상의 형을 선고받고 그 집행이 끝나지 아니하거나 집행을 받지 아니하기로 확정되지 아니한 사람
가. 「농어촌 등 보건의료를 위한 특별조치법」
나. 「마약류 관리에 관한 법률」 다. 「모자보건법」
라. 「보건범죄 단속에 관한 특별조치법」
마. 「사회보장급여의 이용 · 제공 및 수급권자 발굴에 관한 법률」
바. 「사회복지사업법」 사. 「시체 해부 및 보존에 관한 법률」
아. 「약사법」 자. 「응급의료에 관한 법률」
차. 「의료기사 등에 관한 법률」 카. 「의료법」
타. 「지역보건법」 파. 「혈액관리법」
하. 「후천성면역결핍증 예방법」
거. 「형법」 중 제233조, 제234조(제233조의 죄에 의하여 작성된 허위진단서 등을 행사한 사람만 해당한다. 이하 같다), 제235조(제233조 및 제234조의 미수범만 해당한다), 제269조, 제270조 제2항 · 제3항, 제317조 제1항 및 제347조(거짓으로 진료비를 청구하여 환자나 진료비를 지급하는 기관 · 단체를 속인 경우만 해당한다)

제 4 절 정신건강증진시설

1. 정신건강증진시설의 개념과 종류

(1) 개 념 '정신건강증진시설'이란 정신의료기관, 정신요양시설 및 정신재활시설을 말한다(법 제3조 제4호).

(2) 종류별 개념 '정신의료기관'이란 주로 정신질환자를 치료할 목적으로 설치된 다음 각 목의 어느 하나에 해당하는 기관을 말한다(법 제3조 제5호).

가. 「의료법」에 따른 의료기관 중 제19조 제1항 후단에 따른 기준에 적합하게 설치된 병원(이하 "정신병원"이라 한다) 또는 의원

나. 「의료법」에 따른 병원급 의료기관에 설치된 정신건강의학과로서 제19조 제1항 후단에 따른 기준에 적합한 기관

'정신요양시설'이란 제22조에 따라 설치된 시설로서 정신질환자를 입소시켜 요양 서비스를 제공하는 시설을 말한다(법 제3조 제6호).

'정신재활시설'이란 제26조에 따라 설치된 시설로서 정신질환자 또는 정신건강상 문제가 있는 사람 중 대통령령으로 정하는 사람(이하 '정신질환자 등'이라 한다)의 사회적응을 위한 각종 훈련과 생활지도를 하는 시설을 말한다(법 제3조 제7호).

2. 정신의료기관

(1) 개설, 시설기준 정신의료기관의 개설은 「의료법」에 따른다. 이 경우 「의료법」 제36조에도 불구하고 정신의료기관의 시설·장비의 기준과 의료인 등 종사자의 수·자격에 관하여 필요한 사항은 정신의료기관의 규모 등을 고려하여 보건복지부령으로 따로 정한다(법 제19조 제1항).

(2) 설치의 결격사유 다음 각 호의 어느 하나에 해당하는 행위로 금고 이상의 형을 선고받고 그 형의 집행이 끝나거나 집행을 받지 아니하기로 확정된 후 5년이 지나지 아니한 사람 또는 그 사람이 대표자로 있는 법인은 정신의료기관을 개설하거나 설치할 수 없다(법 제19조 제2항).

① 제41조 제2항, 제42조 제2항 본문, 제43조 제7항·제9항 본문, 제47조 제4항 또는 제62조 제1항 후단을 위반하여 정신질환자를 퇴원이나 임시 퇴원을 시키지 아니한 행위

② 제68조 제1항을 위반하여 정신건강의학과전문의의 대면(對面) 진단에 의하지 아니하

ㄲ 정신질환자를 정신의료기관에 입원을 시키거나 입원의 기간을 연장한 행위

(3) 규모의 제한 보건복지부장관은 정신질환자에 대한 지역별 병상 수급 현황 등을 고려하여 정신의료기관이 다음 각 호의 어느 하나에 해당하는 경우에 그 정신의료기관의 규모를 제한할 수 있다(법 제19조 제3항).

① 300병상 이상의 정신의료기관을 개설하려는 경우
② 정신의료기관의 병상 수를 300병상 미만에서 기존의 병상 수를 포함하여 300병상 이상으로 증설하려는 경우
③ 300병상 이상의 정신의료기관을 운영하는 자가 병상 수를 증설하려는 경우

(4) 시정명령 시・도지사 또는 시장・군수・구청장은 정신의료기관이 다음 각 호의 어느 하나에 해당하는 경우에는 1년의 범위에서 기간을 정하여 시정명령을 할 수 있다(법 제19조 제4항).

① 제1항 후단에 따른 정신의료기관의 시설・장비의 기준과 의료인 등 종사자의 수・자격에 미달하게 된 경우
② 제41조 제2항, 제42조 제2항 본문, 제43조 제7항・제9항 본문, 제47조 제4항 또는 제62조 제1항 후단을 위반하여 정신질환자를 퇴원이나 임시 퇴원을 시키지 아니한 경우
③ 제59조 제1항 제1호부터 제6호까지(제61조 제2항에서 준용하는 경우를 포함한다) 또는 제66조 제4항에 따른 명령에 따르지 아니한 경우
④ 정당한 사유 없이 제66조 제1항에 따른 보고를 하지 아니하거나 거짓으로 보고를 하는 경우, 관계 서류를 제출하지 아니하거나 거짓의 서류를 제출하는 경우 또는 관계 공무원의 검사를 거부・방해 또는 기피하는 경우나 같은 조 제2항에 따른 관계 공무원과 정신건강심의위원회 위원의 심사를 거부・방해 또는 기피한 경우
⑤ 제68조 제1항을 위반하여 정신건강의학과 전문의의 대면 진단에 의하지 아니하고 정신질환자를 입원시키거나 입원 기간을 연장한 경우

(5) 사업정지, 허가의 취소, 시설의 폐쇄 시・도지사 또는 시장・군수・구청장은 정신의료기관이 제4항의 시정명령에 따르지 아니한 경우 보건복지부령으로 정하는 바에 따라 1년의 범위에서 사업의 정지를 명령하거나 개설허가의 취소 또는 시설의 폐쇄를 명령할 수 있다(법 제19조 제5항).

(6) 과징금처분 시・도지사 또는 시장・군수・구청장은 정신의료기관이 제19조 제5항에 해당하여 사업의 정지를 명하여야 하는 경우로서 그 사업의 정지가 이용자에게 심한 불

편을 주거나 그 밖에 공익을 해칠 우려가 있는 경우에는 사업정지처분을 갈음하여 5천만원 이하의 과징금을 부과할 수 있다(법 제20조 제1항).

(7) 의료법의 준용 정신의료기관에 관하여는 이 법에서 규정한 것을 제외하고는 「의료법」에 따른다(법 제20조 제2항).

3. 국 · 공립정신병원의 설치 · 운영

국가와 지방자치단체는 국립 또는 공립의 정신의료기관으로서 정신병원을 설치 · 운영하여야 한다(법 제21조 제1항). 국가와 지방자치단체가 정신병원을 설치하는 경우 그 병원이 지역적으로 균형 있게 분포되도록 하여야 하며, 정신질환자가 지역사회 중심으로 관리되도록 하여야 한다(법 동조 제2항). 제1항에 따른 정신병원은 제12조 제1항부터 제3항까지에 따른 정신건강증진사업을 수행하고 정신건강증진사업 인력에 대한 교육 · 훈련을 담당한다(법 동조 제3항).

4. 정신요양시설

1) 정신요양시설의 설치와 휴지 · 폐지 등

(1) 설치 · 허가 국가와 지방자치단체는 정신요양시설을 설치 · 운영할 수 있다(법 제22조 제1항). 「사회복지사업법」에 따른 사회복지법인(이하 "사회복지법인"이라 한다)과 그 밖의 비영리법인이 정신요양시설을 설치 · 운영하려는 경우에는 해당 정신요양시설 소재지 관할 특별자치시장 · 특별자치도지사 · 시장 · 군수 · 구청장의 허가를 받아야 한다(법 동조 제2항). 제2항에 따라 허가를 받은 자가 허가받은 사항을 변경하려는 경우에는 특별자치시장 · 특별자치도지사 · 시장 · 군수 · 구청장에게 신고하여야 한다. 다만, 입소 정원을 변경하려는 경우에는 변경허가를 받아야 한다(법 동조 제4항).

(2) 설치의 결격사유 다음 각 호의 어느 하나에 해당하는 행위로 금고 이상의 형을 선고받고 그 형의 집행이 끝나거나 집행을 받지 아니하기로 확정된 후 5년이 지나지 아니한 사람 또는 그 사람이 대표자로 있는 법인은 정신요양시설을 설치할 수 없다(법 제22조 제3항).

① 제41조 제2항, 제42조 제2항 본문, 제43조 제7항 · 제9항 본문, 제47조 제4항 을 위반하여 정신질환자를 퇴소나 임시 퇴소를 시키지 아니한 행위

② 제68조 제1항을 위반하여 정신건강의학과전문의의 대면 진단에 의하지 아니하 고 정신질환자를 정신요양시설에 입소시키거나 입소의 기간을 연장한 행위

(3) 시설의 개방 보건복지부장관, 시 · 도지사 및 시장 · 군수 · 구청장은 정신요양시

설의 장에게 정신질환자의 요양생활에 지장이 없는 범위에서 지역주민 · 사회단체 · 언론사 등이 정신요양시설의 운영상황을 파악할 수 있도록 그 시설의 개방을 요구할 수 있다. 이 경우 정신요양시설의 장은 정당한 사유가 없으면 그 요구에 따라야 한다(법 동조 제5항).

(4) 전문의의 자문 정신요양시설의 장은 정신요양시설에서 요양 서비스를 제공할 때 의료와 관련된 부분은 대통령령으로 정하는 바에 따라 정신건강의학과전문의에게 자문하여야 한다(법 제23조).

(5) 시설의 폐지 · 휴지 · 재개신고 정신요양시설을 설치 · 운영하는 자가 그 시설을 폐지 · 휴지(休止)하거나 재개(再開)하려는 경우에는 보건복지부령으로 정하는 바에 따라 미리 특별자치시장 · 특별자치도지사 · 시장 · 군수 · 구청장에게 신고하여야 한다(법 제24조).

2) 정신요양시설 사업의 정지명령 · 허가취소 등

(1) 시정명령 특별자치시장 · 특별자치도지사 · 시장 · 군수 · 구청장은 정신요양시설이 다음 각 호의 어느 하나에 해당하는 경우에는 1년의 범위에서 기간을 정하여 시정명령을 할 수 있다(법 제25조 제1항).

① 제22조 제4항을 위반하여 신고하지 아니하거나 변경허가를 받지 아니한 경우
② 제22조 제6항에 따른 설치기준, 수용인원, 종사자의 수 · 자격 또는 이용 · 운영 에 관한 사항을 위반한 경우
③ 제41조 제2항, 제42조 제2항 본문, 제43조 제7항 · 제9항 본문, 제47조 제4항 을 위반하여 정신질환자를 퇴소 또는 임시 퇴소를 시키지 아니한 경우
④ 제59조 제1항 제1호부터 제6호까지(제61조 제2항에서 준용하는 경우를 포함한다) 또 는 제66조 제4항에 따른 명령에 따르지 아니한 경우
⑤ 정당한 사유 없이 제66조 제1항에 따른 보고를 하지 아니하거나 거짓으로 보고 를 하는 경우, 관계 서류를 제출하지 아니하거나 거짓의 서류를 제출하는 경우 또는 관계 공무원의 검사를 거부 · 방해 또는 기피하는 경우나 같은 조 제2항에 따른 관계 공무원과 정신건강심의위원회 위원의 심사를 거부 · 방해 또는 기피 한 경우
⑥ 제68조 제1항을 위반하여 정신건강의학과전문의의 대면 진단에 의하지 아니하 고 정신질환자를 입소시키거나 입소 기간을 연장한 경우

(2) 사업의 정지, 시설장의 교체, 허가취소 특별자치시장 · 특별자치도지사 · 시장 · 군수 · 구청장은 정신요양시설이 제1항의 시정명령에 따르지 아니한 경우에는 보건복지부령으로 정하는 바에 따라 1개월의 범위에서의 사업의 정지 또는 정신요양시설의 장의 교체를 명

령하거나 설치허가를 취소할 수 있다(법 제25조 제2항).

특별자치시장 · 특별자치도지사 · 시장 · 군수 · 구청장은 정신요양시설을 설치 · 운영하는 사회복지법인 또는 비영리법인의 설립허가가 취소되거나 법인이 해산된 경우에는 설치허가를 취소하여야 한다(법 제25조 제3항).

3) 사회복지사업법의 준용

정신요양시설에 관하여는 이 법에서 규정한 것을 제외하고는 사회복지사업법에 따른다(법 제25조 제5항).

5. 정신재활시설

1) 설치 · 운영

(1) 설치 · 신고 국가 또는 지방자치단체는 정신재활시설을 설치 · 운영할 수 있고(법 제26조 제1항), 국가 또 지방자치단체 외의 자가 정신재활시설을 설치 · 운영하려면 해당 정신재활시설 소재지 관할 특별자치시장 · 특별자치도지사 · 시장 · 군수 · 구청장에게 신고하여야 한다. 신고한 사항 중 보건복지부령으로 정하는 중요한 사항을 변경할 때에도 신고하여야 한다(법 동조 제2항).

(2) 시설기준 등 정신재활시설의 시설기준, 수용인원, 종사자 수 · 자격, 설치 · 운영 신고, 변경신고 및 정신재활시설의 이용 · 운영에 필요한 사항은 보건복지부령으로 정한다(법 동조 제3항).

(3) 위탁운영 국가 또는 지방자치단체는 필요한 경우 정신재활시설을 사회복지법인 또는 비영리법인에 위탁하여 운영할 수 있다(법 동조 제4항).

(4) 폐지 · 휴지 · 재개신고 제26조 제2항에 따라 정신재활시설을 설치 · 운영하는 자가 그 시설을 폐지 · 휴지하거나 재개하려면 보건복지부령으로 정하는 바에 따라 미리 특별자치시장 · 특별자치도지사 · 시장 · 군수 · 구청장에게 신고하여야 한다(법 제28조).

2) 정신재활시설의 종류

정신재활시설의 종류는 다음 각 호와 같다(법 제27조 제1항).

① 생활시설 : 정신질환자 등이 생활할 수 있도록 주로 의식주 서비스를 제공하는 시설
② 재활훈련시설 : 정신질환자 등이 지역사회에서 직업활동과 사회생활을 할 수 있도록 주로 상담 · 교육 · 취업 · 여가 · 문화 · 사회참여 등 각종 재활활동을 지원하는 시설

③ 그 밖에 대통령령으로 정하는 시설

3) 시정명령, 시설의 폐쇄

(1) 시정명령 특별자치시장 · 특별자치도지사 · 시장 · 군수 · 구청장은 정신재활시설이 다음 각 호의 어느 하나에 해당하는 경우에는 1년의 범위에서 기간을 정하여 시정명령을 할 수 있다(법 제29조 제1항).

① 제26조 제2항 후단에 따른 변경신고를 하지 아니한 경우

② 제26조 제3항에 따른 정신재활시설의 시설기준, 수용인원, 종사자 수 · 자격, 설치 · 운영 신고, 변경신고 또는 이용 · 운영에 관한 사항을 위반한 경우

(2) 사업의 정지, 시설의 폐쇄 특별자치시장 · 특별자치도지사 · 시장 · 군수 · 구청장은 정신재활시설이 제1항의 시정명령에 따르지 아니한 경우에는 보건복지부령으로 정하는 바에 따라 1년의 범위에서의 사업의 정지 또는 정신재활시설의 폐쇄를 명령할 수 있다(법 제29조 제2항). 특별자치시장 · 특별자치도지사 · 시장 · 군수 · 구청장은 정신재활시설을 설치 · 운영하는 사회복지법인 또는 비영리법인의 설립허가가 취소되거나 법인이 해산된 경우에는 시설의 폐쇄를 명하여야 한다(법 제29조 제3항).

6. 정신건강증진시설의 평가와 청문의 실시

(1) 평가의 실시와 위탁 보건복지부장관은 정기적으로 정신건강증진시설에 대한 평가(이하 "정신건강증진시설평가"라 한다)를 하여야 한다. 다만, 「의료법」 제58조에 따른 의료기관 인증 또는 「사회복지사업법」 제43조의2에 따른 사회복지시설평가로 정신건강증진시설평가를 갈음할 수 있다(법 제31조 제1항). 보건복지부장관은 정신건강증진시설평가에 관한 업무를 관계 전문기관 또는 단체에 위탁할 수 있다(법 동조 제3항).

(2) 평가결과의 공표 및 지원 보건복지부장관은 정신건강증진시설평가의 결과를 공표하여야 하고(법 동조 제4항), 정신건강증진시설평가 결과가 우수한 정신건강증진시설에 대하여 행정적 · 재정적 지원을 할 수 있다(법 동조 제5항).

정신건강증진시설의 장은 정당한 사유가 있는 경우를 제외하고는 정신건강증진시설평가를 받아야 한다(법 동조 제2항).

(3) 청문의 실시 보건복지부장관, 시 · 도지사 또는 시장 · 군수 · 구청장이 다음 각 호의 행정처분을 하려면 청문을 하여야 한다(법 제32조).

① 제17조 제5항에 따른 정신건강전문요원의 자격취소

② 제19조 제5항에 따른 정신의료기관의 개설허가의 취소 또는 시설 폐쇄명령
③ 제25조 제2항에 따른 정신요양시설의 설치허가의 취소
④ 제29조 제2항에 따른 정신재활시설의 폐쇄명령
⑤ 제70조 제4항에 따른 인권교육기관의 지정 취소

제 5 절 보호 및 치료

1. 보호의무자

(1) 보호의무자와 그 순위 「민법」에 따른 후견인 또는 부양의무자는 정신질환자의 보호의무자가 된다. 다만, 다음 각 호의 어느 하나에 해당하는 자는 보호의무자가 될 수 없다(법 제39조 제1항).

① 피성년후견인 및 피한정후견인
② 파산선고를 받고 복권되지 아니한 자
③ 당해 정신질환자를 상대로 한 소송이 계속중인 사람 또는 소송한 사실이 있었던 사람과 그 배우자
④ 미성년자
⑤ 행방불명자
⑥ 그 밖에 보건복지부령으로 정하는 부득이한 사유로 보호의무자로서의 의무를 이행할 수 없는 사람

제1항에 따른 보호의무자 사이의 보호의무의 순위는 후견인・부양의무자의 순위에 따르며, 부양의무자가 2명 이상인 경우에는 민법 제976조[1]에 따른다(법 동조 제2항).

(2) 보호의무자의 의무 보호의무자는 보호하고 있는 정신질환자가 적절한 치료 및 요양과 사회적응 훈련을 받을 수 있도록 노력하여야 한다(법 제40조 제1항).

보호의무자는 보호하고 있는 정신질환자가 정신의료기관 또는 정신요양시설(이하 "정신의료기관 등"이라 한다)에 입원 등을 할 필요가 있는 경우에는 정신질환자 본인의 의사를 최대한 존중하여야 하며, 정신건강의학과전문의가 정신의료기관 등에서 정신질환자의 퇴원 등이 가

1) 민법 제976조(부양의 순위)
① 부양의 의무가 있는 자가 수인인 경우에 부양을 할 자의 순위에 관하여 당사자 간에 협정이 없는 때에는 법원은 당사자의 청구에 의하여 이를 정한다. 부양을 받을 권리자가 수인인 경우에 부양의무자의 자력이 그 전원을 부양할 수 없는 때에도 같다.
② 전항의 경우에 법원은 수인의 부양의무자 또는 권리자를 선정할 수 있다.

능하다고 진단할 경우에는 퇴원 등에 적극 협조하여야 한다(법 동조 제2항).

보호의무자는 보호하고 있는 정신질환자가 자신이나 다른 사람을 해치지 아니하도록 유의하여야 하며, 정신질환자의 재산상의 이익 등 권리보호를 위하여 노력하여야 하고(법 동조 제3항), 보호하고 있는 정신질환자를 유기하여서는 아니 된다(법동조 제3항).

2. 신상정보의 확인 및 조회요청과 입퇴원 등 관리시스템의 구축

(1) 확인 및 조회요청과 통보 정신건강증진시설의 장은 정신건강증진시설에 입원 등을 하거나 시설을 이용하는 사람의 성명, 주소, 보호의무자 등의 신상정보를 확인하여야 하며, 신상정보가 확인되지 아니하는 경우에는 보건복지부령으로 정하는 바에 따라 특별자치시장·특별자치도지사·시장·군수·구청장에게 신상정보의 조회를 요청하여야 한다(법 제51조 제1항).

특별자치시장·특별자치도지사·시장·군수·구청장은 제1항에 따라 조회 요청을 받은 경우 그 대상자의 신상정보를 확인하고 그 결과를 정신건강증진시설의 장에게 통보하여야 하고(법 동조 제2항), 제2항에 따라 조회 요청 대상자의 신상정보를 확인하기 어려운 경우 관할 경찰서장에게 신상정보의 확인을 요청할 수 있다(법 동조 제3항).

(2) 입퇴원 관리시스템의 구축, 등록, 삭제요청 보건복지부장관은 정신의료기관 등의 입원 등 및 퇴원 등을 관리하기 위하여 입·퇴원 등 관리시스템을 구축·운영하여야 한다(법 제67조 제1항). 정신의료기관 등의 장은 제1항에 따른 입·퇴원 등 관리시스템에 제45조 제2항에 따라 신고한 내용 및 대통령령으로 정하는 퇴원 등의 사항을 등록하여야 한다(법 동조 제2항).

보건복지부장관은 정신질환자가 퇴원 등을 한 후에 제1항에 따른 입·퇴원 등 관리시스템에 등록되어 있는 본인 기록의 전부 또는 일부에 대하여 삭제를 요청하는 경우 지체 없이 해당 기록을 삭제하고 그 사실을 본인에게 서면 또는 전자문서로 통지하여야 한다(법 동조 제3항).

3. 입 원

1) 자의(自意)입원

(1) 본인의 자의 정신질환자나 그 밖에 정신건강상 문제가 있는 사람은 보건복지부령으로 정하는 입원 등 신청서를 정신의료기관 등의 장에게 제출함으로써 그 정신의료기관 등에 자의입원 등을 할 수 있다(법 제41조 제1항).

(2) 퇴원의 신청 정신의료기관 등의 장은 자의입원 등을 한 사람이 퇴원 등을 신청한 경우에는 지체 없이 퇴원 등을 시켜야 한다(법 동조 제2항).

(3) 퇴원의사의 확인 정신의료기관 등의 장은 자의입원 등을 한 사람에 대하여 입원 등을 한 날부터 2개월마다 퇴원 등을 할 의사가 있는지를 확인하여야 한다(법 동조 제3항).

2) 동의 입원

(1) 보호의무자의 입원동의 정신질환자는 보호의무자의 동의를 받아 보건복지부령으로 정하는 입원 등 신청서를 정신의료기관 등의 장에게 제출함으로써 그 정신의료기관 등에 입원 등을 할 수 있다(법 제42조 제1항).

(2) 퇴원신청 정신의료기관 등의 장은 제1항에 따라 입원 등을 한 정신질환자가 퇴원 등을 신청한 경우에는 지체 없이 퇴원 등을 시켜야 한다. 다만, 정신질환자가 보호의무자의 동의를 받지 아니하고 퇴원 등을 신청한 경우에는 정신건강의학과전문의 진단 결과 환자의 치료와 보호 필요성이 있다고 인정되는 경우에 한정하여 정신의료기관 등의 장은 퇴원 등의 신청을 받은 때부터 72시간까지 퇴원 등을 거부할 수 있고, 퇴원 등을 거부하는 기간 동안 제43조 또는 제44조에 따른 입원 등으로 전환할 수 있다(법 제42조 제2항).

(3) 퇴원거부사유 및 심사청구의 통지 정신의료기관 등의 장은 제2항 단서에 따라 퇴원 등을 거부하는 경우에는 지체 없이 환자 및 보호의무자에게 그 거부 사유 및 제55조에 따라 퇴원 등의 심사를 청구할 수 있음을 서면 또는 전자문서로 통지하여야 한다(법 제42조 제3항).

(4) 퇴원의사 확인 정신의료기관 등의 장은 제1항에 따라 입원 등을 한 정신질환자에 대하여 입원 등을 한 날부터 2개월마다 퇴원 등을 할 의사가 있는지를 확인하여야 한다(법 동조 제5항).

3) 보호의무자에 의한 입원

(1) 전문의의 입원진단 정신의료기관 등의 장은 정신질환자의 보호의무자 2명 이상(보호의무자 간 입원 등에 관하여 다툼이 있는 경우에는 제39조 제2항의 순위에 따른 선순위자 2명 이상을 말하며, 보호의무자가 1명만 있는 경우에는 1명으로 한다)이 신청한 경우로서 정신건강의학과전문의가 입원 등이 필요하다고 진단한 경우에만 해당 정신질환자를 입원 등을 시킬 수 있다. 이 경우 정신의료기관 등의 장은 입원 등을 할 때 보호의무자로부터 보건복지부령으로 정하는 바에 따라 입원 등 신청서와 보호의무자임을 확인할 수 있는 서류를 받아야 한다(법 43조 제1항).

(2) 입원권고서의 첨부 제1항 전단에 따른 정신건강의학과전문의의 입원 등 필요성에 관한 진단은 해당 정신질환자가 다음 각 호의 모두에 해당하는 경우 그 각각에 관한 진단을 적은 입원 등 권고서를 제1항에 따른 입원 등 신청서에 첨부하는 방법으로 하여야 한다(법 43조 제2항).

① 정신질환자가 정신의료기관 등에서 입원치료 또는 요양을 받을 만한 정도 또는 성질의 정신질환을 앓고 있는 경우

② 정신질환자 자신의 건강 또는 안전이나 다른 사람에게 해를 끼칠 위험(보건복지부령으로 정하는 기준에 해당하는 위험을 말한다. 이하 같다)이 있어 입원 등을 할 필요가 있는 경우

(3) 진단을 위한 입원 정신의료기관 등의 장은 정신건강의학과전문의의 진단 결과 정신질환자가 제2항 각 호에 모두 해당하여 입원 등이 필요하다고 진단한 경우 그 증상의 정확한 진단을 위하여 2주의 범위에서 기간을 정하여 입원하게 할 수 있다(법 동조 제3항).

(4) 치료입원 정신의료기관 등의 장은 제3항에 따른 진단 결과 해당 정신질환자에 대하여 계속 입원 등이 필요하다는 서로 다른 정신의료기관 등에 소속된 2명 이상의 정신건강의학과전문의(제21조 또는 제22조에 따른 국립·공립의 정신의료기관 등 또는 보건복지부장관이 지정하는 정신의료기관 등에 소속된 정신건강의학과전문의가 1명 이상 포함되어야 한다)의 일치된 소견이 있는 경우에만 해당 정신질환자에 대하여 치료를 위한 입원 등을 하게 할 수 있다(법 동조 제4항).

(5) 입원기간연장 제4항에 따른 입원 등의 기간은 최초로 입원 등을 한 날부터 3개월 이내로 한다. 다만, 다음 각 호의 구분에 따라 입원 등의 기간을 연장할 수 있다(법 동조 제5항).

① 3개월 이후의 1차 입원 등 기간 연장: 3개월 이내

② 제1호에 따른 1차 입원 등 기간 연장 이후의 입원 등 기간 연장: 매 입원 등 기간 연장 시마다 6개월 이내

(6) 입원연장사유 및 심사청구 정신의료기관 등의 장은 다음 각 호의 모두에 해당하는 경우에만 제5항 각 호에 따른 입원 등 기간의 연장을 할 수 있다. 이 경우 정신의료기관 등의 장은 입원 등 기간을 연장할 때마다 관할 특별자치시장·특별자치도지사·시장·군수·구청장에게 대통령령으로 정하는 기간 이내에 그 연장에 대한 심사를 청구하여야 한다(법 동조 제6항).

① 서로 다른 정신의료기관 등에 소속된 2명 이상의 정신건강의학과전문의(제21조 또는 제22조에 따른 국립·공립의 성신의료기관 등 또는 보건복지부장관이 지정하는 정신의료기관 등에 소속된 정신건강의학과전문의가 1명 이상 포함되어야 한다)가 입원 등 기간을 연장하여 치

료할 필요가 있다고 일치된 진단을 하는 경우

② 제1항에 따른 보호의무자(이하 "신청 보호의무자"라 한다) 2명 이상(제1항에 따른 입원 등 신청 시 신청 보호의무자가 1명만 있었던 경우에는 1명으로 한다)이 제5항에 따른 입원 등의 기간 연장에 대한 동의서를 제출한 경우

(7) 퇴원명령 정신의료기관 등의 장은 제6항에 따른 입원 등 기간 연장의 심사 청구에 대하여 특별자치시장・특별자치도지사・시장・군수・구청장으로부터 제59조(제61조 제2항에서 준용하는 경우를 포함한다)에 따라 퇴원 등 또는 임시 퇴원 등(일시적으로 퇴원 등을 시킨 후 일정 기간이 지난 후 다시 입원 등 여부를 결정하는 조치를 말한다. 이하 같다) 명령의 통지를 받은 경우에는 해당 정신질환자를 지체 없이 퇴원 등 또는 임시 퇴원 등을 시켜야 한다(법 동조 제7항).

(8) 입원 및 입원연장 통지 정신의료기관 등의 장은 제1항이나 제3항부터 제5항까지의 규정에 따라 입원 등을 시키거나 입원 등의 기간을 연장하였을 때에는 지체 없이 입원 등을 한 사람 및 보호의무자에게 그 사실 및 사유를 서면으로 통지하여야 한다(법 동조 제8항).

(9) 퇴원 신청 및 거부 정신의료기관 등의 장은 입원 등을 한 사람 또는 보호의무자가 퇴원 등을 신청한 경우에는 지체 없이 그 사람을 퇴원 등을 시켜야 한다. 다만, 정신의료기관 등의 장은 그 입원 등을 한 사람이 제2항 각 호에 모두 해당하는 경우에는 퇴원 등을 거부할 수 있다(법 동조 제9항).

(10) 퇴원 및 퇴원거부와 심사청구절차 통지 정신의료기관 등의 장은 제9항 본문에 따라 입원 등을 한 사람을 퇴원 등을 시켰을 때에는 지체 없이 보호의무자에게 그 사실을 서면으로 통지하여야 하고, 제9항 단서에 따라 퇴원 등을 거부하는 경우에는 지체 없이 정신질환자 본인과 퇴원 등을 신청한 보호의무자에게 그 거부사실 및 사유와 제55조에 따라 퇴원 등의 심사를 청구할 수 있다는 사실 및 그 청구 절차를 서면으로 통지하여야 한다(법 동조 제10항).

4) 특별자치시장・특별자치도지사시장・군수・구청장에 의한 입원

(1) 전문의・전문요원의 보호신청 정신건강의학과전문의 또는 정신건강전문요원은 정신질환으로 자신의 건강 또는 안전이나 다른 사람에게 해를 끼칠 위험이 있다고 의심되는 사람을 발견하였을 때에는 특별자치시장・특별자치도지사・시장・군수・구청장에게 대통령령으로 정하는 바에 따라 그 사람에 대한 진단과 보호를 신청할 수 있다(법 제44조 제1항).

(2) 진단과 보호 신청 경찰관(「국가공무원법」 제2조 제2항 제2호에 따른 경찰공무원과 「지방

공무원법」 제2조 제2항 제2호에 따른 자치경찰공무원을 말한다. 이하 같다)은 정신질환으로 자신의 건강 또는 안전이나 다른 사람에게 해를 끼칠 위험이 있다고 의심되는 사람을 발견한 경우 정신건강의학과전문의 또는 정신건강전문요원에게 그 사람에 대한 진단과 보호의 신청을 요청할 수 있다(법 동조 제2항). 제1항에 따라 신청을 받은 특별자치시장・특별자치도지사・시장・군수・구청장은 즉시 그 정신질환자로 의심되는 사람에 대한 진단을 정신건강의학과전문의에게 의뢰하여야 한다(법 동조 제3항).

(3) 지정정신의료기관에 입원 정신건강의학과전문의가 제3항의 정신질환자로 의심되는 사람에 대하여 자신의 건강 또는 안전이나 다른 사람에게 해를 끼칠 위험이 있어 그 증상의 정확한 진단이 필요하다고 인정한 경우에 특별자치시장・특별자치도지사・시장・군수・구청장은 그 사람을 보건복지부장관이나 지방자치단체의 장이 지정한 정신의료기관(이하 "지정정신의료기관"이라 한다)에 2주의 범위에서 기간을 정하여 입원하게 할 수 있다(법 동조 제4항).

(4) 전문의의 진단과 결과 통지 제4항에 따라 정신질환자로 의심되는 사람을 입원시킨 정신의료기관의 장은 지체 없이 2명 이상의 정신건강의학과전문의에게 그 사람의 증상을 진단하게 하고 그 결과를 특별자치시장・특별자치도지사・시장・군수・구청장에게 서면으로 통지하여야 한다(법 동조 제6항).

(5) 입원조치의 통지 특별자치시장・특별자치도지사・시장・군수・구청장은 제4항에 따른 입원을 시켰을 때에는 그 사람의 보호의무자 또는 보호를 하고 있는 사람에게 지체 없이 입원 사유・기간 및 장소를 서면으로 통지하여야 한다(법 동조 제5항).

(6) 입원치료의 의뢰 특별자치시장・특별자치도지사・시장・군수・구청장은 제6항에 따른 진단 결과 그 정신질환자가 계속 입원할 필요가 있다는 2명 이상의 정신건강의학과전문의의 일치된 소견이 있는 경우에만 그 정신질환자에 대하여 지정정신의료기관에 치료를 위한 입원을 의뢰할 수 있다(법 동조 제7항).

(7) 계속입원사유 및 심사청구의 통지 특별자치시장・특별자치도지사・시장・군수・구청장은 제7항에 따른 입원 의뢰를 한 때에는 보건복지부령으로 정하는 바에 따라 그 정신질환자와 보호의무자 또는 보호를 하고 있는 사람에게 계속하여 입원이 필요한 사유 및 기간, 제55조에 따라 퇴원 등 또는 처우개선의 심사를 청구할 수 있다는 사실 및 그 청구 절차를 지체 없이 서면으로 통지하여야 한다(법 동조 제8항).

(8) 119구급대의 호송요청

특별자치시장・특별자치도지사・시장・군수・구청장은 제3항과 제4항에 따라 정신질환자로 의심되는 사람을 진단하거나 입원을 시키는 과정에서 그 사람이 자신의 건강 또는 안전이나 다른 사람에게 해를 끼칠 위험한 행동을 할 때에는 「119구조·구급에 관한 법률」 제2조에 따른 119구급대의 구급대원(이하 "구급대원"이라 한다)에게 호송을 위한 도움을 요청할 수 있다(법 동조 제9항).

5) 응급입원

(1) 응급입원의 의뢰 정신질환자로 추정되는 사람으로서 자신의 건강 또는 안전이나 다른 사람에게 해를 끼칠 위험이 큰 사람을 발견한 사람은 그 상황이 매우 급박하여 제41조부터 제44조까지의 규정에 따른 입원 등을 시킬 시간적 여유가 없을 때에는 의사와 경찰관의 동의를 받아 정신의료기관에 그 사람에 대한 응급입원을 의뢰할 수 있다(법 제50조 제1항).

(2) 경찰관 및 구급대원의 호송 제1항에 따라 입원을 의뢰할 때에는 이에 동의한 경찰관 또는 구급대원은 정신의료기관까지 그 사람을 호송한다(법 동조 제2항).

(3) 응급입원조치와 전문의의 진단 정신의료기관의 장은 제1항에 따라 응급입원이 의뢰된 사람을 3일(공휴일은 제외한다) 이내의 기간 동안 응급입원을 시킬 수 있다(법 동조 제3항). 제3항에 따라 응급입원을 시킨 정신의료기관의 장은 지체 없이 정신건강의학과전문의에게 그 응급입원한 사람의 증상을 진단하게 하여야 한다(법 동조 제4항).

(4) 입원조치 및 퇴원 정신의료기관의 장은 제4항에 따른 정신건강의학과전문의의 진단 결과 그 사람이 자신의 건강 또는 안전이나 다른 사람에게 해를 끼칠 위험이 있는 정신질환자로서 계속하여 입원할 필요가 있다고 인정된 경우에는 제41조부터 제44조까지의 규정에 따라 입원을 할 수 있도록 필요한 조치를 하고, 계속하여 입원할 필요가 없다고 인정된 경우에는 즉시 퇴원시켜야 한다(법 동조 제5항).

(5) 입원통지 정신의료기관의 장은 제3항에 따른 응급입원을 시켰을 때에는 그 사람의 보호의무자 또는 보호를 하고 있는 사람에게 입원이 필요한 사유·기간 및 장소를 지체 없이 서면으로 통지하여야 한다(법 동조 제6항).

6) 입원적합성심사위원회

(1) 설치·운영 보건복지부장관은 제43조 및 제44조에 따른 입원 등의 적합성을 심사하기 위하여 제21조에 따른 각 국립정신병원 등 대통령령으로 정하는 기관(이하 "국립정신병원 등"이라 한다) 안에 입원적합성심사위원회를 설치하며, 각 국립정신병원 등의 심사대상 관할 지역은 대통령령으로 정한다(법 제46조 제1항).

(2) 구성, 위원의 자격 입원적합성심사위원회는 위원장을 포함하여 10명 이상 30명 이내의 위원으로 구성하고, 위원장은 각 국립정신병원 등의 장으로 하며, 위원은 위원장의 추천으로 보건복지부장관이 임명 또는 위촉하되 다음 각 호에 해당하는 사람 중 각각 1명 이상을 포함하여야 한다(법 동조 제3항).

① 정신건강의학과전문의
② 판사·검사 또는 변호사의 자격이 있는 사람
③ 정신건강복지센터 소속 정신건강전문요원
④ 정신질환자의 보호와 재활을 위하여 노력한 정신질환자의 가족
⑤ 다음 각 목의 어느 하나에 해당하는 사람으로서 정신건강에 관한 전문지식과 경험을 가진 사람
  가. 정신건강증진시설의 설치·운영자
  나. 「고등교육법」 제2조에 따른 학교에서 심리학·간호학·사회복지학 또는 사회사업학을 가르치는 전임강사 이상의 직에 있는 사람
  다. 정신질환을 치료하고 회복한 사람
  라. 그 밖에 정신건강 관계 공무원, 인권전문가 등 정신건강과 인권에 관한 전문지식과 경험이 있다고 인정되는 사람

(3) 입원심사소위원회 입원적합성심사위원회는 입원심사소위원회를 설치하여 제43조 및 제44조에 따른 입원 등에 대한 적합성 여부를 심사하여야 한다(법 동조 제2항). 입원심사소위원회는 5명 이상 15명 이내의 위원으로 구성하고, 입원적합성심사위원회 위원 중 위원장이 임명 또는 위촉한다(법 동조 제4항).

(4) 월회의 및 위원의 임기 입원적합성심사위원회 및 입원심사소위원회는 월 1회 이상 회의를 개최하여야 한다. 다만, 심사 사항이 없는 달에는 그러하지 아니하다(법 동조 제5항). 입원적합성심사위원회 및 입원심사소위원회의 위원의 임기는 2년으로 하되, 연임할 수 있다(법 동조 제6항).

(5) 입원적합성심사위원회 신고 제43조 또는 제44조에 따라 입원 등을 시키고 있는 정신의료기관 등의 장은 입원 등을 시킨 즉시 입원 등을 한 사람에게 입원 등의 사유 및 제46조에 따른 입원적합성심사위원회에 의하여 입원적합성심사를 받을 수 있다는 사실을 구두 및 서면으로 알리고, 입원 등을 한 사람의 대면조사 신청 의사를 구두 및 서면으로 확인하여야 한다(법 제45조 제1항).

(6) 입원자의 인적사항 등 신고 제1항에 따른 정신의료기관 등의 장은 입원 등을

한 날부터 3일 이내에 제46조에 따른 입원적합성심사위원회에 입원 등을 한 사람의 주민등록번호를 포함한 인적사항, 입원 등 일자, 진단명, 입원 등 필요성, 대면조사 신청 여부 및 그 밖에 대통령령으로 정하는 사항을 신고하여야 한다(법 제45조 제2항).

(7) 입원적합성의 조사 입원적합성심사위원회의 위원장은 제47조 제1항에 따라 입원심사소위원회에 회부하기 전에 입원 등을 한 사람이 대면조사를 신청하거나 입원 등의 적합성이 의심되는 등 대통령령으로 정하는 사유가 있는 경우에는 직권으로 그 국립정신병원 등의 소속 직원(이하 "조사원"이라 한다)에게 해당 정신의료기관 등을 출입하여 입원 등을 한 사람을 직접 면담하고 입원 등의 적합성, 퇴원 등의 필요성 여부를 조사하게 할 수 있다(법 제48조 제1항). 제1항에 따라 조사를 수행하는 조사원은 해당 정신의료기관 등의 장에게 법정된 각 호의 사항을 요구할 수 있다(법 동조 제2항 참조).

(8) 심사 및 결과 통지 입원적합성심사위원회의 위원장은 제45조 제2항에 따라 신고된 입원 등을 입원심사소위원회에 회부하여야 하고, 입원 등을 한 사람이 피후견인인 경우에는 관할 가정법원에 입원 사실 등을 통지하여야 한다(법 제47조 제1항). 입원심사소위원회는 제1항에 따라 회부된 입원 등의 적합 또는 부적합 여부를 심사하여 그 심사결과를 입원적합성심사위원회의 위원장에게 보고하여야 한다(법 동조 제2항).

(9) 통지 및 퇴원 입원적합성심사위원회의 위원장은 최초로 입원 등을 한 날부터 1개월 이내에 정신의료기관 등의 장에게 입원 등의 적합 또는 부적합 여부를 서면으로 통지하여야 한다. 이 경우 통지의 방법과 절차 등에 필요한 사항은 보건복지부령으로 정한다(법 제47조 제3항).

정신의료기관 등의 장은 제3항에 따라 입원 등의 부적합 통지를 받은 경우에는 해당 입원 등을 한 사람을 지체 없이 퇴원 등을 시켜야 한다(법 동조 제4항).

4. 퇴원 등의 통지와 재활지원

(1) 퇴원사실의 통지 정신의료기관 등의 장은 제41조부터 제44조까지 또는 제50조에 따라 정신의료기관 등에 입원 등을 한 사람이 퇴원 등을 할 때에는 보건복지부령으로 정하는 바에 따라 본인의 동의를 받아 그 퇴원 등의 사실을 관할 정신건강복지센터의 장 또는 보건소의 장(관할 지역에 정신건강복지센터가 없는 경우만 해당한다)에게 통보하여야 한다. 다만, 정신건강의학과전문의가 퇴원 등을 할 사람 본인의 의사능력이 미흡하다고 판단하는 경우에는 보호의무자의 동의로 본인의 동의를 갈음할 수 있다(법 제52조 제1항).

(2) 재활과 사회적응 지원 제1항에 따라 퇴원 등의 사실을 통보받은 정신건강복지센터의 장 또는 보건소의 장은 해당 퇴원 등을 할 사람 또는 보호의무자와 상담하여 그 사람의 재활과 사회적응을 위한 지원방안을 마련하여야 한다(법 동조 제2항).

제6절 퇴원 등의 청구 및 심사

1. 정신건강심의위원회의 설치·운영

(1) 설 치 시·도지사와 시장·군수·구청장은 정신건강에 관한 중요한 사항을 심의 또는 심사하기 위하여 시·도지사 소속으로 광역정신건강심의위원회를 두고, 시장·군수·구청장 소속으로 기초정신건강심의위원회를 둔다. 다만, 정신의료기관 등이 없는 시·군·구에는 기초정신건강심의위원회를 두지 아니할 수 있다(법 제53조 제1항).

(2) 광역정신건강심의위원회의 심의 또는 심사 사항 광역정신건강심의위원회는 다음 각 호의 사항을 심의 또는 심사한다. 다만, 특별자치시 및 특별자치도에 두는 광역정신건강심의위원회에서는 다음 각 호의 사항 외에 제3항 각 호의 사항을 심의 또는 심사한다(법 동조 제2항).

① 정신건강증진시설에 대한 감독에 관한 사항
② 제60조에 따른 재심사의 청구
③ 그 밖에 보건복지부령으로 정하는 사항

(3) 기초정신건강심의위원회의 심의 또는 심사사항 기초정신건강심의위원회는 다음 각 호의 사항을 심의 또는 심사한다(법 동조 제3항).

① 제43조 제6항에 따른 입원 등 기간 연장의 심사 청구
② 제55조 제1항에 따른 퇴원 등 또는 처우개선의 심사 청구
③ 제62조 제2항에 따른 입원 기간 연장의 심사
④ 제64조에 따른 외래치료 명령
⑤ 그 밖에 보건복지부령으로 정하는 사항

(4) 구성, 임기 광역정신건강심의위원회는 10명 이상 20명 이내의 위원으로 구성하고, 기초정신건강심의위원회는 6명 이상 12명 이내의 위원으로 구성하며, 위원의 임기는 각각 2년으로 한다(법 동조 제4항).

(5) 구성위원의 자격 광역정신건강심의위원회 및 기초정신건강심의위원회(이하 "정신건

강심의위원회"라 한다)의 위원은 시·도지사 및 시장·군수·구청장이 각각 임명 또는 위촉하되, 다음 각 호에 해당하는 사람 중 각각 1명 이상을 포함하여야 한다. 다만, 제5호 나목 부터 라목 까지의 어느 하나에 해당하는 사람의 경우 광역정신건강심의위원회에는 3명 이상을, 기초정신건강심의위원회에는 2명 이상을 포함하여야 한다(법 동조 제5항).

① 정신건강의학과전문의
② 판사·검사 또는 변호사의 자격이 있는 사람
③ 정신건강복지센터 소속 정신건강전문요원
④ 정신질환자의 보호와 재활을 위하여 노력한 정신질환자의 가족
⑤ 다음 각 목의 어느 하나에 해당하는 사람으로서 정신건강에 관한 전문지식과 경험을 가진 사람
가. 정신건강증진시설의 설치·운영자
나. 「고등교육법」 제2조에 따른 학교에서 심리학·간호학·사회복지학 또는 사회사업학을 가르치는 전임강사 이상의 직에 있는 사람
다. 정신질환을 치료하고 회복한 사람
라. 그 밖에 정신건강 관계 공무원, 인권전문가 등 정신건강과 인권에 관한 전문지식과 경험이 있다고 인정되는 사람

2. 정신건강심사위원회의 설치·운영

(1) 설 치 정신건강심의위원회의 업무 중 심사와 관련된 업무를 전문적으로 수행하기 위하여 광역정신건강심의위원회 안에 광역정신건강심사위원회를 두고, 기초정신건강심의위원회 안에 기초정신건강심사위원회를 둔다(법 제54조 제1항).

(2) 구성과 위원의 자격 광역정신건강심사위원회 및 기초정신건강심사위원회(이하 "정신건강심사위원회"라 한다)는 정신건강심의위원회의 위원 중에서 시·도지사 또는 시장·군수·구청장이 임명한 5명 이상 9명 이내의 위원으로 구성한다. 이 경우 위원은 제53조 제5항 제1호에 해당하는 사람, 같은 항 제2호에 해당하는 사람 및 같은 항 제3호에 해당하는 사람 중에서 각각 1명 이상, 같은 항 제5호 나목부터 라목까지의 어느 하나에 해당하는 사람 2명 이상을 포함하여야 한다(법 동조 제2항).

(3) 정기회의 정신건강심사위원회는 월 1회 이상 위원회의 회의를 개최하여야 한다. 다만, 심사 사항이 없는 달에는 그러하지 아니하다(법 동조 제2항).

3. 퇴원 등의 청구와 회부

(1) 퇴원 또는 처우개선 등의 심사청구 정신의료기관 등에 입원 등을 하고 있는 사람 또는 그 보호의무자는 관할 특별자치시장·특별자치도지사·시장·군수·구청장에게 입원 등을 하고 있는 사람의 퇴원 등 또는 처우개선(제76조에 따른 작업요법의 적정성 여부를 포함한다. 이하 같다)에 대한 심사를 청구할 수 있다(법 제55조 제1항).

(2) 회 부 특별자치시장·특별자치도지사·시장·군수·구청장은 제43조 제6항 및 제55조 제1항에 따른 심사 청구를 받았을 때에는 지체 없이 그 청구 내용을 소관 정신건강심의위원회 회의에 회부하여야 한다(법 제56조).

(3) 심사결과 보고 정신건강심의위원회가 제56조에 따른 회부를 받았을 때에는 지체 없이 이를 정신건강심사위원회에서 심사하여 그 결과를 특별자치시장·특별자치도지사·시장·군수·구청장에게 보고하여야 한다(법 제57조 제1항).

(4) 의견청취 정신건강심사위원회가 제1항에 따라 심사를 할 때에는 심사 대상자가 입원 등을 하고 있는 정신의료기관 등의 장의 의견을 들어야 한다. 다만, 제55조 제1항에 따른 처우개선에 관한 사항의 심사를 할 때에는 그 의견을 듣지 아니할 수 있다(법 동조 제2항).

(5) 위원의 제척·기피·회피 제57조에 따른 정신건강심사위원회의 입원 등 기간의 연장과 퇴원 등 또는 처우개선의 심사에서 그 사람의 입원 등을 결정하였던 위원과 그 사람이 입원 등을 하고 있는 정신의료기관 등에 소속된 위원은 제척된다(법 제58조 제1항).

입원 등 기간의 연장, 퇴원 등 또는 처우개선의 심사를 청구한 자는 정신건강심사위원회의 위원에게 공정한 심사를 기대하기 어려운 사정이 있는 경우에는 위원회에 기피 신청을 할 수 있고, 위원회는 이를 결정한다. 이 경우 기피 신청의 대상인 위원은 그 심사에 참여하지 못한다(법 동조 제2항). 제1항에 따른 제척 사유에 해당하는 위원은 스스로 해당 안건의 심사에서 회피(回避)하여야 한다(법 동조 제3항).

4. 퇴원 등 명령의 통지

(1) 퇴원 등 조치명령 제57조 제1항에 따라 정신건강심의위원회로부터 보고를 받은 특별자치시장·특별자치도지사·시장·군수·구청장은 심사 청구를 접수한 날부터 15일 이내에 다음 각 호의 어느 하나에 해당하는 명령 또는 결정을 하여야 한다. 이 경우 제4호 또는 제5호의 명령 또는 결정은 심사 대상자인 입원 등을 하고 있는 사람의 청구 또는 동의가 있는 경우에 한정하여 할 수 있다(법 제59조 제1항).

① 퇴원 등 또는 임시 퇴원 등 명령
② 처우개선을 위하여 필요한 조치 명령
③ 3개월 이내 재심사
④ 다른 정신의료기관 등으로의 이송
⑤ 제41조의 자의입원 등 또는 제42조의 동의입원 등으로의 전환
⑥ 제64조에 따른 외래치료 명령
⑦ 입원 등 기간 연장 결정
⑧ 계속 입원 등 결정

(2) 보호의무자의 동의 또는 청구 제1항 각 호 외의 부분 후단에 따른 입원 등을 하고 있는 사람의 청구 또는 동의는 정신건강의학과전문의가 그 사람의 의사능력이 미흡하다고 판단하는 경우에는 보호의무자의 청구 또는 동의로 갈음할 수 있다(법 동조 제2항).

(3) 기간연장 특별자치시장·특별자치도지사·시장·군수·구청장은 제1항에도 불구하고 부득이한 사유로 같은 항 각 호 외의 부분 전단에 따른 기간 내에 명령 또는 결정을 하지 못할 때에는 10일의 범위에서 그 기간을 연장할 수 있다(법 동조 제3항).

(4) 명령, 결정의 통지 특별자치시장·특별자치도지사·시장·군수·구청장은 제43조 제6항 및 제55조 제1항에 따른 심사 청구를 한 사람, 해당 정신질환자 및 해당 정신의료기관 등의 장에게 지체 없이 제1항에 따른 명령 또는 결정의 내용을 서면으로 통지하여야 한다. 다만, 제3항에 해당하는 경우에는 기간 연장의 사유와 그 기간을 통지하여야 한다(법 동조 제4항).

5. 재심사의 청구·회부

(1) 재심사 청구 제43조 제6항에 따른 심사 청구의 대상인 정신질환자와 그 보호의무자, 제55조 제1항에 따른 심사 청구를 한 사람 및 제64조 제2항에 따른 외래치료 명령을 받은 정신질환자 및 그 보호의무자는 다음 각 호의 어느 하나에 해당하는 경우에 시·도지사에게 재심사를 청구할 수 있다(법 제60조 제1항).

① 제59조 제4항에 따라 통지받은 심사 결과에 불복하거나 심사 기간 내에 심사를 받지 못한 경우
② 제64조 제2항에 따른 외래치료 명령에 불복하는 경우

(2) 재심사 회부 시·도지사가 제60조 제1항에 따른 재심사의 청구를 받았을 때에는

즉시 그 청구 내용을 광역정신건강심의위원회의 회의에 회부하여야 한다(법 제61조 제1항). 광역정신건강심의위원회의 심사에 관하여는 제57조를, 위원의 제척 · 기피 · 회피에 관하여는 제58조를, 시 · 도지사의 퇴원 등 명령의 통지 등에 관하여는 제59조를 준용한다. 이 경우 "특별자치시장 · 특별자치도지사 · 시장 · 군수 · 구청장"은 "시 · 도지사"로 본다(법 동조 제2항).

제2항에서 준용하는 제57조에 따라 특별자치시 · 특별자치도의 광역정신건강심사위원회에서 재심사 청구를 심사하기 위하여 그 광역정신건강심사위원회를 구성하는 경우에 당초 제57조에 따라 심사에 참여하였던 위원을 제외한 해당 광역정신건강심의위원회 위원으로 재심사를 위한 광역정신건강심사위원회를 다시 구성한다. 이 경우 제54조 제2항 후단은 적용하지 아니한다(법 동조 제3항).

6. 지방자치단체장에 의한 입원해제

(1) 입원해제와 통지 특별자치시장 · 특별자치도지사 · 시장 · 군수 · 구청장은 제44조 제7항에 따라 입원한 정신질환자에 대하여 최초로 입원을 한 날부터 3개월 이내에 입원을 해제하여야 하며, 입원의 해제 사실을 그 정신질환자가 입원하고 있는 정신의료기관의 장에게 서면으로 통지하여야 한다. 이 경우 그 정신의료기관의 장은 지체 없이 그 정신질환자를 퇴원시켜야 한다(법 제62조 제1항).

(2) 입원기간연장 제1항에도 불구하고 특별자치시장 · 특별자치도지사 · 시장 · 군수 · 구청장은 2명 이상의 정신건강의학과전문의가 진단하고 소관 정신건강심사위원회에서 심사한 결과 그 정신질환자가 퇴원할 경우 정신질환으로 인하여 자신의 건강 또는 안전이나 다른 사람에게 해를 끼칠 위험이 명백하다고 인정되는 경우에는 다음 각 호의 구분에 따라 입원 등의 기간을 연장할 수 있다(법 동조 제2항).

① 제1항에 따른 3개월 이후의 1차 입원 기간 연장: 3개월 이내
② 제1호에 따른 1차 입원 기간 연상 이후의 입원 기간 연장: 매 입원 기간 연장 시마다 6개월 이내

7. 임시퇴원(가퇴원) 등

(1) 임시퇴원과 통보 제24조 및 제25조에 따라 정신질환자를 입원 등을 시키고 있는 정신의료기관 등의 장은 2명 이상의 정신건강의학과전문의가 진단한 결과 정신질환자의 증상에 비추어 일시적으로 퇴원 등을 시켜 그 회복경과를 관찰하는 것이 필요하다고 인정되는 경우에는 3개월의 범위에서 해당 정신질환자를 임시 퇴원 등을 시키고 그 사실을 보호의무자

또는 특별자치시장 · 특별자치도지사 · 시장 · 군수 · 구청장에게 통보하여야 한다(법 제63조 제1항).

(2) 퇴원 후의 관찰 특별자치시장 · 특별자치도지사 · 시장 · 군수 · 구청장은 제1항의 경우 또는 제59조(제61조 제2항에서 준용하는 경우를 포함한다)에 따라 임시 퇴원 등 명령의 통지를 한 경우에는 그 정신질환자가 임시 퇴원 등을 한 후의 경과를 관찰할 수 있다(법 동조 제2항).

(3) 재입원 특별자치시장 · 특별자치도지사 · 시장 · 군수 · 구청장은 제2항에 따라 관찰한 결과 증상의 변화 등으로 인하여 다시 입원 등을 시킬 필요가 있다고 인정되는 경우에는 2명의 정신건강의학과전문의의 의견을 들어 임시 퇴원 등을 한 정신질환자를 재입원 또는 재입소(이하 "재입원 등"이라 한다)를 시킬 수 있다. 이 경우 재입원 등의 기간은 재입원 등을 한 날부터 3개월을 초과할 수 없다(법 동조 제3항).

8. 외래치료 명령 등

(1) 치료명령의 청구 정신의료기관의 장은 제43조 및 제44조에 따라 입원 등을 한 정신질환자 중 정신병적 증상으로 인하여 입원을 하기 전 자신 또는 타인을 해한 행동을 한 사람으로서 대통령령으로 정하는 사람에 대해서는 보호의무자의 동의를 받아 특별자치시장 · 특별자치도지사 · 시장 · 군수 · 구청장에게 1년의 범위에서 외래치료 명령을 청구할 수 있다(법 제64 제1항).

(2) 외래치료명령 및 통보 시장 · 군수 · 구청장은 제1항에 따른 외래치료명령의 청구를 받았을 때에는 소관정신건강심의위원회의 심의를 거쳐 1년의 범위에서 기간을 정하여 외래치료를 받도록 정신질환자에게 명령할 수 있다(법 제64 제2항). 특별자치시장 · 특별자치도지사 · 시장 · 군수 · 구청장은 제2항에 따라 외래치료 명령을 한 때에는 지체 없이 정신질환자 본인 및 그 보호의무자와 외래치료 명령을 청구한 정신의료기관의 장 및 외래치료 명령을 수행하게 될 정신의료기관의 장에게 그 사실을 서면으로 통지하여야 한다(법 동조 제3항).

(3) 위험성 평가명령 특별자치시장 · 특별자치도지사 · 시장 · 군수 · 구청장은 제2항에 따라 외래치료 명령을 받은 사람이 그 외래치료 명령에 따르지 아니하고 치료를 중단할 때에는 그 사람이 자신의 건강 또는 안전이나 다른 사람에게 해를 끼칠 위험이 있는지를 평가하기 위하여 그 사람에게 지정정신의료기관에서 평가를 받도록 명령할 수 있다. 이 경우 해당 명령을 받은 사람은 명령을 받은 날부터 14일 이내에 지정정신의료기관에서 평가를 받아야 한다(법 동조 제4항).

(4) 외래치료명령의 철회와 입원 등의 조치 특별자치시장 · 특별자치도지사 · 시장 · 군

수 · 구청장은 제4항에 따라 평가한 결과 외래치료 명령을 받은 사람이 자신의 건강 또는 안전이나 다른 사람에게 해를 끼칠 위험이 없다고 인정되는 경우에는 외래치료 명령을 철회하고, 자신의 건강 또는 안전이나 다른 사람에게 해를 끼칠 위험이 있다고 인정되는 경우에는 다음 각 호의 어느 하나에 해당하는 조치를 하여야 한다(법 동조 제6항).

① 제41조에 따라 자의입원 등을 신청하게 하는 것
② 제42조에 따라 동의입원 등을 신청하게 하는 것
③ 보호의무자에게 제43조 제1항에 따른 입원 등 신청을 요청하는
④ 제44조 제7항에 따라 입원하게 하는 것(제1호부터 제3호까지의 조치에 따르지 아니하는 경우만 해당한다)

9. 무단 퇴원자에 대한 조치

(1) 탐색요청 정신의료기관 등의 장은 입원 등을 하고 있는 정신질환자로서 자신의 건강 또는 안전이나 타인에게 해를 끼칠 위험이 있는 사람이 무단으로 퇴원 등을 하여 그 행방을 알 수 없을 때에는 관할경찰서장 또는 자치경찰기구를 설치한 제주특별자치도지사에게 다음의 각 호의 사항을 통지하여 탐색을 요청할 수 있다(법 제65조 제1항).

① 퇴원 등을 한 자의 성명 · 주소 · 성별 및 생년월일
② 입원 등의 일자와 퇴원 등의 날짜 · 시간
③ 증상의 개요 및 인상착의
④ 보호의무자 또는 보호를 하였던 사람의 성명 · 주소

(2) 발견통지 와 보호조치 경찰관은 제1항의 규정에 의하여 탐색요청을 받은 사람을 발견한 때에는 즉시 그 사실을 당해 정신의료기관 등의 장에게 통지하여야 한다(법 동조 제2항). 제2항에 따라 통지를 받은 정신의료기관 등의 장은 즉시 정신질환자를 인도받아야 한다. 다만, 그 정신질환자를 즉시 인도받을 수 없는 부득이한 사정이 있는 경우 경찰관은 그 정신질환자를 인도할 때까지 24시간의 범위에서 그 정신질환자를 경찰관서 · 의료기관 · 사회복지시설 등에 보호할 수 있다(법 동조 제3항).

10. 보고 · 검사 등과 퇴원 · 퇴소명령 및 통지

(1) 지도 · 감독, 검사 보건복지부장관, 시 · 도지사 또는 시장 · 군수 · 구청장은 정신건강증진시설의 설치 · 운영자의 소관 업무에 관하여 지도 · 감독을 하거나 보건소로 하여금 지도 · 감독을 하도록 하여야 하며, 연 1회 이상 그 업무에 관하여 보고 또는 관계 서류의 제

출을 명하거나, 관계 공무원으로 하여금 해당 시설의 장부 · 서류 또는 그 밖의 운영상황을 검사하게 하여야 한다(법 제66조 제1항).

(2) 직접 면담 · 심사 시 · 도지사 또는 시장 · 군수 · 구청장은 대통령령으로 정하는 바에 따라 관계 공무원과 정신건강심의위원회의 위원으로 하여금 정신건강증진시설에 출입하여 입원 등을 한 사람을 직접 면담하여 입원 등의 적절성 여부, 퇴원 등의 필요성 또는 처우에 관하여 심사하게 할 수 있다. 이 경우 심사를 한 관계 공무원과 정신건강심의위원회의 위원은 그 심사 결과를 지체 없이 시 · 도지사 또는 시장 · 군수 · 구청장에게 보고하여야 한다(법 동조 제2항).

(3) 조치명령 시 · 도지사 또는 시장 · 군수 · 구청장은 제2항에 따른 심사 결과에 따라 정신건강증진시설의 장에게 그 정신질환자를 퇴원 등을 시키도록 명령하거나 처우개선을 위하여 필요한 조치를 하도록 명령할 수 있다(법 동조 제4항).

(4) 퇴원 · 퇴소와 통보 정신보건시설의 장은 제4항에 따라 퇴원 등을 시키는 경우에는 보건복지부령으로 정하는 바에 따라 관할 보건소장과 정신건강복지센터의 장에게 그 사실을 통보하여야 한다. 다만, 정신질환자나 보호의무자가 통보하는 것에 동의하지 아니하는 경우에는 그러하지 아니하다(법 동조 제5항).

제 7 절 권익보호 및 지원 등

1. 입원금지 등

누구든지 제50조에 따른 응급입원의 경우를 제외하고는 정신건강의학과전문의의 진단에 의하지 아니하고 정신질환자를 정신의료기관 등에 입원 등을 시키거나 입원 등의 기간을 연장할 수 없다(법 제68조 제1항). 제1항에 따른 진단의 유효기간은 진단서 발급일부터 30일까지로 한다(법 동조 제2항).

2. 정신질환자의 권익보호

(1) 불공평한 대우금지 누구든지 정신질환자이거나 정신질환자였다는 이유로 그 사람에 대하여 교육, 고용, 시설이용의 기회를 제한 또는 박탈하거나 그 밖의 불공평한 대우를 하여서는 아니 된다(법 제69조 제1항).

(2) 녹화 · 촬영금지 누구든지 정신질환자, 그 보호의무자 또는 보호를 하고 있는 사람의 동의를 받지 아니하고 정신질환자에 대하여 녹음 · 녹화 또는 촬영하여서는 아니 된다(법 제69조 제2항).

(3) 강제노동금지 정신보건시설의 장은 입원 등을 하거나 정신건강증진시설을 이용하는 정신질환자에게 정신건강의학과전문의의 지시에 따른 치료 또는 재활의 목적이 아닌 노동을 강요하여서는 아니 된다(법 제69조 제3항).

(4) 비밀누설금지 정신질환자 또는 정신건강증진시설과 관련된 직무를 수행하고 있거나 수행하였던 사람은 그 직무의 수행과 관련하여 알게 된 다른 사람의 비밀을 누설하거나 공표하여서는 아니 된다(법 제71조).

(5) 수용 및 가혹행위 등 금지 누구든지 이 법 또는 다른 법령에 따라 정신질환자를 보호할 수 있는 시설 외의 장소에 정신질환자를 수용하여서는 아니 된다(법 제72조 제1항). 정신건강증진시설의 장이나 그 종사자는 정신건간증진시설에 입원 등을 하거나 시설을 이용하는 사람에게 폭행하거나 가혹행위를 하여서는 아니 된다(법 동조 제2항).

3. 특수치료 및 자유권의 제한

(1) 본인의 동의 정신의료기관에 입원을 한 사람에 대한 전기충격요법 · 인슐린혼수요법 · 마취하최면요법 · 정신외과요법, 그 밖에 대통령령으로 정하는 치료(이하 "특수치료"라 한다)는 그 정신의료기관이 구성하는 협의체에서 결정하되, 본인 또는 보호의무자에게 특수치료에 관하여 필요한 정보를 제공하고, 본인의 동의를 받아야 한다. 다만, 본인의 의사능력이 미흡한 경우에는 보호의무자의 동의를 받아야 한다(법 제73조 제1항).

(2) 협의체 구성 제1항의 협의체는 2인 이상의 정신건강의학과전문의와 대통령령으로 정하는 정신건강증진에 관한 전문지식과 경험을 가진 사람으로 구성하며, 그 운영에 필요한 사항은 대통령령으로 정한다(법 동조 제2항).

(3) 통신 및 면회의 제한 정신의료기관 등의 장은 입원 등을 한 사람에 대하여 치료 목적으로 정신건강의학과전문의의 지시에 따라 하는 경우가 아니면 통신과 면회의 자유를 제한할 수 없고(법 제74조 제1항), 치료 목적으로 정신건강의학과전문의의 지시에 따라 통신과 면회의 자유를 제한하는 경우에도 최소한의 범위에서 하여야 한다(법 동조 제2항).

(4) 치료 · 보호목적의 신체적 제한 정신의료기관 등의 장은 입원 등을 한 사람에 대하여 치료 또는 보호의 목적으로 정신건강의학과전문의의 지시에 따라 하는 경우가 아니면 격

리시키거나 묶는 등의 신체적 제한을 할 수 없다(법 제75조 제1항).

정신의료기관 등의 장은 치료 또는 보호의 목적으로 정신건강의학과전문의의 지시에 따라 입원 등을 한 사람을 격리시키거나 묶는 등의 신체적 제한을 하는 경우에도 자신이나 다른 사람을 위험에 이르게 할 가능성이 뚜렷하게 높고 신체적 제한 외의 방법으로 그 위험을 회피하는 것이 뚜렷하게 곤란하다고 판단되는 경우에만 제1항에 따른 신체적 제한을 할 수 있다. 이 경우 격리는 해당 시설 안에서 하여야 한다(법 동조 제2항).

4. 작업요법과 직업훈련지원

(1) 건강을 위한 작업요법의 시행 정신의료기관 등의 장은 입원 등을 한 사람의 치료, 재활 및 사회적응에 도움이 된다고 인정되는 경우에는 그 사람의 건강상태와 위험성을 고려하여 보건복지부령으로 정하는 작업을 시킬 수 있다(법 제76조 제1항).

(2) 본인의 신청 및 동의 제1항에 따른 작업은 입원 등을 한 사람 본인이 신청하거나 동의한 경우에만 정신건강의학과전문의가 지시하는 방법에 따라 시켜야 한다. 다만, 정신요양시설의 경우에는 정신건강의학과전문의의 지도를 받아 정신건강전문요원이 작업의 구체적인 방법을 지시할 수 있다(법 동조 제2항).

(3) 직업훈련지원 국가 또는 지방자치단체는 정신질환으로부터 회복된 사람이 그 능력에 따라 적당한 직업훈련을 받을 수 있도록 노력하고 이들에게 적절한 직종을 개발·보급하기 위하여 노력하여야 한다(법 제77조).

잠고문헌

강희갑, 사회복지법제론, 양서원, 2006.

고상용, 민법총칙, 법문사, 1999.

곽윤직, 민법총칙, 박영사 2005.

구병삭, 신헌법원론, 박영사, 1997.

권녕성, 헌법학원론, 법문사, 2003.

권용우, 민법총칙, 법문사, 2002.

김광병 외, 사회복지법제론, 창지사, 2007.

김근홍, 노인복지학개론, 학현사, 2007.

김기원, "독일노인수발사 제도의 한국적시사" 한국노년학, 22, 한국노년학회, 2002.

_____, 사회복지법제론, 나눔의 집, 2004.

김만두, 사회복지법제론, 홍익재, 1991.

김미숙, "노인요양보장체계시안의 문제점분석" 노인복지연구 통권 27호, 2005.

김철수, 헌법학신론, 박영사, 2002.

김 훈, 사회복지법제론, 학지사, 2006.

남기민, 고령회사회와 노인복지, 양서원, 2006.

남기민 · 홍성도, 사회복지법제론, 공동체, 2007.

문홍주, 제6공화국 한국헌법, 해임사, 1997.

박석돈, 사회복지서비스법(제10판), 삼영사, 2005.

_____, (핵심) 사회복지법제론(제3판), 삼영사, 2007.

박송규, (신판) 사회복지법제론, 법문사, 2003.

박윤흔, 행정법강의(下), 박영사, 2004.

박일경, 제6공화국 신헌법, 법경출판사, 1990.

박차상 · 정상양 · 전용득 · 김옥희, 한국사회복지법강의, 학지사, 2007.

보건복지부, 공적노인요양보장제도 실행모형 개발연구, 2005.

_________, 공적노인요양보장제노 실행위원회, 2005.

성낙인, 헌법학, 법문사, 2003.

안용교, 한국헌법, 고시연구사, 1989.

이영준, 민법총칙, 박영사, 1995.

이은영, 민법총칙, 박영사, 2004.

임춘식 외, 노인복지학개론, 학현사, 2007.

정길홍, "1998년 전국노인생활실태 및 복지욕구조사" 한국보건사회연구원, 1998.

조원탁 · 김형수 · 이형하 · 조준, 사회복지법제론, 양서원, 2007.

차흥봉, 고령화사회와 노인장기요양보험제도의 과제, 2007.

_____, 2007년 대한케어복지학회 춘계학술대회, 대한케어복지학회, 2007.

최병호, 공적노인요양보장기획단 제도 설계안, 보건사회연구원, 2003.
최성재 외, 노인장기요양보호에 대한 사회복지정책방향, **고령화사회와 노인복지**, 세종출판사, 1999.
허 영, **헌법이론과 헌법**, 박영사, 2003.
현외성, **사회복지법제개설**, 공동체, 2007.
_____, **한국사회복지법제론**, 양서원, 2007.
통계청, 장래인구추계, 통계청, 2005.

西原道雄, 社會保障法, 有斐閣, 1997.
佐藤 進, 社會福祉の法と行財政, 社會福祉大系2, 東京, 經草書房, 1985.
佐藤 進, 河野正輝 編 新現代社會福祉法入門, 法律文化社, 2000.

Judith Sevel et al,. *Social Work Skills Demonstrated*, Boston : Allyn and Bacon, 1999.
OECD, Caring For Frail Elderly People : Politics in Evolution, 1996.
Thompson, L. H., The Advantages and Dis advantages of Different Social Welfare Strategies, *Social Security Bulletin, 57*(3), 1994.
V. savigny, System des heutigen Romischen Rechts, Bd.1, 1840.

국민연금관리공단, http://www.nps.or.kr
보건복지부, http://www.mw.go.kr.
법제처, http://www.moleg.go.kr.
국가법령정보센터, http://www.law.go.kr

찾아보기

저자약력

김 종 엽

서울대학교 법과대학
부산대학교 행정대학원 사회복지학 전공(행정학석사)
영남대학교 대학원 법학과(법학석사, 법학박사)
선. 부산경상대학교 사회복지행정과 교수

〈지시 및 논문〉 '상법강의' 외 다수

이 영 식

영남대학교 법과대학
영남대학교 대학원 법학과(법학석사, 법학박사)
현. 수성대학교 사회복지과 교수

〈저서 및 논문〉 '정보사회의 시민생활과 법' 외 다수

김 영 준

동아대학교 법과대학
부산대학교 대학원 행정학과(행정학석사, 행정학박사 수료)
현. 화신사이버대학교 경영복지학부 교수

〈저서 및 논문〉 '사회복지행정론' 외 다수

사회복지법제론

2018년 3월 30일 1판 1쇄 인쇄
2018년 4월 5일 1판 1쇄 발행

공 저 김종엽 · 이영식 · 김영준
발행인 김 광 식
조 판 아 람 기 획

07285
발행처 서울특별시 영등포구 선유로3길 10, 617호
도서출판 **탑 북 스**
등 록 2009.12.21 제 2016 000101 호
전 화 02)365-2223 팩스 02)365-2224

정가 28,000 원

ISBN 979-11-87343-77-6-93360